suhrkamp taschenbuch
wissenschaft 2418

Im Jahr 1966 fällt der Startschuß für eine einzigartige Karriere in der deutschsprachigen Soziologie: Niklas Luhmann wird an der Universität Münster nicht nur promoviert und habilitiert, sondern beginnt auch umstandslos mit der Präsentation seines Programms einer Soziologie als Wissenschaft von den sozialen Systemen. In nur vier Jahren entwirft er in beeindruckender Souveränität die Grundlagen seines Forschungsprogramms der nächsten Jahrzehnte. Die ausführlichen Vorlesungsskripte, die Luhmann beim Verfertigen seiner Theoriegrundlagen und ihrer ersten Anwendung auf Politik und Recht zeigen, werden hier erstmals aus dem Nachlaß publiziert.

Niklas Luhmann (1927-1998) war Professor für Soziologie an der Universität Bielefeld. Im Suhrkamp Verlag sind zuletzt erschienen: *Der neue Chef* (2016), *Die Kontrolle von Intransparenz* (stw 2231), *Systemtheorie der Gesellschaft* (2017) und *Die Grenzen der Verwaltung* (2021).

Johannes F. K. Schmidt ist wissenschaftlicher Koordinator des Akademieprojekts »Niklas Luhmann – Theorie als Passion. Wissenschaftliche Erschließung und Edition des Nachlasses« an der Universität Bielefeld.

Christoph Gesigora ist wissenschaftlicher Mitarbeiter des Akademieprojekts »Niklas Luhmann – Theorie als Passion. Wissenschaftliche Erschließung und Edition des Nachlasses« an der Universität Bielefeld.

André Kieserling ist Professor für allgemeine Soziologie und soziologische Theorie an der Universität Bielefeld und Leiter des Akademieprojekts »Niklas Luhmann – Theorie als Passion. Wissenschaftliche Erschließung und Edition des Nachlasses« an der Universität Bielefeld.

Niklas Luhmann
Soziologie unter Anwesenden

Systemtheoretische Vorlesungen

1966-1970

Herausgegeben von
Johannes F. K. Schmidt,
Christoph Gesigora und
André Kieserling

Suhrkamp

Klimaneutral
Druckprodukt
ClimatePartner.com/14438-2110-1001

Erste Auflage 2024
suhrkamp taschenbuch wissenschaft 2418
Originalausgabe

Umschlag nach Entwürfen
von Willy Fleckhaus und Rolf Staudt
Druck und Bindung: C. H. Beck, Nördlingen
Printed in Germany
ISBN 978-3-518-30018-3

www.suhrkamp.de

Inhalt

Anhang

I.
Soziologische Aufklärung

Antrittsvorlesung, 25.1.1967
Westfälische Wilhelms-Universität Münster

1. Abklärung der Aufklärung

Das Thema »soziologische Aufklärung« lebt von einer inneren Spannung. Man findet zuweilen, daß die Soziologie ihrem Wesen und ihrer Zielsetzung nach als Aufklärung gekennzeichnet wird. Karl Mannheim hatte sozialwissenschaftliche Planung als Fortsetzung der Aufklärung begriffen.[1] Ralf Dahrendorf hat zum Beispiel ein Buch über die amerikanische Soziologie sogar mit »Die angewandte Aufklärung« betitelt.[2] Und Arnold Gehlen sieht in der sozialen Wirklichkeit Spuren der Aufklärung, die nach dem Verlust ihrer Prämissen gleichsam blind weiterläuft.[3] Die Grenzen des Aufklärungsgedankens werden jeweils gesehen, die Kosten werden aber nicht gegengerechnet. Lieber distanziert man sich von den Prinzipien und dem spezifischen Ethos der Aufklärung.

Eine solche Auffassung hat etwas Gewagtes, Einseitig-Auswählendes, Nichtselbstverständliches. Sie zieht etwas zusammen, was zunächst als eine historische Differenz bewußt ist. Wir sind es gewohnt, die Unternehmungen des denkenden Menschentums, die wir Aufklärung und Soziologie nennen, verschiedenen Epochen zuzuordnen: *Aufklärung* – das ist das Streben, die menschlichen Verhältnisse frei von allen Bindungen an Tradition und Vorurteil aus der Vernunft neu zu konstruieren; das sind Bemühungen, die ihren Höhepunkt im 18. Jahrhundert hatten und die danach rasch einer skeptischen Abwertung verfielen. *Soziologie* – das ist eine positive Wissenschaft, die sich um die Feststellung sozialer Fakten und Verhaltensgesetzlichkeiten bemüht, eine Wissenschaft, die im 19. Jahrhundert nach dem Zusammenbruch der Aufklärung auflebt und erst im 20. Jahrhundert eine eigene Theorie zu finden sucht.

Fäden der Kontinuität lassen sich gewiß aufspüren, besonders im 19. Jahrhundert. Nennen könnte man hier zum Beispiel das Wissenschaftsvertrauen, ein pragmatischer Optimismus und ein

1 Vgl. Karl Mannheim, *Mensch und Gesellschaft im Zeitalter des Umbaus*, Darmstadt 1958 (EA 1935).

2 Ralf Dahrendorf, *Die angewandte Aufklärung. Gesellschaft und Soziologie in Amerika*, München 1963.

3 Vgl. Arnold Gehlen, *Die Seele im technischen Zeitalter. Sozialpsychologische Probleme in der industriellen Gesellschaft*, Reinbek b. Hamburg 1957 (EA 1949).

sozialreformerischer Wille. Aber sie sind jetzt in ganz andere Muster eingewoben. Sozialreformerische Bemühungen zum Beispiel knüpfen an die Folgeprobleme einer neuen Sozialordnung an, begreifen sich von ihr her und finden darin keine Basis für eine ebenbürtige Auseinandersetzung mit der alteuropäischen Tradition der politisch-gesellschaftlichen Philosophie oder auch nur mit der Aufklärung.

Der Traditionsbruch an der Wende vom 18. zum 19. Jahrhundert war radikal. Er ließ weder Zeit, noch bot er Gelegenheit zu einer Abklärung der Aufklärung. Wenn ich gleichwohl meine Überlegungen unter dem Titel »Soziologische Aufklärung« vortrage, so bitte ich Sie, das nicht im Sinne einer historischen Spurenforschung zu verstehen. Weder ist die Aufklärung Vorläufer und Wegbereiter der Soziologie, noch finden sich in der Soziologie aufklärerische Spätzündungen. Vielmehr scheint mir die Soziologie gerade das zu sein und zu leisten, was wir vermissen und versäumt glaubten: eine *Abklärung der Aufklärung*. Soziologie ist nicht angewandte, sondern abgeklärte Aufklärung, sie ist der Versuch, der Aufklärung ihre Grenzen zu gewinnen.

2. Soziologie als Aufklärung

Ein aufklärerischer Grundzug der Soziologie tritt an mehreren für das Fach zentralen Stellen besonders deutlich hervor. Ich erwähne nur zwei, die ich ausführlicher erörtern möchte: Erstens den Versuch, menschliches Handeln durch inkongruente Perspektiven zu erklären, und zweitens den Übergang von Faktortheorien zu Systemtheorien.

2.1. Erklärung des Handelns durch inkongruente Perspektiven

Für alle Bemühungen der alteuropäischen »Praktischen Philosophie« war die Absicht bezeichnend gewesen, dem Handelnden sein richtiges Handeln vorzustellen. Die Homogenität der Perspektiven des Denkenden und des Handelnden wurde wie die Gemeinsamkeit der Welt und der Vernunft als selbstverständlich vorausgesetzt. Die Wissenschaft wurde als ratgebende Wissenschaft gesehen: Sie sollte dem Handelnden seine wahren Zwecke erläutern, sie sollte ihm die richtigen Mittel zeigen, und sie sollte ihm dazu verhelfen, die rechte Grundverfassung (Tugend) zu erlangen. Sie sollte das so erläutern, daß der Handelnde danach handeln konnte. Die Bindungen an die engen pragmatischen Auslegungen des Handlungshorizontes wurden als Merkmal ihres Gegenstandes erlebt. *Davon* – und nicht etwa von Werturteilen schlechthin – macht die Soziologie sich frei.

Zunächst geschieht dies dadurch, daß sie eine eigentümlich verfremdende Erkenntnistechnik aufnimmt und sich zu eigen macht, die im 19. Jahrhundert aufkommt. Der Sinn des Handelns wird nicht mehr durch Versenkung in sein Wesen, sein *telos* geklärt, sondern im Gegenteil durch Anlegung eines diskrepanten, unangemessenen, fremdartigen Maßstabes. Kenneth Burke hat dafür die treffende Formel »perspective by incongruity« geprägt.[4] Beispiele dafür sind die Ableitung des Denkens aus nicht mitgemeinten öko-

4 Vgl. Kenneth Burke, *Permanence and Change. An Anatomy of Purpose*, New York 1935, S. 95 ff.

nomischen Lebensbedingungen bei Karl Marx oder als Sublimierung eines fundamentalen Sexualtriebs bei Sigmund Freud. Oder Friedrich Nietzsches Verwendung einer unheiligen Symbolik zur Darstellung religiöser Verzweiflung. Oder die Romanthemen in der französischen und russischen Literatur, in der die Ehe als Institution an der außerehelichen Liebe gemessen wird und das religiöse Motiv am Verbrechen. Oder denken Sie an Oswald Spenglers Vergleich historisch entfernter Kulturen als »gleichzeitig«. Henri Bergson und Hans Vaihinger erläutern Begriffe und Abstraktionen durch Beziehung auf den Zeitfluß und als Verdeckung von Widersprüchen. Auch die verfremdenden Kunstrichtungen des 20. Jahrhunderts können genannt werden.

All das hat Erfolg, nicht nur populären Erfolg, sondern Erkenntniserfolg, ohne daß es gelänge, diesen Erfolg erkenntnistheoretisch nachzukonstruieren. Die Aufklärung dient nicht mehr der Ausbreitung von Vernunft und Tugend. Sie nimmt einen entlarvenden, diskreditierenden, zerstörenden Zug an. Und die Soziologie schwimmt ein gutes Stück mit in diesem Strom, kriecht hinter die offiziellen Fassaden, untersucht anrüchige Motive und zweite Absichten, latente Funktionen. Bei diesem Geschäft der Entlarvung entdeckt sie, daß die soziale Determination des Handelns sehr viel weiter reicht, als man gemeinhin angenommen hatte. Eine soziale Determination sitzt schon in den Wahrnehmungen und den Bedürfnissen, in den Mythen, in den Selbstmordziffern und im Konsum, in der Sprache selbst und erst recht in den Selbstverständlichkeiten der öffentlichen Moral. Durch so viel Determination verliert der gemeinte Sinn des Handelns sein kompaktes, undurchsichtiges und insofern wahrheitsfähiges Sein als etwas, das *so* ist und nicht anders. Durch so viel Aufklärung wird ein noch verborgenes Problem spürbar: die soziale Kontingenz der Welt. Alles könnte anders sein, anders gesehen werden, alles ist erlaubt.

Große Theorie ist jetzt nur noch möglich als Vorschlag zur Lösung *dieses* Problems – nicht als eine immer mehr entlarvende Aufklärung (die läuft von selbst), sondern als Durchblick auf die Grenzen der Aufklärung dieses neuen Stils, als Abklärung der Aufklärung. Ein symptomatischer Beleg dafür ist, daß die Soziologie genau hier, in der Suche nach einem Gegenhalt in der abrutschenden Aufklärung, ihren Weg als Fach von theoretischer Eigenständigkeit beginnt. Max Weber und Émile Durkheim lösen die

Soziologie ab von ökonomischen, psychologischen, biologischen, universalhistorischen Ausgangsannahmen und begründen ihre Eigenständigkeit genau mit dem Gedanken, mit dem sie die entlarvende Aufklärung abbremsen.

Zunächst stehen für dieses Abfangen der Entlarvungsaufklärung nur zwei Möglichkeiten zur Verfügung: subjektive und objektive Reduktion. Max Weber hält am subjektiv gemeinten Sinn des Handelns als einzig sicher gegebenem Faktum fest und versucht, daraus Idealtypen zu bauen. Émile Durkheim verdeckt die soziale Kontingenz der Welt durch seine These von der objektiven Dinghaftigkeit sozialer Tatsachen. Beides ist unzulänglich, wie schon die unversöhnliche Gegenüberstellung verrät. Erst die bei Weber und Durkheim in Ansätzen vorgebildete *Theorie des sozialen Systems* scheint eine Synthese zu ermöglichen und damit, wie ich glaube, zugleich eine Abklärung der Aufklärung.

2.2. Von Faktortheorien zu Systemtheorien

Um ein Urteil über die Bedeutung des Systembegriffs für die soziologische Theoriebildung und zugleich für das Problem der Aufklärung zu gewinnen, ist es nützlich, sich einen Grundzug der Theorieentwicklung vom 19. zum 20. Jahrhundert klarzumachen. Er besteht in einem *Übergang von Faktortheorien zu Systemtheorien.*

Faktortheorien – das sind Versuche der Erklärung sozialer Gebilde durch bestimmte einzelne Ursachen. Zum Beispiel durch ökonomische Bedürfnisse und die Weisen ihrer Befriedigung, durch psychologische Triebe wie den Kampftrieb oder den Nachahmungstrieb, durch anthropologische Gegebenheiten, zum Beispiel die mangelhafte Ausrüstung des Menschen für den Existenzkampf, oder durch Rassendifferenzen, klimatische Verhältnisse, biologische Auslesevorgänge. All diese Versuche scheitern, sofern sie Ursachen exklusiv oder doch dominant setzen, an ihrem zu einfachen Erklärungsansatz. *Systemtheorien* haben im Vergleich dazu ein sehr viel größeres Potential für Komplexität. Sie begreifen soziale Gebilde jeder Art – Familien, Produktionsbetriebe, Geselligkeitsvereine, Staaten, Marktwirtschaften, Kirchen, Gesellschaften – als Handlungssysteme, die sich in einer übermäßig komplexen Umwelt erhalten und dabei eine Vielzahl von Problemen lösen müssen. Es geht bei der Systembildung mit anderen Worten darum, die unfaßliche Komplexität der Welt auf handlungsfähigen Sinn zu bringen, sie zu reduzieren.

Mit dem Übergehen von Faktortheorien zu Systemtheorien wird die soziologische Theorie von außersozialen Ursachenannahmen abgelöst, die Soziologie also als Fach selbständig. Und zugleich damit ändert sich ihr Aufklärungsstil. Die Faktortheorien hatten Entlarvungsaufklärung getrieben durch das Aufdecken nicht eingestehbarer, peinlicher Ursachen des Handelns. Sie hatten den Handelnden selbst damit diskreditiert. An die Stelle der »eigentlichen« Ursachen des Handelns tritt nun das Aufdecken sehr komplexer, systemfunktionaler Sinnbeziehungen, die dem Handelnden nicht bewußt waren, ja nicht bewußt werden konnten. Auch das ist eine Kritik des Handelns, aber sie zieht nicht beschämend einfache Grundmotive wie bloße Nachahmung, Libido oder wirtschaftliches Interesse ans Licht, sondern sie stellt das Handeln dar als eine allzu drastische, grobe Vereinfachung einer sehr viel komplizierteren sozialen Wirklichkeit. Die Handlungsorientierung wird damit nicht als kunstvolle Scheinwelt, als bloße Verschönerung unedler Motive zu Fall gebracht, sondern sie wird auf innere Widersprüche, dysfunktionale Folgen, übergangene Gesichtspunkte, kurz: auf andere Möglichkeiten verwiesen – obwohl man weiß, daß der Handelnde selbst dies gar nicht alles erfassen und abarbeiten kann. Nicht Diskreditierung, sondern *Überforderung* wird jetzt das Problem der Aufklärung.

3. Erfassung und Reduktion von Komplexität

Mit dieser Umstellung auf das *Problem der Überforderung* und dessen *Lösung durch Systembildung* ist für die Abklärung der Aufklärung Entscheidendes gewonnen: daß sie ihre Grenzen erkennen und in ihre Theorie einarbeiten kann. Sie muß dieses Problem zur Theorie erklären. Dieses Problem besteht in der Diskrepanz zwischen Weltentwurf und aktualisierbarem Erleben, zwischen äußerster Komplexität der Welt und dem engen Potential für Aufmerksamkeit im intentionalen Erleben und Handeln. Daraus ergibt sich als *Grundgesetz aller Aufklärung*: daß die Komplexität der Welt nicht nur erfaßt, sondern auch reduziert werden muß; daß es nicht genügt, Vorstellungen von äußerster Unbestimmtheit zu produzieren, die wegen ihrer Unbestimmtheit konsensfähig sind, sondern daß diese Unbestimmtheit abgearbeitet werden muß. So ist das Wesen des Politischen zum Beispiel in der allgemein gehaltenen Zweckformel »Gemeinwohl« vermutet worden, deren Überkomplexität durch Entscheidungsprogramme abgearbeitet werden muß.

Die *Erfassung und Reduktion von Komplexität* ist nur möglich durch Systembildungen psychischer oder sozialer Art. Systeme sind das Medium der Aufklärung. Sie ermöglichen erstens eine zeitliche Selektionsverstärkung durch ein *schrittweises* Abarbeiten von Komplexität, ein Nacheinander der Informationsverarbeitung mit einer Erhaltung der Struktur und Speicherung der Resultate, ohne daß inzwischen alles zerfällt; und sie ermöglichen zweitens eine soziale Selektionsverstärkung, ein *gleichzeitiges* Abarbeiten von Komplexität in dem Sinne, daß man sich auf die Übertragbarkeit der Perspektiven und Ergebnisse anderer Menschen verlassen kann. Der andere Mensch wird zum Garanten einer sinnbeständigen Welt. Ich bevorzuge für diese Formulierungen eine Sprache, die ihre Abkunft aus der kybernetischen Systemtheorie nicht leugnet. Es ist aber auch eine Übersetzbarkeit in andere Theorieansätze gegeben. Zum Beispiel geht auch Arnold Gehlen vom Problem der Überforderung aus.

Lassen Sie mich nun zum Schluß kommen mit einem *vergleichenden Rückblick auf die Vernunftaufklärung*. Die Vernunftaufklärung hatte die Komplexität der Welt versteckt hinter ihren Prämissen: die Annahme einer Gleichverteilung der Vernunft als gemeinsamer Besitz der Menschen und die Annahme der Absehbarkeit guter Zwecke. Die Kritik dieser Prämissen durch die entlarvende Aufklärung bringt das Problem der Komplexität an den Tag, das nun zur Theorie der soziologischen Aufklärung werden kann. Daraus ergeben sich die entscheidenden Wendungen:

(a) Ein frei diskutierendes Publikum, wie Immanuel Kant etwa es in seiner Abhandlung »Beantwortung der Frage: Was ist Aufklärung?« als Medium der Aufklärung forderte,[5] würde dieses Problem der Überforderung nicht lösen. Es würde es nur noch schlimmer machen. Systeme, nicht das Publikum, sind das Medium einer ihrer Grenzen bewußten Aufklärung.

(b) Bloßes Sammeln und Anhäufen richtiger Informationen, bewährter Verhaltensregeln, von immer mehr Wissen löst das Problem der Aufklärung nicht. Es verliert sich in der Ferne eines vorhandenen, aber nicht gewußten Wissens. Auch eine enzyklopädische Organisation des Wissens reicht nicht. Unlogische, sprunghafte Vereinfachungen sind unentbehrlich, sie führen aber in widerspruchsvolle, nur systemrelative Orientierungen. Daher brauchen wir Formen der Kooperation mit hoher Toleranz für Widersprüchlichkeit und Systemrelativität der Aussagen, die sich daher auch bereits anbahnen. Die *Fachperspektiven einer Soziologie*, die sich als Aufklärung begreifen und die Grenzen der Aufklärung mitthematisieren will, sind deshalb um so mehr *interdisziplinär*. Nimmt man das Problem der Komplexität und ihre Reduktion zum Leitfaden, so treten besonders die transzendentale Phänomenologie, die Kybernetik, die Rechtstheorie, die Entscheidungswissenschaften sowie die Geschichtswissenschaften in den Blick. Es wäre angesichts des heutigen Standes der Theorieentwicklung verfrüht und gefährlich, die Diskussion zwischen diesen Disziplinen durch Abgrenzungsvorschläge zu unterbinden. Eher kommt es darauf an, Zusammenhänge aufzudecken, um die möglichen Bezugspunkte eines sinnvollen Divergierens festzustellen. Das läßt sich am Beispiel von Systemtheorien und Entscheidungstheorien zeigen. Die *Systemtheorien* könnten ihren Schwerpunkt finden in der

5 Immanuel Kant, »Beantwortung der Frage: Was ist Aufklärung? [1784]«, in: *Immanuel Kant's kleinere Schriften zur Logik und Metaphysik*, Abtheilung 1-4, hg. u. erläutert von Julius H. von Kirchmann, Leipzig 1870, Abt. 1, S. 109-119.

Analyse komplexer Systeme im Hinblick auf ihre Bestandsprobleme, auf funktionale Leistungen, auf dysfunktionale Folgen solcher Leistungen usw. Das heißt, sie hätten eine komplexe Struktur von konditional miteinander verbundenen Problemen und Problemlösungsmöglichkeiten zu klären, die letztlich auf die Komplexität der Welt zurückgeht. Für die *Entscheidungstheorie* ist ein anderer Problembegriff bezeichnend. Nämlich der des Problems als einer Aufgabe der Informationsverarbeitung, für die es richtige Lösungen gibt, die, wenn gefunden, das Problem beseitigen. Um aus Systemtheorien in Entscheidungstheorien zu gelangen, ist es also nötig, die Problemsprache zu wechseln: Wenn die Systemtheorie ein Einzelproblem genügend vorgeklärt hat, muß es durch ein Entscheidungsprogramm in ein entscheidbares Problem umformuliert werden, für das mit Hilfe bereitzustellender Regeln der Informationsverarbeitung die richtige Lösung gefunden werden kann. Es liegt auf der Hand, daß Systemtheorien und Entscheidungstheorien sich auf diese Weise wechselseitig entlasten könnten.

(c) Ein dritter Punkt ist die Geschichtsfeindlichkeit der Vernunftaufklärung. Sie glaubte, *Rationalität* nur *gegen* die *Geschichte* erreichen zu können – das steckte in all ihren Prämissen: Freiheit heißt Freiheit von den Fesseln der Vergangenheit, von zu engen Räumen und Gassen und ihren zahllosen, unvernünftig verwinkelten Besonderheiten. Auch die Soziologie hat das Problem der Geschichte bislang nicht gelöst. Sowohl der Funktionalismus wie der Empirismus sind antihistorisch. Es wäre aber voreilig, sie gerade insofern mit der Aufklärung zu identifizieren, also im Negativen das Gemeinsame zu sehen. Eine systemtheoretisch orientierte Soziologie, die vom Problem der Überforderung durch Komplexität ausgeht, ist demgegenüber in der Lage, Geschichte und Rationalität in einem *Verhältnis funktionaler Äquivalenz* zueinander zu erfassen. Beides sind verschiedene Formen der Reduktion von Komplexität: rationale Informationsbearbeitung auf der einen Seite, Hinnahme der Vergangenheit als schon reduzierte Komplexität auf der anderen Seite. Ein Sichabstützen auf vergangene Sinnarbeit ist ebenso unentbehrlich wie ein Sichabstützen auf gleichzeitige Sinnarbeit anderer. Alle Strukturbildung ist Resultat einer Systemgeschichte und nur so möglich. Die Soziologie kann verstehen, daß die Aufklärung Geschichte durch Rationalität ersetzen wollte, es handelt sich ja um funktionale Äquivalente. Aber ihr Sinn für Komplexität läßt sie zugleich begreifen, daß dieser Austausch nie ganz gelingen kann und daß wir höhere Komplexität in der Gesellschaft nur erreichen können, wenn wir rationale und traditionale Orientierungen nebeneinander verwenden und zugleich steigern können.

(d) Gegenüber Aufklärungsutopien, die ihre Grenzen nicht sahen, haben diese Grenzen sich im Wege des Gegenschlages durchgesetzt. Als neu erwachender Sinn für das Irrationale, das Vergangene, für das nicht Gemachte, sondern Gewachsene, für das Geheimnis des Lebens oder die Kraft zur Entscheidung oder für die Paradoxie als Prinzip. Die Vernunftaufklärung forderte die Romantik heraus. Der Romantik widersprach die Entlarvungsaufklärung, die mit allen Mitteln der Sophistik dem schönen Schein zu Leibe ging. Erst in der soziologischen Aufklärung finden sich Ansätze zu einer Abklärung der Aufklärung, und mir scheinen diese Ansätze ein tragfähiger Boden zu sein für wissenschaftliche Arbeit, das heißt für *Arbeit an der Reduktion von Komplexität.*

II.
Theorie sozialer Systeme

Vorlesung Sommersemester 1967
Westfälische Wilhelms-Universität Münster

1. Einleitung

1.1. Gegenstand und Charakter der Vorlesung

In dieser Vorlesung geht es um soziale Systeme schlechthin. Wie am Ablaufplan ersichtlich, sage ich zunächst etwas Grundsätzliches zu meinem eigenen Verständnis des Begriffs des sozialen Systems. Es folgt im 2. Teil eine problemgeschichtliche Einführung, denn zunächst muß man sich darüber im klaren sein, was bisher zu diesem Thema gedacht worden ist, einerseits in der alteuropäischen Tradition im Zusammenhang mit dem Verständnis von Gesellschaft, andererseits in der Soziologie im Zusammenhang mit dem Handlungsbegriff und den Konzepten von Kausalität und Funktion. Im 3. Teil möchte ich mit Talcott Parsons den prominentesten Vertreter einer soziologischen Systemtheorie vorstellen; Parsons entwirft eine auf dem Handlungsbegriff basierende, weitgehend analytisch-deduktiv arbeitende Systemtheorie. Die Darstellung dieser schwierigen Theorie dient auch dazu, die Punkte zu benennen, an denen meine Überlegungen von Parsons abzweigen. Die problem- und ideengeschichtliche Ausführung schließe ich im 4. Teil ab mit einer Skizze der Entwicklung des Systemverständnisses der allgemeinen Systemtheorie. Damit komme ich im 5. Teil zu meinem eigenen Ansatz einer funktional-strukturellen Systemtheorie, für die das System/Umwelt-Verhältnis und die Begriffe »Welt«, »Komplexität« und »Reduktion« zentral sind. Wenn man den Funktionsbegriff dem Strukturbegriff vorordnet, wie ich es tue, kann man nach der Funktion von Struktur fragen, weshalb ich im 6. Teil den Begriff der Systemstruktur klären möchte. Im 7. Teil wird es um den Kommunikationsbegriff gehen, der für die Frage der Reduktion von Komplexität eine besondere Bedeutung gewinnt. In den Blick genommen werden muß auch die Möglichkeit des Wandels der Systeme, das heißt von Strukturänderungen (8. Teil), damit zusammen hängt das Differenzierungs- und Evolutionskonzept (9. Teil). Im 10. Teil beschäftige ich mich mit der Frage, was wir meinen, wenn wir auf der Basis des skizzierten Ansatzes von einer Autonomie sozialer Systeme sprechen. Am Schluß der Vorlesung stehen Überlegungen zu dem mit dem Systemkonzept implizierten

Rationalitätsverständnis und damit der Frage des Verhältnisses von Theorie und Praxis.[1]

Die Vorlesung ist kein Bericht über in der Literatur vorhandenes Gedankengut (aber sie ist natürlich nicht beziehungslos zur vorhandenen Literatur gearbeitet), sondern ein relativ eigenständiger Versuch einer soziologischen Theorie. Daher habe ich Schwierigkeiten, Ihnen wirklich geeignete Literaturangaben zu machen. Erwähnen möchte ich die Einführung in die Soziologie von Harry Johnson und die gerade erschienene Publikation Walter Buckleys zu Soziologie und moderner Systemtheorie.[2] Außerdem wird es einen Aufsatz von mir geben, »Soziologie als Theorie sozialer Systeme«, der in der *Kölner Zeitschrift für Soziologie und Sozialpsychologie* erscheinen soll.[3]

Bei meiner Vorlesung handelt es sich um die Einladung, sich mit einem bestimmten, ziemlich anspruchsvollen Theorieansatz zu beschäftigen. Es geht mir darum, die Aufmerksamkeit auf die Frage zu lenken, auf was zu achten ist, wenn man *Soziologie als Theorie sozialer Systeme* betreibt, also um ein *sensitizing concept*, das nicht ohne weitere Erklärung auskommt. Dieser Ansatz vermittelt vor allem ein analytisches Instrumentarium, mit dem man konkretere Probleme bearbeiten kann, und zwar Probleme sehr verschiedener Art, die ohne eine abstrakte Theorie nicht in einen Zusammenhang zu bringen wären. Der Vorteil eines hohen Abstraktionsgrades ist die Übertragbarkeit von Gedanken und Einsichten, die Kohärenz des eigenen Denkens, die Ökonomie im Lernen und Forschen. Der Nachteil liegt in der Unanschaulichkeit. Die Frage »Wozu?« kann nicht immer sofort beantwortet werden.

Auch die Frage, ob die Vorlesung für Anfänger geeignet ist, ist nicht eindeutig zu beantworten. Einerseits kann man sie bejahen, weil wenig wissensmäßige Voraussetzungen gemacht werden, weil eine abstrakte Theorie eine Art des Einstiegs in ein Fach bedeutet, der mit einer hohen Ökonomie des Lernens einhergeht. Es ist aber natürlich auch eine Begabungs- und Veranlagungsfrage. An-

1 Anm. d. Hg.: Der geplante Schluß zu »Rationalität« wurde vermutlich aus Zeitgründen nicht mehr ausgearbeitet.

2 Harry M. Johnson, *Sociology. A Systematic Introduction*, New York 1960; Walter Buckley, *Sociology and Modern Systems Theory*, Englewood Cliffs 1967.

3 Niklas Luhmann, »Soziologie als Theorie sozialer Systeme«, in: *Kölner Zeitschrift für Soziologie und Sozialpsychologie* 19 (1967), S. 615-644.

dererseits gibt es nur einen geringen Zusammenhang mit Ihren Vorerfahrungen, und es gibt eine gewisse Unanschaulichkeit der Darstellung. Daraus resultieren möglicherweise Schwierigkeiten des Verständnisses, warum etwas so und nicht anders konzipiert wird. Deshalb bitte ich um Fragen, wenn Ihnen etwas unverständlich bleibt.

Die Vorlesung gehört in den Bereich der allgemeinen Soziologie. Die im Fach übliche *Unterscheidung von allgemeiner und spezieller Soziologie* ist nicht unproblematisch, denn sie ist eigentlich eine künstliche Unterscheidung. Von der Systemtheorie aus wird diese Unterscheidung allerdings selbst konstruierbar: Man kann dann unterscheiden zwischen Überlegungen zum sozialen System schlechthin und Überlegungen zu bestimmten Typen sozialer Systeme, wie zum Beispiel der Gesellschaft oder der Organisation oder dem Zusammentreffen aus geselligem Anlaß.[4] Damit wird zugleich deutlich, daß es sich bei der Unterscheidung nicht um ein kontaktloses Nebeneinander handelt, sondern daß die allgemeine Soziologie selbst wiederum als spezielle Soziologie angewandt und ausgewertet werden kann und zugleich den Zusammenhang zwischen verschiedenen speziellen Soziologien herstellt.

1.2. Soziales System: Begriff und Erläuterung

Soziale Systeme bestehen aus Handlungen verschiedener Menschen, die durch ihren Sinn aufeinander bezogen und durch diesen Sinnzusammenhang von einer Umwelt nicht dazugehöriger Handlungsmöglichkeiten abgegrenzt sind. Der Ausgangsbegriff meines Systemverständnisses ist also der Begriff der *Handlung*. Eine Handlung ist jede Bewegung des menschlichen Körpers, der ein gemeinter Sinn zugrunde liegt. Das ist bei oberflächlichem Hinsehen der Handlungsbegriff, den Max Weber verwendet und den Talcott Parsons von ihm übernommen hat. Beide Autoren klären indes nicht weiter, was sie unter Sinn verstehen, und das ist ein sehr entscheidendes Versäumnis. Sinn wird als eine (wenn auch subjektive) Eigenschaft von Handlung verstanden. Es gibt aber kein ontologisches Merkmalsschema des Handelns, man kann das Handeln

4 Vgl. dazu unten, Vorlesungen III und IV.

nicht durch ontologisch interpretierbare Merkmale definieren, die allen Handlungen zukommen. Weiterführend ist in dieser Hinsicht Alfred Schütz und dessen *Der sinnhafte Aufbau der sozialen Welt* mit dem Versuch, einen Zusammenhang zwischen der phänomenologischen Philosophie Edmund Husserls, die den Sinnbegriff auf Welt hin interpretiert hat, und Max Webers Soziologie, die den Sinnbegriff an das handelnde Subjekt koppelt, herzustellen.[5] Dieser Versuch ist aber nicht in jeder Hinsicht gelungen.

Sinn ist nichts anderes als der Weltbezug, die Verweisung auf *andere* Möglichkeiten. Dieser Weltbezug kann aber nur durch Systeme artikuliert und hergestellt werden. Das System legt gewisse Selektionen als sinnvoll nahe und schließt andere aus, es verfährt also im Bereich des möglichen Verhaltens höchst selektiv. Erfolgschancen oder Verstöße sind in verschiedenen Sinnzusammenhängen jeweils ganz unterschiedlich. Zum Beispiel ergibt sich der Sinn eines Streichs von Schülern gegenüber ihrem Lehrer nur im Rahmen des sozialen Systems Schule, das aus dem Bereich des möglichen Verhaltens einen bestimmten Komplex eines Verhaltens auszeichnet, der allgemein erwartet wird. Diese Analyse führt zu der Erkenntnis, daß Sinn ein System immer schon impliziert: Handlungen können nur in Systemen Sinn haben.

1.3. Universalität der Theorie

Ich behaupte, daß die *Soziologie* die Wissenschaft von den sozialen Systemen ist. Dies und nichts weiter. Es ist die Wissenschaft von *sozialen* Systemen im Unterschied zu anderen Systemen wie Maschinen, Organismen, Persönlichkeiten, Symbolsystemen. Insofern ist die Theorie des sozialen Systems die Theorie der Soziologie, sie ist ein einheitlicher Forschungsansatz für die gesamte Soziologie und sie beansprucht fachuniverselle Geltung. Es darf nichts geben, was sie ausläßt, sie muß zum Beispiel so unterschiedliche Phänomene wie Macht, Konflikt, Wandel, Verfall, Prozesse behandeln können. Es darf keine blinden Flecken geben. Wenn solche nachweisbar sind, ist die Theorie unzulänglich und muß geändert werden. Deshalb ist ein hoher Abstraktionsgrad notwendig.

5 Alfred Schütz, *Der sinnhafte Aufbau der sozialen Welt. Eine Einleitung in die verstehende Soziologie*, Wien 1932.

Zum Beispiel muß die Theorie auch eher flüchtige soziale Sachverhalte wie Verfahren vor einem Gericht oder Situationen im Sinne zufälliger sozialer Zusammenkünfte (in Anlehnung an Erving Goffmans Begriff des *encounter*[6]) als soziale Systeme verstehen, da es sich um sinngemäß aufeinander bezogene Handlungen handelt, die sich dadurch von anderen Handlungen abgrenzen.[7]

Diese These der Universalität der Theorie ist nicht zu verwechseln mit anderen Universalitätsthesen. Die Theorie ist zum Beispiel nicht universell in dem Sinne, daß alle Soziologen bewußt oder unbewußt Systemtheoretiker wären. Ferner wird auch nicht behauptet, daß die Systemtheorie die einzig mögliche oder die einzig richtige Konzeption der Soziologie wäre. Es mag andere, äquivalente Theorien geben. Zur Zeit gibt es aber wohl kaum andere Theorien, die den gleichen Universalitätsanspruch erheben könnten.

1.4. Analytische und konkrete Systeme

Geht man von der aktuellen Diskussion aus, wäre eine der wichtigsten Vorfragen der Systemtheorie, ob es sich bei sozialen Systemen um analytische oder konkrete Systeme handelt. Das ist eine Frage, die man bei Talcott Parsons eher beläufig erwähnt findet,[8] dagegen explizit bei David Easton, der davon ausgeht, daß die Identifikation und Unterscheidung von Systemen zu den Normalanforderungen im alltäglichen Leben zählt.[9] *Analytische Systeme* sind Systeme, die nur durch eine bestimmte wissenschaftliche Perspektive zusammengehalten und abgegrenzt sind, zum Beispiel alles, was eine bestimmte Funktion erfüllt, etwa Wissen überträgt. *Konkrete Systeme* sind solche, die als Handlungszusammenhang im täglichen Leben bewußt sind und die eine einheitliche Struktur sowie bestimmte Grenzen haben, an denen die Handelnden sich orientieren. Man könnte auch sagen: Systeme, die sich selbst identifizieren – und nicht erst durch die Wissenschaft identifiziert werden. Ein Beispiel

6 Erving Goffman, *Encounters. Two Studies in the Sociology of Interaction*, Indianapolis 1961.

7 Vgl. dazu unten, Vorlesung V.

8 Vgl. Talcott Parsons, *The Structure of Social Action. A Study in Social Theory with Special Reference to a Group of Recent European Writers*, New York 1937.

9 Vgl. David Easton, *A Framework for Political Analysis*, Englewood Cliffs 1965.

für solche konkreten Systeme des alltäglichen Lebens sind Universitäten.

Bei genauerem Zusehen ist die Unterscheidung von analytischen und konkreten Systemen aber wenig ergiebig, ja gefährlich, und zwar aus zweierlei Gründen: (1) Auf der einen Seite stellt sich die Frage, wodurch sich die Wissenschaft denn leiten läßt bei der Feststellung analytischer Systeme. Es muß sie geben. Auch analytische Systeme sind empirische Systeme und nicht etwa Zeichensysteme, also Begriffe, Theorien, Modelle. Hätte es etwa Sinn, alle, die beim Fernsehen Flaschenbier trinken, als ein System zusammenzufassen? Obwohl die Zusammenfassung Sinn haben kann, ist das ganz offensichtlich kein System. (2) Auf der anderen Seite gilt, daß nicht nur die Wissenschaft, sondern auch das tägliche Leben sich der konkreten Wirklichkeit gegenüber selektiv, also abstrahierend verhält. Kein Handeln meint seine Situation, seine Objekte, seine Partner in jeder Hinsicht, sondern immer nur in bestimmten Hinsichten – und insofern analytisch. Das kann man sich an einem Beispiel verdeutlichen. Ein Beamter, der sein Butterbrot ißt, handelt gleichzeitig in unterschiedlichen Systemen: Er handelt im organisationalen Arbeitssystem qua Pause oder auch qua abweichendes Verhalten, wenn er während der Arbeitszeit ißt; er handelt im Zivilisationssystem qua kultiviertes Verhalten; und er handelt in der Familie, wenn er sich darüber ärgert, daß ihm seine Frau Käse statt Wurst mitgegeben hat. Er muß diese Systemreferenzen beherrschen und trennen können, zum Beispiel aufhören zu essen, wenn ihn jemand anspricht, nicht mit dem Vorgesetzten über Käse oder Wurst sprechen oder über den Ärger wegen des falschen Brotaufstrichs usw. Alle Systeme sind der konkreten Wirklichkeit gegenüber also selektiv, das heißt gegen vieles indifferent.

Man muß mithin *zwei Ebenen der selektiven Abstraktion* unterscheiden: die des lebenspraktischen Handelns und die der Wissenschaft. Das Problem ist dann, wie sich diese beiden Ebenen zueinander verhalten. Sie dürfen sich einerseits nicht decken, denn die Wissenschaft soll Erkenntnisgewinn abwerfen; und sie dürfen andererseits nicht den Kontakt verlieren, wenn die Wissenschaft Erkenntnisse über die Welt bieten soll. Die Leistungsfähigkeit eines theoretischen Instrumentariums ist letztlich danach zu beurteilen, wie es dieses Problem der Zuordnung von *Theorie und Praxis* löst. Es ist nicht einfach ein Problem der Anwendbarkeit von Theorie, sondern eine Koordination verschiedener Stile der Selektivität. Die Unterscheidung von analytischen und konkreten Systemen ist in bezug auf diese Frage naiv, sie substantialisiert das Problem durch eine Unterscheidung. Es ist dann kein Wunder, daß Parsons die Kontrolle über den erträglichen Abstraktionsgrad seiner Theorie zu verlieren droht. Diese Vorlesung versucht, eine Antwort auf diese Frage zu geben.

Vorausblickend auf das Weitere sei gesagt: Systeme leisten Selektion. Das ist eine funktionale Bestimmung. Es geht um die *Erfassung und Reduktion von Komplexität.* Die Soziologie als Wissenschaft bietet eine kritische Analyse sozialer Systeme unter diesem Gesichtspunkt – und in diesem Sinne: Aufklärung.[10]

10 Vgl. zu dem damit verbundenen Verständnis von Aufklärung oben, Vorlesung I.

2. Problemgeschichtliche Einführung

2.1. Theorie der Gesellschaft und Theorie des sozialen Systems

Die Vorlesung ist keine geschichtlich orientierte Vorlesung. Sie hat nicht den Anspruch, eine adäquate Dogmengeschichte, einen Überblick über das Nachdenken über das Wesen des Sozialen zu bieten. Dennoch können wir nicht so tun, als ob es sich bei dem, was ich Ihnen vorstellen will, um einen vollständigen Neuanfang handeln würde. Über unser Thema ist in der abendländischen Geschichte vielmehr seit ihren Anfängen nachgedacht worden. Die Ablagerungen dieses Denkens können wir nicht einfach abschütteln. Wir können uns nur das Verhältnis zu unserer Geschichte bewußt machen, damit sie uns nicht unbewußt, in Form nicht durchdachter Weichenstellungen und Vorurteile, beherrscht. Eine bewußte Definition unserer Position in bezug auf die alteuropäische Tradition hat auch den Vorteil, daß sie aus der Entfernung deren inneren Zusammenhang und deren Konsistenz besser erkennen läßt, als wenn man in der Tradition lebt und sie einfach fortlebt. Erst durch ihre Überwindung, nämlich im Hinblick auf eine andere Möglichkeit, kann die Tradition ein zureichendes Bewußtsein ihrer selbst erhalten. Deshalb müssen alle unreflektierten Wiederbelebungsversuche der Tradition kritisch gesehen werden.

Worum handelt es sich aber bei dieser alteuropäischen Tradition? Es handelt sich um eine ethisch-politische *Philosophie der Gesellschaft*.[11] Wir müssen zunächst zu begreifen suchen, warum das Denken über Gesellschaft *ethisch* war und warum es *politisch* war. Ausgangspunkt dieses doppelpoligen Denkens war eine Lehre des Menschen, die in eine ontologische Metaphysik eingebaut war. Der Mensch wurde demzufolge als Substanz begriffen, und zwar als Lebewesen, das sich von anderen Lebewesen, vor allem vom Tier, durch seine Vernunft (*ratio*) auszeichnet. Das Wesen des Menschen wird also *ontologisch* durch seine spezifische Differenz, den Unterschied vom Tier, bestimmt. Daraus ergibt sich eine geschichtete Struktur von Bedürfnissen – dessen nämlich, was zur Erhaltung

11 Vgl. dazu ausführlich unten, Vorlesung III, Teil 2.

und Verwirklichung des Menschen als Substanz, als Lebewesen, als Vernunft nötig ist. Bedürfnisse werden auf jeder Ebene ihres Ranges durch Handeln befriedigt. Der Sinn dieses Handelns liegt deshalb in seiner teleologischen Struktur, das heißt darin, daß das Handeln einem Höhepunkt zustrebt, in dem das Bedürfnis zur Ruhe kommt.

Für die auf dieser Basis entwickelte Sozialwissenschaft ist entscheidend, daß das bedürfnisbezogene Handeln zwei verschiedenartige Beziehungen zum anderen Menschen ermöglicht, also das Soziale ins Spiel bringt: Hilfe und Bedrohung, Nutzen und Schaden. Demgemäß gibt es zwei durchgehende Problemformeln, die in verschiedenen Ausprägungen vorkommen: Angewiesenheit auf andere und Bedrohtheit durch andere, *indigentia* (Mangel) und *metus* (Furcht), Arbeitsteilung und Klassenkampf, Integration und Konflikt. Die genaue Begriffsfassung variiert von Epoche zu Epoche, die Akzentsetzung variiert von Autor zu Autor, zum Beispiel von Thomas Hobbes zu John Locke. An der Wurzel dieses unauflösbaren Gegensatzes finden wir immer den Begriff des bedürfnisbezogenen Handelns. Und die genannten Formeln werden als Zweckformeln für Gesellschaft, genauer für den Staat verstanden, deshalb handelt es sich um eine politische Gesellschaftsphilosophie.

Die anthropologisch-ethisch-politische Gesellschaftstheorie ist eine Einheit gewesen, die zerbrochen und bis heute nicht wieder erreicht worden ist. Was bleibt?

(a) Es gibt eine direkte Anknüpfung an die Anthropologie. Zu nennen sind hier insbesondere Arnold Gehlen und Helmuth Plessner.[12] Beibehalten wird dabei die Interpretation des Menschen aus seinem Unterschied zum Tier. Aber es kommt im Unterschied zur Tradition zu einer Umkehr der Bewertung: nicht mehr, sondern weniger; nicht Vernunft, sondern fehlende Instinktausstattung; keine feste Bindung an eine spezifische Umwelt, sondern Weltoffenheit. Der Mensch hat mehr Möglichkeiten, als er aktualisieren kann. Er ist überlastet (bei Gehlen wird das in der Formulierung vom Menschen als »Mängelwesen« gefaßt, nicht mehr, wie in der Tradition, als »Krone der Schöpfung«), und er bedarf deshalb der Entlastung. Im Hinblick darauf wird das Soziale in diesen Ansätzen

12 Vgl. Arnold Gehlen, *Der Mensch. Seine Natur und seine Stellung in der Welt*, 6., unver. Aufl., Bonn 1958; Helmuth Plessner, *Conditio humana*, Pfullingen 1964.

funktionalisiert auf die Mangelstruktur des Menschen. Das nennt man dann Institutionenlehre. Sie können das in dem Buch *Sozialphilosophie der industriellen Arbeitswelt* von Friedrich Jonas nachlesen.[13] Dieser Ansatz ist sehr lohnend, aber er hat keinen Kontakt mit den heutigen Hauptströmungen der Soziologie.

(b) Weil der Ausgangspunkt die verschiedenartigen, sich widersprechenden sozialen Beziehungen sind, ist die Gesellschaftswissenschaft in der alteuropäischen Tradition eine *politische* Wissenschaft. Denn diese Probleme: Hilfe und Verteilung auf der einen, Sicherung vor Bedrohung auf der anderen Seite, lassen sich nur durch eine politische Ordnung der Gesellschaft lösen. Im einzelnen wandelt sich das, wie man an den Begriffen erkennen kann: *polis, civitas, societas civilis*. Erst an der Wende zum 19. Jahrhundert gibt es einen radikalen Bruch mit der Tradition, mit einer nun scharfen gedanklichen Trennung von Staat (Politik) und Gesellschaft in der Hegelschen Rechtsphilosophie. Die »Gesellschaft« wird zur Gesellschaft von Privatleuten, zur »bürgerlichen Gesellschaft«, deren Einheit nicht mehr durch die politische Ordnung, sondern durch die Wirtschaft bestimmt wird.[14]

Die Soziologie etabliert sich als Wissenschaft von dieser Gesellschaft. Es kommt dabei zu einer Allianz von Soziologie und Ökonomie, die Staatswissenschaften als die ursprüngliche Einheit der Wissenschaften von der Gesellschaft werden juristisch. Als ein Relikt bleibt die Fächerkombination dieses Studiums. In dieser merkwürdigen Isolierung haben die Gesellschaftswissenschaften keine adäquate Theorie hervorgebracht. Sie leiden am Verlust des Bezugsproblems. Das sieht man bei der Reduktion der Soziologie auf die Lehre von den sozialen Beziehungen bei Leopold von Wiese.[15] Und das Ringen darum zeigt sich bei Ferdinand Tönnies in dem Einbau der Antinomie von Gemeinschaft und Gesellschaft.[16] Erst mit den Ansätzen zu einer Theorie des sozialen Systems, so meine These,

13 Friedrich Jonas, *Sozialphilosophie der industriellen Arbeitswelt*, Stuttgart 1960.

14 Vgl. Manfred Riedel, »Hegels ›bürgerliche Gesellschaft‹ und das Problem ihres geschichtlichen Ursprungs«, in: *Archiv für Rechts- und Sozialphilosophie* 48 (1962), S. 539-566.

15 Vgl. Leopold von Wiese, *Allgemeine Soziologie als Lehre von den Beziehungen und Beziehungsgebilden der Menschen. Teil 1: Beziehungslehre*, München 1924.

16 Vgl. Ferdinand Tönnies, *Gemeinschaft und Gesellschaft. Abhandlung des Communismus und des Socialismus als empirischer Culturformen*, Leipzig 1887.

konsolidiert sich die Soziologie als Fach. Aber kann man nun am Gesellschaftsbegriff noch festhalten?

(c) Talcott Parsons definiert Gesellschaft als ein soziales System unter anderen. Gesellschaften sind solche Sozialsysteme, die alle bestandsnotwendigen Funktionen selbst erfüllen können. Das ist eine rätselvolle Formulierung! Ist damit Autarkie gemeint? Meine Interpretation ist: Gesellschaft heißt, daß das Sozialsystem selbst funktionalspezifisch nicht differenziert ist, sondern als alle Differenzierungen in sich begründend verstanden werden muß. Jedenfalls ist eines deutlich: Die Theorie des *sozialen Systems* hat den höheren Abstraktionsgrad und damit den Vorrang vor der *Theorie der Gesellschaft*. Der Soziologentag 1968 in Frankfurt ist ein Indiz für die Aktualität des Themas. Die Formulierung »Spätkapitalismus oder Industriegesellschaft?« verdeckt die dahinterstehende Frage, auf welcher theoretischen Grundlage man die Gesellschaft denn angemessen beschreiben kann.

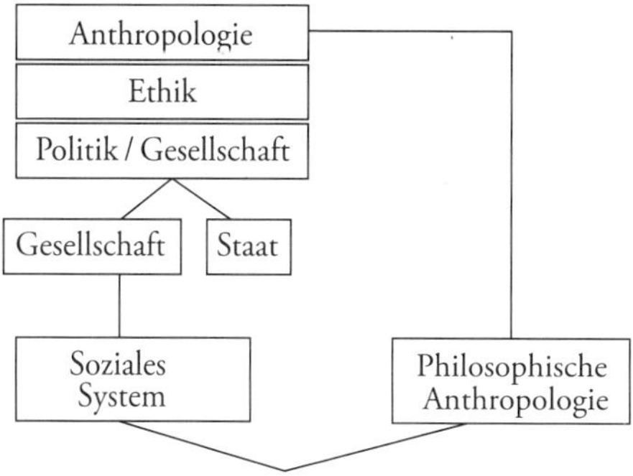

Abb. 1: Die Entwicklung der Gesellschaftsphilosophie

2.2. Handlungstheorien und Systemtheorien: das Problem der Ethik

In der gesamten Diskussion, die ich skizziert habe, hat das *Verhältnis von Handlung und System* nicht geklärt werden können. Der ethisch-politischen Gesellschaftslehre liegt eine teleologische Handlungslehre, ein Zweck/Mittel-Denken zugrunde, und daneben gibt es eine Lehre von sozialen Körpern mit eigenen Zwecken. Beides ist nur über einen Problembezug integriert und über gewisse Zwecke, die diesen Problembezug ausdrücken: Es gibt richtige und falsche, gute und schlechte Zwecke. Im 19. Jahrhundert etabliert sich das Postulat der Wertfreiheit: Das Handeln, nicht die wissenschaftliche Analyse von Handlungszusammenhängen, sei an Werte gebunden. Das ist so gewollt, wegen der wissenschaftlichen Objektivität, aber theoretisch ist das nicht bewältigt worden. Im übrigen heißt ohne inneres Engagement noch nicht: ohne ethische Reduktion!

Talcott Parsons leitet die Theorie des sozialen Systems aus einer Theorie des Aktionssystems ab.[17] Das heißt nicht nur, daß soziale Systeme aus Handlungen bestehen, sondern daß deshalb auch die Theorie des Handelns Vorrang hat und deduktive Prämissen setzt für die Theorie sozialer Systeme. Die Einsicht in die kategoriale Struktur des *einfachen* Handelns soll auch für hochkomplexe Sozialsysteme maßgebend sein. Es gibt zwar ein Zugeständnis bestimmter Erscheinungen, die erst bei höherer Komplexität auftreten. Parsons zitiert aber als Motto für sein erstes großes Buch *The Structure of Social Action*[18] von 1937 Max Weber aus dessen Aufsatz »Die ›Objektivität‹ sozialwissenschaftlicher und sozialpolitischer Erkenntnis«: »Jede denkende Besinnung auf die letzten Elemente sinnvollen menschlichen Handelns ist zunächst gebunden an die Kategorien ›Zweck‹ und ›Mittel‹.«[19]

Gegen diesen Ansatz gibt es drei prinzipielle Bedenken: (1) Parsons unterliegt einem für die Systemtheorie problematischen Zwang zur Überfolgerung der Handlungstheorie mit ihrem ver-

17 Vgl. unten in dieser Vorlesung, Abschnitt 3.1.

18 Parsons, *The Structure of Social Action*, S. XIII.

19 Max Weber, »Die ›Objektivität‹ sozialwissenschaftlicher und sozialpolitischer Erkenntnis«, in: ders., *Gesammelte Aufsätze zur Wissenschaftslehre*, Tübingen 1922, S. 146-214 (149).

gleichsweise einfachen Konzept des Handelns: Wenn Systeme aus Handlungen bestehen, dann muß die Systemtheorie an die Handlungstheorie anknüpfen. (2) Es gibt kein ontologisches Merkmalsschema des Handelns, insbesondere ist es nicht das Zweck/Mittel-Schema, ja nicht einmal die Kausalauslegung selbst. Dazu gibt es viel historisches und ethnologisches Material. Und ferner kann man jede »gemeinte« Sinnstruktur durch die Frage nach ihrer Funktion hintergehen. (3) Man muß viel stärker als bisher die geringe Kapazität der einzelnen Handlung für Sinnverarbeitung sehen. Das ist die eigentliche *conditio humana*, daß man nie alles zugleich haben kann und deshalb eine Wertorientierung braucht. Das gilt nicht in gleichem Maße für soziale Systeme, die selbst hochkomplex werden können und viel völlig heterogenes Handeln simultan ablaufen lassen. Soziale Systeme schieben sich also zwischen die Welt und die Handlung. Als Beispiel kann man an einen Patienten denken, der sich in der Apotheke mit einem Rezept ein Medikament abholt. Vorausgesetzt sind dabei ganz verschiedenartige soziale Leistungen und Gegebenheiten, die individuell in der Situation gar nicht mitzuvollziehen sind und auch nicht mitvollzogen werden müssen. Gerade in dieser *Vermittlungsfunktion* zwischen Welt und Handeln können soziale Systeme nicht begriffen werden, wenn man von einer Theorie des Handelns ausgeht.

2.3. Faktortheorien und Systemtheorien: das Problem der Kausalität

Neben dem Handlungsschema ist die zweite große und verführerische Vereinfachung der Soziologie die Kausalbeziehung. Das *Kausalschema* ist eine Weltauslegung bestimmter Art von Prinzipien unendlicher Komplexität (Ursache von Ursache von Ursache ...; Wirkungen von Wirkungen von Wirkungen ...) mit einem bestimmten Suggestiveffekt auf Vereinfachung, der Versuch, bestimmte wahre, notwendige Beziehungen zwischen Ursachen und Wirkungen zu entdecken. An die Stelle ethisch-teleologischer Sozialtheorien treten im 19. Jahrhundert Theorien eines Stils, die man Faktortheorien oder schärfer noch: *Einfaktortheorien* nennen könnte. Das wird in verschiedenen Varianten durchgespielt, zum Beispiel von Karl Marx und Gabriel Tarde. Was ist die Ursache der menschlichen Gesellschaft? Eine bestimmte anthropologische Grundausrüstung, insbesondere ökonomische Bedürfnisse, psychologische Triebe wie der Kampftrieb, der Nachahmungstrieb, oder etwa Rassendifferenzen, klimatische Entwicklungen, biologische Auslesevorgänge. Sobald man solche Ursachen aber exklusiv setzt, scheitert die Erklärung.

Für Systeme von einiger Komplexität ist es nämlich gerade bezeichnend, daß sie sich von spezifischen Ursachen unabhängig machen können. Das heißt fünferlei: (1) Genetisch-evolutionär gesehen können bestimmte sehr ähnliche kulturelle Errungenschaften auf sehr verschiedenen Wegen entstehen. Zum Beispiel kann politische Herrschaft unabhängig von Verwandtschaft aus kriegerischen Überlagerungen oder durch Wachstum entstehen. Bürokratie entsteht historisch aus verschiedenen Wurzeln, ähnliches gilt für Hochreligionen usw. Der theoretische Grundbegriff dafür, der von Ludwig von Bertalanffy stammt, lautet *Äquifinalität*, das heißt eine gewisse funktionale Äquivalenz von Ursachen im Aufbau von Systemen.[20] (2) Es gibt eine *Indifferenz* sozialer Systeme infolge der Institutionalisierung von *Schwellen* gegen Umweltveränderungen. Ein Beispiel dafür ist das Vertrauen und die Schwelle des Vertrauensbruchs; oder Indifferenzgrenzen etwa der Bürokratie gegen Klagen, bis die Fälle zum Beispiel politisch relevant werden. (3) Kleine Ursachen erhalten große Wirkungen. In diesen Fällen geht es um das Bereithalten potentieller Ursachen im System, die erst zusammen mit bestimmten Umweltereignissen Effekte ergeben: Die Selektivität des Systems ist entscheidend für die Wirkung. (4) Systeme, die hinreichend komplex sind, können sich erhalten dadurch, daß sie einzelne Ursachen austauschen. Das nennt man das Prinzip der *Substitution*. Das bekannteste Beispiel ist natürlich die Substitution von Personen in abstrakten Rollen. Der Großbetrieb etwa ist unabhängig von bestimmten Personen, selbst der Chef ist ersetzbar. Aber es gibt zum Beispiel auch ein Substitutionsverhältnis von Personen und Programmen in politischen Systemen, die Substitution von Zwang für Reue als Motivationsmittel, von Verfahren für Naturrecht als Legitimationsmittel. In der Ehe können Kinder an die Stelle von Liebe treten. (5) Systeme, die einmal entstanden

20 Vgl. Ludwig von Bertalanffy, »Äquifinalität«, in: ders., *Biophysik des Fließgleichgewichts. Einführung in die Physik offener Systeme und ihre Anwendung in der Biologie*, Braunschweig 1953, S. 35-37.

sind, schaffen selbst Ursachen zu ihrer Erhaltung. Das ist das Prinzip der *Selbstverstärkung von Diskontinuitäten.* Ein Beispiel ist die Entstehung einer Königsfamilie in egalitär geordneten Stämmen oder die Entstehung einer Siedlung in einer strukturlosen Ebene. Man spricht dann von *Multifinalität*: Eine Anfangslage kann sich verschieden differenzieren.

Es scheint mithin einen durch Ursachen nicht zureichend erklärbaren evolutionären Prozeß der Schaffung von Ordnung aus Unordnung zu geben. Die Stabilität von Systemen setzt nicht voraus, daß eine entsprechend stabile Umwelt besteht, sondern es gibt systemerhaltende Mechanismen, die ihre Funktion gerade im Umgang mit Unstabilität, Fluktuation usw. haben. Das Grundproblem der Kausalität, die den Faktortheorien zugrunde gelegt wird, ist dagegen, daß eine binäre Struktur sehr konkret angesetzt wird.

2.4. Zur funktionalen Methode

Es stellt sich nun die Frage, ob mit dem sogenannten Funktionalismus[21] diese skizzierten Schwierigkeiten überwunden worden sind, nämlich das Problem der Ethik und das Problem der Kausalität.

Der *Funktionsbegriff* wird üblicherweise definiert als Beitrag zur Erhaltung eines sozialen Systems. Zum Beispiel dient bei der Ritualisierung des Totenkultes der Ritus als Abschirmung gegen emotionale Störungen, der Sicherung der Kontinuität des Verhaltens der Betroffenen, ihrer Zugänglichkeit für die Normalerwartungen der Umwelt, also der Stabilisierung einer Sozialordnung. Man findet dann in der Literatur die Unterscheidung positive/negative beziehungsweise manifeste/latente Funktion. Zum Beispiel ist die latente Funktion der Sekretärin des Professors die Stabilisierung einer Statushierarchie. Ist es dem Funktionalismus also gelungen,

21 Vgl. dazu als Literatur den Überblick bei Heinz Hartmann, »Stand und Entwicklung der amerikanischen Soziologie«, in: ders. (Hg.), *Moderne amerikanische Soziologie. Neuere Beiträge zur soziologischen Theorie*, Stuttgart 1967, S. 1-92; Brigitte Steinbeck, »Einige Aspekte des Funktionsbegriffs in der positiven Soziologie und in der kritischen Theorie der Gesellschaft«, in: *Soziale Welt* 15 (1964), S. 97-129, und meine eigenen Darstellungen: Niklas Luhmann, »Funktion und Kausalität«, in: *Kölner Zeitschrift für Soziologie und Sozialpsychologie* 14 (1962), S. 617-644; ders., »Funktionale Methode und Systemtheorie«, in: *Soziale Welt* 15 (1964), S. 1-25.

jene beiden limitierenden Prämissen der Ethik und der Kausalität abzuwerfen? Die Antwort hängt vom Verständnis dessen ab, was Funktionalismus heißt.

(a) Dem Funktionalismus wird ein *teleologisches Vorurteil* vorgeworfen: Er setze den Bestand eines Systems als Zweck, er sei ein Status-quo-Denken. Dieser Vorwurf trifft für ältere Auffassungen zum Teil sicherlich zu, zum Beispiel für Émile Durkheim.[22] Heute spricht Renate Mayntz davon, daß die funktionale Analyse objektive Zielstrukturen impliziere.[23] Immer wird dann aber zwischen objektiv und subjektiv gemeinten (Handlungs-)Zwecken unterschieden. Im ganzen trifft der Vorwurf nicht, sofern er den Funktionalisten *eigene* Wertvorurteile vorwirft. Sie können ihre Aussagen konditionalisieren und das Werturteil anderen anheimgeben. Ethik war aber nicht nur ein Werturteil, sondern zugleich auch eine Strukturvorgabe (eine Reduktion von Komplexität). In dieser Bedeutung wäre sie dann durch den Funktionalismus schlecht ersetzt, denn die Bestandsformel ist dafür zu schwammig. Deshalb muß der Funktionalismus zu einer Systemtheorie ausgebaut werden, welche in der Lage ist, die Probleme zu spezifizieren, die ein System zu lösen hat, wenn es bestehen will.

(b) Ein weiterer Einwand gegen den Funktionalismus ist, daß er mit seiner Definition der Funktion als Beitrag zur Erhaltung des Systems die *Orientierung an der Kausalbeziehung* nicht überwunden habe. Die neupositivistische Kritik lautet: Eine funktionale Beziehung ist nichts anderes als Kausalität in einer sehr komplexen (nur vage bestimmten) Verknäuelung. Mein Versuch ist es dagegen, die funktionale Methode als eine *vergleichende Methode* zu verstehen. Die Frage lautet: Was ist eigentlich das Interessante, Bemerkenswerte an funktionalen Feststellungen? Die Antwort ist: Funktionale Feststellungen versetzen in die Lage, spezifische Problemlösungen mit anderen Problemlösungen, die die gleiche Funktion erfüllen, zu vergleichen. Der Vergleich zielt darauf ab, was funktional äquivalent ist, nicht was ähnlich ist. Zum Beispiel kann man die Absorption von Angst durch den Ritus vergleichen.

22 Vgl. Émile Durkheim, *Les règles de la méthode sociologique*, Paris [8]1927.

23 Vgl. Renate Mayntz, »Soziologie in der Eremitage? Kritische Bemerkungen zum Vorwurf des Konservatismus der Soziologie«, in: *Kölner Zeitschrift für Soziologie und Sozialpsychologie* 13 (1961), S. 110-125 (Wiederabdruck in: Ernst Topitsch [Hg.], *Logik der Sozialwissenschaften*, Köln 1965, S. 526-541).

Verschiedene Riten sind hier funktional äquivalent. Es gibt aber auch andere Wege der Angstabsorption, zum Beispiel eine Individualisierung, also private Reaktionen wie Jammer oder Ärger, und die Ausbildung von Moralen. Von einer Vergleichsposition aus kann man auch erst die Frage nach der latenten Funktion stellen, zum Beispiel nach der Funktion der Sekretärin als Statussymbol.

Meine Interpretation ist also, die funktionale Methode als den Versuch zu verstehen, sehr komplexe Systeme zu behandeln. Alle Einzelzüge lassen sich dann diesem Grundgedanken unterordnen: Es gibt (1) eine Mehrheit von Systemreferenzen, (2) eine Unbestimmtheit der Bestandsformel, (3) die Unterscheidung manifeste/latente Funktionen, (4) die Unterscheidung Funktionen/Dysfunktionen, (5) eine vergleichende Forschung, die prinzipiell offen ist für andere funktional äquivalente Möglichkeiten. Es geht in all diesen Hinsichten darum, die eigentümliche Blickbegrenzung der Handelnsperspektive aufzuheben und der Wissenschaft ein größeres Potential für Komplexität zu geben.

2.5. Zwischenfragen

An dieser Stelle möchte ich zwei Zwischenfragen einschieben, und zwar zum Sinnbegriff und zum Verhältnis von Kausalität und funktionaler Äquivalenz.

(a) Zum *Sinnbegriff* könnte man fragen, ob man hier nicht in eine gefährliche Subjektivierung läuft. Stellt man damit nicht auf das flüchtige Meinen ab? Meine Antwort lautet: Wenn es »nur« subjektiven, nicht grenzenlos übertragbaren Sinn *gibt*, kann die Soziologie daran nicht einfach vorbeigehen. Sie wäre sonst unvollständig. Die Frage ist, wie man über *subjektiven* Sinn *objektiv* sprechen kann. Die statistische Behandlung geäußerter Meinungen gibt nicht immer das wieder, was hinter den Zahlen steht. Notwendig ist eine funktionale Analyse der Sinnkonstitution. Verstehen ist für all das die Voraussetzung, aber Verstehen allein ist noch keine objektivierende Methode.

(b) Zum *Verhältnis von Kausalität und funktionaler Äquivalenz* gilt es festzuhalten, daß es zwar funktionale Analysen gibt ohne Verwendung der Kausalkategorie, zum Beispiel in der Logik und der Mathematik. Veränderungen in der Wirklichkeit werden dagegen mit Hilfe der Kausalkategorie funktional analysiert. Es kann also keine Rede davon sein, daß mit der funktionalen Methode Kausalität über Bord geworfen werden könne; Kausalität ist vielmehr ein spezieller Fall einer funktionalen Analyse. Aus der Einsicht in den Primat, in die größere Abstraktheit des Funktionsbegriffs ergeben sich indes gewisse Regeln für die Interpretation der Kausalität unter dem Gesichtspunkt von Vergleich und von Selektion. Die klassische Auslegung der Kausalkategorie war zu sehr von alltäglichen Bedürfnissen der Sachbeherrschung getragen, sie sah das Problem in der sicheren Voraussicht bestimmter Wirkungen, in den notwendigen Korrelationen von Ursache und Wirkung. Aber wenn es so etwas überhaupt gibt, dann nur in Systemen (zum Beispiel in Laboratorien), die Selektion (das heißt den Ausschluß anderer Möglichkeiten) sicherstellen. Die vergleichende Perspektive ist immer die primäre, und das Interessante an der Kausalkategorie ist gerade, daß sie diese Perspektive einrichtet, so daß nicht alles mit allem verglichen werden kann.

3. Parsons im Überblick

Das Thema dieser Sitzung ist die soziologische Systemtheorie Talcott Parsons'. Zunächst einige kurze Bemerkungen zu Person und Werk.[24] Parsons hatte zunächst in Amherst (Massachusetts) Biologie studiert, wechselte dann aber in die Wirtschaftswissenschaften. 1924 ging er zu Studienzwecken nach Europa, zunächst an die London School of Economics, wo er bei Bronisław Malinowski hörte, und 1925 bis 1927 an die Universität Heidelberg, wo er unter anderem bei Edgar Salin, einem Schüler Alfred Webers, Nationalökonomie studierte und mit der Arbeit *»Capitalism« in Recent German Literature: Sombart and Weber* promoviert wurde. In Europa waren in den Geistes- und Sozialwissenschaften, insbesondere in der Soziologie (Émile Durkheim, Max Weber) und Psychologie (Sigmund Freud), Interessen lebendig, die für Parsons zur Differenzerfahrung wurden. Den Anstoß gab die Einsicht, daß wirtschaftliche Rationalität nicht schon soziale Realität ist, sondern ihrerseits auf gesellschaftsstrukturellen Bedingungen aufruht. Das individuelle Nutzenkalkül kann nur im Kontext sozialer Institutionen praktiziert werden. Dieses Anstoßthema lag fest, bevor die Weltwirtschaftskrise in den 1920er Jahren ihm neue Aktualität und Dringlichkeit gab. Es war also ein theorieträchtiges Thema von zugleich gesellschaftspolitischer Relevanz. Die für Parsons kennzeichnende Reaktion lag auf der Ebene allgemeiner Theorie – die zentrale Intention war die Schaffung einer einheitlichen Theorie des menschlichen Handelns –, und das Problem trieb ihn in die analytische Abstraktion.

Nach seiner Rückkehr in die USA ging Parsons an die Harvard University. Hier hat er seit den frühen 1930er Jahren zahlreiche Anregungen aufgenommen, die philosophische und physiologische, psychologische und biologische, kulturanthropologische, kybernetische und sprachwissenschaftliche Theorien einschließen. Die

24 Anm. d. Hg.: Im Vorlesungsskript findet sich an dieser Stelle nur die knappe Notiz »Person und Werk«. Die folgenden Angaben sind größtenteils dem Nachruf entnommen, den Luhmann anläßlich des Todes Talcott Parsons' im Mai 1979 verfaßt hat (Niklas Luhmann, »Theoretiker der modernen Gesellschaft. Talcott Parsons – Person und Werk«, in: *Neue Zürcher Zeitung*, 15./16. Juni 1979, S. 69).

dafür notwendige Sensibilität für relevante Abstraktionen liegt im Theoriewerk Parsons' selbst begründet. Vor allem zwei Entscheidungen haben im Ergebnis eine hochkomplexe theoretische Architektur entstehen lassen: Auf das gestellte Problem muß auf der Ebene des Handlungsbegriffs reagiert werden. Handlung wird als Element (»unit act«) eingeführt, das selbst auf Sinn, also auf symbolischen Generalisierungen beruht und so eine Ordnung neuen Typs, ein Handlungssystem ermöglicht. Die zweite Theorieentscheidung ist die Einführung systemtheoretischer Variablen, die über eine Kreuztabellierung ein Schema von vier Funktionen identifiziert, denen der Organismus des Verhaltens, die Persönlichkeit, das soziale System und die Kultur zugeordnet werden. Dazu komme ich gleich ausführlicher.

Dieses Programm hat sich in einer ganzen Reihe von Publikationen niedergeschlagen, von denen ich die Hauptwerke nennen möchte. *The Structure of Social Action* von 1937 ist der Versuch des Nachweises, daß die bisherige europäische Soziologie zwangsläufig auf eine Theorie des sozialen Systems als eines Handlungssystems hinführen müßte, und es ist der Versuch der Begründung der Eigenständigkeit der Soziologie in einer solchen Theorie. Dann der Band *Toward a General Theory of Action* von 1951, den er zusammen mit Edward Shils herausgegeben hat. In diesem Buch wird in einem »General Statement« ein interdisziplinäres Konzept des Handelns skizziert, der Handlungsbegriff wird hier (teilweise) von Psychologen und Kulturanthropologen mitentwickelt. Schließlich *The Social System* von 1951. Parsons wendet in diesem Band den im vorgenannten Buch entwickelten Ansatz auf die Soziologie an. Das muß heute als überholt gelten.[25]

Eine Darstellung von Teilsystemen findet sich in folgenden Bänden: *Family, Socialization and Interaction Process*, den er mit Robert Bales verfaßt hat, und *Economy and Society* mit Neil Smelser.[26] In

25 Parsons, *The Structure of Social Action*; Talcott Parsons, Edward A. Shils, Gordon W. Allport u.a., »Some Fundamental Categories of the Theory of Action. A General Statement«, in: Talcott Parsons, Edward A. Shils (Hg.), *Toward a General Theory of Action*, Cambridge 1951, S. 3-29; Talcott Parsons, *The Social System*, Glencoe 1951.

26 Talcott Parsons, Robert F. Bales, *Family, Socialization and Interaction Process*, Glencoe 1955; Talcott Parsons, Neil J. Smelser, *Economy and Society. A Study in the Integration of Economic and Social Theory*, Glencoe 1956.

beiden Werken findet sich die Abhandlung je eines Punktes des AGIL-Schemas (»L« und »A«) – darauf komme ich gleich zu sprechen. Seine politische Soziologie (»G«) findet sich bislang erst in einer Reihe von Aufsätzen.[27] Ein von Parsons und mehreren weiteren Autoren 1961 herausgegebener Sammelband, der von Parsons selbst hoch eingeschätzt wird, ist *Theories of Society. Foundations of Modern Sociological Theory*. In dem Band *Societies. Comparative and Evolutionary Perspectives* von 1966 finden sich eine Reaktion auf die Kritik und der Einbau des Evolutionismus in die Theorie;[28] es gibt hier auch noch einen bereits angekündigten Folgeband.[29]

Bei Parsons stellt sich die Frage des Gewinns für das Studium. Ich möchte auf jeden Fall vor Klettereien in diesem Theoriegebirge warnen!

3.1. Ableitung des AGIL-Schemas

Der *methodische Ausgangspunkt* Parsons' ist die Annahme, die Wissenschaft befasse sich mit begrifflich vermittelten Aussagen über die Wirklichkeit, nicht mit den unmittelbaren Tatsachen selbst. Ihre Kategorien sind immer analytisch-selektiv zu verstehen, damit auch relativ auf bestimmte Absichten und den dazu (instrumental entworfenen) grundbegrifflichen Bezugsrahmen. Diese Position stützt Parsons in seinem hohen Abstraktionsgrad und im typischen Rhythmus seines (deduktiven) Vorgehens: Zunächst muß die richtige theoretische Konstruktion erfolgen, dann erst kommt die Suche nach der Wirklichkeit (den entsprechenden Erfahrungen). Erst neuerdings hat Parsons diesen Ansatz dahingehend modifiziert, daß er eine evolutionäre Komponente ins Spiel gebracht hat,

27 Vgl. Talcott Parsons, »The Political Aspects of Social Structure and Process«, in: David Easton (Hg.), *Varieties of Political Theory*, Englewood Cliffs 1966, S. 71-112; Talcott Parsons, »On the Concept of Political Power«, in: *Proceedings of the American Philosophical Society* 107 (1963), S. 232-262; ders., »On the Concept of Influence«, in: *Public Opinion Quarterly* 27 (1963), S. 37-62.

28 Talcott Parsons, Edward A. Shils, Kaspar D. Naegele u. a. (Hg.), *Theories of Society. Foundations of Modern Sociological Theory*, 2 Bde., Glencoe, New York 1961; Talcott Parsons, *Societies. Evolutionary and Comparative Perspectives*, Englewood Cliffs 1966.

29 Anm. d. Hg.: Vgl. den ursprünglich für 1969 angekündigten Band: Talcott Parsons, *The System of Modern Societies*, Englewood Cliffs 1971.

indem er die Wirklichkeit als sich auf seine Theorie hinentwickelnd ansieht.

Der *sachliche Ausgangspunkt* ist der Begriff des Handelns. Handeln ist für Parsons immer an gemeintem Sinn orientiertes Handeln – er hat das zunächst polemisch gegen den in den USA seit den 1930er Jahren vorherrschenden naiven Behaviorismus sehr stark betont. Demzufolge geht es immer um einen »actor-in-situation«, Handeln und (definierte) Situation gehören bei ihm unmittelbar zusammen durch die Orientierung des Handelnden zur Situation (»orientation of the actor to the situation«). »Objekt« dieses Handelns können auch andere Menschen sein. Dann muß man einen relativierenden Sprachgebrauch annehmen, da beide Seiten Subjekt und beide Objekt füreinander sind: Ego und Alter. Speziell für soziale Situationen (und das ist ein Sonderfall von Objektbezug) ergibt sich daraus das Problem der »double contingency« und der »Zufälligkeit« übereinstimmender Sinnbildung, das Problem einer gemeinsamen Situationsdefinition. Es ist ein zentrales Thema für Parsons, wie übereinstimmender Sinn und damit komplementäres Erwarten sichergestellt werden. Seine Antwort ist, daß es in allen sozialen Situationen gemeinsam anerkannte, integrierende Normen geben muß.

Aber dieses Problem wird von Parsons nicht vollständig radikalisiert zur Frage nach Sinnbildung überhaupt, nach der Konstituierung von Sinn und Welt, sondern es bleibt auf der Ebene der Verhaltenserwartungen stecken. Der Sinnbegriff selbst wird, wie bei Max Weber, unreflektiert übernommen. Das ist einer der Punkte, an denen meine Überlegungen von Parsons abzweigen. Für mich ist Sinn immer Reduktion von übermäßiger Komplexität, die durch *Systembildung* geleistet werden muß. Daher liegt hier das Bezugsproblem der Systembildung überhaupt, wohingegen es für Parsons nur ein Bezugsproblem *unter anderen* ist. Meine Grundlegung der Systemtheorie ist daher eine transzendental-phänomenologische Analyse der Konstitution von Sinn – als Selektion aus möglichen Sinngebungen und damit der Reduktion von Komplexität. Parsons' Grundlegung ist dagegen rein handlungstheoretisch, der Prozeß der Sinngebung ist bei ihm immer schon vorausgesetzt. Er würde auf diesen Einwand antworten: Vom Problem der doppelten Kontingenz aus kommt man nur zur Theorie des *sozialen* Systems, nicht zur Theorie des *Handlungssystems* schlechthin.

Diese *Theorie des Handlungssystems* entsteht bei Parsons dadurch, daß die Handlungsstruktur »actor-in-situation« in zwei Achsen der Differenzierung zerlegt wird. (1) Zum einen gibt es eine Differenzierung von *innen und außen* (»internal/external«): *Innen* bezieht sich auf die Problematik dieser »actor-in-situation«-Struktur, die Erfüllung des Sinnerlebens. *Außen* bezieht sich auf das Verhältnis der aus solchen Einheiten gebildeten Handlungssysteme zu anderen. Woher kommt jetzt aber plötzlich der Systemgedanke, der der Unterscheidung von innen und außen zugrunde liegt? Er wird impliziert, eingeschmuggelt. Meine Vermutung ist, daß dies mit der unzulänglichen Tiefenanalyse des Sinnbegriffs zusammenhängt. (2) Zum anderen nimmt Parsons eine Differenzierung auf der *zeitlichen* Achse vor: aufgeschobene versus sofortige Bedürfnisbefriedigung oder im Wortlaut Parsons': »instrumental/consummatory«. Diese Unterscheidung übernimmt Parsons von Durkheim, sie hat aber auch sonst große Bedeutung, zum Beispiel in der Kleingruppenforschung in Form der Unterscheidung instrumental/expressiv.

Aus diesen genannten Rubriken werden durch Kreuztabellierung vier Systemprobleme konstruiert, die jedes Handlungssystem lösen muß, wenn es bestehen will: A G I L – das sind die Anfangsbuchstaben der Begriffe »Adaptation«, »Goal Attainment«, »Integration« und »Latent Pattern Maintenance«.

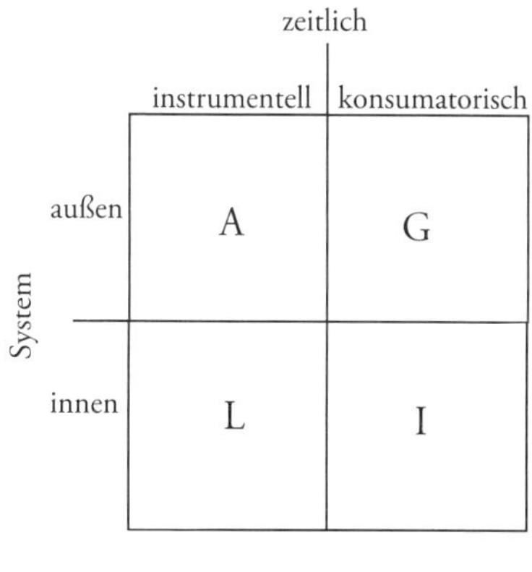

Abb. 2: Das AGIL-Schema

Was ist damit genau gemeint? A steht für »Adaptation« und meint eine außenorientierte (Umweltanpassung) und langfristige Vorbereitung künftiger Möglichkeiten der Bedürfnisbefriedigung; G steht für »Goal Attainment« und bezeichnet eine umweltorientierte und kurzfristige Zweckerfüllung; I steht für »Integration«, also eine systeminterne wechselseitige Orientierung der Handelnden aneinander nach gemeinsamen »patterns« (über Rollenkomplementarität, Sozialisation); L steht für »Latent Pattern Maintenance« (oder »Tension Management«), damit ist eine Absorption von inneren Spannungen durch langfristige Orientierungsmuster gemeint.

Das Verfahren der Typenbildung ist von Parsons logisch-deduktiv gedacht, in Wahrheit ist es aber ein Verfahren der Ausfüllung zunächst leerer Boxen, der Namensgebung, der Selbstinterpretation. Allerdings muß man auf diese Rubriken zurückgreifen, wenn man wissen will, was Parsons mit seinen Systemproblemen meint, ansonsten sind typische Fehlinterpretationen häufig, insbesondere beim Zweckbegriff (»Goal Attainment«) und beim Integrationsbegriff.

Vom AGIL-Schema ausgehend entwickelt Parsons einen vollständigen Katalog der *Systemprobleme*. Im einzelnen sind das (1) die *funktionalen Bestandserfordernisse* jedes Systems, wobei man unterscheiden kann zwischen internen Problemen (»structural dilemmas«) und externen Problemen (Umweltproblemen). Die Systemprobleme müssen gelöst werden, wenn das System bestehen soll. Systemprobleme sind aber zugleich (2) *Variablen*, also Skalen, die Abstufungen von mehr oder weniger vorsehen. Damit wird eine Festlegung auf ein scharfes Entweder/Oder vermieden. Die Probleme können also mehr oder weniger gut gelöst werden – und es genügt trotzdem. Insofern ist die grundsätzliche Kritik, die zum Beispiel Ralf Dahrendorf[30] an Parsons übt, ein Fehlgriff: Dahrendorf versteht das von Parsons zugrunde gelegte Gleichgewichtsmodell eines »boundary-maintaining system« nicht, an dem sich die Lösungen der Systemprobleme orientieren und die sich so wechselseitig limitieren.

»Mehr oder weniger gut« gelöste Probleme führt aber natürlich zu der Frage: Wie gut? Darauf gibt es bei Parsons zwei Antworten: den Begriff des Gleichgewichts und das Konzept der »functional

30 Vgl. Ralf Dahrendorf, »Out of Utopia. Toward a Reorientation of Sociological Analysis«, in: *The American Journal of Sociology* 64 (1958), S. 115-127.

primacy«. (1) Mit *Gleichgewicht* ist gemeint, daß es unmöglich ist, alle Problemlösungen zu maximieren – etwa zugleich maximale Umweltanpassung und maximale Integration zu erreichen. Das folgt schon aus der Gegensätzlichkeit der Rubrikenbegriffe. Es muß daher ein Gleichgewicht zwischen den Problemlösungen gesucht werden. (2) Das Konzept der *functional primacy* bezeichnet den Sachverhalt, daß unter bestimmten Umweltvoraussetzungen ein System *eine* Funktion zur Hauptfunktion erhebt. Damit verliert das System seine Autarkie (zum Beispiel seinen Charakter als Gesellschaft) und spezialisiert sich. Das heißt nicht, daß die übrigen Probleme verschwinden, aber das System erhält besondere Umwelthilfen für ihre Lösung, um sich auf ein Problem konzentrieren zu können. Ein Beispiel dafür ist die Staatsbürokratie. Das leitet über zur Theorie der Differenzierung bei Parsons.

3.2. AGIL-Schema als Theorie funktionaler Differenzierung

Den eigentlichen Sinn und Wert der Theorie Parsons' sehe ich in ihrer Eignung als *Theorie funktionaler Differenzierung*. Nicht zufällig ist für Parsons funktionale Differenzierung das eigentliche Kriterium gesellschaftlichen Fortschritts in Form höherer Leistung. Alle Systeme bestehen aus Teilsystemen, diese wiederum aus Teilsystemen usw. Funktionale Differenzierung ist der Sonderfall, daß die Teilsysteme auf eine Funktion spezialisiert werden. Für Parsons heißt das: nach Maßgabe jener vier (und nur dieser vier!) Systemprobleme. Damit ist die weitere Ausarbeitung vorgezeichnet im Sinne eines Schachtelprinzips, wie man es von chinesischen Kästchen kennt. Der Ansatz ist sehr einfach, und er kann nicht erweitert werden, da er vollständig zu sein beansprucht. Daher müssen alle weiteren Probleme und Problemlösungen konstruiert werden entweder als Probleme von Subsystemen oder als Beziehungen zwischen Subsystemen, die jeweils durch die funktionalen Bedürfnisse der beteiligten Systeme gesteuert werden. G verkehrt mit A wegen seines Subsystems G_a usw.

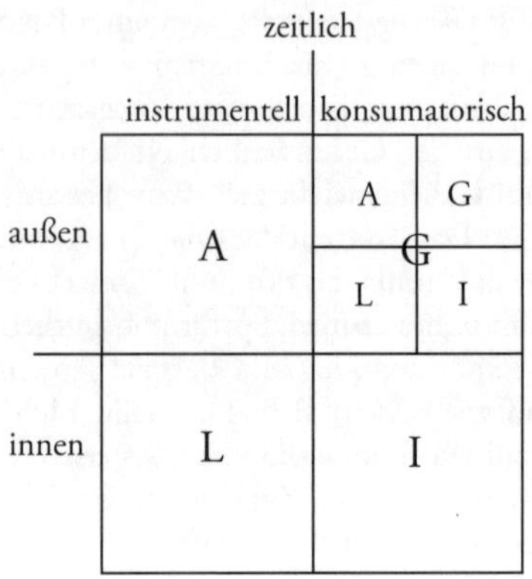

Abb. 3: Das AGIL-Schema als Theorie funktionaler Differenzierung

Ich gebe einige Anwendungsbeispiele dieses Prinzips, wie man sie bei Parsons findet:

(a) Das *Handlungssystem* (A) schlechthin wird folgendermaßen konzipiert:
A = Behavioral Organism (der menschliche Organismus)
G = Psychological System (das psychologische System)
I = Social System (das soziale System)
L = Cultural System (das kulturelle System)
Bemerkenswert und hochproblematisch ist das Auseinanderziehen von Sozialsystem und Kultur in dieser Abstraktionslage, was bedeutet, daß kulturelle Legitimation usw. nachher durchgehend als Umweltbedingung des Handelns angesehen werden muß.

(b) Das *psychologische System* (G) (nicht gemeint ist damit die Persönlichkeit) wird über folgende Begriffe konstruiert:
A = Id (Es)
G = Ego (Ich)
I = Superego
L = Ego-Ideal (Ichideal)
Das sind Freudsche Begriffe, was bei Freud fehlt, wird von Parsons hinzuerfunden.

(c) Das *kulturelle System* (L) wird mit folgenden Begriffen belegt:
A = Empirical Cognition (Erfahrungswissen)
G = Expressive Symbolization (expressive Symbolisierung)
I = Evalutation (Werte als Integrationsfaktoren)
L = Grounding of Meaning (grundsätzliche Weltanschauung)

(d) Beim *sozialen System* (I), also der Gesellschaft, erfolgt die Zuordnung der Subsysteme zu den Systemproblemen folgendermaßen:
A = Economy (Wirtschaft)
G = Polity (Organisation des politischen Systems)
I = Public (Öffentlichkeit; oft auch Integrative Subsystem)
L = Household, Family (Haushalt, Familie)
Bemerkenswert ist die grundlegende Stellung der Familie, von der die anderen Teilsysteme erst historisch abgetrennt werden.

(e) Bei der *Wissenschaft* – als einem Subsystem des kulturellen Systems – wird den verschiedenen Funktionen folgendes zugeordnet:
A = Facts (Tatsachen)
G = Statements and Solutions of Empirical Problems (Lösung empirischer Probleme)
I = Theoretical Principles (Konsistenz von Tatsachen und Problemen!)
L = Frames of Reference (Grundbegriffe, Methodenprinzipien)

Die Beispiele zeigen zugleich Parsons' Dilemma von Funktion und Struktur: Wo er Systemfunktionen aufspürt, bildet er Subsysteme, für die wieder die vier Systemprobleme gelten, für die nach dem AGIL-Schema vier funktionale Subsysteme (des Subsystems) konstituiert werden müssen usw. Der funktionalen Spezialisierung der Subsysteme sind damit gleichzeitig aber Grenzen gesetzt, da die übrigen drei Funktionen immer mitgeleistet werden müssen und es so notwendigerweise zu Spannungen zwischen Funktion und Struktur kommt.

3.3. Generalisierung[31]

Alle Differenzierung durch Teilsystembildung fordert korrespondierende Leistungen zur Bewahrung einer Ordnung von höherer Komplexität heraus. Die Systemordnung wird schwieriger. Parsons unterscheidet zu diesem Zweck drei zusätzliche Strukturen: *Hierarchy of Control*, *Pattern Variables* und *Mediums of Communication*. Der diesen Sachverhalt zusammenfassende Titel »Generalisierung« ist von mir nicht sehr glücklich gewählt. Bei Parsons fehlt dafür aber ein Begriff. Die hier folgende Darstellung versucht eine solche Zusammenfassung.

3.3.1. Hierarchy of Control

Der Grundgedanke der Kontrollhierarchie ist der einer vertikalen strukturellen Differenzierung von vier Ebenen, wobei die unteren Ebenen die oberen *ermöglichen* und die oberen Ebenen die unteren *steuern*. Es handelt sich also um eine lineare Struktur, die man von zwei Seiten her, also transitiv, sehen kann. Das ist das Ergebnis von Parsons' eigenwilliger Kybernetik. In der allgemeinen Darstellung dieses Gedankens unterscheidet Parsons als die vier (vertikal differenzierten) Ebenen im sozialen System »Values« (L – Familie), »Norms« (I – Öffentlichkeit), »Collectivities« (G – Politik) und »Roles« (A – Wirtschaft). Der Begriff der »Collectivity« ist höchst unklar, vor allem in dieser Einordnung. Gemeint ist etwa ein Sozialsystem besonderer Art, das die Fähigkeit zu gemeinsamem Handeln hat (also sich seiner Systemeigenschaft bewußt ist). Außer dieser allgemeinen Form gibt es dann die jeweiligen Anwendungen, welche die vier Teilsysteme linear anordnen. AGIL wird also von unten nach oben gelesen: Ermöglichung von unten, Steuerung von oben, kurz LIGA.

31 Vgl. auch unten in dieser Vorlesung, Abschnitt 10.3.

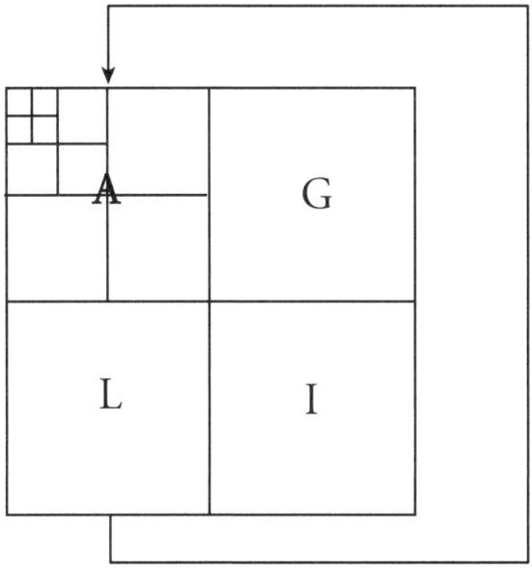

Abb. 4: LIGA-Kontrollhierarchie

Bei Wissenschaft ist es das dann folgende Kontrollhierarchie: Frames of Reference (L) – Theoretical Principles (I) – Statements and Solutions of Empirical Problems (G) – Facts (A). Für das soziale System (Gesellschaft) lautet die Reihung: Household, Family (L) – Public (I) – Polity (G) – Economy (A). Im letzteren Falle des sozialen Systems stellen sich sehr schwierige Interpretationsfragen: Ist zum Beispiel die Familie als L-Subsystem wirklich die höchste Instanz für Steuerung der Öffentlichkeit, der Politik usw.? Natürlich nicht. Hier müßte Parsons das ganze System drehen, aber auch dann stimmt es nicht. Brauchbar ist an dem Modell also vor allem die Frage der Differenzierung dieser Ebenen als Bedingung hoher Komplexität und Entwicklungsfähigkeit eines Systems, zum Beispiel die Frage der Verselbständigung der Normen gegenüber den Werten und eines Ideologischwerdens der Werte.

3.3.2. Pattern Variables

Bei den von Parsons so genannten »Pattern Variables« handelt es sich um vier (angeblich vollständig abgeleitete) *Orientierungsmuster des sozialen Handelns*. Zunächst ist diese Kombinatorik unabhängig von der Systemtheorie entwickelt worden zur Klassifizierung von Rollen, insbesondere von Professions- und Berufsrollen durch eine Analyse der Gemeinschaft/Gesellschaft-Dichotomie von Ferdinand Tönnies. Dann – zwischen 1951 und 1953 – gelang die Harmonisierung mit der Systemtheorie über eine Annäherung an die vier Systemprobleme des AGIL-Schemas, wobei ein fünftes Paar der ursprünglichen Differenzierung der Dichotomie, nämlich »self oriented/collectivity oriented«, auf der Strecke blieb.[32] Zwei dieser dichotomischen Paare betreffen *Einstellungen der Handelnden*: »Universalism vs. Particularism« und »Affect Neutrality vs. Affectivity«. Zwei andere betreffen *Objekte des Handelns*: »Specificity vs. Diffuseness« und »Performance vs. Quality«.

In diesen Paaren steckt nun zugleich eine Ordnung, die sie auf das Problem der funktionalen Differenzierung bezieht. Die jeweils erstgenannten Paare ermöglichen eine generellere Orientierung des Handelns, sind also mit funktionaler Differenzierung besser vereinbar. Deshalb eignen sich diese Begriffe gut zu einer Deutung der gesellschaftlichen Entwicklung, die jeweils von »diffuseness« zu »specificity« usw. verlaufen muß, wenn sie die Differenziertheit (ich würde sagen: die Komplexität) eines sozialen Systems steigern will. Parsons war zunächst von der Annahme ausgegangen, daß die gemeinschaftlichen und die gesellschaftlichen Pole der Orientierung im Handeln beliebige Kombinationen eingehen könnten. Diese Austauschbarkeit der verschiedenen Orientierungsmuster stellt er heute in Frage und geht davon aus, daß sie eher gebündelt auftreten mit einer gesellschaftlichen Entwicklungstendenz hin zu den gesellschaftlichen Pattern Variables. Es gibt in der amerikanischen Forschung mehrere Auswertungen in dieser Richtung, zum Beispiel von Shmuel Eisenstadt für eine jugendsoziologische Studie, von Seymour Lipset in der politischen Soziologie, von Bert Hoselitz in der Wirtschaftssoziologie und von Marion Levy für die allgemeine Theorie der Gesellschaft.[33]

32 Vgl. Talcott Parsons, »Pattern Variables Revisited. A Response to Robert Dubin«, in: *American Sociological Review* 25 (1960), S. 467-483.

33 Shmuel N. Eisenstadt, *From Generation to Generation. Age Groups and Social Structure*, Glencoe, London 1956; Seymour M. Lipset, *The First New Nation. The United States in Historical and Comparative Perspective*, New York 1963; Bert F. Hoselitz, *Sociological Aspects of Economic Growth*, Glencoe 1960; Marion J. Levy, Jr., *Modernization and the Structure of Societies. A Setting for International Affairs*, 2 Bde., Princeton 1966.

3.3.3. Mediums of Communication (Steuerungssprachen)

Der Begriff der Steuerungssprachen bezieht sich auf *Interchange*-Prozesse zwischen Subsystemen eines Systems. Es gibt bei Parsons eine komplizierte Theorie der »double interchanges«, eines doppelten Tauschs, wonach die Untersysteme stets auf je zwei Ebenen (des Leistungsaustausches) miteinander verkehren und dadurch ihre Selbständigkeit behalten. Die Familie zum Beispiel verkehrt mit der Wirtschaft im Arbeitnehmerverhältnis und im Konsumentenverhältnis.

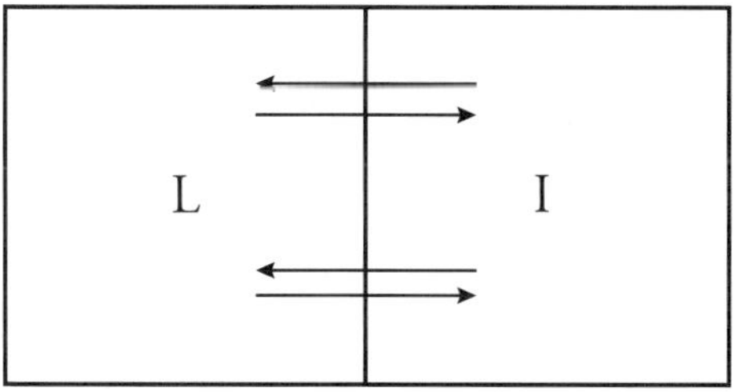

Abb. 5: Leistungsaustausch (»double interchanges«)

Um zwischen diesen Ebenen (der doppelte Tausch ist hier der von Arbeitsleistung und Einkommen einerseits und von Einkommen und Konsum andererseits) vermitteln zu können, muß das übergreifende System generalisierte Spezialsprachen für jedes Systemproblem schaffen, die sich Parsons jeweils wieder in einem Subsystem lokalisiert denkt, nämlich: Geld dient in dem Subsystem A (Economy) der Lösung ökonomischer Probleme, Macht in dem Subsystem G (Polity) der Lösung politischer Probleme, Einfluß in dem Subsystem I (Public) der Lösung von Integrationsproblemen, Commitments in dem Subsystem L (Family) zur Lösung der Probleme des Strukturerhalts und Spannungsmanagements. Es werden von ihm nun im einzelnen sehr interessante strukturelle Analogien zwischen diesen einzelnen Mechanismen (Kommunikationsmedien) ausgearbeitet, die ich hier nicht weiter darstellen kann.

Die Mechanismen stehen untereinander wiederum in einem Verhältnis, das durch die »Hierarchy of Control« bestimmt ist.

Geld ermöglicht zum Beispiel erst die Ausdifferenzierung und den Aufbau spezifisch politischer Macht, und es wird dann durch Machtentscheidungen (zum Beispiel Rechtsgarantien) geregelt. Macht kann nur gesteigert werden über öffentlichen Einfluß, dieser richtet sich nach Commitments usw. Ferner ist für die Mechanismen wesentlich, daß sie in den einzelnen Systemen intern, wenn es um eine Koordination von Inputs und Outputs geht, nach rationalen Standards behandelt werden können. In der Wirtschaft zum Beispiel ist es das Kriterium der Zahlungsfähigkeit, im politischen System ist es das Kriterium der »effectiveness« der Machtausübung. Das erlaubt eine je spezifische systeminterne *Rationalisierung* – das ist eine der ganz wenigen Stellen der neueren Soziologie, an der das alte Thema der Rationalität wieder eingearbeitet wird.

3.4. Kritik

Talcott Parsons bildet eine Art »extremes Zentrum« der amerikanischen Soziologie. Es gibt einen beachtlichen Schülerkreis, der mehr oder weniger seine eigenen Wege geht. Es gibt einen äußerlichen Respekt, eine ironische Ablehnung, aber keine nennenswerte Alternative. Die erstaunliche Breite seiner Interessenentfaltung gibt aber natürlich viele Ansatzpunkte für Kritik im einzelnen. Die Hauptpunkte der grundsätzlichen Kritik sind bisher allerdings sehr unzulänglich formuliert worden. Genannt werden können folgende Punkte.

(a) Eine fehlende empirische »Verifikation« und, was schlimmer ist, die *fehlende Möglichkeit empirischer Verifikation.* Der Vorwurf ist, daß es sich lediglich um schematische Einteilungen und Klassifizierungen handelt, aber keine Hypothesen formuliert werden. Parsons' eigene Abwehr dieser Kritik ist, die Ergebnisse empirischer Forschungen anderer mit seinen Begriffen zu »deuten«, zum Beispiel in seinem Aufsatz »›Voting‹ and the Equlibrium of the American Political System«, in dem er den Prozeß der Wahl des US-Präsidenten im Rahmen seines AGIL-Schemas als Subsystem des politischen Systems interpretiert.[34] Grundsätzlich wird man in diesem Zusammenhang fragen müssen, ob die bisher entwickel-

34 Talcott Parsons, »›Voting‹ and the Equilibrium of the American Political System«, in: Eugene Burdick, Arthur J. Brodbeck (Hg.), *American Voting Behavior*, Glencoe 1959, S. 80-120.

ten Methoden empirischer Kontrolle für Systeme von sehr hoher Komplexität überhaupt adäquat sind. Es stellt sich hier die Frage der Verifikation durch historische und vergleichende Forschung.

(b) Angeblich gibt es ein *statisch-harmonisches Vorurteil* der Theorie. Der Vorwurf, den insbesondere Ralf Dahrendorf erhebt, ist, daß es in der Soziologie Parsons' keinen Platz für sozialen Konflikt und sozialen Wandel gebe.[35] Diese Diskussion ist aber überholt. Es ist unbestreitbar, daß Parsons' Theorie Möglichkeiten der Interpretation von Konflikt und Wandel enthält, insbesondere erstens durch das Vier-Probleme-Schema, das Gesichtspunkte nennt, die voneinander unabhängig sind, Anforderungen, die sich widersprechen können, so daß eine Theorie des Konflikts und des Wandels zumindest angelegt ist. Zweitens durch die Unterscheidung von Funktion und Struktur in dem Sinne, daß die funktionale Strukturierung sich nicht von selbst versteht. Die Wirklichkeit kann vom analytischen Modell abweichen und ist dann insoweit problematisch. Und drittens durch die Möglichkeit des Wechsels von Systemreferenzen, so daß auf der höchsten Ebene der Gesellschaft nur sehr wenige Bestandserfordernisse festliegen – eben die vier – und alles andere variabel ist.

(c) Meine eigenen Bedenken gegen den Ansatz Parsons' sind, daß es *keine ausreichende Problematisierung des Verhältnisses von System und Umwelt* gibt. Zwar hat Parsons mehr als andere getan, um den Blick dafür zu öffnen: (1) Systeme werden von ihm als grenzerhaltende Systeme definiert; (2) die Innen/Außen-Differenz erscheint an sehr prominenter Stelle, als Achse der Differenzierung; (3) es gibt eine sehr detaillierte Theorie der »Subsystem-Interchanges«. Aber dann steigt Parsons in seine Kästchen hinein und kommt nicht wieder heraus. Er arbeitet praktisch nur eine Theorie der system*internen* Differenzierung aus. Es gibt dann wieder Innen/Außen-Beziehungen *innerhalb* umfassender Systeme. Aber die Umweltbeziehungen werden immer durch ein umfassendes System vornormiert und gesteuert. Das entscheidende Problem des Verhältnisses von System und Umwelt, die übermäßige Komplexität der Umwelt im Vergleich zum System, wird auf diese Weise nicht erfaßt. So wird auch die funktionale Differenzierung rein kategorial

35 Vgl. Ralf Dahrendorf, »Struktur und Funktion. Talcott Parsons und die Entwicklung der soziologischen Theorie«, in: *Kölner Zeitschrift für Soziologie und Sozialpsychologie* 7 (1955), S. 491-519, sowie ders., »Out of Utopia«.

abgeleitet und allenfalls noch durch die klassischen Vorzüge der Arbeitsteilung mitbegründet – aber sie wird nicht als vorteilhafte Systemstrategie im Verhältnis zur Umwelt gesehen. Das hängt mit der unbedachten Übernahme des Weberschen Sinnbegriffs, der sich nicht auf die Welt und die Reduktion von Komplexität bezieht, und der handlungstheoretischen Grundlegung der Theorie, die die Funktion von Systemen nicht thematisiert, zusammen. Die strukturell-funktionale Theorie muß deshalb, so meine These, zu einer funktional-strukturellen Theorie erweitert werden.[36]

36 Vgl. dazu unten in dieser Vorlesung, Abschnitt 5.1.

4. Vom ontologischen Systembegriff zur System/Umwelt-Theorie

Mit diesem Teil der Vorlesung werden die mehr problem- und begriffsgeschichtlichen Ausführungen abgeschlossen. Bisher stand die soziologische Theorie im Vordergrund. Jetzt kommen Ausführungen zu allgemeineren, interdisziplinären Systemkonzeptionen, denn die System/Umwelt-Theorie ist nicht spezifisch soziologisch. Zunächst folgen einige Bemerkungen zum ontologischen Systembegriff, dann zu den Gleichgewichtstheorien, zur Unterscheidung von offenen und geschlossenen Systemen in der allgemeinen Systemlehre und schließlich zur Kybernetik.

4.1. Ontologischer Systembegriff

Als ontologisch bezeichne ich einen Systembegriff, der mit Hilfe der Begriffe »Ganzes« und »Teil« definiert wird, etwa so: System ist das, was Teile zu einem Ganzen zusammenschließt. Oder: Systeme bestehen aus Teilen, die zu einem Ganzen verbunden sind. Dabei wird angenommen, daß das Ganze »mehr ist als die Summe seiner Teile«. Belege zu dieser Sichtweise finden Sie in den philosophischen Wörterbüchern von Johannes Hoffmeister oder Rudolf Eisler,[37] aber eigentlich durchgehend in der gesamten Literatur, wenn sie sich um Definitionen bemüht, auch bei Autoren, die es besser wissen sollten und besser machen. Was ist daran auszusetzen?

Ein auffälliges Merkmal ist zunächst, daß der Blick ausschließlich in das Innere des Systems gelenkt wird. Das Verhältnis der Teile zueinander und zum Ganzen ist ein internes Verhältnis. Die Kriterien dieser Ordnung sind interne Kriterien. Nach der Umwelt wird überhaupt nicht gefragt. Häufig wird das Ganze mit einem Zweck identifiziert, und die Teile werden als Mittel verstanden. Des weiteren muß man feststellen, daß eine verständliche Erläute-

37 Vgl. die Einträge zum Begriff »System« in: Johannes Hoffmeister (Hg.), *Wörterbuch der philosophischen Begriffe*, Hamburg ²1955, S. 598-599, und in: Rudolf Eisler, *Eislers Handwörterbuch der Philosophie*, neu hg. von Richard Müller-Freienfels, Berlin ²1922, S. 651-652.

rung des Verhältnisses der Teile zum Ganzen bisher nicht gelungen ist. Ernest Nagel hat den Satz »Das Ganze ist mehr als die Summe seiner Teile« nach allen Richtungen auseinandergenommen, ohne seinen Sinn zu finden.[38] Wie ist der »Überschußeffekt« zu verstehen? Warum hat man sich über Jahrhunderte mit einer so unklaren Auskunft begnügt? Meine Vermutung ist: Die Unklarheit selbst hatte eine wichtige Funktion im ontologischen Denken. Es war sozusagen eine *strategische* Mehrdeutigkeit. Deshalb nenne ich diesen Systembegriff *ontologisch*.

Ontologisch ist ein Denken, das die Frage nach dem Sein des Seienden stellt unter der Voraussetzung, daß Sein Nichtsein ausschließe. Die Prämisse geht auf die Vorsokratik zurück, insbesondere die Schule von Elea. Zahlreiche Denkfiguren der alteuropäischen Philosophie haben die Funktion, die Wirklichkeit nach dieser ontologischen Prämisse zu deuten und darüber hinwegzutäuschen, daß in der Wirklichkeit Sein und Nichtsein immer im Mischungsverhältnis auftreten. Zum Beispiel Bewegungsbegriffe und die Deutung der Ruhe als Telos der Bewegung oder die großen Dichotomien wie Materie und Form, Sein und Schein, Möglichkeit und Wirklichkeit, Oben und Unten (Hierarchie), und eben auch: Teil und Ganzes. Es ist dann eine doppelte Auskunft möglich. Das eigentliche Sein liegt entweder in den Teilen, aus denen das Ganze irgendwie (und derivativ, eventuell auch wechselnd) zusammengesetzt ist. Oder umgekehrt: Das eigentliche Sein ist das Ganze, während die Teile nur abgeleitete, durch das Ganze ermöglichte Existenz haben und ihrerseits austauschbar sind. Hieraus ergibt sich ein endloser Streit der Schulen von Atomismus und Holismus oder Individualismus und Kollektivismus. Vermutlich ist die Frage nicht richtig gestellt. Es bedarf vielmehr einer Radikalisierung der funktionalen Fragestellung.

38 Vgl. Ernest Nagel, »On the Statement ›The Whole is more than the Sum of its Parts‹«, in: Paul F. Lazarsfeld, Morris Rosenberg (Hg.), *The Language of Social Research. A Reader in the Methodology of Social Research*, New York, London 1955, S. 519-527 (dt.: »Über die Aussage: ›Das Ganze ist mehr als die Summe seiner Teile‹«, in: Topitsch [Hg.], *Logik der Sozialwissenschaften*, S. 225-235).

4.2. Gleichgewichtstheorien

Die relevante Literatur (mit Ausnahme von den Wirtschaftswissenschaften und der Psychologie) zu Gleichgewichtstheorien findet man insbesondere in den *Working Papers* von Parsons, Bales und Shils; Parsons steht hier unter starkem Einfluß des Physiologen Lawrence Henderson und des Gruppentheoretikers Robert Bales, von dem zwei Aufsätze empfehlenswert sind; außerdem erwähnenswert sind Aufsätze von David Easton, Hans Wolfram Gerhard und Renate Mayntz.[39]

Ein Gleichgewicht ist zunächst ein *Prinzip der Erhaltung physischer Systeme* durch Blockierung entgegengesetzter Kräfte, wie man es zum Beispiel bei astrophysischen Systemen beobachten kann. Eine Übertragung auf Organismen, psychologische Systeme und soziale Systeme ist schon von daher bedenklich, weil es sich um ein Modell handelt, das sehr geringe Komplexität voraussetzt. Praktisch handelt es sich um ein *Postulat* und um eine *Metapher*. Es fehlen erstens der genaue empirische Beleg und zweitens die theoretische Reflexion darüber, ob mit dem Konzept des Gleichgewichts überhaupt das wesentliche Erhaltungsproblem sozialer Systeme ausgedrückt werden kann. Man kann folgende Regeln für den Umgang mit Metaphern unterscheiden: Handelt sich um eine Wortsubstitution (für »Gleichgewicht« kann man etwa »Plim« sagen)? Geht es um einen zentralen oder peripheren Begriff? Was ist mit dem Begriff eigentlich gewollt?

Vor diesem Hintergrund kann man fragen: Was ist mit dem Gleichgewichtsbegriff gewollt? Das Gleichgewichtsmodell soll eine

39 Talcott Parsons, Robert F. Bales, »The Dimensions of Action-Space«, in: dies., Edward A. Shils, *Working Papers in the Theory of Action*, Glencoe 1953, S. 63-109; Robert F. Bales, »The Equilibrium Problem in Small Groups«, in: ebd., S. 111-161; Robert F. Bales, »The Equilibrium Problem in Small Groups«, in: A. Paul Hare, Edgar F. Borgatta, Robert F. Bales (Hg.), *Small Groups. Studies in Social Interaction*, New York 1955, S. 424-456; David Easton, *The Political System. An Inquiry into the State of Political Science*, New York 1953; Hans Wolfram Gerhard, »Gleichgewicht als sozialwissenschaftliches Modell bei Vilfredo Pareto«, in: *Jahrbuch für Sozialwissenschaft* 4 (1959), S. 238-267; Renate Mayntz, »On the Use of the Equilibrium Concept in Social System Analysis«, in: *Transactions of the Fifth World Congress of Sociology, Washington D.C., 2-8 September, 1962*, Bd. 4: *Nature and Problems of Sociological Theory, Sociology of Knowledge, the Research Committees. Abstracts of Papers and Discussions*, Louvain 1964, S. 133-153.

Vereinfachung der kausalen Komplexität leisten durch eine Spezifikation von Störungen. Es wird ein störungsfrei bestehendes Modell postuliert, um daraus ableiten zu können, was stört und wie etwaigen Störungen begegnet werden kann. Infolgedessen gibt es zwei Varianten: Beim *statischen* Gleichgewicht kann das System nur regungslos auf Störungen warten und an ihnen zerbrechen; beim *dynamischen* Gleichgewicht enthält das System in sich selbst latente Ursachen, die so programmiert sind, daß sie bei bestimmten Störungen ausgelöst werden und gegenwirken. Das System ist auf spezifische Umwelterwartungen, die es stören, programmiert. Beispiele aus dem Bereich des Organismus können das veranschaulichen: Hier geht es immer um das Konstanthalten spezifischer Eigenschaften oder spezifischer Umweltbeziehungen, zum Beispiel den Zuckerspiegel des Blutes. Ein Begriff dafür ist auch der der *Homöostase*.

Es ist schwer zu sehen, was es bedeuten kann, wenn man das gesamte System als Gleichgewicht charakterisiert. Es kommt nämlich eine zweite Strategie des Umgangs mit Störungen hinzu: die der *Abkapselung*, der Isolierung der Störung, die nur durch Differenzierung in Teilsysteme erreicht werden kann – denken Sie an einen Stein, der einem auf den Fuß fällt. Bei einigermaßen komplexen Systemen gilt die Regel begrenzter Interdependenz, also blockierter Innenkausalität. Es kann nicht alles von allem abhängen, weil sonst die Reaktion auf Störungen und die Neubalancierung des Systems viel zuviel Zeit kosten würden.

Als Ergebnis dieser Überlegungen können wir festhalten, daß das, was das Gleichgewichtsmodell besagt: Definition von Störungen durch interne Blockierung, also Ausschaltung von Innenkausalität, Vereinfachung, auch in sehr viel komplexeren Systemen geleistet werden muß, aber auf andere Weise.

4.3. Geschlossene und offene Systeme: zur »Allgemeinen Systemlehre«

Im Anschluß an die Theorie des dynamischen Gleichgewichts ist vor allem in der Biologie bewußt geworden, daß man Systeme sehr viel stärker *umweltbezogen* sehen müsse. Dieser Gedanke hat sich vom Gleichgewichtsbegriff abgelöst und verselbständigt. Er ist zugleich Grundlage geworden für das Postulat einer allgemeinen Systemlehre. Wichtige Literatur hierzu stammt von Ludwig von Bertalanffy, der 1956 das Jahrbuch *General Systems* der Society for General Systems gegründet hat.[40] Dabei kommt es zu einem Pathos des »Allgemeinen«, überall Anwendbaren, was nicht selten zum Abgleiten ins Banale führt. In den Grundbegriffen ist die allgemeine Systemlehre häufig unklar.

Zentral für die allgemeine Systemlehre ist der Gegensatz von geschlossenen und offenen Systemen. *Geschlossen* sind Systeme, in denen keine Kausalbeziehungen mit der Umwelt bestehen, nichts durch Anstoß der Umwelt verändert wird, und die dadurch stabil sind. *Offen* sind Systeme, die Kausalbeziehungen zu ihrer Umwelt unterhalten, die von der Umwelt abhängig sind und die dadurch stabil sind, daß sie diese Tauschprozesse mit der Umwelt programmieren, das heißt selektiv ordnen können. Der gleiche Sachverhalt wird auch mit den Begriffen »Autarkie« und »Autonomie« gefaßt. Autonomie ist die Fähigkeit eines Systems, die Beziehungen zu seiner Umwelt nach eigenen Regeln zu wählen, Autonomie bedeutet aber nicht eine Unabhängigkeit von der Umwelt.[41] Nun gibt es in der Wirklichkeit keine »geschlossenen« Systeme im strengen Sinne. Auch Maschinen sind auf Treibstoff angewiesen, selbst Steine auf gewisse Temperatur- und Druckverhältnisse. Umweltgeschlossenheit ist also ein Grenzbegriff. Im Grunde gibt auch die Unterscheidung von offenen und geschlossenen Systemen nicht sehr viel mehr wieder als das Problem der Spezifikation systemrelevanter Kausalität.

Die Vorlesung kann keinen vollständigen Überblick über die Einzelheiten der Umweltbeziehungen von Systemen bieten. Es sollen nur einige Grundgedanken herausgegriffen werden, die für soziale Systeme besonders interessant sind.

(a) Das Konzept der *Äquifinalität* habe ich bereits kurz behandelt.[42] Offene Systeme sind nicht von bestimmten Ursachen abhängig: Bestimmte Zustände können auf verschiedenen Wegen

40 Ludwig von Bertalanffy, »Zu einer allgemeinen Systemlehre«, in: *Biologia Generalis* 19 (1949), S. 114-129; ders., »General System Theory«, in: *General Systems* 1 (1956), S. 1-10, und ders., »General System Theory – A Critical Review«, in: *General Systems* 7 (1962), S. 1-20.

41 Vgl. unten in dieser Vorlesung, Abschnitt 10.1.

42 Vgl. oben in dieser Vorlesung, Abschnitt 2.3.

erreicht werden, das heißt, auch in variablen Umwelten läßt sich ein annähernd gleicher Effekt erzielen.

(b) Der Begriff der *Schwelle* ist einer der wichtigsten und für die soziologische Diskussion interessantesten Begriffe der allgemeinen Systemtheorie. An sich kontinuierliche Fluktuationen der Umwelt werden durch Schwellen geordnet: Bis zur Schwelle hin kann man sie ignorieren, an der Schwelle stauen sich Handlungsimpulse auf; die Schwelle selbst gibt dann ein Signal, auf das das System nun drastisch reagiert, das Versäumte gleichsam auf einmal nachholend. Zum Beispiel gibt nicht jede Temperaturschwankung Anlaß, sich leichter oder wärmer anzuziehen. Genauso gibt es Schwellen für Vertrauen.[43] Ein weiteres Beispiel ist der Rhythmus von Routine und Krise in bürokratischen Organisationen. Das ist ein sehr wichtiger Mechanismus, der es ermöglicht, Aktionen aufzuschieben, Aufmerksamkeit zu spezifizieren und Themen zu wechseln.

(c) Die Einrichtung von Schwellen setzt eine Systemorganisation voraus, die kleinen Ursachen große Wirkungen geben kann, man spricht dann von einem *Potenzierungseffekt*: Steuerungsprozesse zum Beispiel, die mit geringem Kraftaufwand operieren und dann im Effekt verstärkt werden. Auch die Hierarchie ist eine solche Einrichtung.

4.4. Kybernetische Systemtheorie

Für die kybernetische Systemtheorie ist es schwierig, geeignete Literaturangaben zu machen. Der Begriff der Kybernetik und des kybernetischen Regelungsmechanismus geht auf Norbert Wiener zurück, der 1948 das Buch *Cybernetics* publiziert hat, das in einer überarbeiteten Fassung auch in einer deutschen Ausgabe vorliegt. Von W. Ross Ashby sind zwei Titel erwähnenswert: *Design for a Brain* und *An Introduction to Cybernetics*. Als Anfangslektüre zu empfehlen ist das Buch *Organismen, Strukturen, Maschinen* von Wolfgang Wieser.[44] Als deutsche Kybernetiker sind unter anderen

43 Vgl. dazu Niklas Luhmann, *Vertrauen. Ein Mechanismus der Reduktion sozialer Komplexität*, Stuttgart 1968, insb. S. 80 ff.

44 Norbert Wiener, *Kybernetik. Regelung und Nachrichtenübertragung im Lebewesen und in der Maschine*, 2., rev. u. erg. Aufl., Düsseldorf, Wien 1963 (OA: *Cybernetics, or Control and Communication in the Animal and the Machine*, New York, Paris

Karl Steinbuch und Helmar Frank zu nennen. Es handelt sich bei den Kybernetikern um eine ziemlich abgekapselt lebende, in ihren Jargon eingesponnene Gesellschaft. Was ist bei der Kybernetik wichtig? Erwähnt werden müssen hier die Konzepte von Information, Rückkopplung und adaptivem System.

(a) Der *Informationsbegriff* der Kybernetik ist von sehr spezieller Art. Er bezieht sich auf die Selektion einer Nachricht aus einem Bereich von Möglichkeiten. Die Information ist um so größer, je unwahrscheinlicher die Wahl ist: Die Information a aus den Möglichkeiten a bis z ist größer als die Information 1 aus den Möglichkeiten 1 bis 9. Die Messung von Information wird als Grundlage für den Bau technischer Systeme angesehen. Es wird gefragt, wie viele Entscheidungen gebraucht werden, um eine Information zu übermitteln. Für uns interessant ist die Grundvorstellung, daß es um Selektivität geht und nicht um Kausalität. Das deutet darauf hin, daß kybernetische Systeme nicht vom Gedanken der Wirksamkeit oder der Wirkungsvermittlung, sondern vom Gedanken der Selektion und Informationsverarbeitung her begriffen werden müssen.

(b) Die *Rückkopplung* oder englisch *feedback* gilt vielfach als Kerngedanke der Kybernetik im engeren Sinne, vor allem bei Norbert Wiener: Systeme bewirken im Zusammenwirken mit ihrer Umwelt bestimmte Wirkungen nach einem Plan, werden über das Ergebnis informiert (»Feedback«) und korrigieren ihren Beitrag je nachdem, wie das Ergebnis ausfällt. Das Interessante daran ist die Möglichkeit, mit einer unbekannt fluktuierenden, unvorhersehbaren Umwelt zu kooperieren. Der Thermostat zum Beispiel braucht die Temperaturentwicklung im Raum nicht vorauszusehen. Er kann Unbestimmtes in Bestimmtes, Unvorhersehbares in Vorhersehbares, Unbeständiges in Beständiges verwandeln. Auch dies ist interessant als Umkehrung der klassischen Kausalprämissen: Das Beständige beruht nicht auf noch Beständigerem, sondern entsteht aus Unbeständigem. Festzuhalten ist der Abstand vom Gleichgewichtsdenken (und die Identität des Problems). Das System muß ebenfalls eine Spezifikation möglicher Störungen leisten ohne eine Analyse der Umwelt. Wir kennen nun genauer einen internen Me-

1948); W. Ross Ashby, *Design for a Brain*, New York 1952; ders., *An Introduction to Cybernetics*, New York 1956; Wolfgang Wieser, *Organismen, Strukturen, Maschinen. Zu einer Lehre vom Organismus*, Frankfurt/M. 1959.

chanismus, der dies leistet (außer dem der Blockierung). Ist der Feedback-Mechanismus aber der einzige Mechanismus für den Umgang mit hoher, unbekannter Komplexität? Wird Komplexität zum Problem, stellt sich damit die Frage nach funktionalen Äquivalenten.

(c) Die *Erhaltung des Systems bei übermäßiger Komplexität (adaptives System)*. Die sich in der technischen Kybernetik ankündigende Konzeption wird vor allem von Ashby aufgegriffen und zu einer Theorie adaptiver Systeme ausgebaut, die mehr als nur Rückkopplungsschleifen berücksichtigt. Der Grundbegriff ist hier der der *variety*, der die Zahl der unterscheidbaren Elemente des Systems bezeichnet, also ein Maß für die Komplexität des Systems ist. Es gelte dann, so Ashby, das »Law of Requisite Variety«, auf Deutsch das »Gesetz der erforderlichen Komplexität«:[45] Ein System müsse so komplex (in diesem speziellen Sinne) sein, wie es zur Anpassung an die Umwelt erforderlich sei. Unterscheiden kann man zwei Arten von Systemkomplexität: Segmentierung (Teilung in gleiche Teile) und funktionale Differenzierung. Steigt nun die Komplexität (*variety*) des Systems, so steigt auch der Zeitverbrauch bei internen Anpassungen. Das System braucht dann außer reiner Komplexität auch zeitsparende Einrichtungen, weil die Umwelt nicht nur sachlich, sondern auch zeitlich komplex ist, also rasch fluktuiert. Zeitsparend sind nach Ashby vor allem interne Independenzen, die die Abhängigkeit alles von allem aufheben.[46] *Teilfunktionen* sind interne Schwellen, die Störungen nur begrenzt weitergeben. Eine funktional spezifische Differenzierung des Systems führt dahin, daß eine vollständige Interdependenz der Teile mehr und mehr unmöglich wird und diese relativ autonom werden. Ein System, das über solche Einrichtungen verfügt, heißt *ultrastabil*. Auf diese Weise wird das System auch zeitlich in seinem Anpassungstempo mit der Umwelt koordiniert. Als Beispiel kann man die Familie und ihren Umgang mit dem Haushaltsgeld anführen: Die Bereitstellung einer festen Summe am Monatsanfang ermöglicht eine weitgehend selbstbestimmte Verwendung in Orientierung an den familiären Bedürfnissen wie den Möglichkeiten, die die Umwelt jeweils bietet.

45 Vgl. Ashby, *An Introduction to Cybernetics*, S. 206 ff.

46 Vgl. ebd., S. 55 ff.

5. Komplexität und Reduktion

Nach dem einleitenden Überblick über den Stand der allgemeinen und der soziologischen Systemtheorie folgt jetzt die Darstellung meines eigenen Ansatzes, für den die Frage des System/Umwelt-Verhältnisses mit Blick auf den Umgang mit Komplexität zentral ist.

5.1. Von der strukturell-funktionalen zur funktional-strukturellen Systemtheorie

Dem Anspruch, Theorie der Soziologie zu sein, ist die Systemtheorie in der heute vorwiegend diskutierten Form, als strukturell-funktionale Theorie, nicht gewachsen. Das entscheidende Merkmal dieses Ansatzes ist, daß der Strukturbegriff dem Funktionsbegriff vorgeordnet wird. Wenn man nach der Funktion fragt, dann immer nur innerhalb strukturierter Systeme. Das ist der Leitgedanke meiner bisherigen Kritik: Die strukturell-funktionale Theorie führt zu einer Blicklenkung ins Innere eines Systems. Damit hängen typische Einwände zusammen, etwa folgende: (1) Wie läßt sich abgrenzen, was jeweils als Struktur vorausgesetzt wird? (2) Wird so nicht eine »Verfassung« sozialer Systeme dem Wandel entzogen? (3) Steckt im Strukturbegriff nicht eine Harmonieprämisse? Die strukturell-funktionale Theorie hat in sich einen gewissen Manövrierraum, um diesen Einwendungen zu begegnen. Dem sind jedoch, wenn man bei diesem Grundgedanken bleibt, prinzipielle Schranken gezogen. Mein Vorschlag ist deshalb eine *Umkehrung des Verhältnisses von Struktur und Funktion*, also eine funktional-strukturelle Theorie. Wenn man so ansetzt, dann ist es möglich, auch noch nach der Funktion von Systembildung überhaupt, nach Strukturbildung überhaupt zu fragen. Es handelt sich also nicht um eine Abkehr vom Funktionalismus, sondern um eine *Radikalisierung* des Funktionalismus.

Wo liegt nun ein möglicher Bezugspunkt für diese funktionale Analyse? Mir scheint, daß der Systembegriff nur durch einen einzigen Begriff transzendiert und so zum Problem werden kann: durch den Begriff der *Welt*. Das ist ein Begriff, der in diesem Verständnis von Edmund Husserl und dessen phänomenologischem Horizontbegriff stammt. Es handelt sich bei Welt um keinen Sachhaufen. Die Welt ist das einzige, was auf keinen Fall als System begriffen werden kann, weil sie keine Grenzen hat. Wollte man Welt als System denken, müßte man eine Umwelt der Welt denken, man würde also die Weltvorstellung nur verschieben. Die Funktion der Systembildung bezieht sich auf das Problem der Welt. *Aber in welchem Sinne ist die Welt ein Problem?*

Sie ist es auf keinen Fall im Sinne einer problematischen Bestandserhaltung: Die Welt hat kein Außen, sie ist nicht bedrohbar, nie gefährdet, sie besteht immer. Deshalb hat die ontologische Metaphysik Welt als das Sein auslegen (und damit zugleich verkennen) können. Dennoch kann die Welt als Problem begriffen werden, und zwar unter dem Gesichtspunkt ihrer unfaßbaren, äußersten *Komplexität*. Die Welt ist voller unbekannter Möglichkeiten, Überraschungen, sie ist von keinem Standpunkt *in* der Welt aus erfahrbar. Sie ist ohne Grenzen, daher auch ohne definitive Exklusivität. Aller Sinn, alles So-und-nicht-anders, muß in der Welt erst geleistet werden. In diesem Aufarbeiten, Ordnen, Zugänglichmachen von Weltkomplexität sehe ich die Funktion sozialer Systeme. Sie vermitteln sozusagen zwischen der äußersten Komplexität der Welt und dem sehr geringen Potential des einzelnen Menschen für aktuelles Erleben und Handeln: Die Typifizierung möglicher Ereignisse in der Welt und die Vereinfachung von »Realitätskonstruktionen« (Husserl, Schütz) vollzieht sich auf der Basis der Abstimmung mehrerer Menschen auf dieselbe Sinngebung.

Exkurs: Das Verhältnis zur Intersystem-Theorie Heinz Hartmanns[47]

Im Unterschied zu meinem Ansatz sieht Heinz Hartmann zukunftsträchtige Tendenzen der Soziologie in einer »Intersystem-Theorie«, die Interaktion zwischen Systemen behandeln soll.[48] Die Erwartung geht offenbar auf bestimmte Modelle, die typische Variationszusammenhänge oder auch Interaktionsmuster zwischen Systemen deuten, etwa Tauschmodelle, Modelle für limitierten Konflikt usw. Hartmann meint, daß eine System/Umwelt-Theorie mit einem viel zu undifferenzierten Umweltbegriff arbeite, um Hypothesen über Beziehungen zwischen System und Umwelt formulieren zu können. Man werde gerade dadurch dann doch wieder auf die Interna des Einzelsystems gelenkt. Diese Einwendungen sind sehr ernst zu nehmen, und die Kontroverse ist nicht ohne weiteres auszutragen.

(a) Mir scheint, daß die Unbestimmtheit der Umwelt nicht ein Theoriemangel ist, sondern eine Realität. Die Welt, in der jedes Sozialsystem besteht, läßt sich nicht auf bestimmte Beziehungen reduzieren. Das heißt nicht, daß die Umwelt ein regelloses Wirrwarr wäre, aber der Grad an Bestimmtheit beziehungsweise Unbestimmtheit der Umwelt im ganzen muß als Variable behandelt werden.

(b) Man sollte nicht die Umwelt als Ganzes zugunsten spezifischer Systeme *in* der Umwelt aus den Augen verlieren.

(c) In die System/Umwelt-Theorie läßt sich eine Theorie von Intersystembeziehungen einbauen mit Hilfe einengender Prämissen – nicht aber umgekehrt. Diese Prämissen müssen freilich hinzugesetzt werden, sie können nicht deduktiv aus der Theorie gefolgert werden. Ein Beispiel ist die Theorie des Mehrparteiensystems. Man

47 Anm. d. Hg.: Der Exkurs zur »Intersystem-Theorie« Heinz Hartmanns erklärt sich aus der Situation an der Universität Münster, an der Hartmann als einer der Direktoren der Sozialforschungsstelle Dortmund seit 1964 eine Professur für Soziologie innehatte. Die von Luhmann seit seinen ersten Veranstaltungen im Wintersemester 1966/67 skizzierte Systemtheorie wurde am soziologischen Seminar sehr schnell als eine Art Konkurrenzveranstaltung zu der von Hartmann vertretenen Variante der Systemtheorie wahrgenommen, was die besondere Berücksichtigung in der Vorlesung erklärt. Wir danken Hartmann Tyrell für diese Information.

48 Vgl. Hartmann, »Stand und Entwicklung der amerikanischen Soziologie«, S. 85 ff.

kann hier eine Intersystemtheorie nach dem Modell eines limitierten Konflikts ansetzen. Man kann aber auch dieses ganze Modell durch eine System/Umwelt-Theorie unterlaufen und zeigen, daß die Annahmen dieses Modells schon selektive Leistungen sind, Umweltentwürfe, die der Reduktion von Komplexität dienen.

(d) Die Intersystemtheorie scheint mir in Gefahr zu sein, durch ihre Modellannahmen zu einer *Intra*systemtheorie zu werden, nämlich zur Intrasystemtheorie eines umfassenderen Systems. Das würde bedeuten, daß sie lediglich die Systemreferenz der Untersuchung, die analytische Perspektive, verschiebt, aber als Theorie nichts prinzipiell Neues bietet.

Die Kontroverse ist, da beide Ansätze – Hartmanns Intersystem-Theorie und meine weltbezogene System/Umwelt-Theorie – zu unausgearbeitet vorliegen, im Augenblick nicht entscheidbar. Für das Studium ist es aber wichtig, sich die Unterschiedlichkeit des Ansatzes klarzumachen und an konkreten Problemen beide Theorien alternativ auszuprobieren.

5.2. Begriff der Komplexität

Der Begriff der Komplexität steht im Zentrum des Denkzusammenhanges dieser Vorlesung und verdient daher besondere Aufmerksamkeit. Er bezeichnet das letzterreichbare *Bezugsproblem funktionaler Analyse*. Er muß gleichsam alles decken und in diesem Sinne universell verwendbar sein. Daraus ergibt sich die Gefahr, daß er zu einer Leerformel wird, die alles erklärt und deshalb nichts. Daher ist eine gewisse Vorsicht geboten.

Zunächst muß gesagt werden, daß der Begriff von mir weder in deduktiver noch in erklärender Absicht gebraucht wird, sondern zur Anleitung vergleichender Analysen. Unter dem Gesichtspunkt von Komplexität ist jeder Sinn vergleichbar. Den Begriff der Komplexität würde ich definieren als *die Zahl der möglichen Ereignisse*. Eine solche Definition ist unvollständig, wie alle Definitionen, die den Möglichkeitsbegriff verwenden. Sie setzt voraus, daß die Bedingungen und Grenzen der Möglichkeit angegeben werden können. Eine solche Spezifikation von Bedingungen der Möglichkeit ist jedoch nur durch Systeme möglich, ist also immer relativ zu verstehen auf die Struktur eines Systems, das etwas ermöglicht.

Ohne Systeme in der Welt wäre alles und nichts möglich: Chaos und Ordnung würden zusammenfallen, ununterscheidbar sein. Nur durch Systeme in der Welt wird deren Komplexität zu einer bestimmbaren, immer schon ausgelegten, immer schon etwas ausschließenden Komplexität. Der Begriff der Komplexität ist mithin ein *relationaler* Begriff, der ein Verhältnis von System und Welt ausdrückt. Welt kann nicht unabhängig von Systemen in der Welt problematisiert werden, sondern die Komplexität der Welt ist abhängig von der Struktur der Systeme in der Welt. Erst mit dem Auftreten des Menschen und seiner psychischen und sozialen Systeme wird die Welt in einem ganz neuen Sinne übermäßig komplex, nämlich so komplex, daß die Reduktion dieser Komplexität zu einem Problem wird, das nur noch mit einer sehr komplizierten Systemorganisation gelöst werden kann. Die Welt wird jetzt zu einem Entwurf übermäßiger Komplexität und damit zu einem Thema, in bezug auf das Entscheidungsprozesse organisiert werden können. Daraus ergeben sich eine Reihe von Folgerungen.

(a) *Weltkomplexität* und *Systemkomplexität* müssen als voneinander *abhängig* begriffen werden. Die Zahl der Möglichkeiten in der Welt ist keine objektiv vorgegebene Größe. Mit neuen Systemen kommen neue Möglichkeiten in die Welt. Sinnverwendende Systeme stellen eine Besonderheit dar: Sie ermöglichen den Entwurf einer überkomplexen Welt.

(b) Trotz dieser Interdependenz müssen innere und äußere Komplexität unterschieden werden, das heißt Systemkomplexität und Weltkomplexität. Systeme haben ihre eigene Komplexität in der Zahl möglicher Zustände, die sie annehmen können. Diese Komplexität ist notwendig geringer als die Komplexität der Welt. In der Sprache der Kybernetik heißt geringere Komplexität höhere Ordnung: Es wird mehr ausgeschlossen. *Systeme sind unwahrscheinlicher als die Welt*, und das unwahrscheinlichste System ist der Mensch, weil in ihm die Diskrepanz zwischen seiner Weltkomplexität und seiner Eigenkomplexität am größten wird. Hier scheint der Grund zu liegen, weshalb der Mensch als personales System oder gar als Organismus nicht existieren kann, sondern immer soziale Systeme bildet, die ihm die Welt vermitteln. Unter diesem Blickwinkel läßt sich die Funktion sozialer Systeme auch als Reduktion von Komplexität bezeichnen. Dabei darf allerdings die Steigerungsfähigkeit der Komplexität nicht übersehen werden.

(c) Systemkomplexität und Weltkomplexität differieren demnach. Systeme haben weniger Möglichkeiten als die Welt, und deshalb ist *ihr Bestand permanent problematisch*. Das kann und wird häufig zur Vernichtung von Systemen führen. Dagegen gibt es kein prinzipiell wirksames Rezept. Dagegen muß im großen und ganzen ein Verhältnis der Entsprechung zwischen Systemkomplexität und Weltkomplexität bestehen. Die Zustände, die ein System annehmen kann, sein Informationsverarbeitungs- und Reaktionspotential, müssen ausreichen, um eine gewisse Bestandsdauer wahrscheinlich zu machen, während der neue Systeme auf entsprechendem Niveau der Komplexität gebildet werden können. Sonst müßte die Schöpfung immer wieder von vorne beginnen. Zum Beispiel können nur relativ komplexe Sozialsysteme überhaupt Kultur tradieren und so ihren Nachkommen elementares Neulernen über eigene Erfahrungen und Enttäuschungen ersparen. Ashby spricht in bezug auf dieses Entsprechungsprinzip von dem »Law of Requisite Variety«.[49]

(d) Dieses Entsprechungspostulat wäre relativ unproblematisch, wenn es nur *eine* Art von Systemen gäbe, Weltkomplexität also homogen definiert wäre. Das ist auf späteren Stufen der Entwicklung aber nicht mehr so. Dann kommt ein neues Problem hinzu. Die Systeme müssen nicht nur die Komplexität ihrer eigenen Welt reduzieren. Es gibt so etwas wie ein Standardmaß an Komplexität. Komplexere Systeme schaffen neue Möglichkeiten und schreiben damit auch den weniger komplexen Systemen die Welt vor. Es kommt dann zu einer *Überflutung mit neuen Möglichkeiten*, denen manche der vorhandenen Strukturen nicht gewachsen sind. Das beste Beispiel dafür ist natürlich die unaufhaltsame Ausbreitung der technisch-wissenschaftlichen Zivilisation. Sie darf nicht einfach als Nachahmung und Übernahme begriffen werden mit dem mutmaßlichen Ziel einer welteinheitlichen Typik sozialer Systeme. Vielmehr muß sie als eine Umstrukturierung älterer Gesellschaften auf ein Niveau höherer Komplexität begriffen werden, bei dem keineswegs feststeht, ob und wie weit es sich überhaupt rein rezeptiv vollziehen kann und ob es dafür nur eine einzig richtige finale Lösung gibt. Beides ist eher unwahrscheinlich.

49 Vgl. Ashby, *An Introduction to Cybernetics*, S. 206 ff. Siehe auch bereits oben in dieser Vorlesung, Abschnitt 4.4.

5.3. Differenz von Innen und Außen

Eine Differenzierung von Weltkomplexität und Systemkomplexität ist nur möglich dadurch, daß das System Grenzen gegenüber einer Umwelt festsetzt und invariant hält. Nur unter dieser Voraussetzung können Strukturen und Prozesse in Systemen präzisiert werden und sich aufeinander einstellen. »Boundary-maintaining system« ist zu einem gebräuchlichen Begriff für diesen Sachverhalt geworden.

Was bedeutet das für soziale Systeme, die durch Sinnbildung konstituiert werden? Es bedeutet nicht eine Abdichtung gegen die Umwelt mit Hilfe einer Mauer (eventuell mit Toren). Es bedeutet auch nicht eine Haufenbildung, etwa Personenhaufen oder sonstige abzählbare Objekte. Ebenso geht es nicht um Häufigkeitsdifferenzen, zum Beispiel um mehr interne als externe Kommunikation. Sondern es bedeutet, daß es in einer Menge von Informationen über die Welt und sich selbst bestimmte Informationen gibt, die eine Bearbeitung nach besonderen, systemeigenen Regeln auslösen, die von der Umwelt nicht geteilt werden. Zum Beispiel das Betreten eines Hörsaals oder überhaupt bestimmte Orte als Auslöser für bestimmtes, dann sinnvolles Verhalten; oder bestimmte Personen, zum Beispiel ruft die Ehefrau im Dienst an und aktualisiert damit den Sinnzusammenhang der Familie; bestimmte Objekte, etwa die Zeitung, die man beim Frühstück liest und die einen in einen bestimmten Sinnzusammenhang einflicht.

Oder um ein Beispiel zu nennen, das ich näher analysiert habe: die Teilnahme an einem *Gerichtsverfahren*.[50] Wo liegen und was bedeuten die Grenzen des Verfahrens als eines Systems? (1) Es gibt Regeln der Relevanz beziehungsweise Irrelevanz von Themen. (2) Es gibt Grenzen eigenen Verhaltens. (3) Es gibt Regeln der Transformation von Umweltereignissen in Verfahrensereignisse. (4) Es gibt eine eigene Systemgeschichte, die nicht identisch ist mit der Umweltgeschichte. Die Beteiligten können im Verfahren eine neue Geschichte beginnen, sie versuchen nicht selten, sich selbst eine neue Vergangenheit zu geben. Um Meister in diesem System zu werden, muß man zwei verschiedene Vergangenheiten kontrollie-

50 Vgl. Niklas Luhmann, *Legitimation durch Verfahren*, Neuwied, Berlin 1969, S. 55ff. (Kap. II, »Gerichtsverfahren«). Siehe auch unten, Vorlesung VIII, Abschnitt 3.2, »Exkurs: Theorie des Verfahrens«.

ren können. (5) Es gibt besondere Regeln des Gelingens und Mißlingens, Kriterien der Rationalität, Kriterien der Peinlichkeit usw.

Systemgrenzen sind aber eben nicht analytische Grenzen, die die Wissenschaft zieht, sondern im sozialen Verkehr selbst gezogene Grenzen. Wer sie nicht kennt oder laufend absichtlich oder unabsichtlich durcheinanderbringt, wer zum Beispiel ein amerikanischer Tourist in Europa ist und sich wie ein Poet verhält, erregt Ärger, desorientiert, kommt gegebenenfalls ins Irrenhaus, weil die Ärzte bereit sind, dafür medizinische Ursachen zu finden.

Eine entscheidende Frage ist die der Eindeutigkeit der Grenzen. Meine Theorie formaler Organisation ist diesem Thema gewidmet.[51] Ein anderes Beispiel: Verwandtschaft als gesellschaftsbildendes Prinzip ist von einer problematischen Unabgrenzbarkeit, es erlaubt wenig und dann nur äußerst starre Strukturen. Demgegenüber sind die Vorteile einer territorialen Organisation der Gesellschaft offensichtlich.

5.4. Problemverschiebung

Das System mit eigenen Grenzen in einer spezifischen Umwelt hat eigene Probleme, die andere sind als die anderer Systeme. Es gibt eine Verlagerungstendenz von außen, durch die Umwelt vorgegebener Probleme, nach innen, in das System. Man kann also von einer Problemverschiebung sprechen.

Die Stabilisierung von Systemgrenzen ermöglicht die Formulierung *systemeigener Probleme*, etwa des Problems der Erhaltung dieser Grenzen. Das ermöglicht es, Umweltprobleme in Systemprobleme umzuformulieren, sie gleichsam in das System hineinzuziehen und ihnen dadurch eine präzisere Fassung zu geben. Dadurch kommen dann neuartige Problemlösungsmöglichkeiten zum Zuge, systeminterne Weisen der Informationsverarbeitung, die so in der Umwelt nicht gelten. Ein soziales System ist nie mit dem Problem der Komplexität *der Welt* befasst. Die Komplexität der Welt ist kein lösbares Problem. Es muß – sowohl für konkrete Informationsbearbeitung *im* System als auch für konkrete Analy-

51 Vgl. Niklas Luhmann, *Funktionen und Folgen formaler Organisation*, Berlin 1964, insb. S. 23 ff.

sen *des* Systems – vielmehr umdefiniert werden. Es müssen, mit anderen Worten, Ersatzformeln definiert und substituiert werden. Mir scheint nun, daß es nicht *eine*, sondern mindestens *drei* solcher Ersatzformeln gibt, die dann alle weiter umdefiniert und so kleingearbeitet werden müssen.

(a) In der *Zeitdimension* ist es das Problem des *Bestandes*, das heißt der Erhaltung des Systems. Durch diese Problemstellung wird die Komplexität der Welt reduziert auf das, was zur Erhaltung eines bestimmten Systems nötig ist. Die meisten Ereignisse in der Welt werden dadurch irrelevant, es kommt zu einer selektiven Außenwahrnehmung. Die Leitformel der strukturell-funktionalen Theorie wird hier mithin als Ersatzformel gesehen, die bei Bedarf hinterfragt werden kann.

(b) In der *Sachdimension* ist es das Problem der *Knappheit*. Es gibt noch keine allgemeine Theorie der Knappheit – das ist eine der interessantesten Aufgaben der Systemtheorie: Wie konzeptualisiert man die Knappheit von Geld, von Zeit, von Konsens, von Stimmzahlen oder was immer? Oft taucht in der neueren soziologischen Diskussion dafür der Begriff der Ressourcen auf. In jedem Falle handelt es sich um eine Kategorie der systeminternen Informationsverarbeitung, die wohl zu unterscheiden ist von Begriffen wie »Mangel«, »Abhängigkeit«, »Gefahr« usw., die unvermittelt umweltbezogene Erlebnisse bezeichnen.

(c) In der *Sozialdimension* ist es das Problem des *Dissenses*. Gemeint ist die Gefahr, daß systeminternes Meinen, Erwarten, Handeln von anderen Systemen in der Umwelt nicht geteilt wird. Auch Dissens kann nur zum Problem werden, wenn die eigene Meinung schon konsolidiert ist. Wird Dissens zum Problem, so eröffnet das weitere Möglichkeiten der Problemverschiebung: Man kann den Dissens selbst in das System hineinziehen, zum Beispiel, indem man mutmaßliche Gegner in das System aufnimmt, pluralistische Repräsentation von Interessen anstrebt usw.

Diese drei Beispiele machen eines deutlich: daß eine Problemverschiebung nicht den Verlust des Umweltbezugs bedeutet. Die Umwelt wird nach wie vor gesehen, aber in systemspezifischer, »subjektiver« Perspektive, nämlich selektiv unter dem Gesichtspunkt der Relevanz für diese Systemprobleme. Zu beachten ist ferner die »Mediatisierung« der Kontroverse von Bestandstheorie und Zwecktheorie, Integrationstheorie und Konflikttheorie usw., die mit diesem Begriff der Problemverschiebung erreicht wird. Was der Begriff nicht leisten kann, ist die deduktive Ableitung der engeren Probleme aus den weiteren.

6. Systemstrukturen

Wenn man den Strukturbegriff dem Funktionsbegriff nicht mehr vorordnet, kann man die Strukturbildung selbst problematisieren, also nach der Funktion der Struktur fragen. Dafür muß zunächst der Strukturbegriff selbst geklärt werden.

6.1. Struktur und Prozeß

Die vorherrschende Auffassung definiert Struktur durch einen *Wesensunterschied* vom Prozeß, durch eine andere Art zu sein, durch Invarianz. Man unterscheidet Festes und Fließendes. Das setzt einen vermutlich sehr unangemessenen Zeitbegriff, nämlich eine Definition der Zeit durch Bewegung voraus. Ist die Wirklichkeit einmal so gespalten, ist ein Verständnis des Zusammenhangs von Struktur und Prozeß nicht mehr möglich. Man kann das dann Dialektik nennen. Der Fehler wird gespürt, und man sucht ihm durch Abschwächungen Rechnung zu tragen, für die ich einige Beispiele nenne. (1) Indem gesagt wird, daß alle Strukturen in Wahrheit Häufungen gleicher Ereignisse, also substantiell nichts anderes als Prozesse seien. Diese Auffassung stammt letztlich von Alfred North Whitehead, man findet sie aber auch bei Siegfried Nadel.[52] Wie kommt es aber zu solchen Häufungen, wer bestimmt, was gleich ist? Ist die Häufung von Studentenunruhen eine Struktur oder ein Prozeß? (2) Oder durch das Zugeständnis, daß auch Strukturen änderbar sind. Das findet man bei Parsons, im Grunde aber wohl bei allen Strukturalisten: Man sieht die Notwendigkeit, die Dichotomien Bestand/Wandel und Struktur/Prozeß zu trennen. Damit ist einem Einwand nachgegeben, aber der Theorie nicht weitergeholfen. (3) Oder indem man sagt, die Unterscheidung von Struktur und Prozeß sei nur eine wissenschaftlich-analytische, keine reale Unterscheidung, in Wirklichkeit fließe alles. Solche Bemerkungen

52 Vgl. Alfred North Whitehead, *Process and Reality. An Essay in Cosmology*, New York, Cambridge 1929; Siegfried F. Nadel, *The Theory of Social Structure*, Glencoe 1957.

finden Sie bei Dahrendorf.[53] Das ist objektiv falsch. Im übrigen ist es nicht einzusehen, weshalb die Wissenschaft sich mit einer Unterscheidung belasten sollte, die sie weder versteht noch für real hält. Aus diesen Schwierigkeiten läßt sich der Schluß ziehen, daß eine seinsmäßige, eine wesensmäßige Feststellung des Unterschiedes von Struktur und Prozeß nicht möglich ist. Man kommt auf diesem Wege nur zu einem ewigen Streit von Theorien der Ordnung beziehungsweise des Wandels. Das schließt nicht aus, daß man nach der *Funktion* einer solchen Unterscheidung fragen kann. Man läßt offen, was es *ist* – das kann variieren –, und fragt nur, was es *leistet*.

Die Funktion der Unterscheidung von Struktur und Prozeß sehe ich in der Einrichtung einer *doppelten Selektivität*. Der Hintergrund für diese Sichtweise ist die Theorie der Komplexität. Im Umgang mit hoher Komplexität erweist es sich als vorteilhaft, das Ausscheiden anderer Möglichkeiten in einem abgestuften Verfahren zu vollziehen. *Zuerst* im groben als Ausscheidung all dessen, was nicht in Frage kommt, als Definition eines Rahmens für das, was zulässig oder interessant ist und so in bestimmbaren Alternativen erscheint. Und dann: als konkrete Selektion. Dabei wird der Rahmen relativ langfristig selektiert und sozusagen nur aus besonderen Gründen (zum Beispiel Krisen) in Frage gestellt. Damit einher geht eine erhebliche Kräfteersparnis. Ein ähnliches Phänomen hatte ich bereits mit dem Schwellenbegriff beschrieben.[54] Entscheidend für diese Konzeption ist, daß auch die Struktur als Selektion gesehen wird, ebenso wie der Prozeß. Der Selektionsbegriff ist mithin der gemeinsame Nenner beider Begriffe. Struktur ist immer ein Sinnentwurf ins Ungewisse, schon eine selektive Leistung, insofern eine Information und erst insofern eine Direktive. Das Risiko, in der Welt zu leben, wird weitgehend durch Strukturen (praktisch also: kollektiv) absorbiert und erst in deren Rahmen fallweise abgearbeitet.

Eine wesentliche Konsequenz als Leitfaden für das Folgende ist die Erkenntnis: *Alle Struktur beruht auf Täuschung* – auf Täuschung über die wahre Komplexität der Welt. Daher kann Struktur nie allein als Sinnbildung, als Entwurf kraft Willens begriffen werden, und sie ist auch nicht beliebig möglich. Aus der Funktion ergeben

53 Vgl. Dahrendorf, »Out of Utopia«.

54 Siehe oben in dieser Vorlesung, Abschnitt 4.3.

sich erste einschränkende Bedingungen, nämlich erstens, daß die Funktion der Struktur weitgehend *latent* bleiben muß, die Struktur kann nicht in jedem Moment ein Problem sein, sonst würde unbegrenzte Komplexität hereingelassen, und zweitens, daß jede Struktur auf Täuschung beruht und daher auf Enttäuschungen gefaßt sein muß. Sie muß also Mechanismen des Umgangs mit Enttäuschungen bereitstellen, Mechanismen des Erklärens von Ausnahmen, des Deutens und Beschwichtigens, der Ableitung von Gefühlen, zum Beispiel auf dem Weg geregelter Aggression, aber funktional äquivalent auch Mechanismen der adaptiven Strukturänderung, des Lernens. Eine sehr interessante Frage ist dann, welche Strukturen auf welchem Wege primär stabilisiert werden, entweder durch Ableitung von Enttäuschungen oder durch Lernen. Wie hängt das mit dem ertragbaren Spannungsniveau einer Gesellschaft zusammen und mit ihrer Komplexität? Gibt es Grenzen der Lernfähigkeit sozialer Systeme, Grenzen des Tempos von Strukturänderungen, bei deren Überschreitung die Struktur ihre Orientierungsfunktion verliert? Man kann solch eine Doppelkanalisierung in unserem politischen System beobachten: Die Rechtsverfahren dienen als Ableitung von Enttäuschungen, der politische Weg in Form der Änderung von Gesetzen als der Weg des Lernens.

System und Prozeß sind verschiedene Aspekte von Selektivität:[55] Prozesse reduzieren Komplexität als faktisches Geschehen und benötigen eine Grenzziehung. Diese Grenzziehung wird vom System geleistet. Prozesse sind Systeme. Dadurch werden die Ereignisfolgen sinnhaft geordnet und dadurch die Leistungsfähigkeit der Prozesse selbst gesteigert. In dem Maß, wie Systemen die Konstitution sinnbildender Strukturen gelingt, gewinnen sie einen Spielraum für doppelte Selektivität. Und dadurch ergibt sich die Möglichkeit der Wiederholbarkeit von Prozessen im System.

6.2. Generalisierung von Verhaltenserwartungen

Die Strukturbildung in sozialen Systemen geschieht durch einen Vorgang der Sinnbildung, den ich Generalisierung von Verhaltenserwartungen nenne.[56] Was ist damit gemeint?

55 Siehe dazu auch unten in dieser Vorlesung, Abschnitt 7.1.

56 Vgl. hierzu auch unten, Vorlesung VIII, Teil 2.

Der Begriff der *Generalisierung* stammt in dieser Form aus der behavioristischen Theorie des Lernens. Das können Sie in dem von Rudolf Bergius herausgegebenen *Handbuch für Psychologie* oder in dem Buch *Soziale Interaktion und Lernprozesse* von Franz Stendenbach nachlesen.[57] Kern des Begriffs ist die Vorstellung *unschädlicher Indifferenz* gegenüber Einzelheiten, Unterschieden, anderen Möglichkeiten. Zu beachten daran ist insbesondere das selektive Moment. Wichtig ist auch, daß kein Gegensatz zwischen Generalisierung und Spezifikation besteht: Spezifikation setzt auch unschädliche Indifferenz voraus, ist also selbst ein Fall von Generalisierung. Möglicherweise wäre »Abstraktion« deshalb der bessere Begriff, aber der Begriff der Generalisierung scheint sich einzubürgern.

Es geht um Strukturbildung auf der Ebene des Erwartens, nicht des Handelns. Das ist eine heute noch unausgetragene Kontroverse. Die Behavioristen, zum Beispiel Peter Blau in seinem Buch *Exchange and Power in Social Life*,[58] bevorzugen einen vermeintlich objektiven, auf Interaktionszusammenhänge bezogenen Strukturbegriff, um auch unbewußte Strukturen als solche kennzeichnen zu können. Wenn man von einer selektiven Funktion der Struktur ausgeht, verdienen Häufigkeiten allein diesen Namen nicht. Auch für die Erwartungstheorie gibt es latente Beziehungen, insbesondere latente Funktionen, aber sie werden überhaupt erst durch die Selektivität manifester Strukturen möglich und stützen sie dann. Die gleiche Diskussion gibt es in der Rollentheorie mit der Frage, ob es sich bei Rollen um Verhaltenserwartungen oder erwartetes Verhalten handelt.

Was leistet nun die Theorie der Generalisierung von Verhaltenserwartungen über den Strukturbegriff hinaus? Hier ist ein Vergleich mit den normativen Wissenschaften nützlich. Deren Ausgangspunkt ist die Einheit des Sollens. Diese Einheit kann und muß soziologisch hinterfragt werden. In der Wissenssoziologie fragt man, ob es um das Symbol eines Berufsstandes geht oder um

57 Klaus Eyferth, »Lernen als Anpassung des Organismus durch bedingte Reaktionen«, und Franz J. Stendenbach, »Das Lernen von Haltungen, Bedürfnissen und sozialen Verhaltensweisen«, beide in: Rudolf Bergius (Hg.), *Handbuch der Psychologie. Allgemeine Psychologie*, Bd. 1: *Der Aufbau des Erkennens*, 2. Hbd.: *Lernen und Denken*, Göttingen 1964, S. 76-117 bzw. S. 347-370; Franz J. Stendenbach, *Soziale Interaktion und Lernprozesse*, Köln, Berlin 1963, S. 90 f.

58 Peter M. Blau, *Exchange and Power in Social Life*, New York u. a. 1964.

dahinterliegende soziale Interessen – das bleibt aber rein äußerlich. Die funktional-strukturelle Systemtheorie fragt dagegen danach, welche Funktion diese Einheit hat. Welches Problem löst sie?

Die Problemstellung läßt sich ausarbeiten durch eine Theorie *mehrdimensionaler Generalisierung*. Das habe ich in meinem Buch *Funktionen und Folgen formaler Organisation* skizziert.[59] Es gibt mehrere Dimensionen: zeitlich, sachlich, sozial, und es versteht sich nicht von selbst, daß die Mechanismen in den einzelnen Dimensionen gleich laufen, miteinander kompatibel sind. Das ist das wichtige Moment der hier vorgetragenen Systemtheorie, das zugleich den Ansatzpunkt bietet für eine Darstellung grundlegender soziologischer Begriffe wie Norm, Rolle und Institution. Zu unterscheiden sind also die (a) zeitliche, (b) sachliche und (c) soziale Generalisierung von Erwartungen.

(a) *Zeitliche Generalisierung* ist die Generalisierung von Erwartungen zu dauerhafter Geltung. Solche Dauer ist nur möglich, wenn das Erwarten von einzelnen Enttäuschungen unabhängig gemacht, enttäuschungsfest stabilisiert werden kann. Das geschieht dadurch, daß der Erwartung Normqualität, das heißt Sollgeltung beigelegt wird. Bei solchen Erwartungen handelt es sich dann um gemischte Erwartungen, da die Möglichkeit des Gegenteils (der Abweichung) miterwartet wird. Eine Reihe von sehr interessanten psychologischen Experimenten hat gezeigt, daß solche gemischten Erwartungen gegen Widerlegung stärker immun sind als unbedingte, vermeintlich ganz sichere Erwartungen.[60] Im Falle von Erwartungen von Sollqualität spreche ich mir das Recht zu, auch nach etwaigen Enttäuschungen weitererwarten zu können, und erwarte soziale Unterstützung dafür. Dazu gehört auch, daß ich nicht blamiert bin als einer, der falsch erwartet hatte, daß also die Enttäuschung nicht mir selbst, sondern dem zugerechnet wird, der enttäuschend gehandelt hatte. Zum normativen Erwarten gehört solch ein sozial gestützter Vorgriff auf die Abwicklung von Enttäuschungen. Dadurch wird es möglich, aus Unsicherheit Sicherheit zu machen: Man kann sich zwar nicht in bezug auf die Zukunft letzte Sicherheit verschaffen, aber man kann wenigstens in seinen gegenwärtigen Erwartungen sicher sein – und das genügt.

59 Luhmann, *Funktionen und Folgen*, S. 59 ff.

60 Vgl. Ralph M. Stogdill, *Individual Behavior and Group Achievement: A Theory. The Experimental Evidence*, New York 1959.

Zu diesem Vorgriff auf die Abwicklung von Enttäuschungen gehört: (1) eine Zurechnung der Diskrepanz auf den Handelnden (»Sündenbock«), nicht auf den Erwartenden, also nicht auf die Norm; (2) eine plausible Erklärung des abweichenden Verhaltens, zum Beispiel eine Zurechnung auf die Person als bösen Willen, auf übermenschliche Einflüsse (»Hexen«), auf wissenschaftlich oder pseudowissenschaftlich nachweisbare Ursachen (»Minderwertigkeitskomplexe«, verdrängte libidinöse Triebe, Klassenzugehörigkeit); (3) auf seiten des Handelnden ein Verbergen (Geheimhalten) des Verstoßes (womit er durch die Art, wie er gegen die Norm verstößt, ihr Reverenz erweist), ein »Nichtkenntnisnehmen« auf seiten der Erwartenden; (4) die Zulassung eines legitimen Ausdrucks für das Gefühl, das durch die Enttäuschung freigesetzt wird; (5) die Zulassung geregelter Aggression. All das erfordert mannigfache symbolische Hilfsmittel und »Sicherheiten«, die der zeitlichen Stabilisierung, aber nicht ohne weiteres auch der sozialen oder der sachlichen Generalisierung dienen. Zurechnungsbedürfnisse können zum Beispiel in Widerspruch stehen zu sachlichen Regelungsbedürfnissen, und dies vermutlich um so eher, je rationaler diese sind.

(b) *Sachliche Generalisierung* macht Erwartungen ebenfalls unabhängig von der Situation, und zwar durch eine sachliche *Identifikation ihres Sinnes und ihres Grundes*, durch eine Festlegung dessen, was erwartet wird und warum es erwartet wird. Diese Festlegung braucht nicht normativ zu sein, entwickelt aber bei allen prekären Erwartungen typisch einen Zug zum Normativen hin, zum Beispiel, wenn ein Nichtraucher plötzlich anfängt zu rauchen. Die sachliche Generalisierung bedarf einer Anknüpfung, eines Kristallisierungspunktes, der plausibel macht, was erwartet werden kann.

Es gibt vier typische Möglichkeiten oder *Ebenen des Erwartungszusammenhangs*: (1) Es können konkret bekannte andere *Menschen* sein. Man kennt ihre Biographie, hat ihre Selbstdarstellung erlebt und auf dieser Grundlage sachlich generalisierte Erwartungen gefestigt. Eben wegen dieses Interesses an Erwartungsbildung wird alles Verhalten eines Menschen vor anderen zur Darstellung – das erlegt dem Handelnden einen gewissen Disziplinierungsdruck in der Selbstdarstellung in der Situation auf. (2) Auf einer zweiten Ebene können das *Rollen* sein – darunter verstehe ich Zusammenhänge von Verhaltenserwartungen, die unpersönlich identifiziert werden, aber doch so, daß je ein Mensch sie ausführen kann. Die Verhaltenserwartungen sind also auf einen Menschen zugeschnitten, aber es wird offengelassen, wer sie ausführt. Sie können ohne Kenntnis der Person erwartet werden, sie geben Sicherheit trotz Anonymität. Es stellt sich dann die Frage des identifizierenden Sinnkerns. (3) Zum dritten können das *Programme* sein – darunter verstehe ich abstrakte Regeln für die Auswahl bestimmter richtiger Handlungen. Kennt man diese Regeln, kann man in etwa das Handeln erwarten. Man kann dann zwei Untertypen unterscheiden: Zweckprogramme knüpfen an bestimmte Wirkungen an, Konditionalprogramme knüpfen an bestimmte Ursachen an. (4) Und auf der am höchsten generalisierten Ebene können das *Werte* sein – darunter verstehe ich abstrakt formulierte Präferenzen, die noch keine bestimmten Handlungen vorzeichnen, sondern nur als Rechtfertigungsgrundlage dienen und es ermöglichen, Weisen der Argumentation abzuschätzen (Bildung, Freiheit, Frieden usw.). Werte sind eine Hilfe der Erwartungsbildung in konkreten Situationen.

Es stellt sich dann die Frage der *Differenzierung dieser vier Ebenen*. Die traditionelle Ethik kam mit zwei Ebenen aus: dem Menschen und den Werten. Die zunehmende Komplexität der Gesellschaft zwingt dazu, vier Ebenen zu unterscheiden. Die mittleren Ebenen – Rollen und Programme – bilden sich dann aus als Ebenen der größten Komplexität. Sie werden in großen Systemen zum Strukturträger, im Hinblick auf den die anderen beiden Schichten variiert werden: Personen werden mobilisiert, Werte ideologisiert und opportunistisch verwaltet. Es stellt sich dann die Frage der unabhängigen Variierbarkeit dieser verschiedenen Sinnebenen. Dieses Schema verdeutlicht zugleich, wie einseitig eine Soziologie vorgeht, die sich nur am Rollenbegriff orientiert und etwa von da her das Verhältnis von Mensch und Gesellschaft zu fassen sucht. Die Stabilität eines sozialen Systems kann nie allein durch Untersuchung seiner Rollen geklärt werden.

(c) *Soziale Generalisierung* kommt dem nahe, was man *Institutionalisierung* von Verhaltenserwartungen nennen könnte. Es handelt sich um eine in besonderem Sinne präzisierte Verwendung des Begriffs der Institution.[61] Ich meine damit nicht den sehr viel um-

61 Vgl. dazu Niklas Luhmann, »Institutionalisierung. Funktion und Mechanismus im sozialen System der Gesellschaft«, in: Helmut Schelsky (Hg.), *Zur Theorie der Institution*, Düsseldorf 1970, S. 27-41.

fassenderen Institutionenbegriff Schelskys oder Gehlens, der eher meinem Systembegriff nahekommt.

Soweit eine Erwartung institutionalisiert ist, kann der Erwartende davon ausgehen, daß die *Erwartung von anderen geteilt wird* – und zwar nicht nur von dem Adressaten, sondern von *Dritten*, von den Umstehenden, denen, die davon hören oder sonstwie in eine Sache hineingezogen werden. Man kann von Konsens ausgehen, ohne ihn ad hoc und individuell geprüft zu haben, man kann ihn unterstellen. Auch das ist Reduktion von Komplexität. Praktisches Verhalten ist anders gar nicht möglich. Außer dieser Verhaltensvereinfachung ist ein zweites Moment zu beachten, das die Vereinfachung überhaupt erst ermöglicht: eine *Verteilung von Verhaltensschwierigkeiten zugunsten der Institution*. Wer mit der Institution segelt, kann sich im Selbstverständlichen sicher fühlen. Wer anderer Meinung ist, muß sich melden, muß protestieren, trägt die Last der Initiative. Er muß sich persönlich exponieren, muß sich Motive und Gründe beschaffen, sein Verhalten wird ihm sofort persönlich zugerechnet. Dies geschieht alles kraft der Institutionalisierung, das heißt kraft Konsensvermutung. Inwieweit das Verhalten auch normiert ist, ist eine prinzipiell andere Frage. Nichtnormative Institutionen sind gewiß eine Seltenheit, aber es kann doch rein faktische Gewohnheiten geben, bei denen niemand etwas einzuwenden hätte, wenn jemand die Praxis ändert – etwa den Vorschlag in einer Skatrunde, mal das Wirtshaus zu wechseln.

Da Institutionen auf *unterstelltem* Konsens beruhen, können sie vom wahren Konsens mehr oder weniger stark abweichen. Unter solchen Umständen kann Aufklärung, etwa durch »Meinungsforschung«, Institutionen zerstören, ohne sie durch einen gleich selbstverständlichen anderen Konsens ersetzen zu können. Das ist ein Problem, das sich unabhängig davon stellt, ob das institutionalisierte Verhalten höherwertig ist als das abweichende. Ein aktuelles Beispiel für diese Frage sind die Kinsey-Reports zum menschlichen Sexualverhalten.[62] Hier geht es nicht nur um die Reduktion einer im ganzen sinnvollen Moral auf die Vielfältigkeit des nach der Na-

62 Alfred C. Kinsey, Wardell B. Pomeroy, Clyde E. Martin, *Sexual Behavior in the Human Male*, Philadelphia, London 1948 (dt.: *Das sexuelle Verhalten des Mannes*, Berlin 1955); Alfred C. Kinsey, Wardell B. Pomeroy, Clyde E. Martin, Paul H. Gebhard, *Sexual Behavior in the Human Female*, Philadelphia, London 1953 (dt.: *Das sexuelle Verhalten der Frau*, Berlin 1954).

tur des Menschen Möglichen, sondern zum Beispiel auch um die Zerstörung gegeninstitutionellen Verhaltens. Bezog Intimität, bezog Liebe (im Sinne von Passion) nicht wesentliche Motive aus der Gemeinsamkeit des Abweichens, so daß sich mit dem Wegfall der Institution alles in Trivialität auflöst?

6.3. Recht und Organisation

Die Vielzahl der Mechanismen, die zeitliche, sachliche und soziale Generalisierung leisten, laufen nicht ohne weiteres konform. Sie können insbesondere bei zunehmender Komplexität und wachsenden Ansprüchen an die einzelnen Mechanismen in Widerspruch geraten, sich wechselseitig stören. *Kongruente Generalisierung ist ein Problem*. Mit Bezug auf dieses Problem habe ich in meinem bereits erwähnten Buch die Funktion formaler Organisation definiert.[63] Die *Organisation* ist indes nur eine Art, diese Funktion zu erfüllen; es gibt andere, insbesondere erinnerte Geschichte. Als die Geschichte der aufeinander bezogenen Selbstdarstellungen hat die Vergangenheit immer schon Erwartungen bestätigt, typifiziert, mit Konsens ausgestattet.

Bei einer umfassenden Betrachtung könnte man hier auch den Anknüpfungspunkt für eine Rechtssoziologie finden.[64] *Recht ist die kongruente Generalisierung von Verhaltenserwartungen*. Das ist der Bezugsrahmen für eine vergleichende Rechtssoziologie, die Rechtsbildung in allen Systemen vermutet. Man könnte dann nach spezifischen Kriterien des Rechts im Unterschied zu Sitte oder Moral fragen. Diese Kriterien lassen sich nur durch Bestimmung der Systemreferenz finden, und man findet sie praktisch nur in hochkomplexen Gesellschaften. Denn nur dort kommt es zur Ausdifferenzierung des Rechts durch besondere Situationen und Handlungsanlässe, Rollen und schließlich Normen. Eine theoretische Unterscheidung von Recht und Moral gibt es überhaupt erst seit dem Anfang des 18. Jahrhunderts, seit Christian Thomasius. Angesichts der zentralen Bedeutung des Rechts für das menschliche Zusammenleben kann man die wissenschaftliche Bearbeitung

63 Luhmann, *Funktionen und Folgen*, S. 54 ff.

64 Vgl. dazu unten, Vorlesung VIII, insb. Teil 2 und Teil 3.

dieses Themas unmöglich allein den Juristen überlassen. Andererseits ist sie ohne gut fundierte Rechtskenntnisse schwierig. In der Strukturtheorie sozialer Systeme liegt ein für Soziologen brauchbarer Ansatzpunkt, ein unentbehrlicher Kristallisationspunkt für ein eigenes Interesse am Recht.

6.4. Strukturelle Spannungen und Verhaltenslasten

Der Strukturbegriff – und auch der Begriff kongruenter Generalisierung – postuliert nicht eine widerspruchsfreie Harmonie. Vielmehr ist allgemein anerkannt, daß Strukturen Widersprüche enthalten können. In der Literatur findet man unter dem Stichwort »Rollenkonflikt« dazu sehr verschiedenartige Deutungen struktureller Widersprüche, insbesondere (1) als Verhaltensbelastung (»stress«; »role-strain«), (2) als Startpunkt für strategische Theorien zur Lösung von Rollenkonflikten (3) und als Freiheit (Unleitbarkeit, Delegation der Entscheidung).[65] Was aber sind »Widersprüche«? Sind sie logisch impliziert oder zum Beispiel durch Knappheit vermittelt?

Im Rahmen einer umweltbezogenen, funktional-strukturellen Theorie kann der Widerspruchsreichtum einer Struktur als Variable betrachtet werden, die zweierlei steuert. Erstens eine *Problemverschiebung von außen nach innen*: Wenn von der Umwelt widerspruchsvolle Erwartungen an das System adressiert werden, werden sie so als eigene Widersprüche übernommen und dann im System ausgetragen. Und zweitens eine *Steigerung der Komplexität des Systems*: Ein widerspruchsvoll strukturiertes System kann mehr Zustände annehmen als ein widerspruchsfreies. Das ist im Prinzip ein Vorteil, sofern das Handlungs- und Entscheidungspotential des Systems dadurch nicht zu sehr beeinträchtigt wird. Denn durch Widersprüche wird die Absorptionsleistung der Struktur verringert, werden Erwartungen verunsichert. Die Struktur muß gleich-

65 Vgl. Robert K. Merton, »Social Structure and Anomie«, in: ders., *Social Theory and Social Structure. Toward the Codification of Theory and Research*, 2., rev. u. erw. Aufl., Glencoe 1957, S. 131-160; Neil J. Smelser, *Theory of Collective Behavior*, New York 1963; Peter M. Blau, W. Richard Scott, *Formal Organizations. A Comparative Approach*, San Francisco 1962, S. 242-249 (»Dilemmas of Formal Organization«).

wohl noch ausreichen, um doppelte Selektivität zu gewährleisten. Als ein Beispiel kann man an eine Studentenversammlung denken.

Im einzelnen gibt es eine Vielzahl von Strukturebenen, auf denen Widersprüche rezipiert werden können. Nach der skizzierten Theorie der sachlichen Generalisierung wären zu unterscheiden (1) Personen: »cooptation« im Sinne einer personalen Widerspruchsstrukturierung; (2) Rollen: Rollenkonflikte; (3) Programme: eine Mehrzahl der Ziele des Betriebs; und (4) Werte: eine opportunistische Präferenzwahl als Chance der Lösung von Wertkonflikten. Widersprüche in der Wirklichkeit sind nicht notwendig Widersprüche in der Theorie. Man kann widerspruchsfrei über Widersprüche reden. Es müssen also zwei verschiedene Sprachebenen unterschieden werden. Das wird oft verkannt, zum Beispiel von manchen Dialektikern.

7. Kommunikation

Im Zusammenhang mit der Frage nach der Reduktion von Komplexität durch soziale Systeme, also mittels Selektion aus dem Bereich des Möglichen, muß der Begriff der Kommunikation genauer bestimmt werden.

7.1. Prozeß als Kommunikation

Der Ausgangspunkt für das Folgende ist das Verhältnis von Struktur und Prozeß als doppelte Selektivität. Prozeß ist das faktische Geschehen, das die Zukunft über die Gegenwart in Vergangenheit überführt. Dabei muß man eine lineare Vorstellung der Zeit (die Vorstellung eines Flusses) vermeiden. Die Zukunft ist sehr viel reicher an Möglichkeiten, als je Gegenwart werden kann, also sehr viel komplexer: Nicht nur das ist Zukunft, was später gegenwärtige Wirklichkeit sein und dann Vergangenheit wird – alles andere wäre dann Schein –, sondern in der Zukunft sind viel mehr Möglichkeiten nebeneinander enthalten, als realisierbar sind. Das heißt: Der Prozeß ist immer ein *selektives* Geschehen, und dies unabhängig davon, ob die Selektion als Entscheidung bewußt gemacht wird oder nicht. Möglichkeiten scheiden aus, gehen verloren, auch wenn man nicht entscheidet. Soviel gilt für den Prozeß schlechthin. Sobald sich soziale Systeme bilden, die auf Sinn gegründet sind, verändert das die Bedingungen der Selektivität. Prozesse in solchen Systemen nehmen den Charakter von *Kommunikation* an. Sinn hält immer den Zugang zu einer Welt übermäßiger Komplexität offen und erfordert daher eine Interpretation menschlichen Verhaltens als Selektion – so wie umgekehrt ein sinnvermittelter Weltentwurf nur möglich ist, wenn das menschliche Verhalten den entsprechend hohen Anforderungen an Selektivität gewachsen ist. Alle Sinnsysteme brauchen zu ihrer Entstehung und Erhaltung Kommunikation als die ihnen entsprechende Art von Prozeß, so wie umgekehrt Kommunikation nur in Sinnsystemen möglich ist. Sozialsystem und Kommunikation sind also korrelative Begriffe.

Physische Bewegung als solche ist irrelevant (man denke zum Beispiel an ein Fließband): Sozialsysteme können natürlich durch rein physische Ereignisse zerstört werden, aber sie können nur durch *interpretierte* Ereignisse geschaffen und erhalten werden. Um *im* sozialen System Bedeutung zu gewinnen und Wirkungen zu haben, müssen alle Ereignisse, alle Verhaltensweisen als Selektion interpretiert werden, und sie werden so interpretiert, solange man unterstellt, daß der andere Mensch in der gemeinsamen Welt mitlebt. Es gibt daher eine Art zwanghafte Kommunikation, der man sich nicht entziehen kann: Alles soziale Verhalten ist *Darstellung*. Erst auf dem Boden dieses Faktums werden die *Probleme* des kommunikativen Verhaltens problematisch, nämlich hinsichtlich der Frage, (1) in welchem Ausmaß der Einzelne seine kommunikative Darstellung kontrollieren und in gewünschte Richtungen lenken kann, und (2) in welchem Ausmaß Konsens entsteht beziehungsweise Fehlinterpretationen unterlaufen oder permanenter Dissens geschaffen wird. Diese Auffassung erfordert einen entsprechend *weiten Begriff der Kommunikation*. Kommunikation ist jede (beabsichtigte oder unbeabsichtigte, sprachliche oder nichtsprachliche) *Übermittlung von Sinn*. Von Darstellung oder Selbstdarstellung kann man sprechen, wenn es bei diesem übermittelten Sinn um die Identität des kommunizierenden Systems geht. Fast unvermeidlich impliziert alle Kommunikation also auch eine Selbstdarstellung.

7.2. Sprache

Demnach ist Sprache eine fundamentale soziale Einrichtung. Sprache ist immer als Auslegung der Welt zu verstehen, sie dient mehr der Erfassung von Weltkomplexität als ihrer Reduktion, die durch das soziale System geleistet wird. Das Verhältnis von Sprachwissenschaft und Sprachsoziologie ist eine von vielen Überschneidungen, was bisher die Entfaltung einer genuin soziologischen Forschung verhindert hat in einem Bereich, der doch ohne Zweifel sozialer Natur ist.

Die Sprachtheorie ist einer der neuesten Versuche, Soziologie auf eine Nichtsoziologie zu gründen. Eignet sich die Sprachtheorie aber als *Grundlagentheorie*? Jürgen Habermas diskutiert in seinem Buch *Zur Logik der Sozialwissenschaften* die Grenzen einer sprachverstehenden Soziologie, kommt aber selbst mit seiner hermeneutischen Konzeption von der Begrenzung auf Sprache nicht frei.[66] In Wirklichkeit gibt es sehr viel soziales Verhalten, das entweder überhaupt keine Sprache benutzt oder sich doch nicht in dem Gesprochenen erschöpft: Gesten, körperliche Berührung, Unterlassungen, Abwesenheiten. Ja, es gibt sogar unaussprechbaren Sinn, der durch sprachliche Formulierung zerstört würde, weil er keine Präzisierung und keine Zurechnung verträgt – zum Beispiel in Beziehungen, die durch Dankbarkeit getragen sind.

Die gesprochene Sprache ist für die Soziologie ein soziales System besonderer Art, das nach Funktion und Struktur mit den Mitteln der allgemeinen soziologischen Theorie beschrieben werden kann. Ähnlich wie das Sozialsystem Gesellschaft hat das Sozialsystem Sprache grundlegende Bedeutung. Es ist in *jedem* anderen Sozialsystem vorausgesetzt, daß gesprochen werden *kann*. Diese Möglichkeit ist als Möglichkeit für Sinnbildung und damit für Sozialsysteme konstitutiv, aber das heißt nicht, daß der Sinn sozialer Systeme sich im sprachlichen Ausdruck erschöpft.

Wie alle Sozialsysteme beruht auch die Sprache auf einer Differenzierung von Struktur und Prozeß, also auf doppelter Selektivität. Sie ist gleichsam Prototyp dieser Differenzierungsleistung, nach dem andere Sozialsysteme modelliert werden. Die Differenzierung besteht in der Ausdifferenzierung bestimmter wiederholbarer Gesten, nämlich aussprechbarer Worte, und ihrer Stabilisierung als einem lernbaren Code mit bestimmter Bedeutung. Dem liegt eine lernbare Identifizierung von Gesten und Sinn zugrunde. Auf diese Weise kann ein begrenzter Bestand von solchen bedeutsamen Gesten mitsamt zugehöriger Gebrauchsregeln gelernt werden, der immer wieder Verwendung findet und beim Partner als bekannt vorausgesetzt werden kann. Durch einen solchen Code sind die Kombinationsmöglichkeiten zwar begrenzt, aber die Kombinationen selbst nicht vorgeschrieben. Man kann, dank Vorselektion des Möglichen, sehr rasch sprechen und verstanden werden, ohne daß die Sprache selbst die Freiheit dessen, was man sprechen will, in nennenswerter Weise einschränkt. Trotz sehr hoher Komplexität der Möglichkeiten ist eine sehr rasche intersubjektive Reduktion von Komplexität möglich. Wie die Gebrauchsregeln im einzelnen definiert sind und funktionieren – diese Frage leitet über in eine Theorie der Grammatik, die hier nicht erörtert werden kann.

66 Jürgen Habermas, *Zur Logik der Sozialwissenschaften*, Tübingen 1967.

Wichtig ist jedoch, sich eine *Besonderheit der Sprache* als eines Sozialsystems deutlich zu machen, die sie von anderen Sozialsystemen trennt. Sie bezieht sich auf das Problem der *Grenzen* des Systems. Auch Sprachsysteme haben notwendigerweise Grenzen – gegenüber physischen Ereignissen, auch Ereignissen am eigenen Körper, die man sich nicht verkneifen kann, oder gegenüber anderen Sprachsystemen und schließlich auch gegenüber Kommunikationsweisen, die sich nichtsprachlicher Ausdrucksmittel bedienen. Aber die Sprache hat außerdem die Funktion, Welt zu artikulieren, und damit den Anspruch, alles Mögliche auch auszudrücken. Im Unterschied zu anderen Sozialsystemen kann Sprache sich daher nicht durch die Definition ihrer eigenen Grenzen beschränken. Sie macht keinen Unterschied zwischen Systemkomplexität und Weltkomplexität. Das in ihr Mögliche soll zugleich das in der Welt Mögliche sein. Sie ist ständig aufgefordert, ihre Grenzen zu transzendieren, sie als rein zufällig zu behandeln. Daher können Sprachen sich nicht als prinzipiell unübersetzbar verstehen, sondern nur als parallelliegende Weltunternehmen gleichen Ranges. Andererseits können Sprachen eben wegen dieser Weltoffenheit keine zureichende Handlungsselektion leisten. Die Sprache instruiert nicht darüber, was im Einzelfall zu sagen und zu tun ist. Dazu bedarf es anderer Systeme, die ihren Sinn aus ihren Grenzen gewinnen.

7.3. Reflexive Mechanismen[67]

Wächst die Komplexität eines Systems durch Generalisierung seiner Verhaltenserwartungen, wächst auch der Bedarf für die Selektionskraft der Prozesse. Die Zahl der Möglichkeiten steigt, und in kürzerer Zeit müssen dann mehr Möglichkeiten eliminiert werden. Eine solche Selektivitätsverstärkung ist möglich durch *Anwendung von Prozessen auf sich selbst.* Man spricht dann von Reflexivität oder

67 Anm. d. Hg.: Im Vorlesungsskript ist an dieser Stelle nur die Kapitelüberschrift notiert, jedoch enthalten die Vorlesungsmitschriften von Hartmann Tyrell und Paul Ridder (siehe dazu im Anhang, »Editorische Notiz«, unten, S. 614 f.) ausführlichere Passagen zum Thema, die Luhmann im Skript aber nicht notiert hat. Die editorisch hinzugefügte Passage skizziert knapp das Argument und basiert neben den genannten Mitschriften auf der entsprechenden Passage in dem Aufsatz »Soziologie als Theorie sozialer Systeme«, S. 632 f.

reflexiven Prozessen beziehungsweise reflexiven Mechanismen. Beispiele wären etwa das Sprechen über Sprache in begriffsbewußtem Sprachgebrauch, das Entscheiden über Entscheidungen in der Bürokratie, das Lehren des Lehrens in der Pädagogik, die Anwendung von Macht auf Macht in komplexen politischen Systemen, das Normieren der Normsetzung als Grundlage der Positivierung des Rechts. In all diesen und ähnlichen Fällen wird die Selektionsleistung dadurch potenziert, daß der selektive Mechanismus zunächst einmal durch einen anderen Mechanismus gleicher Art vorgewählt wird. Damit steigt die Zahl der Möglichkeiten, über die gesprochen, die entschieden, gelehrt, beeinflußt, normiert werden können. So ausgestattete Prozesse können deshalb einer Umwelt von größerer Komplexität gerecht werden.

Mit Hilfe reflexiver Mechanismen scheint das gegen die strukturell-funktionale Theorie immer wieder eingewandte Problem der Strukturänderung praktisch lösbar zu werden – zumindest in sehr komplexen Systemen, die solche Mechanismen einrichten und funktionsfähig erhalten können. Für die Funktion von Strukturen ist nämlich Ewigkeitsgeltung oder ontisch fixierte Invarianz nicht erforderlich; es genügt, daß sie beim Vollzug des Erlebens und Handelns, das sie strukturieren, nicht in Frage gestellt werden. Das schließt nicht aus, daß sie in anderen Zusammenhängen geändert werden – durch Entscheidung über Entscheidungsprämissen, durch Übermächtigung von Machthabern, durch Umwertung von Werten usw.

7.4. Übertragbarkeit von reduzierter Komplexität

Eine andere Form der Selektivitätsverstärkung ist die Sicherstellung der intersubjektiven Übertragbarkeit von Selektionsleistungen. Der *Ausgangspunkt* der Überlegungen ist der folgende: Jeder Mensch ist originär ein Subjekt, hat einen eigenen Zugang zur Welt, erlebt horizonthaft die volle Komplexität der Welt mit. Er allein kann aber diese Komplexität nicht abarbeiten, er muß sich auf Selektionsleistungen anderer stützen können. Reduktion von Komplexität muß in hohem Umfange intersubjektiv übertragbar sein. Wie ist das möglich, in welchen Formen geschieht das?

In *einfachen Gesellschaften* findet man typisch die Form, daß die Reduktion als Eigenschaft der Welt unterstellt wird. Die Welt *ist* in bestimmter Weise (und nicht anders). Und diese kompakte Weltsicht wird in der Gesellschaft moralisch sanktioniert. Die eigene Leistung des Menschen und der Gesellschaft im Entwerfen und Verarbeiten von Welt kann nicht bewußt gemacht werden. Es erfolgt also generell eine Umweltzurechnung. Wissenssoziologisch kann man in diesem Zusammenhang drei Phänomene identifizieren: (1) einen Traditionalismus und eine religiöse Fundierung, die zugleich die systeminterne moralische Sanktionierung deckt, (2) die ontologische Metaphysik und (3) den Naturbegriff. Zusammenfassend kann man sagen: Einfach strukturierte Sozialsysteme können das Übertragungsproblem nur dadurch lösen, daß sie es als schon gelöst voraussetzen. Sie haben nicht genug Alternativen, sind selbst nicht komplex genug, um die eigenen Selektionsleistungen steuern zu können. In *stark differenzierten und komplexen Gesellschaften* ist das anders. Ihre Umwelt ist hochkomplex und variabel, ihre Anforderungen an Übertragungsmechanismen müssen nun gesteigert werden, die Mechanismen demzufolge leistungsfähiger werden, sie müssen selbst differenziert und funktional spezifiziert werden. Unterscheiden kann man die Mechanismen Wahrheit, Macht, Liebe und Geld. In einfachen Gesellschaften lagen diese Motivstrukturen nahe beieinander, in der heutigen Gesellschaft dagegen gibt es eine Differenzierung der Motivstrukturen. Damit sind Ansatzpunkte für die Bildung spezieller Soziologien benannt.

(a) *Wahrheit* ist das wohl wichtigste Medium der Übertragung von Selektionsleistungen. Wahr ist eine Kommunikation, der man nicht widersprechen kann, ohne seine Eigenschaft als vernünftiger, Welt miterlebender Mensch zu riskieren. Es handelt sich zunächst um Lebensweltwahrheiten. Dieser weite, unbestimmte Begriff, der konservativ das Vorhandene bestätigt, wird im neuzeitlichen Denken eingeschränkt und spezifiziert auf die zwingende Gewißheit der intersubjektiven Übertragbarkeit. Das hängt zusammen mit der Radikalisierung und Abstraktion des Wahrheitsträgers als *Subjekt*. Das ist eine Form der Ausdifferenzierung, die ein Einschrumpfen der Wahrheitsmöglichkeiten bedeutet und zugleich eine immense Ausdehnung der durch Wahrheit gedeckten Informationsmengen. Hier liegt auch die Wurzel der in der Soziologie besonders schmerzlichen Methodenprobleme.

(b) *Macht* ist die Generalisierung des Reduktionswertes *indivi-*

dueller Entscheidungen: Die Selektion ist als willkürliche sichtbar und trotzdem verbindlich. Daraus ergeben sich Probleme der Zurechnung, der Kontrolle, der Legitimation. Auch dieser Mechanismus ist in der Neuzeit ausdifferenziert worden, vor allem durch die Monopolisierung der physischen Zwangsmittel in der Hand des Staates und durch Bildung von Organisationen mit freiwilliger Pauschalunterwerfung.

(c) *Liebe* leistet die Konstruktion einer sinnverdichteten Nahwelt dadurch, daß die Harmonie mit dem Erleben eines Mitmenschen kraft intimer, persönlicher Sympathie relevant wird. Das ist eine ganz alte Thematik, die mit den Begriffen *koinonía* und *philia* bezeichnet wird, neuerdings mit der Unterscheidung von *similarity* und *attraction*. Auch hier sieht man im Laufe der Neuzeit eine Verselbständigung dieses Mechanismus und ein Ausscheren aus der allgemeinen gesellschaftlichen Kontrolle. Die romantische Deutung der Liebe als individuelle Passion hat hier ihren Platz. Das große literarische Thema der standeswidrigen oder in weitestem Sinne unvernünftigen Liebe wandelt sich vom Utopischen ins Komische, ins Tragische und schließlich ins Triviale einer Institution, deren Dysfunktionen gesellschaftlich fest etabliert sind und bewältigt werden können. Die Ursache für die Liebe ist relativ unerheblich. Zunächst handelt es sich nur um die Sublimierung der Gefühle der daheim gebliebenen Kreuzfahrersgattinnen. Und was ist daraus geworden? Die passionierte Liebe ist als erforderliche Ehegrundlage institutionalisiert, trotz aller Schwierigkeit, dem nachzuleben.

(d) *Geld* überträgt einen quantitativ reduzierten Anteil am Potential wirtschaftlicher Befriedigungsmöglichkeiten. Das Akzeptieren der Reduktion in Form einer summativen Begrenzung ist Bedingung der *Freiheit*, fast Beliebigkeit der Geldverwendung. Wo Freiheit als Motiv fehlt, muß das Akzeptieren der Reduktion anders, zum Beispiel politisch-machtmäßig motiviert werden, etwa in der Form diktierter und sanktionierter Zuteilung von Befriedigungschancen.

Wie diese vier Beispiele zeigen, werden durch Ausdifferenzierung *heterogene, inkompatible* Motivlagen geschaffen und zugleich aktiviert. Es kann auf diese Weise *mehr* Motive für die Annahme von Selektionsleistungen geben. Damit wird der gestiegene Leistungsbedarf befriedigt. Andererseits sind schwierige Balanceakte zwischen diesen Mechanismen erforderlich. Dazu gehören eine systemmäßige Trennung, also eine funktionale Systemdifferenzierung innerhalb der Gesellschaft, und die gesellschaftliche Institutionalisierung moralischer Vorurteile gegen ihre Verquickung.

8. Wandel der Systeme

Soziale Systeme unterscheiden sich von anderen Systemen in dem Ausmaß, in dem sie Strukturänderungen durchführen können, ohne ihre Identität zu verlieren. Deshalb muß die Frage nach dem Wandel der Systeme gestellt werden.

8.1. Methodische Vorbemerkungen

Einer der Hauptangriffspunkte gegen die funktionalistische Systemtheorie ist die Unterstellung, daß sie die Probleme des sozialen Wandels nicht angemessen in den Griff bekomme, weil sie in ihrem begrifflichen Bezugsrahmen unwandelbare Strukturen immer schon voraussetzen müsse. Solche Behauptungen muß man sehr vorsichtig sezieren. Richtiges, Unrichtiges und Mißverständnisse treffen hier zusammen. Auf der Ebene der *strukturell-funktionalen* Systemtheorie kann man die Diskussion vielleicht in zwei Punkten zusammenfassen:[68]

(a) Die strukturell-funktionale Theorie muß in der Tat zu erhaltende Systemstrukturen voraussetzen, aber das schließt eine Analyse des Wandels nicht aus. Dies ist eine Frage des Abstraktionsgrades der Systemstrukturen, die vorausgesetzt werden: Konkretere Strukturen sind im Rahmen abstrakterer Strukturen variabel. Für Parsons ist der Rückzug auf einen analytischen Strukturbegriff bezeichnend, der an sein Vier-Probleme-Schema anschließt. Es muß danach zum Beispiel *Goal-attainment*-Strukturen geben, aber ihre konkrete Ausprägung mag wechseln. Die Frage kann daher nur sein, ob der letzte theoretische Bezugsrahmen die Thematisierung von Änderungen behindert, ob es irgendwelche denkbaren Änderungen gibt, die damit nicht erfaßt werden könnten. Dann wäre der Universalitätsanspruch dahin. Ein solcher Unmöglichkeitsbeweis ist von den Gegnern Parsons' bisher aber nicht geführt worden.

(b) Eine ganz andere Frage ist, wie interessant und instruktiv eine solche strukturell-funktionale Analyse des Wandels ist. Sie ar-

68 Vgl. Francesca Cancian, »Functional Analysis of Change«, in: *American Sociological Review* 25 (1960), S. 818-827.

tet bei Parsons sehr leicht in eine klassifikatorische Einordnung aus. Und *das* macht einen statischen Eindruck. Die Kritiker haben dagegen, explizit oder implizit, eine kausalgesetzliche Darstellung von Änderungen im Auge, also den Nachweis, daß bestimmte Ursachen bestimmte Wirkungen herbeiführen müssen. Bei hochkomplexen Systemen scheint mir schon diese Erwartung fraglich zu sein. Jedenfalls gibt es keine brauchbaren Alternativen zur Systemtheorie.

8.2. Änderungen als Problem

In dem Dilemma von bloßer Klassifikation und unmöglicher kausalgesetzlicher Erklärung brauchen wir nicht hängenzubleiben. Es eröffnet sich ein wenigstens halb befriedigender Ausweg, wenn man den *Problembegriff in die Erklärungsstruktur einschiebt.* Sobald man nämlich gegebene Zustände in ihren Funktionen durchschaut, werden Änderungen zum Problem. Dann kann man die Frage stellen, welche Funktionen durch die Änderung betroffen werden und wie sie nach der Änderung erfüllt werden können. Mit anderen Worten: Es läßt sich die Frage stellen, wie ein gegebener Zustand in seinen Funktionen ersetzt werden kann. So gesehen ist der berüchtigte Ansatz beim Status quo weder ein konservatives Wertvorurteil noch eine empirische Hypothese der Art, daß Zustände beziehungsweise Strukturen im allgemeinen stabil seien. Es handelt sich vielmehr nur um ein ganz formales, beliebig anwendbares Schema der Problematisierung von Änderungen. Man kann das an verschiedenen Beispielen verdeutlichen.

(a) Zum Beispiel an dem Auftauchen eines Händlers in einem vordem autarken Dorf (etwa in den asiatischen Hochkulturen). Damit kommt es zu einer Störung des Gleichgewichts von Erwartungen und Erfüllungschancen. Zur Wiederherstellung des Gleichgewichts ist der Einschluß eines Fremden erforderlich, den man nicht mehr über seine anderen Rollen im gemeinsamen Leben kontrollieren kann. Damit wird zum Beispiel die Möglichkeit des Kredits problematisch. Dieses Problem selbst läßt sich vorhersagen, nicht aber die spezifischen Wirkungen, denn es kann auf verschiedene Weise gelöst werden. Zum Beispiel durch Regression in Form der Rückkehr auf die primitivere Stufe direkten Tausches oder durch extrem hohe Risikozinsen mit entsprechender Verschuldung oder durch den Aufbau eines Rechtssystems, das die alten sozialen Sicherheiten ersetzt.

(b) Ein weiteres Beispiel ist die Positivierung des Rechts, die den alten Institutionen Krone und Altar die Möglichkeit entzieht, Entscheidungen zu legitimieren. Als Folge wird die Legitimität ein Problem, das durch Organisation und Arbeit im politischen System gelöst werden muß. Wie das geschieht, das kann nicht ohne weiteres vorausgesagt werden.

(c) Ein drittes Beispiel ist der Fall, daß die zunehmende Bedeutung der Ausbildungszertifikate zusammen mit zunehmender Aufstiegsmobilität die Schule unter Druck setzt. Ihre Kanalisierungsfunktion in bezug auf vorbestimmte Lebensbahnen wird in eine Verteilerfunktion sozialer Chancen umgewandelt. Dieses Beispiel ist interessant insofern, als wir die Frage stellen müssen, ob die Kanalisierungsfunktion nicht einfach ersatzlos entfallen kann. Selbst dann ist die strukturelle Anpassung der Schule an ihre neue Funktion ein Problem, das auf mehrfache Weise gelöst werden kann, zum Beispiel durch die Verzweigung des Schulsystems mit vielerlei Treppen und Winkeln, wo Hoffnungen gepflegt oder Versager entwöhnt werden, oder durch einen spannungsreicheren Kontakt mit den Eltern oder durch eine lokale Politisierung der Schule.

Sie werden mir zugeben, daß mit solchen Analysen keine sicheren Verlaufsprognosen, aber doch instruktive Erkenntnisse über Änderungsvorgänge zu gewinnen sind. Natürlich hat auch diese Konzeption ihre Schwierigkeiten, die man sehen muß. Adhoc-Analysen wie in den gegebenen Beispielen genügen zwar dem heute vorwiegenden Anspruchsniveau der sogenannten *theories of the middle range*, nicht aber letzten theoretischen Ansprüchen. Die Frage bleibt: Wo kommen die Probleme her? Kann die Systemtheorie gleichsam ein allgemeines und konstant bleibendes Problemgerippe liefern? Mir schwebt das in der Tat als Ziel vor. Unzweifelhaft ist das aber heute noch nicht möglich. Unabdingbare Voraussetzung dafür wäre jedenfalls ein durchgehend radikalisierter Problemfunktionalismus, für den die Formel »Reduktion von Komplexität« meines Erachtens günstigere Anhaltspunkte bietet als die alte Bestandsformel.

8.3. Ereignisse und Bestände (Prozesse und Strukturänderungen)

Die bisherigen Überlegungen reichen bei weitem nicht aus, um die Beziehungen der Zeitdimension zu Systemen zu erfassen. Sie handeln nur von Strukturänderungen, im sozialen System also von Änderungen der Verhaltenserwartungen. Von »Änderung« kann man nur in bezug auf etwas Feststehendes sprechen. Das ist das große Argument Parsons', mit dem er die strukturell-funktionale Theorie gegen das *panta rhei* (das »Alles fließt«) verteidigt. Aber erschöpft sich die Bedeutung der Zeit im Wandel des Bestehenden? Parsons unterscheidet Prozesse *im* System und Strukturänderungen *des* Systems. Nur die Änderungen werden ihm zum Problem. Der darin vorausgesetzte Begriff von Zeit bleibt ungeklärt.

Ich hatte die Unterscheidung von Struktur und Prozeß anders festgelegt, nämlich mit der Formel der doppelten Selektivität. In der Zeittheorie gibt es eine doppelte Möglichkeit der Identifikation: als *Bestände* und als *Ereignisse*. Bestände dauern trotz des Wechsels der Zeitpunkte in der Gegenwart an, Ereignisse sind durch einen Zeitpunkt identifiziert. Ereignisse können Bestände in Frage stellen – und das ist das Problem. Es gibt infolge der Grenzen des Systems immer vorgesehene, zugelassene, konforme Ereignisse und andere, die sei es gänzlich irrelevant sind, sei es stören.

Probleme sind entweder *Strukturänderungen oder Störungen*. Als Beispiel kann man das System dieser Vorlesung nehmen: Der reine Redefluß des Vortragenden, der sich an bestimmte Regeln hält, ist eingeplant, ist eine Ereignisfolge oder ein Prozeß ohne Problem. Ein Problem wäre es, wenn der Vortragende ans Fenster treten, hinausschauen, schweigen würde, um erst einmal zu denken. Möglicherweise ist das eine ganz legitime Verhaltensweise, aber sie führt doch, wenn es sich wiederholt, zu einer Erwartungsänderung, also einer Strukturänderung. Ausgelöst wird das durch interne Ereignisse, die sehr leicht strukturändernde Bedeutung gewinnen können. Wenn man das wie beschrieben analysiert, wird die Änderung als ein Problem verstanden. Davon zu unterscheiden sind externe Störungen. Der Vortragende wird zum Beispiel ohnmächtig. Ein Ereignis dringt von außen ein, wird zunächst als zufällig definiert. Oder ein anderes Sozialsystem stört: Die Türen öffnen sich, und die Reinemachefrauen kommen herein. Das ist dann kein Änderungsproblem, sondern eine Störung. Auch Störungen lassen sich als Problemlagen mit strukturierten Lösungsmöglichkeiten ohne genaue Vorhersage analysieren. Für die Vorlesung gilt, daß ich im Vertrauen auf eine institutionelle Regelung des Konflikts einfach weiterreden könnte oder, wenn mir die Priorität der Vorlesung nur schwach gesichert zu sein dünkt, versuchen könnte, mich mit den Reinemachefrauen zu verständigen. Die Reinemachefrauen haben vermutlich ein noch empfindlicheres Problem in ihrem System. Wenn sie sich auf die institutionelle Regelung einstellen, können sie weder anwesend noch nichtanwesend sein. Es gibt dann verschiedene Lösungen: die systemlose Flucht, ein zivilisiertes Sichentschuldigen (unter der Prämisse einer gesellschaftlichen Gleichrangigkeit) oder das Ertrotzen der Anwesenheit.

8.4. Systemgeschichte und Systemzukunft

Bisher sind wir von einem unvollständigen Zeitbegriff – ohne Zukunft und Vergangenheit – ausgegangen und haben Zeit als dauernde Gegenwart oder als Folge qualitativ gleicher Zeitpunkte verstanden. Alles Erleben, das stets gegenwärtig-aktuell ist, hat aber diesen doppelten Zeithorizont: Zukunft und Vergangenheit. Die Systemtheorie, die dieser Vorlesung zugrunde liegt, hat den Vorteil, mit ihrem Grundbegriff der Komplexität zugleich eine Theorie der Zeit anbieten zu können. *Zukunft* ist nämlich wesentlich dadurch Zukunft, daß sie *offene Komplexität* enthält. *Vergangenheit* ist dagegen definitiv *reduzierte Komplexität*: Sie enthält keine anderen Möglichkeiten mehr. Die Zeit ist charakterisierbar als Überführung von Zukunft in Vergangenheit, also als *Reduktion von Komplexität*. Aus dieser Grundkonzeption lassen sich gewisse Thesen über das Verhältnis sozialer Systeme zu ihrer Geschichte und zu ihrer Zukunft ableiten – wenn man so will: Thesen über (a) Tradition und (b) Planung.

(a) Die Orientierung an der eigenen Geschichte, an der *Tradition*, ist nichts anderes als Orientierung an schon reduzierter Komplexität. Tradition ist ein Symbol für schon reduzierte Komplexität, für eine Verdrängung anderer Möglichkeiten, die man selbst nicht zu leisten braucht. Daher sind einfache Systeme, die keine selektiven Prozesse organisieren können, in einem uns kaum noch vorstellbaren Maße an Tradition gebunden. Das ist keine Wertorientierung, die man anderen Werten vorzieht – das gibt es erst in der Neuzeit, daß Tradition zum Wert oder gar zum Programm wird –, sondern die Geschichte des Systems *ist seine Struktur*. Das gilt in unterschiedlicher Ausprägung für die Gesellschaft, die Organisation und einfache Sozialsysteme, wie eine Konferenz. Bei letzterer hat die Tatsache, daß die Systemgeschichte zugleich als Struktur dient, allerdings deutlich weitreichendere Konsequenzen, denn es gibt kaum andersartige Systemstrukturen, wie zum Beispiel festliegende Rollen- oder Statusunterschiede oder eine Differenzierung in Teilsysteme.[69]

Der *Bedarf für Geschichte* hängt ab von der Entscheidungskapazität der Systeme. Nur durch rationale Techniken der Abarbeitung hoher Komplexität kann man sich von seiner Vergangenheit frei machen und auch über Strukturen noch entscheiden. Das beste Beispiel dafür ist die Wissenschaft oder das positive Recht. Hier scheinen mir die Wurzeln für eine Theorie der *Revolution* zu liegen. Revolution ist ein plötzlicher Verlust von Geschichte, bei dem deshalb in der Zukunft ein Strukturersatz gesucht werden muß. Die Zukunft muß gleichsam zeitweise die Funktion der Vergangenheit übernehmen. Sehr interessant ist in der Geistesgeschichte des Abendlandes, wie stark die Enttraditionalisierung des Denkens und Handelns zunächst auf eine festgelegte Zukunft angewiesen war.

(b) Hier liegen ferner die Wurzeln für eine Theorie der *Planung*.[70] Planung ist Entscheiden über zukünftige Entscheidungen, also ein Versuch, die Komplexität der Zukunft schon zu reduzieren. Durch Planung stabilisiert man eine Struktur, die auf Entscheidung beruht und die sich damit zunächst von der Vergangenheit unabhängig zu machen scheint. Aber die Entscheidung wird selbst zur Geschichte. So kommt es zu dem seltsamen Ergebnis, daß wir uns in einem Gestrüpp von Entscheidungsgeschichten selbst festlegen und die Zukunft verbauen – während derjenige, der aus der Tradition lebt, eine offene und unbestimmte Zukunft ertragen kann, weil es für ihn sowieso nur wenige Alternativen gibt.

69 Vgl. dazu unten, Vorlesung V, Abschnitt 4.3.

70 Vgl. Niklas Luhmann, »Politische Planung«, in: *Jahrbuch für Sozialwissenschaft* 17 (1966), S. 271-296.

9. Differenzierung und Fortschritt

Bisher wurde in der Vorlesung das System als Einheit betrachtet, und es wurden lediglich im Wege der Illustrierung teils Kleinsysteme, teils Globalsysteme betrachtet. Das ist indes eine künstliche Vereinfachung, die wir nunmehr aufgeben müssen. In Wirklichkeit kann man, vom Standpunkt der allgemeinen Systemtheorie aus, jedes System in Teilsysteme zerlegen und muß dies tun, sobald man seine Interessen auf Teile richtet. Es gibt keine absoluten Atome, keine letzten Elemente. Nur stößt man in der Theorie der sozialen Systeme bei einer solchen Zerlegung an Grenzen, von denen ab man die so gewonnenen Einheiten nicht mehr als soziale Systeme charakterisieren kann.

In dieser Vorlesungsstunde möchte ich mich mit der *Gesellschaft* als Beispiel für ein soziales System beschäftigen, das in sich differenziert ist.[71] Die *Theorie der Systemdifferenzierung* behandelt hier dann nicht diese Frage der Wahl eines Untersuchungssystems, sondern den Aufbau des Systems aus Teilsystemen. Zwei Unterscheidungen sind dabei nützlich: (1) die Unterscheidung einfache/komplexe Systeme und (2) die Unterscheidung segmentierende/funktionale Differenzierung.

9.1. Einfache und komplexe Systeme

Nach den klärenden Vorbemerkungen ist offensichtlich, daß einfache Systeme nicht unzerlegbare, undifferenzierte Systeme sein können. Es gibt jedoch ein anderes wichtiges Kriterium: *Einfache Systeme sind solche, die alle Beteiligten an allem Erleben und Handeln beteiligen.*[72] Nicht, daß alle dasselbe tun (was physisch, wenn nicht logisch ausgeschlossen ist). Aber alle *können* alles tun; jeder besitzt alle Informationen und alle Fähigkeiten, die im System benötigt werden. Im System sind die Individuen prinzipiell austauschbar. Verluste einzelner verkleinern nur das System, zerstören es aber

71 Vgl. dazu ausführlich unten, Vorlesung III.

72 Vgl. dazu ausführlich unten, Vorlesung V.

nicht. Natürlich ist das ein Grenzmodell, aber es gibt Annäherungen daran, man denke etwa an einen Kibbuz.

Einfache Systeme haben ein geringes Potential für Komplexität. Sie können zwar physische Handlungsmöglichkeiten neuer Art eröffnen, aber sie bleiben an die Bewußtheitsspanne des einzelnen gebunden. Diese Schwelle wird in *komplexen Systemen* überschritten, und das ist Voraussetzung für jede weitere Steigerung der Eigenkomplexität des Systems. Es werden jetzt Beiträge zum System möglich, die nicht von allen Teilnehmern erbracht werden können, sondern Spezialisierung voraussetzen. Das heißt, (1) es wächst die Verschiedenheit möglicher Handlungen, (2) die Austauschbarkeit der Teilnehmer geht verloren, (3) es wächst die Störbarkeit des Systems, (4) es entsteht ein besonderer Koordinationsbedarf und (5) insgesamt wächst die Bedeutung der Struktur des Systems (im Unterschied zum einfachen Handeln).

9.2. Segmentierende und funktionale Differenzierung

Die Unterscheidung von segmentierender und funktionaler Differenzierung bezieht sich nicht auf die Beteiligung der Person, also auf die Frage, ob sie umfassend oder nur partiell am System beteiligt ist, sondern auf die Art, nach der soziale Teilsysteme gebildet werden.[73] Als klassische Werke sind hier insbesondere Georg Simmels *Über sociale Differenzierung* und Émile Durkheims *De la division du travail social* zu nennen.[74]

(a) *Segmentierende Differenzierung* meint die Teilung eines Systems in *gleiche* Untereinheiten. Als Beispiele kann man denken an Arbeitsgruppen in der Industrie, an einfache Stämme oder Armeen älteren Stils. Segmentierende Differenzierung entsteht durch quantitative Vermehrung, die eine Untergliederung des Systems erfordert. Die Vorteile liegen ähnlich wie im einfachen System bei der geringen Störbarkeit. Denken kann man hier an die Sezessionen in einfachen Stämmen oder die Verluste in Armeen. Auch heute ist

73 Vgl. dazu unten, Vorlesung III, insb. Teil 4.

74 Georg Simmel, *Über sociale Differenzierung. Sociologische und psychologische Untersuchungen*, Leipzig 1890; Émile Durkheim, *De la division du travail social. Étude sur l'organisation des sociétés supérieures*, Paris 1893.

das noch ein sinnvolles Organisationsprinzip, zum Beispiel in der Politik in Form der Gleichheit der Parteien.

(b) *Funktionale Differenzierung* meint dagegen die Unterteilung in *verschiedenartige* Teilsysteme, die je eine spezifische Funktion für das Ganze leisten. Heute ist das das primäre Ordnungsprinzip der Gesellschaft und fast aller größeren Sozialsysteme. Funktionale Differenzierung fungiert als Rationalisierung mit dem Hauptgesichtspunkt, daß durch die funktionale Differenzierung die Entscheidungen im System auf Wahlen zwischen *vergleichbaren* Alternativen zugeschnitten werden können. Stephen Toulmin nennt die Vergleichbarkeit das »Chalk-and-Cheese Principle«:[75] Es komme darauf an, eine Verwaltung so zu organisieren, daß nur zwischen zwei vergleichbaren Alternativen (zwei Arten von Kreide beziehungsweise zwei Sorten Käse), nicht aber zwischen zwei unvergleichbaren (Kreide und Käse) gewählt werden müsse. Der eigentliche Sinn funktionaler Differenzierung liegt aber gerade nicht in der Vereinfachung der Wahl auf die Wahl zwischen Ähnlichem, sondern auf die Wahl zwischen verschiedenen, aber funktional äquivalenten Alternativen. Man hat Fortschritt geradezu mit funktionaler Differenzierung identifiziert. Das ist im großen und ganzen zutreffend. Man muß aber mitberücksichtigen, daß funktionale Differenzierung eine ausgleichsbedürftige Leistung ist. Eine der interessantesten Fragen der gedanklichen Entwicklung der Soziologie ist, wie dieses Ausgleichsverhältnis jeweils begriffen wird.

9.3. Differenzierung und Generalisierung

Die herkömmlichen Problemformulierungen in der Soziologie für das Verhältnis von Differenzierung (Grenzsetzung) und Generalisierung von Verhaltenserwartungen sind ganz unterschiedliche. Ich nenne nur die folgenden:

(a) Arbeitsteilung und Koordination: Das ist aber begrifflich zu eng, es geht nicht nur um Arbeit und nicht nur um bewußt koordinierende Leistungsprozesse.

(b) Differenzierung und Integration: Das ist die Formel, die

75 Vgl. Stephen Toulmin, »The Complexity of Scientific Choice. A Stocktaking«, in: *Minerva* 2 (1964), S. 343-359 (354).

man bei Herbert Spencer findet im Rahmen seines Organismuskonzepts.

(c) Mechanische und organische Solidarität: Émile Durkheim stellt heraus, daß funktionale Arbeitsteilung neue Formen der Solidarität erfordert, eben statt mechanischer jetzt organische Solidarität.

(d) Differenzierung und Generalisierung: Talcott Parsons sieht das als ein Bedingungsverhältnis, infolge stärkerer Differenzierung werden generellere, abstraktere Formen der Steuerung der Kommunikationsprozesse erforderlich.

(e) Differenzierung und Delegation: Eine stärkere Differenzierung erfordert eine größere Autonomie in den Teilsystemen – das ist mehr ein praxisorientierter Trend als eine prominente Theorie.

(f) Diskrepanz von Funktion und Struktur: Wenn man für spezifische Funktionen Teilsysteme bildet, müssen diese wieder Systemcharakter für sich haben, also multifunktional sein. Das ist ein sehr bedeutsamer Gedanke bei Parsons.

(g) Differenzierung und Leistungsverstärkung: Das hat Fred Riggs am Beispiel von wirtschaftlichen Transaktionen, die keine Personenkenntnisse mehr benötigen, für Thailand herausgearbeitet.[76]

All dies sind gleichsam unvollständige Bruchstücke einer sich herausbildenden Gesamtkonzeption. Die Systemtheorie dieser Vorlesung kann dafür *eine* Formel anbieten: Sie interpretiert funktionale Differenzierung als Steigerung der Eigenkomplexität eines Systems und postuliert, daß Komplexität effektiv nur gesteigert werden kann, wenn sie zugleich auch reduziert werden kann. Man muß in dem erweiterten Rahmen noch sinnvoll handeln können. Die bisherige Diskussion bietet meines Erachtens Teillösungen für dieses Problem der effektiveren Selektivität an. Man müßte das im einzelnen durchspielen. Es scheint sich aber eine neue Fassung des Problems anzukündigen in Form von Differenzierung und Abarbeitung der Folgeprobleme der gewählten Strukturentscheidung. Ein System stabilisiert sich durch Bewältigung seiner Dysfunktionen, indem es auf Folgeprobleme wiederum mit einer funktionalen Spezialisierung reagiert.

76 Fred W. Riggs, *Thailand. The Modernization of a Bureaucratic Polity*. Honolulu 1966, und ders., »Administrative Development. An Elusive Concept«, in: John D. Montgomery, William J. Siffin (Hg.), *Approaches to Development. Politics, Administration and Change*, New York u. a. 1964, S. 225-255.

9.4. Evolution

In diesem Zusammenhang kann man auf den neuen Evolutionismus in der Theorie der Gesellschaft hinweisen. Das ist aber nicht ohne weiteres generalisierbar auf andere Systeme. Gegenüber der Sichtweise im 19. Jahrhundert wird davon ausgegangen, daß (1) Evolution kein notwendiger Fortschritt ist: Eine Regression ist durch kein historisches Naturgesetz ausgeschlossen. Aber man nimmt doch an, daß höhere Entwicklungsstufen vergleichsweise überlegener sind und daher im Fortschreiten der Entwicklung die Rückentwicklung immer unwahrscheinlicher wird. (2) Auch muß kein kontinuierlicher Fortschritt unterstellt werden, vielmehr sind Perioden rascher Entwicklung und Stagnation und der unterschiedlichen Entwicklung in Teilbereichen denkbar. Damit ist auch die große Thematik der wechselseitigen Voraussetzung von Entwicklungen angesprochen. (3) Und es stellt sich die Frage des Fortschrittskriteriums der gesellschaftlichen Entwicklung: Industrialisierung? Entwicklung? Modernisierung? Das Wachsen des Sozialprodukts?

Aussichtsreicher ist meines Erachtens das theoretische Kriterium der Differenzierung, wenn man es einer nochmaligen Abstraktion unterzieht. Es geht dann um *bewältigte Differenzierung*, um die Steigerung des Potentials für die Erfassung und Reduktion von Komplexität.

Zu beachten ist, daß diese Diskussion nicht in die allgemeine Systemtheorie gehört, sondern in die Theorie der Gesellschaft. Die Entwicklung der Gesellschaft ist nicht abhängig von einer Entwicklung aller ihrer Teilsysteme nach dem gleichen Kriterium – in Religion und Familie ist zum Beispiel nicht klar, ob sie im Laufe ihrer neueren Entwicklung an Komplexität wesentlich gewonnen haben; an Differenziertheit offenbar nicht, jedenfalls gewiß nicht in demselben Maße wie die Gesellschaft im ganzen.

10. Autonomie sozialer Systeme

Für eine Systemtheorie, die primär auf das Verhältnis von System und Umwelt abstellt, gewinnt die Frage der Autonomie von Systemen eine zentrale Bedeutung. Eine begriffliche Klärung ist deshalb vorab notwendig. Ich kleide sie in die Form einer *Unterscheidung von Autarkie und Autonomie.*

10.1. Autarkie und Autonomie

Man kann sich nicht darauf verlassen, daß die Termini allgemein im Sinne meiner folgenden Bestimmungen gebraucht werden. Parsons und Gouldner zum Beispiel gebrauchen »Autonomie« etwa wie »Autarkie« im Sinne einer teilweisen oder vollen Selbständigkeit in der Befriedigung der Systembedürfnisse.[77]

Der Begriff der *Autarkie* – der ursprünglich Selbständigkeit durch Selbstgenügsamkeit meint, ein Auskommen mit dem, was man hat – bezieht sich auf die Austauschverhältnisse zwischen System und Umwelt, genauer auf die Rate, in dem das System zu seinem Fortbestand auf solche Austauschbeziehungen angewiesen ist. Das klassische Ideal der Gesellschaft als autark hängt zusammen mit der klassischen, das heißt umweltlosen Systemkonzeption: Erst wenn alles, was benötigt wird, im System als Teil des Systems vorhanden ist, kann man von einem System im Vollsinne reden. Das ist noch heute Parsons' Gesellschaftsbegriff, obwohl das seinem Systembegriff zu widersprechen scheint. Wenn, wie in der neueren Systemtheorie, der Umweltbezug in das Zentrum des theoretischen Interesses rückt, dann kann die charakteristische Leistung der Systembildung nicht mehr in einer Abdichtung gegen die Umwelt gefunden werden. Der Begriff der *Autonomie* bezieht sich auf die *Steuerung* dieses Austausches zwischen System und Umwelt durch

77 Vgl. Talcott Parsons, »The Present Position and Prospects of Systematic Theory in Sociology«, in: ders., *Essays in Sociological Theory, Pure and Applied*, Glencoe 1949, S. 17-41 (22 f.), und Alvin W. Gouldner, »Reciprocity and Autonomy in Functional Theory«, in: Llewellyn Gross (Hg.), *Symposium on Sociological Theory*, Evanston, White Plains 1959, S. 241-270.

systemeigene selektive Kriterien, also durch Strukturen und Prozesse des Systems selbst. Autonom kann demnach nur ein System sein, das mit seiner Umwelt verkehrt, das also gerade *nicht* autark ist. Die Steigerung des Leistungsaustausches ist eine andere Variable als die Steigerung der Autonomie, beides kann zusammen zunehmen. Insofern sind die Begriffe Abhängigkeit und Unabhängigkeit mehrdeutig: Trotz der Zunahme der Abhängigkeit eines Systems von Leistungen der Umwelt kann auch die Unabhängigkeit zunehmen, wenn das System zugleich seine Autonomie steigert.

Wovon hängt die Autonomie des Systems ab? Generell kann man sagen: von dem Grad der Systemkomplexität. Je mehr Zustände ein System annehmen kann, desto größer kann sein Selektionsbereich in der Umwelt sein. Zur Beantwortung dieser Frage im Detail muß man dann wieder die drei Dimensionen sozial, sachlich und zeitlich unterscheiden: Die Autonomie hängt ab von (1) der Umweltdifferenzierung, (2) der Differenzierung von Verkehrsebenen und (3) der Differenzierung von Input und Output.

10.2. Soziale Bedingungen: Umweltdifferenzierung

In der *Sozialdimension* kann die Autonomie eines Systems zunehmen mit der Differenzierung der Gesellschaft in verschiedene Teilsysteme. Dadurch entstehen in der Umwelt des Systems Wahlmöglichkeiten, die in Freiheit umgesetzt werden können. Die durch Differenzierung gesteigerte Komplexität der Gesellschaft birgt für das Teilsystem die *Chance der Kontaktwahl*: Es kann seine Kommunikation an dieses oder jenes andere Teilsystem richten. Dies ist ganz offensichtlich bei einer Mehrheit gleicher Systeme, wie es die klassische Theorie des Marktes annimmt. Aber das gilt auch bei einer Mehrheit verschiedener Systeme. An folgende Beispiele kann man dabei denken: Die Autonomie der Familie wächst durch Differenzierung von Arbeitsmarkt und Konsummarkt; die Autonomie des Publikums wächst durch die Differenzierung von Politik und Verwaltung; die Autonomie von Organisationen beruht auf einer Differenzierung von Mitgliedern und Nichtmitgliedern. Das Prinzip dabei ist, daß man verschiedenartige Abhängigkeiten nebeneinander unterhalten kann. Die Autonomie des Gerichtsverfahrens zum Beispiel beruht auf der Differenzierung von Rechtsinformationen und Fakteninformationen mit je verschiedenen Herkunftsumwelten. In gewissem Sinne darf man demnach sagen, daß soziale Differenzierung die *Chancen* für Autonomie steigen läßt. Aber es muß anderes hinzukommen.

10.3. Sachliche Bedingungen: Differenzierung von Verkehrsebenen

In der *Sachdimension* kann Autonomie vor allem dadurch zustande kommen, daß die Beziehungen zwischen System und Umwelt auf *verschiedenen Ebenen der Generalisierung* stabilisiert werden. Das dient auch der Erleichterung der sonst unmöglichen Kontrolle der Kausalität. Bei grober Schematisierung kann man *zwei* Sinnebenen unterscheiden: (1) Auf der einen, der symbolisch generalisierten Ebene wird das System als solches von der Umwelt, als Partner für andere Systeme, anerkannt und unterstützt. (2) Auf der anderen Ebene finden konkrete, wechselnde Interaktionen – Tauschgeschäfte, Entscheidungsmitteilungen, Wahlen, Geldzahlungen usw. – statt. Es gibt dann unterschiedliche funktionale Äquivalente auf den einzelnen Ebenen. Und die Erfahrungen der unteren Ebene der konkreten Ereignisse werden nicht ohne weiteres generalisiert und auf die höhere Ebene der generalisierten Identität des Systems übertragen: Es gibt interne Schwellen der Weitergabe von Störungen. Das bedeutet, daß das System von der Umwelt einen begrenzten Kredit erhält, ein Pauschalvertrauen, das nicht mit der Enttäuschung im Einzelfall entzogen wird. Beispiele dafür sind die nachbarliche Toleranz, die Theorie des Image, die gesellschaftliche Institutionalisierung von Hochschulen, Gefängnissen usw.

10.4. Zeitliche Bedingungen: Differenzierung von Input und Output

In der *Zeitdimension* hängt Autonomie davon ab, daß das System *Zeit hat*. Das antike Thema ist Muße und Autarkie. Was heißt »Zeit haben«? Das ist wieder ein neuer Aspekt des Problembereichs System und Zeit. Es kommt auf ein *Auseinanderziehen von Input und Output* an, das es ermöglicht, systemeigene Prozesse zwischenzuschalten: Das System kann eine Informationsbearbeitung vornehmen, oder es kann Verkehr mit verschiedenen Umwelten nacheinander vorsehen. Zeitdruck in der Form, daß die Umwelt sich (zu) rasch ändert, zerstört die Autonomie, er setzt sich verstärkt ins Innere des Systems fort. Dieses Verständnis des Input/Output-Modells über die Zeitdifferenz – das heißt, daß ein System nicht auf einen bestimmten Anstoß aus der Umwelt sofort in bestimmter Weise reagieren muß – ermöglicht der Systemtheorie eine Ablösung des alten Ursache/Wirkung-Denkens. Von Input und Output statt einfach von Ursache und Wirkung zu reden hat nur Sinn, wenn damit selektive Vorgänge gemeint sind, die im System selbst verknüpft und gesteuert werden. Eine Trennung von Zeitgrenzen des Systems ermöglicht es, beabsichtigte Wirkungen (Zwecke) zum Gesichtspunkt für die Selektion geeigneter Ursachen werden zu lassen oder durch die Umwelt aufgedrängte Ursachen zum Gesichtspunkt für die Wahl geeigneter Zusatzursachen und erwünschter Wirkungen. Sie gibt außerdem eine gewisse Freiheit, diese beiden entgegengesetzten Perspektiven nach Bedarf zu wechseln, also die Gesichtspunkte der Selektion selbst zu wählen. Zeit an sich ist nicht knapp, sie wird es erst im Zusammenhang mit Systemdifferenzierung: Erst wenn sich mit Systemen Ereignisfolgen differenzieren, wird deren Synchronisierung ein Problem, erst dann erscheint Zeit als Regel für die Selektion passender Handlungen.

10.5. Zusammenhang der Autonomiebedingungen

Diese verschiedenen Autonomiebedingungen in den drei Sinndimensionen müssen zusammen gesehen werden. Wenn eine schlechthin fehlt, kann es keine Autonomie geben. Der Akzent kann aber sehr verschieden liegen, *es kommt auf alle Dimensionen an, aber nicht in jedem Fall auf alle gleichmäßig* – und dadurch wird das Gesamtbild sogleich außerordentlich komplex. Ein Wirtschaftsbetrieb hat seine Autonomie primär durch eine Differenzierung der Märkte in seiner Umwelt in Absatzmarkt, Einkaufsmarkt, Arbeitsmarkt und Finanzmarkt. Dadurch erst wird systemintern ein Zeitgewinn möglich, indem die sich ergebenden unterschiedlichen Konstellationen der einzelnen Märkte ausgenutzt werden, und dadurch erst entsteht Markenvertrauen. Das politische System in Form der Ausdifferenzierung von Politik und Verwaltung, bei der die eigenen Entscheidungsprozesse mit den Zeitinteressen der Umwelt nur schlecht koordiniert sind, ist umgekehrt mit einem Primat der sachlichen und zeitlichen Autonomiebedingungen entstanden.[78]

Im ganzen muß in stärker differenzierten Sozialordnungen die Autonomie der Teilsysteme zunehmen, zugleich nehmen in einigen, aber nicht in allen Hinsichten die Chancen für Autonomie zu: Eine soziale Differenzierung stellt sich von selbst ein; die Institutionalisierung generellerer Verkehrsebenen ist schon ein Problem; das gilt für die Zeitverknappung aufgrund der Grenzen der Zeittoleranz der gesellschaftlichen Teilsysteme erst recht.

78 Vgl. dazu unten, Vorlesung VI, Teil 2.

III.
Theorie der Gesellschaft

Vorlesung Wintersemester 1968/69
Johann Wolfgang Goethe-Universität
Frankfurt am Main

1. Einführung in die Problemstellung

1.1. Unsicherheiten der Gesellschaftstheorie

Die Anregung zu dieser Vorlesung ist vom letzten Soziologentag ausgegangen, der mit der Gesamtthematik »Spätkapitalismus oder Industriegesellschaft?« hier in Frankfurt stattgefunden hat.[1] Einerseits war es zweifellos ein wesentliches Verdienst, diese Thematik in den Mittelpunkt der weithin beachteten Veranstaltung gestellt zu haben. Denn das Thema der Gesellschaft im ganzen wird sonst vernachlässigt, sowohl in den Veranstaltungen der Universitäten als auch in den Forschungen und den Publikationen des Faches. Andererseits hat der Soziologentag selbst enttäuscht – mich selbst und zahlreiche intelligente Beobachter. Die Alternativformel »Spätkapitalismus oder Industriegesellschaft?« erwies sich als theoretisch nicht tragfähig. Wir wissen nicht, ob wir uns richtig entscheiden, wenn wir uns zwischen Spätkapitalismus und Industriegesellschaft entscheiden. Nur eine Frage: Warum wird eigentlich in beiden Formeln das Wirtschaftliche dominant gesetzt? Statt dessen wurde der Soziologentag von der Diskussion alter Schulstreitigkeiten dominiert, das waren alte Platten mit Nebengeräuschen. Von allen vertretenen Positionen scheint mir persönlich die am wenigsten akzeptabel zu sein, die die Zulässigkeit des Themas an rein methodischen Kriterien mißt und es damit »verscheucht«.[2] Zugegeben:

1 Anm. d. Hg.: Vgl. den Tagungsband: Theodor W. Adorno (Hg.), *Spätkapitalismus oder Industriegesellschaft? Verhandlungen des 16. Deutschen Soziologentages vom 8. bis 11. April 1968 in Frankfurt*, Stuttgart 1969. Auf dem Soziologentag hatte Luhmann den Vortrag »Moderne Systemtheorien als Form gesamtgesellschaftlicher Analyse« gehalten (abgedruckt in: ebd., S. 253-266).

2 Anm. d. Hg.: Mit »verscheucht« spielt Luhmann auf den Vortrag »Methodische Probleme gesamtgesellschaftlicher Analysen« von Erwin K. Scheuch, dem Vertreter der sog. Kölner Schule, auf dem Soziologentag an (abgedruckt in: ebd., S. 153-182). Luhmann selbst nahm an der an den Vortrag anschließenden Podiumsdiskussion teil, die nach seiner Einschätzung überhaupt nicht zu ihrem Thema kam. Siehe Ludwig von Friedeburg, »Protokoll der Diskussion. Zum Beitrag: Methodische Probleme gesamtgesellschaftlicher Analysen (Erwin K. Scheuch)«, in: ebd., S. 183-193. Luhmanns Bewertung der Diskussion findet sich auf der ersten Seite des Skripts zur Vorlesung notiert, die er im Sommersemester 1968 bereits in Münster gehalten hatte (vgl. im Anhang, »Editorische Notiz«, unten, S. 616 f.).

Es gibt keine ausreichende Methodologie für hochkomplexe und strukturierte Systeme, aber daraus müssen nicht agnostische Konsequenzen gezogen werden.

David Hilbert hat einem Physikerkongreß der 1920er Jahre einmal entgegengehalten, die Physik sei für die Physiker zu schwierig geworden. Er meinte damit die logisch-mathematischen Anforderungen. Ich möchte meine Eindrücke vom Frankfurter Soziologentag in der Formel zusammenfassen: Die Soziologie ist für Soziologen zu schwierig geworden – und meine damit ungefähr dasselbe. Die möglichen theoretischen Ansätze sind beträchtlich gewachsen, die Problemstellungen haben sich vermehrt und verfeinert. Das ist die Problematik sehr komplexer und strukturierter Systeme. Und zugleich ist das Anspruchsniveau der Wissenschaftlichkeit, vor allem in methodischer Hinsicht, beträchtlich gestiegen. Eine Charakterisierung unserer Gesellschaft als Tauschgesellschaft reicht von daher einfach nicht mehr aus.

In dieser Lage ist nicht nur die Lehre, sondern vor allem ein Studium der Soziologie schwierig. Als Forscher kann man sich in Spezialsoziologien und in durchführbare Projekte flüchten. Als Lernender muß man aber ein Bild des Ganzen gewinnen. Man kann sich doch nicht damit begnügen, Stoff zu lernen, geschriebene Dinge zu wissen und mit reputierten und prüfungssicheren Namen versehen zu können: Parsons, Merton, Dahrendorf, Adorno. Bliebe es dabei, dann fällt die Kritik an den vorgefundenen Zuständen aus der Soziologie heraus, dann kann man sich zwar noch einer angelernten Terminologie bedienen, aber man hat nicht die Möglichkeit einer eigenen denkenden Stellungnahme. Und vor allem hat man nicht die Möglichkeit, sich selbst rational davon zu überzeugen, daß andere gesellschaftliche Zustände besser sind. Bei der Lage der offiziellen Soziologie ist es kein Wunder, daß es den Studenten nicht gelingt, das, was sie lernen, in eine kritische Auseinandersetzung mit der Gesellschaft umzusetzen. Man spürt deutlich ein Suchen nach Gesamtorientierung, das unbefriedigt bleibt und seinen Ausdruck in selbstgeschaffenen Ersatzlösungen findet: (1) in der Forderung nach Diskussion, (2) in Angriffen auf die Autorität des Ordinarius oder (3) in einem soziologisch hoffnungslos naiven Situationsverständnis: »System«, »Establishment«, »Manipulation« – und dies, obwohl die soziologische Fachrichtung an der Studentenbewegung nicht gerade unbeteiligt ist.

Diese allgemeine Lage des Faches kann hier selbstverständlich nicht einfach behoben werden, sie bestimmt aber den Charakter dieser Vorlesung. Sie vermittelt keinen gesicherten, lernfähigen Stoff (so wie das etwa auf dem Gebiete der Familien- oder Organisationssoziologie möglich wäre), denn es gibt zur Zeit keine Gesellschaftstheorie. Ich selbst erhebe nicht den Anspruch, mit einem fertigen Konzept aus den Kulissen zu treten. Immerhin aber glaube ich, daß es insgesamt mehr aussichtsreiche Denkansätze gibt, als man gemeinhin sieht. Diese Vorlesung setzt sich deshalb ein doppeltes Ziel: Zunächst gilt es zu klären, um was es bei diesem Problem »Gesellschaft« überhaupt geht. Gesellschaft war nach dem traditionellen Verständnis das Ganze, das Umfassende der sozialen Erscheinungen, die uns angehen. Die Frage ist, was das heißt, wie wir das heute noch angemessen denken können beziehungsweise umdenken müssen, oder ob wir Begriff und Theorie der Gesellschaft aufgeben können, ohne Wesentliches zu verlieren – so wie die Naturwissenschaften anscheinend ohne einen Begriff der Natur, die Biologie ohne »Leben«, die Psychologie ohne »Seele« auskommen. Und weiter gilt es zu klären, welche Denkmittel die heutige soziologische Theorie zur Bearbeitung dieses Problems zur Verfügung stellen kann.

Aus diesen Zielen ergibt sich die Gliederung der Vorlesung. Das Problem »Gesellschaft« ist von der alteuropäischen Tradition gestellt und so überliefert worden. Daher wird die geschichtliche Entwicklung der Gesellschaftstheorie relativ ausführlich in Teil 2 der Vorlesung behandelt. Ich betrachte zunächst die Vorläuferkonzepte in der Gesellschaftsphilosophie, stelle dann kurz die Frage, ob man Gesellschaft als Organismus verstehen kann, bevor ich den soziologischen Gesellschaftsbegriff Talcott Parsons' vorstelle. Meine These ist, daß die Soziologie völlig anders ansetzen sollte, nämlich am Kontingenzproblem. Das leitet dann über zu der Beobachtung, daß sich die Möglichkeiten einer Bearbeitung des Problems »Gesellschaft« primär in einem neuen Verständnis des Systembegriffs anzusiedeln scheinen. Daher werde ich in Teil 3 die damit angesprochenen Fragen diskutieren, insbesondere das Verhältnis von Kontingenz und Komplexität, von Sinn und Sinngrenzen und damit zusammenhängend von der Funktion der Gesellschaft. An dieses allgemeine Verständnis von Gesellschaft anschließend wird es in Teil 4 der Vorlesung um das Konzept der internen Differenzierung der Gesellschaft gehen, die in der modernen Gesellschaft eine ganz spezifische Form annimmt, nämlich die der funktionalen Differenzierung. Abgeschlossen wird die Vorlesung mit Teil 5 zur Frage der Evolution, das heißt der Strukturänderung der Gesellschaft. Auch hier erfordert die Umstellung auf Systemtheorie und die Orientierung an der neueren Evolutionstheorie eine genauere Bestimmung dessen, was unter der Evolution der Gesellschaft verstanden werden kann.[3]

1.2. Gesellschaftstheorie als Prüfstein für die Systemtheorie

Die Theorie sozialer Systeme ist gegenwärtig der einzig nennenswerte Versuch zu einer allgemeinen soziologischen Theorie.[4] Es besteht ein Anspruch auf universelle Geltung – nicht auf absolute Geltung. Die Theorie sieht sich Angriffen ausgesetzt – hauptsächlich gegen Parsons' Konzeption einer strukturell-funktionalen Theorie – unter zwei Aspekten: (1) einer Unfähigkeit, Konflikte zu deuten, und (2) einer Unfähigkeit, sozialen Wandel zu deuten. Diese Polemik ist höchst irreführend und sollte zu den Akten gelegt werden. Systemtheorie ist vielmehr bisher der einzige erkennbare Ansatz, Konflikte und Wandel unter der Bedingung hoher Komplexität zu erfassen. Und doch sind die Kritiker auf einer richtigen Spur. Sie benennen sie nur nicht richtig. Das Unbehagen an der Systemtheorie hat darin seinen Grund, daß zu viele Gegebenheiten als Prämissen in die Theorie eingebaut werden müssen; daß man, bevor die Analyse ansetzt, schon sich festlegen muß auf etwas, was man nicht analysiert. Das heißt aber nichts anderes, als daß das umfassende System der Gesellschaft im ganzen nicht zum Problem gemacht wird. Es fehlt der Systemtheorie eine analytische Technik, sich selbst – je nach Bedarf und Interesse – zu radikalisieren, wenn sie als *strukturell-funktionale* Theorie angesetzt ist. Sie ist bisher jedenfalls nicht in der Lage, das umfassende System der Gesellschaft

3 Anm. d. Hg.: Vermutlich aus Zeitgründen wurden ein geplanter Abschnitt 4.4., »Kommunikationsmedien und Teilsysteme«, sowie der hier explizit angekündigte Teil 5 zum Thema »Evolution« nicht mehr ausgearbeitet.

4 Vgl. dazu ausführlich oben, Vorlesung II. Vgl. auch Niklas Luhmann, »Soziologie als Theorie sozialer Systeme«, in: *Kölner Zeitschrift für Soziologie und Sozialpsychologie* 19 (1967), S. 615-644.

zu problematisieren, hieße das doch, alles zugleich zum Problem zu machen.

Nicht Konflikt und nicht Wandel sind die Crux der Systemtheorie, sondern die Gesellschaft. Wenn die Soziologie sich als Theorie sozialer Systeme etablieren will, muß sie alle sozialen Tatbestände systemtheoretisch analysieren können, von der einzelnen Cocktailparty bis zur Gesellschaft im ganzen. Am letzteren, umfassenden Sozialsystem ist sie bisher gescheitert. Das muß man ohne Beschönigung zugestehen. Aber wir haben mit dieser Frage: »Kann Gesellschaft als soziales System begriffen werden?« das Kernproblem gefunden, für das es sich lohnt langwierige Bemühungen des Denkens einzusetzen, denn von ihrer Lösung scheint zum einen die theoretische Vereinheitlichung des Faches der Soziologie und zum anderen die Möglichkeit einer Gesamtorientierung in unserer gesellschaftlichen Wirklichkeit abzuhängen.

Diese Vorlesung dient vor allem dazu, das Interesse für diese Frage zu wecken, ob und wie man Gesellschaft als ein soziales System begreifen könne. Nach dem Gesagten dürfte klar sein, daß dies weder eine beliebige noch eine einfache Frage ist und daß wir für ihre Ausarbeitung auf jeden Fall einen langen Atem brauchen. Zunächst gilt das schon denkgeschichtlich gesehen, weil diese Frage sich bereits am Anfang des abendländischen Denkens über Gesellschaft stellt.

2. Geschichtliche Entwicklung der Gesellschaftstheorie

2.1. Alteuropäische Gesellschaftsphilosophie

Unter alteuropäischer Gesellschaftsphilosophie verstehe ich einen Korpus des Denkens über Gesellschaft, der von Aristoteles an bis auf Kant tradiert wurde und bei vielen Wandlungen im einzelnen doch hohe gedankliche Konsistenz aufweist. Es handelt sich also um eine Lehrtradition, die man heute an ihren Themen erkennen und rekonstruieren kann. Andere Begriffe dafür finden sich in der praktischen Philosophie in ihren Hauptteilen Ethik, Ökonomik und Politik. Es geht mir nicht um eine Wiederbelebung dieser Tradition als noch heute verbindlich oder gar als universell gültig. Solche Tendenzen gibt es in der Politologie. Dabei wird für Politologen die Größe ihrer Tradition zum Anspruch auf Größe heute. Dem fehlt es an historischem Sinn. Andererseits muß die Soziologie in der Lage sein, ein Gespräch mit vergangenen Denkern zu führen, und diese Notwendigkeit ergibt sich gerade in der Gesellschaftstheorie. Dieses Gespräch ist in der Wende vom 18. zum 19. Jahrhundert radikal unterbrochen und seitdem nicht mehr aufgenommen worden. Es dürfte ein Symptom für den Reifeprozeß soziologischer Theoriebildung sein, wenn es heute wiederaufgenommen werden kann. Ein Leitfaden dafür ist begriffsgeschichtliche topologische Forschung (»topos« meint hier: Thema, Diskussionsgegenstand).[5] Ist das soziologisch interessant? Oder ist es nur Gerede, nur Überbau? Hier ist einerseits Behutsamkeit am Platze. Andererseits können wir von einer auffälligen Sachnähe gerade der griechischen Sprache ausgehen. Und sehr oft verraten uns die Prämissen des Denkens viel über die Gesellschaftsstruktur: in welchen Hinsichten man abstrakt denkt und wo konkret, wo Probleme liegen und wo Selbstverständlichkeiten.

Der Grundbegriff dieser Gesellschaftsphilosophie hat eine eigentümliche Doppelnatur, bei der wir uns ein wenig aufhalten

5 Vgl. Manfred Riedel, »Zur Topologie des klassisch-politischen und des modernnaturrechtlichen Gesellschaftsbegriffs«, in: *Archiv für Rechts- und Sozialphilosophie* 51 (1965), S. 291-318.

müssen: *societas civilis*, *koinonía politiké*. Man findet auch Formeln wie *sive civitas societas civilis*, was soviel heißt wie: die politische Gesellschaft, nämlich unser Gemeinwesen.[6] Das ist ein formelhaft durchgehender Sprachgebrauch. Selbst Hegel und Marx führen ihn fort, obwohl sie unter »bürgerlicher Gesellschaft« etwas ganz anderes verstehen. Was liegt dieser Formel zugrunde?

Zunächst müssen wir auf das Substantiv zurückgehen, das sie trägt: den Begriff »koinonía«. Er meint eine Mehrheit von Menschen in dem, was sie gemeinsam haben (*koinos*). Zumeist wird das mit »Gemeinschaft« oder »Gesellschaft« übersetzt (ohne daß darin schon die Tönniessche Differenzierung läge). Beispiele dafür sind: Mann/Frau in der Ehe, Eltern/Kinder, Herr/Knecht, Freundschaften unter Gleichen, Vereine und schließlich die umfassende politische Gesellschaft. Ich möchte vorschlagen, »koinonía« einfach mit »Sozialsystem« zu übersetzen. Die älteste mir bekannte Übersetzung von *koinonía* mit »System« findet sich bei Thomas Hobbes in dessen *Leviathan* (kennzeichnenderweise unter Ausschluß der Gesellschaft selbst).[7] Die Übersetzung ist nicht ganz adäquat, aber gerade diese Inadäquatheit ist instruktiv. Sie liegt in einer Differenz im Abstraktionsgrad. *Koinonia* wird sehr viel konkreter vorgestellt und erläutert als Sozialsystem. Ich komme darauf gleich zurück.

Vorab müssen wir uns vor Augen führen, was die Gesamtformel »koinonía politiké« besagt. Wir können vorläufig übersetzen: das »politische Sozialsystem« und haben nun die Aussage: Die Gesellschaft, die letzte, alles umfassende Einheit sozialen Zusammenlebens ist das politische Sozialsystem, die politische Gesellschaft. Das Merkwürdige daran ist, daß die Gesellschaft als ein Sozialsystem unter anderen definiert wird und zugleich das Ganze und Umfassende sein soll. Wir haben darin genau unser Problem: Ein System unter anderen soll das Ganze sein. Oder, mit anderen Worten, die Gesellschaftstheorie, die das Ganze des Sozialen behandelt, soll als Systemtheorie aufgebaut werden. Sie verwendet einen Grundbe-

6 Vgl. Aristoteles, *Politik*, hg. von Nelly Tsouyopoulos und Ernesto Grassi, Reinbek b. Hamburg 1965, Buch 1, 1252 a 6-7 (S. 47): »die von allen Gemeinschaften die bedeutendste ist und alle übrigen in sich umschließt« (πόλις καὶ ἡ κοινωνία ἡ πολιτική; pólis kaì he koinonía he politiké).

7 Vgl. Thomas Hobbes, *Leviathan. Or the Matter, Forme and Power of a Commonwealth Ecclesiasticall and Civil* London, New York 1949, Buch II, Kap. 22: »Of Systemes: Subject, Politicall, and Private« (S. 117 ff.).

griff, der für jedes einzelne und das Ganze gelten soll. Die Frage ist nun, wie die Schultradition mit diesem Problem fertig geworden ist. Wenn man mit einer bestimmten Fragestellung, die einem selbst aus theoretischen Gründen auf der Seele brennt, beginnt, wird der trockene, endlos repetierte, griechisch oder lateinisch geschriebene Stoff dieser Tradition plötzlich interessant und ergiebig. Dann gewinnen bestimmte Textstellen Bedeutung, und andere kann man überlesen. Und das meinte ich, wenn ich vorhin sagte, daß wir ein Gespräch mit den Alten suchen müssen.

Für die Entwicklung der »klassischen« Lösung unseres Problems brauche ich mehrere Schritte.

(a) Es fällt vor allem auf, daß die Lösung nicht über das Substantiv, sondern über das Adjektiv gesucht wird: nicht über eine Auslegung dessen, was *koinonía* ist, sondern über eine Auslegung von *politiké*. Das ist ein sehr auffälliger, nirgends begründeter Tatbestand. Auffällig ist er vor allem deshalb, weil es dem griechischen Denken an sich vielmehr gelegen hätte, vom Substantiv als der Substanz auszugehen, das Wesen in dem Grundwort zu suchen, das seine Attribute wechseln kann. Man müßte vermuten, daß das Wesen von *koinonía* sehr viel wesentlicher ist als das Wesen des Politischen, die Sozialität des Menschen wichtiger ist als seine politische Natur. Aber der Akzent wird anders gesetzt. Die Theorie der *koinonía* bleibt relativ unausgearbeitet. Erst im Politischen findet der Mensch und finden menschliche Gruppierungen zu ihrem Wesen. Das Denken über Soziales kommt nicht als Systemtheorie, sondern als Theorie der politischen Gesellschaft auf den Weg. Das begriffliche Problem, das wir erörtern, wird anscheinend gar nicht gesehen, jedenfalls kenne ich keine Stelle, wo es explizit erörtert würde. Für dieses Übergehen unseres Problems gibt es, soweit ich sehe, zwei Gründe: einen historischen und einen begrifflichen.

(b) *Historisch* gesehen muß man bedenken, daß die Stadtstaaten des antiken Mittelmeerraums einer der wenigen Fälle sind, wo kleine Stammesgesellschaften sich aus sich selbst heraus zu politisch integrierten Gesellschaften entwickelt haben, ohne den sonst typischen Entwicklungsgang über kriegerische Überlagerungen und große Verwaltungsaufgaben, insbesondere Bewässerung. Diese Entwicklung bedeutet, daß die Einheit der Stadt und die institutionellen Formen, in denen sie gelebt wird, nicht mehr auf verwandtschaftlicher Basis legitimiert werden muß, sondern in neuer Weise – eben politisch, was nur soviel heißt wie: der Polis gemäß. Wendepunkt waren die berühmten Rechtsstiftungen und Verfassungsumformungen der Mitte des ersten Jahrhunderts vor Christus. Sie vollziehen diesen Wandel mit erstaunlicher Bewußtheit. Die Phylen, Phratrien, Gentes usw. werden durch politische Einheiten, Ämter, Verfahrensweisen ersetzt. Und das geschieht in einer autonom vollzogenen Entwicklung, auch ohne Zusammenhang mit der Religion. Das bedeutet, daß die neue politische Ordnung direkt mit der alten Stammesordnung konfrontiert und als überlegen, ja geradezu als befreiend empfunden wird. Darauf geht die Grundunterscheidung von *oíkos* (Haushalt) und *pólis* (städtischer Gesellschaft) und später dann von *vicus* (Dorf) und *urbs* (Stadt) zurück. Das Familienmäßige und das Wirtschaftliche sind auf einer Sinnebene unterhalb der Polis noch verschmolzen. Die Häuser gehören zu den *societates minores*. Sie können die Einheit der Gesellschaft nicht begründen. Nur das Politische ist dazu in der Lage. Aristoteles findet sich am Ende dieser Entwicklung. Die Polis ist bereits in der Auflösung begriffen. Aber er drückt noch mal aus, was sie eigentlich geleistet hat. Er feiert das Politische als den Weg, auf dem der Mensch erst eigentlich Mensch wird. Darauf beruht die Überlegenheit über die Barbaren, die nichts weiter als große Häuser zustande gebracht haben und deshalb despotisch regiert werden. Das finden Sie in Publikationen von Joachim Ritter.[8] Eine Analyse der konkreten Verhältnisse drängt so dahin, den Akzent auf »politisch« und nicht auf »System« oder »Gemeinschaft« oder »Gesellschaft« zu setzen.

(c) Mit diesem historischen oder evolutionären Moment korrespondiert ein *begriffliches*: Der Begriff »koinonía« bleibt auf einer ziemlich konkreten Stufe der Erläuterung stecken. Das ist der Unterschied zum Begriff des sozialen Systems.[9] Er wird erläutert nicht durch Begriffe wie Struktur, Funktion, Prozeß, Information, Komplexität usw., sondern durch Begriffe wie Recht, Freundschaft (*philia*), Tausch und Herrschaft; *koinoníai* bestehen aus Menschen, nicht bloß Rollen oder Interaktionen. Und dank dieser Konkret-

8 Joachim Ritter, »Zur Grundlegung der praktischen Philosophie bei Aristoteles«, in: *Archiv für Rechts- und Sozialphilosophie* 46 (1960), S. 179-199; ders., *»Naturrecht« bei Aristoteles. Zum Problem einer Erneuerung des Naturrechts*, Stuttgart 1961, S. 14 ff.

9 Siehe unten in dieser Vorlesung, Abschnitt 2.6.

heit läßt er sich glatt auf die politische Gesellschaft übertragen durch den Nachweis, daß all diese Merkmale: Recht, Freundschaft, Herrschaft wie ferner auch Wahrheit und Freiheit zwar im Menschen und seinen verschiedenen *koinoníai* angelegt sind, aber erst in der politischen Gesellschaft eigentlich in ihr Wesen kommen. Sie ist daher Ziel und Ende aller einzelnen *koinoníai*. Sie ermöglicht nicht nur Leben, sondern *gutes* Leben.

(d) Ein weiteres, ebenso wichtiges begriffliches Moment steckt in den Kategorien, mit denen dieses Verhältnis der einzelnen *koinoníai* zur Gesamt*koinonía* geklärt wird, nämlich: (1) Ganzes und Teil – das klassische Beispiel ist das Schiff des Theseus im Hafen von Athen, dessen Planken vollständig ausgewechselt werden; (2) Zweck und Mittel – die Mittel müssen dem Zweck des Ganzen dienen; (3) Herrschendes und Beherrschtes (Differenz von oben und unten) – die politisch oberen Teile repräsentieren, obwohl Teile, zugleich das Ganze. Daran ist bemerkenswert, daß die Dichotomien sich umkehren lassen, die »Führung« kann entweder auf der einen oder der anderen Seite liegen. Der Blickpunkt verschiebt sich bei Aristoteles ständig. Ferner werden die Dichotomien aufeinander projiziert und so aneinander erläutert.[10] Das wird bei Aristoteles an sehr prominenter Stelle gesagt, ist also nicht beiläufig formuliert, sondern ist die Grundkonzeption seines Staatsverständnisses. *Das ist die klassische Systemtheorie*, die Theorie des sozialen Körpers, des Organismus – wie immer es dann genannt wird –, höchst unklar im einzelnen, aber sehr solide wirkend. Es liefert die Begründung etwa für die ständische Ordnung. Das Regiment der *maiores partes* wird aus diesem Denkschema herausgeholt.[11] Und das konnte natürlich nur überzeugen, weil die Wirklichkeit dem entsprach. Für uns dürfte dieser kategoriale Rahmen der Explikation nicht mehr schlüssig sein. Damit war unser Problem aber auf eindrucksvolle Weise gelöst worden. Was können wir an dessen Stelle setzen? Das ist natürlich eine rhetorische Frage! Aber wir stehen noch mitten in

10 Vgl. den Abschnitt 1252a am Beginn von Buch 1 »Über die Hausverwaltung und die Herrschaft des Herrn über Sklaven« der *Politik* des Aristoteles (S. 47), mit der Erläuterung: κυριωτάτη (die dem Herren gehören; Herrschertypen).

11 Vgl. Aristoteles, *Politik*, 1254 a 28 ff. (S. 47 f.); für die theologische Generalisierung im Mittelalter dann Thomas von Aquin, *Summa Theologiae cum textu ex recensione Leonina. Pars Prima et Prima secundae*, hg. von Pietro Caramello, Taurini, Romae 1952, I q. 65 a.2.

den geschichtlichen Erörterungen, so daß die Antwort noch warten muß.

(e) Eine auch nur annähernd adäquate Dogmengeschichte ist in dieser Vorlesung nicht möglich. Nur auf zwei wichtige, aber das Gedankengebäude im ganzen nicht erschütternde Modifikationen soll abschließend noch hingewiesen werden. Durch Aufnahme des christlichen Gedankenguts wird zum einen die führende Stellung des Politischen im aristotelischen System gebrochen. Sie wird in einen religiös begriffenen Weltbau eingeordnet, bekommt ihren Platz in der Welt als göttlicher Schöpfung. Das wirkt sich so aus, daß das Führungsverhältnis von Ethik und Politik sich umkehrt. Ethisch richtiges Handeln ist nicht mehr nur dank politischer Ordnung möglich, sondern dank von Gott verliehener Personalität. Die Folge sind ethische Tugendkataloge, Fürstenspiegel für den Politiker – das ist eines der Hauptthemen spätmittelalterlicher und frühneuzeitlicher politischer Literatur. Das führt zu der Verkümmerung zu einer politischen Institutionenlehre und zu einem ethischen Abfangen des Souveränitätsproblems. Aristotelisch gedacht, erwies sich zum zweiten die Leistung der politischen Gesellschaft nicht nur an der Lebenserhaltung, sondern an der Ermöglichung guten Lebens. Jenes ist ihr Anlaß, dieses ihr Zweck. Diese Unterscheidung tritt aus den erwähnten Gründen zurück und wird durch eine andere ersetzt, die unmittelbar der sozialen Natur des Handelns abgelesen ist: *Bedrohtheit durch und Angewiesenheit auf andere* sind, von den Bedürfnissen und Interessen des Handelnden her gesehen, die beiden Aspekte seines Verhältnisses zum anderen Menschen. *Metus et indigentia* als Problemformeln und *pax et iustitia* als Zielformeln der politisch verfaßten Gesellschaft bestimmen die weitere Geschichte des rechtlich-politischen Denkens. Sie sind Vorformen für das, was später als Differenz zwischen Staat und Gesellschaft, Sicherheit und Arbeitsteilung, Konflikt und Kooperation begriffen werden sollte. Das ist aber noch eine Handlungstheorie, nicht eine Systemtheorie, denn erst in bezug auf Handlungszwecke des einzelnen erscheinen andere Menschen als Feind oder Helfer. Damals waren das jedoch Probleme, die eine *politische* Lösung verlangten und damit den politischen Charakter der Gesellschaft nicht in Frage stellten. In der Tat wurde die Entstehung des neuzeitlichen Staates nach den konfessionellen Bürgerkriegen mit ihren verheerenden Folgen aus diesem Denkbestand heraus konstruiert – wobei sich allerdings das Politische unversehens ins Polizeiliche verwandelte.

Ein wesentliches Moment der alteuropäischen Tradition ist ihre Formulierung in einer *moralischen*, appellierenden Sprache. Nicht nur in der Gesellschaft selbst, sondern auch in ihrer theoretischen Reflexion wird auf die Bedingungen verwiesen, unter denen Menschen sich achten können. Gründe dafür lassen sich nicht logisch, aber funktional charakterisieren. Moral ist aus funktionalen Gründen ein Element der Struktur dieses Denkens. Im einzelnen bedeutet das: (1) Der Ansatz ist nicht komplex genug, um lernfähig zu werden, das heißt, um mit der Realität in der Absicht auf Verbesserung konfrontiert zu werden. (2) Die logischen Paradoxien im Teil/Ganzes-Schema können nicht anders aufgelöst werden. (3) Die enge Assoziation mit dem natürlich-sittlichen Wesen des Menschen, also aller Menschen, also Gleichheit, muß gegen Enttäuschungen abgesichert werden, wird also wiederum normativ gedacht. (4) Und schließlich: Es muß Kategorien und Verfahren der Abrechnung mit denen geben, die solche Erwartungen enttäuschen – als Barbaren, Heiden, Verbrecher, Primitive, Wilde, Ungebildete, psychiatrische Fälle. Erst in der Wende zum 19. Jahrhundert wird das Verhältnis zwischen Moral und Unmoral umstrukturiert, vor allem durch das Aufkommen temporaler Fragestellungen. Es kommt zu einer genetischen Normalisierung: Moralisch gefordertes, also normiertes Verhalten wird zu normalem Verhalten heruntergestuft, also entmoralisiert. Gutes kann böse Folgen haben und umgekehrt. Der Endpunkt dieser Entwicklung ist eine Soziologie der Devianz.

2.2. Partielle Gesellschaftsbegriffe des 19. Jahrhunderts

In der Wende zum 19. Jahrhundert bricht die dargestellte Tradition ab. Der äußere Einschnitt ist die Französische Revolution. Die gedankliche Festlegung findet sich in Hegels Begriff der »bürgerlichen Gesellschaft«, die dem Staat entgegengesetzt wird.[12] Die bürgerliche Gesellschaft ist die Ordnung der individuellen (und insofern abstrakten) Interessen und Bedürfnisse in ihrer Interdependenz.

12 Vgl. Manfred Riedel, »Hegels ›bürgerliche Gesellschaft‹ und das Problem ihres geschichtlichen Ursprungs«, in: *Archiv für Rechts- und Sozialphilosophie* 48 (1962), S. 539-566.

Die Interpretation wird geleitet durch einen *Primat des Wirtschaftlichen.* Der Staat ist die »Wirklichkeit der sittlichen Idee« – das »gute Leben« wird nun in neuer Weise gefaßt als Freiheit, die subjektiv ist und unabhängig von den politischen Institutionen. Was steht dahinter? Weshalb kommt es zu dieser Uminterpretation, die sich in der oft mißverstandenen Formel einer Trennung von Staat und Gesellschaft ausmünzt?

Man muß vor allem die faktische Grundlage dieser Uminterpretation ins Auge fassen: die Situation, auf die sie antwortet. Schon seit dem späten Mittelalter beginnt sich das Wirtschaftliche über die Grenzen des Hauses hinaus zu entwickeln. Gewiß gab es seit langem mehr oder weniger großen Handel mit Märkten – sei es zur Ernährung der großen Städte in der Antike, sei es zur Befriedigung von Luxusbedürfnissen, sei es zum Ausgleich von Überschüssen und Notlagen. Das finden Sie bei Karl Polanyi und Cyril Belshaw beschrieben.[13] Gleichwohl war für das Denken das Wirtschaftliche immer mit dem Hause verbunden gewesen, sowohl Produktion als auch Konsum. Die Notwendigkeit des Handels war eine Randerscheinung, sie ergab sich aus der unvollständigen Autarkie des Hauses. Damit entfernte man sich nicht allzu weit von der Realität. Seit dem späten Mittelalter entwickeln sich jedoch großräumige wirtschaftliche Strukturen, die vom Hause her nicht mehr zu begreifen sind. Die Bevölkerungsvermehrung führt zu wirtschaftlichen Krisen. Erklärungen und Lösungen für die Probleme werden teils durch die Religion erwartet. Hier liegt eine der Quellen der religiösen Fanatisierung des ausgehenden Mittelalters. Später wird eine Problemlösung durch das politische System erwartet, durch polizeiliche Regelungen von Produktion, Verteilung und Konsum unter dem Gesichtspunkt der Erzeugung und Mehrung des Wohlstandes im Lande. Damit einher geht die Gefährdung der Spezifizierbarkeit politischer Macht und die Ausdehnung der Gemeinwohlformeln. Schließlich wird gegen Ende des 18. Jahrhunderts das Wirtschaftliche als autonom postuliert, als sich selbst ordnend, und im 19. Jahrhundert weitgehend auch autonom gesetzt. Die einzig mögliche Konsequenz aus dieser Entwicklung ist ein neuer Typ von Darstellung autonomer Systeme, die nicht mehr als hierarchisch

13 Vgl. Karl Polanyi, Conrad M. Arensberg, Harry W. Pearson (Hg.), *Trade and Market in the Early Empires. Economies in History and Theory*, Glencoe 1957; Cyril S. Belshaw, *Traditional Exchange and Modern Markets*, Englewood Cliffs 1965.

strukturiert konzipiert werden können, sondern als Kreislauf: in der Wirtschaft als Kreislauf von Ware, Arbeit und Grundbesitz über Geld. Das führt zu einer Minimisierung politischer Eingriffe. Die neue Formel lautet dann: Nationalökonomie – das wirkt zunächst paradox, hat sich aber bald wissenschaftlich etabliert.

Das ist jetzt die Neuheit, auf die Hegel blickt, die evolutionäre Errungenschaft, der er Ausdruck zu geben hat. Das Wirtschaftliche müßte bei ihm den Platz einnehmen, den bei Aristoteles die Politik einnimmt. Dem steht jedoch die Festlegung des Ethischen auf den Staat im Wege. Die deutsche Gesellschaftsphilosophie kann sich zu diesem Schritt nicht entschließen. Ihr Gesellschaftsbegriff gerät unter die Führung des Wirtschaftlichen, aber er verliert eben damit die Möglichkeit, Ausdruck des Ganzen zu sein. Neben ihm bleibt an den deutschen Universitäten eine Lehre von der Politik und eine Staatsrechtslehre erhalten. Den konsequenten Ausdruck des Führungsanspruchs des Wirtschaftlichen in der Gesellschaft gibt Karl Marx. Darin liegt seine Bedeutung – nicht in der Frage, ob Materialismus richtiger ist als Idealismus; vielmehr war das der konsequente Ausdruck für das, was zu sagen war. Er formuliert eine Theorie der wirtschaftlichen Gesellschaft, eine Theorie der *societas oeconomica*. Der Rang dieser Position ist daran zu erkennen, daß auch sie, wie die Aristotelische, mit einer Sorge um die Stellung des Menschen in der Gesellschaft verbunden ist und ihr Ausdruck zu geben versucht. Es geht auch Marx darum, daß der Mensch sein gutes Leben, sein Wesen in der wirtschaftlichen Gesellschaft aktualisieren könne – und nicht einfach um wirtschaftsimmanente Ziele der Höchstproduktion oder der gleichmäßigen Sicherung von Zuwachsraten. Dabei bleibt das Dominieren des Wirtschaftlichen im Grunde unreflektiert. Es wird auf der Grundlage einer Gesellschaftstheorie erarbeitet, die dieses Prinzip noch nicht enthält. Es wird als Prinzip des Materialismus als Seinsaussage dogmatisch gesetzt. Insofern bestimmt sich auch hier wiederum die Essenz der Gesellschaft nicht aus ihrem Grundbegriff »System«, sondern aus ihrem Attribut »wirtschaftlich«. Dasselbe gilt durchweg noch heute, insbesondere für die für den Soziologentag prägende Alternative »Spätkapitalismus/Industriegesellschaft«. Auch bei Émile Durkheim bleibt Arbeitsteilung als dominierende Fragestellung unreflektiert. Einerseits setzt er soziale Differenzierung noch mit Arbeitsteilung gleich, andererseits spricht er ganz harmlos von »division du travail sexuel« und sprengt den Begriff durch die Hereinnahme der Funktionsunterschiede der Geschlechterrollen.[14] Später tritt dieses Moment zurück. Von seiten der Frankfurter Schule, zum Beispiel unlängst durch Joachim Bergmann, wird Durkheim und Parsons eine »Entökonomisierung« der Gesellschaftstheorie vorgeworfen.[15]

Neben dem aufs Wirtschaftliche zugeschnittenen Gesellschaftsbegriff beginnt im 19. Jahrhundert ein anderer partieller Gesellschaftsbegriff seine Karriere. Ferdinand Tönnies unterscheidet in seiner berühmten Schrift *Gemeinschaft und Gesellschaft*[16] diese beiden Typen sozialer Beziehungen. *Gemeinschaft* ist die natürliche, gefühlsgebundene, den Menschen konkret einbeziehende soziale Beziehung. *Gesellschaft* ist die rational gewählte, disponible, den einzelnen auf seine Individualität isolierende Sozialbeziehung. Prototyp der Gemeinschaft ist die Familie, Prototyp der Gesellschaft ist das marktförmig geordnete Tauschverhältnis. Im Grunde ist das ein Versuch, die traditionale und die moderne Gesellschaft in Form einer sachlichen Typologie einander gegenüberzustellen. Als Gesellschaftstheorie ist das aber ohne Zweifel mißlungen und deshalb heute nur noch von historischem Interesse. Mit Tönnies schien für manche, zum Beispiel Leopold von Wiese, die Gesellschaftstheorie überhaupt zu enden: »Mit moderner *allgemeiner* Soziologie, ihren Kategorien und Schauweisen kann man die Theorie von der bürgerlichen Gesellschaft nicht verbinden. Diese *Gesellschaftslehre* ist keine Lehre vom sozialen Leben der Menschen schlechtweg.«[17] Allerdings gibt es eine Fortwirkung in den *Pattern Variables* von Talcott Parsons,[18] in der hartnäckig festsitzenden Neigung, traditionale und moderne Gesellschaften dichotomisch zu konfrontieren – gegen eine oft formulierte, überzeugende Kritik.

14 Émile Durkheim, *De la division du travail social. Étude sur l'organisation des sociétés supérieures*, Paris 1893, S. 58 ff.

15 Vgl. Joachim E. Bergmann, *Die Theorie des sozialen Systems von Talcott Parsons. Eine kritische Analyse*, Frankfurt/M. 1967.

16 Vgl. Ferdinand Tönnies, *Gemeinschaft und Gesellschaft. Abhandlung des Communismus und des Socialismus als empirischer Culturformen*, Leipzig 1887.

17 Leopold von Wiese, *System der Allgemeinen Soziologie als Lehre von den sozialen Prozessen und den sozialen Gebilden der Menschen (Beziehungslehre)*, 2., neubearb. Aufl., München, Leipzig 1933, S. 595.

18 Vgl. dazu oben, Vorlesung II, Abschnitt 3.3.2.

2.3. Gesellschaft als Organismus

Neben jenen partiellen Gesellschaftsbegriffen bewahrt sich das 19. Jahrhundert auch die Möglichkeit, Gesellschaft als System und als Ganzes zu denken – nämlich in der Auffassung der Gesellschaft als Organismus. Hauptvertreter dieser Auffassung sind Auguste Comte (1798-1857), der zwei Jahre vor der Publikation von Charles Darwins *On the Origin of Species*[19] gestorben ist, und Herbert Spencer (1820-1903). Als deutschsprachige Vertreter können Albert Schäffle (1831-1903), Otto von Gierke (1841-1921) und Otmar Spann (1878-1950) genannt werden. Dazu gibt es Literatur von Paul Kellermann und René Worms.[20] Eine genauere Darstellung gehörte in eine Geschichte der Soziologie. Einige Bemerkungen zur spezifischen Situation des 19. Jahrhunderts können aber als Vorbereitung auf ein Lesestudium dienen.

Die Organismusanalogie selbst ist alt und keineswegs eine Erfindung von Comte oder Spencer. Die klassische Systemtheorie übergreift organische und soziale Körper mit ihren Dichotomien Ganzes/Teil usw. Die Begriffe »Organismus«, »System«, »Körper«, »Organisation« sagen etwa dasselbe. Das Abkappen des historischen Horizontes ist gefährlich: Im 19. Jahrhundert wird diese Analogie gerade problematisch dadurch, daß die Biologie sich als eigenständige Wissenschaft zu entwickeln beginnt. Man findet schon bei Comte, vor allem aber bei Spencer ein durchaus gebrochenes Verhältnis zur Organismusanalogie. Sie wird als begrenzt tragfähig durchschaut und doch benutzt. Bei Schäffle, Gierke und Spann schlägt diese Fragwürdigkeit dann ins Romantische um. Der Hauptfehler findet sich besonders pointiert formuliert bei René Worms in dessen Buch *Organisme et société*: Gesellschaft sei eine Art Organismus, weil sie aus lebenden Teilen bestehe – das ist der Begriff des Organismus. Damit wird der ganze Mensch Bestandteil der Gesellschaft. So kommt man über die Tradition nicht hinaus. *Dies* ist der Fehler der Organismusanalogie, keineswegs die angebliche Übernahme biologischen Gedankenguts, der Vergleich von

19 Charles Darwin, *On the Origin of Species by Means of Natural Selection, or the Preservation of Favoured Races in the Struggle for Life*, London 1859.

20 Paul Kellermann, *Kritik einer Soziologie der Ordnung. Organismus und System bei Comte, Spencer und Parsons*, Freiburg/Br. 1967; René Worms, *Organisme et société*, Paris 1896.

Geld und Blut usw. Dazu äußern sich die Soziologen immer sehr distanziert. Eine brauchbare Lösung des theoretischen Problems wird aber nicht gefunden. Es fehlt eine Theorie der Gesellschaft, die den alten Ganzheitsanspruch ausfüllen könnte. Eine metaphorische Anlehnung an das Bild vom Organismus ist zu wenig. Andererseits ist die Biologie bei weitem noch nicht so weit entwickelt, daß sie der Soziologie ein ausreichend abstraktes Theorieangebot machen könnte. Neuere Entwicklungen haben dies aber entscheidend geändert, nämlich die Ansätze zu einer allgemeinen Systemlehre, wie sie zum Beispiel Ludwig von Bertalanffy entwickelt, und die Kooperation mit der kybernetischen Maschinentheorie Nobert Wieners.[21]

2.4. Parsons' Gesellschaftsbegriff

In der Soziologie finden wir erst bei Talcott Parsons unser Problem wieder mit der Frage, wie Gesellschaft als soziales System und als Ganzes begriffen werden kann. Auch hier erhalten wir zwar keine befriedigende Antwort, aber es ist höchst instruktiv, den Antwortversuch nachzuvollziehen und zu sehen, woran er scheitert.

Parsons' allgemeine soziologische Theorie ist von der Annahme getragen, daß sich aus dem Begriff des Handelns eine allgemeine Theorie des Handlungssystems entwickeln lasse und in Anwendung auf soziales, zwischenmenschliches Handeln eine Theorie des sozialen Systems. Den Inhalt dieser Theorie muß ich hier voraussetzen.[22] Wer sich nicht auskennt, muß dabei an eine im einzelnen erläuterungsfähige, für ihn und für manche andere dunkle Sache denken. Die These Parsons' lautet, daß diese Theorie des sozialen Systems universell anwendbar auf jedes zwischenmenschliche Handeln ist. Es gibt kein freies Handeln außerhalb von Systemen. Aber es gibt viele Systeme, die zueinander in komplizierten, nicht völlig ungeregelten Verhältnissen stehen, die Familie akzeptiert den Beruf zum Beispiel usw. Es muß also, weil alle Systeme eine geregelte

21 Vgl. dazu im Detail oben, Vorlesung II, Teil 4.

22 Vgl. ausführlich oben, Vorlesung II, Teil 3; ferner Talcott Parsons, »General Theory in Sociology«, in: Robert K. Merton, Leonard Broom, Leonard S. Cottrell (Hg.), *Sociology Today. Problems and Prospects*, New York 1959, S. 3-38; ders., *Societies. Evolutionary and Comparative Perspectives*, Englewood Cliffs 1966.

Umwelt voraussetzen, immer höhere, umfassendere Ordnungen geben, bis man schließlich bei einer letzten landet. Das ist für Parsons wie für die gesamte Tradition die Gesellschaft.

Lassen Sie mich dieses Argument noch etwas genauer ausmalen, als Parsons selbst es tut. Systeme werden bei Parsons teils noch als Interdependenz von Teilen in einem Ganzen verstanden (Handlung als *unit act* in einem Handlungssystem), teils aber schon als umweltoffene, grenzerhaltende Systeme gesehen. Solche Systeme setzen eine immer schon geordnete Umwelt voraus. Sie könnten sonst mit ihresgleichen nicht verkehren. Diese Ordnung kann nicht mehr einfach als Natur oder als Institution vorausgesetzt werden, sie muß selbst wiederum als Sozialsystem begriffen werden. Auch mit einer System/Umwelt-Theorie scheint man mithin auf das Postulat der Gesellschaft zu stoßen. Wie aber ist nun dieses letzte, umfassende System zu begreifen, wenn man auf der Gleitschiene eines solchen Argumentes auf es stößt? Ist die Gesellschaft, dem Systembegriff zum Trotz, ein System ohne Umwelt? Hier möchte ich nur als Vorblick auf meine ausführlichere Antwort sagen: *Gesellschaft ist dasjenige Sozialsystem, das letzte Ordnungsvorgaben leistet.*

Parsons setzt hier auf höchst verblüffende Weise den Begriff der *Autarkie* ein, der Selbstgenügsamkeit: Gesellschaft ist dasjenige Sozialsystem, das alle funktionalen Voraussetzungen seines Bestandes selbst leisten kann und insofern von anderen sozialen Systemen unabhängig ist. Heißt das, die Gesellschaft sei ein umweltloses System oder ein System, das seine Grenzen gegenüber einer Umwelt ignorieren könne? Keineswegs. Parsons vermeidet diesen Widerspruch zu seiner Systemtheorie. Aber die Art, wie er das tut, ruiniert das alte Kriterium der Autarkie. Das möchte ich Ihnen etwas genauer zeigen.

Parsons teilt das allgemeine Aktionssystem, den Bereich des Handelns schlechthin, nach seinem AGIL-Schema in funktionale Subsysteme: A = Organism, G = Personality, I = Social System, L = Culture. Danach ist das »Social System« als solches auf die integrative Funktion spezialisiert, genauer auf die normative Kontrolle des Handelns. Sehr oft wird in der Kritik an Parsons verkannt, daß das soziale System für ihn nicht das volle Handeln ist, sondern bereits ein Subsystem. Das bedeutet für unsere Fragestellung, daß Autarkie nur für diese spezifische Funktion behauptet wird, also nur in der normativen Kontrolle des Handelns. Das schließt

Abhängigkeiten vom organischen System usw. nicht aus. Weiter muß bedacht werden, daß das Sozialsystem Gesellschaft natürlich von den eigenen Subsystemen abhängig ist, vom Funktionieren der Wirtschaft, der Politik, der Familie usw. Autarkie heißt also nichts anderes als Unabhängigkeit von anderen Gesellschaften, von anderen Systemen, die die gleiche Funktion erfüllen. Das ist nichts weiter als das Prinzip segmentierender Differenzierung und gilt auch für Familien, Kirchen, Krankenhäuser usw. Im Grunde hat Parsons also nichts, was den Ganzheitsgedanken der alten Gesellschaftstheorie ausdrücken könnte. Man könnte Parsons' Gesellschaftsbegriff so formulieren, daß Gesellschaft dasjenige Sozialsystem ist, das in sich selbst funktional untergliedert ist, als Ganzes aber nicht mehr Teil eines anderen Sozialsystems ist, sondern nur gleiche Sozialsysteme neben sich hat. Ein Mangel dieser Theorie wäre hauptsächlich der, daß sie sich einseitig auf das Problem der Differenzierung stützt. Das ist für Parsons bezeichnend: Seine Systemtheorie ist im Grunde eine Theorie der Systemdifferenzierung. Ich sehe dagegen darin nur ein Moment neben anderen. Zu beachten ist dabei der Fortschritt im Abstraktionsgrad: Angenommen wird eben nicht mehr ein Primat der Wirtschaft oder ein Primat der Politik, sondern ein Primat des Problems der Differenzierung.

2.5. Transzendentalphilosophie und das Problem der Intersubjektivität

Im Unterschied zur alteuropäischen Gesellschaftslehre zeichnet die soziologische Bemühung um das Phänomen Gesellschaft sich aus durch einen bewußten und scharfen Schnitt zwischen Soziologie und Philosophie. Das kann nur bedeuten, daß die Soziologie darauf verzichtet, das Soziale im ganzen und vollständig zum eigenen Thema zu machen. Es werden Problemstellungen und mögliche Sichtweisen ausgegrenzt und in die Sozialphilosophie abgeschoben. Auch hier könnte eine der Ursachen liegen, aus denen die Soziologie am Problem der Gesellschaft scheitert. Vielleicht hat sie aus methodischen oder theoretischen Gründen oder um ihrer Wissenschaftlichkeit willen auf eine Fragestellung verzichtet, die erforderlich wäre, um Gesellschaft im ganzen zu behandeln. Damit wird keiner Verquickung von Soziologie und Philosophie das Wort geredet, es geht nicht um eine philosophische Begründung, aber um eine Offenheit für die Fragestellungen in der philosophischen Diskussion. Nicht zufällig hält die Frankfurter Schule den engsten Kontakt zur Philosophie – allerdings nicht zu den heute ergiebigsten Strömungen. Ich wähle deshalb einen anderen Einstieg: das *Kontingenzproblem.* Die Metaphysik der Subjektivität wird damit soziologisiert, das transzendentale Subjekt ersetzt durch das Problem der Intersubjektivität, genauer der intersubjektiven Konstitution von Sinn, was heißt: der sozialen Kontingenz der Welt.

In der heutigen Sozialphilosophie scheint sich zweierlei deutlich zu trennen. Zum einen gibt es Bemühungen, zum Beispiel von Michael Theunissen, das Phänomen des anderen Menschen zu begreifen – sei es als Du, sei es als »noch ein Ich«, als anderes Ich von gleicher Innerlichkeit, gleicher Subjektqualität.[23] Zum anderen gibt es Bemühungen um eine transzendentalphilosophische Theorie der Gesellschaft, ansetzend bei einer Analyse des erkennenden Subjektes, zum Beispiel von Max Adler.[24] Die Fragestellung lautet, wie für ein erkennendes Subjekt Gesellschaft als Gegenstand möglich ist. In diesem Zusammenhang gibt es eine Sonderstellung von Jean-Paul Sartre, der von transzendentalphilosophischen Erwägungen ausgegangen ist, diese dann aufgegeben hat und an einer pragmatisch-dialektischen Gesellschaftstheorie arbeitet.[25] Die Trennung dieser beiden Strömungen – Sozialontologie des anderen Menschen und transzendentale Gesellschaftstheorie – zeigt schon die beiderseitigen Unzulänglichkeiten an. Bei der Rückfrage nach subjektiven Erkenntnisbedingungen stößt man auf den »anderen Menschen« – nicht nur als Objekt, sondern als mitfungierendes

23 Vgl. Michael Theunissen, *Der Andere. Studien zur Sozialontologie der Gegenwart*, Berlin 1965.

24 Vgl. den Überblick bei Horst Baier, »Soziologie zwischen Subjekt und Objekt. Zur erkenntnistheoretischen Situation der westdeutschen Soziologie«, in: *Soziale Welt* 14 (1963), S. 278-296; Helmut Schelsky, *Ortsbestimmung der deutschen Soziologie*, Düsseldorf 1959; Max Adler, *Das Rätsel der Gesellschaft. Zur erkenntnis-kritischen Grundlegung der Sozialwissenschaft*, Wien 1936; neuerdings Peter Heintel, *System und Ideologie. Der Austromarxismus im Spiegel der Philosophie Max Adlers*, München, Wien 1967.

25 Jean-Paul Sartre, *Critique de la raison dialectique (précédé de Question de méthode)*, Bd. 1: *Théorie des ensembles pratiques*, Paris 1960. Dazu Klaus Hartmann, *Sartres Sozialphilosophie. Eine Untersuchung zur »Critique de la raison dialectique 1«*, Berlin 1966.

Subjekt. Jede Erkenntnis ist intersubjektive Leistung, jeder Sinn, ja Identität überhaupt baut sich erst in Prozessen zwischenmenschlicher Kommunikation auf. Man stößt bei dieser Analyse auf ein Apriori, das die Freiheit hat, anders zu sein. Was absolut gilt, ist die Möglichkeit, anders zu sein. Die Transzendentalphilosophie führt mit solchen Analysen auf das Problem der Kontingenz der Welt. Die Welt wird in Prozessen intersubjektiver Kommunikation erst konstituiert. Sie könnte anders sein. Und ebendies besagt der Begriff Kontingenz: eine Betrachtung unter dem Gesichtspunkt anderer Möglichkeiten – nicht unter dem Gesichtspunkt seinsmäßiger Faktizität, nicht mehr als Kosmos, sondern als Leistung. Damit ist eine Grenze des Denkbaren und Vernünftigen erreicht: Gibt es keine Welt vor dem Menschen? Notwendig ist dann die Präzisierung eines engeren Weltbegriffs als Horizont sinnhafter Erlebnisverarbeitung.

Man kann diese Entdeckung vermutlich nicht mehr in einer Seinsformel festmachen, sondern nur noch in einer Problemformel. Man kommt durch sie nicht auf letzte, absolut gewisse Ankerpunkte subjektiven Erkennens, sondern gerade auf letzte Ungewißheiten. Es gibt infolgedessen keine transzendentale Begründung, sondern nur eine transzendentale Problematisierung der Soziologie. Mein Gedanke ist nun, diese Einsicht als Bezugsproblem funktionaler Analysen auszunutzen und so *Transzendentalphilosophie und Systemtheorie wieder zu verbinden.* Kontingenz der Welt meint Komplexität der Systemumwelt.[26] Ich deute das an vor allem, damit Sie sehen können, daß eine funktional-strukturelle Theorie der Gesellschaft – anders als Parsons, anders auch als die Kybernetik – mit den erregendsten Fragen der neueren philosophischen Diskussionen Kontakt hält.

2.6. Entsprechung von Denkgeschichte und Gesellschaftsstruktur

Als Überleitung zu den folgenden Teilen der Vorlesung dient eine Art wissenssoziologische Reflexion auf das bisher Vorgetragene. Es stellt sich die Frage: Ist das eine rein immanent aufzuklärende

26 Vgl. dazu unten in dieser Vorlesung, Abschnitt 3.2.

Geschichte des Denkens über Gesellschaft? Ein Denker stimuliert den anderen, aus der Kritik ergeben sich neue Theorien, eine eigengesetzliche Geschichte, deren Aufhellung einer verstehenden Hermeneutik obliegt? Oder hat das einen Zusammenhang mit der Gesellschaft selbst?

Es gibt da verschiedene Möglichkeiten. Marx geht von einem Primat der Wirtschaft aus und sieht die Denkgeschichte als Ausdruck und Verteidigung wirtschaftlicher Interessen der Sklavenhalter, Feudalherren, Kapitalisten. Parsons geht umgekehrt von einem Primat kultureller Erfindungen, insbesondere in Form von Generalisierungen der Werte und Normen, aus, die dann sozialen Systemen Anpassungsüberlegenheit verleihen und nicht so leicht wieder aufgegeben werden. Von da her ergibt sich dann erst die Artikulation wirtschaftlicher Interessen.

Ich möchte es mit einer sehr viel offeneren, unbestimmteren *Korrelierung von Denkgeschichte und Gesellschaftsstruktur* versuchen, die jede Aussage über einen Primat, über eine Führung in der Entwicklung, eine Determination usw. vermeidet. Für die Gesellschaftsentwicklung im ganzen scheint ein Zug der Steigerung der Systemkomplexität kennzeichnend zu sein, das heißt, spätere, fortschrittlichere Gesellschaften konstituieren mehr Möglichkeiten des Erlebens und Handelns: Sie verfügen über mehr Alternativen. Trifft das zu, dann ist zu erwarten, daß die Denkgeschichte parallel dazu den Weg von konkreteren zu abstrakteren Prämissen der Erlebnisverarbeitung nimmt, denn größere Abstraktion ermöglicht eben mehr Alternativen. Komplexere Gesellschaften brauchen und entwickeln ein abstrakteres Denken.

Ich muß deshalb einige Erläuterungen zu der *Unterscheidung von konkretem und abstraktem Denken* dazwischenschieben, zu der es interessante psychologische Forschung gibt.[27] (1) »Konkret« heißt größere Nähe zum alltäglichen Erleben, zum Beispiel Dingähnlichkeit. »Abstrakt« ist begriffliches Denken, mit zunehmender Offenheit dafür, welche Dinge oder Situationen den Begriff ausfüllen. Gattungsmäßige Abstraktion ist weniger abstrakt als funktionalistische Abstraktion. (2) *Konkretes* Denken ist katego-

27 Vgl. dazu die psychologische Forschung: Kurt Goldstein, Martin Scheerer, »Abstraktes und konkretes Verhalten«, in: Carl Friedrich Graumann (Hg.), *Denken*, Köln, Berlin 1965, S. 147-153; O. J. Harvey, David E. Hunt, Harold M. Schroder, *Conceptual Systems and Personality Organization*, New York, London 1961.

risch, absolut setzend, eventuell ritualistisch. Die Ontologie der alteuropäischen Tradition ist insofern trotz ihres Abstraktionsgrades konkret, weil sie Exklusivität des Seins behauptet. *Abstraktes* Denken ist unsicher, hypothetisch, gibt sich mit Wahrscheinlichkeiten zufrieden, ist revidierbar und lernbereit. Hieran ist zu sehen, daß nur ein hinreichend komplexes System, das mit solchen Unsicherheiten intern fertig werden kann, es vermag, abstrakt zu denken. (3) *Konkretes* Denken hat eine relativ geringe Differenzierung zwischen System und Umwelt. Es mischt seine Interessen in seine Gegenstände. Es stellt zum Beispiel Sollforderungen an die Umwelt, weil es bestimmte Erwartungen festhalten möchte. *Abstraktes* Denken ist das Gegenteil, ist objektiv, neutral, unbeteiligt. Als Beispiel kann man an die Unterschiede von moralischen und psychologischen Urteilen denken. (4) *Konkretes* Denken rechnet sich selbst wegen der geringen Ausdifferenzierung aus der Umwelt nicht mit. Es rechnet Ereignisse der Umwelt zu: Der andere hat schuld. *Abstrakteres* Denken kann die Eigenbeteiligung mitsehen und mitwürdigen und daher auch mehr Alternativen erzeugen. Als Beispiel kann man an die Unterschiede des Naturbegriffs im Sinne von etwas Notwendigem und der Kybernetik, also des systematischen Einbaus der Rückmeldung von Informationen über die Wirkungen des eigenen Verhaltens, denken. Der Kontrast von konkret und abstrakt ist der Klarheit halber dichotomisch formuliert. Man muß aber an ein Kontinuum denken, vielleicht an ein Kontinuum mit kleinen Schwellen oder Hürden, wo man springen muß. Sonst gäbe es im übrigen keine Möglichkeit der Entwicklung von mehr konkreten zu mehr abstrakten Formen der Erlebnisverarbeitung.

In Anwendung auf das Ergebnis unserer Überlegungen kann man dann sagen: Weil die Komplexität der Gesellschaft zunimmt, geht die *Gesellschaftstheorie* den Weg *vom konkreten zum abstrakten Denken*. Diese Hypothese vermag manches in der Denkgeschichte des Gesellschaftsbegriffs zu erklären: (1) Die alteuropäische Gesellschaftsphilosophie war eine Verbindung von kognitiven und normativen Urteilen, war moralische Philosophie und insofern konkreter als die Soziologie, die von normativen Urteilen zu abstrahieren sucht. Die Entmoralisierung der Gesellschaftsphilosophie und eine Verinnerlichung der Ethik sind Bewegungen hin zu größerer Abstraktheit. (2) Die alteuropäische Gesellschaftsphilosophie hatte sich als *Natur*recht begriffen und damit Ordnung in weitem

Umfange als vorgegeben angesetzt. Die Gesellschaft war zu wenig komplex, um die Verantwortung für die Selektion der eigenen Ordnung selbst zu tragen. (3) Die Synthese von Systemtheorie und Gesellschaftstheorie, die wir suchen, war in der alteuropäischen Tradition nur durch eine relativ konkrete Ebene der Begriffsbildung möglich gewesen. Der Prozeß der Abstraktion löst sie auf. Die alten Antworten sind aufzugeben. Aber muß dann auch die Fragestellung selbst aufgegeben werden? Vielleicht gehört es eher in den Prozeß der Abstraktion, diese Frage erstmals überhaupt zu stellen. (4) Die Entwicklung von einer Theorie der politischen Gesellschaft zu einer Theorie der wirtschaftlichen Gesellschaft nimmt ebenfalls diesen Weg der Abstraktion. Der politische Primat bindet an die Institutionen, die Vergangenheit, das vorgegebene Recht, allenfalls noch an nationale Ziele. Der Primat der Wirtschaft äußert sich viel abstrakter und wechselhafter, zukunftsoffener in Richtung auf eine immer umfassendere Befriedigung umfassenderer Bedürfnisse, das größere Glück einer größeren Menge. Erst recht bedeutet es größere Abstraktion, wenn man von solchen Primat-Theorien zu Systemtheorien käme, die einen Wechsel des Primats von Teilsystemen erklären könnten, für jede Primärorientierung Platz hätten und insofern mehr mögliche Gesellschaften begreifen könnten. Parsons ist auf dem Wege dahin. Mein Ziel liegt ebenfalls in dieser Richtung. (5) Eine Wiedereinarbeitung der inzwischen in der Philosophie gewonnenen Fragestellungen ist ein weiterer Aspekt. Das Problem der Kontingenz der Welt ermöglicht einen bisher nicht gekannten Grad der Abstraktion der Gesellschaftstheorie. Das ist eine äußerst gefährliche Unbestimmtheit, die an die Grenze der Auflösung aller festen Konturen geht. Die Frage ist: wie abstrakt müssen wir unsere Gesellschaft denken? Dazu muß man versuchen, wieder auf Begriffe zu kommen. Dabei kann das alte Problem von System und Gesellschaft als Leitfaden dienen.

3. Gesellschaft als soziales System

Wenn man das aktuelle Theorieangebot in der Soziologie überblickt, so kann man sagen, daß die Systemtheorie derzeit der einzige Versuch zu einer umfassenden soziologischen Theorie auf dem erforderlichen Abstraktionsniveau ist. Ein weiterer Vorteil liegt in der Anknüpfung an die in der Tradition gestellten Probleme.

3.1. Neuere Entwicklungen der Systemtheorie

Hinsichtlich der neueren Entwicklungen in der Systemtheorie ist hier nur eine ganz grobe Skizze der Tendenz möglich.[28] Die Grundtendenz ist die Entwicklung des Systembegriffs von der Vorstellung eines in sich geschlossenen Ganzen zur Vorstellung eines identisch bleibenden Zusammenhangs, der sich in einer problematischen Umwelt erhält. Damit gelangt man von einer ontologischen zu einer funktionalistischen Grundauffassung. Vier Phasen der Entwicklung lassen sich dabei unterscheiden: (1) In der klassischen Systemtheorie wird das System mit Hilfe der Begriffe »Ganzes« und »Teil« definiert; die Theorie konzentriert sich dann auf eine reine Innenanalyse, auf das Verhältnis der Teile zueinander und zum Ganzen. (2) Bei den Gleichgewichtstheorien liegt der Akzent auf der Innenordnung, die Invarianz, also die Erhaltung des Systems ermöglicht. Die Umwelt wird als Quelle von Störungen in Betracht gezogen, die entweder zerstören oder Anlaß geben zur Ausbalancierung eines neuen Gleichgewichts. Das Modell für dieses Systemverständnis ist ein Mechanismus, der auf Störungen reagiert, indem er den ursprünglichen Zustand wiederherstellt. (3) In der Theorie des umweltoffenen Systems wird von einem regulären Austausch zwischen System und Umwelt ausgegangen, das System/Umwelt-Verhältnis wird als Erhaltungsbedingung verstanden. Die Umwelt kommt als Tauschpartner in Betracht. Die Systemeinrichtungen werden schon umweltbezogen gedacht, sie dienen der Erhaltung des Systems in einer normalen Umwelt. Das Beispiel für ein um-

28 Vgl. ausführlicher dazu oben, Vorlesung II, Teil 4.

weltoffenes System ist der Organismus. (4) Die kybernetischen Systemtheorien gehen im weitesten Sinn von der Idee des Feedback (Rückkopplung) aus, also dem Sachverhalt, daß ein System auf das Ergebnis seines Operierens reagiert, und beziehen die Komplexität der Umwelt ein, vor allem unter dem Gesichtspunkt sachlicher Vielfalt und unerwartbaren Fluktuierens.

Man kann die in dieser Entwicklung erkennbare Tendenz extrapolieren und radikalisieren, indem man Komplexität als das die Theorie führende Bezugsproblem bestimmt. Nicht nur spezifische Einrichtungen, etwa Feedback-Mechanismen, dienen dem Umgang mit einer überkomplexen Umwelt, sondern das *System selbst ist Reduktion von Komplexität.* Die Identität des Systems ist zu begreifen als eine Ordnungsleistung, die das Unbestimmt-Mögliche ausschließt und nur noch wenige, aber dafür bestimmtere Möglichkeiten zuläßt. In dieser Blickstellung ergeben sich Möglichkeiten, an dem entscheidenden Engpaß der bisherigen Systemtheorie weiterzukommen, dem Strukturproblem. Man hat jetzt ein alle Systembildungen transzendierendes Bezugsproblem, im Hinblick auf welches man auch noch nach der Funktion von Strukturen fragen kann – und zwar aller Strukturen –, etwa auch der einer Differenzierung in Teile. Diese funktionale Perspektive führt mich zu einer grundsätzlichen Umstellung des Problems der Strukturänderung. Es geht nicht mehr um ihre spezifischen Ursachen und Wirkungen, sondern um strukturelle Bedingungen ihrer Möglichkeit, das heißt um die Frage, unter welchen Voraussetzungen soziale Systeme ihre Strukturen entstabilisieren, die Schwelle der relevanten Gründe für Änderungen herabsetzen können. In der Gesellschaftstheorie geht es insbesondere um die Frage des Zusammenhangs von Differenzierung und Evolution, also zum Beispiel um die Positivierung (das heißt Änderbarkeit) des normativ erwartenden Rechts, um die Entwicklung der politischen Demokratie mit der institutionalisierten Möglichkeit, den Machthaber zu wechseln, um die Ausdifferenzierung eines modernen Wissensschaftssystems, das systematisch auf die Erzeugung neuen Wissens hin orientiert ist. Wir sind weit davon entfernt, diese Fragen beantworten zu können.

3.2. Kontingenz und Komplexität

Ich begreife die Identität des Systems als eine Ordnungsleistung, die Komplexität reduziert, indem das Unbestimmt Mögliche ausgeschlossen wird und nur bestimmte Möglichkeiten zugelassen werden. Das Zusammenführen zweier Traditionen dient also als Voraussetzung für die Neubegründung einer Gesellschaftstheorie. Hier herrscht bislang eine Undefiniertheit des Sprachgebrauchs. Zum einen ist das die systemtheoretische Vorstellung äußerster *Komplexität der Umwelt*, an die das System sich anpassen muß. ein objektiver Begriff von Komplexität in der Form der Zahl der Möglichkeiten, Zustände, Ereignisse, die die Umwelt annehmen kann. Zum anderen ist es der transzendentalphilosophische Gedanke der *Kontingenz der Welt* (1) für den allmächtigen Gott, der sie anders hätte schaffen können; (2) für das erlebende Subjekt, das sie sich im gegebenen Rahmen seiner apriorischen Erkenntnisbedingungen anders vorstellen und herstellen kann; und (3) für die soziale Gesellschaft sinnkonstituierender Subjekte, die sie anders hätte konstituieren können. Die zentrale These dieser Vorlesung und meines Versuchs, eine Gesellschaftstheorie auszuarbeiten, liegt in der *Zusammenführung von Komplexität in jenem und Kontingenz in diesem Sinne*. Das würde zu einem Konvergieren jener beiden getrennten Gedankenströme führen. Man kann aber nicht ohne weiteres sagen: zu einer philosophischen Begründung der Soziologie. Denn was heißt jetzt noch Begründung? Vorgegeben ist nicht mehr ein letztes Seinsprinzip, der absolute Wille Gottes, die Selbstgewißheit der Vernunft, sondern nur eine letzte, unüberbietbare Problemformel als Bezugspunkt für funktionale Analysen. Äußerste Komplexität der Welt heißt, daß alles, was ist, begriffen wird als Reduktion von Komplexität, die in ihren Selektionsleistungen mit anderen Möglichkeiten verglichen werden kann. Die Funktion der Gesellschaft ist die Ausschaltung dieser letzten Beliebigkeit. Darauf komme ich noch ausführlicher zurück.[29]

Die Schwierigkeiten liegen in dem Begriff der Komplexität. Die Aufnahme des transzendentalphilosophischen Gedankengutes verlangt eine Subjektivierung des Begriffs: Komplexität muß nicht als objektive Zahl oder als Inbegriff seinsmäßig vorhandener Möglich-

29 Vgl. dazu unten in dieser Vorlesung, Abschnitt 3.5.

keiten begriffen werden, sondern als Relation der Welt im Sinne eines Horizontes möglichen Erlebens zu der sehr geringen, aktuellen Erlebnisspanne des Subjekts, zu dem, was ich jeweils faktisch gerade mir bewußt machen kann. *Komplexität* soll dann heißen, daß es stets mehr Möglichkeiten gibt, als aktuell erlebt werden können. *Kontingenz* soll heißen, daß die angezeigten, erwarteten Möglichkeiten anders ausfallen können (es also ein Enttäuschungsproblem gibt).[30] Diese Diskrepanz von Bewußtsein und Welt ist evolutionär variabel. Die Erlebnisspanne des Bewußtseins bleibt im wesentlichen konstant, aber die Zahl der Erlebnismöglichkeiten nimmt im Laufe der Entwicklung zu. Und zwar sehe ich die Entwicklung der Gesellschaft – und nicht die irgendeines anderen Sozialsystems – als tragende Ebene dieser Komplexitätssteigerung. Das ist einer der Gründe, aus denen es mir unmöglich zu sein scheint, die Gesellschaftstheorie völlig in eine Theorie des Sozialsystems aufzulösen. *Das* soziale System, das heißt jedes Sozialsystem, entwickelt sich nicht.

3.3. Grenzen der Gesellschaft: Stand der Diskussion

Wenn die Gesellschaft ein *System* sein soll, müßten ihre *Grenzen* angegeben werden können. Der Stand der Diskussion ist allerdings trostlos. Empirisch orientierte Forscher zum Beispiel definieren Gesellschaft einfach operativ und gehen von Einheiten aus, die von Anthropologen als »Kulturen« bezeichnet werden, ohne daß es für deren Abgrenzung explizite Kriterien gibt, oder von »Nationalstaaten«, weil diese Einheiten sind, die in Volkszählungen oder anderen sozialstatistischen Erhebungen als Gesamtheit fungieren.[31] Ich kenne keine halbwegs vernünftige, durchdachte Erörterung dieser Frage. Die mehr beiläufigen Bemerkungen, die ich gefunden habe, lassen sich wie folgt gruppieren: (1) Die alteuropäische Tradition der politischen Gesellschaft konnte sich auf *politische Grenzen* stützen – seien es Grenzen eines Personenverbandes, seien es territoriale Grenzen. Auch heute wird das vielfach unterstellt, aber gilt das zum Beispiel für Deutschland und Frankreich, die USA und

30 Vgl. ausführlich dazu unten, Vorlesung VIII, Abschnitt 2.1.

31 Vgl. als Beispiel Wilbert E. Moore, »Global Sociology: The World as a Singular System«, in: *American Journal of Sociology* 71 (1966), S. 475-482.

Kanada oder Belgien und Luxemburg? Im übrigen sehen wir das politische System heute als ein Teilsystem der Gesellschaft unter anderen. Warum sollte gerade dieses in der Lage sein, die Grenzen der Gesellschaft maßgeblich zu definieren? (2) Karl W. Deutsch sieht die *Wirtschaft als grenzdefinierendes Subsystem*:[32] Die Gesellschaft sei interdependent infolge von Arbeitsteilung, die Grenzen der Gesellschaft seien markante Schwellen dieser Interdependenz. Praktisch ist das aber undurchführbar: Wohin gehörte die Riviera um 1900? Nach England? Im Winter oder auch im Sommer? Wohin gehören die Kolonien? Wohin die norwegische Flotte? Vor allem scheitert dieses Kriterium an der stark sektoralen Gliederung der Wirtschaft, ferner an den monetären Verflechtungen zwischen den einzelnen Staaten. (3) Ein dritter Vorschlag kommt von Alfred Kuhn und stellt auf die *Grenzen der Kultur* ab.[33] Worauf kommt es dabei aber an: Auf die Sprache? Auf die verehrten Götter? Ob mit Gabeln, Stäbchen oder den Fingern gegessen wird? Auch gibt es bei einer solchen Abgrenzung das Problem der schichtenspezifischen Kultur oder der Modernisierung in Entwicklungsgesellschaften. (4) Ein weiterer Vorschlag orientiert sich an *Schwellen im Kommunikationsprozeß* und findet sich bei Claude Lévi-Strauss.[34] Er übersieht allerdings, daß es gar nicht die Gesellschaft ist, die Kommunikationshäufigkeiten regelt, sondern daß es die Teilsysteme in der Gesellschaft sind: Ölfirmen kommunizieren über die Welt miteinander, aber nicht mit den Lehrergewerkschaften im eigenen Land; Soziologen kommunizieren universitätsübergreifend miteinander, aber nicht mit den Chemikern ihrer Universität; Familien einer gewissen Gesellschaftsschicht haben europäische, heute zumeist weltweite Verwandtschafts- und Freundschaftsbindungen, nicht aber im lokalen Umfeld.

Die *Folgerung*, die man aus diesem Scheitern ziehen muß, ist, daß (1) die für die Zusammenhänge des konkreten Handelns relevanten Grenzen heute offenbar durch Teilsysteme unterhalb der Gesellschaftsebene gesetzt werden. Wirtschaft, Wissenschaft, Politik, Familie, Kirchen usw. haben je andere Systemgrenzen, und

32 Karl W. Deutsch, *Nationalism and Social Communication. An Inquiry into the Foundations of Nationality*, Cambridge, London ²1966, S. 86.

33 Alfred Kuhn, *The Study of Society. A Unified Approach*, Homewood 1963.

34 Claude Lévi-Strauss, *Strukturale Anthropologie*, Frankfurt/M. 1967, S. 321 ff. (OA: *Anthropologie structurale*, Paris 1958).

diese Grenzen konvergieren nicht in einheitlichen Außengrenzen der Gesellschaft auf so konkrete, sinnfällige Art. (2) Das schließt es aus, Grenzen der Gesellschaft so konkret anzunehmen wie geschildert, nämlich territorial, personal, handlungsmäßig als Grenzen, die gleichsam den Erdball aufteilen. (3) Einige dieser Teilsysteme umspannen vielmehr den gesamten Erdball, namentlich zu nennen sind hier die Wissenschaft und das System der technischen Anwendungen, eine Weltöffentlichkeit wahrnehmende Publizität mit diffusen Zuschauern. Das zwingt dazu, eine einheitliche *Weltgesellschaft* anzunehmen. Was wir als Zwang zur technisch-industriellen Entwicklung aller Länder des Erdballs erleben, ist Ausdruck dieser schon eingetretenen gesellschaftlichen Vereinheitlichung der Welt. Es gibt keine anderen Gesellschaften mehr als die unsere. Es gibt nur noch rückständige Gebiete. Und es gibt rückständige Leute, die das nicht wissen, zum Beispiel die Politiker. (4) Die Frage ist, ob wir für diese Weltgesellschaft an dem Begriff des Systems festhalten sollen. Und wenn ja, wo die Grenzen dieser Gesellschaft zu suchen sind. Sie müssen abstrakter als bisher begriffen werden, wenn sie adäquat begriffen werden sollen.

Lassen Sie mich die Frage einmal so ansetzen: Was ist eigentlich die *Umwelt des Gesellschaftssystems*? Die traditionelle Sicht war, daß die Gesellschaft aus Menschen bestand. Als Umwelt der Gesellschaft kamen damit, abgesehen von der nichtmenschlichen Natur, nur die anderen Gesellschaften in Betracht. Konkreter gesprochen: die aus anderen Menschen bestehenden Gesellschaftskörper. Eine Weltgesellschaft, die alle Menschen einschloß, war unter dieser Voraussetzung nur als eine ferne Idee zu begreifen – als umweltlos und daher als problemlos, als eine Art ewiger Frieden. Darauf beruhten der humane Appell und die Technikfeindlichkeit solcher Vorstellungen. Aber diese Prämissen halten nicht, wie ich schon in der Kritik an der Organismusanalogie gezeigt habe.[35] Der entscheidende Bruch der neueren soziologischen Systemtheorie mit der alteuropäischen Tradition liegt darin, daß der Begriff des sozialen Systems, und mithin auch der Begriff der Gesellschaft, *den Menschen* nicht einschließt, sondern *ausschließt*. Damit wird jene einleuchtende und einnehmende Humanität der alten Sicht aufgegeben, nämlich die Annahme, daß der Mensch seine Freiheit und

35 Vgl. oben in dieser Vorlesung, Abschnitt 2.3.

seine Tugend, sein Glück und sein Recht als lebender Teil der lebenden Gesellschaft finde. Das Sozialsystem Gesellschaft besteht aus Teilsystemen, aus Rollen, schließlich aus Handlungen, nicht aber aus konkreten Menschen. Die Identität von Handlungen, auf denen beide Arten von Systemen – Menschen in ihrem psychischen System und Gesellschaft – beruhen, rechtfertigt es nicht, eine Identität oder auch nur ein Teil/Ganzes-Verhältnis beider Systeme anzunehmen. *Mensch und Gesellschaft sind füreinander Umwelt.* Beide sind füreinander undurchsichtig, übermäßig komplex, kontingent. Beide sind, je für sich, so strukturiert, daß sie trotzdem bestehen können. Gegen Marx formuliert: Die primäre Umwelt der Gesellschaft ist der Mensch. Damit stellt sich natürlich auch die Frage nach den Systemgrenzen der Gesellschaft ganz anders als bisher. Es handelt sich nicht um Grenzen, die die Menschen voneinander trennen, sondern es sind Grenzen gegenüber dem Menschen selbst, gegenüber dem unheimlichen Potential seiner Möglichkeiten. Die Grenzen der Gesellschaft grenzen die Beliebigkeit des organisch und psychisch Möglichen aus. Sie stellen damit sicher, daß die Möglichkeiten der Menschen füreinander erwartbar bleiben. Um näher zu präzisieren, was damit gemeint ist, müssen wir uns jetzt dem Sinnbegriff zuwenden. Denn die Grenzen der Gesellschaft sind Sinngrenzen.

3.4. Sinn und Sinngrenzen

Meine Überlegungen erfordern zunächst, daß man sich den Charakter sozialer *Systeme* als *sinnhafter* Handlungssysteme klarmacht und ihre Grenzen entsprechend als *Sinngrenzen* sieht. Das gilt auch für territoriale Grenzen oder die Grenzen eines Personenverbandes. Auch in diesen Fällen ist nicht die physisch-räumliche Lokalisierung entscheidend, sondern die Grenze dient in dieser Lokalisierung als Symbol dafür, welches Handeln jeweils angebracht ist. Ihre Wahrnehmbarkeit erleichtert nur die rasche Verständigung, sie ist nicht unersetzlich. Wir suchen also eine abstraktere begriffliche Interpretation, die diese alten Fälle von Gesellschaftsgrenzen mit einschließt, aber es zuläßt, auch andere Möglichkeiten zu konstruieren.

Zu fragen ist also, was »Sinn« heißt, oder genauer: *Was leistet*

Sinn? Es genügt nicht, auf das Subjekt zu verweisen. Das kennt man von Weber, Parsons und dem philosophischen Sprachgebrauch der 1920er Jahre: Sinn sei subjektiv gemeinter Sinn. Der Subjektbegriff ist dabei noch dunkler als der Sinnbegriff und ist dadurch in der Soziologie als etwas Subjektives, nicht Objektivierbares suspekt geworden. Aus eigenen Vortragserfahrungen kann ich sagen: Sobald dieser Begriff auftaucht, war das für Positivisten ein Signal, die Sache als nicht mehr diskutierbar anzusehen. Aber man kann den Sinnbegriff durchaus präzisieren. Der Ausgangspunkt ist die Differenz zwischen der eng begrenzten Spanne aktuellen Erlebens und der darin angezeigten Weltfülle anderer Möglichkeiten. Aktuelles Erleben hat zunächst eine rein faktische Gegebenheit, es ist einfach da, eine Impression. Erst dadurch, daß in meinem Erlebnisfeld andere Subjekte auftreten, kann mir *deren* Erleben als mein *mögliches* Erleben bewußt werden. Es sind Subjekte wie ich. Ich kann mein Erleben mit ihrem identifizieren. Dadurch kann das *eigene* Erleben des *anderen* mein eigenes anderes Erleben werden. Es konstituieren sich austauschbare, intersubjektive Perspektiven, in die die Subjekte eintreten und austreten können. Dadurch wird ihr jeweils eigenes Erleben *selektiv* – eine Perspektive unter anderen möglichen, die nach bestimmten Regeln des Zugangs gewählt werden kann. Um diesen Perspektiventausch zu realisieren, als Möglichkeit präsent zu halten, muß etwas identisch gehalten werden: *Ich* muß derselbe bleiben, der *andere* muß derselbe bleiben, *Objekte* müssen dieselben bleiben. Diese Identität zu leisten ist die Funktion von Sinn. Sinn reguliert den Zugang zu anderem Erleben beziehungsweise, vom Objekt her gesehen, den Austausch der Subjekte. Im Sinn kann ich Möglichkeiten festhalten, auch wenn gar kein anderer da ist, der sie mir aktuell garantiert. So wird schließlich eine objektive Welt konstituiert, die jeder als seinem Erleben gleichzeitig präsent denkt und die ihn mit einer Überfülle von Erlebnisangeboten überschüttet.

Als Regulativ für die Transformation fremden Erlebens in mein Erleben und für den Zugang zu anderen Möglichkeiten ist Sinn kein voll aktualisierbarer Erlebnisgehalt, er ist gleichsam ein Kürzel für eine Fülle von Möglichkeiten. Daher ist Sinn auch nicht voll kommunizierbar, nicht voll konsensfähig. Die Frage ist, wie trotzdem das reine Auseinanderfließen verhindert, eine Rückkehr zum selben gesichert oder auch gemeinsames Erleben gleichsam von der

Ferne aus angesteuert werden kann. Dafür gibt es verschiedene Lösungsmöglichkeiten: (1) Die Konstitution von Dingen im Zusammenhang des Raums, (2) Worte mit unterschiedlichem Sinn im Zusammenhang der Sprache oder (3) die Gesellschaft als Zusammenhang von unterschiedlichen Handlungssystemen. So wenig wie der Dingraum und so wenig wie die Sprache, so wenig ist auch die Gesellschaft für das gemeinsame Sinnerleben entbehrlich. Die Frage ist aber nochmals: Können wir Gesellschaft in dieser Funktion der Vermittlung des Unterschiedenen als ein soziales System begreifen? Meine These ist: Dinge, über die wir sprechen können, reichen als Reduktion der Komplexität nicht aus.

Diese Analyse ermöglicht eine Bestimmung von Sinn durch seine *Funktion*: Sinn ermöglicht die Reduktion von Komplexität und die Erhaltung von Komplexität zugleich. Bei einer sinnhaften Erfassung der Umwelt wird laufend Selektion geleistet, man kommt mit minimaler Aufmerksamkeit aus. Die aussortierten Möglichkeiten werden aber nicht vernichtet, sondern aufbewahrt, gewissermaßen nur neutralisiert. Selbst Negationen und gerade Negationen sind im nächsten Moment aufhebbar. Man beachte dabei, welches Risiko in einem sinnhaft geordneten Weltverhältnis liegt. Die großen historischen Themen der Soziologie, Ordnung und Konflikt, haben in dieser Sinnstruktur ihre verschwiegene Voraussetzung. Wie viele Möglichkeiten kann man aushalten? Gleichzeitig ist die Produktion von Erstaunlichkeiten ein mühsames Geschäft. Daß man den Witz als ein Symptom für die Grenzen der Gesellschaft verstehen kann, hat zum Beispiel Stephen Potter in seinen Beobachtungen der Formen des Humors in der englischen Gesellschaft gezeigt.[36] Ich sehe nicht, wie dieses Problem durch Sprache und Hermeneutik allein gelöst werden könnte. Im Hinblick darauf muß vielmehr die Funktion der Gesellschaft geklärt, insbesondere die oben offen gebliebene Frage nach der Art und der Funktion der Grenzen des Gesellschaftssystems beantwortet werden.

36 Vgl. Stephen Potter, *Sense of Humour*, New York 1954.

3.5. Funktion der Gesellschaft: Ausgrenzung unbestimmbarer Komplexität

Die durch diese Analysen vorbereitete Antwort auf die Frage nach der Funktion der Gesellschaft möchte ich in einer kurzen Formel zusammenfassen: *Die Gesellschaft ist dasjenige Sozialsystem, das unendliche, unbestimmbare Weltkomplexität in bestimmbare, reduzierbare Komplexität transformiert.* Sinngrenzen regulieren das Maß an Komplexität, das die Gesellschaft aufnehmen und tragen kann, und damit auch das Maß an Komplexität ihrer Umweltsicht. Dem Sinnsystem des gesellschaftlichen Zusammenhanges verdanken wir die Typifizierbarkeit des Erlebens, die Erwartbarkeit des Verhaltens. Ausgegrenzt ist dadurch das Chaotische und Unheimliche anderer Möglichkeiten. Die Gesellschaft schließt Absurditäten aus, die zu weit abliegen, als daß sie in der Gesellschaft zum Gegenstand expliziter Negation gemacht werden könnten. Eine Gesellschaft, die das nicht leistet, läßt Anomie zu. Darin liegt das »Umfassende« des Systems Gesellschaft. Diese Funktion *kann* durch Grenzen erfüllt werden, die zwischen Menschen gezogen werden: Wir, die wir uns kennen und uns aufeinander verlassen können – und die anderen, denen man alles mögliche zutrauen kann. Man kann hier an die Unterscheidung Osten/Westen, (politisch) links/rechts, oben/unten in der Gesellschaft denken. Die Funktion kann aber auch und muß in dem Maße, als sich eine Weltgesellschaft konsolidiert, in abstrakterer Weise erfüllt werden. Ich denke vor allem an normative Regulierungen und an Regeln der Sinnübertragung wie sie Kommunikationsmedien, zum Beispiel Geld oder Macht, leisten.

Die Art und Weise, wie diese Funktion der Gesellschaft erfüllt wird, klärt sich, wenn man die Funktion des *Normativen* bedenkt. Dazu muß man Werte und Normen unterscheiden. Werte sind abstrakte Gesichtspunkte des Bevorzugens. Normen sind Erwartungen, die man auch im Falle der Enttäuschung festhalten will. Es sind lernunwillige Erwartungen, also kontrafaktisch stabilisierte Erwartungen. Normativität ermöglicht also Indifferenz gegen Ereignisse: Man legt sich im voraus, schon im Erwarten selbst, darauf fest, daß man sich durch Unerwartetes, durch gegenteiliges Handeln nicht beirren lassen wird. Und man organisiert schon im voraus Strategien der Enttäuschungsabwicklung. Damit wird das

Unbestimmt-Andere nicht faktisch, aber symbolisch eliminiert. Vermeidbar ist dies nur in dem Maße, als kognitive, das heißt lernfähige Strategien für den Umgang mit hoher Komplexität entwickelt werden können.[37]

3.6. Angstregulierung und Moral

In sehr abstrakter und sehr kursorischer Form habe ich in der letzten Stunde einige Überlegungen vorgetragen, die sich wie folgt zusammenfassen lassen: Der Mensch bezieht sich in seinem Erleben und Handeln durch Sinn auf die Welt. Dadurch findet er sich einer Überfülle von Möglichkeiten ausgesetzt, zwischen denen er wählen muß. Er hat aber nur ein sehr begrenztes Potential für Aufmerksamkeit. Also muß der nicht zu bewältigende, im einzelnen unvorstellbare Überhang an Möglichkeiten abgeschöpft, ausgegrenzt, wegdefiniert werden. Das geschieht für die einzelnen Situationen des Erlebens und Handelns durch soziale Systeme. Die besondere *Funktion der Gesellschaft* liegt in der *Ausgrenzung letzter, völlig offener, beliebiger Komplexität*, in Sinnbildungsleistungen, die andere Systeme dann benutzen können, auf die sie aufbauen, an die sie anschließen können. Ich möchte dies am *Beispiel gesellschaftlicher Formen der Angstbewältigung* verdeutlichen.

Angst läßt sich definieren als ein Gefühl der Gefahr der Desintegration des Persönlichkeitssystems. Es ist ein unhistorisches, auf anthropologischen Grundlagen aufruhendes Dauerproblem jeder Gesellschaft. Aber die Formen, in denen Angst Erlebnis wird und Ausdruck findet, sind gesellschaftlich bedingt und wandeln sich daher auch mit der Gesellschaft im Laufe ihrer Entwicklung. Und zwar wandeln sie sich mit der Komplexität der Gesellschaft, mit der Fülle der Möglichkeiten, die sie zuläßt, vorsieht, reguliert beziehungsweise ausgrenzt und eliminiert. Die Grundthese also lautet, daß die Sinngrenzen des Gesellschaftssystems das Maß ihrer Komplexität und damit die Formen der Angstbewältigung bestimmen. Es lassen sich dabei drei grobe Typen unterscheiden: (a) archaische Gesellschaften, (b) klassische Hochkulturen und (c) die moderne Gesellschaft.

37 Vgl. dazu unten, Vorlesung VIII, Abschnitte 2.2. und 2.3.

(a) *Archaische Gesellschaften* sind alle Gesellschaften, die vor den antiken Hochkulturen liegen, ferner die vorkolonialen Gesellschaften insbesondere Afrikas. Wesentliche Merkmale dieser Gesellschaften sind die folgenden: (1) Ein einziges oder doch dominierendes Strukturprinzip, zum Beispiel die *Verwandtschaft* (Stammesgesellschaften). Dieses Prinzip ist naturgegeben und nicht variabel. Es gilt eine Starre der Ordnung. Man kann nur herausfallen, nicht modellieren. (2) Dementsprechend sind *Normen* und *Institutionen* sehr *konkret* und invariant definiert, zum Beispiel Heiratsregeln. Sie werden hauptsächlich dadurch gegen Abweichung gesichert, daß es gar keine Alternativen gibt. Abweichendes Verhalten entgleist gleichsam automatisch in seinen Folgen, es läßt sich nicht wieder einrenken, weil dafür die Anknüpfungspunkte fehlen. Ein Beispiel ist die Exogamieregel (Inzesttabu): Wenn diese Regel durchbrochen wird, gibt es eine Konfusion in den das ganze Leben bestimmenden Verwandtschaftsbeziehungen. Kindern aus solchen Ehen fehlt es überall an Anknüpfung und Orientierung, auf ihnen scheint ein Fluch zu lasten. Das ist das gesellschaftsstrukturelle Pendant zu den großen griechischen Tragödien: der unaufhaltbare Ablauf des Schicksals. (3) Man kann von *möglichkeitsarmen* Gesellschaften sprechen, und dafür ist auch ein dritter Gesichtspunkt bezeichnend: Es gibt nur *kollektive Formen der Angstbewältigung*, die deshalb stereotyp festgelegt werden müssen. Man begegnet Unsicherheiten und Gefahren, einem einschneidenden Wechsel in den Lebensverhältnissen, drohenden Naturkatastrophen usw. in der Form des Rituals.

(b) In all den genannten Hinsichten werden die archaischen Gesellschaften in den *klassischen Hochkulturen* überwunden, und zwar durch das Erreichen einer Entwicklungsstufe von höherer Komplexität und durch den Einbau neuer evolutionärer Errungenschaften in die Institutionen. Vor allem geschieht dies durch die *Individualisierung von Angst* und, dem zugeordnet, durch die Erfindung individueller *Freiheit* und individueller *Schuld*. Diese drei Momente bestimmen den Institutionengedanken, der die alteuropäische Gesellschaftsphilosophie bis an die Wende zum 19. Jahrhundert geprägt hat. Wenn wir auf ihre Wurzeln in der klassischen griechischen Ethik und in der Welle religiöser Erneuerung um die Mitte des letzten vorchristlichen Jahrtausends zurückgehen, finden wir mit aller Deutlichkeit und Bewußtseinsschärfe eine polemische

Abwendung vom alten Ethos der archaischen Gesellschaften, wie ich kurz zeigen möchte.

Der Einbau des *Freiheitsgedankens* in die Institutionenlehre hat in der Ethik des Aristoteles seine klassische Prägung erfahren. Die Institutionen der politischen Gesellschaft, wie Aristoteles sie denkt, beziehen sich auf den vernünftig wählenden Menschen. Sie sind in diesem ganz neuen Sinne menschbezogen, human gedacht. Sie setzen ihn als wählend voraus, als jemanden, der zwischen gut und schlecht unterscheiden kann, und orientieren diese Wahl in Richtung auf das Gute. Zugleich ermöglichen sie diese Freiheit erst, denn nur in der politischen Gesellschaft und aus ihr abgeleitet gewinnt der Mensch Autarkie, unabhängige Selbstbestimmung. Nur in der politischen Gesellschaft, der Polis, kommt es zur freien Aktualisierung von Vernunft. Das bedeutet (1) den Einbau der Erwartung individueller Wahlmöglichkeiten in die sozialen Systeme, (2) eine höhere strukturelle Komplexität, aber mit normativer Präferenz für das Gute, eine Angst vor Bösheit und daß (3) die Angstbewältigung sich auf diese Vorgabe des Guten stützen muß. Man weiß wenigstens, wie der Pfad der Tugend läuft. Der Gedanke der *individuellen Schuld* – auch er eine Form der Individualisierung von Angst – wird in der mit den Propheten des Alten Testamentes einsetzenden jüdisch-christlichen Tradition überzeugungskräftig und damit institutionalisierbar. Soziologisch interessant ist daran, daß Individualisierung von Schuld Erlösung von Schuld ermöglicht. Der Vergleich mit den archaischen Gesellschaften läßt uns dies als eine Abstraktionsleistung erkennen – und darin steckt die evolutionäre Errungenschaft. Der Mensch wird aus seiner Verstrickung in die blinde Mechanik des Verhängnisses befreit und als einzelner an einem humanen Maß gemessen. Es gibt ein Ende der Schuld – aller Schuld. Die archaischen Gesellschaften konnten dieses Problem des Beendens nur sehr primitiv lösen, zum Beispiel durch Bußzahlungen. Der Gedanke individueller Schuld ermöglicht es, die Folgen des Verbrechens zu kontrollieren und die Strafe in ein angemessenes Verhältnis zur Schuld zu bringen. Vielleicht hat der Gedanke der Erbsünde eine wichtige Überleitungsfunktion (und er ist darin fortschrittlicher als der Schicksalsbegriff der griechischen Tragödie). Das Verhängnis bezieht sich nur noch auf den Status, nicht notwendig auch auf die Folgen des Handelns.

Solche Gedanken individueller Angst, individueller Freiheit

und individueller Schuld können nicht in jeder Gesellschaft gedacht und glaubhaft gemacht werden. Sie können beziehungsreich, auf soziale Wirklichkeit, auf Institutionen hin nur gedacht werden, wenn die Gesellschaft als soziales System bestimmte Voraussetzungen erfüllt. Vor allem ist nun das Strukturprinzip der Stammesgesellschaft, die Verwandtschaft, nach mannigfachen älteren Anläufen endgültig gesprengt. Sowohl politische Entscheidungen als auch religiöse Veranstaltungen sowie manche Vorgänge im wirtschaftlichen Bereich, zum Beispiel der Kredit, sind nun unabhängig von Verwandtschaft – auch das ein sehr schwer auf Institutionen zu bringender evolutionärer Fortschritt. Diese Trennung von Politik, Religion, Familien, Markt und Kredit erfordert eine abstraktere Integration der Gesellschaft. Die Gesellschaft beginnt sich nach Funktionsbereichen zu differenzieren, wird dadurch komplexer und läßt durch ihre Struktur mehr Möglichkeiten zu. Damit geht einher, daß das Leben des Einzelnen jetzt besser sichergestellt werden und geschützt werden kann. Das scheint unabdingbare Voraussetzung zu sein für das, was ich Individualisierung von Angst genannt habe. Wir finden in diesen klassischen Hochkulturen eine stärker individualisierte (personalisierte) und stärker generalisierte, von Ritualien auf Prinzipien gebrachte Moral.

(c) Unsere *heutige, moderne Gesellschaft* hat deutlich eine weitere Schwelle der Entwicklung überschritten. Sie hat selbst jenes Merkmal gewonnen, das einst nur der Welt zukam: unübersehbare Komplexität. Das Reservoir der Möglichkeiten, das ihr zur Verfügung steht – wissenschaftlich, technisch, politisch, militärisch, wirtschaftlich – ist unübersehbar geworden. Die Grenzen, die noch bestehen, in der Medizin zum Beispiel, beunruhigen uns nicht mehr prinzipiell, sondern stellen sich als technische, nicht mehr als institutionelle Probleme: Wir haben Ideologien, um Werte umzuwerten, Verfahren, um Recht zu ändern, Forschungsorganisationen, um das Erfinden und Entdecken zu systematisieren. Wir haben Erziehungssysteme und lange Karrieren, um Menschen zu sozialisieren, und dem werden neuerdings psychiatrische Dienste angehängt, um auffällige individuelle Besonderheiten wegzutherapieren. Parallel zu dieser gesellschaftsstrukturellen Entwicklung hat der ethische Institutionenbegriff seine Überzeugungskraft verloren, und zwar deshalb, weil die Institution im alten Sinne ihre Funktion verloren hat. Diese Funktion bestand, wie wir gesehen haben, primär darin, Angst zu regulieren. Das konnte man durch normative Verhaltensgebote der Ethik, durch Weisungen für tugendhaftes Leben leisten, solange die Bedrohung aus dem Bereich des Unerlaubten kam – als Gewalttat, als Rechtsbruch, als Werk des Teufels. Demgegenüber konnte man sich sicher fühlen, wenn man auf dem rechten Weg wandelte, tugendhaft und gottgefällig. Man war sicher, wenn nicht in seinem Leben oder seinen Gütern, so doch in seinen Erwartungen, in dem, was man ist. Heute kommt die Bedrohung gerade umgekehrt aus dem Bereich des Erlaubten, Richtigen, Zweckmäßigen, Vernünftigen. All das, was die alten Institutionen zu regeln hatten, gibt es zwar auch noch: Schandtaten, Rechtsbrüche usw. Aber dazu kommt jetzt etwas ganz Neues, nämlich die Gefährdung durch erlaubte Verhaltenswahlen anderer, durch gesellschaftlich zugelassene Selektivität. Wenn wir schon die Ehe auf Liebe im Sinne individueller Passion gründen – wer schützt uns davor, daß der Ehegatte eines Tages mitteilt, er liebt nicht mehr? Wenn wir schon unser Recht positiviert haben, wer schützt uns dann vor den Folgen von Rechtsänderungen? Wer schützt uns gegen das Fluktuieren der politischen Meinungen und Wahlergebnisse, gegen die Schwankungen des Marktes, gegen Fehlschaltungen im Pumpwerk der Konjunkturpolitik, gegen wissenschaftliche Entdeckungen, die unserem Einkommen die Grundlage entziehen oder uns erkennen lassen, daß wir unsere Kinder völlig falsch erzogen und sie mit lebenslangen Neurosen ausgestattet haben – vielleicht aus Liebe oder auch aus Zeitnot? Die moderne Gesellschaft hat ein nur ihr eigenes, neuartiges Problem: das *Problem der Sicherheit vor erlaubtem, zugelassenem, funktionell sinnvollem Verhalten anderer*. Sicherheit – das ist die neue, zivilisierte Formel für Angst. Dieses Problem ist strukturell unvermeidlich, wenn unsere Gesellschaft jene hohe Komplexität und Variabilität behalten soll, die Grundlage unserer Zivilisation ist.

In der Art, wie unsere Gesellschaft dieses Problem der Sicherheit vor erlaubten, vorgesehenen, und geplanten Ereignissen löst, scheinen mir neuartige Formen einer gesellschaftlichen Moral zu liegen, die man nicht mehr an der klassischen Gestalt der Ethik messen kann. Es fehlen mir für das Folgende sichere Grundlagen, vor allem auch empirische Grundlagen für dezidierte Behauptungen. Und es fehlt natürlich jeder Anspruch auf Vollständigkeit in der Erkenntnis der Problemlösungen, die am Werke sind. Wenn man aber mit einer durch das Problembewußtsein geschärften Sensibilität um sich blickt, dann kann man heute zwei Mechanismen der Ausgrenzung unbestimmter, angstauslösender Komplexität beobachten, die hohe Verbreitung haben und die nicht auf bestimmte Teilsysteme der Gesellschaft zugeschnitten sind, sondern sich überall finden: (1) die Anknüpfung an den Status quo als moralische Formel und (2) die Verfügung über Auswege, Kompensationen, Ersatzlösungen wie zum Beispiel eine Trivialisierung von Sachverhalten in Form eindimensionaler, oberflächlicher Problemwahrnehmungen[38] oder eine Professionalisierung, für die neben der Anforderung eines gesteigerten, nicht allgemein verfügbaren Wissens auch ein Bezug auf sehr allgemeine gesamtgesellschaftliche Werte wie Bildung oder Gesundheit kennzeichnend sind. Mir scheinen sich – mit allen Vorbehalten eines solchen gewagten Vergleichs – darin Nachfolgeeinrichtungen der alten Institutionen Schuld und Freiheit anzubahnen. Grob formuliert kann man sagen: Unsere Schuld ist das Verbrechen am Status quo, und unsere Freiheit ist die Verfügung über Substitutionen.

3.7. Delegation von Gesellschaftsleistungen auf Teilsysteme

Unter dieser Überschrift möchte ich versuchen hinzuführen auf Gründe, weshalb unsere moderne Gesellschaft so abstrakt und so unbestimmt konstituiert wird, und entsprechend, weshalb eine Theorie dieser Gesellschaft so problematisch und eigentlich noch nicht geleistet ist. Als Leitfaden dient uns ein bestimmtes Phänomen: daß viele Funktionen, die früher auf der Ebene des Gesamtsystems der Gesellschaft erfüllt worden sind, heute an Teilsysteme der Gesellschaft delegiert sind und trotzdem ihre gesamtgesellschaftliche Relevanz nicht verlieren. Das ist dann auch der theoretische Ausgangspunkt für die entsprechenden Spezialsoziologien. Als Beispiele zu nennen wären Recht, Wahrheit, Liebe, Macht, wirtschaftlicher Kredit. Das möchte ich näher ausführen. Bitte achten Sie dabei im folgenden auf die Übereinstimmung des Verschiedenen!

38 Vgl. Fred E. Emery, »The Next Thirty Years: Concepts, Methods and Anticipations«, in: *Human Relations* 20 (1967), S. 199-237 (225).

3.7.1. Recht

In allen älteren Gesellschaften ist das Recht eine Erwartungsordnung, die als vorgegeben behandelt wird, sei es in allen Einzelheiten, sei es in den wesentlichen Grundlagen.[39] Recht ist zugleich das einzig mögliche Recht, ist heiliges Recht, Weltordnung, und seine Geltung ist nicht problematisierbar. Ein Beispiel dafür ist die Legende der beiden Brahmanen: Der eine heilige Bruder stiehlt aus dem Garten des anderen, da es aber keinen Ausnahmetatbestand im Recht gibt, der das Brüderverhältnis berücksichtigen würde, muß auch in diesem Fall die Heilung der Verletzung der Weltordnung durch die übliche Sühne erfolgen: das Handabschlagen. Diese Selbstinterpretation älterer Gesellschaften bedeutet soziologisch, daß das Recht inhärentes Moment der Gesellschaftsstruktur ist, eine Erwartungsordnung, über die niemand in der Gesellschaft verfügen kann. Selbst »gesetztes Recht« wird nicht als variabel behandelt, es wird Institution und dann nicht mehr als permanent änderbar vergegenwärtigt. Als Beispiel kann man hier die römische Zwölftafelgesetzgebung nennen.

Heute ist das Recht *positiviert.*[40] Es gilt kraft Entscheidung und ist jederzeit änderbar, was einen immensen Gewinn an möglichem Rechtsstoff mit sich bringt. Und das ist die Grundbedingung dafür, daß die Entscheidung über das Recht auf ein Teilsystem der Gesellschaft delegiert wird, nämlich auf das politische System, genauer: auf Verfahrenssysteme. Das politische System nimmt gleichsam Anträge, Rechtszumutungen aus der Gesellschaft auf – sowohl in der Gesetzgebung als auch in der Rechtsprechung. Aber Recht kann nur werden, was den Entscheidungsgang des politischen Systems durchlaufen hat, das für das Recht wie ein Filter fungiert. Trotzdem bleibt das Recht von gesamtgesellschaftlicher Relevanz, es ist nicht nur an die Rollen des politischen Systems adressiert. Für die Entscheidungsrollen, also zum Beispiel Richter oder Verwaltungsjuristen, wird das Recht zum Entscheidungsprogramm. Gesamtgesellschaftlich bleibt es eine Erwartungsstruktur. Eine gesamtgesellschaftliche Funktion der Ausgrenzung unbestimmbarer anderer Möglichkeiten wird also von einem Teilsystem wahrgenommen. Das führt zu einem Gewinn an Elastizität, aber auch zu

39 Vgl. hierzu ausführlich unten, Vorlesung VIII, Teil 3.

40 Siehe unten, Vorlesung VIII, Teil 4.

höheren Risiken und einem Verlust an Sicherheit. Eine Kompensation erfolgt vor allem durch die Ordnung der Verfahren, in denen Entscheidungen hergestellt werden.

3.7.2. Wahrheit

Ähnlich wie das Recht ist auch die Wahrheit in älteren Gesellschaften als invariant vorgegeben, eine Qualität des Seins selbst. Das Recht und das Wahre verschmelzen in einer kosmischen Ordnung, wie man an dem Brahmanenbeispiel sehen kann. Im vorsokratischen Fragment des Anaximander liest man: »Woraus aber die Dinge ihre Entstehung haben, darein finde auch ihr Untergang statt gemäß der Notwendigkeit. Denn sie leisten einander Sühne und Buße für ihr Unrecht gemäß der Ordnung der Zeit.« Es gibt zahlreiche mystische Interpretationsversuche. Im Grunde geht es um das Begreifen des Weltgesetzes nach dem Recht der Polis.[41] Wahrheit als solche wird nicht problematisiert – es gibt keine Explikation von Kriterien der Wahrheitsfähigkeit –, sondern problematisiert wird nur, ob etwas ist oder nicht. Es gibt kein Abheben einer besonderen Ebene der Reflexion, geschweige denn Bemühungen um intersubjektive Übertragbarkeit. Auch heute verfährt man so mit den Selbstverständlichkeiten des täglichen Lebens. Wenn ich ein neues Auto kaufen will, versuche ich nicht, mit dem Verkäufer eine intersubjektive Verständigung über das Auto nach den Regeln der Wissenschaft herbeizuführen. Es gibt ein hohes Maß von Konsens, aber eine geringe Beweglichkeit der Erwartungen und ein geringes Potential für Alternativen. Demgegenüber treten im Laufe der Neuzeit folgende Änderungen ein: (1) Wahrheit wird jetzt auf das *Subjekt* bezogen – das ist eine abstrakte Selbstbestimmung des Menschen. (2) Wahrheit wird umdefiniert als zwingende Gewißheit, und diese Gewißheit wird an der intersubjektiven Übertragbarkeit gemessen. (3) Damit wird Wahrheit chronisch knapp und so Gegenstand laufender Arbeit unabhängig von den fallweise auftretenden Wissensbedürfnissen. (4) Für die laufende Produktion neuer Wahrheiten und für die ständige kritische Sichtung alter Wahrheiten wird ein besonderes Sozialsystem Wissen-

41 Vgl. Werner Jaeger, *Paideia: Die Formung des griechischen Menschen*, Bd. 1, Berlin [3]1954, S. 217 ff. (Anm. d. Hg.: Luhmann hat das Anaximander-Zitat vermutlich von Jaeger übernommen, allerdings in leicht veränderter Form.)

schaft eingerichtet, und es kommt zur Delegation der Funktion auf dieses Teilsystem. (5) Weite Bereiche, insbesondere die ganze Pragmatik, verlieren ihre Wahrheitsfähigkeit, und trotzdem gibt es einen immensen Zuwachs an wahren Informationen. Trotz der Verknappung und Verengung gibt es mehr Wahrheiten als je zuvor.

Wie erklärt sich dieser Erfolg? Durch die Ausschaltung der Vorsteuerung des Denkens durch die Gesellschaftsstruktur, die insbesondere in der vormodernen Gesellschaft durch die Überlieferung erfolgt ist, durch die Interessen der Statusträger und deren gesellschaftliche Prominenz und durch die Bedürfnisse der Angstregulierung. Diese Freisetzung von Rücksichten und Verantwortungen ist Bedingung der Entdeckung neuer Wahrheiten. Sie kann als permanente Aufgabe nur in einem Sozialsystem realisiert werden, das den einzelnen Forscher von solchen Rücksichten entlastet. Das Postulat der Wertfreiheit bringt dies zum Ausdruck, aber auch die Autonomie der Wissenschaft, die Internationalität der Wissenschaft, die Gleichheit der Forschenden. An die Stelle solcher Rücksichten treten teilsystemspezifische Regeln des Wissenschaftssystems: *Methoden und Theorien*, nach denen sich niemand richtet außer die Wissenschaftler. Auch hier bleibt das Produkt *gesamtgesellschaftlich bedeutsam*. Nirgendwo in der Gesellschaft können Wahrheiten einfach ignoriert werden, sie drängen sich auf. Es ist nicht so, daß die Wissenschaft Theorien nur für den eigenen Bedarf produziert. Vielmehr werden durch ihre Wahrheitsproduktion die lebensweltlich-alltäglichen Wahrheiten zu vorläufig funktionierenden Annahmen degradiert. Und trotzdem verzichtet die Gesellschaft auf eine vorgesteuerte Integration dieser Produktion mit ihren sonstigen Bedürfnissen. Daraus resultieren (1) die wirtschaftliche Problematik technischer Neuerungen, (2) die politische Problematik von Wahrheiten, die politisch unbequem sind oder aufgebaute Positionen annullieren, und (3) das Problem der psychologisch korrekten Erziehung in der Familie. Daran erkennbar sind die hohen Risiken dieser Delegation, die Delegation ist jedoch unerläßlich im Interesse einer funktionalen Differenzierung. Die Gesellschaft muß diese Risiken tragen und als Folgeproblem ihrer Differenzierung behandeln können.

3.7.3. Liebe

Mein drittes Beispiel ist die Liebe.[42] Der Begriff ist leicht irreführend, insbesondere besteht die Gefahr, daß man die moderne Auffassung in ältere Zeiten rückprojiziert. Gemeint ist der elementare Mechanismus, daß Nahestehende füreinander Sympathie empfinden und sich in ihren Ansichten angleichen. In älteren Gesellschaften wird solche Sympathie für den Stamm postuliert als Merkmal der Zugehörigkeit (*philos-philia*-Tradition). Zunächst besteht kein Bezug zu Sexualität. Im täglichen Leben geht es um die Vertrautheit der Gesichter und nicht unbedingt um subjektiv stark empfundene Gefühle, gefühlte Gefühle, schwärmerisch genossene Gefühle. Dieser Mechanismus wird zunächst als gesamtgesellschaftlicher postuliert und zum Beispiel von dem der Wahrheit nicht geschieden: Es gibt keine Differenz der Ansichten mit »Jedermann«-Geltung und der Ansichten, die man kraft Zugehörigkeit und Sympathie übernimmt. Ebensowenig gibt es eine Differenz vom Recht. Die eigentliche Liebe ist bei Aristoteles die politische Liebe. Das Größerwerden der Gesellschaften macht diesen Mechanismus als gesamtgesellschaftlichen Mechanismus problematisch. In der Spätantike kommt es zur Ausdehnung von Wahrheit, Recht, Liebe auf die Menschheit. Ein einfaches Elargieren ist aber keine mögliche Problemlösung, statt dessen kommt es zu einer funktionalen Spezifikation des Mechanismus in der Neuzeit. Die Anfänge kann man schon in der Liebeslyrik und den Liebesgeschichten des Mittelalters sehen. Liebe wird bereits dort als Sache des privaten Gefühls, der individuellen Passion institutionalisiert. Die antike These, daß die eigentliche Liebe die politische sei, ist uns deshalb völlig unverständlich.

Der Begriff der *Passion* und die dazugehörigen Begleitmythologien sind sehr aufschlußreich. Im Kern der Institution der passionierten Liebe liegt der Verzicht auf gesellschaftliche Kontrolle. Die neuzeitliche Institutionalisierung der Passion als Ehegrundlage erfolgt im 18. Jahrhundert und ist der bürgerliche Protest gegen die

42 Vgl. Niklas Luhmann, *Liebe. Eine Übung*, hg. von André Kieserling, Frankfurt/M. 2008, S. 25 ff. (Anm. d. Hg.: Das posthum publizierte Manuskript wurde im Frühjahr 1969 im Zusammenhang mit einer entsprechenden Übung verfaßt; siehe im Anhang, »Die Lehrveranstaltungen Niklas Luhmanns von 1966 bis 1970«, unten, S. 606.)

aristokratische Immoral. Es ist ein Ergriffensein ohne die Möglichkeit und ohne die Pflicht zur Rechenschaft. Es gibt Risiken und Überforderungen: für den einzelnen – nicht jeder hat die Fähigkeit und die Zeit, kaum jemand hält es durch – und für die Gesellschaft – es gibt keine Garantie der Integration der Liebesbeziehung in die Gesellschaft. Passion ist eine ideologische Vorschrift, es ist keine faktische Dauerzumutung, das wäre viel zu anstrengend, wohl aber ein institutionelles Darstellungserfordernis. Auch hier wird der Mechanismus durch Spezifikation und strategisch plazierte Verzichte verstärkt: Man braucht nicht mehr jedermann zu lieben, sondern kann sich seine Nächsten aussuchen und hat dann um so höhere Chancen der Bestätigung für eine relativ konkrete Nahwelt. Dazu finden Sie einiges in einem Aufsatz von Friedrich Tenbruck zur Freundschaft und von Peter L. Berger und Hansfried Kellner zur Ehe.[43]

Es stellt sich dann die Frage der verbleibenden gesamtgesellschaftlichen Relevanz von Liebe. Sie wird spürbar in Form eines Vermissungserlebnisses, als spürbare emotionale Dürre und Entbehrung außerhalb der Intimbeziehungen. Daraus entwickeln sich neue Funktionen der Familie oder anderer Intimbeziehungen: dem einzelnen jenen emotionalen Rückhalt, jene Bestätigung seiner persönlichen Ansichten zu geben, die er sonst nirgends findet. Auch hier muß dann die funktionale Vereinseitigung gemeistert, in ihren Folgeproblemen gelöst werden. Das erfolgt durch das gesellschaftliche Respektieren einer Sphäre der Privatheit auf der einen Seite, in der jedermann seine eigenen Idiosynkrasien kultivieren kann, und ein familiäres Respektieren der »anderen Rollen« der Beteiligten auf der anderen Seite. Es darf in der Intimbeziehung nicht zu viel Konsequenz und Konsistenz verlangt werden: Wenn du mich liebst, darfst du nicht CDU wählen, darfst du keine Überstunden machen, kein Ehrenamt übernehmen usw. Andererseits ist Liebe ein »übertriebenes« Erfordernis. Man hat zwischendurch etwas anderes zu tun. Die Frau darf sich nicht aus Besorgnis um ihren Mann um dessen Beförderung kümmern. Geheimhaltung spielt in der In-

43 Friedrich H. Tenbruck, »Freundschaft. Ein Beitrag zu einer Soziologie persönlicher Beziehungen«, in: *Kölner Zeitschrift für Soziologie und Sozialpsychologie* 16 (1964), S. 431-456; Peter L. Berger, Hansfried Kellner, »Die Ehe und die Konstruktion der Wirklichkeit. Eine Abhandlung zur Mikrosoziologie des Wissens«, in: *Soziale Welt* 16 (1965), S. 220-235.

timbeziehung eine wichtige Rolle: zunächst, um zu verbergen, daß man sich liebt; später, um zu verbergen, daß man sich nicht liebt.

3.7.4. Macht

Ein weiteres Beispiel ist die politische Macht. Die Analyse ist in genauer Parallelität zu den bisherigen durchführbar. Macht ist ein gesamtgesellschaftliches Medium und bleibt es. Unter Macht verstehe ich die Übertragung von Selektionsleistungen, die durch Entscheidung getroffen worden sind. Genaueres dazu finden Sie in zwei Aufsätzen, die ich gerade geschrieben habe.[44]

Macht ist an sich und zunächst gesellschaftlich diffus verteilt. Die antike griechische Vorstellung der Herrschaft sieht sie als Moment jedes Sozialsystems. Macht kann sehr verschiedene Gründe haben. Sehr früh jedoch bilden sich besondere Situationen, dann besondere Rollen, dann besondere politische Systeme aus für die spezifische Funktion, kollektiv bindende Entscheidungen zu treffen und qua Macht übertragbar zu machen. Auch darin liegt eine Delegation von gesamtgesellschaftlichen Funktionen auf Teilsysteme. Welche besonderen Voraussetzungen bestehen im Falle der Macht?

(a) Wesentlich ist eine *Kasernierung physischer Gewalt*: Die Monopolisierung und Zentralisierung der Entscheidung über die Anwendung physischer Gewalt ermöglicht die Sicherung des Landfriedens. Physische Gewalt ist das wichtigste Machtmittel, in dessen Präsenz sich kaum ein anderes entfalten kann. An deren Kasernierung ist zweierlei bedeutsam: (1) Die Gewährleistung absolut überlegener Macht für die Durchsetzung politischer Ziele. Das stand einseitig im Mittelpunkt der neuzeitlichen politischen Diskussion. (2) Der Entzug dieser Machtquelle aus der allgemeinen Verfügung und somit der Sicherstellung von Frieden. Das ist min-

44 Niklas Luhmann, »Soziologie des politischen Systems«, in: *Kölner Zeitschrift für Soziologie und Sozialpsychologie* 20 (1968), S. 705-733; ders., »Klassische Theorie der Macht. Kritik ihrer Prämissen«, in: *Zeitschrift für Politik* 16 (1969), S. 149-170. Vgl. auch unten, Vorlesung VII, Teil 8. (Anm. d. Hg.: Im Frühjahr 1968 erstellte Luhmann zudem als Grundlage für eine Übung das Manuskript »Macht«, das 2012 unter dem Titel *Macht im System* veröffentlicht worden ist [hg. von André Kieserling, Berlin]; siehe dazu im Anhang, »Die Lehrveranstaltungen Niklas Luhmanns von 1966 bis 1970«, unten, S. 604.)

destens ebenso wichtig und bewirkt ungeahnte Entfaltungschancen für sekundäre Machtquellen: Macht qua Organisation, Macht qua Marktstellung, Macht qua Störfähigkeit bei funktionaler Interdependenz, Macht qua Möglichkeit des Rückzugs in ein persönlich unabhängiges Leben. Eine typische und von den übrigen Beispielen schon bekannte Konstellation ist, daß eine strategisch plazierte Verknappung von Macht zu immenser Steigerung der Machtmöglichkeiten in der Gesellschaft führt. Die gesellschaftlich verfügbare Macht wird auf diese Weise beträchtlich vermehrt. Es können sehr viel mehr Entscheidungen übertragen werden als je zuvor.

Zu behaupten, daß Macht letztlich doch auf physischer Gewalt beruht, wäre viel zu einfach gedacht. Richtig aber ist, daß die heute aktualisierbaren Machtmengen eine bestimmte Behandlung physischer Gewalt voraussetzen. Es ist wichtig, die Kompliziertheit dieses Arrangements zu verstehen, um sich vor dem Fehlschluß zu bewahren, daß alle gesellschaftliche Macht in der Form von Herrschaft zentralisierbar sei. Im übrigen ist von hier aus erkennbar, weshalb das Problem der politischen Verantwortung für unpolitische Macht gestellt werden muß – etwa für Macht aufgrund von Eigentum. Es ist nicht möglich, alle gesellschaftliche Macht zu politisieren, aber es muß Mechanismen selektiver Politisierung von Machtfragen geben, die unter bestimmten Bedingungen die Verantwortung für einen Machteinsatz in das politische System zurückspielen.

(b) Neben diesem Problem der Kasernierung physischer Gewalt und ihren gesamtgesellschaftlichen Folgen ist ein zweites Problem der *Abbau gesamtgesellschaftlicher Bindungen* der politischen Entscheidung, das heißt die zunehmende Autonomie des politischen Systems der Gesellschaft. Auch hier wird die Problematik solcher Delegation wiederum deutlich. Der Vergleich mit Wahrheit und Liebe zeigt: Auch hier geht es um das Abstreifen gesamtgesellschaftlicher Bindungen. Auch die Politik löst sich im Laufe der Neuzeit aus religiösen, moralischen, naturrechtlichen Bindungen. Es entwickelt sich die Vorstellung einer besonderen Staatsräson mit der Notwendigkeit amoralischen Handelns zur Wahrung und Mehrung von Beständen. Ich möchte das ersetzen durch die Vorstellung, daß bei übermäßig hoher Komplexität Steuerungsweisen notwendig werden, die unter gesellschaftlich diskrepanten Wertegruppierungen operieren. Wie dem auch sei: Das Problem der Legitimität der politischen Entscheidung ist gestellt. Es kann nicht mehr durch

Anknüpfung an konstant vorgegebene Werte gelöst werden, sondern nur noch durch laufende Arbeit und Organisation im politischen System selbst. Ein weiteres Folgeproblem liegt in der Frage, ob die Politik jetzt nur noch politische Probleme entscheiden kann. Als Beispiel kann man Vilhelm Auberts Untersuchungen zu einem Gesetz über Dienstmädchen in Norwegen in den 1950er Jahren nennen,[45] die zeigen, daß das Gesetz zuallererst als Beweis für politische Aktivität und Fürsorge fungierte, aber nicht praktikabel war, genau besehen noch nicht einmal einen Regelungsgegenstand hatte. Die öffentliche Meinung fungiert hier als Transformator gesellschaftlicher in politische Probleme.

3.7.5. Wirtschaft

Mein letztes Beispiel ist die Wirtschaft. Zunächst ist eine Vorklärung dessen nötig, was eigentlich die spezifische Funktion der Wirtschaft ist. Es ist nicht die Orientierung an knappen Mitteln. Das ist vielleicht das spezifische Rationalisierungsprinzip der Wirtschaft. Als solches ist das aber ein evolutionäres Spätprodukt, und es läßt die Frage offen, unter welchen sozialen Voraussetzungen die Knappheitsorientierung Platz greifen kann. Im übrigen gibt es Knappheitsorientierungen auch sonst, außerhalb der Wirtschaft: eine Knappheit der Reputation, des Status, der Stellen und Posten. Ebenfalls ist die spezifische Funktion nicht an eine bestimmte Art von Bedürfnissen im Unterschied zu anderen gebunden – etwa niedrigen, materiellen Bedürfnissen. Den Sonnenuntergang vom Pincio aus, einem Hügel oberhalb Roms mit seinem herrlichen Blick auf die Stadt, zu genießen ist durchaus ein wirtschaftliches Problem. Die Antwort auf die Frage lautet vielmehr: Die spezifische Leistung der Wirtschaft ist die gegenwärtige Sicherstellung künftiger Befriedigungsmöglichkeiten – welcher Bedürfnisse auch immer. Es kann sich um Bedürfnisse handeln, die schon jetzt bestimmt werden, oder um künftig wählbare Bedürfnisse mit der Möglichkeit, die Entscheidung zu vertagen. Hier ist die Funktion von Geld zu sehen, aber auch Eigentum und Beruf sind solche Sicherungsfunktionen.

45 Vilhelm Aubert, »Einige soziale Funktionen der Gesetzgebung«, in: Ernst E. Hirsch, Manfred Rehbinder (Hg.), *Studien und Materialien zur Rechtssoziologie*, Köln, Opladen 1967, S. 284-309.

Auch hier zeichnet sich nun die bereits in den anderen Bereichen der Gesellschaft beobachtete Tendenz ab. An sich handelt es sich um eine gesamtgesellschaftliche Funktion – nicht um irgendwie teilsystemspezifische Bedürfnisse. Nirgendwo, wo immer Befriedigungen vertagt werden müssen, lassen wirtschaftliche Bedürfnisse sich vernachlässigen. Und doch wird ein Teilsystem der Gesellschaft dafür ausgesondert, diese Funktion zu erfüllen. Wenn man zum Beispiel einen Kredit sucht, ist es gleichgültig, ob man einer alten, schon lange ortsansässigen Familie angehört, ob man eine Mutter ist, die ihre Söhne im Krieg verloren hat und im Alter bedürftig geworden ist, wie man politisch wählt, welcher Kirche man angehört usw. Geprüft wird nach rein wirtschaftlichen Kriterien der Kreditwürdigkeit. Zu beobachten ist dann allenfalls die Tendenz zur Kreditgabe an die Reichen, zur Verstärkung wirtschaftlicher Ungleichheit und eine Tendenz zum Wegfall einer gesamtgesellschaftlichen Sanktionierung des Kredits – zum Beispiel dadurch, daß man seinen Gläubiger auch in anderen Rollen trifft. Auch hier stellt sich die Frage, wie sich die Gesellschaft eine solche Delegation von gesamtgesellschaftlich relevanten Funktionen auf Teilsysteme leisten kann. Wie können die damit zwangsläufig erhöhten Risiken und Anpassungsnotwendigkeiten getragen werden? Auch hier kommt es also wiederum zum Auslaufen der Gesellschaftstheorie in Fragestellungen, die in spezielleren Soziologien zu untersuchen wären.

3.7.6. Zusammenfassung

Abschließend möchte ich auf den Sinn dieser Analysen zurückkommen, die infolge des detaillierten Eingehens auf die gesellschaftlichen Teilsysteme unübersichtlich zu werden drohen. Ein entscheidender Vorteil der Gesellschaftstheorie scheint mir zu sein, daß sie eine Ebene bietet, auf der diese Einzelprobleme in ihrem Zusammenhang und in ihrer genauen strukturellen Analogie sichtbar gemacht werden können. Auf eine letzte Abstraktion gebracht, ist das, was mit der Wahrheit und dem Recht, mit der Liebe und dem Kredit und mit der politischen Macht geschehen ist, dasselbe: der Ausdruck eines einheitlichen gesellschaftsstrukturellen Wandels und nur von dort her in seinem Zusammenhang zu verstehen. Eine Gefahr der Teilsystemsoziologien, also der speziellen Soziologien für Wissenschaft, Recht, Familie, Wirtschaft und Politik, die diesen Zusammenhang nicht sehen, liegt im Verlust der großen Themen der Tradition des Nachdenkens über Gesellschaft.

Ich hoffe, daß es mir gelungen ist, zu zeigen, daß man mit gewissen zentralen Fragestellungen der Gesellschaftstheorie und mit einer funktionalen Analyse, die auch sehr heterogene Phänomene vergleichbar werden läßt, ein gutes Stück weiterkommt. Was aber wissen wir nach diesen Analysen über die Gesellschaft selbst? Ich möchte zwei Folgerungen nennen: Zum einen sehen wir besser, weshalb eine Integration durch gemeinsame Außengrenzen Schwierigkeiten bereitet. Die Abwälzung von Gesellschaftsfunktionen auf Teilsysteme bedeutet zugleich, daß für diese Funktionen nun je verschiedene Sinngrenzen in Anspruch genommen werden, etwa Wahrheit und Liebe. Zum anderen wissen wir noch nicht, weshalb eigentlich eine solche Delegation von Gesellschaftsleistungen auf Teilsysteme rational ist und in welchem Sinne von Rationalität gesprochen werden kann. Darauf, scheint mir, kann eine Theorie der Systemdifferenzierung der Gesellschaft antworten.

4. Differenzierung der Gesellschaft

4.1. Was ist eigentlich Differenzierung?

Grundsätzlich ist dieses Thema in der allgemeinen Systemtheorie zu behandeln.[46] Wenn hier im folgenden von »Differenzierung« gesprochen wird, dann ist nur von Systemdifferenzierung die Rede – nicht von der Differenzierung eines Vokabulars, des Geschmacks, der Empfindlichkeit für sensuelle Unterschiede, vielmehr geht es allein um *System*differenzierung. Was ist damit gemeint? Es handelt sich um einen ganz einfachen Gedanken: Systemdifferenzierung heißt Wiederholung der Systembildung im Inneren von Systemen. Damit ist auch eine Wiederholung der Vorteile der Systembildung im Inneren von Systemen möglich. Diese Vorteile ergeben sich aus der Funktion der Systembildung: Sie liegen in der Erfassung und Reduktion von Komplexität. Systemdifferenzierung ermöglicht Wiederholung dieser Vorteile im Inneren von Systemen – sie werden nicht einmal, sondern mehrfach ineinander geschachtelt erreicht.

Ein Globalsystem – als letztes die uns interessierende Gesellschaft – sichert gewisse letzte Reduktionen und ist damit für seine Teilsysteme eine schon domestizierte Umwelt, in der nicht mehr alles – und das heißt soviel wie nichts – möglich ist. Entscheidend ist nun, daß wir diese Beziehung von Teilsystem und systeminterner Umwelt kompliziert genug begreifen. Es handelt sich nicht nur um vorgegebene Vereinfachungsleistungen, nicht nur um die *Reduktion*, sondern auch um den *Aufbau* von Komplexität. Es werden den Teilsystemen – zum Beispiel den Haushalten – nicht nur Umweltmöglichkeiten genommen, sondern auch geboten, nicht nur bedrohliche Möglichkeiten ausgeschlossen, sondern auch profitable Möglichkeiten zur Verfügung gestellt. Daher wird das zentrale Problem wichtig, wie man mit einer durch innerweltliche Systemdifferenzierung hochkomplex gewordenen Welt umgehen kann.

46 Vgl. dazu oben, Vorlesung II, Teil 9.

4.2. Von segmentärer zu funktionaler Differenzierung

Es gehört zu den von Durkheim klassisch formulierten Thesen der Gesellschaftstheorie, daß die Gesellschaft im Laufe der Evolution ihr Differenzierungsprinzip ändert: Es gibt einen Übergang von segmentärer zu funktionaler Differenzierung. Dies ist weithin akzeptiert und im großen und ganzen empirisch belegbar. Man kann das mit Hilfe des Gleich/Ungleich-Schemas erläutern: Segmentäre Differenzierung meint die Teilung eines Systems in gleiche Untereinheiten, funktionale Differenzierung meint die Unterteilung in verschiedenartige Teilsysteme.

Eine Neuinterpretation dieser Annahme ist mit zusätzlichen Einsichten aufgrund unserer Analysen möglich: *Segmentäre Gesellschaften* setzen die Gleichheit ihrer Teilsysteme voraus, sie wiederholen nur das Gleiche und haben infolgedessen geringe Komplexität. Im Prinzip haben alle Systeme in dieser Gesellschaft gleiche Möglichkeiten des Erlebens und Handelns. Die Vorteile der Zusammenfassung zu größeren Einheiten liegen vor allem im Größengewinn, zum Beispiel in der Technik der Konfliktlösung durch Unbeteiligte, aber zur Gesellschaft gehörige Dritte, oder in besseren Möglichkeiten des Bedarfsausgleichs. *Funktionale Differenzierung* ermöglicht im Prinzip höhere Komplexität, dadurch nämlich, daß sie den einzelnen Teilsystemen abstraktere, rücksichtslosere Eigenperspektiven und trotzdem eine geordnete Umwelt zur Verfügung stellt. Dies wurde im 19. Jahrhundert und bei Durkheim unzureichend wiedergegeben durch Vorteile der *Arbeitsteilung*. Mit Arbeitsteilung ist aber nur der raschere und gelerntere Vollzug und die bessere Einübung einzelner Aktivitäten gemeint – illustriert an der Fabrikorganisation. Auf der Gesellschaftsebene aber liegt der Erfolg der funktionalen Differenzierung begründet in der Beherrschung höherer Komplexitäten. Das habe ich gezeigt an der Umstrukturierung von Recht, Wahrheit, Liebe, Kredit und Macht. Dadurch wird die Gesellschaft mit einem unausgeglichenen Potential von Möglichkeiten versorgt. Es kommt zu einer Überproduktion und zu Selektionszwängen, die zunehmend bewußter organisiert werden müssen.

4.3. Einige Bedingungen und Folgeprobleme funktionaler Differenzierung

Indirekt transformiert die funktionale Differenzierung die gesamte Gesellschaft, sie ändert wohl die gesamten Lebensumstände. Einige besonders naheliegende Veränderungen sollen hervorgehoben werden: (a) die Mobilisierung der Kontakte, (b) die Verstärkung der Selektionsleistungen von Prozessen, (c) die Umstrukturierung der sozialen Kontrolle und (d) die Steigerung des Bedarfs für strukturelle Variation.

(a) Wenn ich von *Mobilisierung der Kontakte* spreche, so verstehe ich Mobilität in einem weiteren Sinne als in der vertikalen beziehungsweise regionalen Mobilitätsforschung. Gemeint ist einfach, daß vom Standpunkt des Einzelnen aus Interaktion mit mehr und verschiedenartigeren Menschen in rascherem Wechsel erforderlich wird – und dies gilt in den oberen Rängen der Gesellschaft zunehmend. Vom System her gesehen entstehen daraus Verteilungsprobleme. Der spezielle Interaktionspartner muß zur Stelle sein, wenn man ihn braucht. Das erfordert mehreres: (1) eine Zunahme von Normierungen, (2) ein rasches Erkennen von Chancen und Relevanzen, Eignungen und Intentionen (ein Beispiel dafür ist das System fester Preise), eine gewisse Urbanität des Sichzurechtfindens, (3) die Abstraktion von Vertrauen, insbesondere Unbekannten gegenüber und (4) Beschleunigungen – nicht nur des Verkehrs, sondern zum Beispiel auch der Genesungszeiten, des Arbeitstempos an Kontaktstellen, der Entscheidungsprozesse. Wichtige Rückwirkungen auf das Zeiterleben bestehen darin, daß Zeit knapp wird. Die Institutionalisierung von Freiheit und Gleichheit kann auch, ja muß vielleicht primär unter diesem Gesichtspunkt der Vereinfachung der Informationsverarbeitung bei mobilen Kontakten gesehen werden.

(b) Je komplexer die Gesellschaft wird, desto mehr Möglichkeiten des Erlebens und Handelns sind gegeben, das heißt, es kommt zu einer *Verstärkung der Selektionsleistung von Prozessen*. Das bedeutet eine automatische Steigerung der Selektivität aller bestimmten Zustände. Die gefundenen Doppellösungen bestehen (1) in der Verstärkung der Indifferenz gegenüber den gesellschaftlich allgemein üblichen Erwartungen – etwa in religiösen Gruppen und Dogmatiken – und (2) in einer Rationalisierung im Sinne der Steigerung bewußter und kontrollierbarer Selektionsleistungen. Ein wesentliches Moment der Rationalisierung ist die Anwendung von Prozessen zunächst auf sich selbst und dann erst auf ihr Ziel, das heißt, es geht um die *Reflexivität von Prozessen.*[47] Der Grundgedanke lautet, daß der gleiche Prozeß mehrfach zum Zuge kommt und dadurch eine Vorsortierung von Möglichkeiten geleistet werden kann. Man kann eine ganze Reihe von Beispielen nennen: (1) Als klassisches Thema das Denken des Denkens – das bestimmt noch heute den Sprachgebrauch von »Reflexion«, ist aber nur ein Fall unter anderen. (2) Das Sprechen über Sprache, insbesondere in der Definition von Begriffen – das setzt ein Abgehen von der Vorstellung einer Natursprache voraus. (3) Der Eintausch von Tauschmöglichkeiten – Geld – und dann sogar Finanzierungsformen mit mehrfacher Reflexivität: Man kauft Geld. (4) Die Anwendung von Macht auf Macht – die Übermächtigung von Machthabern durch die Demokratisierung der Politik. (5) Entscheidungen über Entscheidungen in der Bürokratie – oder neuerdings im Hochschulbereich: Besprechung von Besprechungen oder Forschen über Forschung. (6) Die Bewertung von Werten – das ist ein Kernproblem der Ideologie. (7) Die Normierung von Normierungen – das ist der Fall der Positivität des Rechts. (8) Das Lieben der Liebe – im Unterschied zu bloßer Besinnung auf Liebe in den Diskussionen der frühneuzeitlichen Theologen und Moralisten. Das Lieben der Liebe findet sich erstmals bei Jean Paul und in der Romantik. (9) Aber auch in Kleinsystemen sind interessante Beobachtungen möglich, zum Beispiel Gerüchte über Gerüchte in der Sozialforschungsstelle.[48]

47 Vgl. dazu Niklas Luhmann, »Reflexive Mechanismen«, in: *Soziale Welt* 17 (1966), S. 1-23.

48 Anm. d. Hg.: Luhmann bezieht sich hier auf die Sozialforschungsstelle Dortmund unter der Leitung Helmut Schelskys, die der Universität Münster zugeordnet war und die einen Großteil des Lehrpersonals in Münster stellte (siehe auch im Anhang die »Editorische Notiz«, unten, S. 609 f.). Schelsky war zugleich seit 1965 Beauftragter der Landesregierung NRW für die Neugründung einer Universität in Ostwestfalen, die ab 1968 in Bielefeld realisiert wurde. Schon seit Mitte der 1960er Jahre betrieb Schelsky neben seiner institutionellen Gründungstätigkeit eine gezielte Rekrutierung von Forschungs- und Lehrpersonal an der SFS Dortmund mit Blick auf eine spätere kollektive Umsetzung an die neu zu gründende Universität. Ein kleinerer Teil des Lehrkörpers entzog sich dann allerdings diesem Plan und wechselte nicht zum Wintersemester 1969/70 von Münster nach Bielefeld. Eventuell spielt Luhmann hier auf diesen Sachverhalt an.

Es ist interessant, daß diese Form der Selektivitätsverstärkung kompatibel ist mit funktionaler Differenzierung, da der Prozeß ja in einer Art der funktional spezifischen Kommunikation bleibt.

(c) Mit der funktionalen Differenzierung der Gesellschaft kommt es auch zu einer *Umstrukturierung der sozialen Kontrolle*. Bei funktional diffusen Beziehungen in kleinen segmentären Systemen kontrolliert der einzelne sich weitgehend selbst, und zwar durch Seitenblick auf seine eigenen anderen Rollen. Man steht zu einem Partner in mehrfachen Interaktionsbeziehungen und muß eine Übertragung von Störungen und Ärgernissen befürchten: Man ist mit seinem Schuldner zusammen im Gemeinderat, trifft den angehenden Freund der Tochter bei der Feuerwehrübung, muß bei der Frau des Lehrers auf dem Weihnachtsbasar kaufen, um die Zensuren der Kinder zu retten. Daraus ergibt sich eine unbestimmte Moral des situationsweisen Wohlverhaltens, der Vermeidung von Kraftproben, die im übrigen voraussetzt, daß man Erwartungen realistisch abschätzen kann. Funktionale Differenzierung zersetzt diese Form der Kontrolle und muß daher für Ersatz sorgen. Im wesentlichen tritt an deren Stelle die Kontrolle durch den gegenüberstehenden anderen in seiner dem eigenen Handeln korrespondierenden Rolle, das heißt, daß die Kontrolle sich auf jeweils einen funktionalen Kontext spezialisieren läßt. Das Kalkulieren mit anderen Rollen wird damit nicht ausgemerzt – der Universitätspräsident wird aus führenden Kreisen der Wirtschaft geholt, der Minister aus der Gewerkschaftsbewegung –, aber das ist jetzt nicht mehr von struktureller, sondern von taktischer Bedeutung: Beziehungen werden erst in der Person und durch sie hergestellt. Mit dieser Umstellung steigt die Kommunikationslast und mit ihr zugleich das Interesse an der Ausdifferenzierung von Kontrollbeziehungen aus dem Interaktionskontext. Auch die Kontrolle wird also noch funktional verselbständigt.

(d) Schließlich kann man eine *Steigerung des Bedarfs für strukturelle Variation* beobachten. Wenn man vom einzelnen und seiner Situation ausgeht, ist der Strukturbedarf auch in funktional differenzierten Gesellschaften unverändert hoch. Man kann nur wenige Variablen gleichzeitig variieren, nur wenige Probleme gleichzeitig anpacken. Andererseits steigt der Bedarf an Strukturänderung, weil sich in den Teilsystemen der Gesellschaft manche Anpassungsnotwendigkeiten nur auf diese Weise realisieren lassen. Zusammengenommen heißt dies, daß man zunehmend mit Strukturen leben muß, die an sich änderbar sind, und zugleich mit Strukturen, die von den Funktionen der Teilsysteme aus gesehen eine Untererfüllung der Wünsche bedeuten. Die Strukturen erscheinen dann nicht nur als gesetzt, sondern als geradezu willkürlich und unsachgemäß gesetzt, also kontingent. Dies ist nicht zu vermeiden, kann aber in einen Anreiz zur Rationalisierung umgewandelt werden. Wie ist eine *Erleichterung von Strukturänderungen* möglich, eine Entstabilisierung von Systemen? Ich kann hier nicht viel mehr tun, als die Fragestellung ausarbeiten, da die Lösungen für alle Funktionsbereiche und Teilsysteme sehr verschieden aussehen werden.

Man kann die Fähigkeit zur Strukturänderung an der *Änderungsschwelle* ablesen, das heißt an der Frage nach der Größe der Kräfte, die imstande sind, Strukturänderungen zu bewirken. »System« heißt: kleine Ursachen erhalten große Wirkungen. Ein Herabsetzen der Änderungsschwelle bedeutet, daß es nicht erst zu schweren Krisen kommen muß, bevor ein System sich ändert – zum Beispiel der Konkurs eines Familienbetriebs –, sondern daß leichte Krisen oder gar Anzeichen möglicher Krisen genügen, damit es zu Änderungen kommt. Man kann das auch so ausdrücken, daß Krisen leichter Art zum Dauerzustand werden und das System so beweglich bleibt. Denken kann man hier zum Beispiel an die Wahrheit wissenschaftlicher Theorien, die ständig in Frage gestellt wird, an den Bestand von Wirtschaftsunternehmen, der kontinuierlich an der Bilanz gemessen wird, oder an das demokratische politische System und seine Sensibilität gegenüber der öffentlichen Meinung. Alle genannten Beispiele haben etwas von dieser chronischen Krisenhaftigkeit.

Ein zweiter Punkt, den man nennen kann, ist, daß mit der skizzierten Entstabilisierung des Systems die Entwicklung von *Filterprozessen* einhergehen muß, die die Kritik und Neuentwicklung von Strukturen leisten. Das Prinzip der Reflexivität hatte ich schon erläutert: Die Änderung bestehender Strukturen erfolgt in einem kontrollierten Prozeß, der auf sich selbst angewendet wird. Solche Filterprozesse setzen ihrerseits Strukturen voraus, mit denen sie die Wirklichkeit auf Änderungsmöglichkeiten und auf Verbesserungsmöglichkeiten hin abtasten. Was sind das für Strukturen, und wie kommt man zu ihnen? Auch hier ist mit sehr heterogenen Bereichsproblemen zu rechnen, gewissermaßen mit der Ausnutzung begrifflichen Abstraktionsvermögens in der Realität selbst. Wie kommt zum Beispiel die Rechtsordnung zu Konzepten für eine lernfähige Rechtspolitik? Wie kommt die intim gebundene Kleinfamilie zu einer anpassungsfähigen Struktur wechselseitigen Erwartens? Wie kommt der Wirtschaftsbetrieb zu einem System der Informationsverarbeitung, das ihm Krisen rechtzeitig vorher anzeigt, so daß Umstellungen möglich sind?

Das Problem liegt darin, daß man im Grunde eine doppelte Orientierungsgrundlage braucht: eine für das Arbeiten in und mit den vorhandenen Strukturen und eine weitere für deren Kontrolle und Änderung. In dieser zweiten Richtung sehe ich nun die wesentliche Aufgabe der Soziologie – beziehungsweise eine soziologische Dimension anderer Fachwissenschaften und im täglichen Leben. Man kann das mit dem hier in Frankfurt geläufigen Terminus »Kritik« bezeichnen. Man kann aber auch von »soziologischer Aufklärung« sprechen, wie ich es tue.[49] Man kann die Verfremdungstechnik der Soziologen, das Verwenden inkongruenter Perspektiven, das Aufdecken latenter Funktionen und Strukturen betonen. All das ist sekundär gegenüber der einen entscheidenden Frage, die gerade heute in den aufgeregten, auf sofortige Aktion hindrängenden Diskussionen immer wieder verdrängt wird: Wie können wir als Soziologen gewährleisten, daß die Änderung von Strukturen eine Verbesserung wird? Änderung ist nicht als solche gut, Reform ist nicht schon als solche sinnvoll, Kritik ist als Kritik kein sinnvolles Ziel. Es könnte ja auch schlechte Kritik sein.

Wenn das nicht gesehen wird, kommt es zu ganz vordergründigen, seltsam unsoziologischen Radikalisierungen, die dann mit handfesten Ersatzzielen kombiniert werden: mehr Stimmen, mehr Geld, mehr Diskussion, mehr Kommissionen, mehr Tagungen, mehr Reisen. Mir stellt sich angesichts solcher Forderungen immer wieder die Frage, wie wir solche Neuerungen in ein wirkliches soziales System bringen können. Der Systemgedanke ist dabei weder konservativ noch revolutionär, er ist weder gegen noch für Änderungen. Aber er zielt auf eine vollständige Erfassung der wirklichen sozialen Zusammenhänge. Ebendeshalb führt er letztlich auf die Gesellschaftstheorie zurück, denn nur die kann den Standpunkt geben, von dem aus die abstrakten Übertreibungen der einzelnen

49 Vgl. dazu oben, Vorlesung I, sowie Niklas Luhmann, »Soziologische Aufklärung«, in: *Soziale Welt* 18 (1967), S. 97-123.

Funktionsbereiche als Abstraktionen durchschaut, verglichen und korrigiert werden können. Eine solche Theorie fehlt der Soziologie bislang, und vielleicht ist das einer der wichtigsten Gründe für manche der gegenwärtigen Erscheinungen. Eine solche Theorie erfordert langwierige theoretische Arbeit. Was ich versucht habe Ihnen vorzutragen, ist nicht das fertige Produkt, sondern das Programm für eine solche Arbeit.

Ich hoffe, daß ich an der Universität in Bielefeld die Möglichkeit haben werde, um dieses Konzept herum einen Zyklus von Vorlesungen aufzubauen und die jeweils kritischen Stellen daraus in Übungen und Seminaren eingehender durchzuarbeiten.[50] Zugleich möchte ich versuchen, möglichst viele Teilprodukte dieses Überlegungszusammenhanges zu publizieren. Auch Publikationen können unter solchen Umständen nicht kritikfest gemachte Dokumente reiner Wahrheit sein. Der Druck ist für mich weder ein Mittel der Heiligung von Gedanken noch ein Nachweis von Leistungen, sondern ein Diskussionsangebot. Bei Diskussion darf man nicht nur an das mündliche Gespräch denken mit all seinen nur selten glückenden Erfolgsbedingungen. Diskussion kommt auch nicht dadurch zustande, daß man über sie diskutiert oder sie organisiert oder sie gar als Pflicht sanktioniert. Entscheidend ist vielmehr, daß man sich für eine Diskussion profiliert, daß man eine einigermaßen konsistente, durchdachte und kontaktfähige Position einnimmt, die die Partner präsent haben können als einen Gedanken, der möglicherweise auch der ihre sein könnte. Ich darf schließen mit der Hoffnung, daß es mir möglich sein wird, in diesem Sinne auch von Bielefeld aus permanenter Gesprächspartner der Frankfurter Soziologen zu sein.

50 Anm. d. Hg.: Der Ruf Luhmanns auf einen Lehrstuhl für Soziologie an die Universität Bielefeld war zum 1. Oktober 1968 erfolgt, der Lehrbetrieb in Bielefeld begann aber erst im Wintersemester 1969/70.

IV.
Organisationssoziologie

Vorlesung Wintersemester 1967/68
Westfälische Wilhelms-Universität Münster

1. Einführung

1.1. Gegenstandsbereich

»Organisationssoziologie« ist eine sehr neue Fachbezeichnung. Erst seit etwa der Mitte der 1950er Jahre gibt es Tendenzen zur Konsolidierung einer Forschungsrichtung, die beansprucht, für alle Organisationen und für jede Art von Organisation Erkenntnisse zu vermitteln. Gegenstand sind also wirtschaftliche Organisationen, Betriebe, Gewerkschaften, politische Organisationen wie Parteien, Verwaltungen jeder Art, Gerichte, Freizeitvereine. Damit sind Überschneidungen mit anderen Teilsoziologien unvermeidbar. In dieser Vorlesung wird aber nicht das Spezifische, sondern das *Allgemeine*, das Durchgängige behandelt, obwohl Typologien zur Ordnung von Tatbeständen durchaus ihre Berechtigung haben. Wenn man aber bei induktiv gebildeten Typen stehenbleibt, ist nicht viel gewonnen, die Typologie muß vielmehr theoretisch hergeleitet werden.

1.2. Allgemeine oder spezielle Soziologie?

Die Unterscheidung von allgemeiner und spezieller Soziologie ist eine künstliche, gleichsam examenstechnische Unterscheidung. Das zeigt sich auch, wenn man sie auf unseren Gegenstand, die Organisation, anzuwenden versucht: Für allgemeine Soziologie spricht dieser abstrakte, durchgehende Charakter der Organisation. Für spezielle Soziologie spricht, daß keineswegs alle sozialen Systeme organisiert werden können, wie man leicht erkennen kann: die Familie, die Gesellschaft als Ganzes oder Kleinsysteme wie eine Party sind keine Organisationen.

Die Unsicherheit in der Zuordnung hat aber auch Vorteile. Die Organisationssoziologie eignet sich als ein Bindeglied zwischen allgemeiner Theorie und einem speziellen Bezug auf konkrete Systeme beziehungsweise Phänomene. In Richtung auf allgemeine Soziologie ist sie wichtig geworden für die Systemtheorie und für die Gesellschaftskritik. In Richtung auf spezielle Soziologie bildet sie die Grundlage von Vergleichen. Für Examenszwecke sollten Sie sich an der Literaturliste orientieren.[1] Die für die Unterscheidung von allgemeiner und spezieller Soziologie relevante Literatur ist im Abschnitt »Soziale Gruppen und Systeme« aufgeführt.

1.3. Literatur

Literatur zur Organisation gibt es in einer Überfülle, sie ist von einem einzelnen nicht mehr zu überblicken. Besonders in den letzten drei Jahren sind eine Vielzahl von Publikationen erschienen. Einige Beispiele möchte ich hier nennen: Auf der Literaturliste für das Studium finden Sie das Buch *Soziologie der Organisation* von Renate Mayntz, das ist eine gut lesbare, vielseitige Einführungslektüre. Als Alternative, etwas aktueller, aber etwas weniger gut ausgewogen ist *Soziologie der Organisationen* von Amitai Etzioni. Bei meinem Buch *Funktionen und Folgen formaler Organisation* handelt sich um eine Monographie, aber keine Gesamtdarstellung der Organisationssoziologie. Das Buch ist teuer. Seine Grundgedanken sind mit denen dieser Vorlesung identisch, die Vorlesung ist aber breiter angelegt.[2]

An sonstiger Literatur sind folgende Publikationen erwähnenswert: Das Buch *The Social Psychology of Organizations* von Daniel Katz und Robert Kahn. Trotz des Titels handelt es sich um Soziologie, basierend auf einer allgemeinen Systemtheorie mit biologischer Herkunft (von Ludwig von Bertalanffy), sie arbeitet mit dem Energiebegriff. Als Alternative ist das sehr zu empfehlen. *Organizations* von James G. March und Herbert A. Simon ist als Lehrbuch konzipiert, die Autoren sind auch keine Soziologen. Peter Blaus und W. Richard Scotts *Formal Organizations* ist eine glänzend ausgewogene Darstellung mit einer Einarbeitung eigener Forschung und einem offenen theoretischen Konzept.[3] Einen kurzen Überblick

1 Anm. d. Hg.: Luhmann bezieht sich hier auf eine veranstaltungsunabhängige Literaturliste für das Soziologiestudium an der Universität Münster. Für diesen Hinweis danken wir Hartmann Tyrell.

2 Vgl. Renate Mayntz, *Soziologie der Organisation*, Reinbek b. Hamburg 1963; Amitai Etzioni, *Soziologie der Organisationen*, München 1967; Niklas Luhmann, *Funktionen und Folgen formaler Organisation*, Berlin 1964.

3 Vgl. Daniel Katz, Robert L. Kahn, *The Social Psychology of Organizations*, New York 1966; James G. March, Herbert A. Simon, *Organizations*, New York 1958;

über den Stand des Faches bietet der Handbuchartikel »Theory of Organizations« von W. Richard Scott. Unter den Handbüchern ist zu empfehlen das von James March herausgegebene *Handbook of Organizations*.[4]

Als organisationswissenschaftliche Zeitschriften möchte ich das seit 1956/57 erscheinende US-amerikanische Journal *Administrative Science Quarterly* nennen und *Die Verwaltung. Zeitschrift für Verwaltungsrecht und Verwaltungswissenschaften*, die in Kürze hierzulande zum ersten Mal erscheinen wird.[5]

Peter M. Blau, W. Richard Scott, *Formal Organizations. A Comparative Approach*, San Francisco 1962.

4 W. Richard Scott, »Theory of Organizations«, in: Robert E. L. Faris (Hg.), *Handbook of Modern Sociology*, Chicago 1964, S. 485-529; James G. March (Hg.), *Handbook of Organizations*, Chicago 1965.

5 Anm. d. Hg.: In der zunächst von dem Staats- und Verwaltungsrechtler Ernst Forsthoff herausgegebenen Zeitschrift erscheint im ersten Jahrgang als erster Beitrag Luhmanns Text »Die Knappheit der Zeit und die Vordringlichkeit des Befristeten« (*Die Verwaltung* 1 [1968], S. 3-30).

2. Geschichte des Fachs

2.1. System – Organismus – Organisation

Eine einigermaßen konturierte Organisationswissenschaft entsteht erst im 20. Jahrhundert. Hier in Münster gibt es in diesem Zusammenhang Anlaß, an Johann Plenge zu erinnern, der von 1923 bis 1934 das Forschungsinstitut für Organisationslehre und allgemeine und vergleichende Soziologie geleitet hat. Ein gerade neu erschienener Sammelband von Bernhard Schäfers dokumentiert das Werk Plenges.[6] Die Kategorie der Organisation hatte bei Plenge eine zentrale Stellung in einem sehr breit ansetzenden philosophisch-politischen Wollen: Er propagierte einen »organisatorischen Sozialismus«, der die zunehmende Bedeutung der Organisation in einer komplexer werdenden, von der Wirtschaft geprägten Gesellschaft betonte, die eine entsprechende Ausbildung organisationaler Führungskräfte notwendig mache.[7] Das hatte aber keinen Einfluß auf die Soziologie und ist heute von nur noch historischem Interesse.

Was ist für diese ältere, *vorsoziologische Organisationslehre* bezeichnend? Auffällig ist, daß es keine klare Trennung zwischen System, Organismus und Organisation gibt. Alle drei Begriffe werden als Beziehungsgefüge gesehen, durch die sich Teile zu einem Ganzen verbinden. Es handelt sich um einen verbreiteten Sprachgebrauch, wenn man in die Zeit vor dem 20. Jahrhundert zurückfragt. Diese Konfusion der Begriffe ermöglicht undurchdachte Analogien. Die moderne Systemtheorie wird dagegen durchdachte Vergleiche verschiedenartiger Systeme ermöglichen: Maschinen, Organismen, psychische Systeme, soziale Systeme – darunter eben auch organisierte. Es gibt also schlechte und gute Abstraktionen, und das Fehlen eines theoretischen Konzepts ist ein Mangel.

6 Johann Plenge, *Soziologie und Sozialismus – Organisation und Propaganda. Abhandlungen zum Lebenswerk von Johann Plenge*, hg. von Bernhard Schäfers, Stuttgart 1967.

7 Vgl. Johann Plenge, *Drei Vorlesungen über die allgemeine Organisationslehre*, Essen 1919.

2.2. Klassische Organisationslehre und betriebswirtschaftliche Weiterentwicklungen

»Klassisch« nennt man sich nicht selbst, die Bezeichnung stammt vielmehr von den Nachfolgern. Klassisch heißt etwas deshalb, weil eine Geschlossenheit und Einfachheit des Gedankens vorliegt, die nicht wiederholt werden konnte und die überhaupt erst im Rückblick so sichtbar wird. Die so verstandene klassische Organisationslehre ist die betriebswirtschaftliche Organisationslehre, die relativ einfache Konzepte vertreten hat. Als wesentliche Autoren sind hier zu nennen: Frederick Taylor in Amerika, der die Rationalisierung von Arbeitsprozessen und die Problematik der Arbeitsteilung untersucht hat; Henri Fayol in Frankreich, dessen Anliegen die Prinzipien »guter Organisation« waren; Fritz Nordsieck, Karl Wilhelm Hennig und andere sind als Vertreter der deutschen betriebswirtschaftlichen Organisationslehre erwähnenswert. Eine rückblickende Gesamtcharakterisierung der klassischen Organisationslehre findet sich in dem eingangs von mir schon erwähnten Buch *Organizations* von James March und Herbert Simon im zweiten Kapitel.[8]

Die klassische Organisationslehre ist trotz ihrer Defizite wichtig, damit die Soziologie der Organisation ins Relief tritt und nicht als eine Selbstverständlichkeit erscheint. Zur Kennzeichnung der *Charakteristika* (und zugleich der Mängel) *der klassischen Organisationslehre* lassen sich folgende Punkte aufführen: (1) Es gibt eine Beschränkung auf *Wirtschaftsbetriebe* und damit verbunden auf Aspekte der Rationalisierung und der Effizienz. (2) Die Wichtigkeit der *Entscheidungen* für die Organisation wird nicht voll gesehen. Die Ungewißheit und die Schwierigkeit des Entscheidens sind im wesentlichen schon vorher ausgefiltert durch die Annahme eines perfekt konkurrierenden Marktes (so in der »theory of the firm«) oder durch das Rechnen mit hierarchischen Zielvorgaben durch den Leiter oder Eigentümer der Organisation (so in der Organisationslehre). Im Betrieb selbst bleibt lediglich die Aufgabe möglichst optimaler Realisierung der Ziele. (3) Betriebsintern kommt es deshalb nur auf *Rationalisierung nach feststehenden Kriterien* (Zweck/Mittel-Denken) an; es ist also gar keine Soziologie, sondern eine

8 March, Simon, *Organizations*, S. 12 ff. (Kap. 2, »›Classical‹ Organization Theory«).

Forschung mit normativer Ausrichtung. (4) Die Probleme der *Motivation* werden unterschätzt – was vielleicht der Realität näher kommt als die spätere Überschätzung in der Human-Relations-Bewegung (darauf komme ich gleich). Es gibt keine psychologische, sozialpsychologische oder soziologische Ausarbeitung der Motivationsfrage. Die Geldzahlung in Form des Lohnsystems wird als Hauptanreiz für das Handeln der Organisationsmitglieder angesehen. (5) Es gibt eine *Einheit von Hierarchie und Zweck/Mittel-Struktur* in Form der Befehl-Gehorsam-Relationen. Mit der Annahme eines hierarchisch strukturierten Betriebs mit einem einheitlichen Betriebszweck wird der Befehl als ein unproblematisches Kommunikationsmittel verstanden. Die Bedeutung des Informationsstromes von unten nach oben wird nicht gesehen; auch nicht bemerkt wird die Möglichkeit mehrerer akzeptabler Lösungen und auch nicht die Möglichkeit eines geringeren Anspruchsniveaus. (6) Es gibt eine Trennung von »Aufbau und Ablauf«, und das heißt dann auch: von *Organisation und Entscheidung*. Die Organisationslehren beschränken sich auf Arbeitsteilungs- und Koordinationsüberlegungen. Es gibt die Annahme einer Konfliktsfreiheit in Struktur und Prozeß, das heißt, daß Abweichungen von der Regel als Fehler angesehen werden. (7) Es gibt die Annahme, daß die *Richtigkeit des Entscheidens* unabhängig von der Organisation feststellbar ist, insbesondere nach dem Optimalitätsprinzip[9] – das setzt die vorgenannten Punkte (2) und (3) voraus. Das Abgehen vom Optimalprinzip hat dann später vor allem Herbert Simon mit seiner Gegenüberstellung von optimierendem und »satisfying behavior« betont.[10] (8) Es kommt zu einer Beseitigung der restlichen Zweifel durch *Organisationsprinzipien*, die ihr Gegenteil mit zulassen oder aber entgegenstehende Bedürfnisse ignorieren, also unklar sind. Als Beispiele für solche Organisationsprinzipien können folgende genannt werden: (a) das Prinzip, soviel wie möglich zu dezentralisieren oder zu zentralisieren, wobei beides als Prinzip genannt wird; (b) das Prinzip einer Einheit des Befehls (der Leitung) und

9 Siehe dazu Niklas Luhmann, *Zweckbegriff und Systemrationalität. Über die Funktion von Zwecken in sozialen Systemen*, Tübingen 1968, S. 71 ff.

10 Vgl. dazu Herbert A. Simon, »Theories of Decision-Making in Economics and Behavioral Science«, in: *The American Economic Review* 49 (1959), S. 253-283; siehe auch Niklas Luhmann, »Kann die Verwaltung wirtschaftlich handeln?«, in: *Verwaltungsarchiv* 51 (1960), S. 97-115.

der allgemeinen Unterstellung unter (nur) einen Vorgesetzten (so Henri Fayol), damit der Untergebene seine Vorgesetzten durch einen Direktverkehr zwischen gleichrangigen Aufgabenträgern nicht ausspielen kann; daran schließt das sogenannte Stab/Linien-Problem an in der Form des Informationsmangels der Stäbe einerseits und der Gefahr des Hineinfunkens der ratgebenden Stäbe in die Hierarchie andererseits; (c) das Prinzip, daß die Autorität der Verantwortlichkeit entsprechen soll, wobei es daneben aber auch eine Verantwortlichkeit für Untergebene gibt; (d) das Prinzip einer klaren, eindeutigen Kommunikation, daneben gibt es aber eine Hierarchie, die es verhindert, daß oben alles eindeutig festgestellt wird; (e) eine Mehrheit von Prinzipien der Arbeitsteilung, also etwa ein Nebeneinander von vertikaler und horizontaler Organisation. In der Literatur gibt es eine heftige Kritik solcher »Sprichworte«, dessenungeachtet ist deren praktische Bedeutung als Daumenregel für Zweifelsfälle anzuerkennen.

Die neueren Entwicklungen in der *Betriebswirtschaftslehre* scheinen durch die Aufhebung einiger, aber nicht aller dieser Prämissen gekennzeichnet zu sein: (1) Man spricht weniger als früher von Zwecken und Mitteln, eher von Zielfunktionen und Nebenbedingungen. (2) Die These einer getrennten Rationalisierung von Organisation und Entscheidung wird angeknabbert. Aber das bringt so viel Komplexität in die Theorie, daß kaum mehr Lösungen erkennbar werden. (3) Zum Teil wird das Optimierungskriterium durch schwächere Standards ersetzt. Das führt direkt in die Soziologie oder in die Psychologie oder in eine Art Spieltheorie (Koalitionstheorie) der Organisation, bei der angenommen wird, daß es um den Tausch von Beitragsleistungen gegen Teilnehmervorteile geht: Die Mitglieder wie die Nichtmitglieder (zum Beispiel die Kunden), die zur Organisation beitragen, werden dabei als (rationale) Teilnehmer einer Koalition dargestellt. Dieses Modell, das auf Chester Barnard zurückgeht,[11] hat seine Grenzen in der utilitaristischen Motivationsprämisse, die der Soziologe für unrealistisch halten wird.

11 Vgl. Chester I. Barnard, *The Functions of the Executive*, Cambridge 1938.

2.3. Human-Relations-Bewegung und ihre sozialpsychologische Weiterentwicklung

Die Human-Relations-Bewegung ist eine Reaktion gegen die »unmenschliche«, maschinengleiche klassische Organisationsauffassung, gegen das »Maschinenmodell« des Betriebs; sie beginnt in den USA in den 1930er Jahren. Die Bewegung ist nicht sentimental, sie hat kein sozialphilosophisches oder politisches Programm, sondern versteht sich als Kritik an dem bisherigen Konzept im Hinblick auf seinen praktischen Wert, also der Erfolgschancen, und zwar speziell unter dem Gesichtspunkt der Motivation. Es geht um die empirische Berücksichtigung des »menschlichen« Faktors, das »Menschliche« bleibt so den Produktionszielen untergeordnet. Das war *so* nur in den USA ansetzbar – was nicht bedeutet, daß die Erkenntnisse nicht auf andere Länder übertragbar wären.

Es gibt zwei ziemlich verschiedene Ausgangspunkte der Bewegung: (a) Die sogenannten *Hawthorne-Experimente* unter der Leitung von Elton Mayo in den Jahren 1927 bis 1932.[12] Der Fehlschlag eines klassischen Experimentes führt zu einer gruppenpsychologischen Deutung und zur Entdeckung des Phänomens der informellen Gruppen und deren erheblicher Relevanz für das Betriebsklima und (vermittelt über die Motivation) die Arbeitsleistung. Hier liegt der Ursprung des Begriffs der informalen Organisation, zugleich ist die Gruppe eine geradezu ideale Experimentiergröße. Aus diesem Experiment kommt es insbesondere im Rahmen der Harvard Business School zur Entwicklung einer »interaktionistischen« Organisationsauffassung, nach der informale Kleinsysteme als Grundlage für den Aufbau eines größeren, auf Interaktion beruhenden informalen Beziehungssystems dienen. Weitere Namen in diesem Zusammenhang sind George C. Homans und William Foote Whyte, Charles R. Walker, Robert H. Guest und Leonard R. Sayles. Für diese Forschung ist kennzeichnend, daß sie positivistisch und empiristisch ist, aber theoretisch schwach.[13] (b) *Kurt*

12 Vgl. Fritz J. Roethlisberger, William J. Dickson, *Management and the Worker. An Account of a Research Program Conducted by the Western Electric Company, Hawthorne Works, Chicago*, Cambridge 1939.

13 Vgl. ausführlicher Niklas Luhmann, »Spontane Ordnungsbildung«, in: Fritz Morstein Marx (Hg.), *Verwaltung. Eine einführende Darstellung*, Berlin 1965, S. 163-183 (S. 166 f.).

Lewins Kleingruppenexperimente Mitte der 1930er Jahre über einen erfolgreichen Führungsstil, bei denen unterschiedliche Formen des Führungsstils – autoritär, laissez-faire, demokratisch – als Variable zur Lösung von Gruppenführungsproblemen getestet wurden.[14] Entdeckt wurde dabei die Bedeutung der Gruppendynamik. Lewin stirbt 1949, zeitgleich kommt es zum Aufbau des Institute for Social Research (ISR) der University of Michigan, das für die weitere Forschung zentral wird. Zu Gruppendynamik gibt es einen Sammelband von Dorwin Cartwright und Alvin Zander vom ISR, der einen Überblick über diese Forschung bietet.[15] Auch hier zwingt die Kleinheit des Experimentierfeldes zum vorbehaltlosen Akzeptieren der größeren, umfassenden Strukturen, insbesondere zum Akzeptieren der letztentscheidenden Machtstrukturen (zum Vergleich, bei informeller Organisation: des Organisationszwecks).

Gegenüberstellungen der neueren Ergebnisse der Forschungen zur Gruppendynamik mit den Annahmen der klassischen Organisationslehre sind in der Literatur beliebt, ein Beispiel ist der Band »Administrative Organization« von John Pfiffner und Frank Sherwood.[16] Die traditionelle Organisationslehre geht demnach von einer Reihe von Annahmen aus: von einer starren Hierarchie, einer Organisation in Form einer Ämterhierarchie, einer Kontrolle durch Befehl, einer von oben begründeten Autorität, von Entscheidung als individuellem Akt, autoritär eingeführten Änderungen und primär finanziellen Anreizen. Die Forschung zur Gruppendynamik geht dagegen aus von den Annahmen einer dynamischen Hierarchie, dem Bestehen einer Institution (impliziert Konsens), einer Kontrolle durch Kommunikation, einer in der Gruppe entstandenen Autorität, einem kollegialen Prozeß der Entscheidung über Kommunikation, demokratisch vollzogenen Änderungen und primär sozialen Anreizen.

Als Hauptthemen der Human-Relations-Bewegung kann man

14 Vgl. Kurt Lewin, Ronald Lippitt, Ralph K. White, »Patterns of Aggressive Behavior in Experimentally Created ›Social Climates‹«, in: *The Journal of Social Psychology* 10 (1939), S. 271-299, sowie Kurt Lewin, *Principles of Topological Psychology*, New York, London 1936.

15 Dorwin Cartwright, Alvin Zander (Hg.), *Group Dynamics. Research and Theory*, Evanston 1953.

16 John M. Pfiffner, Frank P. Sherwood, *Administrative Organization*, Englewood Cliffs 1960.

die folgenden nennen: (1) Die Stabilisierung von Gruppen über *sozioemotionale Prozesse*, das sogenannte Betriebsklima. Die Forschungen über die Korrelation von Zufriedenheit und Produktivität oder Moral und Produktivität sind aber ohne eindeutige Ergebnisse geblieben, weil sie viel zu grob angesetzt sind in Form der Gegenüberstellung von einem »instrumentellen«, zweckerreichenden und dem sozioemotionalen Zusammenhang der Gruppe, wobei der Bestand und die Stabilität der Gruppe wesentlich von der sozioemotionalen Komponente abhängig gemacht wird. (2) Die Empfehlung eines *unterstützenden, nachsichtigen Führungsstils* (»supportive, permissive leadership«), der gruppenbezogen ist und nicht einzelne gegeneinander ausspielt. Auch das ist nicht mehr als ein neues »Organisationsprinzip«, wobei zudem die geringe Entlastung der Situation des Führers ein Problem sein kann. (3) Die Teilnahme an Entscheidungen und nicht der formale Befehl als eine *Technik der Einführung von Änderungen*, das läuft unter dem Begriff der »democratic leadership«. Im ganzen scheinen hier in der Praxis positive Erfahrungen zu überwiegen. (4) Tendenzen zur *Arbeitserweiterung*, dem sogenannten *job enlargement*, also einer Ausweitung der Tätigkeitsfelder, um zum Beispiel ein eintöniges Arbeiten zu verhindern. Das ist überzeugend, solange man die Kosten einer nicht mehr strikt rationalen Organisation nicht gegenrechnet.

Aus Sicht der Systemtheorie stellen sich zum Human-Relations-Ansatz einige kritische Fragen: (1) Die Organisation wird als ein System *ohne* Umwelt gesehen. Typisch ist die Identifikation von Bestandserhaltung mit sozioemotionalen Prozessen in der Gruppentheorie. (2) Die Zahl der Variablen in einer Organisation, die es für eine Beurteilung der Angemessenheit ihrer Struktur zu berücksichtigen gilt, wird unterschätzt. (3) Die Bedeutung des Motivationsfaktors wird überschätzt und erst neuestens als Variable besonderer Art erkannt: Wann und wo kommt es überhaupt auf Motivation an? Es gibt in der formalen Organisation keinen Raum für Motivationsüberschüsse, »keinen Raum für Charisma«, vielmehr kommt es zu einer Einpendelung der Leistungserwartungen auf Durchschnittsleistungen. (4) Kulturspezifisches ist ungeprüft geblieben.

2.4. Idealtypischer, strukturtheoretischer und systemtheoretischer Ansatz

In einem ganz andersartigen Ausgangspunkt der Organisationsforschung waren gewisse Mängel der *human relations* von Anbeginn vermieden: in Max Webers Soziologie der bürokratischen Herrschaft. Im Unterschied zum Human-Relations-Ansatz ist sie erstens nicht gruppentheoretisch, sondern gesellschaftstheoretisch interessiert, sie hat zweitens nicht Motivation zur Leistung, sondern Legitimation zur Herrschaft als ihr Bezugsproblem, sie ist drittens nicht empiristisch, sondern idealtypisch in der Methode, und sie hat viertens nicht den Wirtschaftsbetrieb, sondern die Verwaltung als Gegenstand.[17]

Der *Idealtypus der Bürokratie* abstrahiert gewisse Züge eines Handlungssystems, die Bedingungen hoher Rationalität zu sein scheinen.[18] Die wesentlichen Momente sind (1) die Grundlegung durch rational-legal legitimierte Herrschaft (Legitimität der Entscheidungen), (2) die hierarchische Organisation mit Vorgesetztenernennung von außen beziehungsweise oben, (3) eine funktionale Arbeitsteilung in der Form von Ressorts und Kompetenzen, (4) die Unpersönlichkeit der Amtsführung durch eine Orientierung an generellen, erlernbaren Entscheidungsregeln, das heißt, daß ein rollenspezifisches Entscheiden und damit eine Rollentrennung vorausgesetzt wird, (5) eine Trennung von Arbeitsplatz und Familie sowie von Arbeitsmittel und Eigentum des Beamten, (6) eine lebenslange Anstellung und berufsmäßige Spezialisierung, (7) ein Geldgehalt mit einer Altersversorgung, (8) ein hohes gesellschaftliches Prestige und (9) eine Karriereorientierung und motivierende Karrierechancen.

Die Rezeption Webers in den 1940er Jahren in den Vereinigten Staaten hat sehr umfangreiche Versuche zu einer empirischen Überprüfung ausgelöst, zum Beispiel durch Stanley Udy und Wil-

17 Vgl. Max Weber, *Wirtschaft und Gesellschaft. Grundriß der verstehenden Soziologie*, hg. von Johannes Winckelmann, Tübingen [4]1956, 2. Hbd., Kap. IX. »Soziologie der Herrschaft«, S. 541 ff.; dazu auch Niklas Luhmann, »Zweck – Herrschaft – System. Grundbegriffe und Prämissen Max Webers«, in: *Der Staat* 3 (1964), S. 129-158.

18 Vgl. zum Weberschen Bürokratiemodell auch die Ausführungen unten, Vorlesung VI, Abschnitt 3.1.2.

liam Delany,[19] ist aber teils sehr einseitig erfolgt. Das liegt zum einen daran, daß sie durch eine Verkennung des methodologischen Sinnes des Idealtyps gekennzeichnet ist – das ist kein Wunder, da Weber den Zusammenhang nicht wirklich theoretisch begründet –, und zum anderen an einer insgesamt unvollständigen Rezeption, so daß das Bürokratiemodell an Tatbeständen geprüft wird, die Weber nie so eingeordnet hätte. Es ist deshalb eine systemtheoretische Nachkonstruktion des Weberschen Modells notwendig, die zwei Aspekte betrifft: einerseits die Ausdifferenzierung der Bürokratie in Form einer Rollentrennung aus der Gesellschaft und andererseits die funktionale Spezifikation der Verwaltung auf programmiertes Entscheiden.[20]

In den Vereinigten Staaten bahnt sich heute eine Verschmelzung dieser verschiedenen Gedankenströme an, insbesondere in der Bürokratiesoziologie mit den in der Kritik der Human Relations gewonnenen Einsichten, zum Beispiel beim Strukturmodell der Organisation durch den am Beginn der Vorlesung erwähnten Amitai Etzioni. Die formale Organisation tritt als Struktur wieder stärker in den Vordergrund, wenngleich nicht exklusiv, sondern eher als konstantes Orientierungszentrum, das auch durch seine Umgehung beachtet werden kann. Theoretisch bleibt der Strukturbegriff aber unklar, entweder versteht man darunter Erwartungen, insbesondere Rollenerwartungen, oder Verhaltensregelmäßigkeiten und statistische Häufungen, so zum Beispiel bei Peter Blau. Es gibt Ansätze zu einer statistischen Organisationstheorie, die Variablenmodelle aufstellt, darin Korrelationen sucht und solche Konstellationen von limitierten Variationsmöglichkeiten als »Systeme« ansieht. Es fehlt dieser Forschung nicht an Paarungshypothesen, aber es fehlt an einer leitenden theoretischen Konzeption. Beispiele dafür finden sich in der Zeitschrift *Administrative Science Quarterly*. Die Frage ist, ob diese Konzeption für Systeme mit hoher Komplexität geeignet ist.

19 Vgl. Stanley Udy, Jr., »›Bureaucratic‹ Elements in Organizations. Some Research Findings«, in: *American Sociological Review* 23 (1958), S. 415-418, sowie William Delany, »The Development and Decline of Patrimonial and Bureaucratic Administrations«, in: *Administrative Science Quarterly* 7 (1963), S. 458-501.

20 Vgl. dazu unten, Vorlesung VI, Abschnitt 3.1.3.

3. Organisation als Systemstruktur

Am Anfang systematischer Überlegungen müssen wir die Frage stellen, was Organisationen von anderen Sozialsystemen unterscheidet. Es geht also um die Frage nach dem Kriterium von Organisation. Früher hätte man nach dem *Wesen* gefragt, heute fragt man nach der *Struktur*. Struktur ist (in einem funktionalen Verständnis) das, was einen begrenzten Bereich von Möglichkeiten aus der Überfülle des überhaupt Möglichen herausdifferenziert. Für die Organisation als soziales System können dann vier Aspekte genannt werden: Formalisierung, Mitgliedschaft, Ein- und Austrittsmobilität und die Mehrheit von Mitgliedschaften.

3.1. Formalisierung systemeigener Erwartungen

Wenn ich von der Formalisierung systemeigener Erwartungen spreche, dann ist »Formalisierung« hier nur der Deutlichkeit halber hinzugesetzt, weil man (davon abgrenzend) von »informaler Organisation« spricht. Als formalisiert möchte ich Erwartungen bezeichnen, deren Beachtung zur Bedingung der Mitgliedschaft in einem sozialen System gemacht wird. Ein soziales System ist organisiert, wenn und soweit die Erwartungen für systemzugehöriges Verhalten formalisiert sind. Die weiteren Überlegungen bauen auf diesem Grundgedanken auf. Deshalb ist es wichtig, sich einige Implikationen klarzumachen.

(a) Zunächst muß man die *formalisierten* Erwartungen mit *elementaren* Formen der Konsolidierung von Erwartungen vergleichen: Alle Sozialsysteme benötigen Mechanismen, die die Übereinstimmung von Verhaltenserwartungen sicherstellen. Man kann überhaupt nur zusammen handeln, Interaktionssysteme nur bilden, wenn sich solche Übereinstimmung erreichen läßt. Man schließt sich dort an, wo man für eigene Erwartungen Zustimmung findet, oder muß sich fremden Erwartungen fügen, wenn man nicht mobil genug ist. Dieses »natürliche Gesetz« menschlichen Zusammenlebens kann nun durch Formalisierung auf ein eindeutiges Entweder/Oder gebracht werden. Für bestimmte Erwartungen wird dann festgelegt, daß sie Bedingung der Mitgliedschaft sein sollen (und das impliziert: andere nicht). Dadurch wird Mitgliedschaft zur Rolle, und Übernahme und Verlust der Mitgliedschaft, der Eintritt in oder der Austritt aus der Organisation werden zum Gegenstand von Entscheidungen. Als Beispiel kann man an den wissenschaftspolitischen Klub in Münster denken. Ist das schon eine Organisation? Was würde er gewinnen oder verlieren, wenn er alle Sympathisierenden zu einer eindeutigen Entscheidung zwänge?

(b) Der Umfang, in dem Erwartungen formalisiert werden, ist eine *Variable*, deren Werte mit anderen Variablen korreliert werden können. Es gibt viel Literatur zu der Frage, ob größere Organisationen stärker formalisiert sein müssen. Man ist geneigt, das zu vermuten, aber eine ausreichende empirische Bestätigung dafür fehlt. Es kommt nicht allein auf die Zahl der Vorschriften an, die mit steigender Komplexität steigen muß, sondern auf die Relation von formalisierten und nichtformalisierten Erwartungen. Es gibt Systeme, die *Young Men's Christian Association* (YMCA) zum Beispiel, die mit einem sehr geringen Bestand an formalisierten Erwartungen auskommen, andere dagegen regeln fast alles Verhalten formal. Das hängt vor allem wohl mit der Umweltlage und den Motivationsmechanismen zusammen.[21] Formalisierung als Variable heißt, daß auch der Charakter eines Systems als Organisation eine Frage des Mehr-oder-Weniger ist.

(c) Formalisierte Erwartungen beziehen sich auf *systemeigenes Verhalten*, nicht auf die Umwelt. Formalisierung kommt nur in Betracht, wenn das Verhalten dem System zugerechnet werden kann. Natürlich kann sich das Verhalten trotzdem auf die Umwelt beziehen, zum Beispiel bei Vorschriften über die Behandlung von Kunden. Es kann auch ein bestimmter Glaube über die Umwelt zur Pflicht gemacht werden, insbesondere ein Glaube über schlechte Eigenschaften von Feinden oder ein Glaube in Erfolgschancen des Systems. Denken kann man hier an Beispiele aus der Naziideologie. Immer aber handelt es sich um systeminternes Verhalten, das sich als solches gegen die Umwelt abgrenzt.

21 Vgl. Mayer N. Zald, Patricia Denton, »From Evangelism to General Service. The Transformation of the YMCA«, in: *Administrative Science Quarterly* 8 (1963), S. 214-234.

3.2. Mitgliedschaft als Rolle

Man muß sich ganz klarmachen, daß Organisationen auf der Ebene von Rollen, nicht auf der Ebene des konkreten Menschen konstituiert werden. Nie ist *alles*, was ein Mensch als physisches, organisches und psychisches System *ist*, Bestandteil der Organisation. Für organisierte Sozialsysteme ist immer nur eine Auswahl von Handlungen relevant. Das ist im Prinzip völlig anerkannt, immer wieder aber fällt die Forschung hier einem natürlichen Vorurteil zum Opfer. Vor allem wird eine Konsequenz selten gezogen: daß die Mitglieder als Personen zur *Umwelt* der Organisation gehören. Die Motivation der Mitglieder ist ein Verhältnis von System und Umwelt, nicht ein systeminterner Prozeß. Das ist ein Fehler namentlich der Human-Relations-Bewegung. Ich lege auf diese Klarstellung großen Wert.

Dementsprechend muß die Garantie für die Erwartbarkeit der Erwartungen in der Identität der Rolle, nicht in der Identität der Person gefunden werden. Nicht die Einheit, Übersichtlichkeit, Bekanntheit der Person gewährt Sicherheit im Erwarten, sondern die *Konsistenz einer Rolle*. Das schließt nicht aus, daß der einzelne sich selbst treu zu bleiben sucht und daß man im organisationsinternen Leben mit persönlichen Eigenheiten rechnet; aber diese Erwägungen sind für das soziale System nicht von strukturtragender, sondern von taktischer Bedeutung. Daraus ergibt sich für die Organisation ein Problem der Folgerungen aus systemexternen Rollen und Eigenschaften. Das können Störungen werden, die die Grenzen der Ausdifferenzierung der Organisation betreffen. Der Unterschied wird deutlich am Vergleich von Organisation und Familie: Die Familie wird durch die Identität bekannter Personen zusammengehalten, nicht durch eine Identität von Rollen.[22] Eine Erwartungssicherheit durch die Identität einer bekannten Person leuchtet ein, aber eine Sicherheit durch die Identität einer Rolle? Das ist sehr viel abstrakter, viel risikoreicher. Die allgemeine Hypothese lautet, daß eine steigende Komplexität sozialer Systeme eine *abstraktere Integration von Erwartungen* und damit das Eingehen größerer Risiken erfordert. Die Unsicherheit der menschengeschaffenen Sicherheit wird damit zum Thema. Worin liegt das Konsistenzprin-

22 Vgl. dazu auch unten in dieser Vorlesung, Abschnitt 8.2.

zip von Rollen und damit die Erwartungsgewißheit? Als Beispiele kann man (1) an bestimmten Tätigkeits- oder Berufsrollen in einem traditionalen Arbeits- und Zweckzusammenhang (etwa Jäger, Bauer, Fischer) denken oder (2) an Rang, also Überlegenheitsrollen, oder (3) an Gesinnung wie das Beamtenethos. Mitgliedschaft ist verglichen damit ein hochabstraktes Identitätsprinzip, sie läßt hohe Komplexität zu. Das bedeutet, daß alle Erwartungen, die nach bestimmten Regeln formalisiert werden, zur Rolle gehören. Die Konsistenz wird durch die Entscheidungsprozesse selbst erzeugt. Die Komplexität ist nahezu beliebig steigerungsfähig. Damit ist eine Anknüpfung für die Funktionenlehre gegeben.

Als Rolle ist Mitgliedschaft ein *Symbol* für alle zum Teil noch unbestimmte, jedenfalls nicht vollständig aufzählbare Erwartungen, die durch die Rolle gedeckt werden. Man entscheidet sich für oder gegen den Eintritt in die Organisation im Hinblick auf dieses Symbol und hat eine ungefähre Vorstellung dessen, was das impliziert. Es ist aber kein vollständiges Nachzeichnen aller Sinnverweisungen notwendig. Das ist allgemein typisch für den Umgang mit Sinn. Die Frage bleibt natürlich, was man effektiv wissen muß, um rational handeln zu können, wenn man zum Beispiel als Student in eine Universität eintritt oder in eine politische Partei. Ferner stellt sich dann das Problem der Enttäuschung, wenn die unbestimmten Erwartungen nicht eintreffen.

Damit eng zusammen hängt das Problem der *Erkennbarkeit von Systemgrenzen*. Organisationen sind nicht analytische, sondern konkrete Systeme.[23] Sie werden von ihren Mitgliedern und von den Nichtmitgliedern als System behandelt. Es muß also mit praktisch ausreichender Deutlichkeit erkennbar sein, was dazugehört und was nicht. Das läßt sich praktisch mit hoher Sicherheit gewährleisten: Wenn Sie in die Vorhalle eines Postamts treten und sehen dort Bettler sich aufwärmen oder eine Mutter ihr Kind wickeln, wissen Sie mit einem Blick, daß das nicht zur Organisation gehört. Nur so weit die Erkennbarkeit der Systemgrenzen reicht, läßt sich eine hohe Spezifizierbarkeit des Verhaltens gewährleisten. Das ist eine Zivilisationsbedingung. Man kann sich vorstellen, daß in einfacheren Gesellschaften, die ja heute auch Postämter haben, der Blick zunächst bekannte und nicht bekannte Personen sortiert. Das ist

23 Vgl. dazu oben, Vorlesung II, Abschnitt 1.4.

dann aber keine Rollenorientierung, sondern eine Personorientierung.

3.3. Mobilität von Eintritt und Austritt

Wir hatten gesehen, daß die Rolle nur einen Ausschnitt des Verhaltens darstellt. Hier geht es um eine davon abhängige, aber andere Frage, ob nämlich die Übernahme einer Rolle Gegenstand einer *Entscheidung* ist. Hier kann man an die Unterscheidung »ascribed/achieved« (Status/Rolle) denken als eine allerdings zu kritisierende, unklare Dichotomie: »Durch Leistung verdient« ist viel zu eng als Gegensatz zu »ascribed«. Es geht vielmehr um die Frage, ob die Rollenübernahme gesellschaftlich variierbar ist – gleich aus welchen Gründen und durch wen. Zwei Formen kommen dafür in Betracht: (1) die freiwillige Übernahme – heute als »formal frei« die vorwiegende Form – oder (2) die erzwungene Übernahme, zum Beispiel beim Militär. Natürlich gibt es auch Übergänge, zum Beispiel das »Einziehen« von Parlamentsabgeordneten für US-Bundesstaaten in ländlichen Regionen. Dort fällt es aufgrund rollenverschmelzender personaler Bindungen im Wahlgebiet schwer, die Rekrutierung im Wege eines Wahlkampfs durchzuführen. Infolgedessen werden die Abgeordneten aufgrund unpolitischer Rollenbindungen »eingezogen« und erscheinen als »Reluctants« im Parlament.[24] Zurechnungen dieser Art sind überhaupt immer Sache institutionalisierter Konvention, nicht objektiver Kausalität. Sie haben (1) Mobilität als Voraussetzung und (2) Disponibilität im Sinne der Fähigkeit, im System Entscheidungen über die Rekrutierung und den Austritt zu treffen.

Man kann eine Korrelation von *Normunterwerfung und Mobilität* vermuten: Das Ausmaß der Mobilität ist mitbestimmend dafür, welche Normen anerkannt und hingenommen werden und wie die Normunterwerfung erlebt wird. Elementares Verhalten geht einher mit hoher Mobilität und flüchtigen Systemen.[25] Als Beispiel kann man an eine Einladung zu einer Party denken: Man fühlt sich frei, abzusagen oder zu gehen, wenn die Situation zu Norm-

24 Vgl. James David Barber, *The Lawmakers. Recruitment and Adaptation to Legislative Life*, New Haven, London 1965, S. 116ff.

25 Vgl. dazu unten, Vorlesung V.

bildungen führt, die einem nicht behagen. Oder der Eintritt in eine Reisegruppe: Man weiß von vornherein, daß es eine Bindung nur auf Zeit ist. Die hohe Mobilität macht eine Normunterwerfung weniger drückend, sie kann andererseits gerade dadurch zur Unterwerfung auch unter scharfe Normen motivieren. Es gibt also einerseits eine höhere Situationskontrolle, andererseits eine Macht in der Situation qua Unabhängigkeit vom System. Was ist demgegenüber das *Besondere der Organisation*? Prinzipiell ist es der gleiche Mechanismus, aber er ist auf langfristige, folgenreiche und daher nicht in den Einzelheiten übersehbare Entscheidungen abgestellt. Die Mobilität, die Möglichkeit der Aufkündigung der Organisationsmitgliedschaft, wird als Grundlage der Motivation zwar offengehalten, aber gleichsam wegsuggeriert, zumindest aber erschwert. So gibt es eine Abhängigkeit der Motivation im Betrieb von der Lage des Arbeitsmarktes, überspitzt formuliert: die Vollbeschäftigungspolitik drückt die Arbeitswilligkeit.

In Ein- und Austrittsentscheidungen wird das *System als Ganzes* für den einzelnen zum Thema. Zugleich kontrolliert das Bewußtsein solcher Grenzsituationen das laufende Verhalten. Die Ein- und Austrittsmöglichkeiten sind »permanent stabilisierte Alternativen«. Im Hinblick auf sie reguliert sich ein Gefühl dafür ein, »wie weit man gehen kann« – was nicht heißt, daß das Ausschöpfen dieser Grenzen Motiv wird (dann kann man von Rebellion sprechen). Es ist zu beachten, daß nicht alle Verstöße gegen Rollenerwartungen zum Austritt führen. Es gibt Sanktionen im System, die milder sind als der Austritt. Deren Anwendung setzt jedoch voraus, daß die Verbindlichkeit der geltenden Erwartungen nicht bestritten, der Verstoß erklärt, entschuldigt, bereut wird. Behauptet man das fehlerhafte Verhalten als richtig, gibt es letztlich nur eine Trennung von System und Sünder. Der besondere Charakter von Eintrittsentscheidungen ermöglicht, wie schon bei der Besprechung der Mitgliedsrolle gesagt, Entscheidungen aufgrund pauschaler Orientierung. Das bietet die Vorteile eines *doppelten Selektionsvorgangs* – ebenfalls ein typisches Merkmal für relativ komplexe und relativ rationale Systeme: Man wählt erst einen Rahmen und dann in diesem Rahmen die Details.

Die *Prämisse starker Organisationsentwicklung* in Gesellschaften ist demnach hohe Mobilität in einem ganz weiten (nicht nur räumlichen) Sinne: Es muß über Kontakte verfügt werden können. Es darf sich nicht aus naturgleichen Sachzwängen ergeben, mit wem man es jeweils zu tun hat. Entsprechend muß sich jeder zunächst einmal vorstellen können, »andere Rollen« wahrzunehmen. Auch das ist ein Zivilisationsgut: Sie können sich vorstellen, daß Sie Abgeordneter wären oder Losverkäufer, Lektor in einem Verlag oder General. Arabische Fellachen können sich das nicht vorstellen. Außerdem muß die Gesellschaft hohe Toleranz gegenüber einem Rollenwechsel von Personen entwickeln. Andere Systeme müssen das überleben können, zum Beispiel die Familie den Berufswechsel des Vaters, der Beruf einen Wechsel in der Kirchenmitgliedschaft, diese einen Wechsel im Beruf. Damit bin ich bei meinem nächsten Thema: der Mehrheit von Mitgliedschaften.

3.4. Mehrheit von Mitgliedschaften

Eine Folge der Rollenhaftigkeit und der Mobilität der Beteiligung an Organisationen ist, daß es mehrere Mitgliedschaften geben kann, ja, daß die *Mehrheit von Mitgliedschaften* zunehmend *typisch* wird, so daß die Organisationen sich darauf einstellen müssen. Die Möglichkeit mehrerer Mitgliedschaften gibt es nicht nur im Nacheinander, sondern auch *simultan*. Zum Beispiel bin ich als Staatsbürger Mitglied im politischen System, ich bin zugleich Mitglied in einer beruflichen Organisation, in der Kirche, in einem Klub, in einer Krankenkasse auf Genossenschaftsbasis, in einer Buchgesellschaft usw. Exklusivorganisationen (wie zum Beispiel Klöster im Sinne der christlichen Tradition) gibt es nicht mehr, Staatsbürger ist man, seitdem sich das Prinzip des Nationalstaates durchgesetzt hat. Gewisse Inkompatibilitäten erhalten sich natürlich: Man kann nicht zugleich Mitglied in mehreren Parteien sein oder in mehreren Kirchen. Ausnahmen, die sinnvoll und gesellschaftlich *tolerierbar* sind, gibt es, wenn es sich um *segmentierte* Differenzierung handelt, nicht aber bei funktionaler Differenzierung – wenn zum Beispiel Kirchen bestimmte Berufe oder Mitglieder politischer Parteien ausschließen würden, wäre das ein Problem von besonderer gesellschaftlicher Relevanz. Dafür gibt es zwei Lösungen. (1) Entweder wird es der Organisation konzediert, und sie ruiniert sich damit selbst beziehungsweise bringt sich um volle Ausnutzung ihrer Rekrutierungschancen. (2) Oder die Sache geht zum Nachteil der

Organisationen ohne Exklusivansprüche aus. In diesem Fall ist es hochwahrscheinlich, daß der Fall ein Politikum wird. Im allgemeinen regelt sich das aber von selbst durch die Sinnlosigkeit solcher Exklusivitäten bei funktionaler Spezifizierung der Organisationen. Das wäre ein interessantes Thema für eine Diplomarbeit oder Dissertation.

Eine Mehrheit von Mitgliedschaften ist natürlich *konfliktträchtig*. Man kann zwei Ebenen der Lösung dieses Problems unterscheiden:

(a) Die erste Lösung ist eine *Institutionalisierung von Prioritäten*. Am höchsten rangieren überraschenderweise, wegen ihrer besonderen Funktion aber verständlich, die Gefängnisse. Sonst gibt es im allgemeinen einen Primat der Berufsrolle – vor der in einer politischen Partei, einem Klub usw., die Mitgliedschaft in einer Kirche wird nur ausnahmsweise vorgezogen (zum Beispiel an kirchlichen Feiertagen). Diese Frage ist auch ein gutes Testfeld für die Ermittlung gesellschaftlich institutionalisierter Präferenzen beziehungsweise der Ehrlichkeit von Ideologien. Die Mitgliedschaft in den Roten Garden im kommunistischen China im Kampf gegen den sogenannten Revisionismus dient zum Beispiel als Alibi für die Vernachlässigung anderer Pflichten.

(b) Die zweite Lösung ist ein Verzicht auf eine zentrale Steuerung der Konfliktslösung und die *individuelle Lösung des Konfliktsproblems* durch Mobilität: Jeder sucht sich selbst die Mitgliedschaften zusammen, die er vereinbaren kann. Ein bemerkenswerter Fall ist hier die *Universität*. Sie ist aus internen Gründen (die Institutionalisierung hoher Freiheitsgrade: »Freiheit von Forschung und Lehre«) besonders anfällig gegenüber Doppelmitgliedschaften. Es gibt Professoren, die ihr Leben in Gutachtergremien, Förderungsgesellschaften, Verlagen oder Betrieben verbringen; und es gibt Studenten, die arbeiten müssen oder sich einer organisierten Bewegung widmen. Die Universität ist zugleich ein gutes Beispiel für Grenzen der Freiheit im Organisieren. Es gibt keine beliebige Gestaltungsfreiheit – wie beim Schachspiel oder wenn man ein Bild malt, gilt, daß ein Zug den anderen zubaut und Folgeprobleme schafft, mit denen man sich dann beschäftigen muß.

Eine Mehrheit von Mitgliedschaften wirft besondere Probleme der *persönlichen Konsistenz des Verhaltens* auf. Wie kann man so heterogen gesteuerte Verhaltensweisen auf einen Nenner bringen, als

Ausdruck seines Selbst begreifen? Das Problem ist nicht durch den einzelnen zu lösen, sondern nur durch die Sozialordnung. Das Anspruchsniveau für Konsistenz ist eine soziale Institution und läßt sich variieren. Die Zurechenbarkeit des Handelns wird aufgehoben oder doch abgeschwächt. Das organisierte Handeln wird nicht auf den Charakter angerechnet; und das ist dann möglich, wenn und soweit die Zuverlässigkeit der Erwartungsbildung nicht mehr auf der Identität der Person, sondern, wie wir gesehen haben, auf der Rolle beruht.

4. Funktionen der Organisation

Bevor ich zur Frage nach den Funktionen der Organisation komme, ist zunächst ist eine Vorbemerkung zur *Unterscheidung von Funktion und Zweck* notwendig. Worin liegt der Unterschied meiner Konzeption im Rahmen einer systemfunktionalen Theorie im Vergleich zur vorherrschenden Zweckkonzeption? Zweck ist ein handlungstheoretischer Begriff, dessen Übertragung auf Systeme immer unklar geblieben ist. Funktion ist ein abstrakteres Prinzip, das sich nicht an den pragmatischen Horizont des Handelns bindet, sondern auch Dysfunktionen und nicht beabsichtigte, latente Funktionen kennt. Demzufolge kann ein Zweck funktional interpretiert werden, nicht aber eine Funktion teleologisch. Die funktionale Theorie widerlegt die Zwecktheorie nicht, sie diskreditiert sie nicht, sondern rezipiert sie in einem umfassenderen theoretischen Rahmen.[26]

4.1. Umweltkomplexität und Systemkomplexität

Mein Ausgangspunkt für die Funktionsbestimmung ist eine allgemeine systemtheoretische Hypothese: die der *Entsprechung der Komplexität von System und Umwelt*.[27] Systeme müssen selbst komplexer werden, durch ihre Struktur mehr Möglichkeiten als eigene zulassen, um eine komplexere Umwelt haben zu können. Der Kybernetiker W. Ross Ashby formuliert es so: Nur Komplexität kann Komplexität vernichten. Sein Gesetz der »requisite variety« – je größer die Varietät eines Systems, desto eher kann es die Varietät seiner Umwelt reduzieren – ist allerdings begrenzt auf adaptive Systeme.[28] Die Komplexität eines organisierten Systems ist notwendig geringer als die des Systems der Gesellschaft oder gar die der Welt. »Entsprechung« der Komplexität von System und Umwelt heißt also *nicht* Gleichheit von System- und Umweltkomplexität. Diese geringere Komplexität ist der Grund, weshalb der Bestand des Sy-

26 Vgl. dazu Luhmann, *Zweckbegriff und Systemrationalität*, S. 114 ff.

27 Siehe oben, Vorlesung II, Teil 5.

28 Vgl. W. Ross Ashby, *An Introduction to Cybernetics*, New York 1956, S. 202 ff.

stems problematisch ist. Kein System kann jedes mögliche Ereignis abwehren oder als eigenes inkorporieren. Systeme müssen ihre geringere Komplexität gegenüber ihrer Umwelt wettmachen, vor allem durch zeitsparende Mechanismen und durch Mechanismen der Selektivitätsverstärkung, durch ein bestimmtes Arrangement von Prozessen, das unwahrscheinlich ist.

Ein Beispiel ist das Problem der Umweltsensibilität unseres politischen Systems: Die Bürokratie kann nur noch Informationen wahrnehmen, die ihre Programme einrasten lassen. Sie ist dabei auf Strukturvorgaben durch die Politik angewiesen. Die politischen Parteien selektieren unter dem Gesichtspunkt von Wahlerfolgen das, was ich »Reputationsthemen« nennen möchte; im Osten sind sie durch ideologische Bindungen begrenzt. Aus einer zu geringen Komplexität des Systems resultiert eine zu geringe Absorptionsfähigkeit, eine Unfähigkeit, sich alles, was vorkommt, zu eigen zu machen, jede beliebige Kommunikation, die für die Funktion des politischen Systems relevant ist, in Stabilität umformen zu können. Das ist natürlich ein praktisch unerreichbares Ideal.[29]

Alle Organisationen haben Grenzen in ihrem Potential für Komplexität. Trotzdem gilt bei etwas distanzierter Betrachtung, daß *nur durch Organisation* hohe Komplexität erreicht werden kann: Ihr Potential für Vielfalt, für ein widerspruchsreiches Nebeneinander, für Variabilität ist größer als das aller denkbaren einfachen Systeme. Daraus resultiert dann das gängige Vorurteil über Bürokratie: Weil sie so komplex und variabel ist, wird noch mehr von ihr erwartet, und dann ist man enttäuscht. Ein Beispiel dafür ist der Vortrag von Oskar Negt, in dem er die starre Herrschaft des Staates der dynamischen Studentenbewegung gegenübergestellt hat.[30] Aber keine Bürokratie ist bei den Zielen der Revolution von 1848 geblieben.

29 Vgl. dazu unten, Vorlesung VI, Abschnitt 4.1.

30 Anm. d. Hg.: Vermutlich bezieht sich Luhmann hier auf einen Berufungsvortrag Oskar Negts. Dieser hatte sich nach dem Weggang Dieter Claessens zum Wintersemester 1966/67, dessen Professur Luhmann dann für zwei Semester vertrat, auf die Nachfolge beworben und in dem Berufungsverfahren in Münster im Sommer 1967 einen Vortrag gehalten, dessen Thema aber nicht mehr recherchierbar ist. Wir danken Oskar Negt für diese Information.

4.2. Generalisierung von Verhaltenserwartungen

Als Regel kann man davon ausgehen, daß die Komplexität einer Organisation größer ist, wenn die strukturgebenden Verhaltenserwartungen *stärker generalisiert* sind. Durch Generalisierung erweitert sich der Bereich dessen, was in der Organisation möglich ist. Ein Beispiel ist die Verwandlung der Weltanschauungsparteien in Parteien, die sich formal auf Wahlgewinne und die Regierungsübernahme vorbereiten. Ein anderes Beispiel ist der Aufgabenzuwachs der Verwaltung, der dazu zwingt, von relativ starren, moralisch zementierten Prioritäten zu einem Opportunismus des Entscheidens überzugehen.

Was heißt aber *Generalisierung*? Der Begriff ist nicht nur klassifikatorisch gemeint in dem Sinne, daß eine Fabrik zunächst nur Damenstrümpfe, dann auch Herrenstrümpfe, also Strümpfe schlechthin produziert. Das ist nur *ein Fall* von Generalisierung. Der Begriff stammt aus der behavioristischen Theorie des Lernens und meinte zunächst: die Auslösung gleicher Reaktionen auf verschiedene Stimuli ohne Schaden für das System.[31] Das Bemerkenswerte daran ist nicht die höhere Seinsqualität des Gleichen, die Wesentlichkeit der Gattungsmerkmale im Sinne der Schulphilosophie, sondern die *unschädliche Indifferenz*. Vielleicht hätte man besser »Abstraktion« gesagt. Jedenfalls muß man beachten, daß sehr konkrete, sehr spezifische Zielvorstellungen generalisierende Funktion haben können. Zum Beispiel Produktionsziele, Wahlkampfziele, Ideologien faschistischer Art. »Unschädliche Indifferenz« aber ist eine gleichsam pragmatische Substitutionsformel für Reduktion von Komplexität.

Sieht man das Problem der Generalisierung in diesem funktionalen und pragmatischen Sinne (und nicht mehr rein kategorial), kann man fragen: Wie und in welchen Hinsichten kann ein System sich Indifferenz leisten? Bei dieser Fragestellung werden drei verschiedene Problemdimensionen relevant, die sich nicht aufeinander zurückführen lassen. (1) Es gibt *zeitliche* Indifferenz gegen Ereignisse: Man kann Erwartungen festhalten, indifferent dagegen, ob Ereignisse sie im Laufe der Zeit bestätigen oder nicht. (2) Es

31 Vgl. oben, Vorlesung II, Abschnitt 6.2., sowie das gleichnamige Kap. 4 (»Generalisierung von Verhaltenserwartungen«) in: Luhmann, *Funktionen und Folgen*, S. 54 ff.

gibt *sachliche* Indifferenz: Man kann Erwartungen festhalten ohne Rücksicht auf ihren Sinnzusammenhang mit anderen Erwartungen, sich sozusagen an Diskrepanzen nicht stoßen. (3) Es gibt *soziale* Indifferenz: Man kann Erwartungen festhalten ohne Rücksicht auf die Zustimmung anderer. Mechanismen der Generalisierung von Erwartungen ermöglichen es, im einzelnen auf sehr verschiedene Weise, Indifferenzen in diesem verschiedenen Sinne und damit hohe Sicherheit des Erwartens sicherzustellen. Es kann jetzt nicht mehr unterstellt werden, daß das Allgemeine stets auch das Dauerhafte und schon Konsentierte darstellt. Die Kongruenz der Generalisierungsrichtungen ist ein Problem, dessen Problematik mit wachsender Komplexität zunimmt.

Die Organisation ist eine *Technik kongruenter Generalisierung von Verhaltenserwartungen*.[32] Die Mitgliedsrolle ermöglicht es, Verhaltenserwartungen auf einer höheren Abstraktionsebene zu präzisieren, als dies in elementarem Kontakt erreichbar wäre. Im einzelnen wird durch die Formalisierung für bestimmte Erwartungen Folgendes erreicht:

(a) Es steht fest, daß sie gelten, auch wenn sie nicht beachtet werden. Es handelt sich also um eine *enttäuschungsfeste Stabilisierung* der Erwartungen. Das ist keineswegs eine typische Eigenschaft sozialer Erwartungen. Die Folge ist, daß bei Diskrepanzen die Schuld niemals beim Erwartenden liegt, sondern beim Handelnden, der die Erwartungen enttäuscht. Es gibt eine Eindeutigkeit der Zurechnung von Störungen. Man kann nicht unbedingt sicher sein, daß die Erwartungen auch erfüllt werden, aber man kann die viel fundamentalere Sicherheit haben, daß man richtig erwartet hatte.

(b) Es steht fest, daß die Erwartungen gelten, unabhängig von Wahrheit, Tradition, Logik oder sonstigen Kriterien. Es gibt zwar im System Unklarheiten und hermeneutische, exegetische oder entscheidungstechnische Verfahren zu ihrer Beseitigung. Im Prinzip dient aber die *formale Feststellung* als Ersatz für andere, schwierigere Formen der Sinnvergewisserung. Denken kann man zum Beispiel an den Artikel 1 des Grundgesetzes: »Die Würde des Menschen ist unantastbar.« Man kann nicht anbieten, nachzuweisen, daß das gar nicht stimmt oder daß das Parlament gar kein Recht hat, Gesetze zu machen usw. Die (unterstellte) Geltung der Erwartung ist die

32 Zum allgemeinen Konzept der kongruenten Generalisierung von Erwartungen vgl. auch unten, Vorlesung VIII, die Abschnitte 2.5. und 2.6.

Bedingung für das Funktionieren auch in unverstandenen Zusammenhängen (zum Beispiel beim Militär oder bei der Ausbildung von Krankenschwestern); in solchen Fällen kommt es häufig zu einer Angstdämpfung durch ein Ritual.[33]

(c) Es steht fest, daß formalisierte Erwartungen unabhängig von der Zustimmung des einzelnen gelten. Alle Meinungsverschiedenheiten müssen in Entscheidungsprozesse untergebracht werden, die *vor* der formalisierenden Feststellung liegen. Nachher werden Entscheidungen wie Tatsachen behandelt. Ein *Konsens* kann *unterstellt* werden, so daß selbst die Äußerung von Konsens als deplaziert empfunden wird.

Das Bemerkenswerte ist, daß diese Stabilisierungsrichtungen *konform* laufen, dieselben Erwartungen betreffen (beziehungsweise nicht betreffen) und sich damit auch wechselseitig stabilisieren. Aus der einen Dimension kann auf die andere geschlossen werden: Die Gefährdungen in der einen Dimension gefährden auch die anderen. Weiter gilt: Mit Hilfe solcher Unterstellungen ist ein hohes Maß an Problemspezifikation im täglichen Verhalten erreichbar, zum Beispiel in der Form von sachlich und zeitlich limitierten Kontroversen im Entscheidungsprozeß. Schließlich hat diese kongruente Generalisierung eine zeitsparende Funktion, insbesondere werden Konsensermittlungen verkürzt und Geltungsdiskussionen abgeschnitten, die Wahrheitsfrage und damit in einem tieferen Sinne auch die Rechtsfrage ausgeklammert. Darin stecken Formen der Reaktionsbeschleunigung, die deshalb nötig sind, weil das System eine geringere Komplexität hat als seine Umwelt. Wie bei der Formalisierung ist auch diese Funktion der Generalisierung variabel erfüllt. Es gibt eine Unterausstattung mit Formalität, die eine Aufblähung des Konsensbedarfs und des Zeitbedarfs zur Folge hat. Das sind typische Tendenzen in unserer heutigen Bürokratie und mehr noch in der Politik.

Zum Abschluß möchte ich einige *einschränkende Bemerkungen* machen. Generalisierung von Erwartungen durch Formalisierung ist der zentrale, strukturbildende Prozeß der Organisation, ein *sine qua non*. Ohne ihn gäbe es keine Organisation. Trotzdem darf man ihn nicht überschätzen und schon gar nicht in den Fehler der klassischen Organisationslehre verfallen, es bei der Erörterung for-

33 Grundsätzlich dazu oben, Vorlesung III, Abschnitt 3.6.

maler Strukturen in diesem Sinne bewenden zu lassen. Deshalb müssen einige Einschränkungen im Hinblick auf die Tragweite der bisherigen Überlegungen genannt werden: (1) Sie enthalten keine Kriterien dafür, *welche* Erwartungen formalisiert werden. Das ergibt sich aus den konkreten System/Umwelt-Beziehungen. Dazu rechne ich auch die Frage, wessen Motive die zu formalisierenden Erwartungen auswählen – das ist ein Einwand, den Renate Mayntz gegen mein Buch *Funktionen und Folgen formaler Organisation* vorgebracht hat.[34] (2) Formalisierung allein ist noch keine Bestandsgarantie. Es müssen zusätzlich Prozeßstrukturen gebildet werden, welche die Beziehung zwischen Ereignissen regeln. Dazu sage ich Näheres im Abschnitt über Selektivitätsverstärkung.[35] (3) Formalisierung hat dysfunktionale Folgen – dazu komme ich im einzelnen im weiteren Verlauf der Vorlesung unter dem Titel »Folgeprobleme«.[36] In einer anderen Formulierung kann man auch sagen: Es gibt Probleme organisierter Systeme, die sich nicht durch Formalisierung lösen lassen – und die doch gelöst werden müssen.

4.3. Systemdifferenzierung: vertikal und horizontal

Die allgemeinen Vorteile der Systemdifferenzierung müssen in der allgemeinen Systemtheorie abgehandelt werden,[37] so daß ich mich hier mit einigen Verweisungen begnügen kann. Systeminterne Differenzierung ist ein Mittel, Komplexität zu steigern, die Umweltanpassung zu erleichtern und zu beschleunigen, sich auf verschiedene Umwelten zugleich einzustellen. Es braucht nicht alles mit allem abgestimmt werden, es braucht nicht jeder alles mitzuerleben. Erst ziemlich sekundär sind hier die traditionellen Vorteile der Arbeitsteilung in Form einer Leistungssteigerung durch die Spezialisierung von Fähigkeiten zu nennen.

Diese allgemeinen Vorteile der Differenzierung muß man voraussetzen, um die Funktion von Organisation in dieser Hinsicht zu begreifen. Die formale Organisation steigert die Differenzierbarkeit

34 Vgl. Renate Mayntz, »Theorie der Organisation. Bemerkungen zu einem Buch von Niklas Luhmann«, in: *Der Staat* 4 (1965), S. 215-221 (220 f.).

35 Vgl. unten in dieser Vorlesung, Abschnitt 4.6.

36 Siehe unten in dieser Vorlesung, Teil 5.

37 Vgl. oben, Vorlesung II, Teil 9.

eines Systems beträchtlich; sicher tut sie das nicht unbegrenzt, aber über eine Schwelle hinweg, die für elementare soziale Systeme unweigerlich gezogen bleibt. Dies gilt aus zwei zusammenhängenden Gründen: (1) Einerseits kann die Formalisierung von Erwartungen fast beliebig weit spezifiziert werden. Man kann auf diesem Wege enge und immer engere Aufgaben bilden. Es handelt sich hier um eine Übersetzung der Mitgliedsrolle in eine Stellenrolle. Die Spezialisierung ist aber nur die eine Seite. (2) Auf der anderen Seite kann man durch Formalisierung zur Anerkennung einer Vielzahl von Erwartungen verpflichtet werden, die selten oder nie handlungsrelevant werden und ganz entfernte Beziehungen betreffen können. Zum Beispiel bittet der Referent in einer Großbürokratie telephonisch einen entfernten Registrator um eine Akte. Und es klappt: Sie kommt. Trotz Spezialisierung bezieht sich die Anerkennung auf alle formalisierten Erwartungen des Systems. Sie ist nicht an die Aufmerksamkeitsspanne oder den Bekanntenkreis des Mitglieds gebunden.

Diese Funktion, Differenzierung zu ermöglichen, erfordert ein Eingehen auf die *Strukturen der Differenzierung*, obwohl wir uns hier im Abschnitt über Funktionen befinden. In der Grobstruktur findet man in allen Organisationen eine *Trennung von vertikaler (hierarchische) und horizontaler (funktionale) Differenzierung.* Was hat das für einen Sinn, für eine Funktion? Und warum nur zwei Strukturtypen, warum nicht den vollen euklidischen Raum mit drei Dimensionen oder nach Bedarf nichteuklidische Räume? Mir ist in der Literatur keine Behandlung dieser Frage bekannt. Ein konsequenter Funktionalismus verführt zu solchen seltsamen Fragen: Warum zwei Strukturtypen? Offensichtlich scheint es so zu sein, daß der Mensch sehr komplexe Beziehungen am leichtesten mit binären Unterscheidungen erfaßt. Logisch ist das keineswegs zwingend, aber jede andere Regelung würde zu außerordentlich komplizierten Entscheidungsprogrammen für Konfliktsfälle führen. Man muß Organisation und Entscheidungsprogramme zusammendenken, wenn man das sehen will. Praktisch führt diese Beschränkung zu außerordentlichen Schwierigkeiten, von denen ich nur beispielhaft einige nennen möchte: (1) Es stellt sich das Problem der zentralisierenden Referate in Verwaltungen bei Entscheidungen, die sachlich in die Zuständigkeit mehrerer Referate fallen. Als Beispiel kann man an die Landtagsgesetzgebung denken. Eines der Referate hat dann, weil im Schwerpunkt von der Sache betroffen, zwar die Federführung, aber die anderen Referate müssen beteiligt werden, was den Entscheidungsvorgang erheblich verkompliziert. (2) Ein anderes Problem ist das der fachlichen (aber unterschiedlichen) Prominenz, zum Beispiel bei dem Verhältnis von Ärzten und der Krankenhausverwaltung, die miteinander konkurrieren. Man hilft sich in diesem Fall mit Fiktionen, mit Ausklammerungen aus der Weisungsgewalt. Es entstehen so viel Kummer, viele Reibereien, weil die Struktur zu einfach ist und nicht genug Komplexität absorbiert. (3) Erwähnenswert ist auch das Problem der Stäbe in Organisationen. »Stäbe« ist ein sehr unklarer Begriff, der auf das Problem der Spitze verweist: Die Stabsorganisation meint, daß den leitenden Stellen, die an der Spitze der Organisation die Entscheidungen treffen, Stäbe beigegeben werden, um deren Entscheidungen vorzubereiten. Dabei wird jedoch das Prinzip der Einheit der Leitung nicht aufgegeben, der Chef bleibt die einzige Quelle der Autorität und wird durch die gleichzeitig wachsenden Autorisierungsbedürfnisse jetzt erst recht überlastet.

Die *Hierarchie in der Organisation* im besonderen verdient eine eingehendere Betrachtung. Unterscheiden kann man hier (a) eine vertikale und (b) eine horizontale Perspektive.

(a) In der *vertikalen Dimension* wird der *Rang* formalisiert und mit Entscheidungsvorrechten ausgerüstet. Was heißt das? Der Begriff des elementaren Ranges meint: tonangebend in der Situation. Ein elementarer Rang wird durch Formalisierung unterstützt, wenn auch nicht unbedingt garantiert. Wesentlich ist darüber hinaus die Errichtung langer transitiver Rangketten, die rasche und stets eindeutige Statusfeststellungen erlauben. Der Rang ermöglicht eine klare Situationsherrschaft, eine rasche Kommunikation und eine eindeutige Verteilung der Formalisierungskompetenz. Damit ist aber noch keine eindeutige Verteilung von Macht im System erreicht. Das ist ein Gemeinplatz der neueren Organisationssoziologie. Im einzelnen heißt dies: (1) Es kann nicht alles befohlen werden – das hängt mit dem geringen Motivwert des Befehls zusammen. (2) Es gibt Kommunikationshindernisse von unten nach oben, insbesondere ein Abfiltern des Unangenehmen. (3) Und es gibt die schwierige Position des Zwischenvorgesetzten:[38] Er muß

38 Vgl. dazu auch Luhmann, *Funktionen und Folgen*, S. 218 f.

zwei Gesichter haben, eines nach unten und eines nach oben. In dieser Vermittlungsleistung liegt das klassische Verbot des Überspringens von Zwischenvorgesetzten begründet.

All dies ist aber noch keine adäquate Machttheorie. Die zu entwickeln ist sehr schwierig und von den klassischen Prämissen aus kaum zu bewältigen.[39] Deshalb werde ich dazu im Sommersemester eine Übung veranstalten.[40] *Macht* ist die Übertragung von Entscheidungsleistungen. Grundlage der Macht ist die Kontrolle über Vermeidungsalternativen. Die Macht des *Vorgesetzten* beruht auf formaler Organisation beziehungsweise auf Formalisierungskompetenz. Er kann die Bedingungen des Verlusts der Mitgliedschaft definieren (das braucht aber nicht seine einzige Machtgrundlage zu sein). Die Macht des *Untergebenen* über seinen Vorgesetzten beruht auf dessen Überlastung mit Komplexität, insbesondere mit Alternativen und mit Ungewissheit. Wichtig ist die Verschiedenheit dieser Machtgrundlagen, ihre Differenzierung, die eine Verwendung nebeneinander erlaubt. Die Verschiedenheit beruht auf verschiedenartigen Vermeidungsalternativen. Unter solchen Umständen kann sich eine intensive Kooperation auch in vertikalen Beziehungen entwickeln, indem beide Partner ihren Einfluß aufeinander steigern. Dies – die reziproke Macht und die variablen Machtmengen – könnten unter den Prämissen der klassischen Machttheorie nicht behandelt werden. Es gibt dann nicht nur ein Problem der Überwachung der Untergebenen, sondern auch eines der *Unterwachung des Vorgesetzten*. Das ist ein Problem, für das bislang jegliche Forschung fehlt, was bedauerlich ist, besonders für Anfänger. Hier sieht man die Vorteile einer funktionalen Orientierung, die problembezogen statt erfahrungsbezogen ausgerichtet ist.[41]

Zu beachten ist auch die Frage der *funktionalen Differenzierung der Hierarchie*, also daß oben etwas anderes getan wird als unten.

39 Vgl. dazu den Teil 9 »Kreislauf der Macht« der Vorlesung »Hauptprobleme politischer Theorie« in diesem Band sowie Niklas Luhmann, »Klassische Theorie der Macht. Kritik ihrer Prämissen«, in: *Zeitschrift für Politik* 16 (1969), S. 149-170.

40 Siehe dazu die Anm. d. Hg. in Vorlesung III, S. 156, Fn. 44.

41 Vgl. Niklas Luhmann, »Unterwachung oder Die Kunst, Vorgesetzte zu lenken«, in: ders., *Der neue Chef*, hg. von Jürgen Kaube, Berlin 2016, S. 90-106. (Anm. d. Hg.: In einer leicht anderen Fassung, die sich eng an das Skript für einen Vortrag in Berlin im November 1969 hält, auch veröffentlicht in: Niklas Luhmann, *Schriften zur Organisation 1. Die Wirklichkeit der Organisation*, hg. von Ernst Lukas und Veronika Tacke, Wiesbaden 2018, S. 415-426.)

Die klassische Organisationslehre hatte das nicht gesehen und hätte der Annahme der universellen Verantwortlichkeit des Vorgesetzten widersprochen. Talcott Parsons hat hier unterschieden zwischen »institutional«, »managerial« und »technical level«.[42] Im einzelnen wird das von Organisationstyp zu Organisationstyp verschieden sein. Entsprechend kommt es zu einer Differenzierung der Verantwortlichkeit. Eine wichtige Teilfrage ist, auf welcher Ebene welche Außenkontakte geführt werden. Daß alle Außenkontakte über die Spitze laufen, wird bei großen Organisationen jedenfalls zur Fiktion, obwohl diese Fiktion Bestandteil der Selbstdarstellung sein kann. Eine Folge ist, daß die Verteilung der Initiative ein wichtiges Problem wird: Eine Reforminitiative erfordert Mut, also bedarf sie der Statushilfe; die Informationen für eine Initiative gehen aber häufig unten ein.[43]

(b) Auch der Sachverhalt *horizontaler Beziehungen* muß gesondert erwähnt werden. Horizontale Beziehungen, also Beziehungen zwischen Gleichrangigen, gibt es nur, weil es vertikale Beziehungen gibt. Gleichheit ist auch ein Rangverhältnis, und zwar eines, das sehr belastend werden kann und mit großer Mühe bewahrt werden muß. Das sieht man zum Beispiel an der Gleichheit der ungleichen Professoren oder an der Verheimlichung der Gehaltsdifferenzen in der Industrie: Die Etikette der Gleichheit ist ein Schutz für die Hierarchie und ihre Eindeutigkeit.

Welche Verkehrsebenen – die vertikalen oder die horizontalen Kontakte – sind Träger der Arbeit? Die Antwort lautet: beide. In Produktionsbetrieben hat man relativ mehr horizontale, in Verwaltungen relativ mehr vertikale Beziehungen, das bleibt aber eine Frage des Bedarfs. Eine Kooperation ist in beiden Richtungen möglich – gegen amerikanische Vorurteile. Gefährlich und verpönt sind dagegen die »schiefen« Beziehungen: Wenn es sich um horizontale Beziehungen handelt, dann müssen die Beteiligten auf der gleichen Ebene verortet sein. Das Wesentliche in der Bürokratie ist der Umweg, also die Vorschaltung horizontaler Kontakte.[44]

Auch in horizontalen Beziehungen gibt es Macht, wenn auch

42 Vgl. Talcott Parsons, »General Theory in Sociology«, in: Robert K. Merton, Leonard Broom, Leonard S. Cottrell, Jr. (Hg.), *Sociology Today. Problems and Prospects*, New York 1959, S. 3-38 (S. 5 ff.).

43 Siehe auch Luhmann, *Funktionen und Folgen*, S. 224 f.

44 Siehe auch ebd., S. 202 ff.

nicht formale, sondern Macht (1) aufgrund funktionaler Autorität, (2) aufgrund besserer Beziehungen, Hilfsmöglichkeiten oder Störmöglichkeiten und (3) aufgrund besserer Deckung durch den eigenen Vorgesetzten. Letzteres ist sehr wichtig! Es entsteht Ratlosigkeit, Unsicherheit, Nachgiebigkeit unten, wenn man sich durch den eigenen Vorgesetzten immer wieder im Stich gelassen fühlt. Das ist auch eine Erklärung für die Zähigkeit der Ressortkämpfe, die von außen so seltsam unvernünftig erscheinen. Es handelt sich um einen Fall von internen Widersprüchen der Organisation. Da es horizontale Macht gibt, gibt es auch horizontale Abhängigkeiten. Das Problem dabei ist, daß man für etwas verantwortlich wird, das man nicht ändern kann. In solchen Fällen empfiehlt sich eine gute Aktenführung, mit der man notfalls den Beweis eigener Unschuld erbringen kann. Der Begriff der *Federführung* – also die Regelung der Zuständigkeit für Entwürfe, Entscheidungsvorbereitungen usw. – meint eigentlich nur eine Verteilung der Arbeitslast, praktisch aber auch eine Verteilung der Macht, insbesondere der Macht, die durch Disposition über den Zeitpunkt der Bearbeitung ausgeübt wird.

4.4. Steigerung der Variabilität

Variabilität ist die Fähigkeit eines Systems, sich umstellen zu können, alte Entscheidungen zurückzunehmen, neue als gültig zu setzen. Die Steigerung der Variabilität ist ein sehr wichtiger Aspekt von Komplexität – in zeitlicher Richtung gesehen. Mit der internen Variabilität steigt die Zahl der Zustände, die ein System annehmen kann, und damit steigt seine Anpassungsfähigkeit. Durch Formalisierung kann die normalerweise sehr geringe Variabilität eines Systems beträchtlich gesteigert werden, und zwar auf zwei Weisen: (1) durch eine unbestimmte Unterwerfung innerhalb einer begrenzten »Zone der Indifferenz«, wie Chester I. Barnard und Herbert A. Simon herausgestellt haben,[45] und (2) durch das Stellenprinzip, das heißt durch die Formalisierung von Rollen als Stellen.

45 Vgl. Chester I. Barnard, *The Functions of the Executive*, Cambridge ⁹1951 (EA 1938), insb. S. 167 ff., sowie Herbert A. Simon, »A Formal Theory of the Employment Relation«, in: ders., *Models of Man. Social and Rational. Mathematical Essays on Rational Human Behavior in a Social Setting*, New York 1957, S. 183-195.

Zum *Stellenbegriff* sind einige Erläuterungen notwendig.[46] Der übliche soziologische Begriff ist der der Position. Dabei bleiben aber das Statusprinzip, das Herrschaftsprinzip usw. zumeist undefiniert und unklar. In der kirchenrechtlichen und öffentlichrechtlichen Tradition gibt es den *Amtsbegriff*.[47] Dieser wird definiert durch das Zweck/Mittel-Schema, er bezeichnet etwa die Bereithaltung von Vollmachten oder die Kompetenzen für eine Aufgabe und ist deshalb für soziologische Zwecke zu eng. Eine für uns wichtige Einsicht ist im Rahmen dieser Tradition allerdings formuliert und institutionalisiert worden: die Auswechselbarkeit der Person im Amt, also das Prinzip wechselseitiger Mobilität (und das heißt: der Indifferenz). Diesen Gedanken der wechselseitigen Mobilität kann man verallgemeinern zu dem Gedanken prinzipieller *Verschiebbarkeit mehrerer Variablen gegeneinander*. Die räumliche Metapher »Stelle« drückt im Grunde dies aus: Die Stelle ist ein *leerer Punkt*, der keine eigenen Präferenzen hat für bestimmte Inhalte, sondern nur ihren Wechsel durch seine Identität reguliert. Die wichtige Frage ist dann: Was kann nun wechseln? Wechseln kann (1) die Person, die die Stelle besetzt, (2) die organisatorische Zuordnung der Stelle, (3) die Programme, die die Stellenaufgabe bestimmen, (4) die Ausrüstung der Stelle mit Kompetenzen, Mitteln usw. Die Identität einer Stelle festzuhalten hat aber nur Sinn, wenn nicht alle Variablen zugleich variiert werden. (Das ist überhaupt Bedingung von Ordnung.) Dann geben die jeweils invariant gesetzten Variablen das Gesetz für die Änderung vor, definieren die Grenzen sinnvoller Änderung. In der Struktur selbst aber ist *Beliebigkeit* vorgesehen. Die formal vorgesehene Variabilität kann praktisch nie ausgeschöpft werden, sondern immer nur ein minimaler Bruchteil davon. Die Variabilität wird insbesondere eingeschränkt durch Sinnsedimente der Systemgeschichte. Das ist das Thema in der Organisationssoziologie Philip Selznicks.[48] Auch gibt es einen Zusammenhang zwischen einem Unbeweglichwerden der Organi-

46 Vgl. auch Luhmann, *Funktionen und Folgen*, S. 141 ff.

47 Siehe dazu Niklas Luhmann, »Begriff und Funktion des Amtes«, in: ders., *Schriften zur Organisation 1*, S. 15-36 (Anm. d. Hg.: Es handelt sich um die posthume Publikation eines Manuskripts von 1961).

48 Philip Selznick, *TVA and the Grass Roots. A Study in the Sociology of Formal Organization*, Berkeley, Los Angeles 1949; ders., *Leadership in Administration. A Sociological Interpretation*, Evanston, White Plains 1957.

sation und Führung. Beispiele dafür sind die deutsche Bürokratie in der Weimarer Zeit oder die Zementierung von Schlendrian in der englischen Industrie.

Außer der eigenen Geschichte von Bewährungen – also dem, was man üblicherweise *Routine* nennt – gibt es eine Reihe anderer Faktoren, die zu schwerfälliger Anpassung führen. Man kann sie unter dem Begriff *Krise* fassen. Dazu gehören interne Kommunikationsschwierigkeiten, insbesondere bei auseinandergezogenen Instanzen und langen Dienstwegen, die zum Beispiel keine Anregungen zur Gesetzesänderung mehr durchlassen, oder eine selektive Wahrnehmung im Sinne der eigenen Programme. Infolgedessen scheint es so etwas wie einen Rhythmus von langen Zeiten gleichbleibenden Routinehandelns zu geben, die in Krisen führen, die dann mit besonderen Vollmachten zu mehr oder weniger radikalen Änderungen motivieren. Das ist eine vereinfachte Fassung des Änderungsproblems, eine Entlastung des Normalbetriebs. Michel Crozier behauptet das als ein Spezifikum der französischen Verwaltung.[49] Wenn dem allgemein so ist, kommt es einerseits darauf an, kommende Krisen rechtzeitig zu erkennen, die Wahrnehmungsstruktur mit Krisensymptomen zu programmieren – etwa »rote Ziffern« zu bestimmen und damit eine Vorverlegung der Gefahrenschwelle zu erreichen. Das bedeutet dann einen Zeitgewinn für das Krisenhandeln. Andererseits ist eine gewisse Evidenz der Krise erforderlich, um weitreichende Änderungen zu begründen. Was steckt letztlich hinter einer solchen Technik? Vermutlich die alte Vorstellung, daß Änderungen die Identität (von Personen und von Sozialsystemen) gefährden und daher sehr deutlich als Ausnahmefall auftreten müssen.

Wenn man abschließend die Überlegungen zur Steigerung der Variabilität überblickt, so kann man sagen: Es gibt die Tendenz einer Änderung des Entwicklungsstils von Organisationen. Die alte Form der Auflösung und Neugründung wird zu aufwendig, wenn die Organisationen größer werden. Zugleich entwickeln größere Organisationen bessere eigene Anpassungsmöglichkeiten und bessere Umwelthilfsquellen: Der Staat hilft nur den großen Unternehmen, die kleinen läßt er fallieren.

49 Vgl. Michel Crozier, *Le phénomène bureaucratique. Essai sur les tendances bureaucratiques des systèmes d'organisation modernes et sur leurs relations en France avec le système social et culturel*, Paris 1963.

4.5. Sicherung der Autonomie

Ich komme jetzt zur Aufnahme eines Begriffs, der ebenfalls in die allgemeine Systemtheorie gehört:[50] *Autonomie* ist die eigene Verfügung über Selektionskriterien sowohl für die internen Informationsverarbeitungsprozesse des Systems als auch für den Umweltverkehr. Autonomie ist die Voraussetzung systemspezifischer Rationalisierung, letztlich damit jeder Rationalisierung. Faktisch hängt der erreichbare Grad an Autonomie immer zugleich vom System selbst und von der Umwelt ab. Es handelt sich also nicht um eine »Eigenschaft« des Systems, sondern um eine Relation. Trotzdem kann man sagen, daß formale Organisation, also eine *systeminterne* Leistung, die Chance für Autonomie steigert, schon deshalb, weil nur so große Organisationen gebildet werden können. Bei der »Operationalisierung« einer solchen sehr unbestimmten Aussage muß man allerdings vorsichtig sein. Keineswegs bringt jede Zunahme an Formalisierung im System auch eine entsprechende Zunahme an Autonomie mit sich. Das hängt von der Umweltlage des Systems ab, läßt sich also in der Abstraktionslage einer allgemeinen Organisationssoziologie nicht weiter präzisieren.

Im einzelnen wird die Auswirkung von Formalisierung auf die Autonomie des Systems in den verschiedenen Dimensionen auf sehr verschiedene Weise vermittelt:

(a) In der *Sozialdimension* beruht Autonomie primär auf *Umweltdifferenzierung*. Wenn ein System mehrere Umwelten hat, an die es sich anlehnen kann, braucht es sich nicht dem Diktat einer einzigen zu fügen. Die Organisation ermöglicht eine Grunddifferenzierung der Umwelt in Mitglieder und Nichtmitglieder. Beiden Umwelten gegenüber hat die Organisation verschiedene Einflußmittel und verschiedene Empfindlichkeiten: Anforderungen der Nichtmitglieder können den Mitgliedern als Notwendigkeit dargestellt werden, Unwilligkeiten der Mitglieder als Unmöglichkeit den Nichtmitgliedern. Entsprechend differiert der kommunikative Stil: offener, rücksichtsloser Druck auf der einen, heimlicher Widerstand, Schlendrian auf der anderen Seite. Es besteht ein begrenzter Spielraum der Wahl, wohin der »Überschuß« verteilt wird, und überdies die Möglichkeit des Wechsels der Anlehnung. So können

50 Vgl. dazu oben, Vorlesung II, Teil 10.

zementierte Abhängigkeiten und die Fixierung von Anspruchsniveaus vermieden werden. Auch weitere Verfeinerungen der Umwelt nach Mitgliederarten – bei einem Krankenhaus zum Beispiel Ärzte, Schwestern, Pfleger, Verwaltungspersonal – und Nichtmitgliederarten – zum Beispiel Patienten, Besucher, Stadtverwaltung, öffentliche Meinung, professionelle Gruppen – sind möglich. Autonomie heißt nicht, daß irgendjemand über entsprechend hohe Ermessensfreiheit verfügt, sondern nur, daß die Determination der Selektionskriterien im System und nicht in seiner Umwelt ausgehandelt oder erkämpft wird.

(b) *Zeitlich* hängt Autonomie vor allem davon ab, daß das System Zeit hat. Diesen Punkt muß ich ausführlicher behandeln, da keine adäquaten Schriften dazu existieren. (1) Was heißt »Zeit haben«? Das ist eine theoretisch unauslotbare Frage. Systeme haben immer Zeitgrenzen für ihr Handeln. In allen Großorganisationen ist Zeit *chronisch knapp*, das heißt, sie ist immer, unabhängig von spezifischen Situationen, knapp.[51] Es gibt nur mehr oder weniger ruhige beziehungsweise hektische Zeiten, und dieser Rhythmus ist entweder Zeichen schlechter Organisation oder aber mangelnder Autonomie in der Bestimmung von Terminen und Fristen. Zum Beispiel ist ein Krankenhaus ständig mit unvorhersehbaren Unfällen konfrontiert, aber das Waschen der Patienten geschieht immer um 6 Uhr, und das Mittagessen gibt es immer um 11 Uhr. (2) Zeitfragen können nicht isoliert gesehen werden, sondern sie verbinden sich mit Konsensproblemen und mit Sachproblemen. Zum einen gilt: Je größer der Konsensbedarf, desto größer der Zeitdruck. Denken kann man hier an die Terminlawinen bei Befristung von oben, durch den Vorgesetzten. Umgekehrt erlaubt Zeit mehr Konsensbildung. Zum anderen verzerrt Zeitdruck sachliche Präferenzen. Es gibt eine Vordringlichkeit des Befristeten, damit interessanterweise auch dessen, was Kooperation erfordert. Nur Termine können Termine abwehren. Alles Zeit brauchende Einzelhandeln, auch längeres Nachdenken wird eliminiert. Könnte die Einführung von »verabredungsfreien Wochen« in der Organisation hier eine Lösung des Zeitproblems sein? (3) Dies alles zeigt die enorme Bedeutung der Verfügung über Zeit. Zum einen gilt das in dem Verhältnis der Organisation ihrer Umwelt gegenüber, die bei der Verwaltungsor-

51 Vgl. Luhmann, »Die Knappheit der Zeit und die Vordringlichkeit des Befristeten«.

ganisation zum Beispiel als Langsamkeit der Bürokratie wahrgenommen wird. Zum anderen gilt das innerhalb der Organisation selbst: Hier ist das Verfügen über Zeit ein Privileg der Statushöheren, weil sie vermutlich stärker überlastet sind. (4) Zeitstrategien sind das vielleicht wichtigste Element bürokratischer Taktik. Manche bemühen sich redlich um Pünktlichkeit, andere denken nach und kommen darauf, daß der Zeitdruck, der für alle eine Last ist, für sie ein Werkzeug sein kann. So kann man Termine als Ausrede benutzen – das ist eine einfache Strategie. Man kann sich aber auch mit Terminen eindecken für eine Zeit, in der man sich bestimmten zu erwartenden Anforderungen entziehen will. Umgekehrt kann man einen Terminwunsch so spät vortragen, daß er wie zu erwarten abgelehnt werden muß, aber als aktenkundiger Tätigkeitsbeweis genügt. Man kann Sachanliegen so terminieren, daß an bestimmten Stellen rasch und unüberlegt entschieden werden muß, zum Beispiel kann man schlecht formulierte Entwürfe für lange Ressortverhandlungen vorschieben, mit denen dann die Zeit vergeht, und erst am Schluß den eigentlichen Entwurf aus der Schublade ziehen. Ein Beispiel für dieses Vorgehen ist der notorische Zeitdruck, der bei Beratungen des Bundesrates besteht. Man kann die Macht über Termine benutzen, um Angelegenheiten zu fördern oder Gefälligkeiten zu erweisen. Bei all diesen Taktiken ist im allgemeinen der, der etwas *verhindern* will, im Vorteil. (5) Schließlich muß man fragen: Wie gewinnt eine Organisation die so dringend benötigte Zeit? Darauf ist keine einheitliche Antwort möglich. So gibt es einen unterschiedlichen Zeitdruck in der Umwelt, wie das Beispiel Krankenhaus zeigt. Aber genereller gilt: Eine gewisse Wartefähigkeit der Umwelt ist Voraussetzung komplexer Organisation. Die großen Kommunikationsmedien, insbesondere Macht und Geld, haben auch einen Zeitaspekt: Wer sie hat, kann länger warten. Das gilt in der Wirtschaft für liquide, kapitalkräftige Unternehmen und in der Politik für mächtige Bürokratien. Ein Vertrauen in der Umwelt ist Bedingung dafür, daß dem System Zeit gelassen wird. Systemintern gewinnt man Zeit durch eine gute Organisation: eine gleichmäßige Arbeitsverteilung, Automation oder moderne Netzplantechniken, also die Verkettung von Handlungen zu Vorgängen über eine entsprechende Terminplanung.

(c) In der *Sachdimension* ist die Voraussetzung von Autonomie eine gewisse Unabhängigkeit von konkreten, ganz spezifischen

Erwartungen der Umwelt. Es muß eine gewisse Wahlfreiheit, ein Spielraum des Verhaltens bestehen, innerhalb dessen eine Selektion nicht den Bestand des Systems gefährdet. Das wird durch eine Differenzierung von zwei Verkehrsebenen erreicht und durch eine formal gesicherte Identität der Organisation ermöglicht: *Mitgliedern* gegenüber durch die Unterscheidung von Eintritts-/Austrittsentscheidungen versus der täglichen Kommunikation und *Nichtmitgliedern* gegenüber durch eine generell stabilisierte Abnahme- oder Unterstützungsbereitschaft. Je nach Organisationstyp gestaltet sich das unterschiedlich: Produktionsbetriebe produzieren »für den Markt« – das gibt ihnen eine gewisse Unabhängigkeit von einzelnen Kunden –, Verwaltungen benutzen politisch stabilisierte »Legitimität«, und Dienstleistungsorganisationen haben einen guten Ruf. Daraus folgt zweierlei. Zum einen besteht eine Notwendigkeit eines entsprechenden Unterscheidungsvermögens und einer differenzierten Umweltbehandlung. Das Agieren in beiden Richtungen kann widerspruchsvoll werden: Investitionen in der einen Richtung stärken nicht eo ipso die andere. Zum anderen gibt es »kritische Fälle«, die die Schwelle zwischen beiden Ebenen durchbrechen. Ein Produktionsbetrieb zum Beispiel verkauft Autos nicht mit den gewöhnlichen Mängeln, sondern mit Konstruktionsfehlern, Verwaltungen sind mit »politisch« werdenden Einzelfällen beschäftigt, oder ein Krankenhaus ist mit »kritischen«, also medizinisch vermeidbaren Todesfällen konfrontiert.

Zusammenfassend kann man also sagen, daß sich die Autonomiebedingungen von Organisationen als außerordentlich vielschichtig erweisen. Es gibt viele heikle Punkte, viele relevante Strategien, die in der täglichen Praxis isoliert auftauchen und dann schlecht gerechtfertigt werden können. Das gilt etwa für das um seinen Ruf besorgte Krankenhaus oder die Langsamkeit der Bürokratie. Es ist eine wichtige Aufgabe der Theorie der Organisation, diese Einzelgesichtspunkte in einen systematischen Zusammenhang zu bringen. Selbst für die Theorie ist es schwierig, alles zugleich im Auge zu behalten. Man kann nur versuchen, an die Grenze dessen zu gehen, was ohne eine Mathematisierung der Zusammenhänge geleistet werden kann.

4.6. Selektivitätsverstärkung

Selektivitätsverstärkung ist ein aus der Kybernetik stammender Begriff, der in der Organisationssoziologie noch ungebräuchlich ist, aber sehr nützlich werden könnte. Ich rezipiere ihn im Rahmen der allgemeinen Grundvoraussetzung, daß Systeme Komplexität reduzieren. Selektivitätsverstärkung heißt dann, daß jeder einzelne Akt nur ein begrenztes Potential für Selektion hat und daß deshalb *ein Akt an den anderen angeschlossen werden muß*, und zwar so, daß er die Selektion des vorangegangenen übernimmt, nicht wiederholt und auch nicht einfach ignoriert.[52] Es handelt sich also um eine Problematik der Optimierung.

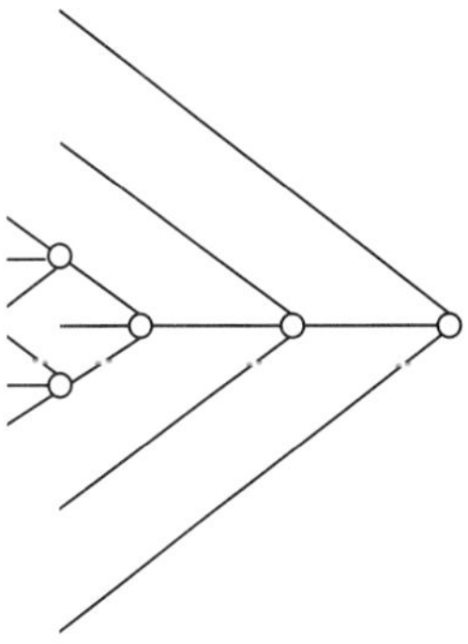

Abb. 1: Selektivitätsverstärkung

Bisherige Anwendungsfälle einer so verstandenen Selektivitätsverstärkung in der Organisationstheorie, die aber ohne den Begriff auskamen, sind (1) das Konzept des »span of control«, also die Frage danach, über wie viele Personen man eine Kontrollmöglichkeit ausüben kann, wenn man die begrenzten Kapazitäten des einzelnen berücksichtigt, und (2) die Möglichkeit der Unsicherheitsabsorption dadurch, daß selektiv ausgewählte Entscheidungen mittels Kommunikation weitergereicht und dann fraglos übernommen werden.

52 Vgl. dazu oben, Vorlesung II, Abschnitt 7.3.

Man kann nun fragen: *Wie ermöglicht die formale Organisation eine Selektivitätsverstärkung?* Die Antwort ist: durch die Bereitstellung des *Mediums*, das die *Übernahme fremdreduzierter Komplexität ermöglicht.* Jedes Mitglied muß motiviert und in die Lage versetzt werden, mit fremdreduzierter Komplexität zu arbeiten. Das geschieht durch die Formalisierung von Macht zu verbindlichen Entscheidungen. Ist so eine Entscheidung getroffen, hat sie diesen Doppeleffekt: Sie muß als Entscheidungsprämisse übernommen werden, und sie entlastet von Verantwortung. Man kann auch sagen, daß Macht durch Formalisierung an *Liquidität* gewinnt, das heißt, die Entscheidungsleistungen werden flüssig abgenommen, ohne daß die Motive dafür fallweise noch beschafft werden müssen durch Drohung, Tausch, besondere Freundlichkeit usw. Eine Schwierigkeit besteht darin, daß die Formalisierungsmöglichkeiten bei weitem nicht ausreichen. Es gibt sehr viel informale Kooperation auch bei Prozessen, die letztlich in formale Entscheidungen auslaufen. Auf der horizontalen Ebene wird in Verwaltungen typisch mit Stellungnahmen und Teilentscheidungen gearbeitet, die man übernehmen kann, aber nicht muß. Das führt zu einer gewissen Überschneidung von Verantwortungsbereichen. Auf der vertikalen Ebene gibt es ebenfalls eine informale Arbeitsteilung – etwa im Sinne technisch-rechenmäßiger, professioneller oder politischer Verantwortlichkeit. Die Nachprüfung durch die Vorgesetzten ist eine formal bestehende, praktisch aber derogierte Pflicht. Die förmliche Aufteilung der Verantwortlichkeit bleibt hier in der Schwebe, weil man den Vorgesetzten nicht gut an die Entscheidungen seiner Untergebenen binden kann.

Wichtig ist in diesem Zusammenhang die Unterscheidung von *Verantwortung und Verantwortlichkeit.* Das habe ich in meinem Buch *Funktionen und Folgen formaler Organisation* detailliert dargestellt.[53] Verantwortung heißt Absorption von Unsicherheit und Komplexität, sie leistet also einen faktischen Beitrag zur Selektionsleistung der Entscheidung. Verantwortlichkeit heißt förmliche Rechenschaftspflicht für Fehler. Beides kann faktisch nie voll zur Deckung gebracht werden, wie das der Idealdarstellung der Organisation entspräche. Einerseits gibt es Entscheidungsbeiträge, die nicht rechenschaftspflichtig gemacht werden können. Andererseits

53 Siehe Luhmann, *Funktionen und Folgen*, Kap. 12, »Verantwortung und Verantwortlichkeit« (S. 172 ff.).

gibt es umgekehrt förmliche Rechenschaftsübernahmen, denen gar keine Entscheidungstätigkeiten zugrunde liegen. Die Differenz von Verantwortung und Verantwortlichkeit ist wiederum ein Betätigungsfeld bürokratischer Taktik: Manche suchen Einfluß ohne Rechenschaftspflicht – dann spricht man von sogenannten grauen Eminenzen. Andere lieben es, förmliche Verantwortlichkeit auf sich zu laden – etwa weil dies die Bedingung dafür ist, daß ihre Unterschrift unter Dekreten und Erlassen erscheint, die Person auf diesem Weg bekannt wird. Zu beiden Strategien gehören sekundäre Taktiken der Verteilung von Mitverantwortlichkeiten. Im großen und ganzen ist eine vernünftige Ausbalancierung zu erreichen, wenn sichergestellt ist, daß Einfluß nicht ganz ohne Übernahmen von Verantwortlichkeit erreicht werden kann und umgekehrt.

All diese Überlegungen finden ihr Paradebeispiel in Verwaltungen. Verwaltungen sind formale Organisationen par excellence. Aber auch in anderen Organisationen findet man dieselben Probleme, wenngleich in weniger verfeinerter Form. Ein Arzt im Krankenhaus zum Beispiel verläßt sich auf Assistenten, Schwestern usw. bei der Operation. In einer Arbeitskette fügt einer seinen Beitrag an das, was andere schon zusammengesetzt haben. In einem Restaurant zum Beispiel verläßt sich die Küche darauf, daß die Kellnerin das Gewünschte richtig mitteilt, und diese umgekehrt darauf, daß die Küche richtig kocht.

Mein diesen Teil der Vorlesung abschließendes Thema ist die Frage der *Kontrolle*. Diesen Begriff im Zusammenhang mit der Frage der Selektionsverstärkung zu behandeln ist systematisch ungewöhnlich, ergibt sich aber aus dem Verständnis ihrer Funktion. In weitem Umfange hängt das Tempo des Entscheidungsflusses, das unkritische Übernehmen fremder Leistungen nämlich davon ab, daß die täglichen Arbeitsbeziehungen von Kontrollfunktionen *entlastet* sind, das heißt, daß diejenigen, die miteinander arbeiten, sich und ihre Arbeit nicht außerdem noch zu kontrollieren haben. Das ist ein Gebot funktionaler Differenzierung (ähnlich wie schon die viel weitergehende Entlastung von wechselseitiger Motivvorsorge). Solche Entlastung ist nur möglich, wenn anderweitig für Kontrollen gesorgt wird, wenn also für diese spezifische Funktion besondere Rollen geschaffen werden, es zu einer *Ausdifferenzierung der Kontrolle* kommt. Bei genauerem Zusehen muß man *zwei Kontrollformen* unterscheiden: Wenn man (zufällig) Fehler anderer bemerkt, muß man sie melden beziehungsweise korrigieren – das kann man als *passive* Kontrolle bezeichnen. Oder man muß die Fehler anderer suchen – das ist dann eine *aktive* Kontrolle. Praktisch sind beide Formen schwer voneinander abgrenzbar. Für das Ausmaß der Bemühung, die erwartet wird, spielen sich Standards und Gewohnheiten ein. Selbst hauptamtliche, aktive Kontrolleure prüfen nicht alles. Das Ausmaß, in dem es sinnvoll ist, Kontrollen auszudifferenzieren, variiert von Organisation zu Organisation. Beispiele für die verschiedenen Organisationstypen sind (1) statistische Qualitätskontrollen, Lagerkontrollen usw. im Produktionsbetrieb, (2) Rechnungskontrollen in Verwaltungsbetrieben, (3) Rechtskontrollen in der öffentlichen Verwaltung und (4) Inspektionen in Dienstleistungsbetrieben, zum Beispiel beim Militär oder in den Schulen die Visiten des Schulrats. Mit der Ausdifferenzierung kann es aber auch zu einer Entartung in Form einer zeremoniellen Darstellung von Idealzuständen kommen, die Kontrolle hat dann eher die Funktion von Reinigungsritualien. Generell gilt: In dem Maße, als Kontrollen ausdifferenziert sind, wird der Arbeitsfluß, ob förmlich oder nicht, von Kontrollen entlastet und zu unkritischem Weiterreichen befähigt.

5. Folgeprobleme

Im 4. Teil der Vorlesung war von den Funktionen formaler Organisationen die Rede. Das ist eine abstrakte, insofern einseitige und unzureichende Analyse. Sie bedarf der Korrektur. Diese Korrektur muß im Einklang mit den Methodenvorstellungen des Funktionalismus vollzogen werden – nicht einfach durch einen Methodensynkretismus.[54] Ich gehe von einem *universell* anwendbaren Funktionsbegriff aus, das heißt: Es gibt nichts, was sich durch seine Natur der funktionalen Analyse entzieht. Zur vergleichenden funktionalen Analyse gehort aber sehr wesentlich der Gedanke einer Mehrheit und Verschiedenheit funktional äquivalenter Leistungen. Es gibt also notwendig Aspekte der Wirklichkeit, die nicht in einer spezifischen Funktion aufgehen. Das ist im Funktionsbegriff impliziert. Wenn man den so verstandenen Begriff auf das Konzept der Kausalität anwendet,[55] dann kann man davon sprechen, daß es nichtfunktionale Nebenfolgen des Handelns gibt. Diese können in den Grenzen eines Systems entweder belanglos oder aber problematisch sein. Bei problematischen Nebenfolgen spreche ich von *Folgeproblemen*, häufiger verwende ich auch den Begriff der *dysfunktionalen Folgen*. Dabei ist aber zu beachten, daß positive und negative Funktionen nicht auf gleicher Abstraktionsstufe stehen. Dysfunktionale Folgen lassen sich nur feststellen, wenn man zunächst für bestimmte Funktionen bestimmte Leistungen ausgesucht hat. Es geht es in diesem Teil der Vorlesung also um Folgeprobleme, denen man begegnet, wenn man die bisher behandelten Funktionen durch formale Organisation erfüllt. Unterscheiden kann man die Folgeprobleme zunächst danach, ob es sich um solche im Verhältnis zu Nichtmitgliedern oder zu Mitgliedern der Organisation handelt.

54 Vgl. dazu grundsätzlich Niklas Luhmann, »Funktionale Methode und Systemtheorie«, in: *Soziale Welt* 15 (1964), S. 1-25.

55 Vgl. Niklas Luhmann, »Funktion und Kausalität«, in: *Kölner Zeitschrift für Soziologie und Sozialpsychologie* 14 (1962), S. 617-644.

5.1. Folgeprobleme im Verhältnis zu Nichtmitgliedern

Bei der Frage nach Folgeproblemen im Verhältnis zu Nichtmitgliedern der Organisation ist zunächst die Frage der Systemreferenz zu bedenken. Es kann natürlich nicht die Rede von *allen* Problemen sein, die eine Organisation ihrer Umwelt aufgibt, die also in anderen Systemen auftreten: Die Armee läßt ihre Soldaten marschieren – und die weiblichen Bediensteten der Versicherungsgesellschaft schauen aus dem Fenster und arbeiten nicht. Solche Fälle sind nicht gemeint. Allgemein läßt sich aber vermuten, daß die Problemmenge trotzdem *sehr hoch* ist. Denn jede Organisation tendiert dazu, Probleme dadurch zu lösen, daß sie sie auf ihre Umwelt abwälzt – sofern das ohne Bumerangeffekt möglich ist. Außerdem gilt ganz allgemein, daß bei zunehmender funktionaler Differenzierung die Probleme in der Gesellschaft immer weniger dort gelöst werden können, wo sie erzeugt werden, sondern anderswo. In dieser Hinsicht gibt es keine »dichten Grenzen« zwischen den Systemen. Jedes System wird vielmehr mit einer Reihe von Eigenschaften ausgestattet, die man in zwei Gruppen ordnen kann: Problemlösungsmittel und Problemvermeidungsmöglichkeiten. (1) Bei *Problemlösungsmitteln* kann man wiederum unterscheiden zwischen *spezifischen* Problemlösungsmitteln – zum Beispiel werden die Folgen von Verkehrsunfällen im Krankenhaus bearbeitet – und *generalisierten* Problemlösungsmitteln in gegebener Begrenzung (Knappheit), zum Beispiel Macht, Geld, Wissen – man könnte geradezu von besonderen Problemlösungssprachen sprechen. (2) Bei *Problemvermeidungsmöglichkeiten* kann man unterscheiden zwischen Indifferenzen *gegenüber* Problemen der Umwelt (unter Umständen mit Schwellenwerten) und Abwälzungsmöglichkeiten *von* Problemen in die Umwelt. Sind diese Eigenschaften in einigermaßen bewährter Verteilung gegeben, kann in hohem Maße darauf verzichtet werden, Problemerzeugung und Problemlösung zu koordinieren, sie können dann vielmehr auseinanderfallen. Damit entfällt ein sehr altertümliches Steuerungsmodell: solche Schädigungen über Schuldzurechnungen und Sühne abzuwickeln. Damit sind entsetzlich hohe Kommunikationslasten verbunden, und das kann man sich nur noch in einer Auswahl der wichtigsten Fälle leisten. Diese Erwägungen zeigen Ihnen nun den Grund, weshalb auch die Organisationssoziologie davon absehen muß, in die Vielfalt dieser wechselseitigen Belastungen im einzelnen hineinzuleuchten. Es muß ihr genügen, das Prinzip zu erkennen, nach denen sie abgewickelt werden.

Eine ganz andere Frage ist, wieweit eine Organisation sich *durch ihre eigene Arbeitslogik den Verkehr mit Nichtmitgliedern erschwert*, also Probleme schafft, die ihre Außenbeziehungen belasten. Das ist im Grunde ein typischer Fall widersprüchlicher Systeminteressen: Die Organisation hat Interessen, es zu tun *und* es nicht zu tun. Ein Beispiel dafür ist die *Langsamkeit der Verwaltung*. Der eigentliche Grund liegt in den bereits skizzierten Autonomiebedingungen der Organisation: der differenzierten Umwelt, den eigenen Zeitplänen, der Tatsache, daß es keine genaue Anpassung an die konkreten Erwartungen der Umwelt gibt. Welche Mittel gibt es, diese Folgeprobleme zu lindern? Man kann wenigstens fünf Möglichkeiten unterscheiden:

(a) Eine überzeugende *Selbstdarstellung* der Organisation gegenüber ihrer Umwelt. Aus diesem Grund kommt es in der Organisation zu »Öffentlichkeitsarbeit« als herausspezialisierte Selbstdarstellungsfunktion.

(b) Eine organisationsinterne *Anspitzung des Problembewußtseins* in der Form von sogenannten Höflichkeitskampagnen nach dem Motto *suaviter in modo, fortiter in re*, also: »freundlich im Ton, hart in der Sache«, die für den Kontakt mit Nichtmitgliedern sensibilisieren. Das sind die im ganzen aber wohl weniger wirksamen Techniken, die sich mehr zum Abschleifen unnötiger Härten eignen als dazu, strukturell angelegte Diskrepanzen aufzulösen.

(c) Unschädliche Ressentiments in der Form des *Aufbaus negativer Stereotype* auf seiten des Publikums in bezug auf Bürokratie: »der Beamte«. Das hat eine Entlastungsfunktion, denn die Ressentiments führen zu einer Ableitung von Verärgerungen auf eine Ebene, die handlungs*un*wirksam ist. Es ist eine Problematik aller empirischen Meinungsumfragen, die das nur schwer fassen können. Zugleich kommt es zu einer Immunisierung des Bildes durch die Zulassung von Ausnahmen von der unterstellten Regel, die dann bei Bedarf als Handlungsgrundlage aktiviert werden. Hierin liegt auch die Problematik einer allzu intensiven Öffentlichkeitsarbeit, die durch die Selbstdarstellung Erwartungen weckt, die dann von dem faktischen Organisationshandeln nicht gedeckt sind, so daß sich die Ressentiments bestätigt sehen.

(d) Der Einbau der Folgeprobleme in die Organisation selbst durch Schaffung besonderer *Grenzstellen*, auf die das Problem abgewälzt wird. Dazu finden Sie einiges im 15. Kapitel meines Buches *Funktionen und Folgen formaler Organisation.*[56] Als Beispiele für solche Grenzstellen kann man Handlungsreisende, Fürsorgerinnen, Pressereferenten, Lehrer oder Verkehrspolizisten nennen. Sie alle haben eine Vermittlungsfunktion zwischen der Organisation und ihren Nichtmitgliedern in der Umwelt, die in Kontakt mit ihr treten. Die Grenzstellen sind durch eine widerspruchsvolle Verpflichtung auf die Durchführung des formalen Programms der Organisation *und* die Sicherung guter Umweltbeziehungen gekennzeichnet, die eine gewisse Verhaltenselastizität erforderlich macht, für die durch die Organisation ein Spielraum eingerichtet oder doch toleriert werden muß. Dadurch wird bei den Grenzstelleninhabern die Entwicklung eines im Normativen wie im Faktischen etwas abweichenden Bewußtseins wahrscheinlich. Die beste Kenntnis der Umwelt führt gleichzeitig fast unweigerlich zu einer Einfühlung in die Umwelt, zur Entwicklung eines etwas abweichenden Wahrnehmungshorizonts. Ein hoher formaler Status der Grenzstelle erleichtert Initiativen, läßt den Stelleninhaber über Kontakt und Gesprächsthemen freier disponieren. Gleichzeitig hat der organisationsinterne Status Bedeutung für den Außenkontakt: Eine hierarchisch hochstehende Stelle kann auch nach außen besser verhandeln.

(e) Eine interessante Möglichkeit der Folgeproblemlinderung ist der besondere Fall der *Kontaktsysteme.*[57] Die Besonderheit von Kontaktsystemen besteht darin, daß dieselben Partner mehrfach zusammentreffen, und zwar in wechselnden Situationen mit wechselnden Abhängigkeiten – also nicht so wie der Briefträger, der jeden morgen in gleicher Funktion kommt. Ein Beispiel sind Kontakte der Interessenverbände mit der öffentlichen Verwaltung.[58] Hier bilden sich nun Interessen an einer Regulierung der Kontakte durch ein besonderes System aus, in dem man sich immer wie-

56 Vgl. Luhmann, *Funktionen und Folgen*, Kap. 15, »Grenzstellen« (S. 220 ff.).

57 Vgl. dazu dann ausführlich Niklas Luhmann, *Legitimation durch Verfahren*, Neuwied, Berlin 1969, S. 75 ff.

58 Vgl. dazu auch Niklas Luhmann, *Die Grenzen der Verwaltung*, Berlin 2021, hg. von Johannes F. K. Schmidt und Christoph Gesigora, S. 137 ff. (Anm. d. Hg.: Das Manuskript wurde von Luhmann 1963/64 verfaßt.)

der begegnet. Eine Mehrleistung in einem Fall wird erinnert und gutgeschrieben, es entwickeln sich Formen der Dankbarkeit. Die situationsabhängigen Chancen werden dann nicht mehr voll ausgenutzt, weil jeder weiß, daß das nächste Mal die Karten anders verteilt sind. Die Mäßigung kann mehr oder weniger weit gehen, bis schließlich die Erhaltung des guten Kontaktes wichtiger wird als der Ausgang jeder einzelnen Verhandlungssache. So weit kann es allerdings wegen der starken Formalisierung von Pflichten nicht kommen. Jede Seite eines solchen System ist vielmehr gehalten, die formalen Grenzen der Manövrierfähigkeit der anderen Seite zu beachten. Eine Voraussetzung dafür ist die gute Kenntnis des jeweiligen Organisationsmilieus.

Zuletzt hatte ich einige abschleifende, lindernde oder auch nur das Problem zerteilende Lösungstechniken genannt. Es ist nun noch zu beachten, daß diese Problematik keineswegs in allen Organisationen gleichmäßig auftritt, sondern eine Frage des Grades ihrer Abhängigkeit von spezifischen Umwelten ist. So hat zum Beispiel eine politisch gut abgedeckte Verwaltung größere Freiheit gegenüber Interessenverbänden. Auf dieses Problem kommen wir im Rahmen der Typologie von Organisationen nochmals zurück.[59]

5.2. Folgeprobleme im Verhältnis zu Mitgliedern

Bei Folgeproblemen im Verhältnis zu Mitgliedern handelt es sich in der üblichen Perspektive um innere Probleme der Organisation. Thematisiert wird das als Frage der »Entfremdung« des Menschen, als Frage der gesunden Persönlichkeitsentwicklung, als Frage eines psychisch unzuträglichen, aber verbesserungsfähigen Organisationsklimas. Aber es ist besser, diese Frage als *Außenbeziehung* der Organisation zu sehen. Denn es handelt sich in der Tat um das Verhältnis zu einer nicht kontrollierbaren Umwelt der Organisation. Ein weiterer Mangel der in der Literatur vorherrschenden Perspektive ist auch ein Auseinanderreißen von Motivation und Rekrutierung der Organisationsmitglieder. Im übrigen wird in der Praxis auch mit einem Nebeneinander von »dienstlich« und »persönlich« gearbeitet. (»Wie geht es Ihnen psychisch?« ist im Dienst-

59 Siehe unten in dieser Vorlesung, Teil 7.

verhältnis keine zulässige Frage.) Entsprechend gibt es auch in der Organisation Grenzstellen für Personalsachen. Mit besserem Recht spricht man also auch im Verhältnis der Organisation zu ihren Mitgliedern von Beziehungen zur Umwelt, die analog, aber doch andersartig sind als die zu Nichtmitgliedern. Drei Komplexe möchte ich im folgenden näher betrachten: (a) Motivation, (b) Selbstdarstellung und (c) Rekrutierung.

(a) Bei der *Motivation* muß man zunächst Mitgliedschaftsmotivation (Teilnahmemotivation) und Leistungsmotivation unterscheiden.[60] Nur die *Mitgliedschaftsmotivation* kann formal sichergestellt werden: Die Mitgliedschaft in der Organisation verpflichtet zur Beachtung der formalisierten Erwartungen. Damit einher geht der Negativeffekt der Feststellbarkeit dessen, was nicht erwartet werden kann. Die Praxis der Organisation zeigt, daß die Kontrolle des Einhaltens der Mindestgrenze viel zu mühsam ist und einen viel zu hohen Aufwand an Überlegung und Information erfordert. Ein Beleg hierfür ist die »Aktion Igel« bei der Deutschen Bundespost.[61] Immerhin aber läßt sich sagen, daß die Organisation im allgemeinen beträchtlich unter dem möglichen Leistungsniveau operiert. Die Angewiesenheit auf eine zusätzliche *Leistungsmotivation* ist von Fall zu Fall sehr verschieden. Bei einem Fließbandarbeiter oder einem Briefträger spielt diese weniger eine Rolle als in der Verwaltung, in dieser wiederum weniger als in der Schule. Es stellt sich daher auch die Frage der zusätzlichen Quellen der Motivation: Die Human-Relations-Bewegung hatte hier, wie erinnerlich, den Führungsstil und die Kleingruppe als Quelle entdeckt. Im einzelnen denken kann man auch an professionelle Standards oder ein Berufsethos, zum Beispiel an Humanität und Idealismus als Darstellungsrequisit des Lehrers oder an die Reputation als Ziel des Forschers; Richter führen in ihrem Schreibtisch Strichlisten, wie viele ihrer Urteile die Berufung und die Revision in der nächsten Instanz passieren. Professionelle Standards stehen häufig in mehr oder weniger starker Diskrepanz zu den offiziellen Organisationszielen. Die Motivationsstruktur, die benötigt wird, verwickelt die Beteiligten

60 Siehe auch Luhmann, *Funktionen und Folgen*, S. 104 ff.

61 Anm. d. Hg.: Bei der »Aktion Igel« handelte es sich um einen von der Postgewerkschaft organisierten dreitägigen Bummelstreik im Juli 1962, bei dem die eigentlich nicht streikberechtigten Postbeamten der Deutschen Bundespost mit einem Dienst nach Vorschrift für eine Gehaltserhöhung eintraten.

dann in einen sekundären Konflikt. Das gilt auch bei sehr starker persönlicher Verpflichtung und entsprechendem Engagement auf Zwecke. Mitglieder wechseln dann leicht die Organisation: zum Beispiel die politische Partei, die nicht genug Machtchancen hat, das Krankenhaus, dessen Ausrüstung zu schlecht ist, oder die Firma, die es ablehnt, eine größere Datenverarbeitungsanlage zu kaufen. Die von einer Sache Begeisterten sind ein Problem für sich – man denke an den Prinzen von Homburg und dessen eigenmächtiges Agieren in der Schlacht gegen die Schweden.

(b) Ein mit der Motivation verwandtes, aber doch davon zu unterscheidendes Problem ist die *Selbstdarstellung* der Organisationsmitglieder. Das Handeln in formalen Organisationen gibt verhältnismäßig wenig Chancen der Selbstdarstellung. Das wird oft als »Unpersönlichkeit« des Handelns in Organisationen gekennzeichnet. Aber stimmt das? Was heißt das überhaupt? Nicht gemeint ist damit die Rollentrennung, die Bedeutung personaler Orientierung sektorenhafter Art – der Vorgesetzte »kennt« seine Untergebenen – oder die Bedeutung persönlicher Beziehungen. Sondern es ist gemeint, daß das formal organisierte Handeln in einer Mitgliedsrolle nicht der Person zugerechnet wird, es hat für sie keinen Darstellungswert. Das gleiche gilt für professionelles Handeln unter dem Darstellungszwang exklusiver Richtigkeit. All das gibt wenig Chancen, eigene Qualitäten zu zeigen, es gibt allenfalls verkümmerte Ausdruckschancen. Es handelt sich gewissermaßen um eine Organisationsbotanik mit einem merkwürdigen Verhältnis zu ihren Pflanzen. Wenn es Möglichkeiten der Selbstdarstellung gibt, dann nur in Marginalien, Schnörkeln »in der Art, wie«, die aber nur Eingeweihten als Leistung, als persönlicher Stil erkennbar ist. Ein Beispiel sind Ministerreden, bei denen der jeweilige Referent intern an den Formulierungen als Autor erkannt wird. Etwas günstiger liegen die Chancen bei einem höheren Status des Organisationsmitglieds. Es gibt sozialpsychologische Experimente, die beweisen, daß bei einem höheren Status einer Person eher Kausalität zugerechnet wird. Im übrigen hat man in höherem Status effektiv auch mehr Chancen, sich persönlich zu geben.

Die Beschneidung der Selbstdarstellungschancen hat vom Standpunkt der Organisation aus gesehen Vorteile und Nachteile. Die Nachteile sind (1) eine Einbuße an Motivation, (2) eine Suche nach einem Ersatz unter Zweckentfremdung anderer Figuren oder dem Ausweichen in eine Statussymbolik und (3) der Verlust eines typischen Mittels sozialer Kontrolle. Die Folge ist eine Fesselung an ein gezeigtes Niveau. Die Vorteile liegen in einer größeren Umstellungsbeweglichkeit, denn wenn die vergangene Leistung mit Selbstdarstellung verbunden war, kann sie nicht ohne tiefgreifende Störungen des Selbst geändert werden. Man übersteht so Konflikte, weil an der Selbstdarstellung festgehalten wird. Bei all diesen Überlegungen ist mitzubedenken, daß dies keine konkreten Hypothesen sein können, sondern allenfalls Tendenzangaben und Regeln für die Aufstellung konkreter Hypothesen.

(c) Bei der Frage nach dem Verhältnis der Organisation zu ihren Mitgliedern sind nicht nur aktuelle Mitglieder, sondern auch potentielle Mitglieder zu bedenken, es geht also um die Frage der *Rekrutierung*. Mit Blick auf das Nachwuchsproblem als ein Dauerproblem achten fortschrittliche Organisationen auf ihren Ruf auf dem Arbeitsmarkt. Auch das ist ein Erfordernis, das nicht allein steht, nicht allein maximiert, aber doch mitbeachtet werden muß. Zwei Sachverhalte machen die Rekrutierung neuer Organisationsmitglieder problematisch. (1) Es herrscht eine hohe Konkurrenz auf dem Markt durch verschiedenartige Organisationen einerseits und die Erfassung der gesamten Bevölkerung als potentielle Organisationsmitglieder andererseits. Es gibt also in der modernen Gesellschaft keinen Automatismus, der bestimmte Neigungen in dafür geeignete Organisationen führt nach dem Muster, das man in früheren Gesellschaften beobachten kann: die Frommen ins Kloster, die Draufgänger ins Militär. (2) Es gibt keine Ad-hoc-Abstimmung der Interessen von Organisation und potentiellen Mitgliedern im konkreten Tausch (wie vielfach im Verkehr mit Nichtmitgliedern), sondern ein langfristiges Engagement auf beiden Seiten mit nicht ganz ausmerzbaren Risiken. Das ist die Kehrseite der Generalisierung der Verhaltenserwartungen und der Pauschalunterwerfung unter die Organisationszwecke. Auch hier werden also die »Kosten« der formalen Organisation sichtbar, oder es zeigen sich Folgeprobleme, die mit sekundären Strategien zu bereinigen sind.

5.3. Strukturelle Spannungen und Verhaltensbelastungen

In den beiden vorherigen Abschnitten hatte ich Folgeprobleme unter dem Gesichtspunkt der Innen/Außen-Differenz behandelt. Jetzt geht es um Folgeprobleme unter dem Gesichtspunkt von *Struktur und Prozeß*.[62] Wie eingangs gesagt, ist für den Strukturbegriff der Aspekt der doppelten Selektivität wesentlich. Hieraus folgt generell ein Verhältnis *wechselseitiger Entlastung* von Struktur und Prozeß: Komplexität, die durch die Struktur schon absorbiert ist, braucht durch das Verhalten nicht mehr absorbiert zu werden und umgekehrt. Das ist ein recht wichtiger, infolge seiner hohen Abstraktion vielfältig anwendbarer Gedanke. Er ist bisher in der Organisationssoziologie allerdings kaum benutzt worden, da Struktur und Prozeß als völlig heterogen gesehen werden. Zwei *Vorformen des Denkansatzes* kann man aber identifizieren. (1) In der betriebswirtschaftlichen Organisationslehre gibt es die Erkenntnis, daß man Regeln durch Einzelanweisungen ersetzen kann: Regeln werden als gebündelter Befehl verstanden. (2) Die zweite Vorform liegt im soziologischen Begriff des »structural strain«. Der Begriff bezeichnet den Sachverhalt, daß aus Gründen einer widerspruchsvollen, spannungsreichen Struktur das Verhalten schwierig wird. Auf allgemeiner Ebene wird dieser Gedanke in Mertons Anomiebegriff verwendet.[63] Als konkreteres Beispiel kann man an den Zwischenvorgesetzten denken, der sein Verhalten nach oben und unten ausrichten muß. Das Konzept ist ein guter Beleg für das relative Recht der klassischen Organisationslehre, widerspruchsfreie Organisation zu fordern. Aber damit wird das Problem des Umweltdrucks auf die Organisation, das Problem der widerspruchsvollen Bestandserfordernisse, verkannt.

Strukturen sind selbst schon Selektionen und können daher nicht alles berücksichtigen, nicht jedem Ereignis Rechnung tragen. Dieses Problem kann in verschiedener Weise gelöst werden: Durch eine Unklarheit der Struktur, zum Beispiel in der Familie, aber auch bei manchen Organisationen. Das ist insbesondere bei wenig artikulierten Umwelterwartungen eine Problemlösung. Oder

62 Vgl. oben, Vorlesung II, Abschnitt 6.1.

63 Robert K. Merton, »Social Structure and Anomie«, in: ders., *Social Theory and Social Structure. Toward the Codification of Theory and Research*, 2., verb. u. erw. Aufl., Glencoe 1957, S. 131-160.

durch die Legitimierung widerspruchsvoller Ziele, zum Beispiel von Lehre *und* Forschung in der Universität. Oder durch eine einseitige Selektion und Disprivilegierung anderer Erfordernisse, zum Beispiel die Profitorientierung eines Unternehmens.

Organisationen können wie wohl keine anderen Sozialsysteme Strukturen zum Gegenstand förmlicher Entscheidung machen und mit einer Entweder/Oder-Technik die zu lösenden Probleme als Aufgaben setzen oder verdunkeln. Die Frage ist, wieweit das eine soziologisch bewußte Technik der Verteilung von Komplexität auf Struktur und Verhalten werden kann. Ist eine *soziologische Rationalität* der Organisation möglich? Jedenfalls ist dieser Gedanke ein gutes analytisches Schema, mit dem man nach der Strukturabhängigkeit des Verhaltens fragen kann – und zwar nicht nur des Verhaltens im Rahmen formaler Erwartungen, sondern gerade auch des Verhaltens, das nichtformalisierbaren Notwendigkeiten Rechnung trägt. In Orientierung an den vorgenannten Problemlösungsansätzen kann man *drei Haupttypen des Verhaltens* dahingehend unterscheiden, ob und wie es zu einer Kanalisierung des mutmaßlichen Verhaltens durch die Wahl der Strukturform kommt.

(a) Das Verhalten bei *unklarer Zielvorgabe* (zum Beispiel im politischen System die Gemeinwohlorientierung): Damit verbunden ist eine Last der Freiheit, der Initiative und der Verantwortlichkeit für Folgen, als deren Urheber man dann sichtbar ist. Beispiele dafür sind die Spitze des politischen Systems oder Organisationen zur Veranstaltung kultureller Ereignisse. Aufgrund der unklaren Zielvorgabe gibt es in diesen Fällen einen hohen Konsensbedarf.

(b) Das Verhalten bei *widerspruchsvoller Zielvorgabe*: Hier gibt es einen hohen Grad an Freiheit und die Möglichkeit, Rechenschaftspflicht zu vermeiden, indem man sich auf die Erfordernisse *eines* der Ziele beruft. Oft gibt es eine eingebaute Präferenz, so zum Beispiel bei Forschung und Lehre für Lehre wegen der (durch die Organisation vorgegebenen) Terminierung.

(c) Das Verhalten bei *undurchführbarer Exklusivität von Einzelzielen*: Hier kann man wiederum zwei Möglichkeiten unterscheiden, nämlich zum einen das Stützen auf eine starke Formalisierung der Erwartung; das ist ein Modus, sich der Verantwortung zu entziehen, dabei handelt es sich aber um eine instabile Lösung. Eine andere Möglichkeit ist *brauchbare Illegalität*, also der Versuch, durch ein Verhalten, das die formalen Erwartungen verletzt, das Ziel zu erreichen – dazu finden Sie einiges in meinem Buch *Funktionen und Folgen formaler Organisation* im 22. Kapitel.[64] Als Beispiele für eine solche brauchbare Illegalität kann man nennen: (1) Grenzstellen, bei denen, wie oben bereits erwähnt, eine teilweise Loslösung von Strukturvorgaben der eigenen Organisation sinnvoll sein kann. (2) Nicht vorgesehene Ausweichhandlungen in der Form informaler Lagerhaltungen, Reservenbildungen und Tauschgeschäften, wie man sie aus der russischen Planwirtschaft kennt.[65] (3) Der in einem Unternehmen unter den Arbeitern weit verbreitete und auch unter den Vorgesetzten bekannte Verstoß gegen Produktionsvorschriften, der es aber erst erlaubt, das Produktionsziel zu erreichen.[66]

Als Soziologe muß man solchen Phänomenen gegenüber nicht nur eine, sondern zwei Fallen vermeiden. Man darf nicht einfach in der Tonart der herrschenden Moral mitsingen, man kann aber auch nicht ohne weiteres die rationalistische Jagd nach Verbesserungen mitmachen, etwa eine Folgerung vornehmen wie: Wenn illegales Verhalten vorkommt, sind eben die Programme falsch und müssen geändert werden. Denn es könnte ja sein, daß eine solche Verteilung von Helligkeit und Dunkelheit in ebendieser Form funktional sinnvoll ist.

5.4. Regulierung von Enttäuschungen

Die Regulierung von Enttäuschungen ist im Grunde ein Sonderfall meines dritten Punktes – es geht um die Abwälzung struktureller Spannungen auf das Verhalten. Aber der Sachverhalt ist besonders wichtig, und er wird in der Literatur selten deutlich genug herausgestellt, so daß ich ihn hier etwas breiter darstellen möchte.

Enttäuschung ist ein Problem, das mit jeder Strukturbildung

64 Siehe Luhmann, *Funktionen und Folgen*, 22. Kap. »Brauchbare Illegalität« (S. 304 ff.).

65 Vgl. Reinhard Bendix, *Herrschaft und Industriearbeit. Untersuchungen über Liberalismus und Autokratie in der Geschichte der Industrialisierung*, Frankfurt/M. 1960, S. 465 ff.

66 Vgl. Joseph Bensman, Israel Gerver, »Crime and Punishment in the Factory. The Function of Deviancy in Maintaining the Social System«, in: *American Sociological Review* 28 (1963), S. 588-598.

aufgegeben wird. Denn eine Struktur ist eine Täuschung – über die wahre Komplexität der Welt. Das Problem stellt sich also für soziale Systeme schlechthin. Das habe ich im letzten Semester in der Vorlesung »Theorie sozialer Systeme« behandelt.[67] In Organisationen nimmt das Problem eine besondere Form an: Enttäuschungen werden, sofern sie durch ein dem System zurechenbares Verhalten verursacht sind, als *Fehler* charakterisiert und behandelt. Es geht also nicht um Umweltverhalten, aber auch nicht jedes Mitgliederverhalten ist damit gemeint. Genaueres dazu finden Sie in meinen Büchern *Funktionen und Folgen formaler Organisation* und *Recht und Automation in der öffentlichen Verwaltung*; empfehlenswert sind auch die Studien von Everett Hughes und Isabel Menzies über Fehler am Arbeitsplatz.[68]

Orientierung am Fehler gehört zu den auffälligen Zügen des Erscheinungsbildes, wenn nicht aller, so doch der größeren, stärker formalisierten Organisationen. Andererseits trifft man diese Orientierung nicht nur in Organisationen, sondern auch in vielen Berufen an: bei Ärzten, Friseuren, Architekten, Konstrukteuren – sie ist überhaupt typisch bei schwierigen empirischen Operationen, die am Resultat kontrollierbar sind, oder bei stark ritualisiertem Handeln. Die Vorbedingungen dafür sind (1) eine gewisse Schwierigkeit und Erfolgsunsicherheit des Handelns und (2) eine deutliche Strukturierung der Erwartungen und der Zurechnungsformen, so daß bei Enttäuschungen feststeht, was falsch gemacht wurde und von wem. Das ist keineswegs die natürliche, allgemein anwendbare Verarbeitung von Enttäuschungen, Meinungsverschiedenheiten oder unerwarteten Vorfällen. Aber es ist eine Form, die das Erreichen hoher Erwartungssicherheit voraussetzt und ermöglicht. Es besteht also ein Zusammenhang mit dem grundsätzlichen Problem der Stabilisierung von Strukturen (und nicht: mit dem Problem der Sünde). Das ergibt sich, wenn man nach Sinn und *Funktion*

67 Vgl. oben, Vorlesung II, Teil 5 und Teil 6.

68 Luhmann, *Funktionen und Folgen*, Kap. 17, »Enttäuschungen, Fehler und Sanktionen« (S. 251 ff.); ders., *Recht und Automation in der öffentlichen Verwaltung. Eine verwaltungswissenschaftliche Untersuchung*, Berlin 1966, Kap. 8, »Entscheidungsfehler« (S. 75 ff.); Everett C. Hughes, »Mistakes at Work«, in: ders., *Men and Their Work*, Glencoe 1958, S. 88-101; Isabel E. P. Menzies, »A Case-Study in the Functioning of Social Systems as a Defence against Anxiety. A Report on a Study of the Nursing Service of a General Hospital«, in: *Human Relations* 13 (1960), S. 95-121.

der Darstellung von Enttäuschungen als Fehler fragt (was nicht zu verwechseln ist mit Darstellungsfehlern). Fünf Aspekte kann man benennen:

(a) Die Charakterisierung als Fehler hat den Sinn, die Erwartungsstruktur intakt zu halten und gegen symbolische Rückschlüsse abzuschirmen. Das enttäuschende Ereignis wird auf sich selbst isoliert und seines expressiven Gehalts entkleidet.

(b) Damit hängt die Isolierung auf einen (möglichst nur einen!) Schuldigen, das heißt die soziale Isolierung des Ereignisses zusammen, trotz effektiv bestehender sehr komplexer Zusammenhänge. Das ist die Kunst des Juristen. In neuartigen Verfeinerungen in der Kybernetik spricht man von Störungen oder Rauschen.

(c) Das ist möglich aufgrund einer Entweder/Oder-Logik. Mit Gotthard Günther[69] kann man sagen: Die zweiwertige Logik diskreditiert den Abweichenden.

(d) Die Darstellung als Fehler erfordert eine Erklärung, die zugleich deutlich macht, daß der Fehler »passiert«, das heißt erlitten worden ist und sich nicht wiederholen wird. Eine neuere Variante der Erklärung ist eine statistische Normalisierung des Fehlers: Es handelt sich um erwartbare Fehlerquoten, die keiner Erklärung mehr bedürfen – die Begründung erfolgt durch eine Wirtschaftlichkeitsrechnung.

(e) Das Sonderproblem des *Versagers* behandelt den Sachverhalt, daß sich die Fehler auf einer Person häufen. Es handelt sich um dieselbe Grundstruktur: Die mitwirkende Kausalität der gesamten Organisation wird nicht in Betracht gezogen: Der Schüler versagt, nicht der Lehrer. Die Behandlung von Versagern ist ein delikates Problem, besonders bei einem hohen Status des betroffenen Organisationsmitglieds.

Die Abwicklung von Enttäuschungen als Fehler ist eine allgemeine Strategie sozialer Systeme. In Organisationen kann sie dank ihrer Fähigkeit zur Formalisierung von Erwartungen in besonders breitem Umfange angewandt werden auch auf Gebieten, die von Natur aus dafür ungeeignet wären: Wer wollte sagen, welche Maßnahmen zur Jugendförderung fehlerhaft wären, wenn es keine Vorschriften darüber gäbe? Ferner gibt es die Möglichkeit, ein an sich fehleranfälliges Gebiet so mit Vorschriften zu überziehen, daß die

69 Vgl. Gotthard Günther, *Idee und Grundriß einer nicht-Aristotelischen Logik*, Bd. 1: *Die Idee und ihre philosophischen Voraussetzungen*, Hamburg 1959.

eigentlichen, verhängnisvollen Fehler gar nicht mehr als solche gerechnet werden, sondern nur noch die Verstöße gegen Vorschriften. Ein empirisches Beispiel dafür gibt Isabel Menzies in ihrer bereits erwähnten Studie über Krankenschwestern und die angstreduzierenden Mechanismen.

Mit der Charakterisierung als Fehler ist der Enttäuschungsfall noch nicht erledigt, das Problem hat nur eine zweite, besser handzuhabende Fassung erhalten, aber es ist noch ein Problem. Darauf beziehen sich *sekundäre Fehlerstrategien*, die mit dem Fehlerproblem ein Bezugsproblem haben, auf das hin rational gehandelt werden kann. Man kann zwei problembezogene Strategien unterscheiden:

(a) Zum einen gibt es *offizielle Strategien der Kontrolle* – das habe ich bereits behandelt im Zusammenhang mit dem Aspekt der Selektivitätsverstärkung.[70] Neben der Motivationsfunktion hat die Selektivitätsverstärkung in Form der Übernahme einer Selektion eines anderen auch die Funktion der Fehlerbekämpfung, und so ist sie auch am besten darstellbar und dem Kontrollierten nahezubringen: als gemeinsamer Kampf gegen die Fehler. Alle Kontrollen setzen deshalb die Feststellbarkeit von Fehlern voraus. Standards und Kontrollen sind hier das klassische Thema.

(b) Zum anderen gibt es *persönliche Strategien der Kontrolle*. Dabei kann man wiederum zwei Möglichkeiten unterscheiden. Einerseits ernsthafte Versuche, Fehler zu vermeiden durch das Lernen der typisch fehlernahen, anfälligen Aspekte der Arbeit – wie beim Autofahren. Andererseits wäre es aber leichtsinnig, sich ganz auf die eigene Tugend zu verlassen. Fehler passieren doch – und für diesen Fall muß man vorsorgen. Man lernt mit den Fehlerquellen zugleich die dafür passenden Ausreden. Insbesondere was sich als Ausrede schon einmal bewährt hat, wird gesammelt: Präzedenzien, zum Beispiel Regreßhaftungsfälle in Verwaltungen. Die Beteiligung anderer am Fehler fungiert als Gegenstrategie gegen die oben erwähnte Isolierungstendenz; und Haftpflichtversicherungen stellen Vorsorgeeinrichtungen dar, die die Fehler, die doch passieren, abfedern.

Zum Glück bedeutet nicht jeder Fehler eine Sanktion und nicht jede Sanktion die Entlassung aus der Organisation. Sanktionen werden nicht automatisch ausgelöst, sondern von der *Schuldfrage*

70 Siehe oben in dieser Vorlesung, Abschnitt 4.6.

abhängig gemacht. Und die nähere Umgebung »deckt« im allgemeinen die Fehler; das ist eine informale Pflicht und eine kooperative Notwendigkeit. Nur sehr krasse Fälle können nicht gedeckt werden. Das ist eine bekannte Problematik bei Aussagen hinsichtlich eines Fehlverhaltens bei der Polizei. Und selbst wenn Sanktionen unumgänglich sind, führen sie selten zur Entlassung, sofern der Fehler nur gehörig bereut wird. Das Ganze kann als eine Technik der Stoßdämpfung gesehen werden, wo je nach der Stärke des Stoßes jeweils andere Federn und Mechanismen, Argumente und Verfahren ins Spiel kommen. Diese Fehleroptik hat jedoch auch ihre Nachteile. Wenn alle Abweichungen automatisch als Fehler behandelt werden, kann die Organisation nicht lernen. Auch dies ist ein allgemeines Problem der Systemtheorie: das *Verhältnis von Enttäuschungsverarbeitung und Lernfähigkeit*. Neuere Tendenzen zur Nachsichtigkeit bei Fehlern auf unterer Ebene – das läuft unter dem Begriff »permissive leadership« – haben dieses Problem noch nicht vor Augen, sondern legitimieren nur das »Decken«. Es muß aber Stellen im System geben, die sich von der Fehleroptik freimachen können und die Erwartungen, die den Fehler als solchen definieren, überprüfen können, so daß es nicht zu einer Bagatellisierung des Fehlers kommt. Das kann nicht im Sinne einer Aufhebung des ganzen geschilderten Mechanismus geschehen, nicht in so direktem Widerspruch wie bei »permissive leadership«; wohl aber so, daß die Organisation durch interne Differenzierung in der Lage sein muß, entgegengesetzte Perspektiven nebeneinander zu aktualisieren. Das ist ein typisches, sehr allgemeines Prinzip des Umgangs mit Folgeproblemen.

6. Handlungsrationalität und Systemrationalität

6.1. Rationalität als Problem der Organisationssoziologie

Rationalität ist ein in der heutigen Soziologie offenes Problem. Das Thema wird nicht mehr behandelt, es scheinen andere Wissenschaften zuständig zu sein. Entsprechend ist es auch kein übliches Thema der Organisationssoziologie. Man differenziert folgendermaßen: Soziologie ist die Beschreibung des Wirklichen, nicht des Richtigen. Und das Wirkliche soll nicht als vernünftig genommen werden. Diese Sichtweise ist wichtig, und sie ist beizubehalten. Andererseits kann die Soziologie an den Formen, in denen die Welt faktisch rationalisiert wird, nicht vorbeigehen. Sie sind ein Faktum, und zwar ein *soziales* Faktum. Die Soziologie kann sich eines Urteils darüber enthalten, ob Rationalisierung richtig ist, aber sie kann nicht daran vorbeigehen, daß es *Differenzen im Rationalitätsgehalt von Handlungen und Systemen* gibt, die begriffen und erklärt werden müssen. Besonders bedauerlich ist, daß es kaum eine Gesprächsbasis zwischen der Organisationssoziologie und der Betriebswirtschaftslehre gibt. Wechselseitige Anregungen können so nicht aufgegriffen werden.[71] Den Studenten wird eine sinnvolle Kombination solcher Fächer erschwert. Das ist keine Notwendigkeit, wenngleich es kurzfristig kaum zu ändern ist. Die Soziologie sollte sich ihrerseits mehr Gedanken darüber machen.

Meine Formel für dieses Problem und für die Richtung, in der ich auf eine Lösung hinarbeite, ist, daß man in der Soziologie von handlungsrationalen zu systemrationalen Konzeptionen übergehen müsse.[72] *Handlungsrationalität* ist traditionell immer im Zweck/Mittel-Schema expliziert, das heißt auf die Auslegung des Handelns als Bewirken von bewerteten Wirkungen bezogen worden. Genannt werden können: (1) die Lehre von den festgelegten Zwekken als *causae finales*; (2) das Problem der Zweckprogrammierung im Rechtsstaat; (3) die vorausgesetzte Annahme eines frei wählenden Menschen in der Motivationstheorie, beginnend mit Adam Smith und dem Utilitarismus; (4) die Wirtschaftlichkeitsrechnung

71 Vgl. dazu Niklas Luhmann, »Die Bedeutung der Organisationssoziologie für Betrieb und Unternehmung«, in: *Arbeit und Leistung* 20 (1966), S. 181-189.

72 Vgl. dann ausführlich Luhmann, *Zweckbegriff und Systemrationalität.*

(optimales Verhältnis von Aufwand und Ertrag) als ausgebautes Zweck/Mittel-Schema, das eine Vorentscheidung über Zwecke und Mittel voraussetzt; (5) das unklare Verhältnis von Bestandsformel versus Zweckformel: können Zwecke geändert werden, wenn es der Bestand verlangt? Dazu gibt es eine umfangreiche und treffende Kritik. Diese Kritik ist zum Teil der Soziologie besonders nahestehend, etwa durch Ferdinand Tönnies in einem Text aus den frühen 1920er Jahren.[73] Heute scheint man aus dieser Kontroverse die Lösung zu wählen, nicht mehr darüber zu sprechen. Statt dessen müßte man versuchen, die alte Rationalitätskonzeption durch etwas Besseres zu ersetzen.

Mein Vorschlag ist, das Konzept der Handlungsrationalität durch das der *Systemrationalität* zu ersetzen – das ist ein im einzelnen noch unfertiger Begriff, eher eine Einladung, darüber nachzudenken. Ein System möchte ich rational nennen in dem Maße, als es in der Lage ist, seine Beziehungen zur Umwelt in Systemprobleme zu transformieren und so zu lösen. Ansätze zu Einzelheiten dieses Konzepts sind eine (1) Theorie der Komplexitätssteigerung – mit der Annahme einer ebenbürtigen Komplexität, (2) eine Theorie der Problemverschiebung von außen nach innen und (3) eine Theorie der Autonomie und der Selbststeuerung. Es ist klar, daß zu alldem bei höheren Anforderungen Organisation erforderlich ist. Der Kern einer Analyse solcher Problemzusammenhänge unter Aspekten der Rationalität scheint mir der Begriff des *Entscheidungsprogramms* zu sein.

6.2. Programmierung: Funktion und Typen

Der Programmbegriff stammt in seiner heutigen Verwendung aus der Maschinentheorie und aus der Theorie automatischer Datenverarbeitung, die durch einen Satz von Entscheidungsprämissen gesteuert wird. Die Übernahme – unter Beibehaltung der Form des Konditionalprogramms (Wenn-dann-Programm) – in die allgemeine Organisationstheorie ist durch Herbert Simon erfolgt.[74]

73 Ferdinand Tönnies, »Zweck und Mittel im sozialen Leben«, in: Melchior Palyi (Hg.), *Hauptprobleme der Soziologie. Erinnerungsgabe für Max Weber. I. Band*, München, Leipzig 1923, S. 235-270.

74 Vgl. March, Simon, *Organizations*, S. 141 ff.

Eine nochmalige Erweiterung und Abstraktion, die auch Zweckprogramme abdeckt, ist dann empfehlenswert.

Es gibt eine Schlüsselstellung des Begriffs der Programmierung für das Problem der Rationalisierung, genauer: für das Problem der Transformation von Systemtheorien in Entscheidungstheorien. Zunächst muß man zwei verschiedene Problembegriffe beachten, nämlich Systemprobleme und Entscheidungsprobleme. (1) *Systemprobleme* sind permanent gegeben, sie sind Ausformungen des Grundproblems der Komplexität. (2) *Entscheidungsprobleme* sind solche Probleme, die lösbar sind – die also eigentlich keine sind. Programme leisten nun die *Transformation von Systemproblemen in Entscheidungsprobleme*. Sie enthalten eine Formulierung des Problems mit der Angabe von Nebenbedingungen, bei deren Erfüllung die Entscheidung als Problemlösung und in diesem Sinne als richtig gelten soll. Es gibt Programme, die so konstruiert sind, daß es nur eine richtige Lösung gibt. Aber das ist kein Wesensmerkmal des Programmbegriffs selbst. Programmierung heißt und erfordert demnach, die in einem sozialen System zu lösenden Probleme präzise zu fassen, sie zu operationalisieren und zugleich die möglichen Folgeprobleme (dysfunktionale Folgen) als Grenzbedingungen des Programms mitzuberücksichtigen. Programme sind daher oft sehr komplizierte Gebilde. Operationalität (empirische Eindeutigkeit) und logische Eindeutigkeit eines Programms sind Variablen: Es gibt mehr oder weniger unbestimmte Programme – was in der formalen Ideologie der Organisation zuweilen anerkannt, zuweilen auch nicht anerkannt wird. Auch Programme sind Entscheidungen, sie sind »positiv« durch Entscheidung gesetzt, daher auch durch Entscheidung änderbar. Dann spricht man von der Reflexivität des Entscheidens. Voraussetzung dafür ist eine Autonomie des Systems und praktisch: formale Organisation.

Man kann zwei Grundtypen von Programmen unterscheiden: *Zweckprogramme* und *Konditionalprogramme*. Die Unterscheidung habe ich in meinem Aufsatz »Lob der Routine« erläutert, dort noch unter dem Begriffspaar »Zweckprogramme« und »Routineprogramme«.[75] Die Typenunterscheidung entspricht der praktischen Erfahrung, sie läßt sich aber auch systemtheoretisch konstruieren. Das Input/Output-Modell läßt nämlich zwei Rich-

75 Vgl. Niklas Luhmann, »Lob der Routine«, in: *Verwaltungsarchiv* 55 (1964), S. 1-33 (7 ff.).

tungen der Problematisierung offen: (1) bezüglich der Wirkung – dann geht es um eine Zukunftsorientierung – und (2) bezüglich der auslösenden Ursache – dann geht es um eine Vergangenheitsorientierung. Es handelt sich bei Zweck- und Konditionalprogrammen um theoretisch konstruierte Typen, *praktisch* kommen sie immer in Kombinationen und Mischungen vor. Es kann sinnvoll also nur die Frage nach Schwerpunktorientierungen gestellt werden, zum Beispiel bedeutet die Entwicklung vom Polizeistaat zum Rechtsstaat zum Wohlfahrtsstaat jeweils eine Verschiebung in den bevorzugten Programmtypen.[76] Das muß man im Blick behalten, wenn wir im folgenden die Programmtypen einzeln skizzieren.

Einige Aussagen lassen sich noch über die Funktion von Programmen im allgemeinen machen, das heißt ohne Rücksicht auf die Typendifferenzierung. Mit der Formulierung eines Programms wird ein Mehrfaches erreicht: (1) In der organisationsexternen Perspektive wird die objektive Situation durch eine subjektive und durch eine entsprechende Regulierung der Wahrnehmungen ersetzt. Es kommt zu einer Einrichtung auf eine bestimmte Umweltdifferenzierung. Ein Unternehmen sucht einen Markt oder baut ihn sich auf. (2) Organisationsintern erfolgt entsprechend die Institutionalisierung bestimmter Formen der Informationsverarbeitung: Das Programm wird zum Gesetz des Handelns. Die Einrichtung einer internen Differenzierung erfolgt unter dem Gesichtspunkt von Arbeitsteilung. (3) Zu alldem kommt noch die Regulierung des Ausmaßes der Unbestimmtheit der Struktur und der Verhaltensschwierigkeiten im System hinzu. Die Identität des Programmes heißt, daß all dies in einem geschehen muß. Darin liegt eine Kanalisierung der Problematik, die danach dann nur noch in vereinfachter Form zu behandeln ist.

6.3. Zweckprogrammierung

Der älteste Typ des rationalen Programms ist: ein Zweck. Im Grunde ist auch heute noch der Begriff der Rationalität mit dem Zweck/Mittel-Schema verbunden. Der Zweck ist eine vorgestellte und positiv bewertete Wirkung des Handelns. Programm kann ein Zweck

76 Vgl. im Detail für die Entwicklung vom Polizeistaat zum Rechtsstaat Luhmann, *Zweckbegriff und Systemrationalität*, S. 58 ff.

nur werden, wenn die Wirkung permanent zu bewirken ist, denn nur so kann der Zweck ein Systemproblem repräsentieren. Schon das zeigt übrigens, daß eine rein handlungstheoretische Auffassung nicht ausreicht. Es gibt zum Beispiel Grenzfälle, wie den Verein der Volkswagensparer, bei dem die Orientierung des Handelns in sehr langfristig in die Zukunft projizierte Zwecke übergeht.[77] Die Bedingungen der Zweckprogrammierung werden im allgemeinen erörtert als Bedingungen der Zweckspezifikation von Systemen. Unterschieden wird dabei zwischen (1) einer Umweltanerkennung für spezifische Zwecke – das setzt eine entsprechend starke Differenzierung der Umwelt voraus – und (2) einer relativen Freiheit in bezug auf die Wahl der Mittel – das bedeutet insbesondere keine Festlegung des Zwecks von der Inputgrenze des Systems her, denn sonst fehlt jede Entscheidungsfreiheit. Dazu dient die Sicherstellung der Mittelwahl durch ein generalisiertes Tauschmedium: das Geld. Es stellt sich dann die Frage, ob Macht beziehungsweise formale Entscheidungskompetenzen das ersetzen können.

Bei der Aufstellung von Zweckprogrammen sind zwei Probleme zu unterscheiden, die durch Unterentscheidungen gelöst werden müssen: (1) *Kausalprobleme*, also die Frage nach der Eignung von Mitteln zur Zweckerreichung – zumeist gibt es mehrere, da es überhaupt nur dann Sinn hat, zwischen Ursache und Wirkung zu unterscheiden – und (2) *Wertprobleme* – also die Wahl zwischen mehreren Mitteln im Hinblick auf deren Nebenfolgen. Dafür gibt der Zweck selbst keine Hinweise mehr. Das Zweckprogramm muß also in jedem Falle einen Komplex von Folgen berücksichtigen, Nebenfolgen mitbeachten, zum Beispiel in Form von Kosten oder in Form apriorischer Ausschließung bestimmter Mittel. Dadurch kommt es, daß der Zweck selbst oft nur eine scheinbare Prominenz hat und die wirklichen Entscheidungen bei der Festlegung der Nebenbedingungen fallen. Zum Beispiel ist beim Produktionsziel als Zweck des Bergbaus die Frage, ob die Orientierung am Profit oder an der Sicherung der Arbeitsplätze erfolgt. Zum Funktionieren ei-

77 Anm. d. Hg.: Luhmann bezieht sich hier auf den »Hilfeverein der ehemaligen Volkswagensparer«, der 1948 gegründet worden ist. Das Ziel dieses Vereins war, die nach dem Ende des »Dritten Reichs« verfallenen Ansprüche der »Kraft-durch-Freude-Sparer« (»KdF-Sparer« oder auch: »Volkswagensparer«), die ab 1938 durch Ratenzahlungen einen Anspruch auf die Lieferung eines Volkswagens erworben hatten, juristisch durchzusetzen.

nes Zweckprogramms ist nicht erforderlich, daß man sich über den Zweck selbst einig wird, geschweige denn eine volle Identität der Präferenzen der Beteiligten erzielt. Kausalprobleme und Wertprobleme variieren miteinander und müssen in dieser Interdependenz beim Programmieren beachtet werden. Deshalb ist ein mehrfaches Durchlaufen der Möglichkeiten mit einer Änderung des Anspruchsniveaus erforderlich.

Bei der *Rationalisierung der Zweckprogramme* kann man zwei Stoßrichtungen unterscheiden: (a) die Wirtschaftlichkeitsrechnung und (b) die Zweckprogrammierung unter vermindertem Anspruchsniveau.

(a) Bei der *Wirtschaftlichkeitsrechnung* zu beachten ist die Relativität auf diesen Programmtyp. Er ist keineswegs schlechthin rational oder gar soziologisch rational. Es geht um das Prinzip der Optimierung des Verhältnisses der Folgen als Garantie einzig richtiger Entscheidungen. Vorausgesetzt sind dabei Transitivität (also die Annahme, daß eine Beziehung A–B bei einem Hinzutreten einer gleichen Beziehung B–C dann die Beziehung A–C impliziert) und Meßbarkeit (also die Annahme, daß sämtliche Folgen durch denselben Maßstab quantifiziert werden können).

(b) Die *Zweckprogrammierung unter vermindertem Anspruchsniveau* – das sogenannte Brauchbarkeits- statt Optimalmodell von Entscheidungen – hat bisher viel zu wenig Aufmerksamkeit gefunden, dabei ist sie praktisch viel bedeutsamer. Eine wichtige Frage ist, ob es hier noch Regeln des vernünftigen Vorgehens gibt. Praktisch macht man sich ad hoc eine Wertegruppierung zurecht, setzt bestimmte Wirkungen, ohne die man überhaupt nicht handeln würde, als Zweck und prüft dann, welche Werte man noch mitbefriedigen kann, wenn man den Zweck oder die Mittel variiert. Eine Anlehnung an Umweltpräferenzen ist dabei unvermeidlich!

Das *Nacheinanderschalten von Zweckprogrammen zu Zweck/Mittel-Ketten* wird häufig als typisch angesehen für die rationale Organisation. Hier muß man aber soziologisch vorsichtig sein! Zu unterscheiden sind die reinen Kausalketten und solche Zweck/Mittel-Ketten, die ihnen durch Ausschluß von Wahlmöglichkeiten angenähert sind. Ein Beispiel ist das Fließband. Das sind keine echten Zweckprogrammkombinationen, denn für Zweckprogramme ist wesentlich, daß der Zweck eine Wahl unter den Mitteln offenläßt und daß diese Wahl im Hinblick auf Nebenfolgen geregelt, aber nicht durch Kommunikation des Zwecks determiniert wird. Wesentlich ist also die Nichtidentität der Wahlsituationen in den Teilprogrammen. Das kommt so zum Ausdruck: Was des einen Zweck, ist des anderen Mittel. Die Nichtidentität der Wahlsituationen bedeutet praktisch – das haben gerade soziologische Forschungen gezeigt – die Nichtidentität der Präferenzstrukturen. Das ist das berühmte Problem der sogenannten Zweck/Mittel-Verschiebung, bei dem die Mittel für einen Fernzweck zu einem Nahzweck werden, oder der Identifikation mit Teilzielen. Das kann soziologisch durchaus sinnvoll sein, wenngleich überwiegend, namentlich in der Betriebswirtschaftslehre älteren Stils, darin auszumerzende pathologische Erscheinungen gesehen werden. In dieser Struktur zeigt sich ferner eine *Grenze zentraler Lenkbarkeit über Zweckprogramme*. Die Vorgabe eines Zwecks heißt nie: Determination des Handelns. Es gibt keinen logischen Schluß vom Zweck auf das Mittel, so daß die Wahl des Mittels für den guten Zweck allein eine Sache der Motivation, des guten Willens wäre. Deshalb sind für Organisationen mit vorherrschender Zweckprogrammierung Strukturen typisch, die diesen Mangel zu kompensieren suchen durch (1) eine Befehlskompetenz als Ergänzung zu den Zweckprogrammen – so sieht es die klassische Organisationslehre vor – oder (2) eine laufende Kontrolle auf allen Ebenen nach Maßgabe zusätzlicher Standards, die neben dem Zweck eine gewisse Integration der Entscheidungsstruktur sicherstellen sollen. Dies geschieht zum Beispiel durch eine *ideologische Kontrolle* der Planungs- und Plandurchführungsbürokratie sozialistischer politischer Systeme durch eine politische Partei. Das ist ein sehr gutes Beispiel für die Formalisierung dieses Widerspruchs, denn die Zweckerfüllung allein sichert noch nicht gegen politische Kritik. Oder es geschieht durch eine *mathematische Lösung* dieses Problems, wie sie neuere amerikanische Versuche insbesondere am Carnegie Institute of Technology unter der Leitung von Herbert Simon und Allen Newell mit ihrem »Problem Solving-Program« anstreben.[78] Das alles ist bei konditionalen Programmen schon von der Struktur her ganz anders.

78 Allen Newell, J.C. Shaw, Herbert A. Simon, »Elements of a Theory of Human Problem Solving«, in: *Psychological Review* 65 (1958), S. 151-166.

6.4. Konditionale Programmierung

Ein Handeln (oder Unterlassen) ist konditional programmiert, wenn die Bedingungen festgelegt sind, unter denen es stattfinden darf oder muß. Der Hauptanwendungsbereich für die konditionale Programmierung ist das *Recht*, und zwar speziell das positive Recht der Neuzeit.[79] Das wichtigste historische Modell ist das römische Recht, speziell das Ediktsrecht, das entwickelt worden ist aufgrund der Trennung von *praetor*, dem obersten Richter, der die Verfahrensvorschriften festlegt, und *judex*, dem streitentscheidenden Richter. Ein neuer Anwendungsbereich der Konditionalprogrammierung ist dann die automatische Datenverarbeitung. Die gesellschaftlichen Bedingungen konditionaler Programmierung (in einer umgekehrten Konstellation wie bei Zweckprogramm) sind erstens ein starkes Interesse an Erwartungssicherheit, an garantierten Auslösemöglichkeiten. Nicht zufällig besteht ein solches Interesse vor allem im Recht. Es nimmt bei wachsender funktionaler Interdependenz aller Vorgänge in der Gesellschaft vermutlich zu. Und zweitens eine Bereitschaft zur Entlastung von Folgenverantwortung.

Die *Struktur des Konditionalprogramms* besteht aus drei Komponenten: (1) Die auslösenden Bedingungen (der Tatbestand) können ein Komplex vieler, konjunktiv oder auch disjunktiv verknüpfter Bedingungen sein: wenn A + B + C (oder statt C: D + E) und nicht F und wenn G dann auch H gegeben sind. (2) Die Auslöserelation: darf, darf nicht, darf nicht nicht (= muß). Das Problem der Logik ist irrelevant. Eine normative Logik oder Sollsatzlogik wird nicht vorausgesetzt. Vielmehr gilt: Wenn A, dann soll B sein. (3) Die ausgelöste Handlung (es kann auch eine Mehrheit von Handlungen sein). Wie beim Zweckprogramm ist auch hier der Unbestimmtheitsgrad variabel, sowohl in den Bedingungen als auch in den Folgen.

Gibt es hinsichtlich der Möglichkeiten der *Rationalisierung des Programms* eine Parallele zur Wirtschaftlichkeitsrechnung der Zweckprogrammierung? Im Recht geht es praktisch um die Konsistenz von Entscheidungen. Die Hauptform der Rationalisierung sind Interpretationshilfen für die Tatbestände – hier liegt die Funktion der juristischen Dogmatik. Im Rahmen der Computerpro-

79 Vgl. dazu auch unten, Vorlesung VIII, Abschnitt 4.3.

grammierung sind es sehr viel spezifischere Kriterien, insbesondere die Ersparnis von Computerzeit. In beiden Fällen ebenso wie bei der Wirtschaftlichkeitsrechnung gibt es ein hochverfeinertes technisches Entscheidungswissen, aber in den Einzelheiten ist das nicht mehr soziologisch interessant.

Bei den *Funktionen* dieses Programmtyps kann man drei Aspekte unterscheiden:

(a) Die *Schaffung von abgeleiteter nichthierarchischer Autorität* dessen, der über die Auslöserinformation verfügt, einerseits innerhalb der Organisation, zum Beispiel in horizontaler Beziehung, oder andererseits in der Umwelt des Systems. Und das kann die Leistung sein, derentwegen die Organisation unterhalten wird: Es geht um die Sicherheit des Abrufenkönnens spezifischer Leistungen bei Bedarf.

(b) Die *Zentralisierbarkeit der Leitung* unter Entlastung von befehlsförmiger Kommunikation. Das Programm kann verbindlich gemacht werden ohne Kenntnis der Einzelfälle, auch ohne Kenntnis der Zahl der Einzelfälle. Der Vorgesetzte braucht im Einzelfall nicht mehr einzuschreiten. Das ermöglicht viel straffere Lenkungsmöglichkeiten als bei Zweckprogrammen.

(c) Das Konditionalprogramm ermöglicht eine Beschränkung der Verantwortlichkeit auf das Vermeiden von Fehlern, es gibt keine Folgenverantwortung und insofern eine *Verantwortungsentlastung*. Ein Beispiel aus der Praxis der Universität kann das veranschaulichen: Es kommt zum Ausschluß von der mündlichen Prüfung laut Programm (das heißt, wie in der Prüfungsordnung festgelegt), der Kandidat erleidet daraufhin einen Nervenzusammenbruch, wofür der Prüfer nicht verantwortlich gemacht werden kann. Der Ausschluß der Verantwortlichkeit ist vielmehr die notwendige Bedingung für das Funktionieren des Programms: Es muß keine Analyse der Folgen erfolgen und keine Modifikation des Handelns im Hinblick auf die Folgen. Natürlich gibt es juristische Schliche, um das zu umgehen!

Zusammenfassend möchte ich betonen, daß es sich bei meiner Darstellung um einen kursorischen Versuch handelt, den Zusammenhang der Organisationssoziologie mit den Wissenschaften herzustellen, die das richtige Entscheiden behandeln.[80] Dabei habe ich

80 Vgl. dazu für den Spezialfall Verwaltung Niklas Luhmann, *Theorie der Verwaltungswissenschaft. Bestandsaufnahme und Entwurf*, Köln, Berlin 1966.

mich durch eine Grundüberzeugung leiten lassen, daß es problematisch ist, Rationalität allein aus einer Analyse des richtigen Handelns zu erwarten. Es gibt bis heute keine axiomatisch geschlossene Theorie der Handlungsrationalität. Mir scheint, daß man eher zum Ziele kommen wird, wenn man das Problem auf Systemtheorien und Entscheidungstheorien verteilt und davon ausgeht, daß rationales Handeln nur im Rahmen von Systemen möglich ist.

7. Organisationstypen

Die bisher vorgetragene Organisationssoziologie ist eine allgemeine, gedacht für Organisationen jeder Art. Wie kommt man nun zu konkreteren Aussagen über *Organisationen eines bestimmten Typs*, etwa Schulen oder Gefängnisse, Schiffe oder Kirchen, Bergbaubetriebe oder Wohltätigkeitsvereine? Darin steckt ein Problem: Es genügt nicht, sich einfach umzusehen und zu finden, daß es konkrete Züge gibt, die sich nicht auf einen Nenner bringen lassen, und danach zu unterscheiden. Man muß versuchen, Typologien theoretisch zu konstruieren, das heißt, aus der allgemeinen Organisationstheorie abzuleiten. Die Schwierigkeit ist, daß es dafür nicht nur eine einzige Möglichkeit gibt, sondern mehrere, je nachdem, welches Kriterium man als Schema der Differenzierung verwendet. Es kommt also darauf an, die Kriterien zu finden, die für die allgemeine Theorie möglichst zentral sind.

7.1. Bisherige Typologien und ihre Problematik

In der neueren Literatur findet man einige Typologien, die aber unterschiedliche Probleme aufweisen. Ich nenne nur folgende:

(a) Fritz Morstein Marx unterscheidet in seiner *Einführung in die Bürokratie* rein induktiv »guardian«, »caste«, patronage« und »merit bureaucracy« (oder in der deutschen Übersetzung: Wächter-, Kasten-, Patronage- und Leistungsbürokratie).[81]

(b) Amitai Etzioni unterscheidet in seinem Buch *A Comparative Analysis of Complex Organizations* nach den Mitteln der Motivation und sozialen Kontrolle – das sind bei ihm: physischer Zwang, materielles Entgelt und internalisierte Normen und Werte – zwischen »coercive«, »utilitarian« und »normative power«.[82] Die Prämisse ist,

81 Fritz Morstein Marx, *The Administrative State. An Introduction to Bureaucracy*, Chicago 1957, S. 54 ff. (dt.: *Einführung in die Bürokratie. Eine vergleichende Untersuchung über das Beamtentum*, Neuwied 1959, S. 70 ff.).

82 Amitai Etzioni, *A Comparative Analysis of Complex Organizations. On Power, Involvement, and their Correlates*, New York 1961 (nicht zu verwechseln mit dem

daß Personen als Mitglieder der Organisation zu fassen sind, daher ist für Etzioni die Motivationsfrage in bezug auf die Mitglieder das Zentralproblem.

(c) Peter Blau und W. Richard Scott bieten in dem Buch *Formal Organizations* die bisher beste Darstellung.[83] Ihr Kriterium für die Typologie orientiert sich an der Frage des Hauptnutznießers, allerdings wird das Konzept ohne weitere theoretische Begründung eingeführt. Unterschieden werden dann folgende Organisationstypen: »mutual-benefit associations«, »business concerns« (zugunsten der Eigentümer), »service organizations« (zugunsten der Klienten) und »commonwealth organizations« (zugunsten der Öffentlichkeit im ganzen). Diese Typologie scheint mir brauchbar, sie muß jedoch theoretisch etwas anders konstruiert werden, und daraus ergeben sich gewisse Unterschiede zu der im folgenden von mir entwickelten Typologie.

7.2. Typologie aufgrund der Bedingungen der Abnahme des Ausstoßes

Das *Konstruktionsprinzip* meiner Typologie basiert auf der Annahme, daß es für eine System/Umwelt-Theorie primär darauf ankommen muß, unter welchen Gesichtspunkten das Verhältnis von System und Umwelt ausbalanciert wird. Man findet diese Gesichtspunkte, wenn man nach den Bedingungen fragt, von denen es abhängt, ob die Leistung der Organisation *von der Umwelt* abgenommen wird. Nur wenn die Organisation ihre Leistung in der Umwelt unterbringen kann, findet sie auch Quellen der Unterstützung. Ich unterscheide dann fünf Fälle (die ich aber nicht theoretisch als vollständig konstruieren kann): (a) Eine Organisation, deren Erfolg von der persönlichen Kooperationsbereitschaft der »Kunden« abhängt – das sind Dienstleistungsbetriebe. (b) Eine Organisation, deren Erfolg von einem Markt abhängt, auf dem Substitutionsmöglichkeiten organisiert sind – das sind marktorientierte Organisationen, vornehmlich Produktionsbetriebe. (c) Eine Organisation, deren Erfolg von einer Umwegmotivation abhängt.

von ihm herausgegebenen Reader: *Complex Organzations. A Sociological Reader*, New York 1961); kurz auch in ders., *Soziologie der Organisationen*, S. 96 ff.

83 Blau, Scott, *Formal Organizations*, S. 40 ff.

Das ist nötig, sobald es um das Akzeptieren belastender Entscheidungen geht – wie das bei Verwaltungsorganisationen der Fall ist. (d) Eine Organisation, deren Erfolg allein von der Motivation der Mitglieder abhängt – dabei handelt es sich in der Regel um Vereine. (e) Eine Organisation, die keine Abnahmemotive voraussetzen muß – typischerweise sind das Organisationen des Militärs. Auf diese unterschiedlichen Organisationstypen möchte ich im folgenden genauer eingehen.

(a) Beispiele für *Dienstleistungsbetriebe* sind Erziehungsorganisationen wie Schulen oder Universitäten, Rehabilitierungsorganisationen in der Form von Gefängnissen neuen Stils, Alkoholikerheimen, Einrichtungen für die Resozialisierung Krimineller usw., Betriebe für die Versorgung mit professionellen Leistungen, also Krankenhäuser, Anwaltspraxen, Kirchen (soweit sie Seelsorge betreiben) oder Beerdigungsinstitute. Die Forschungsliteratur dazu ist sehr umfangreich, vor allem für Gefängnisse und Krankenanstalten (»therapeutic institutions«). Theoretisch gut ist dazu der Aufsatz »Some Ingredients of a General Theory of Formal Organization« von Parsons.[84] Die charakteristische Problematik dieses Typs von Organisation ist, daß der Erfolg *am* Kunden bewirkt werden muß. Er setzt dessen persönliche Kooperation voraus, die sozusagen auf der Stelle: im Gespräch, in der Behandlung, bewirkt werden muß. Das heißt, der Erfolg kann *nicht* durch die Formalisierung von Erwartungen sichergestellt werden, die Erfolgsbedingungen können nicht in Vorschriften eingefangen werden. Daraus ergeben sich Grenzen der Bürokratisierbarkeit. Entweder müssen institutionalisierte Freiheiten des Betreuungspersonals vorgesehen werden – so in den klassischen Professionen – oder es kommt zu Konflikten mit dem Regelwerk – wie man in Gefängnissen oder Rehabilitierungsheimen festgestellt hat: Der persönliche Kontakt und Einfluß ist die Erfolgsbedingung, er läßt sich aber nicht aufrechterhalten, wenn man auf der Beachtung aller Vorschriften besteht. Ein anderer Aspekt sind die Grenzen der Rechenschaftspflicht und der zentralen Lenkbarkeit solcher Organisationen. Ein Beispiel dafür ist die hohe Immunität der Kultusverwaltungen gegen rechtliche und gegen politische Kontrollen, wie ich aus meiner eigenen Verwal-

84 Talcott Parsons, »Some Ingredients of a General Theory of Formal Organization«, in: ders., *Structure and Process in Modern Societies*, Glencoe 1960, S. 59-96 (71 ff.).

tungspraxis im niedersächsischen Kultusministerium sagen kann. Das begründet dann die Sonderstellung des Kultusministeriums in einer Ministerialverwaltung.

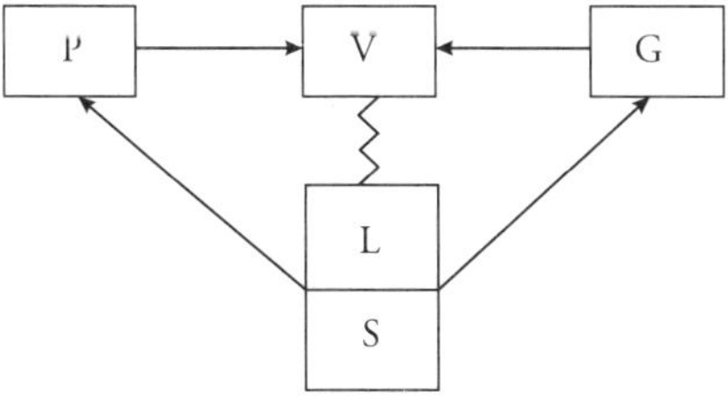

P: Politik
V: Verwaltung
G: Gesetzgeber (Parlament)
L: Lehrer
S: Schüler

Abb. 2: Dienstleistungsbetrieb (Kultusverwaltung)

Typische *Problemlösungen* sind dann die folgenden: (1) Das Verleihen eines *Quasimitgliederstatus* an die Kunden. Es kommt gleichsam zu einer generalisierten Vorprüfung ihrer Kooperationsbereitschaft. Der juristische Ausdruck dafür ist »Körperschaft«, nicht bloße »Anstalt«. Den Unterschied erkennt man, wenn man Universitäten und städtische Verkehrsbetriebe vergleicht. (2) Ein hoher *Berufsidealismus* als Ersatz für operationale Erfolgskontrolle. Idealisten sind erfolgsunabhängig: Sie handeln nach Prinzipien, in der »rechten Gesinnung«. (3) Eine *Selektivität in bezug auf Kunden* – das wird zur kritischen Variable: Ein College ohne Selektivität hat einen schlechten Ruf, geringen Erfolg und ist trotzdem bestandsfähig, weil es die latente Funktion hat, Selektivität *für andere* zu leisten, wie man in der Studie *The Open Door College* von Burton R. Clark lesen kann.[85]

(b) Der Hauptbereich der bisherigen organisationssoziologischen Forschung sind Betriebe, die für einen Markt produzieren, man kann also von *marktorientierten Organisationen* sprechen. Der

85 Burton R. Clark, *The Open Door College. A Case Study*, New York, Toronto u. a. 1960.

Markt löst gleichsam jenes Problem der persönlichen, individuellen Motivation des Kunden. Es braucht nicht mehr in der elementaren Interaktion gelöst zu werden, sondern nur noch durch die allgemeine Geschäftspolitik. Die Erfolgsbedingungen sind zentralisierbar, und deshalb ist das Handeln weitgehend programmierbar. Das sind sehr viel bessere Ansatzpunkte für Organisation: Der *Markt egalisiert die Bedürfnisse der Umwelt* und macht sie von unvorhersehbaren Launen unabhängig. Die klassische Organisationslehre setzte an allen Systemgrenzen perfekt funktionierende Märkte voraus und war deshalb besonders problemarm. Sie verabsolutierte dieses Modell und konnte deshalb alle Probleme für formalorganisatorisch lösbar halten. Praktisch ist das aber nur mit starken Einschränkungen durchführbar. Ein Beispiel ist die besondere Stellung des reisenden Handelsvertreters in Betrieben, wo der Gewinn oder Verlust eines Kunden noch das Geschäftsergebnis beeinflußt.

(c) Für *Verwaltungen* ist bezeichnend, daß ihr Output aus verbindlichen Entscheidungen besteht. Näheres dazu finden Sie in meinem Buch *Theorie der Verwaltungswissenschaft*.[86] Was heißt »verbindlich«? Das ist nicht juristisch gemeint, gemeint ist vielmehr ein regelmäßiges Akzeptieren als bindend, ohne daß die Motive dafür konkret beschafft oder gar von der Verwaltung selbst sichergestellt werden müßten – das ist der entscheidende Unterschied zu Dienstleistungsbetrieben! *Motivquellen* gibt es zumeist mehrere: physische Zwangsmöglichkeiten und Legitimität oder pauschal erteilter Konsens, wobei das faktisch wirksame Motiv weitgehend offen bleiben kann. Wer konform handelt, braucht sich gar keine Motive zu beschaffen. Und das ist der praktisch bedeutsame Mechanismus. Auch ist dies wegen der *Entlastung von konkreter Motivbeschaffung* ein guter Nährboden für formale Organisation. Man kann zwei Hauptformen der Verwaltungsorganisation unterscheiden, die im Prinzip gleich strukturiert sind: *Betriebsverwaltungen* und *politische Verwaltungen* (in Staaten, Ländern, Kommunen, internationalen Organisationen). Beide Verwaltungstypen sind durchaus vergleichbar, wenn auch bei konkreterer Einstellung der Optik rasch Unterschiede sichtbar werden: (1) Öffentliche Verwaltungen motivieren durch den politischen Mechanismus – praktisch ohne Eintritts-/Austrittschance. (2) Betriebsverwaltungen motivieren durch den

86 Luhmann, *Theorie der Verwaltungswissenschaft*, S. 67 ff.

Mechanismus der Formalisierung. In beiden Fällen erfolgt die Motivierung also indirekt und nicht auf der Stelle. Der größte, weitaus überwiegende Teil organisierten Handelns ist Verwaltung. Der Sektor ist im Wachsen begriffen und der eigentliche Herd der Probleme. Das rechtfertigt die starke Ausrichtung dieser Vorlesung auf Verwaltungsorganisationen.

(d) *Vereine* sind nur bei sehr abstrakter Betrachtung ein einheitlicher Typ: Die Existenz hängt primär von der Motivation der Mitglieder ab, die materiell beitragen und für ihre Tätigkeit nur ein »symbolisches« Entgelt erhalten.[87] Bei näherem Zusehen gibt es aber eine große empirische Vielfalt. Insbesondere zu nennen sind hier (1) Kirchen, (2) Interessenförderungsvereine (die zunehmend typisch werden für eine stark differenzierte Gesellschaft) und (3) Geselligkeitsvereine, letztere häufig getarnt durch einen darstellbaren Zweck, der es zum Beispiel ermöglicht, die Abwesenheit in der Familie zu entschuldigen. Das Hauptproblem der Vereine ist die Apathie der Mitglieder und die Rekrutierung neuer Mitglieder. Im allgemeinen ist eine geringe Bürokratisierung zu erwarten, wenngleich es zum Beispiel in den großen Kirchen Gegenbeispiele gibt.

(e) Bei *militärischen Organisationen* handelt es sich um eine Organisationsform, die *keine Abnahmemotive in ihrer Umwelt voraussetzen muß*, da es sich um Organisationen der monopolisierten, staatlich legitimierten physischen Zwangs- und Gewaltanwendung handelt, also des Militärs und der Polizei.

87 Vgl. dazu David L. Sills, *The Volunteers. Means and Ends in a National Organization*, Glencoe 1957.

8. Organisation als gesellschaftliches Phänomen

In dem abschließenden Teil zum Verhältnis von Organisation und Gesellschaft gebe ich nur eine geraffte Darstellung mit Rücksicht auf die besondere Vorlesung zur Theorie der Gesellschaft im kommenden Semester.[88] Die folgenden Abschnitte behandeln die Grenzen der Tragweite der Organisationstheorie.[89]

8.1. Gesellschaft und Organisation

In der Auffassung der klassischen, alteuropäischen Tradition war das politische System die Organisation der Gesellschaft und nicht selten als eine rationale zweckbewußte Gründung gedacht. Die Begriffe »Organismus«, »System« und »Organisation« wurden nicht getrennt. Daher rührt noch heute die Vorstellung, daß es so etwas wie eine Organisation der gesamten Gesellschaft geben müsse. Im vormodernen Thailand (Siam) zum Beispiel gab es eine kosmologische Organisation der Gesellschaft und eine Gliederung der Bürokratie nach den vier Himmelsrichtungen. Sie war um den Palast des Herrschers in vier Palästen angeordnet und erst sekundär mit den anfallenden Aufgaben der Hofverwaltung, Bewässerungsvorsorge, militärischen Rekrutierung und anderem betraut.[90]

Die Schwierigkeiten, in die die Theorie der Gesellschaft geraten ist, können hier nicht angemessen behandelt werden. Der Begriff der Gesellschaft bezeichnet eine unverzichtbare Ebene der Problematisierung, die *über* allen Organisationen liegt. Er ist un-

88 Vgl. oben, Vorlesung III (Anm. d. Hg.: Das edierte Skript der Vorlesung im Wintersemester 1968/69 an der Universität Frankfurt ist eine überarbeitete Fassung einer Vorlesung, die Luhmann im Sommersemester 1968 an der Universität Münster gehalten hat und auf die er hier verweist; vgl. dazu unten, »Editorische Notiz«, S. 616 f.).

89 Anm. d. Hg.: Die im Veranstaltungsplan zusätzlich genannten Abschnitte »Elementares und organisationsabhängiges Sozialverhalten« und »Einstellung auf Organisation« wurden vermutlich aufgrund der fehlenden Vorlesungszeit nicht mehr ausgearbeitet.

90 Vgl. Fred W. Riggs, *Thailand. The Modernization of a Bureaucratic Polity*, Honolulu 1966.

verzichtbar zum Beispiel im Hinblick auf eine Theorie der Evolution. *Die Gesellschaft selbst kann kein formal organisiertes Sozialsystem sein.* Der Mechanismus der Formalisierung von Erwartungen setzt Eintritts- und Austrittsentscheidungen voraus, die es bei der Gesellschaft nicht gibt. Die Gesellschaft ist vielmehr das *umfassende Sozialsystem, das die allgemeinen Bedingungen reguliert, unter denen Organisation erst möglich ist.* Genannt werden können hier zum Beispiel (1) die Ermöglichung von gesellschaftlicher Mobilität in der Form des Wechsels von Rollen; (2) das Recht, dessen Funktion in der Sicherstellung enttäuschungsfester Erwartungen liegt; (3) eine Standardisierung durchgehender Verhaltenserwartungen, die auch gegenüber Fremden ohne weiteres anwendbar sind; (4) die Sicherstellung von Frieden im Sinne einer Ausschließung rein physischer Grundlagen der Machtbildung; (5) die Bereitstellung von kompensierenden Systemen, die die Einseitigkeit der Beanspruchung in Organisationen ausgleichen: Familie, Erholung (Freizeit); (6) eine Regelung der Vorbedingungen für starke funktionale Differenzierung und hohe Autonomie der gesellschaftlichen Teilsysteme. All diese Vorbedingungen sind evolutionäre Errungenschaften, die vorliegen müssen, damit Organisationen großen Stils aufgebaut werden können. *Umgekehrt setzt die weitere Entwicklung der Gesellschaft dann das Bestehen von Organisation voraus.* Gesellschaft kann als System und als Weltentwurf eine bestimmte Schwelle der Komplexität nur überschreiten, wenn sie voraussetzen kann, daß sie in sich über sehr effektive Mechanismen der Verteilung und Abarbeitung hoher Komplexität verfügt.

Beachtet werden muß das *Problem einer gesellschaftlichen Evolution* von »Status zu Kontrakt«, wie Henry Sumner Maine sie behauptet hat,[91] also die Entwicklung hin zu größerer individueller Mobilität, mit zwei Folgeströmungen: (1) Ferdinand Tönnies' Unterscheidung von Gemeinschaft und Gesellschaft als einem gesellschaftlichen Entwicklungstrend[92] und (2) in der Rechtssoziologie die Beobachtung einer Rückkehr zum Statusprinzip in einer organisierten Gesellschaft, wie Manfred Rehbinder unlängst angemerkt

91 Henry Sumner Maine, *Ancient Law. Its Connection with the Early History of Society and Its Relation to Modern Ideas*, London 1861. Vgl. auch unten, Vorlesung VIII, Abschnitt 1.2.2.

92 Ferdinand Tönnies, *Gemeinschaft und Gesellschaft. Abhandlung des Communismus und des Socialismus als empirischer Culturformen*, Leipzig 1887.

hat.[93] Es stellt sich die Frage, ob und wie auf diesem Kontinuum von Status zu Kontrakt die Organisation zu begreifen ist. Vom *Status* unterscheidet sie die funktionale Spezifikation der Rollen sowie die Mobilität, vom *Kontrakt* der Verzicht auf eine individuell ausgehandelte Anpassung an die Situation. Mit der Organisation kommt es zur Ersetzung dieser Form durch Gewährleistung einer innerorganisatorischen Elastizität. Wer Dialektik liebt, könnte diese Entwicklung als These–Antithese–Synthese konstruieren. Jedenfalls ist Organisation der Grundform nach etwas Neues: eine Wiederherstellung fungibler Statusverhältnisse auf Vertragsbasis.

8.2. Familie und Organisation

Im großen könnte man die Entwicklung der Gesellschaft auch als Entwicklung von der Familie zur Organisation bezeichnen. Es gibt die berühmte These vom »Funktionsverlust der Familie«: Zahlreiche Funktionen werden von der Familie im Rahmen der gesellschaftlichen Evolution abgegeben, zuerst religiöse, dann politische, dann wirtschaftliche, dann ausbildungsmäßige. Und wenn man genau hinsieht: abgegeben werden sie an Organisationen. Wird die Familie am Ende selbst eine Organisation? Paßt unser Begriff, unsere Theorie? Nein! Meine Deutung ist, daß es sich um eine *evolutionäre Differenzierung* handelt, eine Gabelung in Familie und Organisation.

Ist die Familie eine Organisation? Diese Annahme ist mir verschiedentlich unterstellt worden. Dafür könnte die Auflösbarkeit der Ehe unter bestimmten Bedingungen sprechen. Sind das die formalisierten Erwartungen, die Mitglieder aneinander stellen können? Die Antwort ist nein, und das aus mehreren Gründen: (1) Es gibt keine autonome Formalisierung, es gibt keine selbstgeschaffenen Eintritts- und Austrittsbedingungen der Familie. (2) Die Familie ist nicht nur Ehe, obwohl die neuzeitliche Familie in der Ehe ihren »unmittelbaren Begriff« hat (Hegel), sondern auch eine Eltern-Kind-Beziehung. Das Eltern-Kind-Verhältnis ist aber nicht

93 Manfred Rehbinder, »Wandlungen der Rechtsstruktur im Sozialstaat«, in: Ernst E. Hirsch, Manfred Rehbinder (Hg.), *Studien und Materialien zur Rechtssoziologie* (= Sonderheft 11 der *Kölner Zeitschrift für Soziologie und Sozialpsychologie*), Köln, Opladen 1967, S. 197-222.

durch Austritt beendbar, und wenn es doch beendet wird, dann nur faktisch unter Erwartungsverletzung. Die Systemordnung der Familie beruht nicht auf diesem Prinzip. (3) Die Ehe wird durch Auflösung zerstört. Das System überdauert sie nicht, kann also nicht Mobilität als Stabilisierungsprinzip verwenden. (4) Die Liebe ist nicht durch formalisierte Erwartungen einzugrenzen.

Familie und Organisation sind also *nicht* aufeinander zurückführbar. In welchem *Verhältnis* stehen sie aber zueinander? Folgende Punkte können genannt werden: (1) Die Familie ist der einzige reale Gegenhalt zur Organisation. Alle anderen Teilsysteme der Gesellschaft sind zumindest partiell auf Organisation angewiesen. (2) Die Familie ist das System, in dem man sich von Mitgliedschaften in Organisationen und ihrer einseitigen Anspannung erholt. (3) Die Familie ist das einzige System, in dem alle Organisationsmitgliedschaften übersehbar und als personaler Zusammenhang darstellbar sind. Hier muß man seine Mitgliedschaften auf einen persönlichen Nenner bringen und rechtfertigen. Hier muß der Austritt aus der Kirche, der Eintritt in einen Verein usw. gerechtfertigt werden. Die Familie ist gegen keine Mitgliedschaft der Familienangehörigen indifferent. Sie interessiert sich für die ganze Person. Sie ist daher auch der einzige Ort, an dem die soziale Kontrolle die Gesamtheit der Rollen erfassen kann. (4) Die Familie ist daher auch der soziale Boden für den Wechsel von Rollen, wie Helmut Schelsky in seinen Untersuchungen über die Stabilität der Nachkriegsfamilie gezeigt hat.[94]

Versucht man eine Gesamtdeutung nach dem Prinzip der Gegenläufigkeit von Familie und Organisation, so zeigt sich eine *entgegengesetzte Einstellung auf die Komplexität*: Für die *Organisation* kennzeichnend ist die Steigerung der Eigenkomplexität und dadurch die Steigerung der erfaßbaren Weltkomplexität über das Aktualisierungspotential des Einzelnen hinaus. Die *Familie* wird durch den »Funktionsverlust« ein *einfaches System*, in dem alle durch Intimkontakt mit allen verbunden sind und prinzipiell an allem teilnehmen. Deshalb hat die Familie jetzt in der Ehe ihren unmittelbaren Begriff. Intimbindung heißt aber, daß ein hoher Konsens über die Nahwelt und eine sehr konkrete Realitätskon-

94 Vgl. Helmut Schelsky, *Wandlungen der deutschen Familie in der Gegenwart. Darstellung und Deutung einer empirisch-soziologischen Tatbestandsaufnahme*, Stuttgart [4]1960.

struktion vorausgesetzt werden müssen, wie Peter Berger und Hansfried Kellner in ihrer Studie zur Ehe herausgestellt haben:[95] Intensive, thematisch nicht begrenzte Kommunikation setzt hohen und konkret bezogenen Konsens über die Umwelt voraus. Hier liegt die Quelle der Eheprobleme. Man kann vermuten, daß die Konstruktion einer immer komplexer werdenden Gesamtwelt dem menschlichen Leben Probleme aufgibt, die kompensiert werden müssen durch die Sicherheit einer auf Intimkontakt gegründeten Nahwelt. Diese Nahwelt beruht auf einem anderen System und tritt daher mit der organisierten Fernwelt nicht in Konflikt. Die Unterscheidung von Familie und Organisation kann man als eine evolutionäre Differenzierung verstehen, die dieses Nebeneinander ermöglicht.

95 Siehe Peter L. Berger, Hansfried Kellner, »Die Ehe und die Konstruktion der Wirklichkeit. Eine Abhandlung zur Mikrosoziologie des Wissens«, in: *Soziale Welt* 16 (1965), S. 220-235.

V.
Einfache Sozialsysteme

Vorlesung Wintersemester 1969/70
Universität Bielefeld

Vorbemerkungen

Soziologie ist nicht leicht zu studieren. Darauf beruht der Reiz, aber auch die Gefahr der Situation, in der wir uns befinden. Die Soziologie ist keine fest etablierte Wissenschaft mit einem zu absolvierenden Lehr- und Lernprogramm. Es gibt keine bewährten, allgemein anerkannten Regeln dafür, was wichtig oder unwichtig ist, was zuerst kommt und was später kommt. Lehre und Forschung haben etwas Abenteuerliches, und das vermittelt sich unvermeidlich in das Studium hinein. Man kann das als intellektuelles Abenteuer durchleben und gerade daran lernen, einen eigenen Stil zu gewinnen. Aber der Unsicherheitsfaktor ist beträchtlich – vor allem, wenn es auf die Prüfungen zugeht oder auf eine spätere berufliche Verwendung. Wer das auszuhalten sich nicht zutraut, sollte es lassen. Kurzfristig ist das nicht zu ändern.

Diese Einsicht entbindet uns nicht von dem Versuch, Klarheit und Übersicht anzustreben. Irgendwie muß man sich zurechtfinden. Und dieses Zurechtfinden – diese Integration der verschiedenartigsten Ansätze – sollte nicht allein dem Studenten überlassen bleiben. Ich sehe drei Ebenen der Abhilfe: (1) Die Fakultätspolitik an unserer Universität. Es gibt an der Fakultät für Soziologie aktuell eine Suche nach Schwerpunkten und nach abgestimmten Lehrplänen. So gibt es in diesem Semester zum Beispiel neben dieser Veranstaltung die Vorlesung »Einführung in die Soziologie« von Joachim Matthes. (2) Die Einrichtung von Studienplanungsgruppen, in denen Studenten und Mitglieder des Lehrkörpers zusammenarbeiten, um einen kontinuierlichen Kontakt in allen Fragen, die die Anlage und die Gestaltung des Studiums betreffen, zu sichern.[1] (3) Den Versuch einer möglichst klaren und deutlichen

1 Anm. d. Hg.: Zum Zeitpunkt der Aufnahme des Lehrbetriebs an der Fakultät für Soziologie der Universität Bielefeld im Wintersemester 1969/70 war über die Konzeption der Fakultät (Studien- und Forschungsschwerpunkte, Professuren) und die konkrete Ausgestaltung des Studiengangs noch nicht abschließend entschieden. Erste Überlegungen dazu stammten bereits aus dem Jahr 1966, 1969 wurden »Grundsätze für Studium und Lehre« verabschiedet, die fakultätsinterne Beratung über die Lehrpläne und die Prüfungsordnung wurde aber erst Ende 1972 abgeschlossen. Die von Luhmann genannten »Studienplanungsgruppen« wurden im Januar 1970 durch einen Beschluß der Fakultätskonferenz auch formell einge-

Konturierung der eigenen Position – damit Sie wissen oder doch verhältnismäßig schnell abschätzen können, was zu erwarten und nicht zu erwarten ist, wenn Sie sich mit mir einlassen. Deshalb möchte ich zunächst einige Worte über meine eigenen Absichten im Hinblick auf Forschung und Lehre hier in Bielefeld und zugleich über den Stellenwert dieser Vorlesung im Rahmen dieser Absichten sagen.

Meine eigenen Bemühungen haben ihren Angelpunkt in Arbeiten an einer *allgemeinen soziologischen Theorie*. Das ist ein Versuch, *alle* sozialen Sachverhalte mit einem *begrenzten* Schatz von begrifflichen Hilfsmitteln zu bearbeiten.[2] Es sollten also nicht völlig heterogene Denkmittel und Theoriefetzen bei dem soziologischen Erfassen von Kriminalität, Organisation, Politik, Familie, Geld usw. eingesetzt werden. Eine allgemeine Theorie entspricht dem Gebot der Ökonomie des Denkens und des Lernens, dem Gebot des sparsamen Einsatzes von Bewußtheit und Aufmerksamkeit.

Aus meinen bisherigen Erfahrungen mit dieser Arbeit an der Theorie kann ich einige gleichsam äußerliche Angaben über eine solche Theorie machen – ihren Gebrauch, ihre Vorteile und ihre eigentümlichen Schwierigkeiten betreffend. (1) Es gibt einen *hohen Abstraktionsgrad* des zentralen Vokabulars – das ist nicht mit einem Griff zu greifen, und es ist in den Implikationen und Folgerungen oft nicht einfach zu überblicken. (2) Die Theorie ist *interdisziplinär kontaktfähig*, zum Beispiel zum Recht, zur Organisations- und Entscheidungstheorie, zur Wirtschaft, Politikwissenschaft, ja selbst zur Theologie, oder – wie Sie in dieser Vorlesung vor allem sehen werden – zur Sozialpsychologie. Ich erhoffe mir davon, gerade unter den besonderen institutionellen Voraussetzungen der Universität Bielefeld, eine Integration der interdisziplinären Diskussion. (3) Die Theorie ist *praxis- und berufsmäßig zentral*, denn sie ist durch den Denkansatz nicht schon bestimmten Gesellschafts-

richtet. Vgl. dazu Fakultät für Soziologie der Universität Bielefeld, *Studienreform an der Fakultät für Soziologie. Dokumentationen und Erläuterungen der Lehrpläne und Prüfungsordnungen*, hg. von Klaus Hurrelmann, Bielefeld 1973; vgl. auch die »Chronik der Fakultät für Soziologie«, in: Volker Kruse, Torsten Strulik (Hg.), *»Hochschulexperimentierplatz Bielefeld« – 50 Jahre Fakultät für Soziologie*, Bielefeld 2019, S. 419 ff., sowie im selben Band Werner Rammert, »Als alle Gruppen noch experimentierten ... Rückblicke von unten, innen und außen auf eine neue Ortsbestimmung der Soziologie in Bielefeld«, S. 33-44.

2 Vgl. dazu oben, Vorlesung II.

ausschnitten verpflichtet. Das entspricht dem Stellenwert der soziologischen Ausbildung in den Planungsvorstellungen unserer Fakultät. (4) Die Soziologie ist eine relativ neue Wissenschaft. Sie kann und sollte *ihr Denken* daher auch *historisch artikulieren* durch eine Auseinandersetzung mit dem, was ihr an Denken vorhergegangen ist, mit der ethisch-politischen Gesellschaftsphilosophie der alteuropäischen Tradition. Das ist für diese Vorlesung kaum bedeutsam – wohl dagegen für die Gesellschaftstheorie.[3] (5) Das zentrale Vokabular einer solchen Theorie sollte einigermaßen klar und deutlich vorgeführt werden können, es muß aber zunächst ins unreine gemacht werden. Ich möchte die Theorie vorerst lieber *scharf profilieren* und pointiert formulieren, die Feinheiten und notwendigen Retuschierungen lassen sich später anbringen. Eine solche Deutlichkeit ist erstens *Bedingung der Kritikfähigkeit*. Es ist völlig legitim, daß Sie Sätzen, die aus meiner Feder oder meinem Munde kommen, die Frage gegenüberstellen: »Stimmt das wirklich?« Deutlichkeit ist zweitens *Bedingung der Lernfähigkeit*: Man lernt aus Fehlern nur, wenn man Enttäuschungen erlebt, sie lokalisieren kann und sich zugleich klar darüber ist, *was* falsch war. (6) Abschließend muß ein wichtiger Punkt genannt werden: Eine *Allgemeingültigkeit* einer Theorie heißt nicht Alleingültigkeit, und *universelle Anwendbarkeit* heißt nicht Exklusivität. Ich behaupte also nicht, daß die Perspektive und die Denkversuche, die ich vertrete, die einzig möglichen oder die einzig richtigen sind. Die Prätention geht nicht auf absolute, unübertreffbare Wahrheit, sondern auf universelle Anwendbarkeit.

Soviel als gleichsam äußere Charakterisierung meines Vorhabens. Nun komme ich zum *Inhaltlichen*. Es gibt für ein solches theoretisches Vorhaben keine verbindlichen Muster, an denen man sich orientieren könnte, keine Vorbilder. Es gibt natürlich *Vorarbeiten*, aber die muß man sich aus sehr verstreuten Quellen innerhalb und außerhalb der Soziologie zusammensuchen. Bei einem ganz groben Überblick lassen sich drei grundverschiedene Stellungnahmen zu einem solchen aufs Ganze zielenden Anspruch unterscheiden:

(a) Die wohl vorherrschende Einstellung bezieht den Totalitätsanspruch nicht auf die Theorie, sondern auf die *Methode*. Das

3 Vgl. oben, Vorlesung III, insb. Teil 2.

ist eine Wissenschaftsauffassung, die oft auch als positivistisch bezeichnet wird und sich als allein wissenschaftlich ansieht (und sich gerade darin als unwissenschaftlich ausweist, indem sie Allgemeinheit und Absolutheit verwechselt). Es wird hier der Absolutheitsanspruch aus der Theorie heraus in die Methode verlagert. In der Theoriebildung ist man dabei von sympathischer Vorsicht, immer mit einer Hand am Geländer der Methoden.

(b) Die zweite Einstellung kann man als *humanen Totalitätsanspruch* bezeichnen – im Grunde ist das die letzte Phase des Todeskampfes der alteuropäischen Tradition. Gewisse humane Interessen: Emanzipation, Freiheit von jeder fremden Festlegung, werden verabsolutiert in Form von permanenter Kritik. Das ist die Frankfurter Soziologenschule und *die* große Kontroverse der deutschen Soziologie in den letzten Jahren.

(c) Was mir vorschwebt, liegt dagegen gänzlich außerhalb dieser Kontroverse. Ich suche Allgemeinheit nicht primär im Methodischen und auch nicht im Moralischen, sondern in der *Theorie* selbst. Die dafür relevanten Ansätze scheinen sich, bei einem interdisziplinären Vergleich, unter dem Konzept des *Systems* zu sammeln. Ich verstehe »System« als Suchbegriff für relevante Literatur und für vorhandene Erkenntnisse. Etwas ähnliches hat Talcott Parsons versucht.[4] Alternativkonzepte dazu sind bisher nicht sichtbar. Die Diskussion um die Systemtheorie in der Soziologie hat sich infolgedessen sehr stark an einer kritischen Auseinandersetzung mit der Parsonsschen Soziologie entzündet und verhakt. Von Einzelheiten müssen wir hier absehen, das ist Gegenstand von Seminararbeit.

Im Kern geht es um die Frage, ob es möglich ist, *alle soziale Realität als ein System zu begreifen*, was in anderen Worten heißt, ob man alle Verschiedenheit der sozialen Realität auf eine Verschiedenheit sozialer Systeme zurückzuführen kann. Eine erste Welle von Kritik an dem Parsonsschen Unterfangen richtete sich auf die Themen Konflikt und Wandel, die von der Systemtheorie nicht angemessen erfaßt werden könnten. Diese Kritik ist im Abflauen. Statt dessen scheinen die eigentlichen Schwierigkeiten der Systemtheorie in ihren *Grenzfällen* zu liegen: Das ist einerseits das *umfassende System der Gesellschaft* – ist das noch ein System und in welchem Sinne? Und das sind andererseits die *kleinen ephemeren Sachverhalte des*

4 Vgl. dazu oben, Vorlesung II, Teil 3.

täglichen Lebens: ein Einkauf, ein Auf-den-Fuß-Treten und eine anschließende Entschuldigung, ein Kuß, ein Unfall. Sind das Systeme? Oder wird es nicht zunehmend unvorteilhaft, die Systemtheorie auf solche Bagatellen, Kleinkontakte anzuwenden?

Damit sind wir beim Themenkreis und bei der *Absicht dieser Vorlesung* über »einfache Sozialsysteme«. Mein Ziel ist, diesen Grenzfall – kleine Kontakte des täglichen Lebens – als soziale Systeme darzustellen, und Sie müssen aufpassen, ob das geht, ob dabei etwas herauskommt, das Ihnen als Erkenntnis einleuchtet. Sie können diese Vorlesung also hören als Testfall für eine sehr prätentiöse Theorie. Und ich werde Ihnen Kritik und Orientierung zu erleichtern suchen durch einen relativ langen Einleitungsteil mit der Problemgeschichte des soziologischen Nachdenkens über solche kleinen Sozialkontakte. Ferner hoffe ich, daß ich Ihnen gerade durch den Bezug auf Alltagssituationen am ehesten eine Einführung in die soziologische Denkweise vermitteln kann, ein Gefühl für den eigentümlichen Erkenntnisgewinn, der bei soziologischen Analysen abfällt. Aus dem Komplex meiner geplanten Vorlesungen und Veranstaltungen für die nächsten Jahre eignet sich diese Veranstaltung deshalb auch am ehesten als Einführung in die soziologische Systemtheorie. Mit einer Vorwarnung allerdings: Die Vorlesung wird nicht leicht sein. Und das liegt an der typischen Distanz des Soziologen, die er mit begrifflicher Abstraktion bezahlen muß. So wie eine Soziologie des Rechts nicht selbst unbedingt recht haben muß und so wie eine Soziologie des Skandals nicht notwendig selbst skandalös ist, so braucht eine Soziologie einfacher Systeme nicht selbst einfach zu sein.

Die Gliederung der Vorlesung im Groben ist die folgende: Im 1. Teil mache ich zunächst einige einführende Bemerkungen zum Gegenstandsbereich der Vorlesung, dann gebe ich im 2. Teil einen Überblick über die Geschichte der sozialwissenschaftlichen Vorarbeiten zu einer Theorie einfacher Sozialsysteme: die Gruppentheorie und die Interaktionstheorie. Danach folgen im 3. Teil einige Überlegungen zur genuin soziologischen Fragestellung. Im Hauptteil der Vorlesung, das ist der 4. Teil, beschäftige ich mich zunächst mit den Strukturen und Leistungen einfacher Sozialsysteme, das sind: Anwesenheit als konstituierendes Merkmal des Systems, die Identifizierbarkeit des Systems und seiner Grenzen, Strukturbildung und Systemprobleme. Im 5. Teil geht es dann um die Klärung des Begriffs der Kommunikation, der bei dem Ganzen zugrunde gelegt wird. Es folgen im 6. Teil einige Überlegungen zum Begriff der sozialen Kontrolle sowie im 7. Teil abschließende Bemerkungen zum Verhältnis von Mikrosoziologie, Makrosoziologie und Systemtheorie.[5]

5 Anm. d. Hg.: Der hier von Luhmann angekündigte Teil 7 findet sich sowohl auf dem Vorlesungsplan als auch in einer Abteilung im Zettelkasten (Zettelfolge 536/11g ff.), die zumindest zum Teil als Vorbereitung auf die Veranstaltung angelegt worden war (siehe dazu im Anhang die »Editorische Notiz«, unten, S. 618 f.). Er wurde offenbar aus Zeitgründen dann aber nicht mehr ausgearbeitet.

1. Einführende Bemerkungen

Der Ausgangspunkt meiner Überlegungen ist die Unzufriedenheit mit dem Versagen der Soziologie angesichts alltäglicher Situationen. Es gibt ein Alltagsverständnis solcher Situationen, dessen Beherrschung für die tägliche Lebensführung ausreicht, in das man bereits als Kind hereinwächst und mit dessen Erreichen man normalerweise zufrieden ist. Denken können Sie an das tägliche Familienleben, aber auch an alle möglichen Situationen in Ihrer vertrauten Umgebung, in denen Ihnen andere, bekannte oder unbekannte Personen begegnen, mit denen Sie in irgendeiner Weise in Kontakt treten. Andere Beispiele, an die man auch denken kann, wären eine Prügelei in der Öffentlichkeit ohne ein Eingreifen der Passanten, die Ankunft auf dem Flugplatz in Tempelhof, auf dem kein Taxi verfügbar ist, so daß Sie auf Hilfe angewiesen sind, oder der Einkauf von Schuhen in einem Kaufhaus. Es geht immer um Situationen, bei denen man intuitiv erkennt, was erwartet wird, wie man sich verhält, wer dazu gehört und wer nicht. Natürlich kann diese Vorlesung keine ausreichende kausale Erklärung aller solcher Szenen liefern. Das Hauptziel ist vielmehr, ein Bewußtsein für Fragemöglichkeiten zu wecken, das heißt, etwas nicht einfach hinzunehmen, sondern sich zu wundern – und zwar nicht einfach bloß zu staunen, sondern strukturiert zu fragen und zu untersuchen. Soviel zu den Erkenntniszielen einer Soziologie einfacher Sozialsysteme und ihren Grenzen.

Zunächst möchte ich einige Bemerkungen zum *Gegenstandsbereich der Vorlesung* machen. Was heißt »einfache Systeme«? Es gibt keine allgemein anerkannte Terminologie. In der amerikanischen Literatur ist die Rede von »face-to-face« oder »elementary behavior« – dabei handelt es sich um Begriffe, die Erving Goffman und George Homans geprägt haben.[6] »Elementares Verhalten« ist allerdings mißverständlich formuliert, denn gemeint ist nicht »natürlich« oder »fundierend«, nicht »einfach« im Unterschied zu

6 Siehe zu »face-to-face« Erving Goffman, *Encounters. Two Studies in the Sociology of Interaction*, Indianapolis 1961; zu »elementary behavior« George C. Homans, *Social Behavior. Its Elementary Forms*, New York 1961 (dt.: *Elementarformen sozialen Verhaltens*, Köln 1968).

»zusammengesetzt«. Gemeint sind vielmehr *Systeme des Verhaltens unter Anwesenden.* Die Teilnehmer können einander sehen oder doch hören, die Interaktion wird also durch den Wahrnehmungsapparat mitgesteuert. Zur Kontrastierung kann man sagen: Es geht also nicht um *Großsysteme* wie die Stadt Bielefeld oder die Universität und auch nicht um bloße *Kategorien* wie alle Blinden, alle Studenten, alle mit dem Vornamen Hans. Es geht vielmehr, um noch einige Beispiele zu nennen, um eine Diskussion, eine Taxifahrt, ein gemeinsames Essen, eine Beerdigung, einen Skatabend, ein Interview, eine Theatervorstellung, einen Besuch. Insgesamt sind das sehr differenzierte Tatbestände von universeller Bedeutung. Alle sozialen Kontakte vollziehen sich letztlich in solchen Systemen – was nicht heißt, daß sie dadurch schon vollständig erklärt werden können. Aufgrund dieses universellen Charakters sind einfache Sozialsysteme ein Thema auch der *allgemeinen Soziologie.*

Was soll es nun bedeuten, daß wir solches Verhalten unter Anwesenden als ein *soziales System* ansehen und untersuchen? Das wird sich im Laufe der Vorlesung deutlicher herausschälen. Hier möchte ich zunächst nur eine Definition geben und diese kurz erläutern: Unter einem sozialen System verstehe ich einen *Zusammenhang von Handlungen verschiedener Personen, die durch ihren Sinn miteinander verbunden und dadurch von einer Umwelt, die nicht zum System gehört, abgrenzbar sind.* Diese Definition passt auf *alle* Sozialsysteme, von der Weltgesellschaft angefangen bis hin zur Cocktailparty. Wichtige *Merkmale* – damit Sie sehen, daß darin jeweils Begriffsentscheidungen stecken – eines so verstandenen *sozialen Systems* sind die folgenden: (1) Es geht um *Handlungen.* Das ist der Ausgangsbegriff – nicht die Person; ein soziales System ist also nicht ein Personenhaufen. Der Grund für diese Konzeption liegt darin, daß viele Personmerkmale für den Sinn sozialer Systeme irrelevant sind. (2) Es handelt sich um einen *Sinnzusammenhang*: Ein soziales System ist nicht vergleichbar mit einem Zusammenhang physischer oder chemischer oder organischer Prozesse, da es aus sinnbasierten Prozessen besteht. (3) Es gibt eine *Abgrenzbarkeit gegenüber einer Umwelt.* Im Sinn liegt mitbewußt enthalten, daß es etwas anderes gibt, Sinn ist die Selektion aus und die Verweisung auf andere Möglichkeiten. Dies ist das Hauptunterscheidungsmerkmal gegenüber dem älteren Systembegriff. Meine These ist ausführlicher nachlesbar in zwei Aufsätzen, die ich dazu publiziert habe, nämlich »Funktionale Methode und Systemtheorie« und, ausgearbeiteter, aber anspruchsvoll: »Soziologie als Theorie sozialer Systeme«.[7]

7 Niklas Luhmann, »Funktionale Methode und Systemtheorie«, in: *Soziale Welt* 15 (1964), S. 1-25; ders., »Soziologie als Theorie sozialer Systeme«, in: *Kölner Zeitschrift für Soziologie und Sozialpsychologie* 19 (1967), S. 615-644. Vgl. auch oben, Vorlesung II, Abschnitt 1.2.

2. Zur Geschichte der wissenschaftlichen Behandlung des Gegenstandes der Vorlesung

Zu diesem Teil der Vorlesung, der sich mit der bisherigen wissenschaftlichen Behandlung einfacher Sozialsysteme beschäftigt, ist eine einschränkende Vorbemerkung nötig: Angesichts der lebhaften wissenschaftlichen Kommunikation und angesichts des terminologischen Wirrwarrs hat jede Gliederung der Übersicht über die Geschichte etwas Willkürliches. Ich nehme im folgenden eine Grobgliederung vor in Gruppentheorie und Interaktionstheorie mit je verschiedenen Varianten, die ich diskutieren werde. Die Anregung für die Gliederung sind Notizen, die ich mir für ein längerfristiges Arbeitsprogramm mache.[8]

2.1. Gruppentheorie

Zunächst einige Bemerkungen zum Kontext der Entstehung der Gruppentheorie. Der Gruppenbegriff beginnt seine Karriere am Ende des 19. Jahrhunderts mit den Anfängen eines soziologischen Wissenschaftsprogramms, parallel zum Beziehungsbegriff und der formalen Soziologie. Die Vorstellung einer Gruppe scheint eine bessere, vor allem eine empirische Forschungsgrundlage zu bieten, verglichen mit älteren Bemühungen um eine Philosophie der Gesellschaft. Der Gruppenbegriff meint jede Art von Größenordnung, setzt sich aber zumeist ab von einem bloß klassifikatorischen Mengenbegriff, und zwar durch das Merkmal des Gemeinsamkeitsbewußtseins. In der alteuropäischen Tradition hatte man *koinoniai* (*societates*) eingeteilt in einfache und zusammengesetzte.[9] Jetzt lautet die Haupteinteilung »Gemeinschaft und Gesellschaft« oder *primary groups* und *secondary groups*. Die Literatur dazu sind die soziologischen Klassiker *Gemeinschaft und Gesellschaft* von Ferdinand Tönnies und *Social Organization* von Charles Horton Cooley.[10] Es

8 Anm. d. Hg.: Bei den von Luhmann genannten Notizen handelt es sich um die in seinem Zettelkasten II in der Abteilung »536 Interaction« versammelten Zettel (siehe oben in diesem Kap., Fn. 5).

9 Vgl. dazu oben, Vorlesung III, Abschnitt 2.1.

10 Ferdinand Tönnies, *Gemeinschaft und Gesellschaft. Abhandlung des Communismus*

geht also um *konträre oder komplementäre Typen*; zugleich haben die Unterscheidungen einen evolutionären Hintergrund in Form der Unterscheidung von traditionaler und moderner Gesellschaft. Volle begriffliche Klarheit ist so aber schwer zu erreichen. Was Sie vor allem sehen müssen, ist eine Tendenz, Dichotomien aufeinanderzulegen und zu verquicken, etwa nach dem Muster von warm/kalt, natürlich/künstlich, klein/groß, Hilfe/Tausch, Land/Stadt, persönlich/unpersönlich, Gefühl/Verstand, Mittelalter/Neuzeit. Ein dichotomisches Denken dieser Art erschwert aber eine *begriffliche Integration*. Das, was ich mit dem Systembegriff suche, wird in zwei Hälften zerrissen, wobei der Erkenntniswert von Aussagen über die eine Seite allein darin besteht, daß sie nicht die andere ist. Trotz dieser Unzulänglichkeiten sind die Überlegungen stimulierend, vor allem das Konzept der Primärgruppe lenkt die Forschung auf bisher vernachlässigte Tatbestände, insbesondere auf das Phänomen des unmittelbaren Kontaktes.

In der skizzierten Situation entstehen eine Reihe von klassischen Fallstudien. Deren gemeinsames Thema ist die Herausarbeitung der relativen Eigenständigkeit des Gruppenlebens, vor allem unter dem Gesichtspunkt eigener Normen, einer eigenen emotional gefärbten Logik der Argumentation, einer eigenen Führungsstruktur. Der Kontext, in dem Gruppen zu finden sind, ist die Arbeit, das Verbrechen oder die Gefahr. (Ein Vergleich der Gruppen in diesen verschiedenen Kontexten eignet sich gut als Aufgabe für studentische Arbeitsgruppen.) Für mein Thema erwähnenswert sind *fünf Forschungszusammenhänge*.

(a) Forschungsarbeiten zu *industriellen Arbeitsgruppen*: Zu nennen sind hier insbesondere die Experimente in den Hawthorne-Werken der Western Electric Company. Die Publikation der Studien, die bereits 1927 bis 1932 durchgeführt und im wesentlichen von Elton Mayo inspiriert worden sind, erfolgte erst vergleichsweise spät, nämlich 1939 unter dem Titel *Management and the Worker* durch Fritz J. Roethlisberger und William J. Dickson.[11] Von hier

und des Socialismus als empirischer Culturformen, Berlin 1887; Charles Horton Cooley, *Social Organization. A Study of the Larger Mind*, New York 1909.

11 Fritz J. Roethlisberger, William J. Dickson, *Management and the Worker. An Account of a Research Program Conducted by the Western Electric Company, Hawthorne Works, Chicago*, Cambridge 1939. Vgl. dazu auch oben, Vorlesung IV, Abschnitt 2.3.

aus hat das, was Sie im Studium unter Betriebssoziologie beziehungsweise Organisationssoziologie kennenlernen werden, wesentliche Anregungen erhalten. Die Formel dafür ist die einer Differenz von formaler und informaler Organisation.

(b) Ein zweiter Komplex ist das *Bandenwesen* in der Großstadt, Verbrechergruppen beziehungsweise dem Verbrechen nahestehende, es sozial tragende und stützende Gruppen. Zu nennen sind hier insbesondere die Studien *The Gang* von Frederic M. Thrasher über jugendliche Gangs in amerikanischen Großstädten und *Street Corner Society* von William Foote Whyte über Banden italienischer Immigranten in Boston.[12] Von hier aus entwickelte sich eine breit ausstrahlende Forschung über soziale Bedingungen abweichenden Verhaltens, die einen ganz neuen Begriff prägte: »deviance« – das ist in der deutschsprachigen Soziologie als »Devianz« für die Fachbezeichnung abweichenden Verhaltens übernommen worden. Der Grundgedanke dabei ist, daß es in solchen Gruppen »Subkulturen« gibt, die den einzelnen auf abweichendes Verhalten hin sozialisieren, es ihm abfordern oder doch zumindest tolerieren. Inzwischen ist diese Forschung in eine Phase der Kritik übergegangen. Ich verweise hier auf meine in diesem Semester stattfindende Übung »Elementare Mechanismen der Rechtsbildung«.[13]

(c) Ein dritter Komplex ist das *Militär*. Hier kommt es zur Gruppenbildung angesichts von Gefahr (»die sowjetischen Bestien« als Bezeichnung für die Soldaten der Roten Armee im Zweiten Weltkrieg) – und auch hier ist es wieder so, daß die Gruppenbildung in einem problematischen Verhältnis zur offiziell verkündeten Moral, zu den Kriegszielen usw. steht. Man kann hier Samuel Stouffer nennen mit seinen allerdings thematisch weiter gespannten Studien unter dem Titel *The American Soldier* zu den Einstellungen der amerikanischen Soldaten im Zweiten Weltkrieg.[14]

(d) Schließlich wären, der Übersicht halber, zwei weitere klas-

12 Frederic M. Thrasher, *The Gang. A Study of 1,313 Gangs in Chicago*, Chicago 1927; William Foote Whyte, *Street Corner Society. The Social Structure of an Italian Slum*, Chicago 1943.

13 Anm. d. Hg.: Niklas Luhmann, »Elementare Mechanismen der Rechtsbildung. Übung für Juristen und Soziologen«, Universität Bielefeld, Wintersemester 1969/70 (siehe im Anhang, »Die Lehrveranstaltungen Niklas Luhmanns von 1966 bis 1970«, unten, S. 607).

14 Vgl. Samuel A. Stouffer u. a., *The American Soldier*, Bd. 1: *Adjustment During Army Life*; Bd. 2: *Combat and Its Aftermath*, Princeton 1949.

sische Quellen zu nennen, die allerdings das Gruppenphänomen nicht vollständig behandeln, sondern nur einen bestimmten Ausschnitt: die *Führungs- oder Einflußstruktur*. Zum einen erwähnt werden müssen hier die Experimente von Kurt Lewin und seinen Schülern mit *Kindergruppen* über einen erfolgreichen Führungsstil. Der ursprüngliche Forschungsbericht ist schwer zugänglich, es gibt aber den Aufsatz »An Experimental Study of Leadership and Group Life« von Ronald Lippitt und Ralph K. White dazu.[15] Die Art der Gruppen zeigt, daß hier nicht ein Typus sozialer Situationen vor Augen steht. Es geht vielmehr um die Differenz von autoritärer, gleichgültig-indifferenter und demokratischer Führung. Letztere wird definiert durch Ermöglichung von Teilnahme am Entscheidungsprozeß. Das Rennen macht dann die demokratische Führung. Die Studien haben weittragende Bedeutung für Forschung über Demokratisierung. Der Fehler des Ansatzes wird allerdings fortgeschleppt: Es wird keine ausreichende Rücksicht auf den sozialen Kontext des Systems genommen, das führt zum Beispiel zur Vernachlässigung der Machtproblematik und der Zeitproblematik. Die von Lewin ausgehenden Bemühungen sind, als Ganzes gesehen, nicht mehr rein gruppentheoretisch. Schon hier gibt es Übergänge zur Interaktionstheorie. Sie firmieren aber unter dem Begriff »group dynamics«, in Deutschland wird Lewin mit diesem Begriff vor allem in Frankfurt rezipiert. Die Wichtigkeit solcher Verbindungslinien muß betont werden!

(e) Die zweite klassische Quelle und mein letzter Punkt ist ebenfalls nur partiell gruppentheoretisch. Ich meine die Studien über den Einfluß auf die Entscheidung des einzelnen in der *politischen Wahl*; verbunden ist diese Forschung vor allem mit dem Namen von Paul Lazarsfeld, der zusammen mit anderen 1944 den Band *The People's Choice* publiziert hat, von dem es auch eine deutsche Übersetzung gibt.[16] Das Hauptergebnis dieser Forschung ist der Abbau der Vorstellung eines rational seinen individuellen Nutzen kalkulierenden Wählers und der Nachweis der Abhängigkeit des

15 Ronald Lippitt, Ralph K. White, »An Experimental Study of Leadership and Group Life«, in: Guy E. Swanson, Theodore M. Newcomb, Eugene L. Hartley (Hg.), *Readings in Social Psychology*, rev. Aufl., New York 1952, S. 340-355.

16 Paul F. Lazarsfeld, Bernard Berelson, Hazel Gaudet, *The People's Choice. How the Voter Makes Up His Mind in a Presidential Campaign*, New York 1944 (dt.: *Wahlen und Wähler. Soziologie des Wahlverhaltens*, Neuwied 1969).

Wahlverhaltens von (allerdings nur statistisch erfaßten) sozialen Gruppierungen, vor allem von sogenannten *opinion leaders* (Meinungsführern).

Wenn man einen Überblick über die *Hauptthemen* der gruppentheoretischen Forschung geben will, so sind folgende Punkte zu nennen: (1) Die Frage der *Führungsstruktur*. Das Hauptergebnis der Forschung ist der Befund eines allmählichen Wandels von eigenschaftsbezogenen zu funktionalen Führungstheorien. Man sucht nicht mehr günstige Eigenschaften – oder gar Tugenden (!) im alten Sinne –, sondern sieht Führung grob gesagt als Funktion der Konsolidierung von Gruppenerwartungen. Je nach Konstellation kann diese Funktion mehr oder weniger stark in Anspruch genommen werden oder mehr oder weniger stark auf feste Rollen gelegt werden. Die gruppentheoretische Forschung hat den Unterschied von instrumenteller und expressiv-emotionaler Führung entdeckt und im Anschluß daran die Frage gestellt, ob die entsprechende Ausdifferenzierung von zwei Führungsrollen als Normalfall anzunehmen ist. (2) Damit ist die *Bedeutung affektiver Beziehungen* in Gruppen schon angedeutet: Die Attraktivität der Gruppe wird als Motivationsmechanismus verstanden; die von Jacob Moreno begründete Soziometrie erforscht Präferenzverteilungen der Sympathie innerhalb der Gruppe.[17] Es gibt in der Literatur eine Tendenz zur Gleichsetzung von Gefühl und Bestand der Gruppe, auch hier mit typischen Einseitigkeiten. Insbesondere wird die Umweltlage der Gruppe nicht ausreichend in Betracht gezogen. (3) Ein weiterer Punkt sind *gruppeneigene Normen*, gruppeneigene Kulturen usw., wie man sie zum Beispiel mit dem *Cliquenbegriff* bezeichnet. Der Zusammenhang mit Führung besteht hier in der Legitimationsmöglichkeit gruppenspezifischen Verhaltens. Gruppeneigene Normen sind die Basis von Differenzierungen in der Gesellschaft. (4) Eine Sonderforschung versteht Gruppen als *Kommunikationsnetze* und als *problemlösende Systeme*, indem die Gruppe das formale Kommunikationsnetz der Organisation ergänzt.[18] Es geht dann um die Auswirkung von Strukturunterschieden, zum Beispiel in

17 Vgl. Jacob L. Moreno, *Who Shall Survive? A New Approach to the Problem of Human Interrelations*, Washington 1934 (dt.: *Die Grundlagen der Soziometrie. Wege zur Neuordnung der Gesellschaft*, Köln, Opladen 1954).

18 Vgl. zum organisationalen Kommunikationsnetz Niklas Luhmann, *Funktionen und Folgen formaler Organisation*, Berlin 1964, S. 190 ff.

der Form, daß in Organisationen bestimmte Themen, die sich zur Weitergabe in formalen Bahnen nicht eignen, deren Weitergabe aber im Interesse der Organisation liegt, über informale Kommunikationsnetze weitergegeben werden. Hier gibt es fließende Übergänge zur Interaktionstheorie und zur Entscheidungstheorie.

Abschließend möchte ich eine *kritische Bewertung* der genannten Arbeiten vornehmen: Ohne Zweifel gibt es in der Gruppentheorie wichtige Forschungserfolge mit stimulierenden Auswirkungen auf die gesamte empirische Soziologie. Insbesondere kommt es zu bedeutsamen Korrekturen viel zu einfach gebildeter älterer Vorstellungen. Aber es lassen sich auch eine Reihe von problematischen Aspekten nennen: (1) Es gibt keine ausreichende *theoretische Integration* der Konzepte, sondern nur die Annahme eines losen Zusammenhangs von Führung, Normierung, Gefühl und Leistung. Damit einher geht die Tendenz zur isolierten Erforschung einzelner Korrelationen – und zwar aus methodischen Gründen! Aber sind alle Variablen erfaßt? Und sind diese richtig erfaßt? Oft hat sich gezeigt, daß die Forschung viel zu anschaulich, konkret, lebensnah, diffus arbeitet. (2) Die Gruppe wird letztlich doch immer aus *Menschen* bestehend gesehen: Der Mensch wird verstanden als Teil der Gruppe. Aber es gibt eine Mehrheit von Mitgliedschaften eines Menschen in verschiedenen Gruppen, den ständigen Wechsel von Interaktionskontexten, und es gibt die Irrelevanz von konkreten Eigenschaften des individuellen Menschen für das Sozialsystem, zum Beispiel seines Magens. Ein besserer theoretischer Ausgangspunkt ist deshalb der Begriff der Handlung beziehungsweise der Interaktion. Ich möchte in diesem Zusammenhang noch einmal meine eingangs genannte Definition des Systembegriffs in Erinnerung bringen: Ein soziales System ist ein Zusammenhang von Handlungen verschiedener Personen, die durch ihren Sinn miteinander verbunden und dadurch von einer Umwelt, die nicht zum System gehört, abgrenzbar sind. Daraus folgt: Der *konkrete Mensch* ist immer *Umwelt* des sozialen Systems. (3) Es gibt kein ausreichendes Konzept für die Erfassung des Zusammenhanges von *System und Umwelt*, sondern eine Dominanz des Interesses für ein inneres Gefüge der Gruppe; diese Problematik ist besonders akut in der Organisationssoziologie. (4) Es gibt keinen Platz für weniger gefestigte soziale Konstellationen, für *ephemere Situationen*, für flüchtige Begegnungen, für das also, was man Situationssysteme nennen könnte. Wenn man diese Einwände betrachtet, ist klar, daß der Gruppenbegriff kein mögliches universelles Konzept für einfache Sozialsysteme ist.

2.2. Interaktionstheorie

Es gibt keine einheitliche Interaktionstheorie, zunächst ist das nur ein häufig benutztes Wort. »Interaktion« meint, daß Menschen ihr Handeln aufeinander richten, aneinander orientieren, daß es mithin kein isoliertes Handeln gibt. Eine Einzelhandlung: das ist eine künstliche Abstraktion. Ferner steht »Interaktionstheorie« für die Bezeichnung einer Tendenz weg von der allzu kompakten Begriffsbildung der Gruppentheorie hin zu abstrakteren, präziseren und zugleich empirisch überprüfbaren Aussagen. Darin aber liegt schon die Wurzel einer beträchtlichen Vielfalt. Man kann Abstraktion und Präzisierung in sehr verschiedenen Richtungen suchen. Das Globalbild »Gruppe«, die einem gleichsam komplexe Pauschaleindrücke vermittelt, wird mit dem Begriff der »Interaktion« nach verschiedenen Richtungen hin aufgelöst, die dann theoretisch nichts mehr miteinander zu tun haben (auch wenn sie alle von Interaktion sprechen). Im folgenden unternehme ich den Versuch eines sehr knappen Hinweises auf solche Tendenzen. Manches davon wäre im Studium zu vertiefen im Nebenfach Sozialpsychologie.

(a) Ein erster Ansatz steht auf der Grenze zur *Gruppentheorie*. Im Anschluß an die »topologische« Psychologie Kurt Lewins versucht man, sich Gruppen nach Art eines Kräftefeldes vorzustellen, in dem es verschiedenartige psychische Kräfte gibt, die einander beeinflussen und verzerren. Interaktion wird gesehen als Resultante eines solchen Einflusses. Ein typischer und vielbenutzter Text ist das Buch *Group Dynamics* von Dorwin Cartwright und Alvin Zander.[19] Es gibt in diesem Ansatz die Hoffnung, daß man mit mathematischen Instrumenten, namentlich der Vektorenanalyse, zu einer eindeutigen Darstellung und Berechnung kommt. Zum Beispiel kann man danach fragen, ob Gruppen eine eigene Attraktivität haben, ob sie mit Konformität korreliert, mit Ähnlichkeit der Ansichten, der Persönlichkeiten usw. Sie sehen, daß man dabei die Kräfte-

19 Dorwin Cartwright, Alvin Zander (Hg.), *Group Dynamics. Research and Theory*, Evanston ²1960.

mythologie auch weglassen kann, und so hat sich die Forschung denn auch entwickelt in Richtung auf die Analyse der Korrelation von Variablen – allerdings auf theoretisch ziemlich ungesichertem Grund. Langsam sieht man heute, daß die Begriffe, mit denen man begonnen hatte, ihrerseits noch viel zu pauschal waren. Zum Beispiel hatte man den Begriff der Attraktivität ohne Rücksicht auf Intimitätsgrade und thematische Differenzierung verwendet.

(b) Neben diesen *Group-dynamics*-Forschungen der Psychologen haben Anthropologen und Soziologen selbständige Forschungsansätze entwickelt. Sehr einflußreich sind hier die Experimente von Robert Bales in Form der empirischen Untersuchung von Verteilungen von Handlungstypen im Verlauf von Interaktionen. Es gibt dazu von Bales den Band *Interaction Process Analysis* von 1951, am besten zugänglich ist eine deutsche Übersetzung eines Aufsatzes in Heinz Hartmanns Übersichtsband zur amerikanischen Soziologie. Einen neueren Überblick über die Forschung bietet der Artikel »Social Interaction« in der *International Encyclopedia of the Social Sciences*.[20] Die Arbeiten von Bales hatten unmittelbaren Einfluß auf Parsons' makrosoziologische Theorie.[21]

(c) Genannt werden muß auch das Wiederaufleben von *»ökonomischen« Modellen* sozialer Zusammenhänge in den 1950er Jahren. Hier wird das Subjekt als seinen Nutzen maximierend verstanden und Interaktion als Tausch. Interaktion kommt gleichsam in dem Punkt zustande, der für beide Partner rational ist. Diese Sichtweise ist relativ unberührt durch die gleichzeitige Selbstkritik und Grundlagendiskussion in der Ökonomie und die Kritik der politischen Ökonomie seit Marx. Wichtige soziologische Vertreter dieses Ansatzes sind George Homans und Peter Blau. Bei Homans heißt der wegweisende Aufsatz von 1958 »Social Behavior as Exchange« (davon gibt es eine Übersetzung in dem Übersichtsband von Heinz Hartmann).[22] Blaus *Exchange and Power in Social Life*

20 Robert F. Bales, *Interaction Process Analysis. A Method for the Study of Small Groups*, Cambridge 1951; ders., »Das Problem des Gleichgewichts in kleinen Gruppen«, in: Heinz Hartmann (Hg.), *Moderne amerikanische Soziologie. Neuere Beiträge zur soziologischen Theorie*, Stuttgart 1967, S. 311-329; Talcott Parsons, »Interaction: I. Social Interaction«, in: David L. Sills (Hg.), *International Encyclopedia of the Social Sciences*, Bd. 7, New York, Chicago 1968, S. 429-441.

21 Vgl. dazu oben, Vorlesung II, Abschnitt 4.2.

22 Vgl. George C. Homans, »Social Behavior as Exchange«, in: *The American Journal of Sociology* 63 (1958), S. 597-606 (dt. [in Auszügen]: »Soziales Verhalten als

ist ein ausgezeichnetes, klares und interessantes Buch, bei dem sich ein sorgfältiges Durcharbeiten lohnt.[23] Blau leitet Machtverhältnisse aus Tauschverhältnissen ab (ein Vergleich mit marxistischen Theorien wäre hier ein Thema für eine mögliche Gruppenarbeit). Vor allem psychologisch orientiert ist das Buch *The Social Psychology of Groups* von John W. Thibaut und Harold H. Kelley.[24] Kritik an diesem Ansatz kann man in zweifacher Hinsicht formulieren: (1) Er vernachlässigt die Grenzen der Bewußtseinskapazität des Menschen und konstruiert seine Handlungen aufgrund von Kalkulationsunterstellungen, die der Mensch real gar nicht erfüllen kann. (2) Tausch setzt Mobilität und Alternativen als Bedingungen voraus. Tauschmodelle rekonstruieren deshalb die realen Bestimmungsgründe des Handelns nur treffend, soweit diese Voraussetzungen auch erfüllt sind. Es gibt also ein Problem in den generalisierten Grundlagen, ähnlich wie man das schon bei den Ansätzen von Émile Durkheim und Talcott Parsons diagnostizieren kann.

(d) Der relevante Autor der *subjektiven Interaktionstheorie* ist Talcott Parsons. Wenn Sie sich kompakt über den Ansatz informieren wollen, empfehle ich das »General Statement« aus einem Band von Parsons und Shils zur Lektüre.[25] Typisch für den Ansatz von Parsons ist, daß er ein Schnittpunkt verschiedener gedanklicher Strömungen ist, die er aufnimmt und kombiniert. Der Versuch ist einzigartig in der bisherigen soziologischen Theorie.[26] Für die hier interessierende Thematik sind folgende Punkte zu erwähnen: (1) Die Anknüpfung an die subjektivistische europäische Handlungstheorie Max Webers, die Handeln vom subjektiv gemeinten Sinn her versteht. (2) Eine Kritik des »rohen« Behaviorismus der Anfangszeit, der die Existenz von Bewußtsein schlechthin bestreitet, bloß deshalb, weil es bei Ratten und amerikanischen Studenten nicht nachweisbar war. (3) Die Zusammenarbeit mit Bales in der

Austausch«, in: Hartmann [Hg.], *Moderne amerikanische Soziologie*, S. 173-185); vgl. ders., *Social Behavior* (dt.: *Elementarformen sozialen Verhaltens*).

23 Peter M. Blau, *Exchange and Power in Social Life*, New York, London u. a. 1964.

24 John W. Thibaut, Harold H. Kelley, *The Social Psychology of Groups*, New York 1959.

25 Talcott Parsons, Edward A. Shils, Gordon W. Allport u. a., »Some Fundamental Categories of the Theory of Action. A General Statement«, in: Talcott Parsons, Edward A. Shils (Hg.), *Toward a General Theory of Action*, Cambridge 1951, S. 3-29.

26 Vgl. detailliert dazu oben, Vorlesung II, Teil 3.

Ausarbeitung einer Theorie fundamentaler Orientierungsvariablen, der sogenannten *pattern variables*. (4) Die Anknüpfung an den psychologischen, lerntheoretischen Begriff der Generalisierung. (5) Der Rückgriff auf das Subjekt als profitmaximierenden Aktor, der sich einer symbolisch vermittelten Ordnung fügt, weil er in ihr seinen Vorteil besser realisieren kann. Das Ergebnis ist das, was wir in meiner Übung über elementare Mechanismen der Rechtsbildung gerade besprochen haben: *Interaktion als Lösung des Problems der doppelten Kontingenz.*

(e) Der *symbolic interactionism* stammt aus der soziologischen Schule Chicagos der 1920er Jahre. Namen wie W. I. Thomas, Florian Znaniecki, Robert Park, Charles Cooley und vor allem George Herbert Mead müssen hier genannt werden. Erste Übersetzungen Meads ins Deutsche erscheinen gerade; auch in Amerika ist das meiste erst nach seinem Tode 1931 erschienen, vor allem die Vorlesungsmitschriften *Mind, Self and Society*.[27] Der Hauptpunkt Meads ist gewissermaßen eine Wiederholung Hegels, indem in sehr sorgfältig durchgeführten Analysen das eigene Ich problematisiert wird. Wieso bin ich mit mir identisch, wieso kann ich überhaupt ein Bewußtsein meiner Selbst haben? Meads Auflösung dieses Rätsels geht aber nicht in die Richtung von Descartes mit der Gewißheit der Reflexion als innerer Befund, auch nicht in Richtung von Hegels Geist, sondern die Auflösung erfolgt eben in einer Interaktionstheorie – Mead nennt sich selbst »social behaviorist« – mit dem Anspruch auf volle Wissenschaftlichkeit und empirische Verifizierbarkeit. Die Grundthese ist, daß das *eigene Selbst erst in der Interaktion entsteht*, es wird erst durch soziale Interaktion konstituiert, und daraus folgt sehr weittragend der Schluß, daß es durch Interaktion auch gefährdet, ja zerstört werden kann. Wichtige Konzepte des Ansatzes sind die Unterscheidung von *I* und *me* und der Begriff des *role-taking*. Daraus entsteht eine Art Jargon, mit dem die Karriere und die Gefährdungen des Selbst als einer riskant symbolisierten Einheit beschrieben werden, als ein Abenteuer. Erving Goffman ist hier insbesondere zu erwähnen und seine Untersuchung »Die mo-

27 George Herbert Mead, *Mind, Self and Society. From the Standpoint of a Social Behaviorist*, Chicago 1934 (dt.: *Geist, Identität und Gesellschaft aus der Sicht des Sozialbehaviorismus*, mit einer Einleitung hg. von Charles W. Morris, Frankfurt/M. 1968).

ralische Karriere von Geisteskranken«:[28] Der Geisteskranke erlebt den Situationswechsel als *identity switching* und erhält das Stigma als *spoiled identity*. Goffmans Studien haben eine deutliche Tendenz zum Abgleiten ins Verspielte, Literarische, Amüsante, Dramatische. An die Stelle des ökonomischen Nutzenmaximierens tritt in diesem Ansatz das Manövrieren einer riskanten Selbstsymbolisierung in wechselnden sozialen Kontakten, das bloße »impression management«, wie es bei Goffman heißt, der mit dieser Perspektive Untersuchungen von Situationstypen und Strategien vornimmt. Das sind wichtige Entdeckungen soziologisch bisher völlig unbeachteter Stoffgebiete, die aber theoretisch unzulänglich bearbeitet werden. Ich empfehle diese Literatur zum – vorsichtigen – Genuß, insbesondere die auf dem Vorlesungsplan genannten Bücher *The Presentation of Self in Everyday Life* und *Encounters* von Goffman, Anselm Strauss' *Mirrors and Masks*, von dem es eine deutsche Übersetzung gibt, sowie das Buch *Identities and Interactions* der Sozialpsychologen George J. McCall und Jerry L. Simmons.[29]

28 Vgl. Erving Goffman, »The Moral Career of the Mental Patient«, in: *Psychiatry* 22 (1959), S. 123-142.

29 Erving Goffman, *The Presentation of Self in Everyday Life*, überarb. Aufl., Garden City 1959; ders. *Encounters. Two Studies in the Sociology of Interaction*, Indianapolis 1961; Anselm L. Strauss, *Mirrors and Masks. The Search for Identity*, Glencoe 1959 (dt.: *Spiegel und Masken. Die Suche nach Identität*, Frankfurt/M. 1968); George J. McCall, Jerry L. Simmons, *Identities and Interactions. An Examination of Human Associations in Everyday Life*, New York 1966.

3. Die soziologische Fragestellung

Der Überblick über die vorliegenden Ansätze zeigt, daß es nicht ganz einfach ist, eine eigene Position zu gewinnen, von der aus man diese Entwicklung überblicken und ihre Erkenntnisse zusammenfassen kann. Im folgenden ist nur eine sehr knappe Skizze einiger Ausgangspunkte einer Soziologie einfacher Sozialsysteme möglich. Behandeln möchte ich dabei zugleich die Verknüpfungsstellen dieser Vorlesung mit anderen Veranstaltungen.

(a) Den Systembegriff habe ich bereits abgehandelt.[30] Ich wiederhole zur Erinnerung noch einmal meine Definition: Ein System ist ein Zusammenhang von Handlungen verschiedener Personen, die durch ihren Sinn miteinander verbunden und dadurch gegenüber einer Umwelt abgrenzbar sind. Das Folgende ist eine summarische Erläuterung, ein Explizitmachen, Transparentmachen der theoretischen Position, die damit eingenommen ist.

(b) Die erste Anknüpfung erfolgt an den Begriff *sinnhafte Handlung*. Mit *Sinn* meine ich zunächst: Angezeigtsein, Zugänglichkeit *anderer Möglichkeiten* des Erlebens und Handelns. Im besonderen heißt das, daß eine Handlung immer zugleich mit Alternativen gegeben ist, also als eine Selektionsleistung. Damit ist man beim Begriff der *Kontingenz*: Alle Ordnung bezieht sich im Bereich von Sinn auf Alternativitäten, nicht auf Faktizitäten. Das gilt für Struktur ebenso wie für Prozeß, für Kooperation ebenso wie für Konflikt. In dem Maße, als andere Möglichkeiten sichtbar werden, werden zugleich *zu viele Möglichkeiten* sichtbar. Das meint der Begriff *Komplexität*. Der sinnhaft Erlebende und Handelnde steht immer unter *Selektionszwang*: Nie können alle Möglichkeiten wirklich werden. Er *steuert* sich gleichsam, indem er sich *zunächst überfordert* und *dann auswählt*. Man kann dann unterscheiden zwischen mehr oder weniger Komplexität in bezug auf das System oder die Umwelt und zwischen unbestimmter und bestimmter Komplexität je nach dem Grade der Strukturierung des Möglichkeitshorizontes.[31]

(c) Die nächste wichtige Prämisse ist, daß der Mensch ein sehr *geringes Potential für Aufmerksamkeit*, für bewußte, vergleichende

30 Vgl. oben in dieser Vorlesung, Teil 1.

31 Vgl. dazu ausführlich oben, Vorlesung III, Abschnitte 3.2. und 3.4.

Selektion hat. Aus diesem Sachverhalt sind zwei Folgerungen möglich: Entweder man läßt Komplexität *unbestimmt* und zieht sich zurück auf das einfache, drastische Mittel: den Zauber, die Revolution – etwas, was einfach zu handhaben ist und auf alle Fälle sofort wirkt. Funktional äquivalent hierzu sind Indifferenz oder Apathie. Oder man stellt sich andere Möglichkeiten als *bestimmt oder doch bestimmbar* vor. Dann braucht man Selektionshilfen, die es ermöglichen, trotz geringer Bewußtseinskapazität mit vielen Möglichkeiten sinnvoll umzugehen. Etwas anders gewendet kann man auch sagen, daß man Komplexität nur erfassen und bestimmen kann in dem Maße, als man sie auch reduzieren kann. Der Aufbau einer kompliziert artikulierten Welt ist nur möglich durch Erfindung immer raffinierterer Formen der Verteilung von Bewußtseinsleistungen. Das grundlegende Hilfsmittel dafür ist *System*bildung, und zwar gerade in dem Punkte, den ich für den entscheidenden halte: in der Festlegung von Grenzen, also von Diskontinuitäten zwischen System und Umwelt.

(d) Systembildung leistet dies – nämlich Entlastung und Kapazitätsverstärkung des Bewußtseins – durch zwei Merkmale, die miteinander zusammenhängen, nämlich (1) mittels einer Differenzierung von Innen und Außen, durch eine Grenzziehung, durch die Unterscheidung von System und Umwelt, und (2) durch eine Konsolidierung eines Bereichs von geringerer Komplexität, in dem nicht mehr alles passieren kann, was überhaupt passieren kann. Es kommt zu einer Definition engerer Bedingungen der Möglichkeit. Daraus folgt, daß man, abgekürzt gesprochen, ein *Komplexitätsgefälle zwischen System und Umwelt* beachten muß. Ich interpretiere Probleme, die im System zu lösen sind, daher unter dem Gesichtspunkt der Aufrechterhaltung eines Unterschiedes in der Komplexität von System und Umwelt – und dies nicht notwendig, aber sehr wesentlich auch unter dem Gesichtspunkt der Bestandsgefährdung des Systems.

(e) Von hier aus ergibt sich eine gewisse Relativierung dessen, was man *Struktur* und *Funktion* nennt. Wir fragen nicht mehr einfach nach der Funktion für die Erhaltung von Systemen (diese Fragestellung wird aber auch nicht als schlechthin falsch bekämpft). Wir können das Instrumentarium des Funktionalismus vielmehr gleichsam auf mehreren Ebenen anwenden, nämlich (1) als Frage nach der Funktion von Systembildung schlechthin oder auch als

Frage nach der Funktion von Strukturen schlechthin, (2) als Frage nach der Funktion bestimmter Systeme und Strukturen und (3) als Frage nach der Funktion systeminterner Prozesse, Teilstrukturen usw. Das ist ein komplizierter analytischer Apparat,[32] den wir für unsere Zwecke der Analyse einfacher Systeme jedoch nur zum sehr geringen Teil brauchen.

(f) Abschließend stellt sich die Frage des *Kriteriums* für Systembildung, Strukturbildung und Reduktion von Komplexität. Kann man sagen, was richtig und was falsch ist? Oder in welche Richtung es gehen soll? Meine Antwort ist, daß das analytische Instrumentarium hier *keine Antwort impliziert* und allein auch *keine Antwort gibt*. Es ist in diesem Sinne wertneutral. Aber es fordert eine Konkretisierung des in Frage stehenden Systems oder der Struktur, und im Zuge dieser Konkretisierung muß der Forscher Entscheidungen über die Kriterien treffen, entweder per Rezeption oder per Wille.

32 Vgl. dazu Luhmann, »Funktionale Methode und Systemtheorie«.

4. Strukturen und Leistungen

Die folgenden Überlegungen zu Strukturen und Leistungen einfacher Sozialsysteme bilden den Hauptteil der Vorlesung, und die Darstellung ist relativ zeitaufwendig. Ich behandele folgende Punkte: (1) die Anwesenheit als konstituierendes Merkmal des einfachen Systems, (2) die Frage der Identifizierbarkeit des Systems und seiner Grenzen, dann (3) die Frage der Strukturbildung und abschließend (4) spezifische Systemprobleme.

4.1. Anwesenheit als konstituierendes Merkmal einfacher Systeme

Die Anwesenheit ist das konstituierende Merkmal einfacher Sozialsysteme. Anwesenheit soll heißen: *Präsenz* im *Wahrnehmungsfeld* anderer. Im Normalfall heißt das, daß man wechselseitig im Blickfeld des je anderen ist. Aber es ist auch Hörbarkeit damit gemeint, etwa über das Telephon. Immerhin fallen dabei sogleich für das einfache Sozialsystem charakteristische Begrenzungen auf. Jedenfalls zieht dieses Erfordernis der Wahrnehmbarkeit räumliche und zeitliche Grenzen dessen, was als einfaches System möglich ist. Man könnte vielleicht auch sagen: Ein einfaches System kann *jeweils nur eine Situation* haben. Wenn ein einfaches Sozialsystem über ein punktuelles Zusammentreffen hinausgeht, besteht es also aus *Situationsfolgen*. Damit ist schon eine erste wichtige Folgerung verbunden. Einfache Systeme können und brauchen verschiedene Situationen *nur historisch zu koordinieren*. Daraus ergeben sich wiederum Folgerungen für den Strukturbedarf des Systems.

Kein Abgrenzungskriterium ist dagegen die *Zahl der Teilnehmer* als solche, wie es etwa in der Kleingruppenforschung üblich ist; die Möglichkeit der Kommunikation aller mit allen ist für die Begriffsbestimmung nicht entscheidend. Auch Versammlungen mit vielen tausend Teilnehmern sind einfache Systeme. Und das ist gerade eine bezeichnende Aussage: Solche Versammlungen haben für ihre Menge eine zu einfache Struktur, ihre Struktur steht im Mißverhältnis zur Menge. Denn die Versammlungen können die

Bewußtseinsleistungen der Teilnehmer vom System her nur minimal ordnen, sie sind selbst also durch eine hohe unbestimmte innere Komplexität gekennzeichnet, sie sind als »Masse« vom System her und in der Situation amorph. Daraus folgt ein Merkmal des einfachen Sozialsystems, das man *prekäre Zentralisierung von Aufmerksamkeit* nennen könnte, da immer nur eine Situation zur Verfügung steht. Ferner gibt es in einfachen Systemen eine Tendenz zur Reaktion auf das jeweils letzte Ereignis, da keine lange Geschichte als gemeinsame Erinnerung bewahrt und aufgehoben werden kann. Die Erwähnung großer Versammlungen soll nebenbei also zeigen, daß es sehr verschiedene Arten von einfachen Systemen gibt. Das Abgrenzungskriterium selbst ist kein numerisches, sondern ein funktionales, nämlich die Wahrnehmungsleistung.

Anwesenheit heißt Wahrnehmbarkeit. Damit ist eine Selbstverständlichkeit – und zugleich eine ganze Menge mehr gesagt. Ich möchte das im folgenden in drei Richtungen ausarbeiten.

(a) Wahrnehmung ist der Hauptfunktionsträger, nämlich der Prozeß, in dem Komplexität reduziert wird. Wahrnehmung gibt *Faktizität*, gibt einen hohen Gewißheitsgrad und zugleich eine begrenzt offene Situation. Man sieht, daß jemand ein Lächeln nicht unterdrücken kann. Man sieht Aufgeregtheit. Einer der Teilnehmer der Zusammenkunft schaut aus dem Fenster (in Münster sieht man in einem Kellerdiskussionsraum der Universität dann Beine, die vorbeigehen). Man sieht, wer wen anblickt, wer sich bei wem durch einen kurzen Seitenblick vergewissert. Kurz: Es ist immer sehr viel mehr los, als in Wortketten oder Satzfolgen gebracht werden kann. Und aus solchen Wahrnehmungssituationen entsteht durch Selektionsvorgänge die Geschichte des Systems. Andererseits ist der Umfang der je relevanten Möglichkeiten – und damit die innere Komplexität des Systems – doch begrenzt, denn der Wahrnehmungsapparat der Beteiligten kann nicht zu viel auf einmal fassen.

(b) Für das Zustandekommen eines solchen, primär auf gemeinsamer Wahrnehmung beruhenden Systems ist nun wichtig, daß der Wahrnehmungsprozeß *reflexiv* wird: daß ich nicht nur etwas wahrnehme, sondern daß ich wahrnehme, *daß* andere wahrnehmen, und ungefähr auch, *was* andere wahrnehmen – und umgekehrt. Und darüber hinaus ist noch wichtig, daß diese Gemeinsamkeit bewußt, also stets fraglos gegeben ist und gar nicht zum Gegenstand von sprachlicher Kommunikation gemacht werden muß. Damit verbinden sich folgende Vorteile – die zugleich Schwierigkeiten methodischer Beobachtung und Protokollierung dessen begründen, was in einfachen Sozialsystemen passiert: (1) ein hohes Tempo der Informationsverarbeitung, insbesondere wenn man es mit explizit sprachlicher Kommunikation vergleicht; (2) Möglichkeiten der Steuerung von Aufmerksamkeit ohne sprachliche Kommunikation; (3) eine Einrichtung verschiedener Kommunikationsebenen für ein Seitenspiel (ich erinnere an das Beispiel des Kellerraums, denken kann man aber auch an eine Gesprächssituation, in der man jemandem nebenbei und ungefragt Feuer für seine Zigarette gibt) oder für eine Modalisierung der dominanten Kommunikation ins Scherzhafte, ins sexuell Anzügliche, ins wissenschaftlich Hochbedeutsame, ins mitreißend Begeisterte. Dies geschieht alles durch die Benutzung von Wahrnehmung als Steuerungsebene, als Begleiterscheinung des laufenden Kommunikationsflusses ohne allzu starke Interferenz von Wahrnehmung und Kommunikation. Auch hier muß man aber wiederum festhalten, daß es in einem solchen System vom Wahrnehmungsmechanismus her Grenzen der Kapazität gibt. Man kann mit mehr oder weniger Geschick operieren, hohes Raffinement entwickeln, es bis zur Virtuosität bringen – aber ohne Zweifel ist die Zahl der Möglichkeiten hier begrenzt.

(c) Diese Analyse führt uns zu einem dritten wichtigen Punkt. Jeder wahrnehmbare Teilnehmer verhält sich in einer Aura der durch die Situation gegebenen Möglichkeiten. Er wird sichtbar als jemand, der sein Verhalten so oder so wählt. Er sagt etwas über sich selbst aus, tut etwas, was ihm zugerechnet wird, und dies allein schon qua Anwesenheit. *Anwesenheit ist Kommunikation* – und die sprachliche Explikation des Kommunizierens nur noch ein Sonderfall. Auch sprachliche Kommunikation muß wahrgenommen werden und bleibt insofern zunächst einfachen Systemen verhaftet. (Darum ist die Schriftentwicklung gesellschaftlich so bedeutsam, da sie von der Anwesenheit der Kommunikationspartner absehen kann und als Kommunikation trotzdem gelingt.) Anwesenheit ist Kommunikation deshalb, weil sie ein sinnhaftes System begründet, indem alles, was geschieht, Selektion ist und zugerechnet wird. Auf die Gefährdungen, Risiken, Probleme und Strategien, die damit zusammenhängen, kommen wir zurück.[33]

33 Vgl. unten in dieser Vorlesung, Abschnitt 4.4.

Zusammenfassend läßt sich also sagen: *Wahrnehmung unter Anwesenden ist der besondere Stil der Erfassung und Reduktion von Komplexität, den einfache Sozialsysteme verwenden.* Das Spezifische des Systemtyps ist durch eine besondere Art der Selektivität definiert – also nicht schon gleich durch invariante Strukturen. Zur Erläuterung kann man als Alternative an organisierte Sozialsysteme denken. Hier ist das abstraktere funktionale Äquivalent für Anwesenheit die *Mitgliedschaft*, über die das System höhere Komplexität erreichen kann. Näheres dazu finden Sie in meiner Organisationssoziologie.[34]

4.2. Identifizierbarkeit des Systems und seiner Grenzen

Vorausgeschickt werden muß zu der Frage der Identifizierbarkeit des einfachen Systems, daß es hier besonders schwierig ist, Literatur anzugeben, da die Fragestellung nicht geläufig ist. Nennen kann man hier allenfalls den Aufsatz »Common Fate, Similarity, and Other Indices of the Status of Aggregates of Persons as Social Entities« von Donald Campbell.[35] Weil es an Literatur fehlt, werde ich das Thema in der Vorlesung etwas ausführlicher behandeln.

Die *Frage nach der Identifizierbarkeit von Systemen* stellt sich schon in der Alltagspraxis, die Identität von Systemen ist also keine rein analytische Leistung. Der Hintergrund für diese Feststellung ist die Unterscheidung von analytischen und konkreten Systemen:[36] *Analytische Systeme* sind Systeme, die nur durch eine bestimmte wissenschaftliche Perspektive zusammengehalten und abgegrenzt sind; *konkrete Systeme* sind solche, die als Handlungszusammenhang im täglichen Leben bewußt sind – man könnte auch sagen: Systeme, die sich selbst identifizieren und nicht erst durch die Wissenschaft identifiziert werden. Im täglichen Leben muß es Möglichkeiten der Identifikation von Systemen geben. Man muß jeweils feststellen können, in welchem System man sich gerade be-

34 Vgl. Luhmann, *Funktionen und Folgen*, S. 34 ff. Siehe auch oben, Vorlesung IV, Teil 3.

35 Donald T. Campbell, »Common Fate, Similarity, and Other Indices of the Status of Aggregates of Persons as Social Entities«, in: *Behavioral Science* 3 (1958), S. 14-25.

36 Vgl. dazu oben, Vorlesung II, Abschnitt 1.4.

findet – und auch: in welches man gelangen kann oder welches man vermeiden möchte. Es stellt sich dann die Frage nach den *Erkennungsregeln*. Die Antwort ist: *Systemgrenzen* fungieren als Erkennungsregeln, und Systemgrenzen sind gleichsam privilegierte Erfahrungselemente, Ausschnitte des Erlebens, die in besonderem Maße Aufmerksamkeit auf sich ziehen. Das muß genauer erläutert werden.

4.2.1. Wahrnehmung und thematische Zentralisierung

(a) In einfachen Sozialsystemen fungiert normalerweise der *gemeinsame Wahrnehmungshorizont* als Systemgrenze und als Identifikationsprinzip. Was im Wahrnehmungsbereich optisch und akustisch geschieht, rechnet zum System, was außerhalb geschieht, nicht. In einer abstrakteren systemtheoretischen Formulierung kann man sagen, daß das *Reduktionsprinzip* Anwesenheit/Wahrnehmung zugleich das *Grenzbildungsprinzip* des Systems ist. Oder man kann auch sagen: Die Systemgrenzen werden im Hinblick auf den spezifischen Reduktionsstil des Systems konstituiert. Diese These muß allerdings in mehrfacher Hinsicht spezifiziert werden.

(b) Die *potentielle Relevanz* all dessen, was in den Wahrnehmungshorizont eintritt, ist *nicht unbedenklich*, es ist ein von der Systemumwelt her naheliegendes und zugleich (1) ein *riskantes Prinzip*. Es besteht die Gefahr der Desorganisation, denn nicht alles, was wahrnehmbar wird, kann im System auch sinnvoll untergebracht werden. In bezug auf *dieses Problem* ist die Funktion der vielleicht wichtigsten Struktur einfacher Systeme zu begreifen, (2) die *thematische Konzentration*. Es sind zwar nicht alle, aber die wichtigsten einfachen Systeme thematisch konzentrierte Zusammenkünfte, *focused interactions* im Sinne von Goffman. Damit ist gemeint, daß sie jeweils *nur ein legitimes Thema* haben. Die Konzentration von Aufmerksamkeit schließt einen Themenwechsel aber nicht aus. Möglicherweise entstehen auch Seitenthemen: Jemand zündet sich eine Zigarette an, und man merkt an, daß man die Marke auch einmal geraucht hat. Aber die Seitenthemen bestimmen nicht den Kurs des Systems. (3) Eine *thematische Zentralisierung* ist *kein zwingendes Systemerfordernis*, sie ist nicht aus dem Systembegriff selbst ableitbar. Als Gegenbeispiele kann man an gesellige Ereignisse, Empfänge oder die Fahrt in einem Eisenbahnabteil denken – diese Fälle sind auf einen leichten Themenwechsel geradezu angelegt. Aber Themenzentralisierung ist das wichtigste praktische *Steuerungsmittel einfacher Systeme.* Sie erlaubt die laufende Reflexion der Einheit des Systems im Kommunikationsprozeß, und dies, ohne daß das System selbst zum Thema werden, also symbolisiert werden muß. (Dazu sage ich gleich mehr.) Die thematische Konzentration ist (4) das Mittel der *Kontrolle vorkommender Wahrnehmungsimpulse.* Ich nenne zur Veranschaulichung ein Beispiel: Es steht eine Gruppe von Studenten zusammen und diskutiert lebhaft, dann kommt jemand hinzu. Die Gruppe hat zunächst in ihrem Thema ein Alibi, der Neuling ist gehemmt, die laufende Diskussion zu unterbrechen, er muß eine Schwelle überwinden. Das wird erleichtert zum Beispiel durch seinen Status (in unserem Fall: als Professor), durch eine gute Bekanntschaft mit einem oder mehreren der Diskussionsteilnehmer, die die Möglichkeit bietet, Loyalitäten zu aktivieren, oder durch die Wichtigkeit seiner Nachricht, die er überbringt. Durch die Aufnahme ins Systemgedächtnis ermöglicht die thematische Konzentration somit überhaupt erst eine gewisse autonome Selbststeuerung des Systems durch innere Vorgänge der Themenwahl und Themenbehandlung. Es ist ein wichtiger Gesichtspunkt, daß (5) ein *Prinzip struktureller Limitierung* die Voraussetzung für höhere Freiheiten ist, für den Aufbau höherer Ordnungsleistungen. Das ist auf den ersten Blick paradox: In der Verknappung, in der Selbstlimitierung liegt die Wurzel des Aufbaus höherer Komplexität. Diese liegt dann in der Freiheit der Themenveränderung: darin, daß die Themenwahl die Form eines längerfristigen und kontingenten Selektionsprozesses annehmen muß.

(c) Hier liegen dann zugleich Anknüpfungsmöglichkeiten für *Erweiterungen des Theoriemodells.* Zum Beispiel durch (1) eine Theorie des *Seitenspiels* – eine entsprechende innere Differenzierung führt zur Erweiterung der Komplexität des Systems ohne Gefährdung der spezifischen Hauptthematik; (2) durch eine Theorie der *Störungsquellen* – sie hat ihren Bezugspunkt in dem Problem der Irritierung des jeweiligen Themas; (3) durch eine Theorie der *Aufmerksamkeitsverteilung,* insbesondere von Dominanzproblemen; (4) und von Überlegungen zu den Problemen der Zeitknappheit.

(d) Genau an diesem Punkte finden sich dann aber auch die *Leistungsgrenzen.* Ein einfaches System kann nicht höhere Komplexität erreichen, als in jeweils einem Aufmerksamkeitszentrum unterzubringen ist. Wenn eine höhere Komplexität erreicht werden soll, bedarf es eines Übergangs zu anderen Systemtypen, zu multithematischen Systemen höherer Form durch Organisation.

4.2.2. Einige Folgerungen

Aus diesen Überlegungen ergeben sich einige Folgerungen für unser Thema der *Selbstidentifikation des Systems*.

(a) Die deutliche und gemeinsam bewußte Umgrenztheit des Wahrnehmungshorizontes erspart normalerweise eine *bewußte Artikulation* und *Symbolisierung der Systemeinheit*. Man braucht sich die Systemeinheit nicht als solche vorzustellen, um sinngemäß und für andere verständlich operieren zu können. Einfache Systeme sind typisch untersymbolisiert. Es gibt zwar Benennungen des Systems wie »Vorlesung«, »Beerdigung«, »Party« usw., aber diese individualisieren nicht die einzelne Zusammenkunft, sondern typisieren sie nur.

(b) Die Einheit des Systems im Wahrnehmungshorizont ist bloße Präsumption – keine Notwendigkeit. Es gibt Ausnahmen davon, gewissermaßen *Sondersystembildungen im Wahrnehmungshorizont*, aber diese erfordern gleichsam ein besonderes Arrangement, müssen gleichsam gegennatürlich aufgebaut und gerechtfertigt werden. Ich gebe Ihnen einige Beispiele: Das Stehen in engeren Gruppen auf öffentlichen Plätzen, ohne daß es zu einer Systemvermischung kommt. Oder Kinder spielen in der Gegenwart von Erwachsenen, ohne daß diese Teil des Spiels sind – oder überhaupt: Kinder spielen nebeneinander, nicht miteinander. Bei Konferenzessen servieren Dienstboten, nehmen aber am Tischgespräch nicht teil. In Gasthäusern, besonders in Bars, gibt es den Unterschied von Hockern am Tresen und Stühlen an Tischen, die die Interaktionsmöglichkeiten genau mit Blick auf diese Frage vorstrukturieren – hierzu gibt es eine interessante ethnographische Studie von Sherri Cavan.[37] Man kann versuchen, die Beispiele zu typisieren: Entweder handelt es sich um *öffentliche Situationen* oder um *Situationen mit einer krassen Statusdifferenz*, die es ermöglicht, von einem System aus die Personen, die in einem anderen System handeln,

37 Sherri Cavan, *Liquor License. An Ethnography of Bar Behavior*, Chicago 1966.

als irrelevant zu definieren. Goffman spricht hier anschaulich von »nonpersons«.[38] Eine Besonderheit ist Goffman dabei aufgefallen: Die Perfektion des Spielens einer *Nonperson*-Rolle kann selbst zum Innenmoment des anderen Systems werden. Denken kann man hier zum Beispiel an Diener bei Empfängen: Diese nichtanwesenden Anwesenden sind nicht von Darstellungsleistungen befreit, sie müssen vielmehr die Rolle des Nichtanwesenden spielen und sich selbst als entsprechend unbedeutend darstellen. Gerade die Darstellung als nichtanwesend ist die einzige Möglichkeit, einen erlaubten Hinweis auf ihre Anwesenheit und ihre Bedeutung mitdarzustellen.

(c) Direkt an diese Beobachtungen anknüpfbar ist der Befund der Schwierigkeit, *Zweierbeziehungen* zu bilden, aufrechtzuerhalten und zu legitimieren. Die Primitivform einfacher Sozialverhältnisse ist nämlich: alle mit allen. Intimbeziehungen in Gegenwart (also unter Ausschluß) anderer werden dann zu einem Sonderfall und unter Umständen zu einem Problem.[39] Oder denken Sie an Dialogsituationen in Gruppendiskussionen; hier fungiert häufig der Status als Träger der Durchsetzung des Ausnahmehaften.

(d) Es gibt *individuelle Techniken*, sich trotz Anwesenheit *dem Systemzwang zu entziehen*. Ich nenne hier nur einige Beispiele: Lesen – zum Beispiel der zeitungslesende (und unter Umständen sogar sich hinter der Zeitung versteckende) Gatte am Frühstückstisch. Oder Denken – als sichtbares Mit-sich-selbst-beschäftigt-Sein. Ich habe dazu ein Experiment in einem Seminar in Münster gemacht. Statt etwas zu einer Frage zu sagen, sollten die Studenten schweigen und nachdenken und das Denken durch Notizenmachen dokumentieren – also anwesend und doch gerade nicht in dem System anwesend sein, da Denken eigentlich zu anstrengend ist, um in der Gegenwart anderer stattfinden zu können. Auch in diesem Fall handelt es sich aber noch um ein Verhalten nicht außerhalb, sondern innerhalb des Systems, und es führt zur Steigerung der Komplexität durch die Rezeption einer neuen Möglichkeit, die es vorher nur in der Umwelt gab.

(e) Wenn der Wahrnehmungshorizont optisch und/oder akustisch die Systemgrenze definiert, wird das Erscheinen und Verschwinden

38 Vgl. Goffman, *The Presentation of Self in Everyday Life*, S. 151 f.

39 Vgl. Philip E. Slater, »On Social Regression«, in: *American Sociological Review* 28 (1963), S. 339-364.

der Teilnehmer zu einem Problem. Es handelt sich dabei um eine Art Grenzübertritt, einen *Eintritt in und Austritt aus dem System*. Daß das ein Problem für das System ist, erkennt man daran, daß hier dem System als Ganzem eine *symbolische Reverenz erwiesen* werden muß: Man begrüßt sich und verabschiedet sich, man stellt sich vor usw. Es gibt unterschiedliche Grade der Zeremonialisierung, der Umstellung der Anwesenden von Ignorieren auf Akzeptieren. Häufig kommt es in solchen Situationen des Eintritts zu einem Themawechsel oder einer kurzen Einführung des Hinzugetretenen in das Thema. Es gibt aber auch die Möglichkeit des Nicht-zur-Kenntnisnehmens des neu Hinzugekommenen, insbesondere bei Statusdifferenzen fällt das leicht, wenn der Neue eine statusniedrigere Position einnimmt. Bemerkenswert ist in diesem Zusammenhang auch eine andere Form des Grüßens bei einer eher zufälligen Begegnung: Durch den Gruß kommt es hierbei zur Herstellung eines *Minimalsystems* zu Vermeidungszwecken, das heißt, der Gruß hat gerade den Sinn, trotz gemeinsamer Anwesenheit *kein* Sozialsystem einzugehen. Das ist dann die Funktion des Grüßens: Man erweist nicht bereits dem System, sondern nur einem *möglichen* System seine Reverenz. Minimalsysteme können aber auch zum Selbstzweck werden, zum Beispiel das Hupen bei Autobegegnungen deutscher Urlauber in Norwegen oder beim Sichbegegnen von Fahrern seltener Automarken oder bei Busfahrern einer Transportgesellschaft, etwa von Greyhound-Bussen in Amerika. Dabei gibt es aber eine Belastungsgrenze der Institution des Grußes: Nicht in allen Fällen kommt man mit Grüßen aneinander vorbei! Denken kann man hier an ein überraschendes Treffen eines guten Freundes in einer fremden Stadt; in diesem Fall ist die Kontaktzumutung zu stark. Aber es ist gefährlich, in Beispielen zu schwelgen, deshalb zurück zur Hauptlinie meiner Argumentation: der Frage der Systemidentität, der Wahrnehmbarkeit durch Grenzen, der Markierbarkeit der Grenzen durch Handlungen.

4.2.3. Sonderproblem der Systemkontinuität

Ein Sonderproblem, das näher betrachtet werden muß, ist der Fall der *Systemkontinuität trotz Unterbrechung* oder, anders formuliert, die Möglichkeit, daß das System nach einer Pause fortgesetzt wird, ohne wieder ganz von vorne beginnen zu müssen. Talcott Parsons behandelt das grundsätzliche Systemproblem längerfristiger Orientierungsmuster sozialer Systeme unter dem Begriff *latent pattern maintenance*.[40] Dieser Fall des unterbrochenen oder, wie man auch sagen kann: des *intermittierenden Systems* soll durch den Begriff des einfachen Systems mit abgedeckt sein. Es geht also nicht nur um Situationssysteme im engeren Sinne von zeitlich nicht unterbrochenen Einheiten. Solche Situationssysteme können selbst wiederum auch phasenhafte Subsysteme in größeren, dauerhafteren, aber immer noch einfachen Systemen sein, die eben nicht ewig verlängert werden können, weil die Anwesenden auch sonstwo noch gebraucht werden – denken kann man zum Beispiel an eine Kartenspielrunde, die sich wöchentlich trifft. Die *Herstellung des Verknüpfungszusammenhanges* trotz Unterbrechung der Wahrnehmungsmöglichkeit erfordert dann eine gewisse Abstraktionsleistung. Man muß sich gleichsam auf die wesentlichen Merkmale des Systems besinnen, auf das, was fortgesetzt beziehungsweise nicht fortgesetzt wird! Die Frage ist dann: Wie gewinnt das mehrere Einzelsituationen überdauernde einfache System seine Einheit. Über eine Identität des Treffpunktes? Oder über die Identität der Teilnehmer? Oder über die Identität der Handlungsthematik, des Zweckes? Aus *Kontinuitätsinteressen* entstehen so wie von selbst erste *Abstraktionsleistungen*, eine Art Strukturbewußtsein des Systems. Der Zusammenhang von zeitlichem Vorstellungsvermögen und Abstraktionsleistungen ist noch gänzlich unerforscht. Hinweisen möchte ich in diesem Zusammenhang wieder auf meine rechtssoziologische Übung und die dort behandelte Frage nach der Genesis von Normen mit Durchhalteinteressen. Im übrigen ist die Bedeutung der Vorstellbarkeit von Zeitskalen und der Datierungsmöglichkeit eine Vorbedingung für ein hochgradig differenziertes Nebeneinander einer Fülle solcher intermittierender Sozialsysteme. Daran ist zu sehen, daß die Kontinuierbarkeit des einfachen Systems nicht allein im System zur Disposition steht. Man kann und muß also auch die Frage nach den gesellschaftlichen Voraussetzungen dafür stellen.

40 Talcott Parsons, »General Theory in Sociology«, in: Robert K. Merton, Leonard Broom, Leonard S. Cottrell, Jr. (Hg.), *Sociology Today. Problems and Prospects*, New York 1959, S. 3-38; vgl. auch oben, Vorlesung II, Abschnitt 3.1.

4.3. Strukturbildung

Die folgenden Bemerkungen zum *Strukturbegriff* sind verkürzt für Zwecke dieser Vorlesung, das heißt, sie konzentrieren sich insbesondere auf die Fragen der Strukturbildung, die sich spezifisch bei einfachen Sozialsystemen stellen.

4.3.1. Strukturbegriff

Unter Struktur verstehe ich relativ konstante Verhaltensprämissen, mit denen ein soziales System seine Möglichkeiten einschränkt und dadurch dem Erleben und Handeln der am System Beteiligten nahebringt.[41] Funktional sind Strukturen also Selektionsleistungen: Sie erlauben Selektionen aus der Fülle des in der Welt Möglichen. Aber, und das ist das Spezifische, es sind Selektionen, deren Kontingenz nicht laufend problematisiert wird. Sie haben also für die Beteiligten einen Entlastungseffekt. (Die Wissenschaft sucht dagegen einen größeren Radius in der Problematisierung von Strukturen.) Man kann dann eine doppelte Selektivität beobachten: Strukturen selektieren Möglichkeiten von Erleben und Handeln, das konkrete Erleben oder die konkrete Handlung ist dann wiederum eine Selektion aus diesen vorselektierten Möglichkeiten. Die Besonderheit einfacher Systeme in diesem Zusammenhang ist ihre relativ geringe Komplexität und damit einhergehend ein relativ geringer Strukturbedarf – die Evidenz des Wahrnehmbaren kompensiert für Struktur. Und die Struktur ist hier in höherem Maße abhängig von dem Prozeß, in dem sie entsteht, sie ist gleichsam mehr oder weniger identisch mit der Geschichte des Systems – was natürlich heißt: einer relativ kurzen Geschichte.

4.3.2. Strukturbildung als historischer Prozeß

Strukturbildung kommt durch einen *selektiven Prozeß* zustande, der in der *Zeit* abläuft, Strukturbildung ist also ein historischer Prozeß. Strukturbildung ist in einfachen Sozialsystemen unvermeidbar, unumgänglich, da alles Verhalten als Selektion sichtbar ist und als solche festlegt. Schon die Geste, das Wort, mit dem man ein

41 Vgl. ausführlich oben, Vorlesung II, Teil 6.

System einleitet, bindet:[42] A lächelt, B darf eine freundliche Gesinnung unterstellen, darf auf dieser Grundlage eigenes Handeln ansetzen, und A darf seinerseits darüber nicht erschrocken sein oder dies als ungehörig empfinden. Ähnlich verläuft die Genesis von Vertrauensbeziehungen, zum Beispiel bei einer neuen Putzhilfe im Haushalt, einem neuen Studentenvertreter in der Kommission der Fakultät. Auch das Einleiten heikler oder riskanter Beziehungen, zum Beispiel bei Gangs im kriminellen Milieu, läuft über denselben Mechanismus, aber unter schwierigeren Bedingungen und daher mit höheren Anforderungen an Bewußtheit und Raffinement. Dem nahestehend ist die sogenannte *Drift*-Hypothese der Soziologie abweichenden Verhaltens, die die Bildung delinquierender Subkulturen uber die zeitweise Neutralisierung der Werte der Gesellschaft in entsprechenden Situationssystemen erklärt. Das finden Sie bei David Matza in dessen Buch *Delinquency and Drift* unter dem Begriff »mutual inference«.[43]

Zu beachten ist zunächst der *Verstärkungseffekt* solcher Strukturbildung: Die ersten selektiven Akte setzen den Ton, legen oft das Ziel fest, sie werden erinnert und gewinnen Bedeutung für *viele* weitere Akte. Die *Richtung* der Strukturbildung wird oft bestimmt durch die relevanten Unsicherheiten des Systems, die unterschiedlich stark ausgeprägt sind; man denke zum Beispiel an eine Taxifahrt, eine Examenssituation oder an informale Kontakte zwischen Professor und Student. Auch hier ist eine Vorstellung oder Symbolisierung der Struktur als Gesetz oder Norm nicht notwendig, sondern es genügt eine gemeinsame Erinnerung einer Geschichte, die ein Engagement herbeigeführt hat. Das Thema der Zusammenkunft ermöglicht durch seine Prominenz und seine Lage im Zentrum gemeinsamer Aufmerksamkeit die Ausbildung eines Gedächtnisses des Systems.

Die *Bindungswirkung* erfolgt über das *Erwarten von Erwartungen*: Es gibt keinen Zwang, aber eine Abweichung von der erwarteten Erwartung erfordert dann, daß man bereits aufgebaute Erwartungen durchkreuzt. Dadurch kommt es zu einer Verschiebung der Beweislast, der Initiative, des Risikos. Das legt die Hypothese nahe, daß einfache Systeme sich nach einer kurzen Geschichte bereits als *neuerungsfeindlich* festgelegt haben. Entsprechend erfolgen

42 Vgl. Vilhelm Aubert, *Elements of Sociology*, New York 1967, S. 3f.

43 Vgl. David Matza, *Delinquency and Drift*, New York u. a. 1964, insb. S. 50ff.

Neuerungen in Gesellschaften, die primär auf einfachen Systemen beruhen, eher durch Zusammenbruch und Neugründung. Große Systeme können sich diese Möglichkeit nicht mehr leisten, sie müssen stattdessen die Innovation in sich selbst institutionalisieren. *Und erst damit wird Innovation ein Problem.*

Die Strukturbildung führt zum *Abheben des sozialen Systems von seinem psychischen Substrat.* Man verstrickt sich in eine gemeinsame Geschichte und kann von da ab nicht mehr jeder spontanen Regung nachgeben. Das bisher zur Schau gestellte Ich wird für die Realität genommen. Man kann und man muß daher psychische und soziale Systeme unterscheiden – ihr Verhältnis ist ein solches wechselseitiger Beschränkung, wechselseitiger System/Umwelt-Beziehungen. Soll man das nun Emanzipation nennen? Oder Repression? Das ist zunächst eine Frage der Terminologie! Jedenfalls ist es aber eine prinzipielle Kritik an dem Ansatz von Jürgen Habermas: Die Ausschaltung von Herrschaft genügt nicht! Die Beschränkung der Bewegungsfreiheit nach allein inneren Gesetzen folgt aus der Interaktion als solcher, nicht erst aus Herrschaft. Ausdifferenzierte Herrschaftsrollen sind für dieses Problem eigentümlich ambivalent. Einerseits bieten sie die Chance der Mobilisierung, der Innovation, der Freiheit, der Thematisierung von Problemen, der Konstituierung eines relevanten Adressaten. Andererseits besteht die Gefahr der Verdichtung der Beschränkung von Möglichkeiten – nicht mehr nur durch die Systemgeschichte, sondern durch Entscheidung.

Ich kehre zurück zum Ausgangspunkt meiner Überlegungen, nämlich die Problematik des Strukturaufbaus zu zeigen an der *Schwierigkeit des Anfangens*! Einiges über die Probleme der Eröffnung, über den Beginn eines einfachen Sozialsystems, also den Moment, indem man zunächst noch »ohne System« handeln muß, finden Sie in dem Buch *Identities and Interactions* von McCall und Simmons.[44] Aller Anfang ist deshalb schwer, weil eine ausreichende Struktur noch fehlt, eine Geschichte noch fehlt, aus der Sicherheit über die Erwartungen der anderen abgeleitet werden könnte. Dafür gibt es dann spezifische Problemlösungen, von denen ich einige nennen will: (1) Die *Ritualisierungen des Anfangens*: Ein gutes Beispiel für eine solche Einlaufphase ist die Verhandlung im

44 McCall, Simmons, *Identities and Interactions*, S. 180 ff.

Gerichtssaal mit dem Begrüßen und Vorstellen der Beteiligten und ritualisierten Einleitungsthemen.[45] (2) Eine stärkere *Anlehnung an mutmaßliche Umweltwerte*, zum Beispiel die Betonung des Status der Teilnehmer usw.; der Vorteil liegt hier in der Verfügbarkeit sofort verständlicher Typen. Erst die Geschichte konstituiert dann die Autonomie des Systems gegenüber der gesellschaftlichen Umwelt. (3) Ein *erhöhter Einsatz an Aufmerksamkeit und taktischem Geschick*. Der Anfang eines einfachen Systems ist auch deshalb schwierig, es absorbiert bei den Beteiligten zu viel Aufmerksamkeit, um etwas anderes leisten zu können. (4) Eine Erleichterung durch *vorherige persönliche Bekanntschaft* der am System Beteiligten. Von daher erklärt sich die Präferenz für die Einleitung von Situationssystemen unter Bekannten. Und trotz allem: Die Bewußtheit der Schwierigkeit des Anfangens ist oft überwältigend, und die Gefahr ist groß, daß ein falscher Ton, zu viel Vorsicht, Mißtrauen oder Formalismus im weiteren Systemverlauf nicht abgebaut wird, sondern zum Gesetz wird.

In einfachen Systemen kann sich die Struktur nicht oder kaum von der Geschichte ablösen, mit der sie aufgebaut wurde. *Erinnerte Geschichte funktioniert als Struktur*, das heißt, sie begrenzt das im System Mögliche. Das ist eine Folge der geringen Komplexität des Systems und wird durch die thematische Konzentration ermöglicht. Die Vergangenheit ist zementiert, sie ist unwiderrufbar, wenngleich sie uminterpretierbar ist. Man kann diesen Gedanken auch auf die Gesellschaftstheorie und auf die Organisationstheorie anwenden: Traditional orientierte Gesellschaften, die wesentlich interaktionsbasierte Gesellschaften sind, sind durch ihre Geschichte gebunden. Und die Trägheit von Organisationen liegt nicht am Bürokratischen, also am Organisatorischen selbst, sondern daran, daß sich in der Organisation alles in einfachen Systemen vollzieht.[46] Man sollte also nicht falsch zurechnen!

45 Vgl. zum Gerichtsverfahren als Interaktionssystem unten, Vorlesung VIII, Abschnitt 3.2., »Exkurs: Theorie des Verfahrens«; ausführlicher auch in: Niklas Luhmann, *Legitimation durch Verfahren*, Neuwied, Berlin 1969, Kap. II, »Gerichtsverfahren« (S. 55 ff.).

46 Vgl. dazu Luhmann, *Funktionen und Folgen*, insb. Teil IV, »Zusammenarbeit in formalen Organisationen« (S. 268 ff.).

4.3.3. Andere Strukturtypen

Es stellt sich nun die Frage nach der *Möglichkeit anderer, von der Vergangenheit abgelöster Strukturen.* Im Ansatz ist das zugleich die Frage nach Strukturen, die Anpassungen, Änderungen oder Neuerungen legitimieren können. Es lassen sich wenigstens drei Strukturtypen benennen.

(a) Es gibt auch in einfachen Systemen Ansätze zu einer *Rollendifferenzierung.* Die thematische Konzentration führt fast zwangsläufig zum Dominieren einzelner in bestimmten Situationen und darüber zum Entstehen entsprechender Erwartungen. Führungsrollen differenzieren sich in einfachen Systemen aus kraft der Fähigkeit, die Themenentwicklung wirksam zu kontrollieren. Zunächst erfolgt das funktional relativ unspezifisch: Es kann sein, daß es primär um eine *interne* Spannungslösung geht, um die Erhaltung des störungsfreien Flusses der Interaktion. Es kann sein, daß die zu lösenden Probleme mehr in der *äußeren* Anpassung des Systems liegen. Faktisch ist es sehr oft auch ein Sich-selbst-Durchsetzen des Führers, ohne daß damit eine problemlösende Funktion im System verbunden ist. Das ist dann ein Einwirken auf das System von außen, aus der Umwelt: durch die individuelle Persönlichkeit.

(b) Es gibt Ansätze zur *Artikulation eines Systembewußtseins* – vor allem bei intermittierenden, über einzelne Situationen hinausreichenden Systemen. So dient die Benennung von Zwecken der Begrenzung des Sinnes der Zusammenkünfte. Ein solches Systembewußtsein bietet Ansatzpunkte für interne Argumentation, für die Kontrolle der Themenentwicklung, für die Generalisierung wechselseitiger Erwartungen. Zugleich steht es in Interdependenz mit und in einem Spannungsverhältnis zu der Führungsstruktur.

(c) *Funktionale Differenzierungen* einfacher Sozialsysteme setzen praktisch rudimentäre Rollendifferenzierungen voraus. Als wichtiges Beispiel kann man hier die Differenzierung von Kooperation und Konflikt (als Artikulation widerspruchsvoller Systemanforderungen) nennen.

4.4. Systemprobleme

Strukturbildung heißt nicht etwa, daß die Probleme eines einfachen Systems mit der Selektion einer Struktur gelöst würden und damit verschwänden, etwa in dem Sinne, daß nur noch Störungen und Anpassungsprobleme übrigblieben. Strukturbildung ist auch nicht Mittel zum Zweck – etwa der Bestandserhaltung. Strukturbildung ist vielmehr nur eine Sinnverdichtung, eine Einengung der im System brauchbaren Möglichkeiten oder ein Zuschneiden auf Alternativen, zwischen denen man sinnvoll wählen kann.

Zum Zwecke einer Aufgliederung und Analyse der Problemlage möchte ich im folgenden davon ausgehen, daß aller Sinn sich in verschiedenen *Dimensionen* konstituiert: (1) *sachlich* durch die Verweisung auf andere Möglichkeiten am selben Sinn, (2) *zeitlich* durch die Abschattung der Präsenz in Zukunft und Vergangenheit und (3) *sozial* durch die Verweisung auf »meinende« Subjekte. In all diesen Dimensionen können dadurch, daß Systeme nur einen Ausschnitt des überhaupt Möglichen präsentieren, Probleme entstehen, die sämtlich als Ausprägungen des Problems der Reduktion von Komplexität begriffen werden können. In allen Fällen ist die Problematik also bedingt durch die thematische Konzentration des Systems. Ich komme zu den Sinndimensionen jetzt im einzelnen.

4.4.1. Problem der Differenz von Struktur und Thema

In der *Sachdimension* geht es um das Problem der Festlegung des Sinnes. Eine inhaltliche Fixierung erfolgt durch Ausschließung anderer Möglichkeiten oder zumindest: durch eine temporäre Ausschließung. Zum Verständnis erforderlich ist die Einsicht in die Eigenart des *Negierens* als *Ablehnen und Festhalten* einer Erwartung. Diese inhaltliche Fixierung erfolgt in Interaktionen, wenn man von extrem einfachen, flüchtigen Begegnungen absieht, auf zwei Ebenen, der der Struktur und der der jeweiligen Thematik des Systems. Oder man kann auch sagen: auf den Ebenen der *Regeln der Themenbildung* und der *Themen* selbst. Diese Differenz ist ein Moment der *Elastizität des Systems*, denn man kann die Themenwahl von den Strukturen her steuern und umgekehrt die Strukturen von den Themen her unterlaufen. Dadurch kommt es zu einem eigentümlichen »Schwimmen« von Themen. Bei der Themenwahl werden entsprechend »schwimmende« Themen bevorzugt.

Diese Aufrechterhaltung einer Differenz von Strukturen und Themen und ein gewisses Vorverständnis der Strukturen ist Voraussetzung für eine Klärbarkeit von Sinn. Als Struktur fungiert dabei zunächst und für einfache Systeme typisch das System selbst in seinem eingelebten Verständnis. Das in diesem System »Zuträgliche« dient als Leitfaden der Themenentwicklung. Themen können mehr oder weniger »leicht« genommen werden – zum Beispiel können irgendwelche Themen als Gegenstände bloßer Konversation im Interesse des Systems nur in Bewegung gehalten werden. Sobald dagegen höhere Forderungen an Präzision der Themenerfassung und Themenerhaltung gestellt werden – aus welchen Gründen auch immer –, muß dafür eine Sonderstruktur ausdifferenziert werden. Das System schafft sich eine Sondersprache, ein Netz von Bezugsbegriffen, mit denen es seine Themen klärt. Als Beispiel kann man an den klassischen griechischen Dialog denken als Ermittlung der Struktur, von der man bei der Klärung von Themen ausgehen kann.[47]

Eine Präzisierung dieser Art, eine funktionale Spezialisierung auf die Erfordernisse nur einer Sinndimension hin, ist aber nicht unbegrenzt möglich. Auch die anderen Dimensionen »fordern ihr Recht«: Diese Einseitigkeit gerät in Konflikt zum einen mit den Grenzen der verfügbaren Zeit (mit Sinn, der im Horizont der Vergangenheit als festgelegt und im Horizont der Zukunft als auch möglich erscheint) und zum anderen mit den Erfordernissen der Sozialdimension, das heißt mit der Bereitschaft der Beteiligten, sich selbst auf solchen Sinn festlegen zu lassen. Man einigt sich typisch eher im relativ Unbestimmten, das jedem seine Interpretation offenläßt. Oder das System muß selbst eng spezialisiert sein und eine »unpersönliche« Teilnahme erlauben. Zur Verifikation dieser These kann man versuchen, in unterschiedlichen kommunikativen Situationen eine Themenpräzisierung zu erreichen.

47 Vgl. dazu auch unten, Vorlesung VIII, Abschnitt 4.6.

4.4.2. Problem des gemeinsamen Tempos

In der *Zeitdimension* entsteht eine entsprechende, aber ganz andersartige Problematik. Mein Ausgangspunkt ist die allgemeine Feststellung, daß die Zeit von selbst läuft, und zwar für alle gleichmäßig. Daraus ergibt sich eine Art zwangsläufige Selektivität. Es wird laufend Mögliches in nicht mehr Mögliches transformiert – und es ist demgegenüber sekundär, ob das durch Entscheidung oder durch Passierenlassen, durch Handlungen oder durch Versäumnisse passiert.

So viel läßt sich allgemein sagen: Im Falle eines Systems mit thematisch konzentrierter Aufmerksamkeit wirkt sich diese Bedingung so aus, daß alle Selektivität durch das enge Nadelöhr des jeweiligen Themas laufen muß, das gemeinsame Aufmerksamkeit findet. Das bedeutet, daß Selektivität eine *serielle Ordnung* haben muß. Darin wiederum liegt ein sehr erheblicher Zeitaufwand per Selektionsleistung, oder anders gesagt: Einfache Systeme sind vergleichsweise *langsam*. Im Ergebnis heißt das andererseits, daß unter den Anwesenden die Zeit schneller fließt, weil sie knapp wird. Ich möchte das anhand eines einzelnen Folgeproblems ausmalen, das zugleich den Zusammenhang der verschiedenen Dimensionen beleuchtet: Die am System Beteiligten müssen sich synchronisieren, das heißt auf ein *gemeinsames Tempo* einigen. Daraus entstehen Probleme für die Beteiligten, die im Vergleich zum gemeinsamen Tempo entweder zu schnell oder zu langsam sind. Für den zu Schnellen bedeutet das Langweile, die Tendenz zu Abschweifungen und Seitenspielen, für den zu Langsamen entweder Passivität und Einflußverzicht, oder er muß handeln, ohne zu begreifen, mit der zu späten Einsicht in das, was er immer schon getan hat. Entsprechend gibt es besondere Probleme hinsichtlich der Frage, wer das Tempo angibt. Gilt ein Konvoiprinzip, bestimmt also der Langsamste? Oder sind die Schnelleren auch die in der Situation Überlegenen, die mit dem Tempo auch die Sache selbst in die Hand nehmen? Beobachten kann man, daß hier das Statusprivileg, also eine von der Umwelt vorgegebene Differenzierung in der Situation, eine Rolle spielt, so daß die Antwort nicht eindeutig ist: Entweder gibt es ein Dominieren der zu Langsamen, wie zum Beispiel der Schalterbeamten bei der Interaktion auf der Post, oder ein Dominieren der zu Schnellen, wie zum Beispiel der Professoren in der Vorlesung. Das Wartenlassen beziehungsweise das Abhängen der anderen kann dann zugleich als Demonstration eines Statusprivilegs genutzt werden.

4.4.3. Problem der Selbstdarstellung

In der *sozialen Dimension* muß man die Beteiligten als leicht verletzliche symbolische Identitäten sehen. Ausführlich behandelt wird das in der Literatur des *symbolic interactionism*, insbesondere bei Goffman, zum Beispiel unter dem Begriff des »embarrassment«.[48] Deshalb halte ich es hier kurz, will aber zumindest einen Hinweis auf die systematische Stelle geben, an der dieser Problemkomplex Bedeutung gewinnt. Ich verstehe das Problem *nicht* sozialpsychologisch, also als soziale Bedingungen der Konstitution und des Durchhaltens einer personalen Identität, sondern als ein Problem eines sozialen Interaktionssystems und insofern soziologisch.

Inwiefern handelt es sich um ein *strukturelles Problem des sozialen Systems*? Das Problem besteht darin, daß ein gemeinsames Thema einer Vielzahl von daran beteiligten Personen unterschiedliche Chancen gibt und unterschiedliche Schwierigkeiten macht. Des einen Auftritt ist des anderen Abtritt: Wo jemand mit voller Überzeugung er selbst sein und sich mit einem Thema aufblasen kann, muß ein anderer schweigen oder lügen oder einen Konflikt auslösen. Ferner gilt, daß jede Ordnung qua Ordnung die Anknüpfung von Nebenzielen oder gar abweichenden Zielen ermöglicht: Der Lehrer gewinnt sexuelle Interessen an seiner Schülerin oder die Schüler politische Interessen an ihrem Lehrer. Man trinkt auf einer Gesellschaft etwas zu viel – und wird dann das Opfer einer Indiskretion. Das ist ein typischer Fall: Man stellt im System sein Verhalten auf die Prämisse ein, daß das Verhalten keine Folgen außerhalb des Systems haben wird – so wie beim Gespräch unter zufälligen Mitfahrern in einem Eisenbahnabteil –, und solche Folgen werden dann doch hergestellt, wie durch eine Art Verrat. Wie auch immer: In der Nähe anderer lebt man gefährlich, und genau diese Gefahr wird für das soziale System zum Problem.

Die weitere Erörterung der Problembehandlung ist dann in doppelter Richtung möglich: Es gibt einerseits eine *vorbeugende Problemlösung*: das Mittel ist hier der Takt; und andererseits gibt

48 Erving Goffman, »Embarrassment and Social Organization«, in: *The American Journal of Sociology* 62 (1956), S. 264-271.

es eine *heilende Problemlösung*: das Mittel ist hier die nachträgliche Schadensbehebung. *Takt* ist ein weitläufiges und soziologisch großartiges Thema. Man behandelt den anderen so, wie er erscheinen möchte, hilft ihm, einen guten Eindruck zu machen, übersieht Ausdrucksfehler oder Geschehnisse, die nicht für die anderen bestimmt waren, man hilft dem Gegenüber bei Störungen der Selbstdarstellung durch Humor usw. Wichtig ist auch, daß das taktvolle Verhalten selbst nicht als solches offensichtlich ist, zumindest aber, daß es nicht offen zum Ausdruck gebracht wird. Takt meint, daß man die Selbstdarstellung der Beteiligten schont – nicht nur aus Rücksicht gegenüber den Beteiligten, sondern auch und besonders im Interesse des sozialen Systems.[49] In dem anderen Fall, der heilenden Problemlösung, handelt es sich um Störungen, die gleichsam von sich aus durchschlagen, die in der Interaktion nicht mehr zu ignorieren sind – und das heißt: Thema des Systems werden und die deshalb nachträglich bearbeitet werden müssen. Um ein Beispiel aus der Verwaltungspraxis zu nehmen: Herr Meier stellt einen Antrag, der Antrag wird vom zuständigen Sachbearbeiter abgelehnt, und Herr Meier fängt an zu schluchzen. Hier muß etwas geschehen, sozusagen von Amts wegen geschehen. Wenn Herr Meier aus der Rolle fällt, muß auch das System für eine Weile aus der Rolle fallen und ihm helfen, ihn wieder aufrichten – oder ihn hinausweisen. Schwierig sind dagegen die Grenzfälle, wo also Takt und Schadensbehebung in ein *Spannungsverhältnis* geraten: Man erkennt einen hilfsbedürftigen Teilnehmer, möchte ihn taktvoll und verschwiegen stützen – aber er ist schon zu aufgeregt, und man sieht es kommen, daß er zum Thema wird, und kann es nicht verhindern, weil jede direkte Hilfe ihn gerade zum Thema machen würde. Das sind eigene Erfahrungen aus dem Gerichtssaal, aber auch beim Vorspiel in der Klavierschule.

Diese Analysen wären nun wiederum rückzuverbinden mit den sachlichen und den zeitlichen Problemen eines Systemprozesses. Sie sehen dann, daß sich schon auf dieser Ebene einfacher Systeme ein recht kompliziertes Modell ergibt. In der Wirklichkeit aber wird zum Glück nie alles auf einmal schwierig, sondern immer nur eins nach dem anderen.

49 Vgl. dazu im Detail Luhmann, *Funktionen und Folgen*, Kap. 24, Abschnitt 6, »Takt und Höflichkeit« (S. 358 ff.).

5. Kommunikation[50]

Die bisherigen Erörterungen enthielten implizit eine Theorie menschlicher Kommunikation. Zum Abschluß soll explizit hervorgehoben werden, was damit impliziert war.

Mit dem Begriff »Kommunikation« soll der Prozeß bezeichnet werden, der sich abspielt, wenn Menschen einander begegnen, Kommunikation passiert also unaufhörlich und ist unausweichlich.[51] Das ist eine sehr weite Fassung des Begriffs: Es ist nicht nur sprachliche, sondern auch *nonverbale* Kommunikation gemeint (wobei der Unterschied darin liegt, daß bei sprachlicher Kommunikation eine intendierte Selektivität unterstellt und nur schwer bestritten werden kann), und es ist auch nicht nur beabsichtigte Kommunikation gemeint (wir hatten bereits von indirekter Kommunikation gesprochen). Und der Begriff ist nicht im Gegensatz zu Herrschaft zu verstehen (wie in der Theorie von Habermas). Vielmehr findet Kommunikation immer dann statt, wenn und soweit für andere erkennbar wird, daß einer etwas wählt, sich intentional bestimmtem Sinn zuwendet, sich mit etwas beschäftigt. Dieses weite Verständnis des Kommunikationsbegriffs ist notwendig wegen der vorsprachlichen Strukturen des Persönlichkeitsaufbaus, der auch sinnbasiert ist.

Was genau hat man sich dann unter Kommunikation vorzustellen? Kann man Kommunikation als Übertragung verstehen? Und wenn ja: Was wird übertragen? Sinn? Vorstellungen? »Übertragung« kann jedenfalls nicht heißen, daß etwas aufgegeben wird, weggegeben wird. Es ist sehr schwierig, das Einfachste und Alltäglichste wirklich korrekt zu denken. Und die Sauberkeit des Gedan-

50 Anm. d. Hg.: Teil 5 dieser Vorlesung ist von Luhmann vermutlich aufgrund des absehbaren Endes der Vorlesungszeit nur noch vergleichsweise knapp ausgeführt worden. Im Zettelkasten II findet sich in der »Interaction«-Abteilung unter dem Begriff »Kommunikation« (536/11d) eine 50 Zettel umfassende Notizsammlung mit einer systematischen Auflistung von sieben Unterpunkten am Beginn, es werden aber auch dort primär nur Forschungsfragen skizziert. Der der Zettelfolge zugrunde gelegte Kommunikationsbegriff findet sich unter der Zettelnummer 352/10 ff.

51 Vgl. zu diesem Kommunikationsbegriff auch oben, Vorlesung II, Teil 7.

kens *hier* impliziert *viel.* Mir scheint, daß man vom Begriff der Selektionsleistung ausgehen muß und daß die Übertragung sich auf die Selektivität von Ereignissen bezieht – also nicht auf »gemeinten« Sinn, nicht auf subjektive Vorstellungen. Die Kommunikation informiert über Selektionsleistungen eines anderen Subjekts in einem gemeinsam konstituierten Horizont anderer Möglichkeiten. Durch Kommunikation verbreitet sich mithin die *Kenntnis von Selektionsvorgängen*, nicht zwingend aber auch die Selektion selbst. Man kann »nein« sagen, etwas ablehnen, andere enttäuschen, und diese Freiheit zum Neinsagen entsteht im Hinblick auf sichtbar gemachte Selektivität. Ob es zu einer Übertragung im Sinne einer Annahme der gleichen Selektion kommt, ist eine weitere Frage (die im Rahmen einer Theorie der Kommunikationsmedien bearbeitet werden muß). An der kommunizierten Selektivität des anderen entsteht meine Freiheit zum Ja oder zum Nein. Die Reduktion der Komplexität erzeugt neue Möglichkeiten. Dahinter steht das große historische Modell, nach dem der neuzeitliche Mensch seine Freiheit darin erfahren hat, daß er die Welt als Schöpfung, als selektives Ereignis, als Kontingenz, als Kommunikation eines personalen Gottes gesehen hat. Daß Gott sich festgelegt hat, macht den Menschen zum Subjekt, das über Objektives urteilt.

Dieses Verhältnis von Selektivität und Kontingenz, von Festlegung und gerade dadurch eröffneten Chancen zur Freiheit ist in sozialen Systemen zu regeln. Diese Überlegung erzwingt auch eine Umformulierung des Begriffs der sozialen Kontrolle.

6. Soziale Kontrolle[52]

Für das angelsächsische Wort *social control* gibt es kein deutsches Äquivalent. Die Übersetzung mit »Herrschaft«, wie sie zum Beispiel bei der gerade erschienenen deutschen Fassung des Buches *Social Control as Sociological Concept* von Torgny T. Segerstedt vorgenommen worden ist, ist schlicht falsch.[53] Letztlich geht es um die Frage, wie sich soziale Probleme, die sich auf der Ebene des sozialen Systems bilden, in problemlösendes Verhalten umsetzen lassen. Man könnte daher vielleicht auch von der *Vorsorge für eine Problemlösung* auf der Ebene des sozialen Systems sprechen und Herrschaft als einen spezifischen Mechanismus in diesem Kontext ansehen.

Bezogen auf unser Thema des einfachen Sozialsystems kann man allgemein sagen, daß soziale Kontrolle die Regelung der Beziehungen zur anwesenden Umwelt meint. Es lassen sich dabei zwei Hauptformen unterscheiden. (1) Zum einen eine *Problembewußtheit*: Die Hilfe bei der Lösung der Interaktionsprobleme wird als eine *moralische Verantwortung* der Partner behandelt und normativ eingefordert. Wer einen Stotternden bedrängt, einen Schluchzenden neckt, wer unermüdlich bohrend alles genauer wissen will, wer sich in Eilfällen betont langsam gibt, *bringt die anderen gegen sich auf.* Es bildet sich eine moralische Koalition gegen ihn. (2) Zum zweiten eine *Problemthematisierung*: Das ist zunächst ein Vorgang der moralischen Entlastung. Man kann darüber sprechen, und das heißt, daß, zunächst jedenfalls, verschiedene Ansichten legitim sein können. Das kann aber auch zur Taktik werden, indem man unterstellte Moralen thematisiert und sich gerade durch die Thematisierung der Moralisierung entzieht! Moralisierung bietet also

52 Anm. d. Hg.: Das Thema dieses Teils der Vorlesung ist von Luhmann vermutlich aufgrund des absehbaren Endes der Vorlesungszeit nur noch skizziert worden. Im Zettelkasten II findet sich in der »Interaction«-Abteilung unter dem Begriff »Soziale Kontrolle« (536/11e) eine 40 Zettel umfassende Notizsammlung mit einer Auflistung von acht Unterpunkten, die aber auch dort nur vergleichsweise knapp erörtert werden.

53 Torgny T. Segerstedt, *Gesellschaftliche Herrschaft als soziologisches Konzept*, Neuwied, Berlin 1967 (OA: *Social Control as Sociological Concept*, Uppsala 1948).

Ansatzpunkte für soziale Kontrollen: Systemprobleme werden, mit leichter Sinnverschiebung, als moralische Probleme definiert und damit »themafähig« im System. Ansatzpunkte für Kontrollprozesse sind dann moralische Verstöße, die aus dem Normalverhalten, aus der normalen Kontinuität von Themenentwicklungen herausspringen und besondere symbolische Relevanz signalisieren. Diese Art der Lösung des Kontrollproblems impliziert, daß die Verantwortung für das System als eine moralische Verantwortung der Beteiligten dargestellt werden kann.

Die Vorlesung zusammenfassend läßt sich sagen: Einfache Systeme sind keine einfache Sache. Das wird deutlich, wenn man die soziologische Theorie auf sie anwendet. Der Weg wissenschaftlicher Forschung ist zunächst der einer Problematisierung, um andere Möglichkeiten zu gewinnen. Dabei hat man sich in der Soziologie zunächst dem großen kulturellen und ideologischen Überbau zugewandt. Aber das Leben vollzieht sich immer in einfachen Systemen; deren Gesetzlichkeit muß man deshalb verstehen. Selbst Revolutionen werden in einfachen Systemen gemacht. Die »neue Linke« verdankt ihren Erfolg einem in einfachen Systemen praktikablen Vokabular. Natürlich will ich nicht sagen, daß die systemtheoretische Perspektive alles erklärt. Ich hoffe aber, daß ich Ihnen zeigen konnte, daß man ohne sie soziale Wirklichkeiten nicht verstehen kann. Und ich hoffe, daß es mir gelungen ist, Ihnen etwas von meinem Spaß an unorthodoxer Soziologie, an theoriegeleiteter Beobachtung sozialer Szenen zu vermitteln.

VI.
Politische Soziologie

Vorlesung Wintersemester 1966/67
Westfälische Wilhelms-Universität Münster

Vorbemerkungen

An der Universität Münster fanden in den letzten Jahren zahlreiche Veranstaltungen zu Themen der politischen Soziologie statt. In dieser Vorlesung möchte ich nun keinen Gesamtüberblick geben, die Stoffülle macht vielmehr ein selektives Prinzip notwendig. Der Charakter und die Absicht der Vorlesung orientieren sich am Prinzip einer Gewinn- und Verlustrechnung. Der Schwerpunkt liegt erstens nicht in einer Interpretation der besonderen Institutionen und politischen Prozesse der Bundesrepublik, also nicht in einer regionalen Selektion des Stoffes. Diese Auswahl wäre im Fach Sozialkunde zu treffen. Ebenso liegt er zweitens nicht in einer dogmengeschichtlichen Aufarbeitung des traditionellen Gedankengutes der politischen Theorie. Eine Primärorientierung in dieser Richtung finden Sie bei Autoren wie Hans Maier, Wilhelm Hennis, Carl Friedrich oder zusammenfassend bei Gottfried Salomon-Delatour.[1] Der Schwerpunkt liegt schließlich drittens auch nicht in einem Referat der heutigen Schwerpunkte der Forschung.[2] Dies geschieht deshalb nicht, weil die heutige Schwerpunktbildung einen relativ zufälligen Charakter hat. Statt dessen erfolgt ein Versuch der Darstellung einer Theorie des politischen Systems unter evolutionären, funktionalen und strukturellen Gesichtspunkten. Der *Vorteil* einer solchen Vorgehensweise liegt in einer gewissen Konsistenz des theoretischen Ansatzes und in der Argumentationsweise. Es geht mir um die Vermittlung eines Zugangs zu den Besonderheiten der Bundesrepublik Deutschland oder anderer politischer Systeme, zur Tradition und zu den gegenwärtigen Forschungsschwerpunkten der politischen Soziologie. Die Vorlesung ist aber kein Ersatz für die Lektüre auf diesen Gebieten, sie ist vielmehr eine Anleitung zu sinnvoller Auswahl und Verarbeitung von Lesestoff. Wichtig ist

1 Vgl. Hans Maier, *Politische Ideen in der freien Welt. Eine einführende Bibliographie*, Stuttgart 1959; Wilhelm Hennis, *Politik und praktische Philosophie. Eine Studie zur Rekonstruktion der politischen Wissenschaft*, Neuwied, Berlin 1963; Carl J. Friedrich, *Die Politische Wissenschaft*, Freiburg, München 1961; Gottfried Salomon-Delatour, *Moderne Staatslehren*, Neuwied 1965.

2 Vgl. dafür etwa Max G. Lange, *Politische Soziologie. Eine Einführung*, Berlin, Frankfurt/M. 1961.

auch der bewußte und sichtbare Zusammenhang der speziellen mit der allgemeinen Soziologie. Der *Nachteil* einer solchen Vorgehensweise ist der hohe Abstraktionsgrad der Überlegungen. Gleichwohl ist diese Vorlesung auch für Anfänger geeignet. In der Pause wird es jeweils die Möglichkeit geben, Fragen zu stellen. Im nächsten Semester werde ich zum Thema eine Übung anbieten.[3]

Die Vorlesung ist folgendermaßen aufgebaut: Im 1. Teil sage ich etwas zu einigen Grundbegriffen der politischen Soziologie, der 2. Teil beschäftigt sich mit dem politischen System der Gesellschaft und stellt ein Modell vor, das die Grundlage meiner Analysen bildet. Danach gehe ich näher auf die drei Teilsysteme des politischen Systems ein: die Verwaltung (3. Teil), die Politik als das System der politischen Prozesse (4. Teil) und das Publikum (5. Teil).

3 Anm. d. Hg.: Die Übung »Ausgewählte Probleme der politischen Soziologie (für Fortgeschrittene)« im Sommersemester 1967 (siehe unten, Anhang, »Die Lehrveranstaltungen Niklas Luhmanns von 1966 bis 1970«, S. 603) war nach dem Ablaufplan gegliedert in: I. Theorie des politischen Systems in Beispielen, II. Parteiensysteme zwischen Bürokratie und Publikum: A. Mehrparteien-Demokratie; B. Einparteien-Demokratien; C. Entwicklungsländer. Sie bezog sich also nur auf einen Teilbereich der im folgenden präsentierten Überlegungen.

1. Grundbegriffliche Orientierung

1.1. Die Besonderheit einer soziologischen Betrachtung von Staat und Politik

Diese Vorlesung ist keine politologische, sondern eine soziologische Vorlesung. Zu Beginn möchte ich deshalb die fachliche *Abgrenzung der soziologischen Perspektive* herausstellen, und zwar in zweifacher Hinsicht: gegenüber dem Handlungswissen und gegenüber dem politologischen Wissen. Als Soziologe befaßt man sich mit Wissen, das schon vorliegt. Einerseits gibt es das Handlungswissen, andererseits hat das politische Geschehen seit langem zu wissenschaftlicher Beschäftigung angeregt. Die Politologie versteht sich als überlegtes und verallgemeinertes politisches Wissen. Bevor der Soziologe dieses Feld betritt, wird er sich also fragen müssen, was das Besondere seines Wissens ist.

Die gegenwärtige Diskussion dieser Frage bietet wenig Belehrendes. Die Grenzen von Politologie und Soziologie scheinen zu verschwimmen, weder die Gegenstände noch die Methoden noch die Ansätze zur Theoriebildung unterscheiden sich deutlich. Die Gründe für diese »Konfusion« liegen einerseits in dem unbestimmten Selbstverständnis der politischen Wissenschaft begründet, andererseits in der expansiven, in andere Disziplinen übergreifenden Tendenz der Soziologie. Wo immer sie sich auf schon von anderen Wissenschaften beackerte Felder begibt, ergeben sich Abgrenzungsschwierigkeiten, man denke nur an die Rechtssoziologie, die Organisationssoziologie, die Sprachsoziologie oder gegenüber der Sozialpsychologie. Solche Grenzkonflikte sind Teil einer sehr viel allgemeineren Problematik, der sich die Soziologie gegenübersieht: dem Verhältnis der Soziologie zum Erleben und Handeln schlechthin und damit von Handlung und Aufklärung. Die Soziologie muß alltäglich konstituierten Sinn, also Wissen, immer schon voraussetzen. Und sie muß ihren Gegenstand zunächst einmal durch *Verstehen* von intendiertem Sinn gewinnen. Insofern kann man sagen, daß Soziologie ihrem Wesen nach aufklärende Kritik des Handlungssinnes ist.[4]

4 Vgl. dazu oben, Vorlesung I.

Bis zum Ende des 18. Jahrhunderts war die »Wissenschaft vom menschlichen Handeln« primär unter dem Titel »praktische Philosophie« zusammengefaßt, sie wurde als Ethik und damit als beratende Wissenschaft begriffen. Zur Erhellung der Handlungshorizonte mußte der grundbegriffliche Apparat deshalb dem pragmatischen Sinnhorizont des Handelns entsprechen: Es ging um die richtigen Zwecke politischen Handelns und um Tugenden, also um verallgemeinerte Handlungsdispositionen. Mit dieser teleologischen Handlungsauslegung bricht das 19. Jahrhundert. An seine Stelle tritt eine mechanisch-kausale Sichtweise des Handelns. Diese Gegenposition sucht das Handeln nicht durch Annäherung, sondern durch Abstandnahme, nicht durch kongruente Einstellungen, sondern durch *inkongruente* Perspektiven zu erkennen; sie sprengte also die Begrenztheit des Handlungshorizontes. Die inkongruenten Perspektiven wurden zunächst in latenten, nicht motivfähigen Ursachen gesucht, wobei angenommen wurde, daß man *einen* allgemein geltenden Faktor benennen könnte: Das Handeln sei in Wahrheit durch ökonomische Existenzbedingungen bestimmt (Karl Marx), auf die biologischen Auslesegesetzlichkeiten im Kampf ums Dasein zurückzuführen (Charles Darwin) oder auf eine Urlibido (Sigmund Freud) oder auf den Nachahmungstrieb (Gabriel Tarde). Auf diese Weise nahm die wissenschaftliche Aufklärung einen entlarvenden, diskreditierenden Zug an.[5]

Im Grunde sind alle solche »Einfaktortheorien« vorsoziologisches Gedankengut. Sie begehen den gleichen Fehler wie die Zwecktheorien der praktischen Philosophie: Sie verwenden ein gedankliches Schema von zu geringer Komplexität. Deshalb läßt sich in der neueren soziologischen Theorieentwicklung eine *Verlagerung von Faktortheorien zu Systemtheorien* beobachten. Systemtheorien erlauben die Darstellung größerer Komplexität in den Sachverhalten. Das gilt ganz besonders für die neueren Entwicklungen in der »allgemeinen Systemtheorie«, die auf den Biologen Ludwig von Bertalanffy zurückgeht.[6] Die Systemtheorie entwickelt sich von einer Theorie der Zusammenfügung von Teilen zu einem Ganzen zu einer *System/Umwelt-Theorie*, welche die Bedingungen der

5 Vgl. ausführlicher Niklas Luhmann, »Wahrheit und Ideologie. Vorschläge zur Wiederaufnahme der Diskussion«, in: *Der Staat* 1 (1962), S. 431-448.

6 Siehe Ludwig von Bertalanffy, »General System Theory. A Critical Review«, in: *General Systems* 7 (1962), S. 1-20.

Erhaltung von Systemen in einer komplexen Umwelt untersucht; dabei werden sowohl die Systeme selbst wie auch ihre Umwelten als Variablen behandelt.[7] Im folgenden soll die politische Soziologie als ein Anwendungsfall der allgemeinen Systemtheorie behandelt werden. Erst mit einer Theorie sozialer Systeme kann die Soziologie den Status einer Sekundärwissenschaft abstreifen, der in den Faktortheorien mit dem »Rückzugszwang« auf psychologische oder ökonomische Faktoren begründet war.

Mit der allgemeinen Systemtheorie und der Annahme einer doppelseitigen Variabilität von System und Umwelt eng verknüpft ist die *funktionale Methode*: Sie analysiert systemerhaltende Leistungen im Hinblick auf latente ebenso wie manifeste, auf negative ebenso wie auf positive Funktionen; sie sieht in jeder Funktion zudem ein vergleichendes Schema, das faktisch auf sehr verschiedenartige, funktional äquivalente Weisen verwirklicht werden kann.[8] Die Soziologie arbeitet allgemein zunehmend mit dem Begriff der »latenten Funktion«.[9] Gemeint ist damit, daß ein Handeln Sinn hat und Konsequenzen hat, die dem Handelnden nicht bewußt sind und von ihm nicht beabsichtigt sind. Im Gegensatz zu der entlastenden Reduktion des Handelns auf elementare, verursachende Triebe stellt der Begriff der latenten Funktion also nicht eine Reduktion, sondern eine Ausweitung des Sinns von Handeln dar.

1.2. Zur Theorie des sozialen Systems

Wenn man vor dem skizzierten Hintergrund politische Soziologie betreibt, so liegt es nahe, als Grundbegriff den des politischen Systems zu verwenden. Zunächst muß deshalb geklärt werden, in welchem Sinn ich von »System« spreche. Bislang fehlt hier eine allgemeine Theorie.[10] Die klassische Definition des Systems zielt auf

7 Vgl. dazu oben, Vorlesung II, Abschnitt 4.3.

8 Vgl. Niklas Luhmann, »Funktionale Methode und Systemtheorie«, in: *Soziale Welt* 15 (1964), S. 1-25.

9 Vgl. Robert K. Merton, »Manifest and Latent Functions. Toward the Codification of Functional Analysis in Sociology«, in: ders., *Social Theory and Social Structure. Toward the Codification of Theory and Research.* 2., rev. u. erw. Aufl., Glencoe 1957, S. 19-84.

10 Siehe zum Folgenden ausführlich oben, Vorlesung II, Teil 4.

das Verhältnis von Teil und Ganzem ab, wobei das Ganze mehr sein soll als die Summe seiner Teile. Eine vollverständliche Explikation dieser Aussage ist aber nicht gelungen. Die moderne Systemtheorie ist im Unterschied dazu eine *System/Umwelt-Theorie*, sie versteht Systeme als Einheiten, die sich in einer überkomplexen Umwelt konstant halten können. Für dieses Konzept des Systems, in dessen Hintergrund das Organismusmodell Pate steht, ist die Einbeziehung der Umwelt entscheidend: Das System ist imstande, Störungen aus der Umwelt aufzufangen oder zu kompensieren. Dieses Konzept ist zu unterscheiden von dem »Schachtelprinzip« Talcott Parsons', bei dem jedes System nur ein Subsystem eines übergeordneten Systems, also einer vorgeordneten Umwelt ist.[11]

Bezogen auf seine Umwelt ist die zentrale Funktion des sozialen Systems die Reduktion der Komplexität der Umwelt, wodurch sinnvolles Handeln überhaupt erst möglich wird. Das System leistet also die Vereinfachung der Sicht auf die Umwelt und dessen Vielfalt. Es liefert ein nach einem selektiven Schema vereinfachtes Umweltbild. Als Beispiel kann man an einen Betrieb denken, der seine Umwelt unter ganz bestimmten Aspekten sieht und sehen muß. Geht man von diesen Annahmen aus, müssen drei Fragen näher behandelt werden: die (a) nach dem Bestand und der Einheit des Systems, (b) nach der Realität des Systems und (c) nach den vorausgesetzten Strukturen und der geeigneten Methode.

(a) Die Frage nach dem *Bestand und der Einheit des Systems*. Es ist die heute vorherrschende soziologische Auffassung, daß soziale Systeme aus *Handlungen* bestehen und daß sie sich durch Normen und Verhaltenserwartungen, zum Beispiel Rollen, voneinander unterscheiden. Ein solcher Systembegriff steht in Deutschland dem traditionellen Staatsbegriff entgegen, der davon ausgeht, daß es sich dabei um einen Verband von *Menschen* handelt, um die *polis*, die *civitas*.[12] Der Staat ist in diesem Verständnis das politisch organisierte, handlungsfähige Volk selbst. Wenn Hegel den Staat als die Verwirklichung der sittlichen Idee ansieht, so setzt er voraus, daß die handelnden Menschen in ihren Handlungen im Staat aufgehen. Dagegen steht nun der Umstand, daß der Mensch als Person in der modernen Gesellschaft durch ein einziges soziales System nicht mehr erfaßbar ist. Hier liegt die zentrale Bedeutung des *Rollen-*

11 Siehe dazu ebd., Teil 3.

12 Vgl. auch unten, Vorlesung VII, Abschnitt 2.1.

begriffs: Indem der Einzelmensch durch die Zugehörigkeit zu verschiedenen sozialen Systemen über die verschiedenartigsten Rollenkombinationen verfügt, ist es unmöglich, die Sinnbezüge seines Handelns einzig von seiner Zugehörigkeit zum »Staatsverband« her verstehen zu wollen. Deshalb breche ich bewußt mit dem traditionellen deutschen Staatsbegriff: Die Elemente des sozialen, also auch des politischen Systems sind nicht Personen, sondern Rollen, das heißt an Erwartungen orientierte Handlungen.[13] Der traditionellen Unterscheidung von Staat und Gesellschaft in Deutschland im 19. Jahrhundert entspricht teilweise die englische von *civil society* und *government* (nach dem vollzogenen Gesellschaftsvertrag). Dabei entspricht *government* schon eher dem politischen System, wie ich es verstehe. Allerdings muß der Begriff des *government* dann »nach unten« ausgearbeitet werden, denn das politische System sollte alle politischen Rollen umfassen, also nicht nur die politischen Ämter, sondern zum Beispiel auch die wählenden oder sich informierenden Staatsbürger, also die Gesamtheit der Rollen, die für das Funktionieren des politischen Systems erforderlich sind.

(b) Die Frage nach der *Realität sozialer Systeme.* Parsons nimmt bisweilen für sein Konzept des sozialen Systems in Anspruch, es handele sich nicht um konkrete Systeme, sondern um wissenschaftliche Konstruktionen, also analytische Systeme.[14] Mein Systembegriff geht dagegen davon aus, daß es um im realen sozialen Raum abgegrenzte Bereiche geht. So ist auch das politische System ein konkretes System, dessen Elemente an Erwartungen orientierte Handlungen sind.

(c) Der Ansatz der *strukturell-funktionalen Theorie*: Der Funktionalismus, wie ihn insbesondere Talcott Parsons zunächst vertreten hat, sieht das System als eine von vornherein gegebene, konstante Größe, bestimmte Systemstrukturen werden als theoretische Prämisse hingenommen. Dagegen hat Ralf Dahrendorf den Vorwurf eines harmonistischen, konservatistischen Denkens erhoben.[15]

13 Vgl. David Easton, *A Framework for Political Analysis*, Englewood Cliffs 1965.

14 Vgl. Talcott Parsons, *The Structure of Social Action. A Study in Social Theory with Special Reference to a Group of Recent European Writers*, New York 1937, S. 35, 731 f. Vgl. dazu auch oben, Vorlesung II, Abschnitt 1.4.

15 Vgl. Ralf Dahrendorf, »Struktur und Funktion. Talcott Parsons und die Entwicklung der soziologischen Theorie«, in: *Kölner Zeitschrift für Soziologie und Sozialpsychologie* 7 (1955), S. 491-519, und ders., »Out of Utopia. Toward a Re-

Mittlerweile scheint Parsons allerdings im Zuge der Ausarbeitung seiner Theorie des Aktionssystems von der Annahme einer notwendigen strukturellen Begrenzung jeder funktionalen Analyse abzurücken.[16] Die Frage nach der Funktion von Strukturen ist für Parsons aber nur deshalb möglich, weil er jedes System in ein umfassenderes eingebettet sieht. Dieses »Schachtelprinzip« muß abgelehnt werden, wenn man von einem umweltbezogenen Systembegriff ausgeht. Richtig ist, daß jeder wissenschaftlichen Analyse eine eigene Struktur in Form konstant bleibender theoretischer Prämissen zugrunde liegen muß. Aber die funktionale Analyse findet ihre Konstanten in Funktionen, nicht in Strukturen. Deshalb spreche ich von einer *funktional-strukturellen* Analyse sozialer Systeme. Manche Funktionen können von bestimmten Strukturen abhängig sein, die sich dann nur unter der Voraussetzung bestimmter Systemstrukturen explizieren lassen, zum Beispiel die Verhaltensweise von Bürokraten in parlamentarischen Strukturen. Aber prinzipiell muß sich die Soziologie die Möglichkeiten offenhalten, auch diese Strukturen als Lösungen grundlegender Probleme zu analysieren. Besonders für die politische Soziologie ist eine Sichtweise unakzeptabel, die von vorgegebenen Strukturen ausgeht, weil sie mit einer erheblichen Vergleichsbeschränkung einhergeht. Gerade in der vergleichenden Analyse sehr verschieden strukturierter politischer Systeme von Zivilisationsländern und Entwicklungsländern, von autoritär oder demokratisch, liberal oder sozialistisch verfaßten Staaten liegen jedoch die Zukunftschancen einer politischen Soziologie.

1.3. Soziale Komplexität

Bislang habe ich über die soziologische Perspektive und die Systemtheorie gesprochen. Im folgenden will ich jetzt die Frage der *sozialen* Komplexität behandeln, in der das Bezugsproblem der Politik vermutet werden kann. Unter sozialer Komplexität verstehe ich den

orientation of Sociological Analysis«, in: *The American Journal of Sociology* 64 (1958), S. 115-127.

16 Vgl. Talcott Parsons, »Die jüngsten Entwicklungen in der strukturell-funktionalen Theorie«, in: *Kölner Zeitschrift für Soziologie und Sozialpsychologie* 16 (1964), S. 30-49.

Tatbestand, daß Menschen ihr Handeln jeweils an unterschiedlichen Erwartungen orientieren. Alle Übereinstimmung im Erleben und Handeln muß deshalb als kontingent begriffen werden. Jeder andere Mensch könnte als ein anderes Ich anders erleben und handeln als ich selbst. Das ist das Bezugsproblem des sozialen Systems. Damit lassen sich die Mechanismen erkennen und vergleichen, die dazu beitragen, daß dieses Problem der sozialen Kontingenz gelöst und die Sozialordnung faktisch konstituiert wird.

Die Fragestellung taucht in dieser Radikalität erst im 20. Jahrhundert auf und ist mit Edmund Husserls These von der »intersubjektiven Konstitution der Welt« verbreitet worden.[17] Damit sind die Denkvoraussetzungen der klassischen politischen Theorie gesprengt. Die Gesellschaft wurde von Platon bis Kant als politisch verfaßte Gesellschaft verstanden, die politische Theorie und die Theorie der Gesellschaft wurden also miteinander verschmolzen.[18] Der Grund dafür war ein zu enger, unzureichender Begriff der sozialen Komplexität: Sie wurde auf menschliche Bedürfnisse bezogen und nicht als Kontingenz der Welt begriffen. Man ging von einem *animal rationale* aus, das zweckmäßig handelt und das mit anderen, aber für sich, in einer schon vorhandenen Welt existiert. Dadurch ergab sich eine zweifache Abhängigkeit in der Bedürfnisbefriedigung, nämlich zum einen die Angewiesenheit auf andere (*indigentia*) und zum anderen die Bedrohung (*metus*) durch andere. Politik sorgt für die Lösung dieses Doppelproblems dadurch, daß sie Frieden und Gerechtigkeit garantiert. In der klassischen Staatstheorie kann man entsprechend zwei Denkrichtungen unterscheiden: Die erste – *pax et iustitia* – geht von der Verteilung von Arbeit, Eigentum und sozialen Gütern aus und sieht die Funktion des Staates in der Garantie der damit bezeichneten Gesellschaftsordnung, so zum Beispiel John Locke. Die zweite – *pax et tranquillitas* – geht von der wechselseitigen Bedrohung und Furcht der Menschen aus und sieht im Staat vor allem eine Ordnung erzwingende und aufrechterhaltende Instanz, so zum Beispiel Thomas Hobbes. Damit ist bereits eine beachtliche Komplexität und Unsicherheit erfaßt, setzt dieser Gedanke der Bedrohtheit und Angewiesenheit doch den anderen Menschen als jemanden voraus,

17 Siehe dazu unten, Vorlesung VIII, Abschnitt 2.1.

18 Vgl. oben, Vorlesung III, Teil 2.

der im Prinzip über Freundschaft und Feindschaft frei entscheiden kann und insofern unzuverlässig ist. Die Grundlage hierfür war aber eine Handlungstheorie, nicht die Systemtheorie: Es geht um die Abwendung von Nachteilen und die Sicherung von Vorteilen für die einzelnen Menschen in einer Welt, in der die Güter knapp und die Bedürfnisse dringlich sind. Es gab aber noch keine Radikalisierung hin zum Gedanken einer sozialen Kontingenz der Welt, die Wahrheit und Sinn überhaupt in Frage stellt. Beides entstand erst im 20. Jahrhundert.

Diese gedankliche Entwicklung sprengt die Gleichsetzung von Politik und Gesellschaft. Die politische Theorie kann nicht länger voraussetzen, daß Mensch und Welt in naturhaft vorgegebener Ordnung einfach da sind, die unendliche Komplexität anderer möglicher Weltzustände schon reduziert ist. Andere Mechanismen der Reduktion der sozialen Komplexität werden entdeckt. Zum Beispiel in der Theorie Talcott Parsons' mit der These, daß die »double contingency« aller Interaktionen, bei der jeder Partner vom anderen abhängt und jeder anders handeln könnte, notwendigerweise zu einer Institutionalisierung einer normativen Struktur in allen Sozialsystemen führt.[19] Das Problem der Abstimmung wechselseitiger Erwartungen stellt sich dadurch in einer Weise, daß es kaum noch von der politischen Theorie *allein* bearbeitet werden kann. Neben den spezifisch *politischen* Mitteln der Abstimmung des Erwartens lassen sich noch andere Mechanismen entdecken, die ihrerseits im politischen Handeln vorausgesetzt werden müssen – zum Beispiel die Sozialisierung und Anpassungsfähigkeit der Persönlichkeiten, der Geldmechanismus, gemeinsam durchlebte und erinnerte Geschichte, Sachzwänge einer technisch komplizierten Dingwelt usw. Das politische System kann jetzt nur noch als *Teilsystem* der Gesellschaft begriffen werden und muß als solches zum Problem der Komplexität in Verbindung gesetzt werden. Aber dieses Bezugsproblem scheint in der politischen Soziologie verlorengegangen zu sein.

19 Vgl. Talcott Parsons, *The Social System*, Glencoe 1951, S. 10f., 36ff.

1.4. Funktion und Stellung des politischen Systems

Die Frage nach dem Wesen des Politischen ist in der politischen Theorie umstritten. Zur Diskussion stehen dabei wenigsten vier Kandidaten: (1) Als der Kern des Politischen wird sehr häufig die Schaffung und Anwendung (staatlicher) *Macht* angesehen (zum Beispiel bei Max Weber),[20] mit der Zuspitzung auf die Möglichkeit physischer Zwangsausübung. In der soziologischen Betrachtung aber wird das Problem von Macht und Autorität zu einer außerordentlich vielschichtigen Angelegenheit, als relevante Faktoren müßten Institutionen, Motivationslagen, die Bereitschaft zum Gehorsam usw. berücksichtigt werden. Eine entsprechende Theorie der Macht fehlt aber bislang.[21] (2) Das Politische wird durch die Wiederbelebung von *Zweckformeln* wie »Gerechtigkeit«, »Frieden«, »Gemeinwohl« bestimmt oder gar als Erfüllung der Zwecksysteme schlechthin verstanden, so von Talcott Parsons.[22] (3) Einige Berühmtheit hat das *Freund/Feind-Schema* erlangt, das Carl Schmitt (begrenzt auf den Staatsbereich) vorgeschlagen hat.[23] Das Politische wird hier vor allem in einer (die Umwelt klassifizierenden) Entscheidung gesehen, zugleich wird die alte Diskrepanz von Angewiesenheit und Bedrohung wiederaufgenommen. Aber braucht die Politik so starke Vereinfachungen? (4) Manchmal wird auch das *Risiko des Handelns im Unvorhersehbaren*, also die Übernahme von Verantwortung durch mehr oder weniger irrationales Handeln, als das Wesen des Politischen hervorgehoben; hier wäre zum Beispiel Karl Mannheim zu nennen, aber auch der italienische Faschismus.[24]

Alle diese Auffassungen haben ihr eigenes Recht, als *Wesens*aussagen sind sie aber problematisch, denn sie abstrahieren ein

20 Max Weber, *Wirtschaft und Gesellschaft. Grundriß der verstehenden Soziologie*, hg. von Johannes Winckelmann, Tübingen [4]1956, S. 29.

21 Siehe dazu dann unten, Vorlesung VII, Teil 9.

22 Talcott Parsons, »On the Concept of Political Power«, in: *Proceedings of the American Philosophical Society* 107 (1963), S. 232-262.

23 Carl Schmitt, *Der Begriff des Politischen. Text von 1932 mit einem Vorwort und drei Corollarien*, Berlin 1963.

24 Karl Mannheim, *Ideologie und Utopie*, 3., verm. Aufl., Frankfurt/M. 1952, S. 95 ff.; Giuseppe D. Ferri, *La funzione di governo e il gran consiglio del fascismo. Parte I: La funzione di governo in generale*, Roma 1939.

durchaus gegebenes Kennzeichen des Politischen und erklären es zu seiner Essenz. Allerdings ist bei allen die *Funktion* der Reduktion von Komplexität im Spiel. Sie können so wenigstens als Leitfaden für das weitere dienen: (1) Macht ist ein grandioses Mittel der Vereinfachung von Situationen auf das, was man selbst will; (2) Zweckformeln setzen Vereinfachungen als Natur der Sache voraus; (3) Freund/Feind-Schematisierungen ersetzen komplexe Situationen durch eine grob vereinfachende Dichotomie; (4) irrationales Handeln reduziert Komplexität durch die Faktizität des Vollzugs. Stellt man auf die Funktion ab, so ist das Grundproblem der Politik also jeweils greifbar. Damit gewinnt man zugleich auch den Anschluß an die Tradition wieder. Denn damit wird auch die ewige Konkurrenz der Theorien aufgehoben, die im Grunde nur Alternativen der Reduktion von Komplexität aufweisen. Das Bezugsproblem der Reduktion von Komplexität ist aber, wie gesagt, zu weit gefaßt: Die Erfassung und Reduktion von Komplexität, das ist die Funktion der Gesellschaft schlechthin. Ich möchte deshalb eine engere Definition der Funktion des Politischen vorschlagen: *Politik ist die Lösung offener Probleme durch bindende Entscheidungen*. Das muß erläutert werden.

Die Funktionsbestimmung geht davon aus, daß das politische System nur ein Teilsystem der Gesellschaft ist. Die Theorie des politischen Systems setzt demnach eine Theorie *struktureller Differenzierung der Gesellschaft* in Teilsysteme voraus, die sich an je spezifischen *Funktionen* orientieren. Die Funktion der Politik bezieht sich dann nicht auf die volle soziale Komplexität, sondern nur auf eine *Restkomplexität* der Gesellschaft, die nicht durch Mechanismen wie Sprache, Wahrheiten, »Natur«, Institutionen, Kongruenz von Interessen, gemeinsame Geschichte, Konsens reduziert worden ist.[25] Entsprechend ist Reduktion von Komplexität hier nicht gemeint in dem Sinne, wie ein Organismus sie für sich selbst vornimmt, als Bedingung eines eigenen Fortbestehens in einer übermäßig komplexen Umwelt, sondern im Sinne einer Reduktion von Komplexität für seine *Umwelt*. Das impliziert die Ablehnung von Organismusanalogien in der politischen Soziologie: Politische Systeme setzen eine Umwelt mit Systemcharakter voraus, erfüllen in dieser Umwelt eine spezifische Funktion und können deshalb in dieser

25 Vgl. dazu ausführlich oben, Vorlesung III, Teil 3 und Teil 4.

Umwelt mit einer generalisierten Bereitschaft zur Unterstützung rechnen.

»Bindende Entscheidungen« heißt, daß die Entscheidungen *faktisch* als verbindlich akzeptiert, das heißt »fraglos befolgt«, in der Umwelt des politischen Systems als legitim hingenommen werden, aus welchen Gründen auch immer. Max Weber hebt hier besonders den Zwangsaspekt hervor, wenn er dem Staat das »Monopol der physischen Gewalt« zuspricht. Mit meiner Auffassung werden keine spezifischen Legitimitätsprämissen in die Theorie eingebaut: Die Gründe für die Hinnahme und Befolgung von Entscheidungen gehören nicht zum Begriff des politischen Systems, dafür sind sie zu heterogen, der Begriff würde dadurch verunklart.

Die Bestimmung der »Probleme«, für die die Gesellschaft auf politische Lösung angewiesen ist, bleibt ebenfalls offen. Welche Probleme politisiert werden, wandelt sich historisch und variiert von Gesellschaft zu Gesellschaft, weil Institutionen, Ideologien usw. die Probleme vorwegnehmen. Ein Beispiel ist die Depolitisierung der konfessionellen Probleme. Es gibt also eine Abhängigkeit des politischen Systems von den jeweiligen Problemlagen der Gesellschaft. Das sind aber bereits Fragen der empirischen Forschung.

Eine weitere Erläuterung ist noch nötig. Daß die Funktion durch ein *Teilsystem* der Gesellschaft erfüllt wird, zwingt uns, mit zwei unterschiedlichen Systemreferenzen zu rechnen: mit der Gesellschaft und mit dem politischen System. Die *Gesellschaft* einerseits will ihre offenen Probleme gelöst haben als Bedingung *ihres* Fortbestehens. Das *politische System* andererseits will seine bindenden Entscheidungen anbringen und unterstützt sehen als Bedingung *seines* Fortbestehens. Beides ist nicht dasselbe, was am grundsätzlichen Problem struktureller Kongruenz beziehungsweise Diskongruenz in allen differenzierten Ordnungen liegt: Was einem Teilsystem dient, dient damit nicht automatisch auch dem Gesamtsystem, selbst wenn das Teilsystem im Gesamtsystem eine primär positive Funktion erfüllt. Solche Kurzschlüsse boten sich unter den teleologischen Denkvoraussetzungen der älteren politischen Theorie an. Die Systemtheorie muß und kann sie vermeiden. Jede Problemlösung hat »dysfunktionale« Rückwirkungen auf andere Systembedürfnisse. Das Konvergieren funktionaler Leistungen in einem System muß also als ein Problem und nicht als eine Prämisse vorausgesetzt werden, wenn man sie untersuchen will.

1.5. Politik in der Gesellschaft und in anderen Sozialsystemen

Die herrschende Meinung identifiziert die Politik mit dem Staat oder fordert mindestens einen mittelbaren Staatsbezug. Bei dieser Auffassung handelt es sich um eine *strukturelle* Definition: Das Politische wird im Hinblick auf ein vorausgesetztes (politisch-staatliches) System verstanden. Eine strukturelle Definition ist aber immer problematisch, weil sie Strukturen zementiert. Meine eigene Definition ist dagegen eine weiter gefaßte *funktionale* Definition auf der Grundlage, daß die Soziologie unterscheiden kann zwischen der Gesellschaft und anderen Sozialsystemen, denn die Soziologie ist nicht einfach nur eine Gesellschaftswissenschaft, sondern allgemeiner eine *Theorie des Sozialsystems.* Sie muß sich mit der Gesellschaft als einer besonderen Art von Sozialsystem befassen, wie Parsons betont hat. Die Soziologie als Theorie sozialer Systeme ist sich allerdings noch nicht darüber im klaren, wo sie mit ihrem Systembegriff ansetzen soll, ob zum Beispiel auch schon bestimmte Situationen wie Konferenzen einen Systemcharakter haben, wie ich es annehme.[26]

Unabhängig davon gilt, daß alle Sozialsysteme Komplexität reduzieren müssen. Bei einiger Komplexität des Systems bedeutet das immer auch: *durch Entscheidungen.* Originäre (also nicht nur: staatlich verfaßte) Politik gibt es so in fast allen Systemen, nämlich in denen, in denen bindende Entscheidungen für offene Probleme getroffen werden. Man kann hier an Vereinspolitik denken oder an Kirchenpolitik, wo Kirchenräte und Theologieprofessoren damit beschäftigt sind, Minderheiten in Mehrheiten zu konvertieren, und Sitzungsprotokolle überarbeitet werden. Besonders in Wirtschaftsunternehmen findet man eine Entscheidungspolitik größten Stils. Allerdings ist es in den meisten Teilsystemen der Gesellschaft schwierig oder sogar ausgeschlossen, dem so verstandenen politischen Handeln wiederum Systemcharakter zu geben. Am deutlichsten ist das vielleicht noch bei dem Leitungs- und Verwaltungssystem großer Wirtschaftsunternehmen, zumeist jedoch treten die politisch zu lösenden Entscheidungsprobleme nicht häufig und kohärent genug auf, um sie als solche zu etikettieren und spezi-

26 Siehe oben, Vorlesung V.

fischen Rollen aufzutragen. So gesehen ist die Zusammenfassung mit Staatspolitik qua Politik nicht ganz abwegig. Trotz des allgemeinen Begriffs des Politischen gilt also eine Beschränkung der Vorlesung auf das politische System der Gesellschaft, weil hier die Entscheidungstätigkeit am deutlichsten als System konsolidiert ist, also am sichtbarsten vorkommt, unter anderem durch eine hochgradige Spezifizierung der Rollen für Entscheidungen. In Wirtschaftsunternehmen dagegen ist die Entscheidungsorientierung zum Beispiel verquickt mit Eigentumsinteressen usw. Ich verstehe den Fall der Gesellschaft also als Paradefall von Politik. Es besteht aber kein Ausschließlichkeitsanspruch: Nicht allein im politischen System wird politisch gehandelt.

2. Das politische System der Gesellschaft

In diesem Teil der Vorlesung möchte ich das politische System auf der gesellschaftlichen Ebene behandeln. Die Leitidee ist, daß sich das politische Handeln in bestimmten, funktional spezifischen Systemen konsolidiert. Deshalb stellt sich die Frage nach der Ausdifferenzierung des politischen Systems zunächst in einer *evolutionstheoretischen* Perspektive.

Was ist unter Evolutionstheorie zu verstehen? Das 19. Jahrhundert stellt mit dem Begriff der Evolution den Aspekt der Dynamik in den Mittelpunkt. Die amerikanische Kulturanthropologie des 20. Jahrhunderts, die die strukturell-funktionale Theorie entwikkelt hat, betont dagegen im Zusammenhang mit dem Problem stabilisierbarer Systemzustände den Strukturbegriff und damit den Ordnungsaspekt. In den Vereinigen Staaten haben seit Anfang der 1960er Jahre Talcott Parsons und Shmuel Eisenstadt wieder stärker den evolutionären Aspekt sozialer Systeme hervorgehoben.[27] Parsons versteht Evolution als eine Entwicklung, die auf erhöhte Komplexität von Gesellschaft hinausläuft. Bestimmte Entwicklungserrungenschaften, sogenannte *evolutionary universals* – zum Beispiel Geld, Recht, Herrschaftssystem –, hätten die Tendenz, sich zu verfestigen, so daß eigentlich nur historische Katastrophen eine Rückentwicklung auf eine niedrigere Komplexitätsstufe bewirken könnten.[28] Ähnlich nimmt Eisenstadt eine Entwicklung zu immer stärkerer funktionaler Differenzierung der sozialen Systeme an in der Form der Etablierung von Subsystemen für bestimmte soziale Bereiche wie Wirtschaft, Kultur, Erziehungswesen usw. Damit sind grundlegende Ideen einer evolutionären Systemtheorie benannt. Die Gesellschaft entwickelt sich zu größerer Eigenkomplexität und ist dadurch in der Lage, die Welt komplexer zu erfassen. Die Eigenkomplexität der Gesellschaft wird dadurch erhöht, daß eine

27 Vgl. Parsons, »Die jüngsten Entwicklungen in der strukturell-funktionalen Theorie«; Shmuel N. Eisenstadt, *From Generation to Generation. Age Groups and Social Structure*, Glencoe, London 1956; ferner Kenneth E. Bock, »Evolution, Function, and Change«, in: *American Sociological Review* 28 (1963), S. 229-237.

28 Talcott Parsons, »Evolutionary Universals in Society«, in: *American Sociological Review* 29 (1964), S. 339-357.

Vielzahl gleichartiger Kleinsysteme, in denen jeder Teilnehmer alles weiß, sieht, kann und miterlebt, ersetzt wird durch relativ große, für den einzelnen nicht mehr voll überblickbare Sozialsysteme, die in sich für spezifische Funktionen Teilsysteme bilden, also funktional differenziert sind. In diesem Sinne will ich im folgenden von der Evolution des politischen Systems sprechen.

2.1. Vertikale Ausdifferenzierung des politischen Systems: Herrschaft

Als Ausgangsbegriff der skizzierten Evolutionstheorie dient also der Begriff des undifferenzierten, funktional diffus strukturierten Systems. Die Staatstheorien des 19. Jahrhunderts gingen von dem Gedanken aus, die Keimzelle des Staates sei in den archaischen Gesellschaften in deren Haus, Sippen-, Verwandtschafts- und Stammesverbänden zu suchen. Durch räumliche Ausweitung der Verbände habe sich dann die politische Organisation als territoriale Organisation herausgebildet.[29] Interpretiert man als Soziologe die ethnologische Literatur zu *archaischen Gesellschaften*,[30] so kann man sagen, daß die einfachsten Sozialordnungen Familien und Stämme im Sinne von Abstammungsgemeinschaften sind. In primitiven Gesellschaften, die auf der Ebene des Verwandtschaftssystems konstituiert sind, gibt es noch keine Identifikation von Gesellschaft und Politik. Der Stamm ist aus allgemeinen anthropologischen Gründen das unentbehrliche System schlechthin, er ist – der Funktion nach – die Gesellschaft. Zwar ist auch schon die Familie wegen ihrer inhärenten Altersunterschiede und ihrer Aufzuchts- und Versorgungsprobleme durch eine differenzierte Rollenstruktur und

29 Vgl. Henry Sumner Maine, *Ancient Law. Its Connection with the Early History of Society and Its Relation to Modern Ideas*, London 1959 (EA 1861), S. 96 ff., zur These, daß Verwandtschaft und territoriale Herrschaft aufeinanderfolgende Prinzipien rechtlich-politischer Ordnung seien.

30 Meyer Fortes, Edward E. Evans-Pritchard (Hg.), *African Political Systems*, London u. a. 1940, Isaac Schapera, *Government and Politics in Tribal Societies*, London 1956; John Middleton, David Tait (Hg.), *Tribes Without Rulers. Studies in African Segmentary Systems*, London 1958; Shmuel N. Eisenstadt, »Primitive Political Systems: A Preliminary Comparative Analysis«, in: *American Anthropologist* 61 (1959), S. 200-220; Edmund R. Leach, *Political Systems of Highland Burma. A Study of Kachin Social Structure*, London 1954.

eine entsprechende normative Ordnung (wie das Inzesttabu, Hilfspflichten usw.) gekennzeichnet. Diese Art Rollendifferenzierung läßt es aber noch nicht zu, religiöse, politische, wirtschaftliche und kulturelle Funktionen rollenmäßig zu trennen. Soweit sich eine Statusordnung ausbildet, dominieren Alters- und Geschlechtsrollen, und die Prominenzrolle des Familienoberhaupts ist für alle genannten Funktionen tonangebend: Der Vater ist Erzieher, Jäger, Krieger, Richter usw. Die Logik und die Entwicklungsgesetzlichkeit reiner Verwandtschaftssysteme genügen den Daseinsanforderungen aber nicht – weder bei kleinen Horden noch bei großen Stämmen. Durch eine Verwandtschaftsausdehnung über kleine Gruppen hinaus kommt es zu einem Erfordernis räumlicher Organisation; dadurch entsteht ein erstes Grenzbewußtsein für territoriale Abgrenzung in Form der Unterscheidung von »unser Gebiet/euer Gebiet«. Diese Raumteilung ist jedoch noch primär ökonomischer – es geht um Jagd- oder Fischereigründe – und weniger politischer Natur. Eine andere Möglichkeit stellt das Zusammenleben mehrerer Familiengruppen, die sich aus gemeinsamer Abstammung herleiten, an einem Ort in Form einer Siedlung dar. Das ist ein Fall einer segmentären Differenzierung. Der Entscheidungsbedarf in Stämmen ohne fest institutionalisierte politische Herrschaft ist nur zu decken aufgrund andersartig entstandener Rangunterschiede: aufgrund generationsmäßiger, militärischer, wirtschaftlicher oder religiöser Statusdifferenzen. Auf dieser Grundlage ist jedoch keine Spezifikation des Politischen möglich.

Wie kommt es nun zur *vertikalen Ausdifferenzierung spezifischer Herrschaftsrollen* und damit zur Ausbildung eines politischen Systems über den Familien? Es gibt (wie schon gesagt) zwei Möglichkeiten der räumlichen Verteilung von Stämmen: (1) eine Streuung, gefördert durch Exogamieregeln und erzwungen zumeist durch die wirtschaftlichen Bedingungen, und (2) größere Siedlungsgemeinschaften. Politische Herrschaft entsteht aus verschiedenen Ursachen und wird zunächst noch durch Verwandtschaft legitimiert. Typischerweise wird sie in größeren Stämmen erst möglich beim Übergang zu Ackerbau und Viehzucht, womit die Wirtschaft einen Entwicklungsstand erreicht, der Eigentum erforderlich macht, was nicht nur einen gewissen Wohlstand, sondern zugleich einen gewissen Entscheidungsbedarf mit sich bringt. Zunächst bleibt es bei einem Primat der Familie, indem *einer* Familie des Stammes besondere Prominenz zuerkannt und eine politische Führungsrolle übertragen wird. Solche Systeme setzen aber die Überschaubarkeit der Abstammungsverhältnisse voraus, sie sind also größenmäßig begrenzt. So wird das Dorf von Aristoteles begriffen als *apoikía oikías*, als »Kolonie der Häuser«, als ein aus dem Haus hervorgegangenes Siedlungsgebilde, »dessen Angehörige von manchen auch Milchgenossen, Kinder oder Kindeskinder genannt werden«, wie es am Beginn seiner *Politik* heißt.[31]

Die Verschmelzung von Verwandtschaftssystem und politischer Ordnung bildet schließlich eine Barriere weiterer Entwicklung. Die Anlässe für deren Überwindung können verschieden sein. Wenn es etwa infolge von Wanderungen oder Kriegen zu stammesmäßigen oder kulturellen Überlagerungen kommt oder wenn der Bau oder der Unterhalt von Bewässerungssystemen größere Zusammenschlüsse erforderlich macht, dann reicht der Sinn für verwandtschaftsbasierte Zusammengehörigkeit nicht mehr aus, um einen prominenten Status von Herrschaftsrollen und die Anerkennung bindender Entscheidungen zu gewährleisten. Dann wird es notwendig, politische Herrschaft *unabhängig* von Verwandtschaftsbeziehungen zu stabilisieren. Zu einer abstrakteren Stabilisierung der Herrschaft als politischer kommt es dann auf religiöser und wirtschaftlicher Grundlage. Die religiöse Legitimation ist unentbehrlich, und Religion muß zunächst als ein fortschrittliches Element begriffen werden. Verantwortung nach unten ist in dieser Gesellschaft noch unvorstellbar! Die wirtschaftliche Grundlage für die Stabilisierung der Herrschaft bildet das Haus des Fürsten mit seiner umfassenden Umverteilungsfunktion über Tribute und Zahlungen, soweit die Einheiten nicht autark sind. Dabei gibt es aber noch keinen Marktmechanismus, das fürstliche Vermögen dient zur Unterhaltung von Hof und Heer.[32]

Der gedankliche Träger dieser Leistung ist das *Hierarchiemodell*, also die Vorstellung einer naturgegebenen Differenz von oben und unten statt einem pyramidalen Aufbau, wie er für die ältere Ranggliederung der segmentierten Verwandtschaftsgesellschaften typisch war. Durch den Bildzwang von oben/unten werden verschiedene,

31 Vgl. Aristoteles, *Politik*, hg. von Nelly Tsouyopoulos, Ernesto Grassi, Reinbek b. Hamburg 1965, Buch 1, 1252 b 17.

32 Vgl. Karl Polanyi, Conrad M. Arensberg, Harry W. Pearson (Hg.), *Trade and Market in the Early Empires. Economies in History and Theory*, Glencoe 1957.

zunächst gar nicht zusammengehörige Strukturen zu einer vertikalen Differenzierung vereint: (1) die Rollenunterscheidung, (2) das Prestigegefälle, (3) eine Aufgabenteilung, (4) Weisungsbefugnis und Gehorsamspflicht von oben nach unten (also eine Asymmetrie in den Rollenbeziehungen), (5) eine situationsunabhängige Dauer, (6) zahlreiche sekundäre Unterstützungen wie eine Statussymbolik, unterschiedliche Kommunikationsweisen oder sogar unterschiedliche Sprachen für den Verkehr zwischen Gleichgestellten, wie etwa eine besondere Hofsprache in Java, (7) unterschiedliche Freiheiten im Verhältnis zu Religion und Recht, zum Beispiel die Verfestigung der Möglichkeit zur Interpretation von Recht zu richterlichen Entscheidungsrollen. Dieser Zusammenhang hätte primitiveren Stämmen nicht eingeleuchtet. Jetzt ist er zwingend institutionalisiert, und das bedeutet einen definitiven Entwicklungsfortschritt. Gesellschaften mit dieser Herrschaftsstruktur sind anderen überlegen, und die Struktur bleibt selbst bei kriegerischen Überlagerungen durch andere Gesellschaften erhalten, weil sich andere soziale Mechanismen, vor allem Religion, militärische Organisation und Wirtschaft, auf Herrschaft einstellen.

Eine systemtheoretische Analyse dieses Erfolges einer hierarchischen Herrschaftsordnung zeigt zwei miteinander zusammenhängende Entwicklungsgewinne: (a) die Vorteile einer Mehrstufigkeit und (b) die Vorteile einer strukturellen Unbestimmtheit systeminterner Prozesse.

(a) Die Vorteile einer *Mehrstufigkeit systeminterner Prozesse* sind nur erreichbar, wenn *spezielle* Rollen *generell*, das heißt auf Dauer eingerichtet und unterstützt, das heißt mit Mitteln und Legitimität ausgestattet werden, und zwar vorweg und ohne Rücksicht auf Einzelentscheidungen, also pauschal: Wird der Fürst akzeptiert, dann auch seine Entscheidungen. Die Komplexität der Umwelt wird so in zwei Schritten reduziert, die unter je anderen Motivationsstrukturen vollzogen werden. Die Doppelstufigkeit ermöglicht Entscheidungen, die in einem Akt niemals hätten motiviert werden können. Damit verbunden ist ein *Zeitgewinn* im Entscheidungsprozeß. In kritischen Lagen kann in Herrschaftsrollen im Einzelfall ohne Einholung von Konsens gehandelt werden. Das ermöglicht einem Sozialsystem, sich auch in einer zeitlich variablen, fluktuierenden Umwelt zu erhalten. Darin liegen die Vorteile der Umwegigkeit.

(b) Zum anderen wird durch Herrschaftsrollen die Struktur des Systems an entscheidender Stelle unbestimmt stabilisiert: Es kommt darauf an, *daß* entschieden wird, nicht *was*. *Strukturelle Unbestimmtheit* ist ein wesentliches Merkmal aller Systeme, die ein Mindestmaß an Eigenkomplexität überschreiten wollen. Es gibt mit der Ausdifferenzierung von Herrschaftsrollen eine »Zentrale für Unvorhersehbares«, so daß das System elastisch wird, in der Lage ist, verschiedene Zustände anzunehmen, also mit mehr Umwelten vereinbar zu sein, das heißt, eine sachlich komplexe Umwelt zu haben.

2.2. Horizontale Ausdifferenzierung des politischen Systems: Funktionale Spezifizierung

Die Frühformen der Herrschaft, die hierarchische Heraushebung der Herrschaftsrollen, bedeutete nicht zugleich auch schon eine funktionale Spezifizierung ihres Sinnes auf einen lediglich politischen Entscheidungsauftrag, sie kannten also noch keine Spezifikation politischer Funktion. Die vertikale und die horizontale Ausdifferenzierung hätten niemals zugleich erreicht werden können. Die Hierarchievorstellung macht es unmöglich anzunehmen, daß übergeordnete Rollen untergeordneten gegenüber verantwortlich sein könnten, denn das würde die Hierarchie durch ein gegenläufiges Modell von oben und unten kompromittieren. Und auch für die innere Stabilität einer Herrschaftsstruktur war ihr multifunktionaler Charakter unentbehrlich. Die Prominenzrollen des Systems erstrecken sich nicht nur auf den politischen, sondern auch auf den militärischen, den religiösen, den wirtschaftlichen Sektor. Es gibt noch die Notwendigkeit der Stabilisierung der Struktur durch Statuskongruenz, das heißt, daß es keinen Status gibt, der außerhalb ihrer begründbar wäre, keine Gegenhierarchie, von der aus Zweifel am Vorrang erwachsen könnte. Ein Merkmal von frühen Herrschaftsformen ist, daß der Familie erhebliche politische Funktionen verbleiben müssen. Es galt das Prinzip des *pater familias*: die notwendigen Kleinentscheidungen zu treffen bleibt dem Hausherrn überlassen. Die Herrschaft war insgesamt noch zu wenig leistungsfähig, um den Bedarf für bindende Entscheidungen der in kleinen Gruppen zerstreut lebenden Bevölkerung zu decken.

Beispielsweise lagen die Dörfer weitab vom Zentrum politischer Willensbildung und waren autark. Aufgrund der geringen Wirkungsintensität des politischen Systems nach unten gab es deshalb auch keine politische Rolle des Publikums, also keine Aussonderung politischer Rollen für jedermann, als Wähler, diskutierfähiger Meinungsinhaber, Parteianhänger usw.

Eine weitere Leistungssteigerung der Herrschaft wurde nur durch Entlastung der Institutionen und Prozesse des politischen Systems von den Funktionen verwandtschaftlicher Zusammenhänge möglich, durch eine weitere Ausdifferenzierung und die funktionale Spezifikation von Entscheidungsrollen. Es kommt zur Bildung eines *politischen Systems hauptberuflicher Arbeit.* Eine größere Zahl von Rollen wird für spezifisch politisch-administrative Funktionen gesellschaftlich freigestellt, so daß sich Informationen und Erfahrungen ansammeln und Fähigkeiten entwickeln, die in der Gesellschaft nicht allgemein verbreitet sind. Das macht eine Trennung von anderen Rollen notwendig. Damit geht ein Verlust der impliziten sozialen Kontrolle einher, die in der notwendigen Rücksicht auf eigene andere Rollen lag. Deshalb mußte implizite durch explizite, interne durch externe Kontrolle ersetzt werden: Ein Politiker oder Bürokrat, der nicht mehr auf eigene andere Rollen in familiären, wirtschaftlichen, religiösen oder kulturellen Interaktionszusammenhängen Rücksicht zu nehmen hat, muß jetzt von außen, das heißt an expliziten Kriterien oder Erfolgsbedingungen, kontrolliert werden.

Das Problem der Stabilität frühbürokratischer Reiche mit relativ autonomer Politik, aber noch traditionaler Rechtfertigung des Herrschaftssystems hat Eisenstadt in einer großangelegten Untersuchung ausführlich dargestellt.[33] Er stellt die Frage nach den gesellschaftsstrukturellen Voraussetzungen einer solchen Stabilisierung. Die Antwort ist: Die anderen Teilbereiche der Gesellschaft müssen den Erfordernissen *funktionaler Differenzierung* angepaßt werden, das heißt entsprechend verselbständigt, spezifiziert und in ihrer Leistung gesteigert werden. Diese allgemeine Bedingung hat eine Vielzahl von Aspekten, von denen ich die wichtigsten wenigstens andeuten möchte.

33 Vgl. Shmuel N. Eisenstadt, *The Political Systems of Empires*, New York, London 1963.

(a) Es sind *Leistungssteigerungen in anderen Bereichen der Gesellschaft* nötig, so daß Überschüsse da sind, über die ohne strukturelle Komplikationen verfügt werden kann. Im einzelnen heißt das: (1) In der *Wirtschaft* muß es genügend Liquidität geben und abschöpfbares Kapital, das entzogen werden kann, ohne daß Not ausbricht. (2) In der *Familie* muß es eine diffuse individuelle Zuneigung der Mitglieder geben, die mit allen ihren Rollen sichtbar sind, damit diese Orientierung verträglich ist mit einer fluktuierenden Umwelt: Sozialisierung, seelischer Belastungsausgleich, intensiverer Konsens für eine engere Welt sind Beiträge der Familie, die auch das politische System der Gesellschaft voraussetzen muß. (3) Auf dem Gebiet der *Religion* muß es eine Verinnerlichung des Glaubens an letzte Sinndeutungen mit der Entlastung von Erklärungsfunktionen geben, damit ein Rückzug aus der Mitverantwortung für die Einzelheiten des politischen und wirtschaftlichen Geschehens oder für die Ergebnisse der wissenschaftlichen Forschung möglich ist, ohne daß der generelle Anspruch auf letzte Sinndeutungen des menschlichen Lebens aufgegeben wird. Insgesamt muß es also mehr Freiheiten geben im Sinne von Freiheiten, sich zu engagieren und sich beeinflussen zu lassen.

(b) Durch die funktionale Spezialisierung und Differenzierung kommt es in der Gesellschaft zu einem Anwachsen von Unabhängigkeiten und Abhängigkeiten zugleich. Das gilt auch für die Rollenstruktur: An die Stelle personaler Rollenkombinationen treten nun sachlich komplementäre Zusammenhänge von Rollen verschiedener Personen. Das bedeutet, daß die Integration der Gesellschaft nicht mehr durch die kommunikationslose Rücksichtnahme auf eigene andere Rollen erfolgen kann, sondern durch *Kommunikationsprozesse* geleistet werden muß. Es besteht die Notwendigkeit, die Kommunikationsleistung zu steigern, nämlich über die Sprache hinaus durch (1) die Ausbildung von Fachsprachen, zum Beispiel die Mathematik, (2) die überlegte Organisation des Kommunikationsprozesses, die auf die Verstärkung seiner selektiven Effekte abzielt, (3) die technische Vervielfältigung der einzelnen Kommunikation durch Massenmedien und (4) die Institutionalisierung genereller Medien der Kommunikation, die zu einer Steigerung der Effektsicherheit führen. Das Problem der Kombination von Effektsicherheit der Kommunikation und Freiheit zwingt zur *Generalisierung allgemeiner Medien der Kommunikation* in der Form legitimer Macht, Geld und Liebe. Parsons spricht in diesem Zusammenhang von »generalisierten Steuerungssprachen«.[34]

(c) Des weiteren ist die bereits angesprochene Änderung der Form der Rollenverbindung von personalen zu *sachlichen Rollenkombinationen* zu nennen. Die Rollenkombinationen in einzelnen Personen werden jetzt nicht mehr durch die Sozialstruktur festgelegt, wie das bei den vormodernen Geschlechts- und Altersrollen der Fall war. Das macht eine Abstraktion von Kriterien der Rollenwahl und Rollenerwartbarkeit notwendig: Die einzelnen Rollen müssen, um zeitlich und sachlich kombinierbar zu sein, an universellen, von der Person und ihren partikularen Beziehungen unabhängigen Kriterien ausgerichtet sein. Hinzu kommen muß ferner ein hohes Maß an Rollentrennung und an institutionalisierten Indifferenzen gegen die jeweils nicht aktualisierten anderen Rollen der Kommunikationspartner. So gilt, um ein Beispiel aus dem politisch-administrativen Bereich zu wählen, eine Irrelevanz der Abstammung, der Religion, der Vermögenslage usw. von Beamten und Politikern. Die Rollentrennung macht personelle Rollenkombinationen unvorhersehbar. Dadurch wird die Selektion von Personen für Rollen zu einem Problem, das ein hohes Maß an sozialer Mobilität in horizontaler wie vertikaler Richtung erfordert, also einen funktionierenden Arbeitsmarkt, der ein genügend umfangreiches und gleichmäßiges Angebot und damit eine kontinuierliche Rollenbesetzung sicherstellen kann, und insbesondere ein auf Zertifikate zulaufendes Ausbildungswesen.[35]

(d) Eine *mehrgipfelige Statusordnung* tritt an die Stelle einer einheitlichen Sozialhierarchie. Es bilden sich in den einzelnen Teilsystemen der Gesellschaft autonome Statuspyramiden, die nicht mehr auf konsistente Rangprinzipien zurückgeführt werden können. Politik, Wirtschaft, Kirchendienst, Wissenschaft, Kunst und neuerdings auch die Massenunterhaltung bieten eine Vielzahl von Aufstiegswegen. Die Rangverhältnisse werden unvorhersehbar, das korrespondiert mit einer auffälligen Statussymbolik. Eine Indifferenz gegenüber dem gesellschaftlichen Rang wird etabliert. Es gibt Ungediente an der Staatsspitze, und Professoren sitzen beim Friseur

34 Vgl. Parsons, »Die jüngsten Entwicklungen in der strukturell-funktionalen Theorie«, S. 37 ff.

35 Vgl. hierzu Niklas Luhmann, *Funktionen und Folgen formaler Organisation*, Berlin 1964, S. 156 ff.

und müssen warten. Der Ton der Kommunikation ist informal-freundlich. Der Rang verliert seine alte Funktion der Absorption von Komplexität, er gibt keine innere Sicherheit mehr für unvorhersehbare Situationen und fällt damit auch für das politische System als strukturell gesichertes Machtmittel mehr oder weniger aus.

(e) Funktionale Differenzierung führt mehr und mehr zu einer ausgeprägten Spezifizierung der Kontakte. Jedermann muß zahlreiche, zum Teil äußerst flüchtige Kontakte unterhalten, in denen nur Rollen, nicht auch die individuellen Personen interessieren. Der vorherrschende Kontaktstil ist der der *Unpersönlichkeit*. Das bringt eine Entlastung von Komplexität, verlangt andererseits aber auch eine Vertagung expressiver Bedürfnisse.[36] Diese Zivilisierung des Verhaltens ist möglich, da Frieden und Versorgung grundsätzlich sichergestellt sind. So entsteht eine neue Balance auf einer Ebene größerer Komplexität: Der Mensch kann langfristiger disponieren, höflich werden, mehr Spannungen sekundärer Art aushalten, soziale Sensibilität entwickeln, mehr Belastungen absorbieren. Es gibt eine größere psychische Belastbarkeit für die zahlreichen Konflikte einer sehr komplexen Sozialordnung. Die Wartefähigkeit auch des politischen Publikums ist eine Bedingung für seine Rollenfähigkeit. Dem zivilisierten Staatsbürger kann zugemutet werden, bei Unzufriedenheit mit politischen Entscheidungen nicht Schaufenster einzuschlagen, sondern Verwaltungsgerichtsprozesse zu führen, nicht als Mob, sondern als Wähler aufzutreten – und das heißt in beiden Fällen: zu warten.

Die geschichtliche Verwirklichung der genannten gesellschaftsstrukturellen Voraussetzungen für eine funktionale Differenzierung im neuzeitlichen Europa ist einmalig. Eine bloß vertikale Ausdifferenzierung der Gesellschaft führt zu noch relativ geringer Komplexität und ist daher oft erreicht worden, und zwar unabhängig voneinander in verschiedenen geschichtlichen Fällen. Genannt werden können hier das chinesische Reich, das alte Ägypten, die verschiedenen vorderasiatischen Reiche, die Stadtstaaten der antiken Mittelmeerkultur, die indischen Fürstentümer, Siam, das arabische Kalifat und seine Nachfolgerstaaten, die Reiche der Inka und der Azteken, die nach der Völkerwanderung entstandenen germanischen Feudalstaaten, Japan, die verschiedenen Königtümer

36 Vgl. ausführlich Norbert Elias, *Über den Prozess der Zivilisation. Soziogenetische und psychogenetische Untersuchungen*, 2 Bde., Basel 1939.

des schwarzen Afrikas und anderes mehr. Die horizontale Ausdifferenzierung ist hingegen wegen ihrer vielfältigen Voraussetzungen nur einmal gelungen, dann aber immens überlegen und weltvorbildlich.

Exkurs: Soziologische Parameter bei der Bonner Koalitionsbildung[37]

Es besteht kein Zweifel darüber, daß es sich bei der aktuellen Bonner Koalitionsbildung um einen Entscheidungsvorgang handelt, der nicht determiniert war und demnach auch anders hätte ausfallen können, also politisch zugerechnet und sanktioniert werden muß. Dennoch ist die Frage nach den soziologischen Variablen sinnvoll.

(a) Die *hohe Publizität der internen Vorgänge* ist erfreulich. Es zeigt sich, daß die Schau mißlungen ist und die Widersprüche sichtbar sind. Man sollte aber aus dem Hader und den Rivalitäten keinen Vorwurf machen, sondern eine »gesellschaftsfähige« Form dafür suchen. Die Frage lautet nun, ob das Publikum durch eine neue Art Komplexität überfordert wird und sich denjenigen Par-

37 Anm. d. Hg.: Anlaß für diesen tagespolitischen Exkurs war die Bonner Regierungsbildung im November 1966, die zum ersten Mal in der bundesrepublikanischen Geschichte die SPD im Rahmen einer Großen Koalition mit der CDU/CSU in die Regierungsverantwortung brachte. Die Neubildung war primär ein Ergebnis parteipolitischer Entscheidungen. Auslöser war die Landtagswahl in Nordrhein-Westfalen am 10. 7. 1966, bei der die oppositionelle SPD nahezu 50 % der Stimmen erreichte, die bestehende CDU-FDP-Regierung aber bei einem Sitzverhältnis von 99:101 zunächst nicht ablösen konnte. Im Bund gab es in der CDU/CSU wie der FDP, die nach der Bundestagswahl im Herbst 1965 ihre bisherige Koalition weitergeführt hatten, Befürchtungen, daß der als schwach wahrgenommene Bundeskanzler Ludwig Erhard (CDU), der auch wesentlich für die Niederlage in NRW verantwortlich gemacht wurde, den seit Anfang der 1960er Jahre kontinuierlichen Rückgang der Wählerstimmen für beide Parteien zugunsten der SPD nicht vermeiden könnte. Am 27. 10. 1966 kam es zum Rücktritt der FDP-Minister im Zusammenhang mit einem Streit in der Bundesregierung über Steuererhöhungen, die das u. a. konjunkturell bedingte erhebliche Haushaltsdefizit von 3,5 Milliarden DM begrenzen sollten. Nachdem drei der vier FDP-Minister im Kabinett zunächst einer Steuererhöhung zugestimmt hatten, revidierten sie diese Entscheidung kurze Zeit später aufgrund des publizistischen Echos insbesondere in der Springer-Presse. Erhard führte kurz eine Minderheitsregierung; nachdem er die Aufforderung von SPD und FDP vom 8. 11. 1966, im

teien zuwendet, die eine Identität, welche auch immer, darstellen können. Trotz aller Publizität liegt für eine soziologische Analyse nur unzureichende empirische Information vor, deswegen beschränke ich mich auf sehr allgemeine Bemerkungen.

(b) Als zentrale Variable auszuweisen ist die *unbestimmte Komplexität der politischen Situation*, ganz konkret: die Unbekanntheit des Wählerwillens und die Unvorhersehbarkeit der Reaktion des Wählers. Diese ist unvermeidlich und gleichsam das Medium der Politik. Man kann das entweder als Freiheit der Definition von Erfolgschancen verstehen oder als Bedarf für Voraussicht, Berechnung, Sicherheit und Planung. Letzteres hat vorgeherrscht und führt zu einer Aufblähung der Symptome: (1) die Landtagswahlen bestimmen das Handeln auf der Bundesebene, (2) die Berichterstattung der Springer-Presse führt zur Revision von Kabinettsentscheidungen, und schließlich gibt es (3) einen vermuteten Materialismus als allgemeinen und drastischen Nenner politischen Handelns, also die Unterstellung, daß der Wähler Entscheidungen

Bundestag die Vertrauensfrage zu stellen, abgelehnt hatte, wurde er von der eigenen Fraktion zum Rücktritt gezwungen. (Unmittelbar zuvor hatte die SPD am 6.11. die Landtagswahl in Hessen mit absoluter Mehrheit gewonnen, zugleich war vor dem Hintergrund einer sich bereits abzeichnenden Möglichkeit einer Großen Koalition die NPD zum ersten Mal in einen Landtag gewählt worden. Bei der Neuwahl des Landtags in Bayern am 20.11. gelang der NPD ebenfalls der Einzug in das Landesparlament, die SPD erzielte mit 35% ihr historisch bestes Ergebnis.) Eine Neuwahl des Bundestags sollte aufgrund der zu erwartenden deutlichen Niederlage der CDU/CSU im Bund auf jeden Fall vermieden werden. Nach erheblichen internen Machtkämpfen um die Nachfolge Erhards wurde schließlich von der CDU/CSU-Fraktion in einer Kampfabstimmung Kurt Georg Kiesinger, der damalige Ministerpräsident Baden-Württembergs, als Nachfolger nominiert. Dieser parteiinterne Vorgang wurde von einem erheblichen publizistischen Interesse begleitet. Kiesinger führte dann Koalitionsverhandlungen mit der SPD, die ihrerseits sowohl mit der CDU wie mit der FDP über eine Koalition verhandelte, allerdings aufgrund der sehr knappen Mehrheitsverhältnisse bei einem Bündnis mit der FPD schließlich für eine Koalition mit der CDU votierte. Kiesinger wurde am 1.12.1966 mit 340 von 447 Stimmen zum Kanzler der ersten Großen Koalition gewählt. Am gleichen Tag zerbrach die CDU-FDP-Regierung in Nordrhein-Westfalen, und es kam zur Bildung einer SPD-FDP-Regierung. Der Exkurs Luhmanns ist offenbar in unmittelbarem zeitlichen Zusammenhang mit diesen Vorgängen entstanden. Zum Teil greift er auf Konzepte zurück, die erst im weiteren Verlauf der Vorlesung ausführlicher dargestellt werden (vgl. insbes. S. 378 ff.).

im wesentlichen anhand der Folgen für den eigenen Geldbeutel bewertet. Das führt zu einer Überbewertung der politischen Bedeutung von Entscheidungen, zu einem potenzierten Effekt, der von dem, der diese Symptome kontrolliert, mit einkalkuliert wird. Neue, *schnellere* Einflußwege kommen einem Bedürfnis der Politik entgegen.

(c) Damit hängt die *geringe Lernfähigkeit der Politik* zusammen. Es gibt eben keine wiederholbaren Situationen, kein eindeutiges Feedback. Außerdem wirkt in gleicher Richtung die Bindung des politischen Darstellens (vielleicht nicht des Wollens) an die *Ideologie des ganzen Staates*, die relativ invariant ist und in altertümlichen Rüstungen auftritt: Obwohl sie *Parteien* sind, müssen die politischen Gruppen ihre Aspiration auf das *Ganze*, auf den Staat richten. Obwohl sie legitime Macht erst *aufbauen*, also *leisten* sollen, müssen sie so tun, als ob sie schon *legitim* sind. So kommt es zu dem fragwürdigen Programm der Integration der Partei in den Staat. Dahinter steckt ein unzulängliches Verständnis des Eigenrechts der politischen Prozesse, des Parteihaften, des Oppositionellen, des »Noch-nicht« als Funktion, des noch nicht Legitimen, noch nicht Entscheidungsberechtigten. Das ist noch nicht institutionalisiert. Es fehlt sowohl das öffentliche Verständnis als auch das gesellschaftliche Prestige dafür. In dieser Situation ist es, soziologisch gesehen, das *Normale*, daß die SPD als Oppositionspartei versagt hat, und es ist verständlich, daß sie dieses Versagen in der Opposition durch Mitregieren kompensieren will. Es wäre eine außergewöhnliche Leistung gewesen, wenn sie den gesellschaftlichen Platz und das gesellschaftliche Prestige sich selbst durch die Art, wie sie ihre Rolle konzipierte, erst geschaffen hätte. Man fühlt sich erinnert an die langjährige Opposition der britischen Tories unter Henry Bolingbroke im 18. Jahrhundert, die davon ausgingen, daß sich die Regierungspartei durch langes Regieren verschleiße und die Opposition sich schon durch das offene Anprangern ihrer Fehler als unverbrauchte Alternative präsentiere.

(d) Die vierte Variable ist die *Bürokratisierung* der Parteien als Medien für persönlichen Aufstieg und Erfolg. Aufstieg ist kein biologischer Vorgang, sondern ein Kampf, der so strukturiert ist, daß in ihm sich bestimmte politische Fähigkeiten bewähren. Dabei werden Ressourcen geschaffen, die politisch benötigt werden – eine im ganzen also sinnvolle Einrichtung. Zugleich scheint die Bürokratisierung jedoch ein langfristiges politisches Taktieren zu erschweren. Der Stil des Sichdurchsetzens bleibt gelernt und haften. Wo der Zugang zur Macht möglich ist, kann den Mitgliedern, die Erfolg hatten, das Abwarten nicht mehr zugemutet werden. (Und die anderen müssen beschwichtigt werden.)

(e) Schließlich muß das *Proporzsystem* genannt werden: Proporzsystem meint, daß der Wahlkampf nicht nur um Parlamentssitze geführt wird, sondern daß mit deren Verteilung zugleich auch über die Verteilung der führenden Posten in der Exekutive, insbesondere die Besetzung von Minister- und Staatssekretärposten entschieden wird. Es ist ungewiß, ob wir uns schon in einem solchen System befinden. Was würde es bedeuten? Das Proporzsystem führt zu einer Überflutung der Grenze zwischen Legislative und Exekutive, wenn mit den und durch die Parlamentssitze in entsprechender Zahl Verwaltungsposten gewonnen werden. Der politische Kampf wird letztlich dann um diese Posten geführt. Er gipfelt in Positionen mit andersartigen Entscheidungsverfahren: Anstatt eines Mehrheitsprinzips kommt es zur Notwendigkeit der Kompromißbereitschaft, der Rücksicht auf wechselnde Abhängigkeiten. Sinnvoll ist das immer dann, wenn starke gesellschaftliche Konflikte absorbiert werden müssen.

2.3. Zur Geschichte einiger Begriffe der politischen Theorie

Im folgenden möchte ich mich mit einigen Begriffen der politischen Theorie beschäftigen, die den skizzierten Ausdifferenzierungsprozeß begleiten. Dazu ist eine grundsätzliche Vorbemerkung nötig. Ich lasse die wissenssoziologische Diskussion, die damit angesprochen ist, bewußt offen. Bei Karl Marx, mit dem die Wissenssoziologie ihren Ausgang nimmt, wird angenommen, daß das gesellschaftliche Sein, also die sozialen, das heißt insbesondere die ökonomischen Verhältnisse das Bewußtsein bestimmen. Auch Karl Mannheim geht von einer Seinsverbundenheit des Denkens aus, versteht die Kopplung von Seinslage und Denken aber nicht mehr als Kausalbeziehung. Es geht mir also nicht um die Formulierung einer Kausalhypothese, sondern darum, das Denken der Vergangenheit als eine Antwort auf Probleme der Sozialstruktur zu begreifen.

Ich beschränke mich hier auf vorsoziologische Interpretationen bis hin zum radikalen Bruch mit der praktischen Philosophie am Anfang des 19. Jahrhunderts. Bis dahin herrschte trotz aller Diskussion der Anschein dogmatischer Kontinuität, die Änderungen sind nicht leicht aufspürbar. »Staatsvertrag« und »Naturrecht« sind antike, »Repräsentation«, »Legitimität« und »Souveränität« mittelalterliche Begriffe. Es bleibt noch bei einer teleologischen Handlungsauslegung, und die soziale Institution von Zwecken bleibt erhalten. Im Gesellschaftsbegriff wird diese Kontinuität durch die Formel »polis societas civitas civilis« festgehalten. Man muß eine gewisse Empfindlichkeit für unterschwellige Änderungen und für Änderungen der latenten Bezugsprobleme entwickeln, um zu erkennen, daß die gleichen Worte ihren Sinn verändern, wenn sie auf unterschiedliche Fragen antworten, und dazu kann die soziologische Analyse helfen. Dieser unterschwellige Sinnwandel läßt sich an einer Reihe von Begriffen und Konzepten verdeutlichen: (a) dem allgemeinen Begriff der *politisch verfaßten Gesellschaft*, (b) der Veränderung der Staatsvertragslehren, (c) dem Verständnis vom Staat als Maschine, (d) der Theorie der Staatsräson, (e) der Entwicklung vom Naturrecht zum Vernunftrecht, (f) der Gewaltenteilung, (g) der Entwicklung subjektiver Rechte, (h) der Spezialisierung des Rechts auf Konditionalprogramme und (i) dem Begriff der Repräsentation. Das möchte ich jeweils kurz erläutern.

(a) Der Begriff der *politisch verfaßten Gesellschaft* stammt aus der Antike – *koinonía politiké* (oder später *civitas*) – und war bezogen auf die vertikale Ausdifferenzierung der Herrschaft.[38] Dabei wird die vorgefundene Hierarchie des *oikos* (des Hauses) als Despotie begriffen und *politeia* (eine Gemeinschaft der Freien) dagegengesetzt mit variablen Verfassungsmöglichkeiten und als Raum für Freiheit, Gleichheit und Vernunft. Die *koinonía politiké* ist bei Aristoteles deshalb der Ort, der nicht von partikularen Bindungen und Sonderinteressen bestimmt ist, sondern wo der Mensch seine höchsten Möglichkeiten verwirklicht: die Stätte der Gerechtigkeit im Sinne gleicher Distanz zu allen Werten und besonderen Bedürfnissen. In der Neuzeit nach den konfessionellen Bürgerkriegen ändert sich die Bedeutung des Begriffs der politisch verfaßten Gesellschaft. Vor Augen steht den neuzeitlichen Denkern jetzt der »Leviathan«, die

38 Vgl. dazu auch ausführlicher oben, Vorlesung III, Abschnitt 2.1.

autonom gewordene, konfessionell möglichst neutrale oder doch tolerante, auf spezifisch politisches Entscheiden konzentrierte Herrschaft. Das *Problem* des Begriffs ist nicht mehr die vertikale, sondern die horizontale Ausdifferenzierung, nämlich die Souveränität des nur noch politischen Staates. Zwar wird der Unterschied von Familie und politischer Gesellschaft ausführlich erörtert, zwar bereitet die Trennung von Haus und Herrschaft des Fürsten den Juristen erhebliche Schwierigkeiten, aber die *große* Theorie ist fasziniert durch die Tatsache, daß die Gesellschaft dieses gefährlich ungesicherte Instrument rein politischer Herrschaft braucht. Die volle Schärfe dieser Wendung des Probleminteresses gegenüber der Antike wird allerdings kaum bewußt. Trotzdem läßt sich an manchen traditionellen oder neuartigen Denkfiguren ablesen, daß die neue Lage hellwach beobachtet wird.

(b) Bemerkenswert ist vor allem die Art, wie die alten *Staatsvertragslehren* fortentwickelt werden. Das Mittelalter kennt mit wenigen Ausnahmen nur Herrschaftsverträge zwischen vorausgesetzten Partnern: das Volk als handlungsfähige Gesamtheit und der Herrscher. Um die Wende vom 16. zum 17. Jahrhundert kommt es bei neuen Denkern wie Richard Hooker in England und Johannes Althusius in Deutschland zum Rückgriff auf den antiken Gedanken eines Gesellschaftsvertrags, durch den jene vertragsfähige Gesamtheit überhaupt erst konstituiert wird, und zu der *Kombination* beider Gedanken. Aufgrund des *pactum unionis* wird das *pactum subiectionis* mit dem Herrscher abgeschlossen. Samuel Pufendorf hält zwischen den beiden Verträgen noch ein die Regierungsform festlegendes *decretum* für erforderlich. Diese Doppelvertragstheorie wird zur herrschenden Meinung. Dies ist ein erstes Symptom einer Trennung von Staat und Gesellschaft im Sinne einer Trennung von Gesellschaft und politischem System nach Maßgabe verschiedener Rechtsgrundlagen. Sehr bezeichnend ist, daß die monistischen Positionen nun radikale Positionen werden. Hobbes nimmt dem Volk und Rousseau dem Herrscher alle Rechte, indem sie jeweils an *einem* Gesellschafts- oder Staatsvertrag festhalten. Für Hobbes gibt es nur den einen Vertrag mit dem Souverän, dem unabdingbar die absolute politische Gewalt abgetreten wird, bei Rousseau zählt nur der Gesellschaftsvertrag als Ausdruck der *volonté générale*. Diese Vorstellung setzt sich aber nicht durch.

(c) In diesen Zusammenhang gehört ferner die Auffassung des

Staates als *Mechanismus* oder als *Maschine*. Es handelt es sich um ein Modell für die Begrenzung der Macht durch zweckrationale Vernunft, wobei Maschine als positiv besetztes Symbol gilt: Weder sind Seelenlosigkeit und Unansprechbarkeit des Herrschers noch gar so etwas wie »totale Herrschaft« gemeint. Der Staat sollte (nur) die Wirkungen haben, für die er geschaffen war, und zugleich machte das Maschinengleichnis anschaulich, daß er keine Wirkungen haben könnte, wenn er nicht genau nach seinen eigenen inneren Gesetzen behandelt würde. Dieser Auffassung liegt eine Neutralisierung auf das Zweckmäßige und funktionell Notwendige nach dem politisch-religiösen Irrweg des vergangenen Jahrhunderts zugrunde.

(d) Ähnlich wohnten allen Bemühungen, die eigentümliche *Staatsräson* als eine Erhaltungs- und Verstärkungstechnik des politischen Systems zu propagieren, auch Intentionen der Begrenzung inne. Die Autonomie der politischen Ethik ist eine solche Technik, wie man bei Machiavellis politischen Taktiken der Machterweiterung sehen kann. Das Abstreifen der universellen, für jedermann geltenden Ethik als landläufige Moral wird kompensiert durch das hohe Risiko und den komplizierten rationalen Kalkül, die dem auferlegt sind, der in Staatsgeschäften handelt, als einsehbare (freilich noch nicht öffentliche, sondern gerade geheime) Vernunftverwendung. Es kommt zu einer Verschiebung der Reduktionsleistung von außen nach innen, von naturhaft vorausgesetzter Reduktion in der allgemeinen gesellschaftlichen Moral zu intern geleisteter in der Staatspolitik.

(e) Die gleiche Verschiebung von außen nach innen findet auf sehr viel grundsätzlicherer Ebene statt, indem der Sinn des Naturrechtsgedankens sich wandelt. Aus dem *Naturrecht*, das den Menschen kraft Wahrheit aus der Natur des Seienden heraus bindet, wird ein *Vernunftrecht*, das den Menschen nur noch durch die Natur seiner Vernunft bindet – die er an der parallelgeschalteten Vernunft von seinesgleichen zu kontrollieren hat. Vordem war Naturrecht ein Symbol für schon reduzierte gesellschaftliche Komplexität gewesen. Jetzt wird die Reduktion der Komplexität zur Sache der menschlichen Vernunft. Die Regeln, nach denen sie operiert, und die angenommene gleiche Verteilung auf alle Menschen scheinen die Grenzen gegen die Willkür zu verbürgen. Die Gleichverteilungsthese führt zur Öffentlichkeit als Medium.

(f) Die *Gewaltenteilung* ist als Reaktion auf den Verlust des Naturrechts zu verstehen, als ein Versuch, der beängstigenden Unbestimmtheit und Zukunftsoffenheit gegenüber Bremsen zu ziehen. Damit einher geht ein Verlust des Vertrauens in die religiösen, teleologischen oder naturrechtlichen Außenbindungen der Spitze, wo es zur Ersetzung durch explizite Innenbindungen, durch eine interne Machtbalance, also zu einer Verschiebung von außen nach innen kommt. Es handelt sich gleichsam um ein antihierarchisches Prinzip des politischen Systems ohne Verzicht auf Entscheidungsfähigkeit – ein genialer Entwurf. Die Frage ist nur, woher werden die Einteilungsgesichtspunkte gewonnen, aus welcher Sachlogik? Die Gewaltenteilung ist eine reine *Government*-Theorie: Man sieht noch nicht, daß die Gesellschaft selbst sich auf der Basis spezifischer Funktionen in Teilsysteme umstrukturiert. Aber man versucht bereits, dem politischen System des *government* diese Strukturform funktionaler Differenzierung mit hoher Autonomie der Teilsysteme zu geben.

(g) Neben diesen Bemühungen um eine den neuen Verhältnissen angepaßte Innenbindung der politischen Gewalt stehen Bestrebungen, die verlorenen gesellschaftlichen Bindungen als externe Schranken zu rekonstruieren und als gerichtsfähige Rechte zu explizieren. Es kommt zu einer Rekonstruktion der externen Bindungen als *subjektive Rechte*. Was ist daran neu? Das alte Recht war selbstverständlich auf Handlungszwecke zugeschnitten, und darin lag immer eine Berechtigung sowie Verpflichtung zugleich. Der Terminus *ius* zum Beispiel hatte von alters her diesen Doppelsinn und wurde erst in der Neuzeit in die Vorstellung eines subjektiven Anspruchs umgearbeitet – ein Vorgang, der eine immanent harmonische Selbstbindung des Rechts im Grunde unmöglich macht. Sogar Freiheit, also Bindungslosigkeit, wird ein Recht (was bei Samuel Pufendorf im Gegenzug zu einer theistischen Letztbegründung führt). Der Schutz wohlerworbener Rechte gegen den Staat wird unabhängig von dem Nachweis einer naturrechtlichen Grundlage gewährt, also von der Rechtsquellenproblematik entlastet und in das positive Recht hineingezogen, wie man zum Beispiel an der Begründung des Enteignungsschutzes ohne den Nachweis einer naturrechtlichen Grundlage durch Grotius sieht.

(h) Ein weiterer Punkt ist die *Spezialisierung des Rechts auf Konditionalprogramme.*[39] Zu beobachten ist ein Verfall der Lehre von

39 Vgl. dazu unten, Vorlesung VIII, Abschnitt 4.3.

den Staatszwecken, denn eine Präzisierung scheitert an der notwendigen Unbestimmtheit der Zweckformel. Das schlägt romantisch in die Lehre vom Staat als Selbstzweck um und wird im 19. Jahrhundert mit dem Aufkommen des juristischen Positivismus praktisch aufgegeben (es gibt eine erfolglose Wiederbelebung bei Georg Jellinek[40]). Der Schluß vom Zweck auf die Zulässigkeit der Mittel verliert seine juristische Relevanz.[41] An die Stelle der Zweckrationalität tritt die konditionale Form der Rechtsnorm, die bestimmte Folgen von bestimmten Tatbeständen abhängig macht: Wenn A, dann B. Damit wird ein Relationsmodell institutionalisiert, das es erlaubt, spezifische Außenursachen und spezifische Innenwirkungen künstlich aneinanderzumontieren, der Umwelt des politischen Systems also eine Auslöserfunktion für interne Entscheidungsvorgänge zu geben.

(i) Der Begriff der *Repräsentation* wird umgearbeitet. Repräsentation war im Mittelalter vor allem die festliche Darstellung der (nicht sichtbaren) sozialen Einheiten wie Stände, Körperschaften, Stiftungen, Städte, Kirchen, Innungen usw. in ihrem Sein, ihren Interessen und ihren wohlbegründeten Rechten als Teile eines Ganzen oder, was auf dasselbe hinauslief, die Darstellung dieses Ganzen in *corpore et membris*. In der Neuzeit ist die Situation eine andere wegen der hohen Variabilität der Staatsentscheidungen und der Positivierung des Rechts (Gesetzgebung). Dies setzt den Repräsentationsvorgang unter zusätzliche Anforderungen. Qualifizierte Kräfte arbeiten an der Vorbereitung von Entscheidungen mit. Das Problem der Generalisierung von Interessen wird erkannt, seine Lösung postuliert. Das klassische Dokument dazu ist John Stuart Mills *Considerations on Representative Government* von 1861.[42] Heute geschieht die Problemlösung einerseits dadurch, daß das Individuum als Träger des politischen Prozesses im Grunde nur als »Rolle« des Wählers gedacht ist. Zum anderen dadurch, daß das imperative Mandat entfällt und die Volksvertreter nur an ihr

40 Vgl. den Abschnitt »Entwicklung der Theorie der relativen Staatszwecke« in: Georg Jellinek, *Allgemeine Staatslehre*, 3., durchges. u. erg. Aufl., 6. Neudruck, Darmstadt 1959, S. 250 ff. (EA Berlin 1900).

41 Näher hierzu Niklas Luhmann, *Recht und Automation in der öffentlichen Verwaltung. Eine verwaltungswissenschaftliche Untersuchung*, Berlin 1966, S. 35 ff.

42 Enthalten in: John Stuart Mill, *Utilitarianism, Liberty and Representative Government,* London, New York 1954, S. 171 ff.

Gewissen gebunden werden beziehungsweise an die Prozesse organisierter Informationsverarbeitung, die sie an dessen Stelle setzen.

Insgesamt ist die Darstellung, die ich Ihnen gegeben habe, zwar noch keine kohärente Theorie, aber die politische Soziologie vermag es, den Zusammenhang all dieser und vieler anderer Dogmen und Konzeptionen (Souveränität, Staatsdienermoral, Gleichheitsprinzip usw.) zu verdeutlichen.

2.4. Legitimität

Die moderne Gesellschaft ist so komplex geworden, daß sie mit den alten Denkmitteln, die dem Handeln und seinen Zwecken und Mitteln abgenommen worden sind, nicht mehr begriffen werden kann. Die Komplexität der Theorie muß entsprechend gesteigert werden. Ein Beispiel dafür möchte ich mit der Analyse des Problems der Legitimität geben.

Zunächst sind wieder einige Bemerkungen zur *Begriffsgeschichte* nötig. Schon im Mittelalter war der Begriff der Legitimität als Rechtsbegriff bekannt, er wurde zur Abwehr von Usurpation und Tyrannis gebraucht. Die vorherrschenden, einander entgegengesetzten Legitimationsprinzipien waren Konsens des Volkes und Ermächtigung durch den vorigen Herrscher. In der nachnapoleonischen Restauration diente der Begriff dazu, die Wiederherstellung alter Herrschaftsrechte zu begründen. Es kam dann zu einer Aufnahme in die juristische Theorie und einer Ausweitung, um die Problematik eines rein positivistischen Legalitätsprinzips abzufangen: Legitimität heißt faktisch verbreitete subjektive Überzeugung von der Geltung des positiven Rechts. Die politische Wissenschaft und Soziologie sind über diese Auffassung, wonach der Legitimitätsbegriff ein *Motiv* der Anerkennung von Entscheidungen angibt, nämlich den Glauben an ihre Verbindlichkeit, nicht hinausgekommen.[43] Der einzige Fortschritt lag in der Ersetzung der legitimierenden Werte durch den faktischen Glauben an sie. Gleichzeitig kommt es aber zu einer Verwischung des Unterschiedes von Entscheidungsgeltung und Prinzipiengeltung, also von der

43 Siehe z.B. Weber, *Wirtschaft und Gesellschaft*, S. 22ff., 157ff.; Seymour Martin Lipset, *Soziologie der Demokratie*, Neuwied, Berlin 1962, S. 70ff. (OA: *Political Man. The Social Bases of Politics*, Garden City 1960).

Anerkennung der verbindlichen Geltung einer Entscheidung und dem Glauben an das Prinzip ihrer Rechtfertigung. Damit hängt zusammen, daß man in der Frage der Prinzipien »Macht« (Zwang) *oder* »Konsens« als Herrschaftsgrundlage nicht weiterkommt. Solch ein Prinzipienglaube ist selbst nur ein knappes Sondermotiv. Er kann als ein Moment in Betracht gezogen werden, das die Chance einer Herrschaft, Gehorsam zu finden, steigert. Das findet man so zum Beispiel ausdrücklich bei Max Webers Unterscheidung von traditionaler, charismatischer und legal-rationaler Legitimität mit der Betonung des Monopols physischer Gewaltanwendung *und* der Legitimität.[44]

Ein politisches System, das auf die Durchsetzung seiner Entscheidungen mit Hilfe von konkret in Aussicht gestelltem Zwang angewiesen ist, hätte aber eine viel zu schmale Motivationsgrundlage und damit ein viel zu geringes Potential für Komplexität. Seine Entscheidungsfähigkeit würde nicht weiter reichen als seine Zwangsgewalt, und in jeder Entscheidung müßten Informationen über Zwangsmöglichkeiten mitkommuniziert werden. Nicht viel anders wäre es, wenn für jede Entscheidung konkreter Konsens beschafft werden müßte. Haben sowohl aktueller Zwang als auch aktueller Konsens als Motivationserfordernisse diese einschneidenden Rückwirkungen, dann wird man sich auch von ihrer Kombination nicht allzuviel erhoffen dürfen. Es liegt also auf der Hand, daß Legitimität nicht allein in einer geeigneten Mischung von Zwang und Konsens bestehen kann. Vielmehr meint der Begriff das Ergebnis eines Prozesses der Abstraktion und Generalisierung von Verhaltenserwartungen. Eine entsprechende Ausweitung des Legitimitätsbegriffs durch die Soziologie muß in zwei Richtungen erfolgen: in Richtung auf eine (a) sachliche und eine (b) soziale Generalisierung von Verhaltenserwartungen.

(a) Legitimität kann man als Anwendungsbeispiel für die *sachliche Generalisierung von Verhaltenserwartungen* verstehen. Dabei wird angeknüpft an allgemeine Typen der Sinnverbindung des Handelns durch Personen, Rollen, Entscheidungsprogramme und Werte.[45] Bei *Personen* handelt es sich um charismatische, aber auch imagemanipulierte Legitimität, bei *Rollen* um Legitimität auf der

44 Weber, *Wirtschaft und Gesellschaft*, S. 551-558 (»Die drei reinen Typen der legitimen Herrschaft«).

45 Vgl. dazu ausführlicher unten, Vorlesung VIII, Abschnitt 2.5.

Basis des Hinnehmens von Kompetenzen der staatlichen Bürokratie, bei *Entscheidungsprogrammen* folgt die Anerkennung daraus, daß sie richtig gesetzt sind, und bei *Werten* sind es politische Ideologien, also allgemein anerkannte, integrierende Werte, nicht ausgewertete Werte, die eine Legitimitätsfunktion haben. Wesentlich dabei ist, daß der Legitimierungsprozeß auf allen oder doch mehreren Sinnebenen stattfinden kann. Es stellen sich dann Fragen der Trennbarkeit und Verbindbarkeit dieser Ebenen. Zum einen gibt es eine unterschiedliche Variabilität; denken kann man hier zum Beispiel an personal ermöglichte Verfassungsreformen oder an die Blockierung durch Ideologien. Zum anderen stellt sich die Frage der Übertragbarkeit des Legitimierungserfolgs von dem einen Typ auf den anderen. Man kann sich das an der Veralltäglichung des Charismas verdeutlichen: Das persönliche Charisma in dem engeren Sinne, in dem es Max Weber noch charakterisiert hat, nämlich als übernatürliche, individuelle Begabung, die Grundlage eines Anspruchs auf Gehorsam ist, färbt auf die Rolle kaum noch ab.

(b) Der zweite Fall ist die *soziale* Generalisierung, die sich in Legitimierungsprozessen beobachten läßt. Die klassische Theorie bietet hierfür, wie schon gesagt, zwei Erklärungen an: *Zwang*, insbesondere in der Form des staatlichen Monopols auf die legitime physische Gewaltanwendung, und *Konsens*, also Zustimmung bei den Beherrschten. Sowohl Zwang als auch vorausgesetzter Konsens sind aber knappe Ressourcen. Eine bloße Kombination in einem Entweder/Oder ist für eine faktische Motivation zur Anerkennung einer Entscheidung nicht ausreichend. Es muß möglich werden, diese Mittel zu überziehen und aufgrund der bloßen Möglichkeit ihres Einsatzes zu handeln. Das geschieht durch Institutionalisierung der Verbindlichkeit als Symbol, das »weitergegeben« werden kann: Der Akzeptierende kann für sein akzeptierendes Handeln mit Konsens rechnen und ist insoweit von persönlicher Verantwortung *entlastet*. Er braucht überhaupt keine persönlichen Motive zu beschaffen und darzustellen.

Was in der heutigen Gesellschaft also benötigt wird und was auch leicht zu beobachten ist, ist ein Akzeptieren von Entscheidungen als verbindlich, das gar *keine besonderen Motive erfordert*. Es gibt ein fragloses, wie selbstverständliches Akzeptieren einer Entscheidung, die dann wie eine Tatsache behandelt wird. Das ist die Voraussetzung großer Bürokratien und reibungsloser Entscheidungsrationalität, wie man insbesondere an den davon abweichenden Fällen in den Entwicklungsländern sehen kann. Man denke etwa an das Beispiel aus Israel, von dem Elihu Katz und Shmuel Eisenstadt in einem Aufsatz berichten: Die auf die Bürokratie und die Gepflogenheiten des modernen öffentlichen Nahverkehrs nicht eingestellten Einwanderer aus nichtwestlichen Ländern müssen erst lernen, daß ihre persönlichen Motive und Wünsche nicht berücksichtigt werden und dies als selbstverständlich unterstellt wird.[46] Niemand kommt bei uns auf den Gedanken, über Fahrplan, Fahrgeld, Haltepunkte usw. mit dem Bahn- oder Busschaffner zu verhandeln.

Wie ist das Gegenteil, wie ist ein glattes Abnehmen der Entscheidungen möglich? Zum einen durch das *Antizipieren der Zwangsanwendung* als Gewohnheit. Die Orientierung erfolgt rein an Möglichkeiten, daß im Fall einer Gehorsamsverweigerung Zwang angewendet werden wird. Denken kann man hier zum Beispiel an den Gerichtsvollzieher, mit dessen Erscheinen für den Fall, daß man seine Rechnungen nicht bezahlt, fest gerechnet werden kann. Unterstellt wird also ein funktionierendes Rechts- und Sanktionssystem. Zum anderen wird das Abnehmen der Entscheidung durch die *Entlastung von persönlicher Verantwortung* für das Akzeptieren erleichtert, es geht also um die Selbstverständlichkeit der Bejahung einer Entscheidung. Der Bedarf für persönliche Motive tritt nur noch bei problematischem, institutionell nicht gesichertem Verhalten auf.[47] Im Normalfall muß eine »verbindliche Entscheidung« als verkehrsfähiges Symbol weitergegeben werden können wie ein Geldschein. Die Einengung meiner Alternativen muß die Einengung der Alternativen anderer sein, wie entsprechend beim Geld umgekehrt die Ausweitung weitergegeben werden kann. Legitime Macht muß als flüssig institutionalisiert sein, Legitimität ist dort vorhanden, wo der Effekt eines routinemäßig-fraglosen Akzeptierens von Entscheidungen gegeben ist. Ein Beispiel hierfür sind ganz allgemein Verkehrsregeln und deren Einhaltung: Das Durchfahrtsverbot am Waldrand wird befolgt, ohne daß es dazu

46 Elihu Katz, Shmuel N. Eisenstadt, »Some Sociological Observations on the Response of Israeli Organizations to New Immigrants«, in: *Administrative Science Quarterly* 5 (1960), S. 113-133 (125 f.).

47 Vgl. Anselm L. Strauss, *Mirrors and Masks. The Search for Identity*, Glencoe 1959, S. 45 ff.

einer Beschaffung und Darstellung persönlicher Motive bedarf. Ein Beispiel ganz anderer Art und ein unfreiwilliges Experiment größten Stils ist die Schließung der Grenzen der DDR am 13. August 1961. Sie führte zum Ansteigen des Staatsbewußtseins, auch bei ihren Gegnern. Denn die zum Westen hin offene Grenze machte alles Verbleiben zu einer persönlichen, jederzeit widerrufbaren Entscheidung. Der einzelne war dadurch gleichsam Staatsbürger auf Widerruf und nahm das politische Regime, sofern er es nicht in seinen Prinzipien bejahte, doch jedenfalls durch eine persönlich zurechenbare Entscheidung in Kauf. Gerade diese Abhängigkeit von persönlicher Motivation, Gesinnung eingeschlossen, ergab aber keine ausreichende Basis der Legitimation des Staates. Nach der Schließung der Grenze kann das Akzeptieren in vollem Umfang als unvermeidlich dargestellt werden. Niemand muß jetzt ein »normales« Verhalten zum Staat vor sich oder vor anderen als persönlichen Entschluß der Anerkennung der Legitimität des Staates rechtfertigen.

2.5. Politik und Verwaltung

Zu den allgemeinen Hypothesen der Systemtheorie, die für die politische Soziologie fruchtbar gemacht werden können, gehört die Annahme eines Zusammenhanges zwischen Systemautonomie und systeminterner Differenzierung. Ein System, das seiner Umwelt gegenüber ein gewisses Maß an Selbstbestimmung erreichen will, muß eine gewisse Eigenkomplexität entwickeln, um selektive Mechanismen der Informationsverarbeitung organisieren zu können, und das bedeutet in allen Fällen höherer Ordnung *funktionale Differenzierung.* Allerdings ist eine funktionale Differenzierung interner Mechanismen nur erreichbar, wenn das System nicht ganz und gar von zufälligen Umweltveränderungen abhängig ist, sondern Störungen in seinem Verhältnis zur Umwelt selbst kompensieren kann.[48] Ich möchte diese allgemeine Hypothese jetzt auf politische Systeme anwenden und gehe von einer funktionalen Differenzierung des Systems, insbesondere von einer *Trennung von Politik und Verwaltung* aus.

48 Vgl. Samuel P. Huntington, »Political Development and Political Decay«, in: *World Politics* 17 (1965), S. 386-430 (393 ff.).

2.5.1. Der institutionelle Anblick: Gewaltenteilung

Die geläufigen Vorstellungen über das politische System gehen von einer Einheitsprämisse des politisch-administrativen Komplexes aus. Fragt man die politische Wissenschaft, so würde sie das Verhältnis der Staatsorgane untersuchen, zwar faktisch orientiert, aber an die Institutionen gebunden. Der Begriff dafür ist der der *Gewaltenteilung*, also die Unterscheidung von Exekutive, Legislative und Judikative. Soziologisch gesehen bestehen aber Zweifel, ob diese *institutionelle* Differenzierung die wesentliche *funktionale* Differenzierung des politischen Systems ausdrückt.

Alle Prozesse der Herstellung bindender Entscheidungen in der modernen Gesellschaft sind hochgradig bürokratisiert: Es gibt ein kontinuierlich arbeitendes Personal, die Arbeit erfolgt regelorientiert, und es gibt feste Kompetenzen. Auch Parlamente verfahren so, zum Beispiel bei einer Frage an einen Minister. Daneben, und zeitlich davor, gibt es jedoch ein Feld politischer Prozesse, in denen das erörtert wird, was im Entscheidungsprozeß Chancen haben kann, was tragbar ist. Verwaltung und Politik – *das* ist die eigentliche funktionale Differenzierung des politischen Systems. Verwaltung wird dabei als *government* begriffen, also die Entscheidungsproduktion bindender Art schlechthin, die auch in Parlamenten vorkommt, und nicht als Exekutive. Erst innerhalb dieser Differenzierung, innerhalb der Verwaltung selbst, ist die Gewaltenteilung organisierbar unter dem Gesichtspunkt einer Differenzierung bürokratischer Entscheidungskompetenzen. Der Sinn liegt in Stufen der Abschwächung legitimen politischen Einflusses auf die Verwaltung. Die Folge dieser internen Differenzierung ist die Verschiebbarkeit von Problemen aus der Politik in die Verwaltung je nach Krisenlage und Leistungsfähigkeit der Politik. Offen bleibt die Frage, ob es damit zu einer Hypertrophie der Justizstaatlichkeit kommt.[49]

2.5.2. Der Sinn der Trennung von Politik und Verwaltung

Die traditionellen Darstellungen des Verhältnisses von Politik und Verwaltung geben zwei verschiedene Denkmodelle vor, das

49 Vgl. dazu Werner Weber, *Spannungen und Kräfte im westdeutschen Verfassungssystem*, 2., erw. Aufl., Stuttgart 1958, S. 92 f.

Zweck/Mittel-Schema und die *Hierarchie*: Die Politik setze die Zwecke fest, die Verwaltung wähle nur die geeigneten Mittel zur Verwirklichung dieser Zwecke. Und die Verwaltung sei nur mit untergeordneter Ausführung dessen befaßt, was höheren Orts unter politischen Gesichtspunkten grundsätzlich schon entschieden sei. Beide Auffassungen werden dann aufeinander projiziert und aneinander begründet: Die Politik erhält den Platz oben, weil sie Zwecke setzt, die naturgemäß den Mitteln vorgeordnet sein müssen, und umgekehrt kann sie Zwecke nur setzen, weil ihr Standort oben in der Hierarchie es ihr ermöglicht, bindende Anweisungen zu erteilen. Dieser Kongruenz von hierarchischer und Zweck/Mittel-Differenzierung liegen auffallende strukturelle Analogien beider Vorstellungsmodelle zugrunde. In beiden Fällen handelt es sich um eine sehr einfache, prinzipiell zweigliedrige Beziehung, die sich jedoch kettenförmig wiederholen läßt. Schon diese Struktur gewährleistet Übersichtlichkeit um den Preis eines sehr geringen Potentials für Komplexität. Dazu kommt, daß die Modelle aus dem gleichen Grunde asymmetrisch gebaut sind. Sie bezeichnen ein Verhältnis einseitiger Variabilität: Nur die eine Seite ist variierbar unter dem konstant bleibenden Leitgesichtspunkt der anderen Seite. Die Zwecke bleiben konstant, nur die Mittel werden ausgewählt und geändert nach Maßgabe der Zwecke. Die Alternativen der Untergebenen sind für die Vorgesetzten verfügbar, nicht aber umgekehrt. In dieser Strukturform der Asymmetrie liegt eine wesentliche Situationsvereinfachung, eine wirksame Technik der Reduktion von Komplexität.

Daß diese Vereinfachungen heute namentlich von der Soziologie nicht mehr unbesehen hingenommen werden können, liegt auf der Hand. Beide Modelle, die befehlsförmige Kommunikationsordnung der Hierarchie ebenso wie die Zweck/Mittel-Ordnung des Kausalprozesses, sind in den letzten Jahren Zielscheibe scharfer Kritik gewesen.[50] Ihre Unzulänglichkeit hat das amerikanische Lehrfach Public Administration, das auf eine klare Abgrenzung von Politik und Verwaltung für seine Eigenständigkeit gegenüber der Politikwissenschaft besonders angewiesen ist, theoretisch ruiniert, ohne daß sich ein rechtes Ersatzangebot hätte etablieren können.[51]

50 Vgl. dazu Niklas Luhmann, »Zweck – Herrschaft – System. Grundbegriffe und Prämissen Max Webers«, in: *Der Staat* 3 (1964), S. 129-158 (133 ff.).

51 Vgl. Herbert A. Simon, *Das Verwaltungshandeln. Eine Untersuchung der Ent-*

Das Problem liegt in dem Postulat einer homogenen Ausrichtung von Politik und Verwaltung, entweder als ideales Staatsbild oder in Form einer praktischen demokratischen Kontrolle. In jedem Fall wird eine Harmonie der Grundorientierung im politisch-administrativen Handlungszusammenhang erwartet. Daß Problemlösungen politisch sinnvoll und richtig, verwaltungsmäßig dagegen falsch sein können oder umgekehrt, wird möglichst ignoriert oder als eine unerfreuliche Nebenerscheinung auf die menschliche Unzulänglichkeit, besonders gern auf ein Versagen der Politiker, zurückgeführt. Daran hätte die soziologische Kritik anzusetzen.

Ein weiterer Kritikpunkt ist die zu geringe Komplexität der Denkmodelle. Die hohe Leistung dieser Modelle für die Reduktion von Komplexität auf einfachen, handlungsnahen Sinn hat nämlich eine Kehrseite in dem Umstand, daß ihre Fassungskraft für Komplexität eng begrenzt ist. Der Engpaß des Hierarchiemodells liegt vor allem im zu geringen Informationsverarbeitungs- und Kommunikationspotential der Spitze. Hier hat man in der neueren Organisationswissenschaft zunächst an Chefentlastungen durch Delegation, also durch Verlängerung der Hierarchie nach unten, oder durch Assistenten, Stäbe usw. gedacht. Dabei wird jedoch das Prinzip der Einheit der Leitung nicht aufgegeben. Der Chef bleibt einzige Quelle der Autorität und bleibt infolgedessen durch die gleichzeitig wachsenden Autorisierungsbedürfnisse überlastet. Der Engpaß des Zweckschemas liegt demgegenüber in dem zu geringen Wertberücksichtigungspotential des Zweckes. Eine Ausweitung zu größerer Komplexität muß hier die Form eines Einbaus zusätzlicher Wertprämissen in den Entscheidungskalkül annehmen. Das geschieht auch, und zwar durch die Festlegung von Nebenbedingungen für die Wahl von Mitteln, durch die Budgetierung von Kostengrenzen, im Idealfalle durch eine Wirtschaftlichkeitsrechnung, die optimale Resultate anstrebt. Damit wird die einfache Zweck/Mittel-Relation zwar nicht aufgegeben, aber einem Vergleich mit anderen Möglichkeiten ausgesetzt.

Die *Steigerung der Komplexität des politischen Systems* kann als Ausgangspunkt für ein Umdenken dienen. Eine soziologische Theorie des politischen Systems geht davon aus, daß Politik und Verwal-

scheidungsvorgänge in Behörden und privaten Unternehmen, Stuttgart 1955 (OA: *Administrative Behavior. A Study of Decision-Making Processes in Administrative Organization*, New York ²1947).

tung verschiedene, funktional spezifizierte und somit getrennt operierende Systeme kommunikativer Informationsverarbeitung sind (die aber als Teilsysteme aufeinander angewiesen sind). *Politisches Handeln* dient im wesentlichen dazu, die Komplexität der gesellschaftlichen Möglichkeiten so weit zu reduzieren, daß verbindlich und ohne das Risiko erheblichen Widerstandes entschieden werden kann. Die *Verwaltung* befaßt sich dagegen mit der Ausführung des politisch Möglichen und Notwendigen durch Ausarbeitung verbindlicher Entscheidungen nach Maßgabe schon festliegender Entscheidungsprämissen. Die Positivierung des Rechts und der Zwecksetzung bedeutet nichts anderes als eine Selbsterarbeitung von Entscheidungsprämissen durch das politische System. Diese ganz neue Art von *Variabilität* erzwingt ein Doppeltes: Erstens eine intensivere Rationalisierung der Verwaltung als fachliche Arbeit an Entscheidungen und zweitens die intensivere Arbeit an der Sicherstellung der politischen Unterstützung für diese variablen Entscheidungsgrundlagen. Beides sind verschiedene Funktionen, die mit einem je *verschiedenen Stil von Rationalität* erfüllt werden müssen. Die Einheit von Politik und Verwaltung sollte also nicht mehr in gemeinsamen Entscheidungsprämissen und übereinstimmenden Rationalitätskriterien gesucht werden. Es genügt ein Arrangement, in dem sichergestellt ist, daß für beide Teilsysteme, für Politik wie für Verwaltung, die Kontinuität des Gesamtsystems, das sie beide umgreift, Entscheidungsbedingung bleibt.

Die funktional-spezifische Differenzierung des politischen Systems in Politik und Verwaltung kann als Reaktion auf eine zunehmende Differenzierung der Gesellschaft verstanden werden.[52] Diese Reaktion ist also nicht nur (wie üblich) in der Differenzierung von Ressorts für Wirtschaft, Kultur, Recht usw. zu erblicken. Die Innendifferenzierung des politischen Systems ist natürlich nicht als eine notwendige Entwicklung zu verstehen. Als Gegenbeispiel kann man an Entwicklungsländer denken. Sie weisen eine Trennung von Politik und Verwaltung nicht in gleicher Schärfe auf, sondern kennen sie allenfalls als eine Art bürokratische Arbeitsteilung. Die innere Spannung der politischen Funktion, bindende Problementscheidungen zu treffen, wird zum Beispiel in der So-

52 Vgl. zu diesem Zusammenhang von Gesellschaftsdifferenzierung und Innendifferenzierung des politischen Systems z. B. Shmuel N. Eisenstadt, »Bureaucracy and Bureaucratization«, in: *Current Sociology* 7 (1958), S. 99-124 (110 ff.).

wjetunion durch eine durchgreifende Ideologisierung alles öffentlichen Handelns überspielt. Unter solchen Bedingungen kann auch die Bürokratie sich dem ideologisch-politischen Appell nicht entziehen. Die Trennung von Politik und Verwaltung ist mithin nicht die einzig denkbare Problemlösung, es gibt funktionale Äquivalente. Aber es scheint, daß sie unter der allgemeinen gesellschaftsstrukturellen Bedingung funktionaler Differenzierung besondere Vorteile bietet und daß eine unzureichende Trennung von Politik und Verwaltung zum Bremsklotz einer gesellschaftlichen Entwicklung in dieser Richtung werden kann.

2.6. Analytisches Modell des politischen Systems

Wir haben nunmehr die Grundlagen beisammen, um die Erörterungen dieses Teils der Vorlesung mit der Skizzierung eines allgemeinen Modells des autonom gewordenen politischen Systems einer funktional differenzierten Gesellschaft beschließen zu können.

2.6.1. Sinn und Grenzen des Modells

Zunächst drei allgemeine Bemerkungen zu Sinn und Grenzen des Modells: (1) Es handelt sich um ein *soziologisches* Modell. Wir gehen von einem sozialen System aus. Das Modell stimmt nicht unbedingt mit den Intentionen der Handelnden überein, sondern berücksichtigt latente Funktionen und schließt Widersprüche weder in den Strukturen noch in den Handlungszielen aus. (2) Das Modell ist *historisch relativ*, das heißt bezogen auf einen bestimmten Entwicklungszustand der Gesellschaft, zu verstehen: Es setzt eine Gesellschaft mit einem ausdifferenzierten politischen System voraus. In diesem Rahmen aber können alle politischen Systeme erfaßt werden, das heißt, es ist nicht determiniert durch konkrete Strukturen, zum Beispiel Formen bürokratischer Organisation, Parteientypen usw., und es schließt nicht andere, funktional äquivalente Ordnungsmöglichkeiten aus. (3) Das Modell selbst bietet *keine Stabilitätsgarantie*, es ist kein Rezept für sicher erfolgreiches Handeln, es propagiert keine idealtypische Problemlösung für das System. Vielmehr ist es nur ein Versuch, eine Ordnung des Verhaltens unter der Bedingung hoher Komplexität darzustellen, die schwierig, aber möglich ist und die die zu lösenden Probleme verkleinert, so daß man, in Theorie und Praxis, etwas genauer erkennen kann, worauf es ankommt.

2.6.2. Ebene der Ausdifferenzierung

Bevor wir in eine nähere Diskussion des Modells eintreten, muß noch eine Vorfrage geklärt werden, nämlich die Frage nach dem Substrat, auf das sich das Modell bezieht. Um welche Art empirischer Wirklichkeit geht es eigentlich? Ohne Zweifel bezieht sich das Modell, da wir Soziologie treiben, auf Systeme, die aus faktischen Handlungen gebildet sind. Die eigentliche Frage ist aber, welche Ebene der Sinngeneralisierung gemeint ist: besteht das System aus Personen, Rollen, Programmen oder Werten? Die Antwort lautet: die Ebene der *Rollen* ist gemeint. Eine funktional differenzierte Gesellschaft erreicht ihren untersten Konkretisierungsgrad auf der Ebene der Rollen. Eine *personelle* Ausdifferenzierung wäre unmöglich, da die funktional differenzierte Gesellschaftsordnung nicht in der Lage ist, konkreten Menschen ihre Plätze in der Ordnung ein für allemal zuzuweisen, es gibt keine eindeutige und exklusive Einordnung von Menschen in Systemgrenzen. Niemand könnte nur Beamter sein, Politiker gehören auch zur Bevölkerung, Beamte können Politiker wenn nicht sein, so doch werden usw. Ebenso wären *Werte* (verstanden als »Vorzugsregeln«) nicht voll differenzierbar wegen ihrer integrativen Funktion (es gibt in den unteren Ebenen der Werteordnung aber Parteiwerte, Ressortwerte oder Verwaltungswerte wie zum Beispiel Fehlerlosigkeit). Die beiden mittleren Ebenen der Sinngeneralisierung, *Rollen* und *Programme,* sind die eigentlichen Träger der Systemkomplexität. Daß die Strukturen der Rollen und der Programme sich wenigstens annähernd decken, ist eine wesentliche Bestandsvoraussetzung dieser Ordnung, weil diese beiden Ebenen die Differenzierung und daher die Komplexität der Gesamtordnung tragen.

Zu dem auf der Ebene von Rollen und Programmen ausdifferenzierten politischen System gehören die durch eine nicht ganz eindeutige Grenzlinie getrennten Teilsysteme Politik und Verwaltung; ferner die damit korrespondierenden Publikumsrollen, die danach geteilt sind, ob sie den Verkehr mit der Politik oder den Verkehr mit der Verwaltung regeln. Daneben sind noch die

Umwelten des politischen Systems zu beachten: die Politiker, das Verwaltungspersonal und fremde politische Systeme. Das daraus resultierende Modell soll durch folgende Graphik veranschaulicht werden.

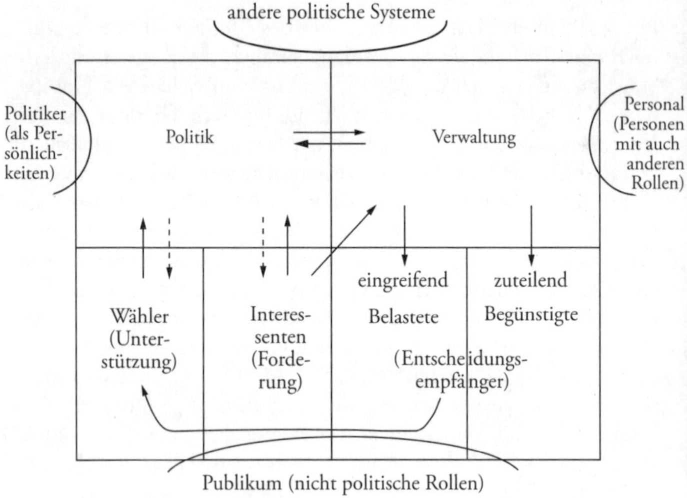

Abb. 1: Allgemeines Modell eines modernen politischen Systems

2.6.3. Systemvergleich unter dem Gesichtspunkt der Ausdifferenzierung

Ein Vergleich politischer Systeme unter dem Gesichtspunkt der Ausdifferenzierung wäre eine erste Nutzanwendung des Modells. Hierbei sind die Frage des »Wie weit?« der Ausdifferenzierung und die Frage der Differenzierung der Sinnebenen Rollen, Programme und Werte zu unterscheiden. Als Beispiele kann man (a) sozialistische Staaten, (b) westliche Demokratien und (c) Entwicklungsländer vergleichen.

(a) *Sozialistische Staaten* mit einer ideologischen Zentralisierung betonen die Einheit der Werte und der Spitzenprogramme. Daher findet auf dieser Ebene keine Ausdifferenzierung statt, was auch eine Rollendifferenzierung erschwert, zum Beispiel die Trennung von Politik und Verwaltung, von Politik und Publikum und von Publikum und Gesellschaft. Denken kann man hier an die Rolle der Partei in der Verwaltung, die Politisierung der öffentlichen Meinung und der Wirtschaft.

(b) *Westliche Demokratien* dagegen sind durch eine sehr ausgeprägte Ausdifferenzierung der Sinnebenen mit der Ausnahme weniger Werte gekennzeichnet. Die Rollendifferenzierung ist hier am weitesten getrieben, die Politik wird teilweise als reine Parteitaktik charakterisiert.

(c) Die Problematik der *Entwicklungsländer* besteht in einer geringen Ausdifferenzierung selbst von Rollen (zum Beispiel in Wohlfahrtsparteien) gegenüber der Gesellschaft, also an den Außengrenzen des politischen Systems; aber auch die Differenzierung von Person und Rolle ist schwach ausgeprägt, daher gibt es auch eine geringe Trennbarkeit von Rollen *im* politischen System, so daß Nepotismus und Korruption die Folge sind. Zwischen rein politischen Rollen kann vergleichsweise einfach gewechselt werden (Politiker, Burokraten und Militärs), und das begünstigt »starke« Männer mit persönlichen Regimes usw. Deshalb gibt es in diesen Ländern auch eine Neigung zur Übernahme des sozialistischen Ordnungstyps (aber ohne dessen Ideologie), weil dieser eben nur eine geringere Ausdifferenzierung voraussetzt.

2.6.4. Allgemeine Erläuterung des Modells

(a) In dem politischen System, das in der Skizze im Rechteck dargestellt ist, kann man zwei Achsen unterscheiden: Die *vertikale* Achse bezeichnet eine bis ins Publikum einschneidende Trennung von Politik und Verwaltung. Die *horizontale* Achse bezeichnet eine Trennung der zumeist hauptberuflichen Arbeits- oder Leistungsrollen in Politik und Verwaltung (die an fremden Interessen orientiert sind) von den an eigenen Interessen orientierten, nur gelegentlich wahrgenommenen politisch-administrativen Rollen des Publikums. Stellt man diese beiden Einteilungsgesichtspunkte einander gegenüber, so ergeben sich vier Kombinationsmöglichkeiten – hauptberufliche Politik, hauptberufliche Verwaltung, politikbezogene Publikumsrollen und verwaltungsbezogene Publikumsrollen –, die sich als *Teilsysteme des politischen Systems* deuten lassen. Die Grenzen zwischen den einzelnen Teilsystemen müssen als variabel gedacht werden je nachdem, welches Gewicht den einzelnen Teilen im Prozeß der Reduktion von Komplexität zukommt. Das Modell hat daher Platz für sehr verschiedene Ausführungen. Es kann zum Beispiel Fälle geben, in denen die hauptberuflichen Rollen die Publikumsrollen so zurückdrängen, daß ihnen kaum noch Bedeutung bleibt. Dann müssen die Funktionen der Publikumsrollen, zum Beispiel die Artikulation von Interessen, in Politik und Verwaltung miterfüllt werden. Sehr oft findet man namentlich in Entwicklungsländern Beispiele dafür, daß die Verwaltungsbürokratie ein erhebliches Übergewicht besitzt und die Politik auf ein Minimum reduziert ist. Das führt dazu, daß die Verwaltung legitime Macht nicht ohne weiteres voraussetzen kann, sondern durch Übernahme der politischen Funktion mit aufbauen muß. Ein drittes Beispiel für solche Verschiebungen mit der Folge, daß Struktur und Funktion nicht mehr in Einklang stehen, ist der Fall, daß die Interessenvertretung sehr viel größere Bedeutung besitzt als die Wahl. Dann ist typisch damit zu rechnen, daß die Interessen auf dem Weg zu den zentralen Entscheidungsorganen des Systems selbst generalisiert werden müssen, daß also die Interessenvertretung jene Funktion mit erfüllen muß, die sie der politischen Wahl nicht läßt. In allen genannten Fällen belastet sich also das expansive Teilsystem mit den Funktionen des zurückgedrängten, was zu einer Überbelastung führen kann.

(b) Es gibt einen Zusammenhang, besser: eine *Korrespondenz von Innendifferenzierung und Umweltdifferenzierung*: Die skizzierte Innendifferenzierung ist nur möglich, wenn eine entsprechende Umweltdifferenzierung genügend Anhaltspunkte findet. Es ist also davon auszugehen, daß es sozialstrukturelle Voraussetzungen der Innendifferenzierung in der Gesellschaft gibt. Das zeigt sich zum Beispiel an der *Rekrutierung* für die Rollen in Politik und Verwaltung, die sich je nach gesellschaftlichem Entwicklungsstand deutlich unterscheidet. In der vormodernen Gesellschaft können nur schichtenspezifisch stilisierte Persönlichkeiten in der Politik Erfolg haben, es müssen also Gruppen oder soziale Schichten vorhanden sein, die entsprechende Erziehungsleistungen erbringen und ein Reservoir talentierter Bewerber bereithalten. Das setzt eine fraglos konstituierte Sozialhierarchie voraus, die der Differenzierung in Politik, Wirtschaft, Erziehung, Geselligkeit usw. vorgeordnet ist und überall gilt. Löst diese Statushierarchie sich unter dem Druck schärferer funktionaler Differenzierung der Gesellschaft auf, kann nicht mehr ein Typ – etwa der des gelehrten Mandarins, des Grundbesitzers oder des in bestimmten Schulen erzogenen Gentleman – zwischen Gesellschaft und Politik vermitteln. Die Gesellschaft muß vielmehr ein hohes Maß an Individualismus institutionalisieren und in all ihren Institutionen, vor allem aber in den Familien und dem Erziehungswesen der höheren Schichten, respektieren, das es dem politischen System ermöglicht, selbst aus einem Pool von Kandidaten die geeigneten Persönlichkeiten auszuwählen.

(c) Hinsichtlich der Frage der *Umweltdifferenzierung* unterscheidet das Modell zwei Typen: ob es sich bei den Umweltsystemen um *vollexterne Systeme* handelt oder um *durch Persönlichkeiten verflochtene Systeme*. Mit »vollexternen Systemen« sind andere, fremde politische Systeme (anderer Nationalstaaten) gemeint. Die Umwelt der eigenen Gesellschaft des politischen Systems reicht dagegen mehr oder weniger in das politische System hinein. Und zwar dadurch, daß die Rollenträger des politischen Systems auch noch andere gesellschaftliche Rollen ausführen müssen. Je stärker diese Umweltrollen mit den Rollen im politischen System verknüpft sind, desto geringer ist die Ausdifferenzierung, desto diffuser ist die Struktur der Gesellschaft. Je wirksamer die Schranken sind, die in den einzelnen Personen politisch-administrative Rollen von anderen trennen, desto weiter geht die Ausdifferenzierung, desto autonomer kann das politische System operieren. Im einzelnen gibt die Unterscheidung von Politik, Verwaltung und Publikum ein sehr vordergründiges Bild der Umweltdifferenzierung. Es besteht also die Notwendigkeit einer weiteren Aufgliederung der Umwelt. Die Politiker kann man sich zum Beispiel weiter unterteilt denken nach Parteien oder nach Regionen, das Verwaltungspersonal nach gesellschaftlicher Herkunft oder nach Ausbildung, das Publikum nach Klassen oder funktional nach wirtschaftlichen Rollen, kulturellen Rollen, religiösen Rollen, Familienrollen usw.

(d) Man kann unterschiedliche Arten der Innendifferenzierungen und der Außendifferenzierungen identifizieren. Vergleicht man nämlich die Innengrenzen des politischen Systems mit seinen Umweltgrenzen, dann fällt auf, daß in beiden Fällen *verschiedene Formen der Rollentrennung* benutzt werden. Im ersten Fall wird der

Zusammenhang durch komplementäre Rollen hergestellt, im letzteren durch personale Rollenidentitäten. Das ist eine sehr wichtige Unterscheidung für die Frage der grenzerhaltenden Mechanismen.

Die Außengrenzen des politischen Systems zur Gesellschaft hin durchschneiden gewissermaßen die einzelnen Persönlichkeiten, denn wer Rollen in politischen Systemen übernimmt, ist immer auch Träger anderer gesellschaftlicher Rollen. Er muß dann in sich selbst, in seiner *personalen Rollenidentität*, dafür sorgen, daß er seine verschiedenen Rollen nicht durcheinanderwirft. Sie sind in einer Person kombiniert, aber so lose, daß die Person zwar als identischer Träger der verschiedenen Rollen dient, ihre Persönlichkeit aber als Prinzip der Rollenkonsistenz und der Übertragbarkeit von Erwartungen aus dem einen in den anderen Rollenkontext ausgeschaltet ist. Die Innengrenzen beruhen dagegen typisch auf einer Trennung von Personen, die in verschiedenen, aber *komplementär aufeinander bezogenen Rollen* handeln. (Eine wichtige Ausnahme findet man an der Grenze zwischen Politik und Verwaltung, wo zwischen Führungsrollen beider Systeme in leitenden Ämtern eine Personalunion hergestellt wird, und zwar als verbindender, nicht als trennender Mechanismus.) Die Teilsystemgrenzen werden dadurch markiert, daß über die Grenze hinweg auf ein Gegenüber hin gehandelt wird. Diese Grenzziehung durch Trennung komplementärer Rollen zeichnet sich dem Bewußtsein schärfer ein. So erlebt man normalerweise die »Grenze des Staates« am deutlichsten an der Grenze zwischen Politik und Publikumsrollen oder zwischen Verwaltung und Publikumsrollen. Das Gegenteil ist jedoch richtig. Die Außengrenzen sind sehr viel einschneidender, weil die verschiedenen Rollen der einzelnen Person dann sachlich gar nichts miteinander zu tun haben und auch kaum aufeinander abfärben können. Die Rolle als Familienvater, als prämienbegünstigter Sparer oder als Vorsitzender eines Briefmarkensammlervereins ist für die Erwartungen, die an einen Politiker oder einen Beamten gerichtet werden (oder die diese an sich selbst richten), belanglos. Dagegen verbindet das komplementäre Rollenhandeln sehr stark, weil jeder Teilnehmer die Rolle seines Partners kennen und in sie seinem Verhalten voraussetzen muß. Obwohl an den Innengrenzen Personen einander gegenüberstehen, die sich verschiedenen Teilsystemen zurechnen, ist der Rollenzusammenhang hier in Wirklichkeit der engere, weil zwischen diesen Rollen ein Handlungszusammenhang hergestellt werden muß. Daß personale Rollenkombinationen möglichst an die Außengrenzen des Systems gelegt, alle notwendigen komplementären Rollenkombinationen dagegen in das System hineingezogen werden, ist ein für die Systembildung entscheidender Vorgang.

2.6.5. Kommunikationskreislauf

Damit komme ich von einem statischen zum dynamischen, vom strukturellen zum *prozeßmäßigen Aspekt*, der in dem Modell mittels Pfeilen angedeutet wird.

Der Hauptgedanke des Modells liegt im *Einflußkreislauf*. Das System dient der Reduktion von Komplexität durch Informationsverarbeitung, wobei jedes Teilsystem für die anderen Entscheidungsprämissen setzt: Wähler und Interessenten beeinflussen die Politik, diese programmiert und informiert die Verwaltung. Die Verwaltung bindet durch ihre Entscheidungen das Publikum in einem entweder belastenden oder begünstigenden Sinne, im Publikum werden diese Erfahrungen mit bindenden Entscheidungen zu Motiven für das Verhalten als Wähler oder als Interessenvertreter. Dies ist ideale Demokratie, genauer: die Idealdarstellung der Demokratie. Faktisch ist eine solch einseitige Kommunikationsrichtung nicht institutionalisierbar. Um sie in Gang zu halten, ist ein gegenläufiger Fluß von Kommunikationen erforderlich. Dauerhafter Einfluß kann nämlich nur in Form von *Interaktionen* geübt werden. Die Wahl setzt zum Beispiel voraus, daß die Wähler über ihre Möglichkeiten und über vernünftige Gründe der Wahlentscheidung durch die Politik informiert werden. Die Programmierung der Verwaltung durch die Politik erfordert, daß diese von der Verwaltung über sinnvolle und ausführbare Entscheidungsmöglichkeiten unterrichtet wird. Und die Verwaltung ihrerseits kann nicht allein nach Programmen entscheiden, sondern muß sich durch das Publikum informieren lassen, bevor sie entscheidet. Es muß daher einen gegenläufigen Kommunikationsfluß geben in der Form von Wahlpropaganda, Gesetzgebungsberatung sowie Sachverhalts- und Interessendarstellung.

Der *Gegenstrom von Informationen* wird oft als anrüchig, wenn nicht gar als illegal betrachtet, zum Beispiel im Verhältnis von Verwaltung und Politik oder im Verhältnis von Politik und Wähler beziehungsweise Interessenten. Diese Wahrnehmung hat aber keine Aufhebung des Kreislaufs, keine Neutralisierung des Gegenstroms zur Folge. Es bleibt beim Dominieren einer Richtung, aber nur im Symbolischen wird die Dominanz auch durchgesetzt. Die *Symbolik der dominanten Kommunikationsrichtung* hat trotzdem erhebliche praktische Bedeutung und ist nicht nur »schöner Schein«. Denn die dominante Kommunikation ist stilbestimmend für das Grenzverhältnis, das strukturell dominierende Teilsystem übt gegenüber seinen Rollenpartnern eine Art *Stilzwang* aus. Der Rollenverkehr zwischen den Teilsystemen wird in der Sprache, nach den Erwartungen und unter den Verhaltenskriterien des dominierenden Teilsystems durchgeführt, und zwar auch und gerade dann, wenn dieses dominierende System – in der gegenläufigen Kommunikation – beeinflußt werden soll. Das Verwaltungspublikum unterliegt dem Stilzwang der Bürokratie: Es muß Formulare ausfüllen, Fragen beantworten, Geduld haben, zornige Reaktionen in ein eigens dafür vorgesehenes Schema pressen und die Verärgerungen, die damit verbunden sind, herunterschlucken. In der Verwaltung ist eine Politisierung der Spitze zu beobachten: Sie muß sich den taktischen Bedingungen des Mitspielens im politischen Spiel fügen. Die Politik wiederum redet, sofern sie den Wähler oder den Interessenten anzusprechen sucht, dem Volk nach dem Munde. In der einen Richtung läuft die Kommunikation natürlich, in der anderen muß sie gepumpt werden, zum Beispiel in Form der Interessenartikulation über Beratungsprozesse im Gesetzgebungsverfahren. In diesem Systemgrenzen übergreifenden Stilzwang liegt einerseits ein integrierendes Moment. Andererseits stellt diese Art Integration an die Teilsysteme besondere Verhaltensanforderungen. Sie unterwerfen sich an ihren Grenzen einem Gesetz, das nicht ihr eigenes ist. Ihre Grenzrollen müssen in der Lage sein, mehrsprachig und gegebenenfalls nach doppelter Moral zu handeln, ohne daß das Teilsystem selbst seinen autonomen Charakter und seine spezifische Leistungsfähigkeit dadurch einbüßt. Der Vorteil des Modells liegt darin, daß es zeigt, daß die Grenzprobleme Ausdruck ein und desselben Grundproblems sind.

Die Reduktion von Komplexität ist ein tägliches Geschehen. Der skizzierte Kommunikationskreislauf braucht in einer sich ändernden Umwelt zu viel Zeit. Auch deshalb müssen sich an allen Innengrenzen der Teilsysteme kürzere, also schnellere Kommunikationskreise bilden. Andernfalls würde das System nur sehr wenige Themen bearbeiten können und außerdem die Geduld aller Beteiligten überfordern. Andererseits sichert die Systemstruktur die dominante Kommunikationsrichtung als die langfristig wirksame: Das System muß so viel Zeit haben, daß der dominante Kreislauf überhaupt zur Geltung kommt, so daß umweghaftes Handeln überhaupt sinnvoll ist. Es muß also eine beständige Struktur haben.

2.6.6. Umweltlage und Autonomie der Teilsysteme

Das skizzierte Modell zeigt die Teilsysteme des politischen Systems in verschiedenen Lagen. Es erlaubt den Wechsel der Systemreferenz und die Berücksichtigung der unterschiedlichen Relevanz sowie der unterschiedlichen Nähe und Ferne anderer Rollen und Bereiche.

Eine Voraussetzung einer funktionalen Spezifikation eines Systems ist, daß jeder seine eigene Aufgabe hat und darin unersetzbar ist. Eine weitere Voraussetzung ist ein Mindestmaß an Autonomie des jeweiligen Teilsystems für die spezifische Funktion. Hier gibt es (entgegen der Symbolik der dominanten Kommunikationsrichtung) keine eindeutige Determination. Die *Autonomie variiert mit der Ausdifferenzierung und Komplexität* der Teilsysteme. Ganz grob kann man hier sagen, daß die Verwaltung durch ihre bürokratische Ordnung am stärksten ausdifferenziert ist, stärker etwa als die Politik, in der die Persönlichkeit der Politiker eine funktional durchaus sinnvolle Bedeutung hat, und diese wiederum stärker als das Publikum, bei dem zum Beispiel vom Wähler ein Abstandnehmen von persönlichen Interessen gerade nicht erwartet wird.

Was aber ist unter der Autonomie der Teilsysteme genau zu verstehen? Gemeint ist die Fähigkeit zur *Selbstbestimmung eigener Entscheidungsprämissen.* Durch das Autonomsetzen von Teilsystemen wird unbewältigte Komplexität von der Ebene des Gesamtsystems auf die seiner Teile abgewälzt. Durch die Toleranz für Autonomie in den Teilsystemen, die natürlich ihre Grenzen haben muß, kann ein System seine Fähigkeit für Komplexität (und zugleich seine eigene, interne Komplexität) steigern. Die Bedingungen der Autonomie sind für die einzelnen Teilsysteme des politischen Systems recht verschieden. Sie richten sich nach der je spezifischen Funktion und Struktur des Teilsystems. Einige allgemeine Grundzüge lassen sich aber für alle Teilsysteme ausmachen.

Die Grundzüge der Bedingungen der Autonomie lassen sich nach den Sinndimensionen *sozial*, das heißt in der Frage, mit wem das System Interaktionsbeziehungen unterhält, *zeitlich*, das heißt in der Frage, wann und in welcher zeitlichen Verteilung diese Interaktionen stattfinden, und *sachlich*, das heißt in der Frage, welchen sachlichen Sinn diese Interaktionen zwischen System und Umwelt tragen, unterscheiden.

(a) In der Sozialdimension liegt die wichtigste Vorbedingung der Autonomie in der *Mehrheit von Umwelten*. Wenn das System zur Erfüllung seiner spezifischen Funktion auf Interaktion mit mehreren Umwelten angewiesen ist, wird es durch die Komplexität dieser Interdependenz von einzelnen Umwelten relativ unabhängig.[53] Es kann sich in jeder einzelnen Grenzbeziehung auf die Erfordernisse seiner anderen Grenzen berufen. Die Verwaltung hat es zum Beispiel mit der Politik, mit den Publikumsrollen und mit den persönlichen Interessen des eigenen Personals zu tun. Sie kann sich dem Publikum gegenüber auf die Deckung durch politische Entscheidungen verlassen und der Politik gegenüber die Belange und die wirklichen Verhältnisse des Publikums ins Feld führen. Sie kann Politik und Publikum gegenüber – mit Vorsicht! – die Grenzen ihrer personellen Leistungsfähigkeit und Strapazierbarkeit in die Waagschale werfen. Für die Politik ergibt sich eine andersartige Umweltkonstellation, bestehend aus Wählern und Interessenten, aus den persönlichen Eigenarten und Belangen der Politiker und aus der bürokratischen Verwaltung. Zwischen den Anforderungen dieser Umweltsektoren muß die Politik ebenfalls eine Balance herstellen, aber eine anderer Art als in der Verwaltung.

(b) In der Zeitdimension geht es um das *Auseinanderziehen von Input und Output*. Umweltursache und Umweltwirkung fallen nicht zusammen, dazwischen steht eine Zeitspanne zur Verfügung, in der das System nach Maßgabe eigener Entscheidungsprämissen die eingegangenen Informationen bearbeiten kann. Weder wird die Politik durch die politische Wahl schon auf bestimmte Verwaltungsprogramme festgelegt, noch ist in der Verwaltung mit politisch ausgehandelten Planungen schon über das bindende Entscheiden entschieden. Auch für die Funktionsfähigkeit des Publikums ist es eine

53 Vgl. Luhmann, *Funktionen und Folgen*, S. 132 ff.; siehe auch *Die Grenzen der Verwaltung*, hg. von Johannes F. K. Schmidt und Christoph Gesigora, Berlin 2021, S. 190 ff. (Anm. d. Hg.: Das Manuskript wurde von Luhmann 1963/64 verfaßt).

unabdingbare Voraussetzung, daß sich die Erfahrungen mit einer Verwaltung nicht sofort in Wahlentscheidungen umsetzen lassen. Der Einflußkreislauf hat, unter diesem Blickwinkel gesehen, den Sinn, allen beteiligten Systemen mehr oder weniger viel Zeit für die Informationsverarbeitung zu verschaffen.

(c) In der *Sachdimension* ist die ausschlaggebende Autonomiebedingung die Trennung mehrerer Sinnebenen. Diese Differenzierung bedeutet, daß es jeweils mindestens *zwei legitime Kommunikationsbahnen* und Argumentationsweisen gibt: die eine gestattet den Teilsystemen, ihr besonderes Selbstinteresse zu verfechten, in der anderen sind sie an die allgemeinen Gesichtspunkte der Erhaltung der Gesamtordnung gebunden. Das Publikum beispielsweise trennt die Kommunikation mit Politik und Verwaltung. Es hat einerseits die Möglichkeit gegenüber der Verwaltung oder der Politik als Antragsteller, Beschwerdeführer oder Interessent in eigener Sache aufzutreten (es ist dann aber der bindenden Entscheidung der Verwaltung oder dem Verdunkelungszwang politischer Hinterzimmer unterworfen). Und es hat andererseits in der Form der politischen Wahl bindenden Einfluß auf die Gestaltung der Politik (freilich nur in Bahnen, die eine beträchtliche Generalisierung der Kommunikation auf die Entscheidung weniger zentraler Person- oder Programmalternativen erfordern). Zwischen Politik und Verwaltung ist die Kommunikation in ähnlicher Weise doppelgleisig geordnet: Es gibt den berechtigten unmittelbaren Einfluß der Regierungsparteien auf die Verwaltung durch die Besetzung ihrer leitenden Posten; ferner gibt es in erheblichem Maße auch politischen Einfluß durch den unmittelbaren Kontakt zwischen Politikern aller Parteien und leitenden Beamten. Auf der anderen Seite kommen jedoch, namentlich in den Grundzügen der Rechtsstaatlichkeit und der Wirtschaftlichkeit und in der gebotenen Rücksicht auf die Masse der schon in Kraft gesetzten Entscheidungsprogramme, allgemeinere Erwägungen zur Geltung, die andere Situationen, andere mögliche Partner und letztlich die Fortsetzung des Systems im Auge behalten. Die skizzierten Trennungen sind nicht vollständig durchführbar. Wo dies nicht gelingt, ist ein Problem und Autonomiemangel der Teilsysteme zu vermuten.

3. Verwaltung

Es folgt jetzt die detailliertere Erörterung der einzelnen Teilsysteme des politischen Systems. Ich beginne mit der Verwaltung und gehe dann »gegen den Uhrzeigersinn«, also der Hauptrichtung des Kommunikationsflusses im politischen System entgegen, zu den politischen Prozessen und dann zu den Publikumsrollen. Die Verwaltung ist jener Bereich des politischen Systems, der geschichtlich am frühesten und im Ergebnis am stärksten als System rollenmäßig aus der Gesellschaft ausdifferenziert worden ist. Am Beispiel der Verwaltung läßt sich daher auch am besten studieren, wie die Ausdifferenzierung des politischen Systems vollzogen wird, was sie bedeutet und in welcher Weise gleichwohl trotz des Einsatzes scharfer Trennmechanismen der Zusammenhang mit der Gesellschaft gewahrt wird. Zur Verwaltung gibt es eine Publikation von mir, in der Sie die wesentlichen Argumente nachlesen können.[54]

3.1. Funktion und Ausdifferenzierung der Verwaltung

3.1.1. Funktion der Verwaltung

Die *Funktion* der Verwaltung ist zu begreifen als die Anfertigung von möglichst konsistenten Entscheidungen nach Maßgabe politisch gesetzter Entscheidungsprämissen, das heißt unter der Bedingung schon reduzierter Komplexität. Indem die Ergebnisse politischer Informationsbearbeitung als »Input« übernommen werden, kann die Verwaltung sich auf die Entscheidungsarbeit unter bestimmten Richtungskriterien konzentrieren, wobei insbesondere Fragen der Konsistenz von Entscheidungszusammenhängen im Vordergrund stehen: die Verträglichkeit von Entscheidungen, ihre Abstimmung aufeinander und mit Präferenzen, die Konsequenzen der Entscheidung im Hinblick auf andere Entscheidungen, die Frage einer Rückgängigmachbarkeit usw. Die Probleme der Konsistenz im einzelnen sind an diesem Punkt aber zurückzustellen,

54 Vgl. Niklas Luhmann, *Theorie der Verwaltungswissenschaft. Bestandsaufnahme und Entwurf*, Köln, Berlin 1966; vgl. auch ders., *Die Grenzen der Verwaltung.*

denn hier kommt es zunächst auf die strukturellen Bedingungen an, unter denen diese Funktion erfüllt werden kann. Die Politik sorgt dafür, daß die unbestimmte Komplexität der Gesellschaft nicht unvermittelt, sondern als bestimmte Komplexität einer Vielzahl schwieriger Entscheidungsprogramme auf die Verwaltung zukommt. Deren funktional-spezifische Ausrichtung auf programmierte Entscheidungsarbeit erfordert und führt zugleich dazu, daß die Verwaltungsrollen von anderen gesellschaftlichen Rollen ihrer Träger abgetrennt und verselbständigt werden. Max Webers idealtypisches Bürokratiemodell läßt diesen Sachverhalt bereits deutlich erkennen.

3.1.2. Webers Idealtypus der Bürokratie

Webers Idealtyp stellt keine empirisch überprüfbaren Hypothesen über bürokratische Phänomene dar, sondern gibt eine Zusammenstellung von Merkmalen, die eine hohe Leistungsfähigkeit von Bürokratien bedingen. Man kann allerdings vermuten, daß Weber sie abgelesen hat an der preußischen Verwaltung seiner Zeit.[55] Als *Einzelzüge der idealtypischen Bürokratie* kann man bei Weber sieben Merkmale nennen: (1) Einen Zusammenhang von Legitimitätstyp der politischen Herrschaft und Herrschaftsstab (Verwaltungsform). Das kann man verstehen als eine Art Rückbeziehung auf die politische Welt: eine rationale, also positivrechtlich legitimierte Herrschaft bedingt eine rationale Bürokratie. (2) Eine hierarchische Organisation mit einer Stellenbesetzung von oben beziehungsweise und insbesondere einer Vorgesetztenernennung von außen. Ist mit der Hierarchie ein Problem der Spitze, der Führung verbunden? Die Kleingruppenforschung hat dafür das Modell einer sogenannten Doppelführungstheorie entwickelt.[56] Danach müssen aufgabenorientierte und sozioemotionale Führung differenziert werden, und nur »große Männer« könnten beide Führungsfunktionen in sich vereinen. In der modernen Verwaltung ist aber keine »absolute Macht« in diesem Sinne denkbar, Macht ist nur durch die Umweltfunktion und Umweltunterstützung der Spitze erreichbar, die

55 Vgl. Weber, *Wirtschaft und Gesellschaft*, S. 551 ff. Daran knüpft sich eine umfangreiche kritische Auseinandersetzung; siehe stellvertretend z. B. Eisenstadt, »Bureaucracy and Bureaucratization«.

56 Vgl. dazu oben, Vorlesung IV, Abschnitt 2.3.

eine reine Leistungsführung legitimiert. (3) Eine Orientierung an feststehenden Regeln und Kompetenzen, die unabhängig von der Person, ihren Interessen usw. gelten und befolgt werden. Das erfordert eine Lernbarkeit der richtigen Sachbearbeitung. (4) Eine Trennung von Arbeitsplatz und Familie, von Arbeitsmitteln und Eigentum des Verwaltungsbeamten. Auch hier handelt es sich um das Prinzip der Rollentrennung. (5) Ein Geldgehalt mit garantierter Versorgung. Das stellt eine Hauptberuflichkeit der Beamtentätigkeit sicher, setzt aber ein entwickeltes Geldwesen und eine Überschuß abwerfende Wirtschaft voraus, von der über Steuern Gelder abgeschöpft werden können. (6) Eine berufsmäßige Spezialisierung und lebenslange Beschäftigung. Das Erfahrungswissen des Beamten, seine Ausbildung, sein Fachwissen sind rentabel nur bei einer lebenslangen Berufstätigkeit. (7) Ein laufbahnmäßiger Aufstieg und ein relativ hohes, in der Karriere steigerungsfähiges gesellschaftliches Prestige, so daß der Beamte immer auch mit einem Prestigerückhalt handeln kann. Diese Annahme ist für die Webersche Zeit plausibler als für die heutige Gesellschaft mit mehreren Statuspyramiden. Die besondere Statusordnung des öffentlichen Dienstes ermöglicht aber auch in dieser Hinsicht eine Unabhängigkeit der Verwaltung von der Gesellschaft.

3.1.3. Die Deutung der Systemtheorie

Die Begründung dafür, das Webersche Modell heute noch als nützlich zu verstehen, steht noch aus und muß nachgeliefert werden, insbesondere deshalb, weil Weber selbst über eine additive Charakterisierung der Bürokratie nicht hinausgekommen ist, also keine Theorie des Zusammenhangs der genannten Merkmale entwickelt hat. Unsere These lautet, daß das Modell auf zwei Komponenten beruht: der *Strukturvorgabe* durch die Politik und der *Rollentrennung* gegenüber der Gesellschaft. Sie finden das auch in einem Aufsatz von mir zu Webers Herrschaftsverständnis.[57]

(a) Die *Strukturvorgabe* durch die Politik bezieht sich, wie schon gesagt, im Grunde auf die Vorgabe schon reduzierter Komplexität in Form von Entscheidungsprämissen. Man kann drei Formen von

57 Luhmann, »Zweck – Herrschaft – System«. Vgl. auch genauso Reinhard Bendix, *Nation-Building and Citizenship. Studies of our Changing Social Order*, New York, London 1964, S. 115.

Entscheidungsprämissen unterscheiden: (1) die Organisation (Stellenplan, Kompetenzen), (2) Personen (insbesondere an der Spitze der Verwaltung) und (3) Programme. In gewissen Grenzen sind sie austauschbar. (1) *Organisation* meint insbesondere die Konstitution einer Hierarchie. Hierarchien sind asymmetrische Strukturen, sie ordnen ein Rang- und Machtgefälle und stellen ein Kontrastmodell zu der bereits erwähnten Doppelführungstheorie der Kleingruppenforschung dar. (2) Wenn die externe Einsetzung und Legitimation der Spitze der Verwaltung durch die Politik erfolgt, so bedeutet das zugleich, daß die ausgewählten *Personen* als externe Strukturvorgabe an Bedeutung gewinnen. Die Person repräsentiert nicht nur einen bestimmten Stil, sondern häufig auch eine politische Richtung und kann damit ein Einfallstor für politische Patronage sein. (3) Eine dritte Art, Entscheidungsprämissen politisch festzulegen, ist die Information der Verwaltung über politisch mögliche *Programme*. Das Verhältnis von Politik und Verwaltung darf also nicht als ein einmaliger oder seltener Einsetzungsakt mißverstanden werden. Es ist ein laufender, grenzüberschreitender Kommunikationsprozeß. Alle drei genannten Formen der von der Politik gesetzten Entscheidungsprämissen hängen zusammen in einem Verhältnis unterschiedlicher Variabilität. In auf längere Sicht festliegende Stellen der Parlamente, Regierungen und oberen Behörden setzt die Politik laufend andere Personen und Pläne beziehungsweise Programme als Entscheidungsprämissen hinein, wobei die Lenkung über Personalauswahl und über Programmierung sich ergänzt, sich teilweise auch wechselseitig ersetzen kann je nachdem, ob es leichter fällt, über Personen oder über Programme politischen Konsens zu erzielen.

(b) Die *Rollentrennung* steckt in den Gesichtspunkten (3) bis (7) der zuvor genannten Auflistung von Einzelzügen der idealtypischen Bürokratie. So schaltet die Trennung von Arbeitsplatz und Familie die familienmäßigen Rollenbindungen im Dienst aus. Die Trennung von Arbeitsmitteln und Eigentum sowie die Sicherstellung von Unterhalt und Versorgung machen die Amtsführung von der Rolle im Wirtschaftssystem unabhängig. Die besondere Statusordnung des öffentlichen Dienstes ermöglicht es, daß die Verwaltung sich in ihren Außenkontakten nicht auf rangunterlegene Beziehungen einlassen muß; zum anderen stellt sie ihren Angehörigen eigene Aufstiegswege zur Verfügung und macht sie in ihrem Statusstreben damit von den sonstigen gesellschaftlichen Aufstiegsbedingungen unabhängig.

Die Rollentrennung erscheint im Handlungsbild der Verwaltung als *Unpersönlichkeit.* Das heißt, das System soll indifferent sein gegen die Person als Garant von Erwartungen und Umweltbeziehungen. Jeder Versuch, persönliche Beziehungen, in denen alle individuellen Besonderheiten und Rollenbeziehungen der Partner Berücksichtigung verlangen, an die Stelle der unpersönlichen Beziehungen zu setzen, würde die Verwaltung mit Komplexität überlasten und sie sehr rasch auf eine sehr viel einfachere Stufe der Sachbearbeitung zurückwerfen. Jeder Fall wäre dann anders je nachdem, wer beteiligt ist. Jeder Personalwechsel würde alles ändern, Gegner müßten auf einmal zusammenarbeiten usw. Die Unpersönlichkeit der Orientierung an sachlichen Entscheidungskriterien führt zu gefühlsmäßiger Neutralisierung des Verhaltens. Gefühle werden weder dargestellt noch ermittelt, noch zur Begründung von Entscheidungen herangezogen. Praktisch ist die Unpersönlichkeit beziehungsweise Indifferenz natürlich nie voll zu verwirklichen, wie zum Beispiel in der Entdeckung der informalen Organisation zum Ausdruck gekommen ist.

(c) Der *Zusammenhang von Strukturvorgabe und Rollentrennung* bedarf einer ausführlicheren Erörterung. Die Strukturvorgabe macht die Indifferenz erst möglich, und umgekehrt dient die Indifferenz dazu, den Primat dieser einen Grenze der Verwaltung zu stützen. Dabei sind zwei Konsequenzen herauszuheben: das Sicherheitsproblem und die Rollenidentifikation.

(c1) Das *Sicherheitsproblem*, also das Problem der persönlichen Sicherheit in Rollen, entsteht durch das Abbrechen diffuser Rollenbeziehungen. Das Problem kann gelöst werden durch Mechanismen, die dem Verwaltungsbeamten zusätzlich soziale und wirtschaftliche Sicherheit verschaffen. Im Laufe der Geschichte haben (1) Vermögen, besonders Landbesitz, (2) ein für ihn offenstehender Arbeitsmarkt sowie (3) Rechtsgarantien besonderer Art Bedeutung erlangt. (1) Der *Landbesitz* des Beamten oder seiner Familie war früher unumgänglich und findet sich noch in den Verwaltungen des fürstlichen Absolutismus Europas. Er gab den Beamten eine gewisse Sicherheit gegenüber den Schwankungen der Gnade ihres Herrn und machte Anstellungs- und Versorgungsgarantien überflüssig. Andererseits begrenzte dieses Erfordernis die Rekrutierung für die höheren Ämter des Staatsdienstes auf bestimmte Gesellschaftsschichten. Das lief auf eine notwendige Kombination gesellschaftlicher, vor allem wirtschaftlicher und bürokratischer Rollen hinaus. Die damit verbundene Feudalisierung wird insbesondere dann ein Problem, wenn der Landbesitz erblich ist. Das Amt wird zur Nebentätigkeit, und die Bürokratie wird zwischen Herrschaft und Landbesitz sekundär, wie Eisenstadt gezeigt hat.[58] (2) Die Sicherstellung von Beamtenleistungen durch einen funktionierenden *Arbeitsmarkt*, also über jederzeit offenstehende Möglichkeiten anderer Beschäftigung, bietet mehr soziale Mobilität, veranlaßt gleichzeitig aber auch zu Rücksichten auf diese Mobilität, mindestens auf künftige Rollen. Diese Konzeption, die in gewissem Umfange in den Vereinigten Staaten durch eine Fachausbildung verwirklicht worden ist, die nicht nur auf die öffentliche Verwaltung abstellt, scheint auf den ersten Blick einer stark differenzierten Sozialordnung besonders adäquat zu sein. Sie motiviert allerdings den Beamten, sich in seiner Ausbildung und in seinen Kontakten vor oder während seiner Tätigkeit im öffentlichen Dienst auf andere Möglichkeiten der Berufsausübung einzustellen, also »vermittlungsfähig« zu bleiben und persönliche Beziehungen anzubahnen oder zu pflegen, die ihm gegebenenfalls eine Fortsetzung seiner Karriere außerhalb des Staatsdienstes ermöglichen könnten: Der Industrielle, mit dem ich heute verhandele, kann morgen mein Dienstherr sein. (3) Die Sicherstellung der Beamtenleistung durch *Rechtsgarantien*, also durch Entscheidungsprämissen des politischen Systems selbst. Diese Lösung ist ein fast akrobatisches Kunststück, sichert sie doch den Beamten gegen die Gefährdungen durch das politische System in diesem System. Der Schutz des Beamten durch die Verfassung verweist aber eben auch auf das Problem der politischen Abhängigkeit des Rechts beziehungsweise auf die Notwendigkeit einer politischen Neutralisierung (Entpolitisierung), wie das Beispiel der Machtergreifung der Nationalsozialisten 1933 gezeigt hat.

(c2) Die zweite Konsequenz ist die *Rollenidentifikation* und die Konsistenz der Rollen. Das ist prägend für den Verwaltungsstil. Dabei geht es um folgendes: Der Handlungszusammenhang einer Rolle versteht sich nicht von selbst, sondern bedarf eines generalisierenden Prinzips, das verständlich und erwartbar macht, weshalb

58 Eisenstadt, *The Political Systems of Empires.*

der Rollenträger einmal so und dann wieder anders handelt. Generalisierende Prinzipien der Kombination von Handlungen zur Einheit einer Rolle sind (1) ein herausgehobener Rang, (2) eine erwartete Gesinnung, (3) ein Zweck oder (4) die Mitgliedschaft in Gruppen. Je nachdem, welches Prinzip vorherrscht, ergeben sich andere Rekrutierungsmöglichkeiten und andere Arten von Entscheidungsbeiträgen der Verwaltung, andere Ansatzpunkte für politische Kontrolle, andere »Verwaltungsstile« und andere Szenenanweisungen für das tägliche Verhalten. (1) Das *Rangprinzip* begründet einen überlegenen Status. Es setzt aber ein eindeutiges, typisch erwartbares Ranggefälle im Außenverkehr der Verwaltung voraus. Nur dann kann der Beamte die Vielzahl seiner Aktionen im Prinzip eines auf jeden Fall überlegenen Ranges zusammenfassen. Diese Voraussetzung ist in differenzierten Sozialordnungen mit einer Vielzahl von Statuspyramiden nicht erfüllbar. (2) *Gesinnungsrollen*, also ein spezifischer Beamtenethos, machen das Handeln von Umweltänderungen unabhängig und damit elastisch. Allerdings ist die Gesinnung ein Prinzip persönlicher Identifikation, der einzelne muß daher bei seiner Gesinnung bleiben. In einer mobilen Gesellschaft kann diese Starrheit zum Hindernis werden. Dazu kommt, daß die Spezialisierbarkeit der Arbeit die Spezialisierbarkeit von Gesinnungen weit übersteigt, so daß die Gesinnung aus einer identifizierenden und integrierenden Funktion zu einem Appellwert zusammenschrumpft. (3) *Zweckrollen* (das heißt die Orientierung einer Rolle an Zweckgesichtspunkten) setzen einen hohen Grad an Arbeitsteiligkeit voraus. Das Handeln ist hier einzig gerechtfertigt als Mittel zu bestimmten Zwecken. Sie sind aber als definierende Kriterien der modernen Verwaltungsrolle zunehmend ungeeignet, weil viele, wenn nicht die meisten Rollen der Verwaltung sich gar nicht an Zwecken, also an bestimmten geschätzten Wirkungen, sondern an Konditionalprogrammen orientieren.[59] (4) Wenn die *Mitgliedschaft* im formal organisierten Verwaltungssystem zum Rollenkriterium wird, dann wird es möglich, den Inhalt der Rollenerwartungen systeminternen Entscheidungsprozessen zu überlassen, welche die Mitgliedschaftsbedingungen spezifizieren. Die Rolle wird dann durchlässig für Entscheidungen jeder Art, die systemrichtig entschieden werden, und die Richtigkeit des Entscheidens

59 Siehe unten in dieser Vorlesung, Abschnitt 3.3.2.

wird ihr einziges Kriterium. Aufgrund dieses Kriteriums können dann je nach Bedarf Zwecke, interne Rangdifferenzen, ja sogar Gesinnungen als Entscheidungsprämissen spezifiziert und formalisiert werden. Das Mitgliedschaftsprinzip umfaßt und mediatisiert also alle anderen Rollenkriterien. Auch diese Differenzierung von Rollenidentifikationen ist ein Schema der Steigerung gesellschaftlicher Ausdifferenzierung: Rang und Gesinnung setzen Landbesitz oder eine funktionsgleiche ökonomische Sicherstellung voraus. Justizrollen werden am besten durch *program-staffing* auf dem Arbeitsmarkt rekrutiert und finden dann dort auch ihre Sicherheit. Für Mitgliedsrollen ist die juristische Sicherstellung adäquat.

3.2. Autonomie des Verwaltungssystems

Die Ausdifferenzierung eines Systems erfolgt durch Festlegung und Erhaltung von Grenzen zwischen System und Umwelt, und das steigert die Anforderungen an die Kommunikation zwischen System und Umwelt ebenso wie die Anforderungen an die Autonomie des Systems. Zum Verständnis moderner Verwaltung gehört daher ein Einblick in die Strategien, mit denen die Autonomie und das Kommunikationspotential der Verwaltung gesteigert werden kann. Mit den Strategien der Autonomie werden wir uns in diesem Abschnitt, mit der Steigerung der Kommunikationsleistung im nächsten befassen.

Autonomie der Verwaltung heißt: Entscheidung über die eigenen Entscheidungsprämissen. Um einen Überblick über die allgemeinen Autonomiebedingungen des Verwaltungssystems zu gewinnen, müssen wir uns wieder an den Sinndimensionen orientieren.

3.2.1. Personal, Politik, Publikum

In der *Sozialdimension* ist, wie schon einmal gesagt, die Grundbedingung aller Autonomie eine Differenzierung der Umwelt in verschiedene Sektoren, von denen keiner allein das System beherrschen kann. Die Vorstellung, nicht bloß ein Annex *eines* Umweltsystems zu sein, sondern eine annähernd gleiche Distanz zu allen Umwelten zu haben, muß sowohl in der Verwaltung gelten wie auch in ihren Umweltsystemen institutionalisiert sein. Das skizzierte Modell des politischen Systems legt nahe, daß vom Standpunkt der Verwaltung aus die Umwelt äußerst differenziert ist. Ich muß mich im folgenden mit der Grobunterscheidung von *Personal*, *Politik* und *Publikum* als Umwelten der Verwaltung begnügen, um einige Autonomiebedingungen sowie die Grenzen ihrer Verwirklichung im Falle der Verwaltung näher herauszuarbeiten.

Die klassischen Bürokratien sind durch eine geringe Autonomie gekennzeichnet, vor allem wegen der *Verflechtung der Verwaltungsrolle mit dem Landbesitz.* Man findet einerseits zahlreiche Varianten einer Anlehnung an den Herrscher oder an führende landbesitzende Gesellschaftsschichten bis hin zu fast vollständiger politischer Abhängigkeit vom Herrscher; andererseits findet man Beispiele für Bürokratien, die primär an der Selbstbedienung einer aufsteigenden Schicht interessiert sind (zunächst Ministerialitäts-, später Kolonialverwaltungen). Mit solchen Primärorientierungen ist typisch ein relativ geringer Grad funktionaler Spezifizierung und gesellschaftlicher Ausdifferenzierung verbunden: Verwaltungspositionen und Landbesitz können kaum getrennt werden, und eine ausreichende Vorbildung für Verwaltungsarbeit gibt es nur in kleinen, aufsteigenden Gesellschaftsschichten.[60]

Demgegenüber ist heute Autonomie in hohem Maße allein schon durch die Komplexität des politischen Systems selbst gewährleistet. Es ist für die Verwaltungen der neuzeitlichen Industriestaaten typisch und notwendig, durch ihren Entscheidungsprozeß selbst eine Balance zwischen den Einflüssen der drei Umwelten der Verwaltung, also zwischen politischen Bindungen, Publikumsinteressen sowie Persönlichkeitsstrukturen und Motiven des Personals, zu erreichen. *Keiner Umwelt fällt ein deutlicher Primat zu.* So hat zum Beispiel die Politik zwar legitimen Zugang zu den Spitzenstellen in Parlament und Regierung, in denen die Entscheidungsprogramme formuliert werden, aber die Bürokratie unterhalb dieser Spitze versteht sich gleichwohl gegenüber den Fluktuationen des politischen Lebens im einzelnen zumeist als neutral. Nicht jeder in der Politik durchkommende Impuls soll gleich bindende Entscheidung werden. Zuweilen wird der Verwaltung im Hinblick auf die Unzulänglichkeiten der politischen Repräsentation sogar ausdrück-

60 Vgl. Eisenstadt, *The Political Systems of Empires*, S. 273ff.

lich eine Funktion der Repräsentation von Publikumsinteressen gegenüber der Politik zugesprochen.

Die hohe Komplexität des politischen Systems führt in der Verwaltung dazu, daß beträchtliche Vorbedingungen erfüllt werden müssen, bevor jemand überhaupt in einer Systemrolle sinnvoll handeln kann. Außerdem müssen erhebliche Lernzeiten im System hinzukommen, bevor jemand schwierigere Rollen meistern und im System aufsteigen kann. Lernzeiten sind aber typisch zugleich Zeiten der »Sozialisierung«: Die Neulinge lernen nicht nur Informationen und Geschicklichkeiten, sondern auch die dazu passenden Gefühle und eine Einstellung zu den vorherrschenden Verhaltenserwartungen, die ihnen ein Verbleiben im System ermöglicht. Damit eng zusammen hängt das Problem der *politischen Patronage*. Damit ist eine politische Stellenbesetzung gemeint, die weder mit den Funktionserfordernissen des politischen Systems noch mit denen der Verwaltung abgestimmt ist. Und die Beamten weisen auch nicht die bei aller Doppelmitgliedschaft in Politik und Verwaltung notwendige Mobilität auf. (Deshalb ist dieser Fall von dem der offiziellen politisch-administrativen Rollenkombination in den Ämtern des Abgeordneten, Ministers oder politischen Beamten sorgfältig zu unterscheiden. Bei diesen Spitzenstellungen handelt es sich um sinnvolle, hochgradig mobile Rollenkombinationen, die der strukturell geplanten Vermittlung zwischen Politik und Verwaltung dienen und im Hinblick auf diese Doppelorientierung beweglich besetzt sind.) Unterscheiden kann man folgende Fälle: (1) Die *Versorgungspatronage* gefährdet die Autonomie der Verwaltung zwar nicht, stellt aber eine Belastung der Verwaltung durch Unfähigkeit dar, da ein Verständnis für die Versorgungsprobleme einer hauptberuflichen Politik dominiert. (2) Mit der *Einflußpatronage* einher geht die Schwächung des hierarchischen Aufbaus von Politik und Verwaltung und die Schwächung der Tragweite der politischen Wahl, da das Kapital der Beziehung zwischen Politik und Verwaltung in die Opposition »mitgenommen« werden kann. Sie ermöglicht aber dem gewandten Mann (dem aktiven und ehrgeizigen Beamten) auch komplexere Taktiken. (3) Die *Parteipatronage* fordert die Parteibuchkarriere des ohnehin im Aufstieg Befindlichen.

3.2.2. Entscheidungszeit und Wartebereitschaft

In der *Zeitdimension* gelten wiederum andere Bedingungen der Autonomie. Macht ist, ebenso wie Kapital, ein Kommunikationsmedium, das Zeit gewährt. Während die Privatunternehmen Zeit durch Kapitalbildung, also durch den Geldmechanismus gewinnen und darin vom Funktionieren der Wirtschaft abhängig bleiben, beruht die Zeit der Verwaltung auf der machtgedeckten Freiheit, zu entscheiden oder nicht zu entscheiden. Macht läßt sich aber weder in genauer Dosierung zuteilen noch verzinsen und so in ihren Kosten berechnen. Damit muß auch die Zeit, die der Verwaltung zur Entscheidung gelassen wird, relativ unbestimmt bleiben.

Das System braucht Zeit zur Arbeit: Die Verwaltung muß in der Lage sein, ihre Grenzen auch zeitlich auseinanderzuziehen, Input und Output nicht nur sozial nach Partnern und sachlich nach Sinngehalten, sondern auch zeitlich zu trennen, um Bearbeitungszeit zu gewinnen. Das alles klingt selbstverständlich, wird aber sofort problematisch, wenn man die Frage stellt, *wieviel* Entscheidungszeit der Verwaltung zugebilligt werden kann, oder mit anderen Worten, wie lange die Umwelt warten kann oder will. Die *Wartebereitschaft der Umwelt* bestimmt in hohem Maße den Grad an Komplexität und Interdependenz der Programme und Entscheidungen, den eine Verwaltung erreichen kann. Je mehr Sinnzusammenhänge in eine Entscheidung eingearbeitet werden müssen, je mehr Komplexität sie erfassen und reduzieren soll, je mehr Sachbearbeiter mitzeichnen müssen, desto länger dauert normalerweise der Entscheidungsvorgang. Ist bürokratische Langsamkeit also tatsächlich etwas Pathologisches?

Zeit hängt mit allen *Rationalisierungsmaßnahmen* eng zusammen. In gewissem Umfange kann die Verwaltung dem Druck ihrer inneren Komplexität durch Beschleunigung ihres Arbeitstempos ausweichen. Umgekehrt ist die Verlängerung von Bearbeitungszeiten eine funktional äquivalente Strategie, den Problemdruck aus der Umwelt abzufangen. (1) Die zeitliche Autonomie der Verwaltung wird sichtbar in einer Arbeitsteilung und Arbeitsverteilung, die unabhängig vom Fluktuieren der Umwelt eine angemessene Bearbeitungszeit nach Durchschnittserwartungen bemißt. (2) Die Rationalität des stapelweisen Arbeitens führt zwar zunächst zu einem Zeitgewinn des Systems, nicht selten aber zugleich zu einem

Zeitverlust für den Einzelvorgang, wenn gleichartige Fälle zunächst gestapelt und erst dann zügig abgearbeitet werden. (3) Der Zeitdruck verzerrt die Wertordnung des Systems und ruiniert die Ideologie. Die Vordringlichkeit des Befristeten erfolgt dann ohne Rücksicht auf die Rationalität des Entscheidungsprozesses.[61]

Zusammenfassend kann man sagen, daß gerade Zeitknappheit zu eigenen Systemzeiten führt und damit zu Synchronisierungsschwierigkeiten mit der Umwelt. Die Macht über die Termine wird zur Macht über die Sache selbst.

3.3. Rationalität und Opportunität

3.3.1. Steigerung der Kommunikationsleistung

Alle Sozialsysteme dienen der Reduktion von Komplexität der Welt durch Kommunikation. Sie fixieren konsensfähige Sinngegenstände und steuern durch kommunikative Prozesse die Aufmerksamkeit ihrer Teilnehmer. Das Medium dieser Leistung ist die *Sprache*. Sprache ermöglicht es, sich in kurzer Zeit zu verständigen, sie ist unentbehrliche Grundlage aller Erfassung und Reduktion von Komplexität in sozialen Systemen. Allerdings wäre Sinnbildung so ein unendlicher Prozeß und auf Zufall angewiesen. Daher sind zusätzliche Mechanismen nötig, die innerhalb begrenzter Zeit zu Sinnfixierungen führen. Das politische System ist eines von ihnen. Während die Sprache im ganzen vielfältigen Funktionen dient – nicht nur der Übertragung von Sinn, sondern zum Beispiel auch der Selbstdarstellung und dem Gefühlsausdruck, der Motivierung zur Fortsetzung des Kontaktes usw. –, kommt es in der funktional differenzierten Gesellschaft nun in vielen Beziehungen allein auf präzise und zuverlässige Information an.

Organisierte Verwaltungssysteme sind eine Folge dieses Bedarfs für die *Mitteilung schon reduzierter Komplexität*. Ihre Funktion besteht darin, aus einem strukturierten Bereich von Möglichkeiten eine Auswahl zu treffen und als verbindlich festzulegen. Auch die Verwaltung kann sich mithin nicht allein auf Sprache verlassen. Was kommt hinzu? Häufig wird hier Macht genannt. Das ist indes

61 Vgl. ausführlich Niklas Luhmann, »Die Knappheit der Zeit und die Vordringlichkeit des Befristeten«, in: *Die Verwaltung* 1 (1968), S. 3-30.

keine Erklärung, sondern nur eine Umformulierung des Problems. Wir benötigen eine genauere Analyse des Kommunikationsprozesses, in dem *Macht* aufgebaut wird und zur Anwendung kommt, um deutlich zu machen, wie diese Mehrleistung gegenüber dem bloßen Reden zustande kommt und welche Probleme dabei gelöst werden müssen. Die klassische Organisationslehre sah Organisation als eine Folge der Macht des Herrschers beziehungsweise des Eigentümers. Richtig ist aber die umgekehrte Ansicht: Macht ist die abhängige Variable, Macht entsteht *durch* Organisation, nämlich dadurch, daß sichergestellt ist, daß eine einzelne Kommunikation Komplexität reduziert. Macht ist die Anerkennung der Selektivität von Entscheidungen anderer für das eigene Handeln. Wie kommt das zustande?

Die Begrenztheit der natürlichen Aufmerksamkeitsspanne und Kontaktfähigkeit des Menschen ist das kritische Problem, auf das sich alle Organisationsleistungen beziehen.[62] Mit welchen Folgen, das kann man (a) in den Verhaltensprämissen, (b) im Verhalten selbst und (c) in bezug auf die Wirkungen des Verhaltens beobachten.

(a) Es kommt zu einem Wechsel von diffusem Vorverständigtsein zu präzisen (das heißt entschiedenen) *Verhaltensprämissen*: Das in natürlichen, nicht durch Organisation verzerrten Situationen vorausgesetzte diffuse Vorverständigtsein geht weit über die gemeinsame Kenntnis einer Sprache hinaus. Es schließt zum Beispiel Annahmen über gemeinsame Erwartungen und Verhaltensnormen, über Gleichzeitigkeit des Erlebens und für alle gleich schnell fließende Zeit, über allseitige Zugänglichkeit der Dinge für alle usw. ein. Der Kommunikationsprozeß hat die Funktion, seine Prämissen gerade dadurch, daß er sie nur implizit benutzt und sie nicht zum Thema werden läßt, laufend zu bestätigen. Demgegenüber ist es für organisierte Systeme der Informationsverarbeitung typisch, daß sie versuchen, dieses diffuse Vorverständigtsein unter Kontrolle zu bringen, selbst über die Prämissen des Entscheidens noch zu entscheiden und damit rational und auf Widerruf festzulegen, von welchen Annahmen jeder Einzelbeitrag auszugehen hat. Die Systemgeschichte wird dann als Geschichte von Vorentscheidungen in Registraturen festgehalten, Vertrauen wird durch Akten ersetzt.

62 So bereits Chester I. Barnard, *The Functions of the Executive*, Cambridge 1938, S. 104 ff.

(b) Die Verwaltungsorganisation leistet im Gegensatz zu elementaren Kontakten eine Präzisierung des *Verhaltens selbst* auf die Informationsübermittlung. Die erwartete Arbeitsleistung wird auf Kommunikation in einem ganz speziellen Sinne zugeschnitten, nämlich auf Mitteilung des Ergebnisses einer Informationsverarbeitung, also auf Weitergabe einer Reduktionsleistung. Von anderen Komponenten der Kommunikation, etwa expressiven oder motivierenden, wird abgesehen, weil sie im Hinblick auf die spezifische Funktion der Verwaltung unnützer Ballast wären. Die organisationale Kommunikation wird so von Motivationsaufgaben entlastet: Weder die Selbstdarstellung der Person noch die Motivation zur Fortsetzung des Kontaktes ist im Arbeitsprozeß selbst zu leisten. Eine solche Entlastung ist Voraussetzung dafür, daß die Kommunikation genau auf die »erforderliche Information« zugeschnitten wird, ihr also nicht mehr und nicht weniger Sinn mitgegeben wird, als nötig ist.

(c) Die Verwaltungsorganisation leistet die Errichtung eines Kompetenzsystems für bindende Entscheidung. Ist die Spezifizierung des kommunikativen Verhaltens soweit durchgeführt, dann müssen auch im Bereich der *Wirkungen des Verhaltens* Konsequenzen gezogen werden. Diese können nicht dem Zufall oder dem Verständnis des Adressaten überlassen bleiben, zumal ja dem Kommunikationsprozeß selbst die werbende, motivierende Kraft genommen ist. Es können und müssen in allen Verwaltungen Formen frageloser Effektübertragung institutionalisiert und ihre Anerkennung, also die Pauschalunterwerfung, muß als Mitgliedschaftsbedingung formalisiert werden. Das geschieht dadurch, daß Möglichkeiten der internen Entscheidung geschaffen werden, die andere Teilnehmer binden, vor allem also durch eine hierarchische Organisation von Entscheidungskompetenzen. Der sichtbarste Ausdruck dieses Sachverhalts ist der Dienstweg.

Solche Absorption von Komplexität durch Systemstrukturen gelingt stets nur mehr oder weniger gut. Ein Rest ungelöster Problematik bleibt und kommt in verwandelter Form zum Vorschein, etwa als »dysfunktionale Folgen« oder als psychische »Kosten« der Mitgliedschaft. Zur Realisierung eines hohen und spezialisierten Potentials für Informationsverarbeitung gehört daher auch, daß diese *Folgeprobleme* gelöst oder doch in den Grenzen erträglicher Schwierigkeiten und Leistungsminderungen gehalten werden können. Das kann man an einigen Beispielen illustrieren. (1) Expressive Bedürfnisse der *Selbstdarstellung* können zwar nicht ganz aus dem Arbeitsgang und seinen Kommunikationsweisen verdrängt werden. Es gibt aber nur geringe Chancen für eine Selbstdarstellung, immerhin aber eine hohe Sichtbarkeit im internen Milieu, unter den Eingeweihten. So werden alle Möglichkeiten genutzt, um durch die Größe der Fensterfront des Zimmers, die Größe des Schreibtisches, die Farbe der Briefumschläge, Unterschriftsbefugnisse und natürlich durch Titel und Positionsrang anderen mitzuteilen, wer man ist. (2) Eine andere typische Folge ist die *Schmalspurigkeit der Verständigungsgrundlage*: Man kommt mit einem Mindestmaß an rollenspezifischem Konsens aus und bleibt im übrigen indifferent gegenüber anderen Rollen des Partners. Die Bekanntschaft wird nicht ins Persönliche vertieft. Daraus resultieren Probleme der Neuerung und der Initiative, denn es fehlt jetzt an einer breiter ausgreifender, vertrauensvoller Übereinstimmung, die ausreichen könnte, um ein zunächst heikles Verhalten in Gang zu bringen. (3) Daraus, daß die Kommunikation zurechenbar und verantwortlich organisiert ist, entstehen *Kommunikationshindernisse besonderer Art*. Vor allem schriftliche und besonders nach oben gehende Kommunikation wird unter Ausfilterung alles irgendwie Bedenklichen so zubereitet, daß sie dem Absender keinesfalls schaden kann. (4) Die besonderen Kommunikations- und Verständigungsvoraussetzungen, die in der *Fachsprache* der Verwaltung zum Ausdruck kommen, kann man in ihrer Umwelt nicht voraussetzen. Das macht es notwendig, in Sprache und Stil der Kommunikation zwischen Innenverkehr und Außenverkehr zu unterscheiden und Mitteilungen, die nach außen gehen, einer besonderen Bearbeitung zu unterwerfen. Es kommt zumal im juristischen Bereich nicht selten vor, daß in die Begründung nach außen mehr Arbeit gesteckt werden muß als in die Entscheidung selbst.

3.3.2. Entscheidungsprogramme

Programmiertes Entscheiden ist die wesentliche Voraussetzung der Steigerung der Kommunikationsleistung der Verwaltung. Es ist undenkbar, jede Einzelentscheidung mit allen oder auch nur mit einem erheblichen Teil aller anderen Entscheidungen und Entscheidungsmöglichkeiten zu vergleichen und abzustimmen. Die

Menge und Komplexität der Möglichkeiten zwingt zur Generalisierung, eben zur Bildung von Entscheidungsprogrammen, also zu allgemeinen Vorgaben von Bedingungen richtigen Entscheidens, nach denen dann zahlreiche Einzelfälle entschieden werden. Die Programmierung besteht in der politischen Fixierung von Entscheidungsprämissen, von denen die Verwaltung auszugehen hat. Das Input/Output-Modell des Systems, nachdem die Verwaltung einen Informationsverarbeitungsprozeß zwischen seinen Grenzen organisiert, läßt zwei Typen von Programmen zu, je nachdem, ob das Programm an der Outputgrenze oder an der Inputgrenze anknüpft: (a) Zweckprogramme und (b) Konditionalprogramme.[63]

(a) *Zweckprogramme* beziehen sich auf die Outputgrenze, sie knüpfen an bestimmten Wirkungen an. Eine bestimmte Wirkung wird wegen ihres Wertes als Zweck invariant gesetzt, und die Entscheidung bezieht sich auf die Wahl der geeigneten Mittel, mit denen dieser Zweck erreicht werden kann. Sie können durch Nebenbedingungen für die Wahl von Mitteln modifiziert werden. Im Idealfall kommt es zu einer Konsistenzprüfung durch eine Wirtschaftlichkeitsrechnung, die optimale Resultate anstrebt. Damit wird die einfache Zweck/Mittel-Relation zwar nicht aufgegeben, aber einem Vergleich mit anderen Möglichkeiten ausgesetzt.

(b) *Konditionalprogramme* knüpfen an die Inputgrenze an, und zwar an einen bestimmten Umwelttatbestand, und legen die Entscheidung fest, die immer dann erlassen werden muß beziehungsweise nur dann erlassen werden darf, wenn ein solcher Tatbestand vorliegt. Dieser Tatbestand bekommt dadurch die Qualität einer Ursache, einer auslösenden Bedingung des Entscheidens. Die Form des Programms ist eine Wenn-dann-Beziehung. Eine Konsistenzprüfung erfolgt durch juristische Begriffsarbeit und durch die Abstimmung von erlangbaren Informationen, der Programmauslegung und einer Folgenvorherschau.

Auf einer Trennung der Zeitgrenzen und damit der Programmtypen beruht die Autonomie der Verwaltung. Die Struktur der Zeit, die außer der Gegenwart nur Vergangenheit und Zukunft kennt, sowie ihre Explikation durch das kausale Schema von Ursache und Wirkung, läßt nur diese beiden Grundtypen zu. In der Realität finden sich allerdings häufig faktische Kombinationen und

63 Vgl. oben, Vorlesung IV, Abschnitte 6.2.-6.4.

Verschachtelungen beider Programmtypen. Die Geltung eines Zwekkes mag von bestimmten Bedingungen abhängig gemacht werden, die bedingte Handlung mag nicht präzise und ohne Alternativen, sondern nur durch einen Zweck definiert sein. Auch können Konditionalprogramme wegen bestimmter Zwecke, also im Rahmen übergeordneter Zweckprogramme, erlassen werden usw. Die Sprache der Juristen und die des wirtschaftlichen Kalküls werden stets nebeneinander gebraucht. Es stellt sich deshalb das Problem der *relativen Schwerpunktbildung* in einem politischen System: Kann man sagen, daß einem bestimmten Entscheidungstyp der Vorrang gegeben wird? Eine Antwortmöglichkeit liegt in der Korrelation des Programmtyps mit anderen Variablen des politischen Systems. In sehr grober Charakterisierung kann man sagen, daß die »Polizeistaaten« des Absolutismus und heute die Entwicklungsländer mit Einschluß der sozialistischen Planungsstaaten sich primär an Zweckprogramme halten. Darin drückt sich eine strukturpolitische Entscheidung für die Zukunft, und zwar für die Reduktion der Zukunft auf bestimmte zu bewirkende Wirkungen aus. In westlichen, demokratischen Gesellschaften gibt der Rechtsstaat der konditionalen Programmierung den Primat. Hier sind es die Investitionen der Vergangenheit, Tatbestände und Rechte, die Entscheidungen auslösen können. Wer sich nicht genug berücksichtigt fühlt, muß und kann politische Forderungen anmelden. Ein solches System muß mit einer unkoordinierten Überflutung durch Programmierungs- und Entscheidungswünsche rechnen, und es beschäftigt seine politischen Zentralen und seine Verwaltung weniger mit der Planung der Zukunft als mit der Sichtung und Reduzierung solcher Forderungen, also mit der Absorption gesellschaftlicher Komplexität.

Die Symbolik der dominanten Kommunikationsrichtung im politischen System läßt nur einzig-richtige Ergebnisse des Entscheidens zu. Man muß hier aber zwischen *Idealisierung und Wirklichkeit* unterscheiden.

(a) Im Zweckprogramm ist es das Ideal der *optimalen Wirtschaftlichkeit.* Die wirtschaftliche Kalkulation sucht die Konsistenz des Entscheidens zu erreichen, indem sie von sinnvollen Zwecken ausgehend die Mittel so wählt, daß möglichst wenig nachteilige Nebenfolgen entstehen und möglichst wenig andere Möglichkeiten blockiert werden. Im Idealfalle einer »optimalen« Entscheidung werden sämtliche Folgen sämtlicher Alternativen verglichen, und die günstigste wird gewählt. Die Leistung der Verwaltung liegt dann gar nicht mehr im Entscheiden selbst, sondern allenfalls im Durchrechnen, in einer rationalen Zweck/Mittel-Analyse.

(b) Beim Konditionalprogramm ist es das Ideal der *strikten Gesetzmäßigkeit.* Der Prototyp der Entscheidungsarbeit ist das juristische Entscheiden, bei der in einer sinnverdichtenden Arbeit Einzelfälle aufgrund der Fallinformation einer Regelung zugeordnet, »subsumiert« werden. Die eigentümliche Rationalität dieser juristischen Entscheidungsarbeit ergibt sich nicht aus dem Grade ihrer logischen Korrektheit, sondern aus ihrer Funktion: daß sie die Komplexität des normativ geregelten Feldes von Möglichkeiten auf bestimmte Entscheidungen reduziert und dabei die Konsistenz des Entscheidens in gewissem Umfange zu wahren versteht.

Die logische Analyse der Programmstrukturen in den dafür zuständigen Fachwissenschaften und in der soziologischen Beobachtung des faktischen Entscheidungsverhaltens zeigen die Undurchführbarkeit dieser Ideale. Zum Beispiel sind für öffentliche Verwaltungen mit ihren komplexen, unausgeglichenen Wertstrukturen und ihrer umfassenden politischen Folgenverantwortung Optimierungsrechnungen praktisch nicht oder nur unter nicht akzeptierbaren Vereinfachungen durchführbar.[64] Damit scheidet die Möglichkeit aus, einzig richtige Lösungen mit rein rationalen, intersubjektiv zwingend überzeugenden Methoden aus vorgegebenen Programmen abzuleiten. Damit stehen wir vor der Frage: Woher nimmt der Jurist die Motive, die zur Reduktion der Komplexität über den Programminhalt und die Logik hinaus nötig sind? Was bestimmt ihn, mit anderen Worten, eine von mehreren juristisch begründbaren Entscheidungen zu wählen? Zur Beantwortung dieser Frage wird nun zweierlei interessant: Die *Organisation* läßt sich begreifen als Verteilung von Informationen, Macht und Motiven. Die *Umwelt* läßt sich begreifen als Quelle externer Motivation. Notwendige logische Sprünge und Ermessensspielräume bei der Begründung von Entscheidungen sind das Einfallstor für unkontrollierte gesellschaftliche Wertungen, schichten- oder gruppenspezifische Motive. Ob es zum Beispiel bei einem Diebstahl ein Strafmilderungsgrund ist, wenn der Täter sich als langjähriger Kriegsteilnehmer ausgezeichnet hatte, und ob die Verdienste

64 Vgl. Niklas Luhmann, »Kann die Verwaltung wirtschaftlich handeln?«, in: *Verwaltungsarchiv* 51 (1960), S. 97-115.

um die industrielle Entwicklung des Landkreises es rechtfertigen, dem Fabrikanten ein Wochenendhaus im Naturschutzgebiet zu genehmigen, kann, wie immer die Entscheidung ausfällt, nur aufgrund vorgefaßter Wertungen entschieden werden. Hier fließen ohne Zweifel allgemeingesellschaftliche, schichtenspezifische, gruppenspezifische und rein persönliche Wertvorstellungen in den Entscheidungsgang ein in einer Weise und in einem Umfang, die empirisch schwer zu ermitteln sind. Woher sollen die Selektionsgesichtspunkte genommen werden?

Die rollenimmanenten Entscheidungsmotive schließen also nicht aus, daß weitere, andersartige Präferenzen zum Tragen kommen. Andererseits ist nicht zu verkennen, daß es auch *nichtprogrammierte und doch systeminterne, rollenimmanente Motive* gibt. Zum Beispiel die Leichtigkeit oder die Eleganz der Begründung, die Verwendbarkeit eingeübter Floskeln und oft gebrauchter, also leicht erinnerter Präzedenzien; die Anerkennung, die eine Entscheidung und ihre Begründung bei Kollegen oder Vorgesetzten als fachliche Leistung oder wegen der gewählten Richtung finden kann; die Absicherung durch eine »herrschende Meinung« und anderes mehr. Ferner spielt auch lokales, mit dem Arbeitsplatz verbundenes Erfahrungswissen eine Rolle: Die Kenntnis von Zuständen und Personen, Erwartungen und mutmaßlichen Widerständen, Vorgeschichten und Entscheidungsprogrammen mit ihren spezifischen Tücken ist ein unentbehrliches Arbeitsplatzwissen eigener Art. Damit ist ein Zwischenreich zwischen programmierter Rationalität und unkontrolliertem gesellschaftlichen Einfluß angesprochen, das praktisch von großer Bedeutung ist. Die Programme haben ohne Zweifel Überlaufeffekte, unbeabsichtigte und zum Teil dysfunktionale Folgen. Aber all das gehört noch zur Autonomie der Verwaltung, zu einer Art eingerichteter Vernünftigkeit der kleinen Behelfe und Problemlösungen. Soziologisch bemerkenswert ist weniger, daß solche unprogrammierten Einflüsse vorkommen, als vielmehr, wie stark sie durch die eingerichtete Vernünftigkeit des Betriebs dezimiert und zersplittert werden. So ist gewährleistet, daß Einflüsse dieser Art, auch wenn sie als Reduktionshilfen und Entscheidungserleichterungen unentbehrlich sind, jedenfalls nicht zu einem zuverlässigen Instrument zielgerichteter Herrschaft zusammengefaßt werden und damit zur politischen Führung in Konkurrenz treten können.

3.3.3. Programmatik und Opportunismus

Ich kehre damit zur grundsätzlichen Betrachtungsweise zurück. Dem beschriebenen Opportunismus der kleinen Schliche ist eine grundsatzlichere Rechtfertigung nachzuschicken. Und darüber hinaus ist der Frage nachzugehen, ob nicht die Programmierung überhaupt ihre Grenzen finden muß am Bedarf für Opportunismus.

Opportunistisch ist ein Verhalten, das sich an wechselnden Präferenzen orientiert, also widerspruchsvolle Programme verwendet, indem es einmal diesem, einmal jenem Wert auf Kosten der anderen bevorzugte Aufmerksamkeit zuwendet. Allgemein hängt der *Bedarf für Opportunismus* in der Verwaltung von zwei Faktoren ab: von der Komplexität des Systems und von den Vorleistungen der Politik. Wenn die Komplexität der Gesellschaft steigt, muß die Leistungsfähigkeit der Politik entsprechend wachsen – oder die Verwaltung wird opportunistisch. Sobald soziale Systeme eine bestimmte Schwelle der Komplexität überschreiten, können sie sich zwar noch mit bestimmten Werten identifizieren und diese als legitime mögliche Ziele institutionalisieren, aber sie können nicht bestimmte, transitive Rangverhältnisse zwischen diesen Werten festlegen. Besonders ein politisches System, das sich der Reduktion gesellschaftlicher Komplexität widmet, kann gar nicht anders, als nach wechselnden Präferenzen zu entscheiden. Es braucht eine komplexe, widerspruchsvolle Wertstruktur mit Raum für unbestimmte, nicht festgelegte Prioritäten. Es kann sich nicht allgemein und ein für allemal darauf verpflichten, Kultur für wichtiger zu halten als Hygiene oder Freiheit für wichtiger als Frieden, sondern es muß die Möglichkeit haben, kulturelle Ziele auf Kosten wirtschaftlicher, wirtschaftliche auf Kosten militärischer und militärische auf Kosten kultureller Ziele zu verfolgen usw. Je komplexer und widerspruchsreicher die Wertstruktur ist, desto rascher muß das System seine Präferenzen wechseln, desto opportunistischer muß es handeln können, um in einem beschleunigten Turnus alle Werte auf Kosten aller fördern zu können. Erreicht diese Dynamisierung der Gerechtigkeit ein bestimmtes Tempo, wird sie wahrnehmbar. Dann läßt sich kaum vermeiden, daß sie die Motivkraft der Entscheidungsprogramme untergräbt. Der Opportunismus muß dann als Einstellung legitimiert, als Verfahren rationalisiert und als Funktion institutionalisiert werden.

Programmkonsistenz und Opportunismus sind widerspruchsvolle Strukturerfordernisse, die beide aber funktional sinnvoll sind. Man darf nicht, wie es Juristen oder Ökonomen lieben würden, das eine aufgrund des anderen verdammen. In der Praxis gibt es Strategien, die den *Konflikt zwischen Programmatik und Opportunismus abschwächen*, insbesondere (a) die Anerkennung des Status quo und (b) Maßnahmen zur Erhaltung künftiger Opportunität.

(a) Die *Anerkennung des Status quo* kann als Basis aller opportunistischen Strategien verstanden werden (der dann unmerklich langsam entwertet wird). Die Änderbarkeit der Entscheidungsprogramme der Verwaltung findet ihre Grenzen in den im Publikum gebildeten Entscheidungserwartungen. Jede Änderung muß in einer solchen Ordnung politisch und programmatisch nicht als Umverteilung, sondern als Verbesserung in bestimmten Hinsichten dargestellt werden. Alle opportunistischen Strategien finden deshalb im Status quo einen Ausgangspunkt von begrenzter Komplexität, und sie versuchen zu operieren, ohne diese Grundlage anzutasten. Der »Besitzstand« wird vielmehr garantiert als konsenssichere Basis, von der aus Aufwärtsbewegungen und Zuwachsquoten gesteuert werden können.

(b) *Maßnahmen zur Erhaltung künftiger Opportunität* können selbst als programmierbare Ziele aufgefaßt werden. Opportunismus muß keineswegs immer und ausschließlich die Form einer offensichtlich widerspruchsvollen Programmierung oder Programmausführung annehmen. Opportunistisch sind auch schon all die Bemühungen, die nur der Erhaltung der Opportunität dienen. Sie richten sich nicht direkt auf inkonsistente Ziele, sondern streben nur danach, die Möglichkeit eines Wechsels der Präferenzen sicherzustellen. Macht, Geld, Ansehen und Public Relation halten das Handeln und die künftigen Präferenzen offen und sichern sie doch. Außerdem gibt es eine Steuerung des opportunistischen Verhaltens durch Außenkontakte. Zum einen vom Publikum her durch *Interessenverbände*, also durch eine pluralistische Wert- und Machtstruktur in der politisch relevanten Umwelt der Verwaltung. Sie setzt voraus, daß jedes Interesse, das als Wert formuliert werden kann, im Prozeß der politischen Informationsverarbeitung seinen Sprecher findet. Der Pluralismus der Wertordnungen kann aber nicht allein durch die politischen Parteien garantiert werden, denen die Funktion der Generalisierung und der Integration zufällt. Nur ein vielfältiges, politisch nicht ignorierbares System von Interessenverbänden gewährleistet eine laufende Beobachtung und Analyse des Prozesses der Programmierung unter sehr spezifischen Wertaspekten und akkumuliert zugleich genügend Macht, Erfahrung und Beziehungen, um im Einzelfall mit Nachdruck bestimmte Werte ins Gespräch bringen zu können. Zum anderen gibt es von der Politik her eine Steuerung durch *politische Patronage*, also durch den bereits[65] beschriebenen Sachverhalt der *politischen* Besetzung von Verwaltungsstellen, die nicht mit den Funktionserfordernissen der Verwaltung abgestimmt ist, sondern über bestimmte Personen und deren politische Nebenrollen sicherstellt, daß politische Interessen direkten Zugriff auf das Verwaltungshandeln erlangen, also opportunistisches Handeln wahrscheinlicher werden läßt.

65 Vgl. oben in dieser Vorlesung, Abschnitt 3.2., S. 365.

4. Politik

Wir beschäftigen uns jetzt mit Politik als einem Teilsystem des politischen Systems, also dem, was man zu Unterscheidungszwecken gegenüber dem üblichen Sprachgebrauch auch politische Prozesse nennen könnte.

4.1. Funktion und Umweltlage der Politik

4.1.1. Politische Prozesse, Parteien

Der schottische Missionar Robert Moffat (1795-1883) schrieb in seinem 1842 publizierten Bericht über seine Missionarszeit in Südafrika, daß die Häuptlinge der Volksgruppe der Batswana morgens Lederfelle zusammennähen würden und nachmittags betrunken seien.[66] Heute, in der modernen Gesellschaft, ist Politik eine Art hauptberufliche Arbeit und ein Teil des laufenden Staatslebens. Außerdem ist bemerkenswert, daß es eine Politik gibt *neben* dem in der Bürokratie ablaufenden Entscheidungsvorgang. Genauer: Politik in diesem engeren Sinne ist vor, neben und hinter den Entscheidungsvorgängen angesiedelt. Träger dieser Politik sind die *Parteien*.

Parteien oder Politik in diesem von Regierung, Verwaltung usw. unterschiedenen Sinne werden erst im 20. Jahrhundert Gegenstand wissenschaftlicher Bemühung. Moisei Ostrogorski, Robert Michels und James Bryce bringen am Beginn des 20. Jahrhunderts die Forschung in Gang mit Studien zum Problem der undemokratischen Struktur.[67] Anhaltspunkt dieser Analysen war die Biparität der inneren (oligarchisch-autokratischen) Struktur der Parteien und der demokratischen Staatsverfassung. Der eher polemische

66 Robert Moffat, *Missionary Labours and Scenes in Southern Africa*, London 1842.

67 Vgl. Moisei J. Ostrogorski, *La démocratie et l'organisation des partis politiques*, 2 Bde., Paris 1903; James Bryce, *The American Commonwealth*, Bd. 2: *The Party System – Public Opinion – Illustrations and Reflections – Social Institutions*, 2., rev. u. erw. Aufl., New York 1910; Robert Michels, *Zur Soziologie des Parteiwesens in der modernen Demokratie. Untersuchungen über die oligarchischen Tendenzen des Gruppenlebens*, Stuttgart 1957 (= Neudruck der 2., verm. Aufl.; EA Leipzig 1911).

Tenor dieser Analysen ist, daß die Volksherrschaft durch eine Parteienherrschaft ersetzt werde. Die modernen Untersuchungen sind dagegen eher deskriptiver Art. Nennen kann man hier Maurice Duverger, in dessen Buch *Die politischen Parteien* der weitestgetriebene Versuch einer theoretischen Klassifizierung politischer Parteien und Parteiensysteme zu finden ist, und Valdimer O. Keys *Politics, Parties, and Pressure Groups*.[68] Die Forschung konzentriert sich bislang vorwiegend auf die Verhältnisse in den USA. Bis heute fehlt aber eine durchgearbeitete Theorie der politischen Prozesse als eines Teilsystems des politischen Systems. Eine Folge dieser wissenschaftsgeschichtlichen Situation sind gewisse terminologische Schwierigkeiten: daß wir nämlich das Wort »politisch« weder bei der Bezeichnung des Gesamtsystems noch bei der Bezeichnung des jetzt zu behandelnden Teilbereichs entbehren können. Der Ausdruck »politisches System« ist daher für das Gesamtsystem reserviert, während ich für das Teilsystem des Politischen im engeren Sinne Begriffe wie »Politik« oder »politische Prozesse« verwenden werde. Was ich im folgenden vorstelle, ist keine isolierte Betrachtung, die von der Struktur des Teilsystems »Politik« ausgeht, sondern eine funktionale Analyse auf der Basis meines Modells des politischen Systems. Die Frage ist also: Welches Problem ist in diesem Teilsystem des politischen Systems zu lösen?

4.1.2. Mobilisierung von Entscheidungsprogrammen und politischer Unterstützung

Die relative Unterbelichtung der so verstandenen Politik durch die Wissenschaft ist kein Zufall, sondern hängt mit der Entwicklungsgeschichte des politischen Systems zusammen. Das, was in der Politik geleistet wird, wurde in älteren Systemen bürokratischer Herrschaft gar nicht in diesem Umfange zur Disposition gestellt, sondern als unpolitisch garantiert verstanden, sodann als institutionell garantiert hingenommen: durch das religiöse Fundament, die »Natur« rechtlich-moralischer Selbstverständlichkeiten, durch Krone und Altar als politische Institutionen. Was es an Politik gab,

68 Maurice Duverger, *Die politischen Parteien*, Tübingen 1959 (OA: *Les partis politiques*, Paris 1951); Valdimer O. Key, Jr., *Politics, Parties, and Pressure Groups*, New York ²1948.

spielte sich in der »Gesellschaft« ab. Demgegenüber haben sich durch die Steigerung der Komplexität der Gesellschaft, der Ausdifferenzierung und der Autonomie des politischen Systems grundlegende Veränderungen ergeben, die eine neue, abstraktere und unbestimmtere Systemstruktur notwendig macht, die nicht nur das Entscheiden, sondern auch das Entscheiden über die Prämissen des Entscheidens noch reguliert. Die Veränderungen lassen sich an zwei Punkten festmachen: der Mobilisierung (a) der Entscheidungsprogramme und (b) der politischen Unterstützung.

(a) Die *Mobilisierung der Entscheidungsprogramme* kann man knapp mit dem Begriff der Positivität bezeichnen, also insbesondere der Positivierung des Rechts. Das meint, daß die Entscheidungsprämissen und die Handlungsprogramme nicht mehr selbstverständlich sind, sondern variabel werden: Gesetze werden gemacht, im politischen System steht das Recht zur Disposition. Politischer Konsens muß jetzt für variable Themen gesucht werden und für programmbildende Entscheidungen.

(b) Die *Mobilisierung der politischen Unterstützung* erfolgt durch besondere Publikumsrollen. Die politische Unterstützung des Entscheidens kann nicht mehr als institutionell vorgegeben unterstellt werden, weil sie sich auf variable Entscheidungsprämissen beziehen soll. Sie muß nun von Fall zu Fall zusammengebracht werden, eine neue Art politischer Beweglichkeit des Publikums wird unvermeidlich. Das setzt eine entsprechende Mobilisierung und Beeinflußbarkeit des Publikums voraus. Statt askriptiv vorgegebener Selbstverständlichkeiten werden auch dem Publikum variable Entscheidungen vorgelegt. In beiden Fällen müssen fraglose Gegebenheiten jetzt durch Entscheidungen ersetzt werden, von denen man weiß, daß sie auch anders ausfallen könnten.

Daß beide Mobilisierungen sich wechselseitig bedingen, kann man an zwei Fällen sehen. Im 19. Jahrhundert kommt es zur Positivierung des Rechts und gleichzeitig zur Ausdehnung des Wahlrechts auf alle Schichten. Und in den Entwicklungsländern kommt es durch das Ziel einer forcierten wirtschaftlichen Entwicklung der Gesellschaft zu einer Positivierung der Entwicklungsplanung in der Form von variablen Entscheidungsprogrammen mit einem Primat der Zweckprogrammierung. Das macht ein entsprechendes Fluktuieren der politischen Unterstützung notwendig. Die politische Unterstützung dafür muß erst mobilisiert, das heißt aus askriptiven invarianten Bindungen gelöst und auf die jeweiligen Programme bezogen werden.

Die Stabilität des politischen Systems muß jetzt in ganz neuer Weise auf *variable* Grundlagen gebaut werden, muß mit dem Problem fertig werden, daß alles anders sein könnte. Das kann nur geschehen, indem man daraus ein Problem macht und einen Gegenstand laufender, organisierter Beschäftigung. Politik wird ein System im System, das die Variationsmöglichkeiten in Publikum und Verwaltung als Grenzprobleme behandeln kann. Dazu kommt, daß beide Grenzen keineswegs gleichsinnig variieren: Durch nichts ist garantiert, daß die Wünsche des Publikums sich im Rahmen der Programmierungsmöglichkeiten halten oder daß die immanente Selbstverbesserung der Verwaltung politisch gefällt. Die *Koordination beider Bewegungen* – die Ausnutzung des immer wieder programmierbaren Entscheidungsspielraums der Verwaltung einerseits und die Veränderungen der Bereitschaft zu politischer Unterstützung andererseits – muß also ständig geleistet werden. Sonst besteht die Gefahr politischer Katastrophen einer Art, die es früher nicht gab, in Form eines unkontrollierbaren Ausbruchs politischer Leidenschaften in Revolutionen oder fanatisierten Massenbewegungen. Diese Leistung muß außerhalb der Verwaltung erbracht werden, weil es ja gerade um deren Mobilität geht. Es ist keine Rückkehr zu einheitlichen Sozialhierarchien möglich, auch im sozialistischen Lager nicht. Wenn die Komplexität des politischen Systems steigt, kann das Problem der Integration nicht mehr invarianten Institutionen überlassen werden, aber auch nicht allein dem Zufall in Gestalt der öffentlichen Meinung oder des Auftretens überzeugungskräftiger Führer. Erforderlich ist vielmehr eine organisierte Koordinationsarbeit zwischen der Ebene der Entscheidungsprogramme und der Ebene der Unterstützung zur Sicherung des Systems. Eben das ist dann im politischen System die Funktion der Politik.

4.1.3. Einfluß auf Verwaltung und Publikum

Damit dieses Problem gelöst werden kann, müssen zwei Bedingungen erfüllt werden.

(a) Es muß organisierte politische Parteien geben, die als ständige Organisationen den Wechsel von Personen, Programmen, Loyalitäten und Taktiken überdauern und so einen festen Rahmen und einen Zusammenhang mit der erreichbaren politischen Unterstützung durch das Publikum gewährleisten. Parteien sind eine universelle Erscheinung. Die konkrete Ausformung des Parteiensystems – als Einparteien- oder Mehrparteiensystem – ist eine zweite Frage.[69]

(b) Es muß eine Einschaltung der Politik in die Variation der Grenzbedingung geben. Das erfolgt zum einen durch politische Planung, also eine (kooperative) Programmierung der Verwaltung[70] und die Besetzung der höheren Ämter in der Verwaltung, zum anderen durch die Beeinflussung des Publikums. Die Beeinflussung des Publikums geschieht strukturell durch die Schaffung besonderer Publikumsrollen, in denen Forderungen und Unterstützung ausgedrückt werden können, zum Beispiel die Rolle des politischen Wählers. Und sie erfolgt verhaltensmäßig durch eine ständige politische »Betreuung« in Form der Werbung für Programme, der Vorgabe vorformulierter Probleme, Themen, Alternativen und Personen.

Dadurch kann, ohne daß die Politik ihre Umwelt voll beherrscht, *der Einfluß an der einen Grenze im Sinne der anderen benutzt werden und umgekehrt*, wobei die Führung wechseln kann.[71] Der Einfluß auf die eine Umwelt hängt nämlich vom Einfluß auf die andere ab und umgekehrt, und beide Einflußkapazitäten sind nur in Beziehung aufeinander steigerungsfähig. Die Politik kann mehr und generellere Unterstützung des Publikums aktivieren, wenn sie in der Lage ist, mehr Wünsche des Publikums in der Verwaltung durch Fixierung von Entscheidungsprogrammen unterzubringen; und umgekehrt kann sie die Verwaltung stärker und präziser beeinflussen, wenn sie ihre politische Unterstützung für einen weit gefaßten Programmbereich garantieren und sie damit von anderen gesellschaftlichen Kräften unabhängig machen kann.

Kein Subsystem im politischen System hat die Möglichkeit der vollen Umweltkontrolle. Die Intensivierung der Koordination bedeutet aber eine Machtsteigerung der Politik. Im Artikulieren und

69 Vgl. zu dieser Unterscheidung ausführlicher unten in dieser Vorlesung, Abschnitt 4.2.

70 Vgl. dazu detaillierter Niklas Luhmann, »Politische Planung«, in: *Jahrbuch für Sozialwissenschaft* 17, S. 271-296.

71 Vgl. zu einer entsprechenden Interpretation des Verwaltungshandelns Luhmann, *Die Grenzen der Verwaltung*, S. 190 ff.

Verallgemeinern von Interessen und Werten, in der Beschaffung von Konsens und in der Konsolidierung konsensgleicher Vertretungsmacht, in der semantischen Arbeit an politischen »Themen«, in der Mobilisierung von Unterstützung für Kandidaten oder Sachvorschläge, beim Lernen und Erproben politischer Geschicklichkeiten, in der Pflege des Ansehens von Organisationen und Positionen und durch vielerlei andere ähnliche Strategien wird in einem Zuge legitime Macht aufgebaut und Komplexität reduziert.

4.1.4. Instrumentelle und expressive Funktion

Man kann diese Problemkonstellation mit Hilfe des systemtheoretischen Unterschiedes von *instrumentellen und expressiven Variablen* interpretieren. Die Unterscheidung selbst ist in der Kleingruppenforschung entwickelt worden, sie ist aber in ihren Grundlagen nicht wirklich geklärt. Es geht um zwei verschiedene Arten von Systembedürfnissen einer Gruppe: Sie benötigt instrumentelle Mittel zur Zielerreichung und expressive Mechanismen zur Befriedigung der sozioemotionalen Bedürfnisse der Gruppenmitglieder. (Daraus resultiert dann die bereits erwähnte Doppelführungstheorie.) Wenn man allerdings die Gruppe als ein Rollensystem versteht und die Personen also als Umwelt, dann kann die Unterscheidung nicht mit dem Gegensatz von innen und außen gleichgesetzt werden, so als ob instrumentelle Variablen der zweckmäßigen Anpassung an die Umwelt, expressive Variablen dagegen der internen Stabilisierung des Systems dienen würden. Vielmehr beziehen sich *beide* Variablen auf die Umwelt des Sozialsystems, sie bezeichnen verschiedene Strategien der Umweltanpassung eines Systems. Talcott Parsons hat die Unterscheidung dann in die allgemeine Systemtheorie übernommen und verallgemeinert.[72] Die Unterscheidung wird bei ihm auf ein Zeitproblem bezogen, nämlich auf die Frage, ob ein Bedürfnis sofort oder erst später befriedigt wird, die Bedürfnisbefriedigung also aufgeschoben werden kann, weshalb er beim Einbau in seine Theorie des Aktionssystems auch von »konsumatorischen« und »instrumentellen« Problemvariablen spricht.[73] Die ex-

72 Vgl. Talcott Parsons, Robert F. Bales, Edward A. Shils, *Working Papers in the Theory of Action*, Glencoe 1953; Talcott Parsons, Robert F. Bales, *Family, Socialization and Interaction Process*, Glencoe 1955.

73 Vgl. Talcott Parsons, »General Theory in Sociology«, in: Robert K. Merton,

pressiv-konsumatorische Orientierung ist also gegenwartsbezogen, die instrumentelle Orientierung, die Zweck/Mittel-Orientierung dagegen zukunftsbezogen.

Für unser Thema ist nun sehr wesentlich: Das politische System als Kommunikationskreislauf, wie ich es in meinem Modell beschreibe, verbraucht viel Zeit und orientiert sich an Fernwirkungen. Wenn die Politik sich im Sinne dieses Kreislaufs orientiert und zur Verwaltung blickt, dann muß sie instrumental oder zweckorientiert denken. Es dominiert ein die entferntere Zukunft planender Kommunikationsstil, der gewisse Anhaltspunkte für späteres Verhalten unter weitgehend unvorhersehbaren Umständen festlegt. Aber nicht alle Bedürfnisse sind vertagbar, und Vertagungen erzeugen sekundäre Bedürfnisse, insbesondere die Bedürfnisse nach Sicherheit (angesichts einer unbekannten Zukunft) und Vertrauen (in die Problemlösungskompetenz des politischen Systems). Diese Bedürfnisse müssen durch expressives politisches Handeln befriedigt werden. *Daraus ergeben sich widerspruchsvolle Anforderungen* an die Politik in Form einer Orientierung an verschiedenen Zeithorizonten je nachdem, auf welches Umweltsystem hin gehandelt wird: Im Verhältnis zur Verwaltung muß sie primär instrumentell orientiert, das heißt planend agieren, im Verhältnis zum Publikum dagegen vorwiegend expressiv orientiert, das heißt werbend. Mithin wird von der Verwaltung und von dem Publikum ein sich widersprechender, da an verschiedenen Zeithorizonten orientierter Verhaltensstil erwartet, und es ist eine spezifische Leistung des Politikers, den unterschiedlichen Rollenerwartungen Herr zu werden, das heißt personell konsistent zu handeln.

Man findet *symbolische Prozesse* der Darstellung der Politik, die dem offiziellen Kommunikationskreislauf folgen. Demnach dienen die politischen Prozesse der Transformation des Volkswillens in verbindliche Entscheidungen, sie fungieren als Willensübermittler. Dem korrespondiert das Ideal der völlig determinierten, Gesetze ausführenden Verwaltung. Dargestellt wird also ein statisches Ideal (das gerade die Dynamik verbergen soll), das das Gefühl der Sicherheit und der Kontrollierbarkeit des Geschehens gibt. Die Verwaltung muß geplant, das Publikum muß beruhigt werden;

Leonard Broom, Leonard S. Cottrell, Jr. (Hg.), *Sociology Today. Problems and Prospects*, New York 1959, S. 3-38 (5 ff.). Siehe dazu auch oben, Vorlesung II, Abschnitt 3.1.

die Verwaltung benötigt Mitteilungen, die sich als Entscheidungsprämissen eignen, das Publikum benötigt Mitteilungen, die symbolische Identifikationen aufbauen und bestätigen. Rudolf Smend beschreibt den Sachverhalt in seiner Lehre vom Staat als Integration der einzelnen in den politischen Prozeß, Murray Edelman analysiert die Symbolik unter dem Gesichtspunkt einer zeremoniellen Veranstaltung, und Harold Lasswell spricht von einer Psychopathologie der Politik, die gezwungen ist, in einer doppelten Sprache zu sprechen, wenn nicht gar mit einer doppelten Moral zu handeln.[74]

Vor dem skizzierten theoretischen Hintergrund ist jetzt eine *funktionale Analyse* der eigentümlichen *politischen Sprache* möglich. Ein bewährtes Schema für die Kombination von instrumenteller und expressiver Orientierung in der Politik ist zum Beispiel die Figur von »etwas als etwas«: von Rüstungsausgaben als Beitrag zur Sicherung des Friedens, von personalpolitischer Patronage als Maßnahme zur Sicherung einer demokratischen Führung der Verwaltung, von Rationierungen und Kontingentierungen als notwendige Mittel zur Sicherung der nationalen Unabhängigkeit, von Subventionen als Strukturverbesserungen, von Besoldungserhöhungen für die Hochschullehrer als Förderung der Wissenschaft und des Bildungswesens usw. Formeln wie »Anpassung an ...«, »Verbesserungen des ...«, »Beitrag zur ...«, »Sicherstellung der ...« dienen dem gleichen Zweck und der Abwechslung. Ferner erfolgt eine Differenzierung der politischen Sprache nach verschiedenen Zuhörerkreisen, man kann also eine öffentliche Sprache und interne Sprache unterscheiden. Nichtöffentliche Ausschußsitzungen können sich unter Umständen ganz auf Verwaltungsplanung einstellen, während eine Ansprache vor der Jahresversammlung des Unternehmerverbandes ganz einem ritualistischen Nennen und Beschwören der Symbole und Lieblingsworte dieses Verbandes gewidmet werden kann. Ein gewisses Verständnis für den Zusammenhang von Szene und Aussage darf dabei unterstellt werden.

Das alles sind Techniken, um in zwei verschiedenen Zeithorizonten zugleich agieren zu können und damit *gegenwärtige* Sicherheit für eine *ferne* und *unsichere* oder doch für den einzelnen

74 Vgl. Rudolf Smend, *Verfassung und Verfassungsrecht*, München, Leipzig 1928; Murray Edelman, *The Symbolic Uses of Politics*, Urbana u.a. 1964; Harold D. Lasswell, Nathan Leites u.a., *Language of Politics. Studies in Quantitative Semantics*, New York 1949.

nicht in sein Leben einbeziehbare Zukunft zu schaffen. Parteiensysteme unterscheiden sich sehr wesentlich durch den Stil, in dem sie diese Aufgabe lösen: ob sie die Ideologie oder den politischen Kampf als primäres Identifikationsmittel verstehen. Es stellt sich abschließend die Frage, wie komplex und offen und variabel eine Zukunft gehalten werden kann, ohne daß ihre Absicherung in der Gegenwart abreißt. Soll die Zukunft offengehalten werden, ist eine kontinuierliche Leistung der Vergewisserung erforderlich, die sich gegenwärtig unmittelbar auswirkt. Das Handeln der Politik steht unter diskrepanten Anforderungen, Entscheidungen und Befriedigungen ins Ungewisse zu vertagen und doch hinreichend sicher gegenwärtig zu vergewissern. Je mehr Möglichkeiten der Zukunft offengehalten werden müssen, je komplexer das Wirkungsfeld ist und je stärker das politische System als Ganzes gesellschaftlich ausdifferenziert wird, um so schwieriger wird das politische Verhalten.

4.1.5. Innenkomplexität der Politik

Damit gehen wir zurück auf die Ausgangsanalyse: *Doppelseitige Variabilität bedeutet unbestimmte Komplexität.* Politisch ist alles möglich: Alle politisch relevanten Informationen müssen in einem Horizont fluktuierender Unterstützungsbedingungen und zugleich in einem Horizont veränderlicher Programmierungsmöglichkeiten gelesen werden, und sie erhalten in bezug auf diese Horizonte anderer Möglichkeiten erst ihren Informationswert. Die Funktion der Politik besteht in der Reduktion dieser unbestimmten Komplexität auf entscheidungsfähige Ausmaße, auf Strukturen mit begrenzten Möglichkeiten, in denen Entscheidungen überhaupt erst auf Konsistenz geprüft werden können. *Wie* diese Leistung erbracht wird, das ist das Problem, an dem die einzelnen Parteiensysteme sich scheiden, es ist das funktionale Bezugsproblem, das uns ermöglichen wird, sie zu vergleichen. Vorher sind aber noch einige die unterschiedlichen Parteiensysteme übergreifenden Bemerkungen auf der Ebene der allgemeinen Theorie notwendig.

Unbestimmte Komplexität heißt *geringe Rollendifferenzierung*. Deshalb gibt es eine relativ geringe Innenkomplexität der Politik in Form von *Parteien*, die nicht in einem Verhältnis funktionaler, sondern segmentierender Differenzierung zueinander stehen. Der Kampf um die letzte Macht ist ein gleichmachendes Prinzip.

Unbestimmte Komplexität heißt relativ *geringe gesellschaftliche Ausdifferenzierung*. Die Politik ist zwar als symbolisches Handeln ausdifferenziert, sie arbeitet primär mit Symbolen (zum Beispiel: »die Wiedervereinigung Deutschlands«), das ist aber nicht vergleichbar mit anderen Symbolen in der Gesellschaft wie Währung, Bildung oder – in den Tauschzusammenhängen der archaischen Gesellschaften – Frauen. Es gibt in der Politik einen deutlich geringeren Ausdifferenzierungsgrad als in der Verwaltung. Das kann man zum Beispiel festmachen an (1) dem stärkeren Gewicht der individuellen Persönlichkeit des Politikers, was daran erkennbar ist, ob es ihm überzeugend gelingt, die expressiv-instrumentelle Doppelfunktion erfolgreich auszuüben, also »der richtige Mann« zu sein, (2) dem stärkeren Einfluß kultureller Werthaltungen oder allgemeiner konsensbildender Faktoren, zum Beispiel heute der Übernahme der gesellschaftlich etablierten Wissenschaftsgläubigkeit und (3) der starken Verflechtungen der Politik mit den Interessenverbänden.

4.1.6. Theorie der Repräsentation

Abschließen möchte ich mit einem Rückblick auf traditionale Kategorien der klassischen Theorie der Politik, insbesondere auf die *Theorie der Repräsentation*, mit der das Phänomen des Parteienwesens meist beschrieben wird. In den älteren Theorien der Volkssouveränität, der Repräsentation oder des Volkswillens als letzter Ursache aller öffentlichen Gewalt gibt es eine vergleichsweise einfache Darstellung der Politik als die Durchsetzung des Volkswillens gegenüber einem eigensüchtigen oder phlegmatischen Herrscher. Dabei werden bestenfalls Probleme der Machtverteilung zwischen Volk und Herrscher unter der Voraussetzung konstanter Machtsummen behandelt. Das ist aber eine unterkomplexe Sichtweise der Funktion der Politik. Es geht weder um Probleme der Machtverteilung noch um Effektübertragungen aus dem einen in den anderen Bereich, also weder darum, dem »wahren Willen des Volkes« zum Erfolg zu verhelfen oder umgekehrt eine Tyrannei der Mehrheit über Minderheiten zu verhindern. Würde man die Funktion der politischen Parteien einzig in der Repräsentation sehen, so wäre man gezwungen, eine Fülle von Erscheinungen als pathologisch hinzustellen, zum Beispiel den Einfluß der Parteien auf die Wähler und den Einfluß der Verwaltung auf die Politik. Der theoretische Bezugsrahmen der klassischen Theorie scheint mir also grundsätzlich revisionsbedürftig zu sein, und die Soziologie ist dazu in der Lage, diese Revision durchzuführen. Das ist der innere Grund für den Abstraktionsgrad meiner Darstellung.

4.2. Parteiensysteme

4.2.1. Bezugsproblem: Reduktion politischer Komplexität

Wenn man die Funktion der Politik genauer in den Blick nehmen möchte, ist ein Vergleich der verschiedenen Parteiensysteme notwendig. Im folgenden geht es also um eine vergleichende Analyse von Parteiensystemen. Dafür gibt es zwei Möglichkeiten: Man kann *strukturell* und *funktional* vergleichen. Bei einem Vergleich strukturell gleich oder ähnlich gelagerter Phänomene in einem sozialen System besteht die Gefahr einer vorschnellen Fixierung von Formen und Werten. Bei einem funktionalen Vergleich, also dem Vergleich verschiedener sozialer Phänomene hinsichtlich der gleichen Funktion, die sie erfüllen, besteht die Gefahr zu großer Abstraktion, die letztlich nur im Rahmen einer theoretischen Gesamtkonstruktion lösbar ist, so wie ich sie hier vorschlage. Die Funktion der Politik besteht in der Reduktion einer unbestimmten Komplexität auf entscheidungsfähige Ausmaße. Das *Bezugsproblem* unseres funktionalen Vergleichs von Parteiensystemen ist die damit implizierte politische Komplexität. Enger gefaßt: das Problem der Legitimität in der Beschaffung von Entscheidungsunterlagen für die Verwaltung. Zu vermuten ist, daß es mehrere, funktional äquivalente Möglichkeiten der Problemlösung gibt. Der Vergleich erfolgt also ohne eine vorweg eingebaute Präferenz für die eine oder die andere Lösung. Unterschiedliche Parteiensysteme werden also ähnlich behandelt wie die unterschiedlichen »Programmtypen« der Verwaltung, Zweck- und Konditionalprogramme.

Im groben Überblick kann man *zwei Grundformen* unterscheiden, die als Lösung eines handlicheren, instruktiveren Ersatzproblems an die Stelle des ursprünglichen Problems übermäßiger Komplexität treten, nämlich die Frage, wie man in einem parteilichen, noch nicht legitimen Verfahren der Informationsverarbeitung Prämissen für legitime Entscheidungen gewinnen kann. Diese Problemverdichtung setzt *Systembildung im Bereich der Parteipolitik* voraus; und Parteiensysteme unterscheiden sich in erster Linie danach, ob sie mehreren Parteien oder nur einer den Zugang zur legitimen Macht offenhalten. Man kann also unterscheiden zwischen Mehrparteiensystemen und Einparteiensystemen. In *Mehrparteiensystemen* erfolgt die Reduktion der Komplexität durch die Vereinfachungsformel des Kampfes der Parteien gegeneinander: Die Eliminierung von Alternativen erfolgt durch eine Konkurrenz zwischen den Parteien. In *Einparteiensystemen* wird die Reduktion der Komplexität durch eine Ideologie geleistet, für die Legitimität beansprucht wird und die sicherstellt, daß das Ausscheiden aller Alternativen innerhalb der Parteiorganisation geschieht. Beide Typen nehmen ergänzend die Reduktionsformen des Gegentyps auf: Kampf ist in Einparteiensystemen ebensowenig ausgeschlossen wie Ideologien in Mehrparteiensystemen.

4.2.2. Mehrparteiensysteme

4.2.2.1. Grundformen

Zunächst möchte ich eine *allgemeine Charakterisierung von Mehrparteiensystemen* ohne Rücksicht auf Untertypen und Varianten (wie Vielparteien- oder Zweiparteiensysteme mit oder ohne Proporz der Verwaltungspostenverteilung) vornehmen.

(a) Die *Grundverfassung von Mehrparteiensystemen* besteht in einer Mehrzahl von Parteien, die um den Zugang zur legitimen Macht konkurrieren. Im Teilsystem Politik bedeutet das: (1) Es gibt (im Unterschied zur Ideologie eines Einparteiensystems) keine feste und gemeinsame Wertrangordnung, (2) es gibt keine einheitliche Führungsorganisation und (3) es gibt keine Garantie (und keine letzte Instanz) der Entscheidbarkeit aller Konflikte. All das zusammengenommen ist ein Zeichen hoher Komplexität und, wie wir wissen, von Funktionsgerechtheit. Gleichwohl hat das Mehrparteiensystem einen Systemcharakter mit wechselseitiger Abhängigkeit, die durch eine Art von Knappheit, nämlich eine künstlich institutionalisierte Knappheit in Form des Zugangs zur legitimen Macht, *oktroyiert* ist.

(b) Das *systembildende Prinzip des Mehrparteiensystems* ist mithin die Knappheit des Zugangs zu den Stellen mit legitimen Entscheidungskompetenzen, zu Ämtern im Bereich der Staatsorganbürokratie. Das Verhältnis der Parteien ist ein Kampf um Stellen, um quantifizierbare Erfolge, der wie ein Nullsummenspiel rationalisiert werden kann, da der Gewinn der einen Partei stets notwendig im gleichen Umfang der Verlust für die anderen ist. Es liegt in diesem Fall also eine künstliche Institutionalisierung einer *konstanten Machtsumme* vor, die die klassische politische Theorie mehr oder weniger als naturgegeben unterstellt hatte. Wie eine Wahl ausgegangen ist, ist im allgemeinen weder zweifelhaft noch umstritten. Und die Eindeutigkeit von Gewinn und Verlust erleichtert die Machtübergabe. Auch minimale Wahlsiege werden trotz weittragender Folgen von den Verlierern akzeptiert, wie man am Beispiel von John F. Kennedys Wahlsieg 1960 sehen konnte: Die unterlegene Republikanische Partei verzichtete trotz guter Chancen darauf, Wahlpraktiken und Ergebnisse in einzelnen Bundesstaaten anzufechten, was zu langfristiger politischer Verunsicherung geführt hätte.

(c) Das *Problem des Machtwechsels* wird dadurch als Routinevorgang im Staatsleben lösbar. Die Lösung dieses Problems ist gleichsam verquickt mit der Form, in der Komplexität abgearbeitet wird, und wird dadurch zum Sinnbestandteil der laufenden Arbeit. Chance und Gefahr des Machtwechsels sind Bezugspunkte des politischen Handelns der Parteien. Damit besteht eine gewisse Aussicht, daß sie die Mobilität der Macht als Systemkonzeption auch tatsächlich bewahren, sich also den Bedingungen des Erwerbens und Verlierens der Macht fügen. Der Austausch von Personen in leitenden Positionen wird laufend erwogen und nach den Regeln des politischen Kampfes vollzogen. Man kann also von einer Reflexivität der Macht sprechen: Jede Machtposition ist durch »Gegenmacht« über bestimmte Mechanismen entschärfbar.

(d) Das Formalziel des Wahlgewinns ermöglicht eine Umkehrung von Zweck/Mittel-Relationen gegenüber dem normalen gesellschaftlichen Empfinden, man kann auch sagen: *Opportunismus und Zweck/Mittel-Vertauschung*. Nach allgemeiner Auffassung ist das Sachprogramm der Zweck und der Wahlerfolg das Mittel, um ihn durchzusetzen. Die Partei kalkuliert umgekehrt. Sie nimmt sich das Kriterium ihres Erfolgs, den Gewinn von Wahlen und Parlamentssitzen, selbst als Ziel vor und ordnet ihm alle anderen Erwägungen unter. Durch diese Pervertierung der Moral wird ein besonderer Bereich systemspezifischer Rationalisierung ausgesondert. Sie bedeutet eine Reflexivität des Wertens, das heißt, daß auch über Werte noch entschieden wird (in Orientierung an den damit verbundenen Wahlchancen) und es der Politik ermöglicht wird, auch über ihre letzten Entscheidungsprämissen zu entscheiden.[75] Die Nachteile dieser Rationalisierung sind allerdings nicht zu übersehen: (1) Der Verfremdungseffekt führt häufig zu Ressentiments gegenüber der Politik in Form eines generellen Unaufrichtigkeitsverdachts; (2) es gibt Darstellungsprobleme, die über eine Differenzierung von Zuschauerkreisen und Sprachen gelöst werden können; (3) es gibt das Problem der Entgleisungen, Indiskretionen und Skandale, da der Politiker ständig intern und extern in verschiedenen Sprachen sprechen muß – die fehlende Bonner Kabinettsdisziplin im Herbst 1966 zeigt, wie schwer es unter diesen Umständen ist, die Einheitlichkeit der öffentlichen Darstellung auch nur einzelner Staatsorgane zu wahren.[76]

(e) Trotz aller Präzisierung der politischen Kalkulation durch Summenkonstanz und Zielformalisierung ist die Komplexität der Politik in Form der Ungewißheit über vorzuziehende Prämissen immer noch enorm, und zwar deshalb, weil die *Reaktion der Wählerschaft schwer vorausgesehen* werden kann. Eine zuverlässige Informierung über die jeweiligen Stimmungen aller Wähler und über deren Zusammenhang mit bestimmten Entscheidungen oder Vorhaben würde das Informationsverarbeitungspotential weit überfordern. Deshalb kommt es zu einer weiteren Reduktion von Komplexität durch Orientierung an »Symptomen« des mutmaßlichen Wählerwillens. Das können Nachwahlen, Regionalwahlen, Interessenverbandsmitteilungen, Zeitungskampagnen, Meinungsumfragen usw. sein. Wenn die Politik notgedrungen beginnt, mit Symptomen statt mit Fakten zu kalkulieren, ergeben sich Machtchancen derjenigen, die die *Symptome kontrollieren*. Bei Wahlen muß der Wähler selbst, will er rational handeln, neben dem gezählten auch den expressiven Effekt, den »Ausdruckswert« der Stimmabgabe berücksichtigen. Bei Landtagswahlen zum Beispiel muß er die politische Situation im Bund bedenken, oder er

75 Zu dem dabei zugrunde gelegten Reflexivitätskonzept vgl. Niklas Luhmann, »Reflexive Mechanismen«, in: *Soziale Welt* 17 (1966), S. 1-23.

76 Vgl. oben in dieser Vorlesung, Abschnitt 2.2., »Exkurs: Soziologische Parameter bei der Bonner Koalitionsbildung«, S. 326 f.

muß beachten, daß auch Trends, also minimale Abnahmen oder Zunahmen der Stimmzahlen für die Politiker, Orientierungswert haben. Pressemacht bedeutet dann, daß die Presse nicht nur Einfluß auf den Wähler hat, sondern auch den Einfluß auf das Bild, das die Politik sich vom Einfluß der Presse auf den Wähler macht. In diesen Zusammenhang gehört auch die Problematik der Meinungsforschung als Umgehung des im System eigentlich institutionalisierten Repräsentationsprozesses.

(f) Da der Gewinn von Wahlen nicht das Ziel des politischen Systems selbst ist, sondern nur ein Ziel seiner politischen Parteien, muß das aufs Ganze gesehen kompensiert und in seiner Einseitigkeit ausbalanciert werden. Das geschieht durch *politische Neutralisierungen*: Es muß in einem auf Kampf beruhenden System Strukturen und Symbole geben, die dem Parteienkampf entzogen sind. Hier liegen auch die Gründe dafür, weshalb selbst Mehrparteiensysteme nicht vollständig ideologiefrei eingerichtet werden können, sondern Rudimente einer gemeinsamen Ideologie zu deren Rechtfertigung nötig sind, zum Beispiel eine Ideologie des Rechtsstaates oder des ökonomischen Liberalismus, die politische Tabus legitimieren. Die Neutralisierungen erfolgen auf drei Ebenen. (1) Auf der Ebene der *Werte* ist eine solche Tabuisierung unproblematisch, weil sie abstrakt erfolgt: Niemand ist gegen Frieden, Gerechtigkeit, Freiheit, Familie usw. (2) Auf der Ebene der *Normen*, etwa die Grundrechte, die Regelung des Rechtsetzungsverfahrens oder der Gewaltenteilung, ist eine solche Neutralisierung schon schwieriger zu erreichen; hier greift das Sicherungsinstrument der Verfassung. (3) Auf der Ebene der *Rollen* ist die politische Neutralisierung dagegen schwierig, denn welche Einflüsse setzen sich dann an die Stelle der Politik? Drei Typen von Lösungen scheinen sich nebeneinander zu bewähren: (1) Man kann den politischen Einfluß auf Rollen zulassen, aber nur in bestimmten Formen, der Einfluß wird also kanalisiert. So kann zum Beispiel die Justiz nur im Wege der Gesetzgebung beeinflußt werden, und sie wacht selbst über die Einhaltung dieser Beschränkung. (2) Oder die neutralisierten Rollen haben keine Kompetenz zu bindender Entscheidung, sie können also nur über politisch abhängige Instanzen wirken, das Beispiel sind Rechnungshöfe. (3) Oder die neutralisierten Rollen üben nur solche Funktionen aus, für welche in der Politik funktionale Äquivalente beschafft werden können, so zum Beispiel bei Zentralbanken. Als allgemeine Regel kann man festhalten, daß Rollen politisch nur neutralisiert werden können, wenn eine ausreichende Beweglichkeit für Problemverschiebungen besteht, so daß wichtige Probleme auch außerhalb dieser Stellen oder sogar gegen ihren Willen politisch gelöst werden können.

4.2.2.2. Sonderformen

Im folgenden soll auf einige wesentliche *Varianten des Mehrparteiensystems* eingegangen werden. Ich orientiere mich einmal an der Unterscheidung, ob zwei oder mehr Parteien Chancen haben, an der Verwaltung legitimer Macht beteiligt zu sein, und ferner an der Frage, ob der Wahlkampf nur um Parlamentssitze geführt wird oder ob mit deren Verteilung nach fester Erwartung zugleich über die Verteilung der führenden Posten der Exekutive entschieden wird – das ist das sogenannte Proporzsystem. Die aktuelle Diskussion um das Wahlrecht setzt voraus, daß das Wahlsystem von erheblichem Einfluß auf die Struktur der Parteien ist. Angenommen wird, daß das Verhältniswahlrecht zu einem Vielparteiensystem und damit zu einer Zersplitterung des Parlaments führt (der extreme Fall war die Weimarer Republik), während das Mehrheitswahlrecht zu einem Zweiparteiensystem führt.[77] Nach meiner Auffassung ist das Wahlrecht für die Frage des Parteiensystems keine eindeutige Determinante, es spielt zumindest auch die politische Tradition, die Bevölkerungsstruktur usw. eine Rolle.

(a) Das *Zweiparteiensystem* ist dadurch geprägt, daß jede Partei fähig und normalerweise in der Lage sein muß, *allein* die Regierung zu vertreten. In dieser Lage ist es von Vorteil, ein möglichst breites Angebot der Befriedigung aller relevanten Werte zu vertreten, sich also durch eine Entideologisierung auszuzeichnen. Dem Zweiparteiensystem werden daher Tendenzen zur Mäßigung nachgesagt. Gleichzeitig gibt es eine steigende Bedeutung parteiinterner Entscheidungsprozesse, denn die Hauptlast der Reduktion von Komplexität wird – nicht unähnlich dem Einparteiensystem – in die Partei abgewälzt. Deren Organisation, zum Beispiel der Grad der Zentralisierung, die Art der Mitgliederrekrutierung und die Loyalität der Mitglieder (Parteidisziplin), die Aufstiegsregeln usw., ge-

77 Vgl. dazu Ferdinand A. Hermens, *Demokratie oder Anarchie? Untersuchung über die Verhältniswahl*, Frankfurt/M. 1951.

winnt erhebliche politische Bedeutung. Ähnlich wie bei oligopoler Konkurrenz in der Wirtschaft führt auch die Parteienkonkurrenz im Zweiparteiensystem nicht zur Differenzierung, sondern zur Angleichung des Angebots. Diese Tendenz wird noch dadurch verstärkt, daß eine Machtablösung einer Partei durch die andere ohne ein Rückgängigmachen der Errungenschaften ihrer Konkurrentin erfolgt, wie man am Beispiel Großbritannien sehen kann. Der politische Kampf ist mehr kurzfristig und taktisch orientiert in Form der Ausnutzung von Fehlern der Gegenseite. Es werden wenig echte Alternativen zur Wahl gestellt, sondern die Leistungsfähigkeit der Parteiorganisation! Eine solide Mehrheit im Parlament genügt zum Regieren. Es ist keine Maximierung von Stimmzahlen nötig, weshalb auch keine exzessiven Anstrengungen auf sich genommen werden müssen, um auch noch die letzten Stimmen zu gewinnen. Das eröffnet gewisse Möglichkeiten des Neinsagens.

(b) In *Vielparteiensystemen* ist die politische Komplexität anders verteilt, und deshalb bewähren sich auch andere Mechanismen ihrer Reduktion. In diesem System ist normalerweise nicht eine Partei allein in der Lage, legitime Macht zu übernehmen, *Koalitionsbildung* ist hier normal. In Wahlen sind daher weder eindeutige Aufträge zur Regierung noch eindeutige Zurechnungen der Verantwortung vergangener Entscheidungen möglich. Der Wähler braucht daher andere, nichtrationale Entscheidungshilfen. Das sind Zeichen besonderer »Nähe« einer Partei zu seinen Interessen oder Werten. Entsprechend müssen die Parteien sich in den Augen des Wählers differenzieren. Es genügt nicht, daß sie sich als jeweilige Regierungs- beziehungsweise Oppositionspartei unterscheiden, sie müssen sich ideologisch oder durch die Identifikation mit bestimmten Symbolen, Interessen, Schicksalen, Sozialsystemen oder Gesellschaftsschichten differenzieren, um einem begrenzten Kreis von Wählern Motive zu geben, sie zu wählen. Die Teilnahme an der Macht verschleißt diese Überzeugungskraft, insbesondere unter den Bedingungen einer Koalition. Das Vielparteiensystem ist durch ein starkes Fluktuieren gekennzeichnet und bietet Chancen für kleine neue Parteien, wie man in den Niederlanden sehen kann.

(c) Eine Sonderform des Vielparteiensystems sind die sogenannten *Proporzsysteme*. Bei ihnen wird die Ungewißheit der Koalitionsbildung noch weiter aufgelöst, indem die Beteiligung aller oder bestimmter Parteien an der Koalition ohne Rücksicht auf den jeweiligen Stimmbedarf typisch und erwartbar wird. Der Ausgang politischer Wahlen drückt sich dann nicht nur in der Verteilung der Parlamentssitze, sondern mehr oder weniger automatisch auch in der Verteilung der leitenden Exekutivpositionen aus. Sie führen dazu, daß die parlamentarische Mehrheitsentscheidung als letzter Mechanismus der Entscheidung politischer Streitfragen umgangen wird und diese Konflikte bis in die Exekutive hineingetragen werden. Im Ergebnis bedeutet diese Ordnung jedoch, daß die politische Komplexität nicht in der eigentlich politischen Sphäre bewältigt, sondern in die Verwaltung abgeschoben wird und dort abgearbeitet werden muß auf Kosten der spezifischen Verwaltungsfunktionen. Proporzsysteme bezahlen ihren Versöhnungseffekt mit dem Verlust mancher Vorteile, die aus einer schärferen funktionalen und strukturellen Trennung von Politik und Verwaltung gezogen werden könnten.

Zusammenfassend läßt sich sagen, daß die genannten Lösungen des Problems der Rationalisierung politischen Verhaltens darauf beruhen, daß die Komplexität des Bereichs der Politik in zwei unvergleichbaren Schritten reduziert wird: zunächst durch Konstituierung einer Mehrzahl von Parteien, deren allgemeine Situation dadurch strukturiert ist, daß sie im Widerstreit miteinander um legitime Macht konkurrieren; sodann durch parteiinterne Entscheidungsprozesse, die in dieser schon strukturierten Situation den Bestand der jeweiligen Partei durch Erwerb legitimer Macht zu erhalten und auszubauen suchen.

4.2.3. Einparteiensysteme

4.2.3.1. Prototyp

Das Einparteiensystem verwirft dieses Vorgehen in diskrepanten Schritten, kommt aber auf andere Weise zu ähnlichen Ergebnissen, nämlich durch die Differenzierung von Ideologie und Aktion.

(a) Der Prototyp ist das Parteiensystem, das die Reduktion der Komplexität durch eine Ideologie vollzieht und *um der Einheit der Ideologie willen* nur eine Partei zulassen kann (oder umgekehrt). Ideologie meint eine Gesamtkonstruktion des gesellschaftlich relevanten Handelns. Der Entwurf einer Ideologie fixiert die Grenzen des zulässigen Sinnes und absorbiert damit jene äußerste Komplexität, die jede sinnhafte Orientierung gefährdet. Innerhalb des so gesteckten Rahmens gilt dann das Prinzip der Widerspruchsfreiheit im Sinne der Unverträglichkeit entgegengesetzter Auslegungen. Ein typischer Ausweg liegt in der Auflösung aller Widersprüche durch die Zeitdimension. Es besteht der Anspruch, daß alle Komplexität bestimmte oder doch bestimmbare Komplexität sei, und der Anspruch einer Geschlossenheit der Weltsicht.

(b) Im Unterschied zu alten, invarianten Glaubensordnungen ist für Ideologien ein *funktionaler Bezug* auf das Handeln, das sie orientiert, wesentlich. Die Entdeckung einer latenten Funktionalität der Ideologie – im marxistischen Denken wird das Phänomen der Ideologie zunächst am Kapitalisten in seiner latenten Funktionalität entdeckt – ist die Voraussetzung für einen Übergang zur manifesten Funktionalität. Die Brauchbarkeit der Ideologien wird gelernt und die Ideologie dann so geformt, daß ihre Funktion manifest werden kann: im Prinzip der *Parteilichkeit.* Das ermöglicht ein Reflexivwerden des Wertens, es gibt also auch hier ein Opportunismusproblem. Werte werden bewertet im Hinblick darauf, welche Handlungen sie rechtfertigen können. Das Prinzip der dialektischen Einheit von Theorie und Praxis ist ein Prinzip der unendlichen Komplexität, denn es bedeutet, daß die Theorie mit der Praxis und zugleich die Praxis mit der Theorie variiert, so daß schlechthin alles möglich ist. Die interpretierende Organisation, die *Partei*, wird so zum zentralen Moment einer allgemeingültigen Ideologie: Die Partei artikuliert das richtige Bewußtsein der historischen Lage, das das Handeln in dieser Lage determinieren kann, weil es sich durch sie determinieren läßt.

(c) Die Einschränkung dieser Reflexivität (analog zu politischen Neutralisierungen in Mehrparteiensystemen) erfolgt hier durch Ideologiekomponenten: durch den dialektischen Materialismus, der die Grundlagen der Ideologie als bewußtseinsunabhängig auslegt und so – entgegen der philosophischen Tradition, die seit Aristoteles die Formbedürftigkeit der Materie betont hat – bestimmte Aspekte der Umwertung entzieht.

(d) Die verbleibende hohe Komplexität und Unsicherheit wird reduziert durch eine *Organisation*, die Konsenschancen strukturiert. Bezeichnend ist ein hohes Maß der Integration von ideologischer Darbietung und Machtstruktur, Auslegungsfragen werden zu Machtfragen. Das Phrasenzimmern, Parolenausgeben, Bekenntnisabgeben, Beim-Wort-Nehmen, Worte-als-Zeichen-für-Haltungen-Nehmen werden zum täglichen Medium der Politik. Exegese wird zur Herrschaftsaufgabe. Die Ideologie transformiert die unbestimmte Komplexität von Politik und Gesellschaft in bestimmte oder doch bestimmbare Komplexität und setzt damit zugleich die offenen und die latenten Probleme der Erhaltung und Darstellung der Ideologie an die Stelle des ursprünglichen Problems politisch-gesellschaftlicher Komplexität.

(e) Es lassen sich eine Reihe *dysfunktionaler Folgen* einer solchen Ordnung der ideologieverwaltenden politischen Prozesse benennen: (1) Wie in jedem Großbetrieb gibt es *Schwierigkeiten der Weiterleitung unangenehmer Wahrheiten* innerhalb und außerhalb der Partei, es kommt zu Kommunikationsbarrieren. Nachteilige Informationen gelangen nur in statistischer Verdünnung oder sonstiger Abschwächung an die Spitze. Die Funktion der Parteikader auf der untersten Ebene ist wesentlich in der Kontrolle dessen, was nach oben kommuniziert wird, zu sehen. Das mindert die ohnehin schon ideologisch vorschematisierte politische Sensibilität der Partei auch im allgemeinen Verkehr. (2) Es gibt das *Problem des Machtwechsels*: Das natürliche Ableben des Parteiführers abzuwarten (man denke an Stalin oder Tito) dauert zu lange und überläßt den Machtwechsel einem Zufall, der mit den Entscheidungsbedürfnissen nicht koordiniert ist. Eine Tötung im Bedarfsfall herbeizuführen verschärft den internen Machtkampf, da die Machthaber dann nicht nur um ihre Macht, sondern auch um ihr Leben kämpfen müssen. Für das System ist es ein klarer Vorteil, wenn der Machtwechsel bei Bedarf mit Überlebenschancen für die Beteiligten durchgeführt wird und die Macht gleichsam ungeschmälert übergeben werden kann, wenn die Machthaber in der Führungsgruppe keinen ausreichenden Rückhalt mehr finden. Es besteht also das Problem des Reflexivwerdens der Machtstruktur, so daß auch die Machthaber gegebenenfalls ausgewechselt werden können. Je straffer hierarchisch die Partei organisiert ist, um ihre Macht zu steigern, desto schwerer muß es ihr fallen, ihre Machthaber wie auswechselbare Entscheidungsprogramme zu behandeln und bei Bedarf abzulösen, weil sie dazu, im Widerspruch zur formalen Struktur, in untergeordneten Stellen mehr Macht ansammeln müßte als an der Spitze. Die Institutionalisierung unterer Parteigremien mit Eigengewicht bietet deshalb die Chance einer Umbildung an der Spitze, wie man zum Beispiel bei der Absetzung Chruschtschows gesehen hat. (3) Es gibt das *Problem der Lernfähigkeit* und des Hineindiskutierens von Neuerungen in die Ideologie. Lernen ist zu verstehen als die Aufnahme neuer Erfahrungen mit entsprechender Umbildung der Entscheidungsprämissen, also als Strukturänderung. Die Lernfähigkeit in einer solchen Ordnung leidet unter der Struktur der ideologischen Verhaltensprämissen, die Initiativen mit erheblichen Risiken belastet und zahlreiche Änderungsvorschläge als völlig aussichtslos entmutigt. Dazu kommt, daß die Partei, die die Ideologie verwaltet, zu wesentlichen Innovationsquellen, nämlich Wissenschaft und technisch-fachlicher Effizienz, in einem uneingestandenen Spannungsverhältnis lebt. Denn die Wissenschaft behauptet ein Monopol auf Wissen, dessen intersubjektive Geltung methodisch zwingend gesichert ist. Die Ideologie muß, um an dieser Geltung partizipieren zu können, sich als Wissenschaft ausgeben, aber ihre Folgenverantwortung ist größer und ihre Reduktionsleistung einschneidender. Schließlich findet die Lernfähigkeit Schranken darin, daß die Ideologie auch die *Problemstellung* zu erfassen und vorzustrukturieren sucht und daher sowohl die Wahrnehmung wie die Lösung von Problemen auf ein begrenztes, selektives Problemverständnis gründet.

(f) Das Konsistenzpostulat der Ideologie auf gesamtgesellschaftlicher Ebene bedeutet eine relativ geringe Differenzierungsfähigkeit, mindestens in den Werten und den Programmen. Daraus resultieren (1) eine geringe Trennung von Politik und Verwaltung sowie (2) Grenzen der Trennung von politischem System und Umwelt. Es ist eine Vorstrukturierung aller möglichen politischen Probleme nötig wegen der garantierten Entscheidbarkeit; die Ideologie gibt nicht nur die Problemlösungen, sondern auch die Probleme selbst vor. Ein begrenzter Interessenpluralismus wird im Einparteiensystem durchaus akzeptiert, aber er wird vereinfachend zugeschnitten auf die Bearbeitung wirtschaftlicher Probleme. Es geht in der Politik dann nur noch um die Bearbeitung der Probleme der Verteilung knapper Güter.

4.2.3.2. Varianten

Nicht alle Einparteiensysteme erreichen den Rang des bisher behandelten Prototyps mit marxistischer Ideologie, nicht alle finden ihre Rechtfertigung darin, die Komplexität der Politik durch eine gemeinsame Ideologie und deshalb durch eine Partei zu reduzieren. Es muß also auf einige *Varianten* des Einparteiensystems hingewiesen werden, die sich aus der Unterscheidung von Struktur und Funktion theoretisch ableiten lassen. Das Strukturschema der »einen Partei« kann für andere Funktionen als die der Ideologieverwaltung eingesetzt werden.

(a) Es gibt Einparteiensysteme, in denen formal andere Parteien zugelassen sind, es aber eine *hegemoniale Partei* gibt und jeder Konflikt zwischen den Parteien ausgeklammert ist, so zum Beispiel in der DDR oder in Polen. Die Einheit der Ideologie erfordert weiter die Konzentration politischer Macht und Auslegungskompetenz in einer Partei. Den »Nebenparteien« kommt dann allenfalls die Rolle von *pressure groups* bei der herrschenden Partei zu: Sie dienen als Sammelbecken besonderer Gruppen, die auf dem normalen Weg keinen unmittelbaren Zugang zur Macht erreichen, so aber Druck auf die herrschende Partei ausüben können. Ihre Zulassung steigert die politische Sensibilität des Systems, ohne die Macht der herrschenden Partei zu gefährden.

(b) Es gibt Systeme mit einer *dominierenden Partei* wie zum Beispiel in Indien, Israel oder Mexiko. Auch hier sinken die anderen Parteien zu *pressure groups* ab. Es gibt erhebliche sachliche Vorteile der dominierenden Partei bei Wahlen aufgrund ihrer Machtstellung.

(c) Erwähnt werden muß auch die besondere Lage der Entwicklungsländer, die durch noch geringere Ausdifferenzierung des politischen Systems gekennzeichnet sind: Es gibt nur eine geringe Rollentrennung beziehungsweise eine Loslösung von askriptiven, invarianten Bindungen. In der Situation einer forcierten wirtschaftlichen Entwicklung, die die Unsicherheiten in der Koordination von Politik und Verwaltung noch erhöht, scheint ein ideologiefreies, sich rein opportunistisch verhaltendes Einparteiensystem gewisse Erfolgschancen zu haben. Zum Beispiel in Form einer *Massenpartei*, die das Herrschaftsmonopol der Bürokratie in Frage stellt und den Aufstieg einer neuen Elite organisiert, oder in Form einer *Führerpartei*, die sich auf vorhandene Statusträger stützt. Die einfache Struktur einer einzigen Partei kommt den Integrationsbedürfnissen einer sich aus traditionellen Bindungen lösenden Gesellschaft entgegen.

5. Publikum

Im abschließenden Teil der Vorlesung kommen wir jetzt zum politischen Publikum als dem dritten Teilsystem des politischen Systems neben Verwaltung und Politik. Zunächst einige Vorbemerkungen zum Stand der Diskussion und zur Literaturlage.

5.1. Vorbemerkungen zur Forschung

Die alte Themenstellung, mit der die Frage des Publikums in der Politik behandelt wurde, nämlich als Verhältnis von Staat und Gesellschaft (oder im Angelsächsischen von *government* und *civil society*), ist heute nicht mehr brauchbar. Aber bisher ist dieses Konzept durch keine annähernd adäquate soziologische Theorie des politischen Publikums ersetzt worden. In meinem Modell ist das Publikum eines der drei Umweltsysteme des politischen Systems: Gegenüber dem Subsystem Politik treten die Rolleninhaber in der Rolle als Wähler oder Interessent, gegenüber dem Subsystem Verwaltung in der Rolle als Begünstigter oder Belasteter auf.[78] Auffällig ist in der Literatur, daß eine Forschung über das Verwaltungspublikum weitgehend fehlt; ich nenne als Ausnahme die Bücher *Behörde und Bürger* von Klaus A. Lindemann und *Public Administration and the Public* von Morris Janowitz und anderen.[79] Es fehlt aber auch an einer begrifflich durchgearbeiteten soziologischen Theorie der Kontaktrollen gegenüber den politischen Prozessen. Freilich gibt es hier das große Sondergebiet der Wahlforschung. Einen Überblick dazu bieten die Bücher *Political Life* von Robert E. Lane und *Empirische Wahlforschung* von Nils Diederich.[80]

78 Siehe dazu oben in dieser Vorlesung, Abb. 1, S. 346.

79 Klaus A. Lindemann, *Behörde und Bürger. Das Verhältnis zwischen Verwaltung und Bevölkerung in einer deutschen Mittelstadt*, Darmstadt 1952; Morris Janowitz, Deil S. Wright, William Delany, *Public Administration and the Public. Perspectives Toward Government in a Metropolitan Community*, Ann Arbor 1958.

80 Robert E. Lane, *Political Life. Why People Get Involved in Politics*, Glencoe 1959; Nils Diederich, *Empirische Wahlforschung. Konzeptionen und Methoden im internationalen Vergleich*, Köln, Opladen 1965.

Charakteristisch für diese Forschung ist eine eher sozialpsychologische Fragestellung: Welche Variablen beeinflussen die Entscheidung des einzelnen Wählers? Zum Beispiel finden sich folgende Fragestellungen: (1) Variiert die Wahlteilnahme mit Alter, Geschlecht, sozialer Schicht, Beruf, Land oder Stadt, Religion? (2) Steigt die Wahlbeteiligung bei wirtschaftlichen Krisen, oder gibt es eine Indifferenz der Wahlakte gegenüber anderen gesellschaftlichen Ereignissen? (3) Wie setzt sich die Gruppe derjenigen zusammen, die die Partei wechseln (sogenannte *floating voters*, zu deutsch: Wechselwähler)? Fällen diese Wähler eine rationale Entscheidung? (4) Richtet sich der Wähler mehr nach den Programmen der Parteien oder mehr nach den Persönlichkeiten der Politiker und deren Image? Kann man das dann aufgliedern nach Arten von Wählern? (5) Wie entscheiden sich Wähler, die hinsichtlich der Wahlentscheidung sich widersprechenden, also typisch verschieden wählenden Bezugsgruppen angehören (sogenannte *cross pressures*): zum Beispiel der katholische Ire, der zugleich Manager ist? (6) Welche Persönlichkeitstypen (zum Beispiel die *authoritarian personality*) wählen wie? Gibt es eine Abarbeitung von Spannungen und Aggressionen im Wahlakt? Die politische Beteiligung wird dann als Lösung innerpsychischer Probleme verstanden.

All das ist soziologisch keineswegs uninteressant, es sind aber keine wirklich soziologischen Fragestellungen, und sie warten geradezu auf eine stärker theoretisch durchdachte Erfassung. Ein seltener Versuch ist ein Aufsatz von Talcott Parsons über das Wählen.[81] Ich nenne hier nur einige Beispiele für eine solche Möglichkeit einer theoriegeleiteten Interpretation der genannten Fragestellungen: (a) *cross pressures*, (b) *Versäulung* und (c) *opinion leaders*.

(a) *Cross pressures*: In einer differenzierten Gesellschaft ist typisch eine Überdetermination, das heißt Unberechenbarkeit des Wählers zu erwarten aufgrund der Vielzahl und Komplexität der durch das Individuum zu kombinierenden Rollenzusammenhänge. Die Vorgabe echter Orientierungs- und Entscheidungsalternativen bietet dem einzelnen höhere Freiheitschancen. Die psychologische Verarbeitung dieser Situation ist politisch beeinflußbar, Wahlentscheidungen sind also nicht einfach mechanische Reflexe auf außer-

81 Talcott Parsons, »›Voting‹ and the Equilibrium of the American Political System«, in: Eugene Burdick, Arthur J. Brodbeck (Hg.), *American Voting Behavior*, Glencoe 1959, S. 80-120.

politische Determinanten. Das freigesetzte Individuum als Puffer zwischen dem politischen System und der Gesellschaft ermöglicht eine gewisse Indifferenz des politischen Systems gegen spezifische gesellschaftliche Ereignisse, zum Beispiel gegen Wirtschaftskrisen. Die Individualisierung ermöglicht also eine relative Autonomie des politischen Systems. Zugleich ergibt sich die Notwendigkeit, das Fluktuieren politischer Unterstützung vom politischen System her zu steuern.

(b) *Versäulung*: Der Begriff der Versäulung, der aus der niederländischen Soziologie stammt,[82] meint die Fixierung bestimmter gesellschaftlicher Gruppen, zum Beispiel konfessioneller oder regionaler Art, auf bestimmte Parteien. Die Frage ist hier also, ob die Wähler der politischen Parteien zugleich als solche anderen Gruppierungen der Gesellschaft angehören oder nicht, ob es also eine vertikale Differenzierung der Gesellschaft gibt, die ein Überwechseln aus der einen in die andere Gruppenzugehörigkeit für bestimmte Situationen oder zur Verfolgung bestimmter Zwecke erschwert. Die Verschärfung eines Konflikts durch Versäulung ist gefährlich, da das politische System dann nicht durch den Kampf der Parteien integriert werden kann: Eine zu den gesellschaftlichen Konflikten querlaufende »rein politische« Konfliktfront, die diese desorientieren und so einer Lösung näher bringen würde, ist nicht mehr möglich; vielmehr kommt es zu einer entsprechenden Parteiendifferenzierung in der Form von Weltanschauungsparteien oder Interessenparteien, die den Konflikt auch politisch akzentuieren.

(c) *Opinion leaders*: Die Figur des *opinion leader* (Meinungsführers) kann als Zweistufigkeit des Prozesses der Informationsübermittlung verstanden werden. Das politische System muß in der Gesellschaft eine Struktur voraussetzen, an die es anschließen kann: Es gibt einige Personen mit besonderen Interessen, die Informationen aufnehmen und anderen so nahestehen, daß sie diese beeinflussen können. Diese Struktur wird vom politischen System selbst nicht geleistet, aber genutzt, indem die Beeinflussung breiterer Schichten über die Beeinflussung der *opinion leaders* erfolgen kann.[83] Die *opinion leaders* leisten formal das Gleiche wie die *Kader*

82 Vgl. Georg Geismann, *Politische Struktur und Regierungssystem in den Niederlanden*, Frankfurt/M. 1964, S. 85 ff.

83 Vgl. dazu Paul F. Lazarsfeld, Bernard Berelson, Hazel Gaudet, *The People's Choice.*

im Einparteiensystem: eine Informations- und Meinungskontrolle auf der untersten Ebene.

5.2. Ausdifferenzierung und Innendifferenzierung von Publikumsrollen

5.2.1. Ausdifferenzierung von Publikumsrollen

Das Problem der Ausdifferenzierung besonderer Publikumsrollen als »korrespondierende Rollen« zu den hauptberuflichen Rollen in Politik und Verwaltung wird in der Tradition der politischen Wissenschaft kaum gestellt und nicht behandelt. Die *Staatsvertragslehren* lösen das Problem durch eine zeitliche Unterscheidung von »vorher« und »nachher«: Individuen schließen sich zu einem Publikum zusammen. Die liberale Theorie der Trennung von Staat und Gesellschaft mußte das Kunststück fertigbringen, gerade die (lesenden, diskutierenden, kritisierenden) Privatleute zum Publikum zu erklären (wenn sie Eigentümer sind und lesen können).[84] Das Problem wird auf der Ebene der konkreten Menschen diskutiert, nicht auf der Ebene der Rollen. Daraus ergaben sich die Befürchtungen gegen eine Ausdehnung des Wahlrechts sowie die theoretischen Paradoxien der Trennung von Staat und Gesellschaft. Der Rollencharakter am »Staatsbürger« wurde nicht erkannt. Diese unzureichende Begrifflichkeit war nicht nur ein Vorurteil, sie hatte ihre Gründe auch in der Sache selbst: Von allen Teilbereichen des politischen Systems sind die Publikumsrollen am wenigsten ausdifferenziert. Der Bürger kann, ja soll die Motive seines Handelns im politisch-administrativen Zusammenhang seinen »anderen Rollen« entnehmen. Personale Rollenkombination ist hier also legitim – im Unterschied zu den anderen Grenzen des politischen Systems. Außerdem bilden die Publikumsrollen kein einheitliches System für sich in dem Sinne, daß bei der Ausübung der einen Rolle auf die anderen Rücksicht genommen werden müßte. Diese Invarianz zeigt sich zum Beispiel daran, daß der einzelne nach seiner Ehe-

How the Voter Makes Up His Mind in a Presidential Campaign, New York ^{2}1948 (dt.: *Wahlen und Wähler. Soziologie des Wahlverhaltens*, Neuwied 1969).

84 Vgl. Jürgen Habermas, *Strukturwandel der Öffentlichkeit. Untersuchungen zu einer Kategorie der bürgerlichen Gesellschaft*, Neuwied 1962, S. 40 ff.

scheidung immer noch dieselbe Partei wählt, daß sozialer Aufstieg seine politischen Präferenzen und seinen Einfluß auf die Verwaltung unverändert läßt, daß seine Eigentumsentwicklung sich nicht unmittelbar in politische Aktivität übersetzen läßt. Damit hängt zusammen, daß die Sonderstellung dieser Publikumsrollen im politischen System überhaupt erst mit Hilfe von statistischen Methoden entdeckt werden konnte.

Trotzdem kommt es durch eine genauere Durcharbeitung und Rollendifferenzierung in Politik und Verwaltung gleichsam von selbst zu entsprechenden Korrespondenzrollen im Publikum. Man kann sich eben als Bürger *nicht beliebig* verhalten, wenn man etwas erreichen will. Man muß komplementäre Rollen einnehmen, und diese Rollen treten dadurch hervor, daß sie nicht als Anhängsel anderer Rollen begriffen werden können. Das bedeutet, daß gesellschaftliche Unterschiede, Tendenzen, Ereignisse nicht automatisch ins politische System hinein verlängert werden. Es muß ein Übersetzungsprozeß stattfinden. Die Grenze wird garantiert durch zwei scheinbar entgegengesetzte Prinzipien: (a) das Prinzip der Gleichheit und (b) das Prinzip der individuellen Freiheit.

(a) *Gleichheit* bedeutet, daß lediglich das relevant wird, was im politischen System einen sinnvollen Grund findet, von anderen gesellschaftlichen Unterschieden muß abgesehen werden: Es kommt bei einer Baugenehmigung nicht auf die Konfession an, bei Erteilung eines Führerscheins nicht auf das Vermögen. Auch bei der politischen Wahl zählt jede Stimme gleich. Dieser Gedanke wird auch als Prinzip der »Gleichheit vor dem Gesetz« ausgedrückt: Wenn alle Bürger gleich sind, kann das nur heißen, daß Rollen, die nicht von allen wahrgenommen werden, prinzipiell unberücksichtigt bleiben sollen und ihre Berücksichtigung im Einzelfall, also die Ungleichbehandlung, der Begründung bedarf.[85]

(b) *Individuelle Freiheit* heißt, daß niemand »als jemand«, also wegen einer bestimmten anderen Rolle, Rechte und Pflichten hat, sondern daß seine Persönlichkeit als »unbestimmter Mittler« zwischen die verschiedenen (religiösen, wirtschaftlichen, kulturellen, familiären, politischen) Rollen geschaltet wird. Freiheit ist, soziologisch gesehen, ein Mechanismus der Rollentrennung. Gesellschaftliche Strukturen setzen sich nicht als solche in das politische

85 Siehe zu dieser Interpretation des Gleichheitssatzes Niklas Luhmann, *Grundrechte als Institution. Ein Beitrag zur politischen Soziologie*, Berlin 1965, S. 162ff.

System hinein fort, sondern nur in gebrochener Form, gebrochen durch psychische Vermittlung – das heißt: vermittelt durch persönliche Entscheidungen. Und das bedeutet, daß vermutlich nicht alle auf dasselbe Ereignis gleich reagieren werden, es nicht zu einer massiven sozialen Gleichschaltung der Reaktionen kommt. Es gibt allenfalls Tendenzen in diese Richtung: Nachdem der sowjetische Journalist Alexej Adjubei, der mit der Tochter Chruschtschows verheiratet war, 1963 vom Papst empfangen wurde, trauten sich auch die Frauen der italienischen Kommunisten, kommunistisch zu wählen. Eine psychisch regulierte Vermittlung wäre dann bedenklich, wenn sie Rollenbindungen durch Bindung an bestimmte psychische Mechanismen *ersetzen* würde, wenn sie zum Beispiel das politische System den Neurotikern oder »autoritären Persönlichkeiten« ausliefern würde oder denen, die ihren Ausweg in Aggressivität suchen. Es mag gesellschaftliche Bedingungen geben, die solche Persönlichkeiten der Politik als ein besonders attraktives Betätigungsfeld erscheinen lassen. Im großen und ganzen sind jedoch die Mechanismen psychischer Problemlösungen zu vielfältig, als daß daraus bestimmte politische Bewegungen erwachsen könnten.

Die Folge der Ausdifferenzierung der Publikumsrolle ist, daß der einzelne aus seinen anderen Rollen zwar Entscheidungshilfen gewinnen kann, aber nicht durch sie determiniert wird. Aus der Vielfalt seiner sozialen Rollen erhält der einzelne zahlreiche Anregungen für Forderungen an politisch-administratives Entscheiden, die jedoch das Richtige nicht ohne weiteres auf der Stirn tragen. Er ist auf einen *zusätzlichen Selektions- und Verarbeitungsmechanismus* angewiesen. Er kann als Wähler auf das Überangebot von unvollständig überblickbaren Möglichkeiten auf unterschiedliche Weise reagieren. Er kann ferner soziale Anlehnung und Bestätigung suchen. All diese Lösungen des Problems übermäßiger Komplexität sind, vom Standpunkt des einzelnen ersehen, funktional äquivalente Mechanismen der Reduktion. Für die Autonomie des politischen Systems kommt es entscheidend darauf an, daß nicht eine einzige Motivgruppe dieser Art im Publikum dominiert.

Das politische System setzt eine geordnete Gesellschaft voraus, also eine dem politischen System vorgelagerte Reduktion der Komplexität, macht sich aber nicht von ihr abhängig. Denn gerade das Nichtfestgelegtsein des Publikums ist die Grundlage für die Autonomie des politischen Systems gegenüber anderen Gesellschaftsbereichen sowie dafür, daß der Gewinn dieser Autonomie an kontinuierliches Bemühen um politische Zustimmung gebunden ist. In einer selbsttätigen Artikulation von Interessen und Forderungen kann man die *spezifische Funktion ausdifferenzierter Publikumsrollen* erblicken. Sie besteht in einer Darstellung der gesellschaftlichen Komplexität in der Sondersprache des politischen Systems – in einer Form also, die im politischen System aufgenommen und verarbeitet werden kann.

5.2.2. Differenzierung der Publikumsrollen

Die Hauptdifferenzierung, genauer: die Innendifferenzierung der Publikumsrollen erfolgt im Anschluß an die Trennung von Politik und Verwaltung: Man kann *verwaltungsbezogene* und *politikbezogene Publikumsrollen* unterscheiden. Verwaltungsbezogene Publikumsrollen (Antragsteller, Entscheidungsempfänger) sind interessenspezifisch, aber entscheidungsabhängig, politikbezogene Publikumsrollen (Wähler, Parteimitglieder, Zeitungsleser usw.) dagegen sind offen in bezug auf die Möglichkeiten, sie unterliegen aber einem Generalisierungszwang. Der Sinn dieser Trennung liegt erstens darin, ein Zugleich von Herrschen und Beherrschtwerden in je anderen Situationen zu ermöglichen, und zweitens darin, die »Schließung« des Kommunikationskreislaufs des politischen Systems in der dominanten Richtung zu erreichen. Der Bürger muß seine Erfahrungen mit der Entscheidungspraxis der Verwaltung umsetzen können in Kommunikationen an die Politik und gegebenenfalls in Entscheidungen über die Gewährung oder Verweigerung politischer Unterstützung. Wichtig für den Rollenwechsel im Publikum ist, daß der durch die Verwaltung belastete Bürger nicht mechanisch der Politik gegenüber reagiert. Das macht eine Filterung der Reaktion notwendig: (1) In *sachlicher* Hinsicht muß die Reaktion auf politisch mögliche, aussichtsvolle Themen gebracht, also generalisiert werden. Diese müssen so formuliert werden, daß sie zum Anliegen vieler werden können, politisch Unwesentliches oder Unrealisierbares muß an der trennenden Schwelle zwischen Politik und Verwaltung hängenbleiben, der Ärger über bestimmte Programmfolgen der Verwaltung muß auf den Weg der Umprogrammierung geleitet werden, bei der der Einzelfall nur als Beispiel für eine grundsätzliche Praxis dargestellt wird. (2) In *zeitlicher*

Hinsicht gilt, daß die Politik eine andere Terminplanung hat als die Verwaltung, und die Termine zwischen beiden sind schlecht oder gar nicht koordiniert. Der Bürger hat es mit zwei Systemen zu tun: Er kann nicht sicher sein, den Abgeordneten noch zu erreichen, bevor die Rechtsmittelfrist in seiner Verwaltungssache abläuft. Wartefähigkeit wird einerseits vorausgesetzt, andererseits verliert das Dringliche seine Dringlichkeit. Mit politischen Vorhaben muß man so früh beginnen, daß es kaum möglich ist, Interesse und Gehör zu finden; sehr frühzeitig kann man nur im Interesse des Gemeinwohls auftreten. Als Individuum findet man Gehör nur, wenn man seine Wunden vorzeigen kann, also in relativ späten Entwicklungsstadien. Die taktischen Anforderungen der Zeitplanung lassen es ratsam erscheinen, die Sache in die Hand versierter Vertreter zu legen.

In diesen Zusammenhang gehört auch die Problematik des *föderalen Aufbaus des Staates*. Dem Bürger wird hier eine mehrgleisige Reaktion angeboten, aber auch abverlangt. Das bedeutet im Unterschied zu unitarischen Systemen, bei denen politische Prozesse auf eine einzige Staatsspitze hinlenken, einerseits weniger Generalisierung von Themen, insbesondere durch politische Aktivität an lokalen oder regionalen Zentren. Will der Bürger auf die Verwaltung politisch reagieren, so setzt das andererseits erhebliche Strukturkenntnisse und vor allem Rechtskenntnisse voraus. Man muß wissen, welche Entscheidungen auf welcher Ebene – der der Kommunen, der Länder oder des Bundesstaates – bekämpft werden müssen. Bei starker Interdependenz der Entscheidungen auf allen Ebenen, wie sie zunehmend typisch wird, läuft das auf eine Überforderung hinaus und bietet zugleich der Politik und Verwaltung die Möglichkeit, eine Forderung mit dem Hinweis auf die Nichtzuständigkeit abzuweisen.

Zusammenfassend läßt sich festhalten, daß die Trennung von verwaltungsbezogenen und politischen Rollen des Publikums eine wesentliche Funktion hat für die Erhaltung jenes Kommunikationskreislaufs, den wir in dem allgemeinen Modell des politischen Systems als den dynamischen Aspekt verortet hatten.[86] Wie es für funktional differenzierte Systeme überhaupt typisch ist, schließt Trennung Verbindung nicht aus, sondern dient nur dazu, sie zu

86 Vgl. oben in dieser Vorlesung, Abschnitt 2.6.5.

spezifizieren und so zu intensivieren. Trennung der Rollen bedeutet deshalb nicht ein zusammenhangloses Nebeneinander von Teilen des Systems, vielmehr nur, daß in den Fluß der Kommunikation zwischen den Teilen Filter eingebaut sind, die bewirken, daß jeder Teil in der Kommunikation mit anderen seinen spezifischen Stil behält und nicht mit all den Sorgen des anderen, also mit Komplexität, überlastet wird.

5.3. Politische Publikumsrollen

5.3.1. Konzept der Repräsentation

Politische Publikumsrollen sind jene Rollen, die der Politik zugewandt sind, also die Interaktion zwischen Angehörigen des Publikums und Politikern auf seiten des Publikums steuern. Damit kommen wir in den Problembereich der klassischen demokratischen Theorie der Repräsentation. *Repräsentation* meint die Darstellung des Volkswillens durch die Volksvertreter in einem relativ einfachen Entscheidungsvorgang. Kennzeichnend für diese Theorie ist, daß sie (1) die Symbolik der dominanten Kommunikationsrichtung als Theorie akzeptiert, (2) den Repräsentationsprozeß bewertet nach dem Maße, in dem ihm solche Sinnübertragung, also die Übertragung von Erwartungen, Interessen und Forderungen aus dem Bereich des Publikums in die Entscheidungsprozesse des politischen Systems, gelingt, und (3) infolgedessen nach den Chancen für individuelles politisches Handeln fragt – und in alldem grenzenlos enttäuscht werden muß.

Fraglich ist also, ob diese Problemkonzeption schon ein angemessenes theoretisches Verständnis ermöglicht. Es reicht jedenfalls nicht aus, die Symbolik der dominanten Kommunikationsrichtung zur Theorie zu erklären. Zwei Einschränkungen sind in der Diskussion sichtbar. Zum einen die Begrenzung der Adäquität der Repräsentation, um zu regierungsfähigen Mehrheiten zu kommen – in dieser Notwendigkeit melden sich bereits andere Systeminteressen zu Wort. Zum anderen die Einsicht in die scheinbar unvermeidliche Apathie des Wählers, die aber als Faktum hingenommen wird und allenfalls zur Erklärung einer in der Repräsentativverfassung eigentlich nicht vorgesehenen Aktivität der Politik verwandt, nicht aber auch als funktional sinnvolle Lösung bestimmter Systemprobleme begriffen wird. Neuerdings kommt die Beobachtung des Scheiterns der Repräsentativverfassungen in den Entwicklungsländern hinzu. Sie macht deutlich, daß sehr komplexe, sozialstrukturelle Voraussetzungen erfüllt sein müssen, wenn die Kommunikation vom Publikum zur Politik wirklich als dominant und repräsentativ institutionalisiert werden soll.

Nach alldem ist es undenkbar, daß die Stabilität eines politischen Systems abhängen kann von dem Gelingen eines solchen Sinnübertragungsvorgangs und dem Gegebensein echter, motivkräftiger Chancen für privates politisches Handeln. Solche Chancen können »dem privaten Bürger« (ohne weitere Qualifikation) nicht gegeben sein. Dies erkennt man (1) an der (schon rein numerisch) minimalen Auswirkung politischer Wahl, (2) an der minimalen Auswirkung einer Parteimitgliedschaft oder ehrenamtlicher Mitwirkung in Parteien (es sei denn im kommunalen Leben),[87] (3) an den sehr geringen und zu stark spezialisierten Chancen über Interessenverbände, (4) an den geringen Möglichkeiten der Einwirkung auf Massenmedien, (5) an der »Zufälligkeit« der Einwirkung über persönliche Beziehungen zum Beispiel zu einem Blutsordensträger oder wenn einer in der Kanzlei des Anwalts Josef Hermann Dufhues, einer zentralen Figur in der CDU Nordrhein-Westfalens, gearbeitet hat usw. In jedem Falle wird der effektive Einfluß ungleich verteilt sein. Die Prinzipien der Gleichheit und der Effektivität schließen sich aus. Und weiter gilt als typisch, daß jede Art von planmäßigem und gesichertem Einfluß Organisation und Arbeit voraussetzt, also ein mehr oder weniger absorbierendes politisches Engagement. Ist das alles nun zu bedauern oder eine fehlgeleitete Erwartung? Nach welchen Kriterien könnte man das beurteilen?

5.3.2. Innendifferenzierung der politischen Publikumsrollen

Die Systemtheorie würde nach den Bedingungen fragen, unter denen politische Systeme von hoher Komplexität und hohem Informationsverarbeitungspotential an dieser Stelle – an der Grenze

87 Vgl. Ulrich Lohmar, *Innerparteiliche Demokratie. Eine Untersuchung der Verfassungswirklichkeit politischer Parteien in der Bundesrepublik Deutschland*, Stuttgart 1963.

zwischen Politik und Publikum – stabilisiert werden können. Die Bedingungen dafür scheinen nicht im individuellen Handeln, sondern zunächst in der Struktur der Rollendifferenzierung zu liegen: zum einen in der Ausdifferenzierung der Publikumsrollen und zum anderen in der Innendifferenzierung der Publikumsrollen.

Die Frage der *Ausdifferenzierung* der Publikumsrollen haben wir bereits behandelt. Wesentlich sind hier die durch die Ausdifferenzierung der Publikumsrolle des Wählers ermöglichte Mobilität von Ja/Nein-Entscheidungen und die Verhinderung invarianter gesellschaftlicher Steuerung durch »unpolitische Ereignisse«. Insofern sind hier wichtig die individuelle Freiheit und die Gleichheit: Man hat zum Beispiel keine besonderen Rechte als Lebensretter, Frontkämpfer, Tanzmusiker erworben. In dieser Perspektive besagt beides das Gleiche – das kann man in einem Aufsatz von Stein Rokkan nachlesen.[88]

Die *Innendifferenzierung* verschiedener Publikumsrollen meint die Zerlegung der Publikumsrolle in verschiedene Funktionen und funktionale Spezialisierung. Es gibt eine Vielzahl möglicher Rollen: Wähler, Zeitungsleser, *opinion leader*, Stammtischpolitiker, Leserbriefschreiber, Parteimitglied. Um einen groben Überblick zu gewinnen, kann man diese Rollen in drei Funktionsgruppen einteilen: (1) disziplinierendes Zuschauen, (2) Artikulieren von Interessen und Forderungen, (3) Gewährung politischer Unterstützung. Hinweisen möchte ich in diesem Zusammenhang auf den Unterschied dieser Einteilung gegenüber derjenigen insbesondere US-amerikanischer Autoren, die sich am Input/Output-Modell orientieren, zum Beispiel David Easton, Gabriel Almond oder William Mitchell.[89] Sie unterscheiden zumeist nur Rollen, die aktive Kommunikationsleistungen beinhalten, nämlich Forderung und Unterstützung. Dabei wird die passive Wirksamkeit des reinen Zuschauens nicht genügend gewürdigt. Im übrigen handelt es sich in all diesen Fällen nicht um einen Input, den die Gesellschaft in das politische System hineingibt, sondern um einen

88 Stein Rokkan, »Mass Suffrage, Secret Voting and Political Participation«, in: *Archives européennes de sociologie* 2 (1961), S. 132-152.

89 David Easton, *A Systems Analysis of Political Life*, New York, London u. a. 1965, S. 37 ff.; Gabriel A. Almond, »A Developmental Approach to Political Systems«, in: *World Politics* 17 (1965), S. 183-214; William C. Mitchell, *The American Polity. A Social and Cultural Interpretation*, New York, London 1962.

internen Vorgang im politischen System, zu dem ja auch die Publikumsrollen gehören. Während es in sehr einfachen politischen Systemen denkbar ist, daß diese drei Rollenarten zusammenfallen, da alle alles miterleben und Unterstützung wegen befriedigender Leistungen gewähren, müssen in stärker differenzierten Verhältnissen diese Funktionen rollenmäßig auseinandergezogen und in einem komplizierten Verhältnis funktionaler Interdependenz ausbalanciert werden.

5.3.2.1. Passive Rollen: Zuschauer

Das Publikum kann als Zeitungsleser, Rundfunkhörer, Fernseher oder Versammlungsbesucher an dem für es veranstalteten Drama der Politik als *Zuschauer* teilnehmen. Als Zuschauer wirkt der Bürger in erster Linie disziplinierend – natürlich nur, soweit der Blick auf die Politiker reicht; der Grad der Publizität ist variabel. Allein schon dadurch, sich beobachtet zu wissen, werden dem Politiker gewisse Rücksichten aufgezwungen. Angesichts übermäßiger Komplexität ist allerdings auch der Zuschauer gezwungen, sich an Vereinfachungen zu halten. So wie die Politiker das Publikum auf Symptome mutmaßlichen Wählerwillens abtasten, so achtet das Publikum als Zuschauer auf Symptome der Vertrauenswürdigkeit. Kontrolliert wird dabei das eigene Vertrauen, es wird keine sachliche Kontrolle ausgeübt. Das liegt an der nur lückenhaften Information und setzt eine scharfe Sanktionsmöglichkeit im Falle eines Vertrauensbruchs voraus. Insofern ist das rückverbunden mit dem Wahlmechanismus. Die Vertrauensempfindlichkeit des politischen Klimas variiert von Land zu Land. In Großbritannien ist sie bekanntlich hoch, wie der politische Skandal um den britischen Kriegsminister John Profumo 1962/63 gezeigt hat, in Deutschland nicht – hier können selbst Politiker, die ihre Stellung zu Akten persönlicher Rache mißbrauchen, im Amt bleiben. Das bedeutet im Effekt, daß das bloße Zuschauen wenig disziplinierend wirkt und andere Publikumsrollen dafür einspringen müssen, zum Beispiel die des interessierten Forderns. Da die Erlebnisbereiche der Politiker und der Publikumsrollen begrenzt sind und weit auseinander liegen, werden besondere Systeme der Vermittlung benötigt – das ist die Aufgabe von *Massenmedien*. Sie haben in diesem Zusammenhang die Funktion, (a) Permanenz und (b) Passivität des Zuschauens zu gewährleisten.

(a) Die Massenmedien ermöglichen durch die *Permanenz des Informationsflusses* eine Perpetuierung des Zuschauens. Die Informationsaufnahme wird auf Spezialrollen für hauptberufliche Neugier verlagert und dann verbreitet. Dadurch wird sie unabhängig von individueller Motivlage und Zeitplänen: Ob im Vorortszug, in der Tagungspause, durch die Abendnachrichten oder durch murmelnde Mitteilung des Zeitung lesenden Ehegatten – Zuschauen wird kontinuierlich und gleichmäßig geübt. Das ist ein gutes Beispiel dafür, daß stärker differenzierte Sozialordnungen generalisiertere Formen der Abstimmung von Situationen, Zeitplänen, Rollenpflichten, Interessen und Motiven benötigen. Das Festhalten und die unbestimmte Verstreuung der Nachrichten durch die Massenmedien erspart demnach eine konkrete Synchronisation von politischen Rollen und Publikumsrollen, die in differenzierten Gesellschaften nicht oder nur sehr sporadisch möglich wäre.

(b) Die mit Massenmedien einhergehende *Passivität* ist eine funktionale Spezifizierung auf die Rolle des Zuschauens. Es gibt keine Möglichkeit, zurückzufragen, zu widersprechen und damit den Nachrichtenstrom aufzuhalten. Dafür sind andere Rollen gegeben. Und ein Rollenwechsel bedeutet die Filterung von Absichten. Diese Passivität ist *technisch*, also einleuchtend, gesichert, nicht durch Verbote. Das führt ohne Zweifel zum Absaugen mancher kritischer Impulse. Und die laufende Berieselung mit aufregenden Neuigkeiten, wie sie für die freie Presse der westlichen Demokratien typisch ist, fesselt und schläfert zugleich ein. Selbst an das permanente Krisengefühl, das die Massenmedien suggerieren, gewöhnt man sich: Man bezieht Notstände im Abonnement und billigt dann die Abhilfen. Umgekehrt ist die Ermahnungs- und Verlautbarungspresse der ideologisch integrierten Systeme des Ostens so langweilig, daß sie dadurch schon wieder interessant wird. Allerdings verlöre das Zuschauen ohne jede Möglichkeit aktiver Reaktion seinen Sinn und seine disziplinierende Funktion. Es müssen Möglichkeiten des Übergangs in eine andere Rollenkonstellation gegeben sein, und passive und aktive Rollen müssen in einigen Hinsichten, zum Beispiel in der zulässigen Thematik, aufeinander abgestimmt sein. Wichtig ist es dabei, zu sehen, daß für politische Aktivitäten eine Reihe von Verhaltensmöglichkeiten offenstehen, die nur zum Teil in Rollenform konsolidiert sind: So wird die politische Diskussion am Stammtisch, unter Arbeitskollegen oder in der Familie, die zur politischen Meinungsbildung beiträgt, nicht als Bestandteil einer spezifischen politischen Rolle erlebt.

5.3.2.2. Aktive Rollen: Interessenartikulation und politische Unterstützung

Die aktiven Rollen, die das Publikum an die Politik anschließen, haben zwei verschiedene Funktionen zu erfüllen und sind entsprechend differenziert: Es gibt Rollen für *Interessenartikulation und Forderungen*; die Verstärkungsmöglichkeit durch Verbandsaktivitäten gehört hierzu. Und es gibt Rollen für *politische Unterstützung* mit Verstärkungsmöglichkeit durch Parteiaktivität, *opinion leadership* usw. Politische Systeme lassen sich danach unterscheiden, ob und wieweit es ihnen gelingt, die Publikumsrollen nach Maßgabe dieser Funktionen *strukturell* zu differenzieren, das heißt, die Mitteilung von Interessen und Forderungen und die Mitteilung politischer Unterstützung auf je andere Rollen zu legen. Die Differenzierung wird dadurch bewirkt, daß die politische Wahl wegen ihrer stark generalisierten Themen keine Möglichkeit zur Interessenmitteilung gibt und umgekehrt alle Interessenmitteilung adressiert werden muß an Personen, die gewählt sind oder gewählt werden wollen. Für die Mitteilung persönlicher oder auch gruppierter Interessen und Entscheidungswünsche bietet die politische Wahl wenig Gelegenheit, der Wähler muß seine individuellen Motive weitgehend abstreifen, wenn er an die Wahlurne tritt. Sie werden an dieser Stelle abgewiesen und auf die Rollen für politische Interessenförderung verwiesen, die wiederum keinen direkten Bezug zur Gewährung politischer Unterstützung haben: auf gezielte Einflußnahmen über »Beziehungen«, auf Meinungskampagnen, auf Beteiligung an Interessenverbänden. Und umgekehrt muß alle Interessenmitteilung adressiert werden an Personen, die gewählt sind oder gewählt werden wollen.

Der Sinn der Trennung in Unterstützungs- und Forderungsrollen liegt in zweierlei. (1) Dem Bürger wird ein doppelter Weg politischer Wirksamkeit gegeben: Das politische Wahlrecht ist einerseits ein rechtlich gesicherter Einfluß ohne Effekt für bestimmte Interessen, der zwar durch die politischen Prozesse hindurch bis in das bürokratische System der Verwaltung hineinreicht, aber von minimalem Einfluß ist; andererseits erfolgt die Interessenförderung, die sehr viel besser mit spezifischen Motivlagen in Einklang zu bringen ist, ohne Erfolgsanspruch, sie ist also auf Verhandlung und Vermittlung angewiesen. (2) Es wird ein unmittelbarer Tausch von Forderungserfüllung gegen Unterstützung verhindert. Das würde nämlich heißen, daß das politische System in Abhängigkeit von wenigen Mächtigen in der Gesellschaft geriete. Die Differenzierung von Unterstützungsrollen und Forderungsrollen ermöglicht an dieser kritischen Stelle eine gewisse Autonomie der Politik gegenüber der Gesellschaft. Stünde der Bürger dem Politiker nur in einer einzigen Rolle gegenüber, in der er Forderungen zu formulieren und zugleich Unterstützung zu gewähren beziehungsweise zu versagen hätte, drängte sich eine tauschförmige Transaktion dagegen auf. So gibt es aber Grenzen solcher Tauschgeschäfte: Die Parteien können, da von der Verwaltung getrennt, nicht ohne weiteres bestimmte Entscheidungen zusagen; die Interessenverbände können, da von den Wählern getrennt, nicht ohne weiteres Stimmen zusagen.

Die Trennung von Unterstützungs- und Forderungsrollen heißt allerdings nicht, daß jede Verbindung fehlte. Die Erfahrungen in der einen Rolle müssen prinzipiell auf die andere übertragbar sein, denn die verschiedenen Rollen gehören *einem* System an, und das heißt, daß der Wechsel aus einer Rolle in die andere legitim, sinnvoll ist und mit einkalkuliert werden muß. In der Praxis bilden sich zur Stärkung der Forderungsrollen des Publikums Interessenverbände, die politischen Einfluß suchen und danach streben, auf höherer Ebene dennoch zu einem Tausch von Forderungsbefriedigung gegen Unterstützung zu kommen. Aber die Trennung der Rollen wirkt sich auch hier noch aus: Die Interessenverbände können Wählerstimmen nur in sehr unsicherer und unbestimmter Form zum Tausch anbieten – ein »deliver the vote« wäre nur bei selten straffer Organisation möglich. Der Tausch verdünnt sich mithin zu einem Tausch ungesicherter Hoffnungen.

In dieser Vorlesung, das sei abschließend angemerkt, ist das politische System auf der Ebene der Rollendifferenzierung untersucht worden, die für die soziologische Analyse zunehmend von Bedeutung ist. Es wurde bewußt *keine* Machttheorie geboten. Es gibt allerdings bestimmte Phänomene, die sich mit der Rollentheorie allein nicht fassen lassen, zum Beispiel das Phänomen der Reflexivität von Strukturen im Kommunikationsprozeß, wie es bei der Macht der Fall ist.[90]

90 Vgl. dazu unten, Vorlesung VII, Teil 9, und spezifisch zur Frage der Reflexivität der Macht Niklas Luhmann, *Macht im System*, hg. von André Kieserling, Berlin 2012, S. 88 ff. (Anm. d. Hg.: Das diesem Buch zugrundeliegende Manuskript wurde im Frühjahr 1968 im Zuge einer Übung zum Thema »Macht« erstellt; siehe unten im Anhang, »Die Lehrveranstaltungen Niklas Luhmanns von 1966 bis 1970«, S. 604.)

VII.
Hauptprobleme politischer Theorie

Vorlesung Sommersemester 1969
Westfälische Wilhelms-Universität Münster

Vorbemerkungen über Absicht und Charakter der Vorlesung

Diese Vorlesung hat nicht die Absicht einer systematischen Darstellung der politischen Soziologie. Dafür ist das Sommersemester zu kurz, die Zahl der Donnerstage feiertagsbedingt zu knapp. Nach meinen bisherigen Erfahrungen gäbe es dann auch keinerlei Raum für Diskussion. Statt dessen möchte ich einen Versuch mit einem etwas abgewandelten Typ von Vorlesung machen. Ich möchte versuchen, einige zentrale Themen der politischen Alltagsdiskussion herauszugreifen, um Ihnen zu zeigen, wie man als Soziologe darüber sprechen kann. Sie finden in dem verteilten Veranstaltungsplan einige Ihnen vertraute Wörter wie Politik, Staat, Verwaltung, Publikum, Demokratie, Öffentliche Meinung, Rechtsstaat, Opposition, Legitimität, die ich gleichsam soziologisch verfremden möchte.[1] Aus einigen Prüfungserfahrungen weiß ich, wie schwer es Ihnen fällt, eine spezifisch soziologische, in irgendeinem Sinne wissenschaftliche Argumentationsweise zu praktizieren. Klausuren sind Besinnungsaufsätze, verziert mit angelesenem Gedankengut. Achten Sie also bitte darauf – und kritisieren Sie gegebenenfalls in der Diskussion –, ob in meinen Ausführungen über die Themen des Alltagsverständnisses der soziologische Aspekt ein eigenes Profil gewinnt. Mein Ausgangspunkt ist eine theoretische Konzeption des sozialen Systems, die ich auf den politischen Bereich anwende.[2] Das ist gleichsam der Leitfaden, der die Vorlesung zusammenhalten soll. Manches, was ich nur kurz andeuten muß, ließe sich näher erläutern. Bitte fragen Sie in der Diskussion nach.

Wie kommen wir auf dieser Grundlage zu einer Diskussion? Von mir aus habe ich mir die folgenden Hilfestellungen ausgedacht: Es wird Einzelthemen pro Stunde geben – das soll Ihnen

1 Anm. d. Hg.: Da der Sitzungstermin auf die vorlesungsfreie Pfingstwoche fiel, wurde das Thema »Publikum« in der Vorlesung nicht behandelt und von Luhmann auch kein entsprechendes Skript vorbereitet. Der dafür vorgesehene Teil fehlt also in dieser Vorlesung. Vgl. aber ausführlich zum selben Thema oben, Vorlesung VI, Teil 5.

2 Vgl. dazu bereits oben, Vorlesung VI sowie (zu den theoretischen Grundlagen) Vorlesung II.

eine Vorbereitung ermöglichen. Und es gibt einige Texte, die Sie zur generellen Vorbereitung lesen können. Ich habe einen Aufsatz geschrieben, der Sie über meinen dieser Vorlesung zugrundeliegenden Ansatz informiert: »Soziologie des politischen Systems«.[3] Das ist ein schwieriger, sehr komprimierter Text; einen Sonderdruck davon gibt es zusätzlich in der Bibliothek. Dazu ungeplant hinzugenommen habe ich jetzt noch den unlängst in der *Politischen Vierteljahresschrift* (*PVS*) erschienenen Aufsatz »Demokratie und Komplexität« von Frieder Naschold, in dem eine Kritik an meiner angeblichen Demokratieauffassung geübt wird.[4] Ich habe eine Erwiderung zur Veröffentlichung in der *PVS* vorgesehen.[5] Das ist sorgfältig begrifflich verschlüsselt, aber brisant. Abzüge dieses Manuskripts gibt es in der Bibliothek. Eine dritte Diskussionshilfe ist, daß ich mir vorgenommen habe, etwas überpointiert und provokativ zu formulieren.

Noch eine Bemerkung zum äußeren Rahmen der Veranstaltung: Ich plane mit jeweils einer Stunde Vortrag – behalte mir aber je nach dem Thema etwas unterschiedliche Längen vor. Anschließend gibt es eine Pause mit der Möglichkeit, untereinander oder auch im Gespräch mit mir die kritischen Fragen zu besprechen, dann ist eine Diskussion im Plenum vorgesehen.

3 Niklas Luhmann, »Soziologie des politischen Systems«, in: *Kölner Zeitschrift für Soziologie und Sozialpsychologie* 20 (1968), S. 705-733.

4 Frieder Naschold, »Demokratie und Komplexität. Thesen und Illustrationen zur Theoriediskussion in der Politikwissenschaft«, in: *Politische Vierteljahresschrift* 9 (1968), S. 494-518.

5 Niklas Luhmann, »Komplexität und Demokratie. Zu Frieder Naschold: ›Demokratie und Komplexität‹ (PVS 4/1968, S. 494 ff.)«, in: *Politische Vierteljahresschrift* 10 (1969), S. 314-325.

1. Politik

Als erstes müssen wir uns fragen, was wir überhaupt unter *Politik* verstehen wollen und verstehen können. Das Offensichtlichste ist oft das Schwierigste. Wir haben im alltäglichen Sprachgebrauch ein unklares Vorverständnis des Gemeinten, (1) wenn wir zum Beispiel eine Politisierung der Hochschule fordern (ist es eigentlich ein Fortschritt, wenn wir von der Vermehrung des Wissens auf die Vermehrung der Studenten und der Studentenvertreter schließen?); (2) wenn wir hören, der Justizminister Horst Ehmke sei eine politische Potenz; (3) wenn wir zusehen, wie Theologen sich damit beschäftigen, in ihren Versammlungen Minderheiten als Mehrheiten erscheinen zu lassen, und dann finden, das sei Politik. Das so Gemeinte müssen wir irgendwie zu treffen versuchen – aber mit einem schärferen Begriff zu treffen versuchen, wenn wir *als Soziologen* von Politik sprechen.

1.1. Begriff der Politik

Die bisherigen Deutungen des Politischen scheinen mir bei ganz grober Übersicht drei Möglichkeiten anzubieten:

(a) Der Politikbegriff der alteuropäischen Tradition wurzelt im griechischen Selbstverständnis der *Polis*.[6] Dies ist ein in der Natur des Menschen begründeter und zugleich ethischer Politikbegriff, man könnte auch sagen ein »humaner« Begriff der Politik: Der Mensch kann gut oder böse sein und so in ein problematisches Verhältnis zu den anderen Menschen treten. Politik ist jene Errungenschaft verfassungsmäßig geordneten menschlichen Zusammenlebens, die dem Menschen dazu verhilft, in sein Wesen zu kommen, und das heißt: in Vernunft und Freiheit zu leben. Ohne Politik wäre nur ein ganz primitives archaisches Dasein möglich – ohne Recht und Gerechtigkeit, in despotisch regierten Häusern und Stämmen. Das profiliert sich konkret in der Unterscheidung von Stadt und Land, Griechen und Barbaren. In dieser Fassung wird

6 Vgl. dazu oben, Vorlesung III, Abschnitt 2.1.

der Begriff auf die höchsten Möglichkeiten des Menschen bezogen. Damit wird eine evolutionäre Errungenschaft gefeiert. Das ist eine schon durch den Einschub christlich-religiöser Bestimmung des Menschen gebrochene Tradition, die heute nicht wiederherstellbar, nicht einmal adäquat nachvollziehbar ist. Es folgte ein Übergang zu einer Tradition von Doppelformeln wie Frieden und Gerechtigkeit, *pax et iustitia*, Sicherheit und Ordnung, wobei Ordnung praktisch der politische Aspekt des Eigentums ist. Das ist eine Neuformung noch innerhalb der alteuropäischen Tradition, an der zweierlei bemerkenswert ist: zum einen die Konkretisierung von Zweckformeln oder Aufgabenbestimmungen und zum anderen die Anknüpfung an eine fest etablierte, selbstverständlich gewordene politische Herrschaft, die nicht mehr als Errungenschaft gesehen, nicht mehr mit archaischen Zuständen verglichen wird. Heute gibt es davon nur noch Restbestände in Form des Bezugs von Politik auf die Förderung des Gemeinwohls. Das leitet aber schon über zum neuzeitlichen Staatsbegriff.

(b) Der zweite Politikbegriff knüpft an den *Staat* als eine bestehende Organisation an, an ein konkretes System von Handlungen, und setzt dann »staatlich« und »politisch« gleich. Meine Frage an Sie ist: Würde Ihnen das akzeptierbar erscheinen und aus welchen Gründen? Mir scheint es nicht plausibel, und zwar aus mehreren Gründen: Es gibt *im* Bereich staatlicher Organisation eine Fülle von Handlungen, die Müllabfuhr usw., die wir weder politisch nennen noch notwendig dem Staat zuordnen. Es gibt umgekehrt *außerhalb* des staatlichen Bereichs politisches Handeln, etwa in den Kirchen, Konzernen, Gewerkschaften, eigentlich in allen großen Organisationen. Vor allem aber würden wir uns durch diese Gleichsetzung von Staat und Politik der Möglichkeit berauben, im Politischen ein Kriterium staatlicher Aktivität zu sehen – sei es als ein normatives, sei es als ein funktionelles Kriterium. In dieser Gleichsetzung kommt die Problematik einer Gleichsetzung von Funktion und Struktur zum Ausdruck.

(c) Der dritte, heute wohl verbreitetste Politikbegriff knüpft an das Phänomen der *Macht* an. Politik ist die Beschäftigung (oder die Lehre von der Beschäftigung) mit dem Erwerb und Gebrauch von Macht. Dabei wird Macht überwiegend als ein kausaler Mechanismus verstanden – als ein Mittel zum Zweck: die Bewirkung von Handlungen, die der Handelnde eigentlich nicht wollte. Auch hier kommen einem Bedenken: Meint das *beliebige* Machtausübung, kann man Gemeinwohl oder andere Angaben über den Sinnbezug also ganz außer acht lassen? Hier spielen also wieder Aspekte des ersten Begriffsverständnisses, des humanen Begriffs der Politik hinein. Und kann man das ohne Systembezug sagen? Ist auch die Macht des Vaters über seine Kinder politisch? Zuweilen wird eine solche Sichtweise vertreten, da Macht physische Zwangsmöglichkeiten involviert. Gilt das aber auch für die legendäre Macht des Professors über seine Studenten? Und schließlich ist der Machtbegriff selbst höchst unklar; dazu sage ich in einer späteren Vorlesungsstunde mehr.[7]

Ganz grob skizziert haben wir also *drei mögliche Spezifikationen des Politischen* gefunden: als *Zweck*, als *System* und als *Mittel*. Wenn die Grundbegriffe theoretischer Ableitungen so divergieren und nicht aufeinander zurückführbar sind, ist eine einheitliche Theorie der Politik nicht zu erwarten. Man hat es dann mit einer ewigen Konkurrenz der Meinungen zu tun, die versuchen, eine als partiell erkennbare Blickrichtung absolut zu setzen. Wie kommen wir in solch einer Lage weiter? Meiner Einschätzung nach nur durch ein Unterlaufen der bisherigen Grundbegriffe, durch ein Problematisieren von Selbstverständlichkeiten, durch eine abstraktere und vermutlich sehr viel kompliziertere Begrifflichkeit. Wie könnte das aussehen?

Mein Vorschlag ist, vom Begriff der *Entscheidung* auszugehen und das Politische – grob und vorbehaltlich näherer Bestimmung – in der *Herstellung bindender Entscheidungen* zu sehen. In diesem Begriffsvorschlag können die herkömmlichen Bestimmungsmerkmale »Gemeinwohl«, »Staat«, »Macht« aufgehen, eingeschmolzen und umgeschmolzen werden: das Gemeinwohl in ein Entscheidungsprogramm, den Staat in ein politisches System und die Macht in ein besonderes Kommunikationsmedium, das Entscheidungen überträgt. Auch dieser Begriff des Politischen ist sehr weit, aber er ist gut erläuterungsfähig. Es handelt sich zudem um einen evolutionären Aspekt: Entscheidungen werden jetzt so behandelt, als ob es Tatsachen wären. Es stellt sich also die Frage, wie man Entscheidungen herstellen kann und unter welchen Bedingungen eine Entscheidung als »bindend« institutionalisiert wird. Das Nä-

7 Vgl. unten in dieser Vorlesung, Teil 8.

here wird im Laufe dieser Vorlesung erläutert. Aber schon heute können wir diskutieren, ob Sie den Sinn des Politischen damit getroffen fühlen.

1.2. Theoretische Anschlußstellen

In dieser Stunde möchte ich noch einige Bemerkungen zu den »theoretischen Anschlußstellen« einer solchen Bestimmung des Politischen machen. Das ist wichtig, denn wir müssen als Soziologen darauf achten, daß wir das Interpretationsniveau der alteuropäischen Gesellschaftstheorie halten.

Der Entscheidungsbegriff läßt sich rückbeziehen auf einige allgemeine Aussagen über die Bedingungen menschlichen Daseins in der Welt, wie sie in anderer Form auch der alteuropäischen Tradition zugrunde lagen, in der Neuzeit aber schärfer auf die Subjektivität des menschlichen Bewußtseins bezogen werden. Bewußtes, sinnhaft geordnetes Erleben findet sich immer vor in einer übermäßig komplexen Welt voller anderer Möglichkeiten.[8] Es findet sich daher immer unter Selektionszwang. Der elementare Zwang – Grundlage aller anderen Zwänge, auch der politischen – ist der Selektionszwang. Und diese Formulierung zeigt Ihnen zugleich, daß es Möglichkeiten gibt, durch die Form der Ordnung des Selektionsprozesses Zwang und Freiheit zu vermitteln. In dem Maße, als diese Selektion die Form einer Auswahl unter gesehenen Möglichkeiten annimmt, wird sie zur Entscheidung. Die Notwendigkeit der Entscheidung ist also ganz grundsätzlich in der *conditio humana* fundiert.

So viel läßt sich vom einzelnen aus gesehen sagen. Die *soziale* Natur des Menschen besagt im Hinblick auf Entscheidung nun zweierlei: Es gibt im Bereich der Entscheidung keine zwangsläufige Koordination. Der eine will nach links, der andere nach rechts. Daraus folgt der Bedarf für einen neuen Entscheidungstyp: die *bindende Entscheidung*. Kurz gefaßt heißt das, daß die Entscheidung des A zur Prämisse der Entscheidung des B gemacht wird. Man muß genau beachten, was damit gesagt ist. Neben dieser das traditionelle politische Denken beherrschenden Vorstellung gibt es aber

8 Grundsätzlich dazu oben, Vorlesung III, Abschnitt 3.4.

einen zweiten, ebenso wichtigen, wenn nicht wichtigeren Aspekt: Man kann gar nicht alles selbst entscheiden. Das ist insbesondere auch ein Problem der absoluten Macht. Man muß fremde Entscheidungsleistungen übernehmen – und auch das ist Politik, und auch das ist eine Quelle von Bindungseffekten. Ein Beispiel ist die laufende Hochschulreform, bei der die Politik in ihren Entscheidungen nur anschließen kann an das, was im Apparat der Wissenschaftsverwaltung vorentschieden worden ist.

Beides – die *Bindungswirkung* und die *Übernahme der Entscheidungen anderer* – überschneidet sich: Der Befehl legitimiert sich immer auch an seinen Entlastungswirkungen. Politisches Ringen ist nicht der Kampf um Herrschaft versus Freiheit im Abstrakten, sondern findet statt innerhalb dieser Grenzen der Selektionskraft des Bewußtseins. Das sieht man beim Vergleich mit den Doppelformeln der alteuropäischen politischen Theorie wie *metus et indigentia* oder *pax et iustitia*.

2. Staat und politisches System

Wenn wir den Bereich der gesamtgesellschaftlich relevanten Politik bezeichnen wollen, sprechen wir im allgemeinen von »Staat«. »Politisches System« ist dagegen ein neuer Terminus, der auf die wissenschaftliche Diskussion in der Politologie und der politischen Soziologie beschränkt ist.[9] Diese Stunde soll dazu dienen, daß wir uns ein Urteil bilden über den historischen Hintergrund und den Sinn dieses Begriffswandels, insbesondere über die damit verbundenen Vorteile. Die beiden Leitbegriffe »Staat« und »politisches System« kann man also nicht im Sinne eines Nebeneinanders verstehen, sondern im Sinne einer konkurrierenden Begrifflichkeit und, wie ich behaupten werde, eines historischen Nacheinanders.

2.1. Begriff des Staates

Der Begriff »Staat« hat genetisch, ebenso wie der alteuropäische Begriff »Politik«, eine eindeutige historische Situation, er ist motiviert durch und gemünzt auf bestimmte evolutionäre Veränderungen der Gesellschaft. Und die Parallele geht noch weiter: In beiden Fällen ist es so, daß die zu begreifende Situation nicht voll begriffen, das heißt nicht auf andere Möglichkeiten hin expliziert wird. Die Situation, in der der Staatsbegriff entsteht, ist die beginnende Neuzeit. Sie ist dadurch charakterisiert, daß aus der gesellschaftlichen Entwicklung in anderen Bereichen heraus eine ungewöhnliche Autonomie des politischen Bereichs erforderlich wird – so etwa aufgrund der religiösen Entwicklung, die man mit den Stichworten »Dogmenabstraktion«, »Kontroversen und Schismen« und »Kontingenz« charakterisieren kann – und ganz ähnlich auch der wirtschaftlichen Entwicklung, die über das Haus hinauswächst in theologisch uninterpretierbare Problemlagen. Religiöse Ökonomien ohne Politik werden zu Utopien. Die neuen Namen für die nun spezifisch politisch verfaßte, durch eine konfessionell möglichst neutrale oder zumindest tolerante Herrschaft gekenn-

9 Vgl. zum folgenden ausführlicher oben, Vorlesung VI, Abschnitt 2.3.

zeichnete Gesellschaft sind »Leviathan« – aber das ist rein allegorisch –, »*government*« – das ist zu konkret – und »Staat« – das ist hinreichend formal. Alle großen staatspolitischen Themen der neuzeitlichen Diskussion beziehen sich auf diese Lage: auf die Frage der Souveränität, der Staatsräson und der Vertragslehren. Es geht um die Problematisierung der Freiheit und des Rechtsschutzes. Die dieser Diskussion zugrundeliegende These ist die einer *Trennung von Staat und Gesellschaft*. Sachlich ist das aber eine falsche Entgegensetzung, ja ein Irrtum, so als ob der Staat von der Gesellschaft unabhängig sein könne oder umgekehrt. Insbesondere wissenschaftspolitisch hat sich diese Trennung als fatal herausgestellt: Staatswissenschaft und Gesellschaftswissenschaft laufen seitdem weitgehend unverbunden nebeneinanderher, statt dessen kam es zu einer Juridifizierung der Staatswissenschaften – oder zu einer Ökonomisierung. Eine allgemeine Staatslehre fristet dagegen nur noch ein Kümmerdasein.

Was ist *inhaltlich* gemeint mit dem Staatsbegriff, wie wird er definiert? (Nebenbei bemerkt: Achten Sie als Soziologe auf Definitionsbegriffe und versuchen Sie, sie zu lokalisieren.) Für eine soziologische Bestimmung uninteressant ist die Definition des Staates als *juristische Person*, das ist eine Erfindung der Staatslehre im 19. Jahrhundert. Die Figur der juristischen Person ist als Technik der Zurechnung von Rechten und Pflichten wichtig als Beleg für die notwendig werdenden Rollentrennungen und Funktionstrennungen, aber inhaltlich hilft uns der Begriff nicht weiter. Im übrigen wird der Staat entweder als ein Verband oder als eine Organisation verstanden. Das traditionelle deutsche Staatsdenken definiert den Staat als *Verband*, was soviel heißt wie eine Zusammenfassung konkreter Menschen in einer Ordnung, die Menschen gelten als Glieder des Staates. Ein Volk wird in eine juristische Form gebracht. Es handelt sich dabei also, wenn man das ernst nimmt, immer um den ganzen Menschen mit all seinen Beziehungen, inneren Qualitäten usw. Nur von da her wird es möglich, im Staat eine sittliche Idee zu sehen, wie bei Hegel. Den Staat als *Organisation* – der angelsächsische Begriff dafür ist *government* – zu verstehen wird uns heute empfohlen. In der deutschen Staatslehre geht das namentlich auf Hermann Heller zurück.[10] Die Gefahr eines solchen Begriffsver-

10 Vgl. Hermann Heller, *Staatslehre*, Leiden 1934.

ständnisses liegt in der Begrenzung des Staates auf die Kompetenzen verwaltenden Ämter, also um die Verwaltung nach Abzug der Parteipolitik, obwohl doch auch diese dazugehört. Diese kritische Charakterisierung dient mir zugleich zur Abhebung der besonderen Vorteile einer soziologischen Theorie des politischen Systems. Überlegen Sie für die Diskussion, ob Sie mein Argument von hier aus aus den Angeln heben können.

2.2. Begriff des politischen Systems

Was ist demgegenüber erreicht, wenn man heute vom »politischen System« spricht? Und damit zugleich: Welche Fortschritte verbinden sich mit dem Übergang von der Staatslehre zur politischen Soziologie? Ich sehe zwei Vorteile: Der erste betrifft das Verhältnis von Politik und Gesellschaft, und der zweite liegt in dem Verzicht auf die eigentümliche Humanität der abendländischen Tradition.

2.2.1. Verhältnis von Politik und Gesellschaft

Das *Verhältnis von Politik und Gesellschaft* läßt sich neu bestimmen, und zwar wird jetzt das politische System als Teilsystem eines in sich differenzierten Gesamtsystems gesehen.[11] Wo liegen die eigentümlichen Vorteile dieser Konzeptualisierung verglichen mit erstens der politischen Gesellschaft alteuropäischen Typs und zweitens der Trennung von Staat und Gesellschaft?

Meine Antwort geht in mehrere Richtungen.

(a) Das Differenzierungsmodell ermöglicht eine Kombination von Identitätsdenken und Trennungsdenken. Weder ist die Gesellschaft politisch konstituiert, noch ist sie als solche unpolitisch (etwa: ökonomisch). Sie ist ein Sozialsystem, das politische Funktionen miterfüllen muß und eigens dafür ausdifferenzierte Teilsysteme bilden kann. Beachten Sie dabei folgendes: Die politische *Funktion* verstehe ich als ein »Muß«, die konkrete *Struktur* dagegen als ein »Kann«. Das ermöglicht es, die Frage der Ausdifferenzierung von Strukturen als eine Variable zu behandeln, deren Werte nicht begrifflich vorfixiert sind – der Staat! –, sondern sich aus einer

11 Vgl. ausführlich oben, Vorlesung VI, Teil 2.

allgemeinen Theorie gesellschaftlicher Evolution ergeben müssen. Der Vorteil der Unterscheidung von Struktur und Funktion liegt in der guten Einbaubarkeit in diese Theorie.

(b) Die Anwendbarkeit allgemeiner systemtheoretischer Begriffe und Hypothesen auf das politische System ist bereits selbst vorexerziert worden, vor allem in der politologischen Systemtheorie. Dort wird aber ohne Rücksicht auf den gesellschaftlichen Kontext formuliert, zum Beispiel jüngst von Frieder Naschold.[12] Der soziologische Ansatz ermöglicht es dagegen, Parallelen zwischen verschiedenen Teilsystemen der Gesellschaft zu ziehen, namentlich das politische System zu vergleichen mit der Familie, dem Erziehungssystem, der Wirtschaft, der Wissenschaft. Man kann dann fragen: Gibt es strukturelle und prozeßmäßige Parallelen in diesen Bereichen, etwa der Grad der Autonomie, die Fähigkeit zur Selbststeuerung, die Fähigkeit zur Strukturänderung, der Grad der Komplexität? Gibt es Grenzen der Kompatibilität der Systeme? Das ist eine Form, nach dem Verhältnis von kapitalistischer Wirtschaft und Staatsverfassung zu fragen, wie das Joseph Schumpeter getan hat mit seiner Frage, ob Marktwirtschaft und Mehrparteiensystem eng und notwendig miteinander zusammenhängen oder ob nicht auch eine sozialistische Wirtschaftsordnung mit politischer Konkurrenzdemokratie kompatibel sei.[13]

(c) Schließlich haben wir die Möglichkeit, von diesem Denkansatz aus die Frage des funktionellen und strukturellen Primats von Teilsystemen in der Gesellschaft zu stellen. Damit ist kein hierarchisches, herrschaftsmäßiges Konzept gemeint, gefragt wird vielmehr danach, ob bestimmte Funktionskreise in der Gesellschaft den Vorrang haben, weil in ihnen gleichsam der Engpaß der Erhaltungs- und Entwicklungsinteressen liegt. Die Hypothese lautet, daß die funktionskritischen Teilsysteme die Problemlage und die Entwicklungsgrenzen der übrigen Teilsysteme definieren und insofern – also nicht qua Herrschaft – den Primat haben. Ganz grob kann man sagen, daß in der Evolution der Gesellschaft diese Li-

12 Frieder Naschold, *Systemsteuerung*, Stuttgart 1969 (als Band II von: Wolf-Dieter Narr, Frieder Naschold, *Einführung in die moderne politische Theorie*, Stuttgart 1969); der demnächst erscheinende Band I (Wolf-Dieter Narr, *Theoriebegriffe und Systemtheorie*, Stuttgart 1969) ist voraussichtlich ebenfalls relevant.

13 Vgl. Joseph A. Schumpeter, *Kapitalismus, Sozialismus und Demokratie*, Bern 1946 (OA: *Capitalism, Socialism, and Democracy*, New York, London, 1942).

mitierungen zunächst in der Familie, dann in der Politik, dann in der Wirtschaft lagen und in Zukunft vielleicht in der Wissenschaft liegen werden. Dies war eine Gruppe von Überlegungen zu den Vorteilen des Konzeptes »politisches System«.

2.2.2. Verzicht auf die Humanität der abendländischen Tradition

Eine andere Gruppe von Überlegungen ist ebenso wichtig und vielleicht kritischer, heikler, denn sie wendet sich gegen die eigentümliche *Humanität der abendländischen Tradition*, von der ich eingangs gesprochen hatte. Hier liegen sozusagen die »strategischen Verzichte«, mit denen jene Vorteile bezahlt werden müssen. Und hier liegen meines Erachtens die eigentlichen Gründe, aus denen der Systemansatz einem schwer formulierbaren Mißtrauen begegnet. Ich möchte diesen zweiten Punkt scharf beleuchten, damit Sie erkennen können, auf was Sie sich einlassen, wenn Sie Ihr Denken von »Staat« auf »politisches System« umstellen.

Sowohl die alte Theorie der Politik als auch die neuzeitliche Theorie des Staates hatte immer ein System gemeint, das den ganzen Menschen einschließt, das sozusagen sein alternativenloses Schicksal war. Das besagt die Formel vom *zoon politikon*, vom *animal sociale*. Und von daher ergaben sich verständliche Anforderungen an die Humanität, die Menschgemäßheit politischer und staatlicher Institutionen. Anders verhält es sich bei der neueren soziologischen Formel des sozialen Systems. Hier handelt es sich nur noch um eine sinnhafte Verbindung einzelner Handlungen – natürlich um Handlungen von Menschen, aber eben einzelne Handlungen, in die der Mensch nicht mehr als konkretes Ganzes engagiert sein muß. Bedenken Sie, wie wenig von sich selbst Sie in den Akt der politischen Wahl hineingeben können; daraus resultiert häufig eine Unzufriedenheit mit dem Wählen, und das ist eine Art Bestätigung meiner Begriffsbildung, nach der der ganze Mensch nicht Teil des Systems ist. Die Theorie sozialer – und damit auch: politischer – Systeme formuliert dagegen einen abstrakten Begriff, in dem der Einzelmensch nur noch als Umwelt des Systems, als Träger natürlicher Rechte, von Interessen, von Bedürfnissen usw. in das soziale System eingeht. Und das ist keine bloß wissenschaftliche Konstruktion, sondern entspricht – der Fall des Wählers zeigt dies – der Wirklichkeit.

Daher haben wir jenes Maß verloren, das für die Politik ebenso wie noch für den Staat einst in der menschlichen Natur gesehen wurde. So formuliert scheint es sich um ein negativ zu bewertendes Ereignis zu handeln. Ich würde es, persönlich zu einem Urteil aufgefordert, eher positiv bewerten – aber das ist für meine These nicht wesentlich. Die These ist, daß das abstraktere Konzept der Systemtheorie eine bessere Politik ermöglichen könnte – nicht natürlich garantieren, sondern ermöglichen könnte –, und zwar deshalb, weil sie den Prozessen der politischen Entscheidung mehr Möglichkeiten zur Auswahl offenhält, also größere Komplexität und größere Freiheitsspielräume strukturell abdeckt. Ein nicht an ein vorauszusetzendes Menschenbild, an konkrete Institutionen, an plausible Aktivitätsbilder gebundenes System hat größere Möglichkeiten, größere Beweglichkeit, größere strukturelle Variabilität. Es kann sich gleichsam im Inhumanen, Unwahrscheinlichen koordinieren. Es kann politische Formeln finden, die schlechthin nicht mehr in verständliche menschliche Aktivitäten rückübersetzbar sind, etwa die Formel von der Zunahme des Bruttosozialprodukts. Es kann seine Eingriffe in die Wirtschaft unter der verblüffenden Vorstellung konzipieren, daß nicht die Waren, sondern die Verbraucher knapp sind – und dafür politische Unterstützung gewinnen. Es kann entsprechend paradoxe Normen erfinden, zum Beispiel Rechtsansprüche auf Prämien für die Vernichtung von Äpfeln, also vermeintliche Perversitäten einer kapitalistischen Welt.

Mit einer so hohen Komplexität wachsen zugleich die *Ansprüche an Rationalität* und die Schwierigkeiten der Entscheidungskalkulation in so offenen, strukturell unbestimmten Spielräumen der Selektion. Wenn es die Zeit zuläßt, sage ich dazu eventuell noch mehr im Schlußvortrag zum Thema »Legitimität und Rationalität«.[14] Es scheint, daß unsere Politik heute diese strukturell an sich gegebene Chance hoher Komplexität einfach verschenkt – oder verspielt, wie ein Schachspieler, der sich angesichts der Schwierigkeiten des Spiels an die einfache Daumenregel hält, alle Figuren möglichst nach links beziehungsweise nach rechts zu ziehen. Ich erinnere dazu an meine Diskussionsbemerkungen in der vorigen Stunde. Und ich frage mich, ob wir unsere Unzufriedenheit zutreffend artikulieren, wenn wir sie auf die Formel von der Repression bringen oder auf

14 Vgl. unten in dieser Vorlesung, Teil 9.

den Wunsch der Herrschaftsfreiheit. Mir scheint, diese Attacke ist noch gegen ein als Herrschaft oder als Staat begriffenes System adressiert, unter dem wir unsere Verhältnisse ohnehin nicht mehr adäquat begreifen können. Die Probleme jedenfalls, die ich ihnen andeuten wollte, werden mit diesem Konzept von Herrschaft und Repression einfach abgetötet, verdrängt, wenn man so will, damit man schneller zum Handeln kommt. Das ist ein mögliches Thema der Diskussion.

3. Politik und Verwaltung

3.1. Politisches System

Ausgangspunkt für das heutige Thema, die Frage des *Verhältnisses von Politik und Verwaltung*, ist eine Theorie des politischen Systems.[15] Eine solche Theorie ist der Versuch, ein zentrales Theoriestück der allgemeinen Systemtheorie auf politische Systeme zu übertragen, nämlich die Theorie der Systemdifferenzierung. Welchen Nutzen hat dieses Theoriestück für das Verständnis des politischen Systems? Der Grundgedanke der Theorie der Systemdifferenzierung ist, daß in einem System die Systembildung wiederholt wird;[16] dabei wird ein funktionaler, leistungsbezogener Systembegriff verwendet. Dann heißt Systemdifferenzierung, daß die Leistung der Systembildung gleichsam zweimal oder mehrmals zum Zuge kommt, und dies nicht einfach in einem Nebeneinander, jeder für sich, sondern in organisierter Form, in einem sinnvollen Zusammenhang. Nicht notwendig ist dabei eine Koordination unter einem Zweck oder einer Herrschaft – dazu komme ich gleich –, sondern wesentlich ist eine Selektivitätsverstärkung: Die engere Auswahl von Möglichkeiten (Reduktion) des einen Systems schließt an die anderer an, und dies auf struktureller, nicht prozeßmäßiger Ebene.

Dies ist mein Theorieangebot für unser Thema des Verhältnisses von Politik und Verwaltung. Gibt es dazu *Alternativen*? Soweit ich sehe, ist eine Nachkonstruktion dieser Alternative durch eine andere Alternative typisch. Nennen kann man hier zum Beispiel (1) ein Verhältnis von oben und unten: die Politik agiert oben, sie entwirft Entscheidungsprogramme und ist der Verwaltung unten übergeordnet; (2) ein Verhältnis von Zweck und Mittel: die Politik setzt die Zwecke fest, die Verwaltung sucht die geeigneten Mittel zur Verwirklichung dieser Zwecke und wendet sie an; oder (3) ein Verhältnis von Irrationalität und Rationalität: die Politik agiert ideologisch, die Verwaltung technokratisch. Zu diesen Alternativen finden Sie einiges bei Karl Mannheim in *Ideologie und*

15 Siehe dazu ausführlich oben, Vorlesung VI.
16 Vgl. dazu oben, Vorlesung III, Teil 4.

Utopie und in meinem Aufsatz »Politische Planung«.[17] Achten Sie auch einmal auf die Form: die Nachkonstruktion einer Alternative durch eine andere. Kann dabei etwas soziologisch Sinnvolles herauskommen?

3.2. Verwaltung

»Verwaltung« ist ein weiter Begriff und meint den bürokratisierten Teil des politischen Systems.[18] Verwaltung umfaßt den Gesamtbereich der klassischen Gewalten, im Englischen *government*, mit unterschiedlichen Graden der Politisierung. Hauptmerkmale dieses Bereichs des politischen Systems sind (1) die Verwaltung von Kompetenzen zu bindender Entscheidung und (2) das Fällen von Entscheidungen unter der Bedingung schon reduzierter Komplexität, nämlich in einem bereits abgesteckten Rahmen von Kriterien über »richtig« und »unrichtig«. Eine Aufgabe könnte dann ein Vergleich mit dem Bürokratiemodell Max Webers sein, bei dem noch die Rollentrennung hinzukommt.[19] Zu prüfen in Richtung auf Ansatzpunkte für eine Theorie der Politik sind dann das Herrschaftskonzept und das Legitimitätskonzept Webers.[20] Können wir mehr herausholen?

3.3. Politik im engeren Sinne

Wie kommt es zu dem, was Weber Legitimität nennt? Wie kommt es zu einem Konsens über die Grundlagen der verbindlichen Entscheidung? Wieso ist das überhaupt ein Problem? Sie erinnern sich an das, was ich in der vorigen Stunde über zunehmende Autonomie

17 Karl Mannheim, *Ideologie und Utopie*, 3., verm. Aufl., Frankfurt/M., 1952, III. Kap. »Ist Politik als Wissenschaft möglich?« (S. 95 ff.); Niklas Luhmann »Politische Planung«, in: *Jahrbuch für Sozialwissenschaft* 17 (1966), S. 271-296.

18 Vgl. dazu oben, Vorlesung VI, Teil 3; siehe auch Niklas Luhmann, *Die Grenzen der Verwaltung*, hg. von Johannes F. K. Schmidt und Christoph Gesigora, Berlin 2021 (Anm. d. Hg.: Es handelt sich um die Publikation eines Manuskripts von 1963/64).

19 Vgl. dazu oben, Vorlesung VI, Abschnitte 3.1.2. und 3.1.3.

20 Vgl. Max Weber, *Wirtschaft und Gesellschaft. Grundriß der verstehenden Soziologie*, hg. von Johannes Winckelmann, Tübingen [4]1956, S. 541-876.

des politischen Systems gesagt habe. Die Hypothese war: Je größer die Autonomie und damit der eigenständige Entscheidungsbereich des politischen Systems ist, desto problematischer die Politik. Die Prämissen des Entscheidens müssen dann selbst noch ausgewählt werden, man muß auch noch darüber entscheiden können, auf welche Ziele und nach welchen Bedingungen der Richtigkeit des Entscheidens man entscheiden will. Das erfordert einen *gestuften Entscheidungsprozeß*, und je komplexer die Entscheidungslagen werden, desto weniger genügt eine prozeßmäßige, phasenmäßige Differenzierung – erst die Grundsätze, dann die Details –, desto notwendiger wird auch eine strukturelle Differenzierung in dem eingangs angedeuteten Sinne. Es muß im politischen System wiederum Teilsysteme geben, die in der Lage sind, in Zonen hoher Unbestimmtheit und Beliebigkeit Prämissen zu finden, nach denen dann anderswo entschieden wird. In diesem Sinn schlage ich vor, den Unterschied von Politik und Verwaltung zu bestimmen.

Was ist nun jetzt Politik? Bei der Antwort ist der Doppelsinn des Begriffs »Politik« zu beachten: Mit diesem bezeichnet man üblicherweise einerseits das politische System im ganzen und darin politische Prozesse und andererseits ein im engeren Sinne politisches Teilsystem.[21] Das ist terminologisch fatal, aber historisch zu erklären. Im Unterschied dazu spreche ich zuweilen von *Parteien*politik. Das ist kein Zufall, denn es geht letztlich um Anwendung von Politik auf Politik. Das eigentlich Politische, die Erzeugung eines kollektiv bindenden Effektes von Entscheidungen, muß im politischen System nochmals wiederholt werden. Das politische System muß Politik auf sich selbst anwenden können, muß mit sich selbst politisch spielen können. Konkreter gesehen handelt es sich um die Erzeugung eines politischen Potentials für Konsensbildung und Machtbildung, und dies erfolgt bei der Komplexität des politischen Systems auf einer hochgradig fiktiven, symbolischen Ebene wechselseitiger Unterstellungen. Man unterstellt, daß die Presse Einfluß auf die Meinungsbildung hat (darauf komme ich in der Sitzung zu öffentlicher Meinung noch einmal zurück),[22] daß die Verärgerung des Parlamentsausschußvorsitzenden einem in anderen Zusammenhängen heimgezahlt wird, daß hinter der Äußerung des Gewerkschaftsvorsitzenden Stimmzahlen stehen, diese

21 Vgl. oben, Vorlesung VI, Abschnitt 4.1.

22 Vgl. unten in dieser Vorlesung, Teil 4.

also Wahlchancen beeinflussen könnten, usw. Politik ist mit dem Aufbau solcher sinnhaft symbolisch verkürzter Erwartungsstrukturen befaßt, mit ihrer laufenden Betreuung und Modifikation. Nur so sind diejenigen Reduktionen möglich, die der Verwaltung ihre Entscheidungsgrundlagen liefern.

Von dieser Annahme ausgehend sind Rückschlüsse auf die *Strukturen der Politik* möglich.

(1) Es gibt eine Parteienorganisation mit stark schematisierter Trennung von Kooperation und Konflikt, das strukturiert unter Bedingungen hoher Komplexität die Situation und erleichtert die Entscheidungen relativ unabhängig von spezifischen Themen; (2) ein Wahlverfahren (Mehrheitsprinzip) fungiert als Entscheidungsmechanismus im politischen Kampf um Parlamentssitze und Ämter; (3) es gibt eine personalisierte Interaktion in informalen Kontaktsystemen, die eine Entscheidungsfindung erleichtern, indem man sich an der bisherigen Darstellung der Beteiligten orientiert. Charakteristisch ist eine Mischung von Öffentlichkeit und Nichtöffentlichkeit, das heißt ein Wechsel von öffentlichen und nichtöffentlichen Situationen und Sprachen im Entscheidungsprozeß, weshalb die häufig geäußerte Forderung der Herstellung vollkommener Öffentlichkeit politischer Entscheidungen illusionär ist. Damit sind Ansatzpunkte für eine vergleichende Analyse verschiedener politischer Systeme genannt, und wir kehren jetzt auf die Ebene des politischen Systems als Teilsystem der Gesellschaft zurück.

3.4. Die Ebene des gesamten politischen Systems

Zunächst sind einige Bemerkungen zur *Theorie der Systemsteuerung* notwendig. Wenn man sagt, die Politik steuert die Verwaltung, so heißt das, das labilere System steuert das stabilere, das strukturell unbestimmtere das bestimmtere, das ungesicherte, riskiertere, ohne zureichende Information arbeitende System steuert das rationaler arbeitende System. Kurz gesagt: Das System mit der Fähigkeit zu höherer Komplexität steuert das System mit geringerer Komplexität. Das ist dasselbe Gesetz, das wir, mit verschobener Systemreferenz, schon auf der gesamtgesellschaftlichen Ebene diskutiert hatten. Aber wir müssen uns daran erst gewöhnen, denn es stellt die klassischen Erwartungen der Steuerung auf den Kopf, die orientiert waren an Vorstellungen einer hierarchischen Rangordnung, wo die Vernunft, die Tugend, die besseren Fähigkeiten usw. oben sein sollten. Das ist ein weiterer Beitrag zu meiner These, daß wir mit menschlich und evolutionär unwahrscheinlichen Verhältnissen zu rechnen haben.

Es stellt sich dann die Frage nach dem Ausmaß der *Realisierung der Differenzierung* von Politik und Verwaltung, denn eine Funktion ist nicht ohne weiteres auf Strukturen und Prozesse umzulegen. Funktionale Spezifikation ist ein zunächst analytisches Konzept, dessen Ausmaß der Realisierung eine Variable ist. Man kann die Frage der Differenzierung auf verschiedenen Ebenen stellen: auf der Ebene der Rollen, der Normen, auf der Ebene der Kriterien der Rationalität und der Erfolgsbewertung. Auch stellt sich die Frage der *Folgeprobleme* beziehungsweise dysfunktionaler Folgen der Trennung von Politik und Verwaltung. Zum Beispiel kann der Einbau von Planung in die Programmstruktur der Verwaltung selbst als Aushöhlung der politischen Funktion interpretiert werden: Es stellt sich dann die Frage, wer der Autor der Pläne ist und wer politisch Kapital daraus schlägt. Oder es gibt die Möglichkeit von Rollenkonflikten in Grenzstellen zwischen Politik und Verwaltung, wie man sie zum Beispiel bei der Analyse der Position eines Ministers erkennen kann; in diesem Fall werden die Kosten einer Trennung von Politik und Verwaltung von den beteiligten Personen getragen. Die Frage nach Folgeproblemen ist also ebenfalls ein Entwurf von Ansatzpunkten für empirische Forschung.

4. Öffentliche Meinung

Öffentliche Meinung ist ein bedeutendes Thema der politischen Diskussion – auch hier muß man diese Debatte soziologisch unterlaufen. Was ist gemeint, wenn man, selbst heute noch, so viel von Öffentlichkeit spricht, von »Öffentlichkeit herstellen«? Warum verwendet gerade die Studentenbewegung ein so altmodisches Vokabular? Wenn Sie sich darin kontrollieren wollen, empfehle ich einen Blick in den Abschnitt »Die Öffentliche Meinung« in dem Buch *Allgemeine Staatslehre* von Herbert Krüger.[23] Die heutige wissenschaftliche Erörterung ermutigt eigentlich nicht zur Fortführung des Begriffs. Öffentliche Meinung ist kein eindeutig definierbarer, einhellig anerkannter Sachverhalt, sondern das, was Meinungsforscher erforschen. Eine kurze historische Orientierung scheint mir deshalb notwendig.[24]

4.1. Konzepte der politischen Öffentlichkeit

Das *liberale Konzept der politischen Öffentlichkeit* ist gemünzt auf eine Situation des Übergangs. Die alten Institutionen lösen sich auf, das Konzept der politisch konstituierten Gesellschaft gerät ins Wanken. Gleichzeitig gibt es im Zusammenhang mit der stärkeren funktionalen Differenzierung der Gesellschaft ein schon gebrochenes Verhältnis zu den überlieferten naturrechtlichen Wahrheitsgrundlagen der Politik. Trotz aller Versuche, invariante Zweckformeln und Vernunftprinzipien als Grenzen der Politik festzuhalten, sucht man eine labilere, beweglichere Führungsgröße, die ihre Gesichtspunkte und Themen ändern könnte. Zugleich gibt es aber ein auffälliges Vertrauen in die Vernunft von Meinungen, die öffentlicher Diskussion ausgesetzt sind und dieser standhalten. Es wird eine Transparenz der Machtausübung gefordert, als ob das in irgendeinem Sinne bessere Entscheidungen ergeben würde.

Wo liegt die Basis für solche Annahmen? Vermutlich in der Er-

23 Herbert Krüger, *Allgemeine Staatslehre*, Stuttgart 1964, § 26, S. 437 ff.

24 Vgl. dazu auch Niklas Luhmann, »Öffentliche Meinung«, in: *Politische Vierteljahresschrift* 11 (1970), S. 2-28.

fahrung kleiner diskutierender Zirkel, in den Kaffeehäusern, Wirtshäusern, Salons usw. Diese haben drei Voraussetzungen. Erstens eine segmentäre Differenzierung: Alle Zirkel sind die gleichen. Insofern gibt es eine Generalisierbarkeit ihrer Vernunft. In den Zirkeln gibt es kontroverse Diskussion, aber keine Differenzierung von Kooperation und Konkurrenz: Man diskutiert gegen die, deren Konsens man sucht, man konkurriert mit denen um Wahrheit, die man überzeugen will. Zweitens eine Ausdifferenzierung dieser Zirkel aus ständischen, wirtschaftlichen und politischen Zusammenhängen und damit eine Neutralisierung entsprechender Einflüsse auf die Diskussion. Die Diskussionsteilnehmer sind Menschen, die als Menschen auftreten, das heißt, daß die Beteiligten sich nicht an anderen eigenen Rollen (Geschlecht, Alter, Stand, Beruf, Vermögen usw.) orientieren. Drittens wird Takt als Verhaltensmaxime institutionalisiert, das heißt Schonung der Freiheit und der Selbstdarstellung des anderen in der Diskussion, das kommt in dem Ausschluß von »Fanatikern« zum Ausdruck. Von diesen Beobachtungen ausgehend kann man eine Kritik der heutigen Neuauflegung dieses Programms durch Jürgen Habermas[25] unter veränderten gesellschaftlichen Bedingungen formulieren. Das Konzept einer »kritischen Öffentlichkeit« läßt sich nicht einfach in den Organisationen wiederholen, weil Organisationen gerade auf Parzellierung von Bewußtsein beruhen. Jetzt hat man es mit einer funktionalen Differenzierung der Gesellschaft zu tun, daher mit einer Abstraktion von Normperspektiven, daher mit einer Enttäuschung über eine fehlende gesamtgesellschaftliche Realisierung des Diskussionsmodells und daher mit Fanatismus als Enttäuschungsreaktion.

Diese schwache, soziologisch an sich leicht widerlegbare Konzeption von Öffentlichkeit kann sich behaupten, weil die neuere empirische Sozialforschung ihr kein Äquivalent gegenüberstellen kann, wenn sie »Öffentlichkeit« versteht als die Erhebung von Meinungen, die von Politikern beachtet werden. Im Grunde ist Öffentlichkeit eine amorphe und fluktuierende Meinungsmenge auf der einen Seite und ein Moment in der politisch-administrativen Informationsverarbeitung auf der anderen. Aus diesem zweistufigen Konzept einer einseitigen, unbeantwortbaren Kommunikation – es gibt eine amorphe Meinung, aus der der Politiker die Themen

25 Jürgen Habermas, *Strukturwandel der Öffentlichkeit. Untersuchungen zu einer Kategorie der bürgerlichen Gesellschaft*, Neuwied 1962.

auswählt – resultiert dann der Vorwurf der Manipulation, da die Kontrolle durch die öffentliche Meinung obsolet wird. Irgendwie ist die Vorstellung erhalten geblieben, die öffentliche Meinung sei sozusagen der heilige Geist des politischen Systems. Aber wie genau sollte sie das leisten?

4.2. Öffentliche Meinung als Kommunikationsprozeß

Mir scheint ein Neuansatz sinnvoll, der bei einer Betrachtung des *Kommunikationsprozesses* ansetzt, die von der geringen Kapazität des Menschen zu aktuell-bewußter Erlebnisverarbeitung ausgeht. Die Herstellung von Entscheidungen, die Funktion des Politischen, setzt Kommunikation voraus. Aber diesem Erfordernis steht die Knappheit aktueller Aufmerksamkeit gegenüber. Das hat zwei Konsequenzen.

(a) Die Notwendigkeit einer realistischen Einschätzung politischen Konsenses. Mit *politischem Konsens* kann nur in sehr geringem Umfange aktuelles gleichzeitiges und gleichsinniges Erleben gemeint sein. Daß dies trotzdem keine »irreale Größe« ist, zeigen die momentanen Solidarisierungen des Meinens in Krisensituationen, etwa im Hinblick auf die russische Invasion in die Tschechoslowakei im August 1968 und die Niederschlagung des »Prager Frühlings«; das Beispiel zeigt zugleich die Unmöglichkeit, diesen Zustand zu normalisieren. Darüber hinausgehend handelt es sich bei Konsensunterstellungen um Vereinfachungen, die als Prämissen der Erlebnisverarbeitung fungieren, um ein marginales Anzeigen am Rande des Erlebens, um vereinfachende Meinungen darüber, was andere meinen.

(b) Für den Kommunikationsprozeß heißt dies, daß jede Kommunikation *nicht kommunizierte Grundlagen* voraussetzen können muß, Anknüpfungspunkte, Prämissen und Vorverständigungen. Es kann in begrenzter Zeit und bei begrenzter Aufmerksamkeit nur sehr wenig explizit mitgeteilt werden. Wie kommt es zur Selektion dieses Wenigen? Das ist eine sehr breit gestellte Frage, auch wenn wir sie auf politisch relevante Kommunikation einschränken. Offensichtlich gibt es eine Vielzahl von Antworten. Zum Beispiel wirken Persönlichkeitsstrukturen selektiv, Sprache wirkt selektiv, ebenso allgemeine Wissensgrundlagen, Wahrheiten, verbreitete kulturelle Annahmen. Es ist dieser Zusammenhang, in dem ich das Problem der öffentlichen Meinung neu stellen und präzisieren möchte.

Man könnte den *Begriff der öffentlichen Meinung* auf die Gegenstände, die variablen *Themen* beziehen, über die politische Kommunikation möglich ist. Themen fungieren als Regeln für die Aktualisierung von Erwartungen in der konkreten Interaktion. Um einige aktuelle Beispiele für Themen politischer Kommunikation zu nennen: Wiedervereinigung, Polio-Impfung, Naturparke, Universitätsgründung, Satellitenstädte, mittelfristige Finanzplanung. Solche Themen müssen irgendwie schon feststehen, wenn eine politische Kommunikation beginnt. Darüber muß es Konsens geben, oder dieser muß herstellbar sein unabhängig von den persönlichen Eigenarten der Partner. Man muß im Kontext der Politik Kontakte einleiten, muß Kommunikationen wählen können, ohne Gefahr zu laufen, sich lächerlich zu machen. Das Thema gibt eine Sicherheit über das, worüber man sprechen kann, ist Voraussetzung von Initiative und damit Voraussetzung von Innovation. Mit einer etwas anderen Formulierung: Man muß die *Erwartungen anderer* in bezug auf die Themenwahl erwarten können. Wer das kann, ist jedenfalls sicher, sich nicht schon am Anfang völlig falsch, unverständlich, lächerlich zu verhalten, und man ist mit Hilfe eines »möglichen Themas« in einem bestimmten Interaktionskontext in der Lage, Erwartungen erzeugen zu können. Das ist ein wesentliches Kriterium für die Wahl von Themen – zum Beispiel ist »Repression« deshalb kein mögliches Thema, weil es zu hoch generalisiert und auch zu voraussetzungsvoll ist! Eine Verständigung über Themen ist noch keine Verständigung über Entscheidungen, vielmehr ist es nur eine Verständigung über die Zuwendung von Bewußtsein, über die Verteilung von Aufmerksamkeit. Auf dieser Grundlage erst sind Kontroversen über Entscheidungsinhalte möglich. Wenn man etwas Bestimmtes durchsetzen will, darf man nicht schon daran scheitern, daß man sich außerhalb der möglichen Themen, außerhalb der öffentlichen Meinung bewegt. Es ist ein Zeichen hoher Systemkomplexität, daß man auf diesen beiden Ebenen operieren muß, daß die Entscheidung über die Zuwendung von Aufmerksamkeit getrennt werden muß und auch getrennt werden kann von den als bindend formulierten Entscheidungsinhalten selbst.

Politische Themen, die den Bestand der öffentlichen Meinung

(»Meinung« im Gegensatz zu Wahrheit) ausmachen, sind *mobile Themen*, sie ändern sich. Das bedeutet ein Mehrfaches: (a) Es gibt eine Themengeschichte; (b) es gibt eine Notwendigkeit, sich auf dem laufenden zu halten; (c) es gibt eine Steuerung durch eine labile Erwartungsstruktur. Dazu möchte ich im einzelnen etwas sagen.

(a) Politische Themen haben eine Art eigene Lebensgeschichte in mehr oder weniger langen Wellen. Man kann dabei mehrere Phasen in der *Karriere politischer Themen* unterscheiden: (1) Zunächst gibt es eine Zeit vor der Inkubation: Das Thema ist schon möglich, aber noch nicht geboren, es ist noch keine Verhaltensgrundlage, man darf es »nicht wissen«. Man kann vielleicht schon erkennen, wer sich dafür einsetzen würde – aber noch tut es niemand. Wer das Thema aufgreift, ist in Gefahr, es zu früh zu tun. (2) Dann gelingt der Durchbruch. Es finden sich mutige Leute, die auf das Thema setzen, die mit ihm eine eigene Karriere beginnen, sozusagen auf dem Thema reitend: Mittelpunktschulen, Sicherheit der Automobile usw. Oft sind es Außenseiter oder Neulinge, die nicht viel zu verlieren haben, denken Sie an Hellmut Beckers Max-Planck-Institut für Bildungsforschung oder Alfred Toepfers Initiative für Naturparke, die über ein Gespräch beim Tee bei Konrad Adenauer gleich ihren Weg in den Bundeshaushalt gefunden haben. In diesem Anfangsstadium können Themen zuweilen noch zensiert, gesperrt, trockengelegt werden. Die Mächtigen haben noch die Freiheit, »ja« oder »nein« zu sagen. (3) In der nächsten Phase gewinnt das Thema an Popularität, es wird Mode. Jetzt wechseln die Förderer: Es wird ein Thema für Minister, Kanzler, Staatspräsidenten, Presseämter. Es stellt keine Gefahr mehr dar, sich zu ihm zu bekennen. Die Gegner müssen sich mit Verzögerungstaktiken, Zeitgewinn, Beschwichtigung mit kleinen Konzessionen begnügen. Die Förderer müssen versuchen, es jetzt im Haushalt oder in den Entscheidungsprogrammen der Verwaltung unterzubringen. (4) Einige Zeit danach werden Ermüdungserscheinungen sichtbar. Man kann sich jetzt distanzierter äußern, erste Erfahrungen liegen vor. Das Thema kann seine Karriere jetzt teilen: Es wird einerseits als wertvolles Symbol guten Willens ins öffentliche Zeremonial aufgenommen und versteinert dort. Es wird in Leistungsberichten gebührend erwähnt, in Festreden respektiert. Im übrigen aber ist es für den Kenner schon fast tot, irgendwie hat es politisch seine Attraktion verloren. Wer jetzt mit zu viel Eifer dafür herauskommt, zeigt, daß er nicht auf dem laufenden ist. Er zeigt sich als Sonderling, der auf dieses Thema fixiert ist. (5) Schließlich verschwindet das Thema aus der lebendigen Diskussion. Es ist, als Thema, tot. Abgestorbene Themen sind toter als ungeborene, weil ihre Geschichte ihre Erneuerung blockiert. Haben sie ihr Problem, um das es ging, nicht gelöst, muß für dieses Problem ein neues Thema geboren werden.

(b) Eine solche Schilderung ist natürlich überzogen, es ist nur ein typisches, im einzelnen zu prüfendes Modell. Worauf es ankommt, ist, die Mobilität und die Phasenhaftigkeit überhaupt zu sehen und darin eine Teilnahmebedingung für das politische Spiel zu erkennen. Wer sich beteiligen will, muß sich *auf dem laufenden* halten, er muß sich in seinen Kommunikationen nach dem jeweiligen Stand des Themas richten. Das ist Voraussetzung für die Kreation und für die wirksame Förderung eines Themas, und darin liegt die Schwierigkeit spontaner und impulsiver Mitwirkung am politischen Prozeß. Schlecht gerüstet sind dafür erfahrungsgemäß Studenten und Militärs. Man sieht das an der Studentenbewegung: Sie wollte das Thema »Demokratisierung der Hochschulen« kreieren – geschafft hat sie die Themen paritätische Besetzung und Studentenunruhen.

(c) Unabhängig von der Frage des Geschicks und der Beteiligungschancen hat eine andere Frage mein primäres Interesse, die sich nur im systemtheoretischen Ansatz formulieren läßt: Die Steuerung eines Systems durch öffentliche Meinung heißt *Steuerung durch eine labile Struktur* mit wechselnden Thematiken. Ich bin geneigt, schon darin etwas spezifisch Modernes und im übrigen die Essenz von Demokratie zu sehen: Nur wenn in der thematischen Steuerung des Entscheidungsprozesses hohe Variabilität erreicht ist, kann die Frage, wer sich beteiligt und wer sich durchsetzt, überhaupt gestellt und kann die Antwort auf diese Frage gegebenenfalls modifiziert werden. Zum Vergleich kann man politische Systeme betrachten, in denen die Themen mehr oder weniger ideologisch fixiert sind, zum Beispiel Einparteiensysteme.[26]

26 Vgl. dazu auch oben, Vorlesung VI, Abschnitt 4.2.3.

5. Demokratie

Demokratie ist ein zentrales Thema der politischen Theorie, ein bedeutendes Schlagwort, das längst ausgelaugt schien, aber eine erstaunliche Wiedergeburt erlebt hat. Im Alltagsverständnis wird der Begriff ganz unsoziologisch gebraucht. Können wir auch diesen Gedanken theoretisch rekonstruieren?

5.1. Der traditionelle Begriff der Demokratie

Der Begriff »Demokratie«, also die Volksherrschaft, entstammt der alteuropäischen Tradition, genauer: ihrer Staatsformenlehre. Damit nimmt er eine zentrale Stellung ein, aber es handelt sich nur um eine der möglichen Staatsformen. Und sie ist keineswegs ideal – weder als Norm noch unter dem Gesichtspunkt der Stabilität, sondern sie ist eben nur eine der möglichen Weisen, das unausweichliche Herrschaftsproblem zu lösen. In der auf Aristoteles zurückgehenden Lehre war dies sozusagen eine Ein-Prinzip-Lösung und insofern problematisch. Das Maß und die Stabilität der politischen Verfassung sah Aristoteles in einer guten Mischung verschiedener Prinzipien. Später wurde daraus die Gewaltenteilungslehre. In diesem Rahmen war »Demokratie« wörtlich und durchaus ernst gemeint. Was ist seitdem geschehen? Unsere Gesellschaft braucht und wir haben ein politisches System von sehr hoher Komplexität: Es gibt hohe Teilnehmerzahlen, eine starke Differenzierung der Interessen, eine Vielfalt der zu entscheidenden Themen. Die Entwicklung dahin hat alles gesprengt, was für die Tradition vorstellbar war. Aber wir interpretieren unser politisches System gleichwohl als Demokratie. Wir haben die Vorstellung der Volksherrschaft nicht aufgegeben, ja wir haben sie sogar idealisiert und in eigentümlicher Weise als Norm universell verbindlich gesetzt – und dies in seltener Einmütigkeit auf dem ganzen Erdball: Kein Mensch wagt es, sich offen als undemokratisch zu bekennen. Was hat das zu bedeuten? Hatte die Tradition sich mit ihrem Begriff geirrt? Haben erst wir den wahren Wert des Volkes entdeckt? Hat erst in unserer Zeit das Volk das Regieren gelernt?

Man kann nicht sagen, daß die bisherigen Bemühungen um eine *Klärung des Demokratiebegriffs* dieses Problem angemessen gestellt, geschweige denn gelöst hätten. Dazu ist ein kurzer Überblick sinnvoll.

(a) Die klassische Konzeption des 18. und 19. Jahrhunderts gibt es in zwei Ausprägungen: *Eine* Gedankenrichtung versucht, die Identität von Herrscher und Beherrschtem trotz der Offensichtlichkeit des Gegenteils gedanklich zu begründen, zum Beispiel durch den Hinweis auf eine in der Zukunft liegende Konvergenz – das kann man die totalitäre Variante nennen. Die *andere* Gedankenrichtung bemüht sich in der Einsicht, daß das Volk nicht selbst herrschen kann, um zweitbeste Lösungen in Form des Repräsentationsprinzips oder der liberalen Ausbalancierung von Mehrheitsherrschaft und Minderheitenschutz mit einer Kontrolle durch die öffentliche Meinung; Robert Dahl ist ein Vertreter dieser Richtung.[27] Schon diese Doppelung der klassischen Hauptgedanken ist ein Symptom dafür, daß eine zureichende Klärung des zugrundeliegenden Problems nicht gelungen ist.

(b) Der »Realismus« des 20. Jahrhunderts hat andere Züge angenommen. Er ist stärker auf empirische Forschung zugeschnitten, implizit unterstellend, daß man an den musterhaften Demokratien insbesondere angelsächsischer Art empirisch studieren könne, worauf es ankomme. Der Hauptvertreter dieser Richtung ist Seymour Martin Lipset.[28] Dabei wird intern Demokratie als organisierte Konkurrenz um die politische Macht definiert und extern nach den gesellschaftlichen Bedingungen gefragt, unter denen Demokratie eingerichtet werden und funktionieren kann. Das ist sozusagen von der liberalen zweitbesten Lösung nochmals eine zweitbeste Lösung. Es ist schwer zu sehen, weshalb das eine universelle Norm sein soll, wie das zum Beispiel Frieder Naschold annimmt.[29]

(c) Eine dritte Konzeption geht auf die Emanzipationsideen der Aufklärungszeit zurück und interpretiert Demokratie als freie, insbesondere als herrschaftsfreie Selbstverwirklichung des Menschen.

27 Vgl. Robert A. Dahl, *A Preface to Democratic Theory*, Chicago, London 1956.

28 Vgl. Seymour Martin Lipset, *Soziologie der Demokratie*, Neuwied, Berlin 1962 (OA: *Political Man. The Social Bases of Politics*, Garden City 1960).

29 Naschold, »Demokratie und Komplexität«; ders., *Organisation und Demokratie. Untersuchung zum Demokratisierungspotential in komplexen Organisationen*, Stuttgart 1969.

Demokratie wird so aus einer Herrschaftsform in eine Herrschaftsfeindlichkeit umdefiniert. Damit werden die gesamten bisherigen Lösungsversuche unterlaufen. Das ist aber kaum befriedigend: Die Konzeption ist in den Idealen antiquiert und in den Zielen utopisch; sie hat keinen Kontakt mit der neueren wissenschaftlichen Forschung und keinen Kontakt mit dem, was sich im politischen Leben an Geschäftserfahrung ansammelt. Die Hauptkonzession an die Realität liegt im Konzept der innerorganisatorischen Demokratie, also der Beteiligung aller an der Selbstverwaltung der Organisationen um ihrer eigenen Selbstverwirklichung willen. Damit wird das Problem der Differenzierung berücksichtigt – und zugleich verkannt. Es ist eine sehr beunruhigende Perspektive, wenn alle Organisationen auf Selbstbefriedigung ihrer Mitglieder umfunktioniert werden.

5.2. Ein Systemkonzept der Demokratie

Trotz dieser Kritik an den verschiedenen Fassungen des Demokratieproblems wird mit allen etwas Richtiges gesucht. Es kommt jetzt darauf an, eine abstraktere, integrierende Formel zu finden, die es uns erlaubt, den unnötigen Ballast überholter Vorstellungen abzuwerfen und zugleich größere begriffliche Präzision zu erreichen. Ich möchte zu zeigen versuchen, daß die Systemtheorie des politischen Systems dazu in der Lage ist.

Man kann die Norm der Demokratie beziehen auf das Erfordernis einer hochabstrakten, variablen, gesellschaftlich nicht festgelegten Struktur des politischen Systems, kürzer: auf *strukturelle Offenheit und Unbestimmtheit.* Darin liegen das Postulat hoher Anpassungsfähigkeit gegenüber gesellschaftlichen Veränderungen und das hoher Selektivität gegenüber komplexen gesellschaftlichen Entscheidungsanforderungen. Es müssen sozusagen möglichst viele Anliegen im Entscheidungsprozeß untergebracht werden, und das gelingt nur, wenn er unter sehr abstrakten Prämissen abläuft und auch in seinen Strukturen noch variabel ist. Meines Erachtens ist es diese strukturelle Offenheit, die durch Formeln wie »Wille des Volkes« oder »Emanzipation des einzelnen« symbolisiert wird. Denn solche Formeln kann man nicht wörtlich nehmen; man muß vermuten, daß sie ihr eigentümliches Recht und ihre normative

Kraft nicht in dem haben, was sie sagen, sondern in dem, was sie bedeuten. Was ich im Auge habe, ist also ein Umbau des klassischen Demokratiebegriffs aus einem Herrschaftskonzept in ein Systemkonzept, und was ich mir davon verspreche, ist vor allem eine komplexere Theorie, in der es möglich sein müßte, Kritik und Realismus besser zu integrieren. Ich möchte nun noch folgendes tun: Ich werde versuchen, erstens das Problem strukturell etwas deutlicher zu lokalisieren, es zweitens als Grundlage für eine vergleichende Analyse unterschiedlicher demokratischer Systeme verwenden, um drittens zu zeigen, in welcher Richtung von hier aus eine Kritik vorhandener politischer Systeme möglich wird. Alles das kann ich nur mit ganz knappen, skizzenhaften Andeutungen darstellen.

5.2.1. Problem der strukturellen Variabilität

Man kann das Problem struktureller Variabilität so formulieren, daß infolge gestiegener gesellschaftlicher Komplexität und Mobilität sowohl Input als auch Output des politischen Systems unter veränderten Bedingungen operieren, und zwar unter der Bedingung höherer Variabilität ihrer Umwelt. Dadurch werden im politischen System Themen entscheidbar, die es früher ihrer Art nach nicht oder nur selten waren: (1) die normativen Entscheidungsprämissen – also nicht nur die Entscheidungen, sondern auch die Bedingungen der Richtigkeit von Entscheidungen – und (2) die Erteilung politischer Unterstützung – man kann jetzt die Frage stellen, ob man ein politisches Programm, eine Regierung usw. unterstützt oder nicht. Damit werden dem politischen System ganz neuartige Variations- und Anpassungsmöglichkeiten eröffnet. Zum einen wird das Recht *positiviert*, das heißt änderbar, zum anderen wird die politische Unterstützung *mobilisiert*, und beides geschieht, historisch wie sachlich, in engem Zusammenhang miteinander. In dieser neuen Lage kann man nicht mehr davon ausgehen, daß sich beide Variationsreihen, Unterstützung und Programmierung, von selbst koordinieren, daß sie durch invariante Institutionen – das Naturrecht oder eine angestammte Obrigkeit, der man Gehorsam schuldet – zusammengehalten werden. Vielmehr drohen ständige politische Krisen, wenn Unterstützung und Programmierung sich auseinanderentwickeln, und dies um so mehr, als die heutige Gesellschaft nicht mehr effektiv durch überlegene Zwangsgewalt regiert werden kann. Für die *Koordination beider Variationsreihen* müssen deshalb besondere Prozesse geschaffen werden, die diese Koordination laufend leisten und die in einer strukturell so hochgradig unbestimmten Situation gleichwohl funktionsfähig bleiben, obwohl sie unter änderbaren Voraussetzungen und ohne zureichende Information Festlegungen treffen müssen. Auf diese Funktion der Politik im politischen System, auf die wir unter dem Gesichtspunkt der Differenzierung schon gestoßen waren, muß laufend Arbeit und Organisation verwandt werden. Auf diese Prozesse und auf die Bedingungen, unter denen sie ablaufen, bezieht sich das Postulat der Demokratie. Für dieses Problem der hohen und unbestimmten Komplexität des politischen Systems und der entsprechenden Erweiterung des Entscheidbarkeitsbereiches gibt es vermutlich nicht nur eine Lösung. Aus der Funktion lassen sich keine Strukturen, aus dem Problem keine einzig richtigen Lösungen folgern.

5.2.2. Systemvergleich

Wenn wir Demokratie, wie geschehen, systemfunktional auffassen, müssen wir darauf verzichten, eine bestimmte Lösung des Problems als Ideal, als einzig wahre Demokratie zu proklamieren, und wir gewinnen dafür Vergleichsmöglichkeiten, die zunächst »neutral« erforscht, dann aber sehr wohl in ihren Folgen auch bewertet werden können. Man kann drei *Haupttypen* vergleichen: (a) Mehrparteiendemokratie, (b) Einparteiendemokratie und (c) konsolidierte Korruption.[30]

(a) In der *Mehrparteiendemokratie* wird die Funktion der Integrierung von politischer Unterstützung und Programmentscheidungen von mehreren, miteinander um die Macht zu legitimer Entscheidung konkurrierenden Parteien wahrgenommen. Grundlage dieser Konkurrenz ist der Mechanismus der politischen Wahl. Für die in diesem System Handelnden wird die hohe Komplexität einer allseitig variablen Situation dadurch reduziert, daß der Gewinn von Wahlen, Parlamentssitzen, Verwaltungsposten usw. als Ersatzziel dient, im Hinblick auf welches relativ rational gehandelt werden kann. Das führt zu einer charakteristischen Umkehrung

30 Vgl. ausführlich auch oben, Vorlesung VI, Abschnitt 4.2.

von Zweck/Mittel-Verhältnissen. Das System hat angebbare Stabilitätsbedingungen, vor allem, daß es gelingt, echte Opposition zu erhalten, also Alternativen zu konstruieren, und daß es gelingt, gewisse Symbole oder Teilbereiche des politischen Systems wie die Grundrechte, die Justiz oder die Zentralbank dem politischen Kampf zu entziehen und so zu neutralisieren.

(b) In der *Einparteiendemokratie* findet man den politischen Steuerungsprozeß in der einen Partei zentriert. Er hat hier das Ziel, die Entscheidungsprogramme zu bestimmen, und er hat die rhetorische, literarische Form einer situationsgerechten Auslegung der Ideologie, für die unbedingte politische Unterstützung in Anspruch genommen wird. Offiziell wird dabei die Mobilität der politischen Unterstützung negiert. Da sie aber in der Sache selbst unabweisbar ist, muß das System ihr in der Form von Folgeproblemen dieser Negation Rechnung tragen. Dies geschieht einerseits in Form einer politischen Sensibilität der Partei gegenüber den »werktätigen Massen« und andererseits durch parteiinterne Konflikte, insbesondere im Hinblick auf Machtwechsel. Beides sind Probleme, die die politische Partei als eigene Probleme übernehmen und lösen muß. Auch hier wird in der Politik eine Pervertierung der allgemein postulierten Moral erforderlich: Die absolut geltende Ideologie muß parteiintern als kontrovers und variabel behandelt werden.

(c) Als Drittes gibt es, vor allem in Entwicklungsländern, politische Systeme, denen es überhaupt noch nicht gelungen ist, besondere politische Prozesse neben der Verwaltungsbürokratie adäquat zu institutionalisieren. In diesen Fällen muß das Problem hoher Komplexität, das Entscheiden über Entscheidungen in einer Weise, die politische Unterstützung findet, in der Bürokratie selbst gelöst werden. Das heißt: Politik und Verwaltung können nicht getrennt werden. Auch hier scheint es notwendig zu werden, eine inkongruente Steuerungsebene einzurichten, die unter einer inkongruenten Moral operiert. Man findet in solchen Fällen eine *konsolidierte Korruption.* Die Situation ist zu komplex, als daß die neue Macht über Entscheidungsthemen ohne irgendwelche Anlehnungen an den »natürlichen« sozialen Verkehr, das heißt ohne drastische Reduktionsweisen, genutzt werden könnte. Das Problem scheint hier die Frage zu sein, ob die Bürokratie durch ihre Korruptheit genügend elastisch, gesellschaftlich genügend breit beeinflußbar ist und ob allzu enge, »tauschförmige« Bindungen vermieden werden können.

5.2.3. Systemkritik

Voraussetzung jeder sinnvollen Kritik vorhandener politischer Systeme ist ein genaues Problemverständnis und ein Durchleuchten des strukturellen Arrangements, das auf ein Problem antwortet und das in seinen Folgeproblemen kritisiert werden kann. Alles andere ist eine bloße Projektion eigener Wünsche, ein naives Wörtlichnehmen von Verheißungen, politisch eine Fahrt ins Blaue.

Das Bezugsproblem einer *politischen Kritik* des politischen Systems könnte diese Frage der Erhaltung struktureller Offenheit und Änderungsfähigkeit sein. Das wäre nicht eine Kritik unter spezifischen Wertgesichtspunkten, Zielmaximierungen usw., wie sie dem üblichen Rationalisierungsdenken zugrunde liegt – also keine technische Kritik –, sondern eine Kritik unter dem Gesichtspunkt, welche Komplexität das System erreicht: Ist es einer zunehmend komplexen Gesellschaft gewachsen? Oder wirkt es sich infolge zu geringer eigener Komplexität als Hemmschuh gesellschaftlicher Entwicklung aus? Für entsprechende Fragen möchte ich einige Beispiele nennen.

(a) Der Modus der *Erzeugung politischer Themen*. Hier ist es nicht die »altdemokratische« Vorstellung, daß jeder sein Thema anbringen und möglichst durchsetzen kann, sondern die Frage, durch welche an sich unpolitischen Faktoren die Themenerzeugung und Themenförderung limitiert ist. Muß man Geld haben? Oder unpolitische Beziehungen? Oder einige wenige Leute kennen (kommt es also zur Verstopfung der Kanäle durch Engpässe)? Oder limitieren die technischen und absatzmäßigen Bedingungen der Presse? Und vor allem: Ist nur eine Möglichkeit gegeben oder gibt es verschiedene, je für sich limitierte, aber alternativ offenstehende Möglichkeiten, Themen zu erzeugen?

(b) Wie abstrakt beziehungsweise konkret sind die Vorstellungen, unter denen Politiker wirklich Selektionen treffen (und nicht nur: Selektionen darstellen)? Es gibt eine Art *Flucht vor der Komplexität* in konkrete, überschaubare Themen. So kann man eine Orientierung an persönlichen Beziehungen, eine Bevorzugung konkreter Sachthemen (Soll der Ministerwagen eine Einspritzpumpe haben? Soll der Vorsitzende des Kreistages den Titel »Landrat« haben?) oder eine Orientierung an Erfahrungen statt an Problemen beobachten.

(c) In diesem Zusammenhang ist dann eine wichtige Frage, *wie politische Neulinge sozialisiert werden.* Neulinge müssen Karrieren durchlaufen, erst angelernt und erprobt werden, bevor sie handeln können. Lernzeiten sind immer auch Sozialisierungszeiten, in denen mit den Informationen und Geschicklichkeiten auch die richtigen Gefühle und Einstellungen vermittelt werden. Schon das bedeutet einen Schutz gegen den plötzlichen Einmarsch neuer Kräfte.

(d) Des weiteren stellt sich die Frage, ob es einen *strukturellen Zwang zur Komplexität* gibt. Denken kann man hier zum Beispiel an den Zusammenhang von Wahlmechanismus und politischer Konkurrenz, der es in Mehrparteiensystemen notwendig macht, daß sich die Parteien voneinander unterscheiden, während es in Zweiparteiensystemen eher zu einer Angleichung des Angebots kommt. Ein weiterer Aspekt ist die zunehmend heterogene Rekrutierung der Politiker: Der vorgegebene soziale Status verliert allgemein seine Bedeutung, so daß nicht nur Beamte mit der politischen Führung betraut werden, sondern auch Sattler, Maler, Gefreite und selbst Ungediente. Die Institutionalisierung von Freiheit und Distanz im Verhältnis zu anderen Bereichen der Gesellschaft in Form der Ausdifferenzierung spezifischer politischer Publikumsrollen ermöglicht eine Darstellung der gesellschaftlichen Komplexität in der Sondersprache des politischen Systems (Interessenartikulation, Wahl usw.).

(e) Und schließlich stellt sich die Frage, welche *Taktiken der Entscheidungsvorbereitung*, des Lancierens, Durchsetzens oder Blokkierens von Themen und der öffentlichen Darstellung der eigenen Absichten der Politik bei einem gegebenen Niveau der Informationsverarbeitung zur Verfügung stehen. Unser System ist typisch schon so komplex, daß sich zwei Ebenen differenzieren: die Ebene der Zuwendung von Aufmerksamkeit auf Themen und die Ebene der Entscheidung (mit Herbert A. Simon[31] kann man *attention rules* und *decision rules* unterscheiden). Das heißt, man kann nicht mit dem guten Sinn der angestrebten Entscheidung allein schon Aufmerksamkeit erreichen. Entsprechend müssen die Taktiken differenziert werden. Erst wirft man eine Tomate, und dann zieht man das Konzept aus der Aktentasche – wobei der Übergang ein Problem ist. Man muß die gewonnene Aufmerksamkeit halten können! Gibt es bessere Lösungen für dieses Problem?

31 Vgl. Herbert A. Simon, »The Logic of Heuristic Decision Making«, in: Nicolas Rescher (Hg.), *The Logic of Decision and Action*, Pittsburgh 1966, S. 1-20 (4 ff.).

6. Rechtsstaat

Der Begriff und das Thema des Rechtsstaates scheinen in der heutigen Diskussion eine Domäne der Juristen zu sein – von Juristen, die dazu herangebildet sind, Auskünfte über den Sinn des Grundgesetzes oder anderer Gesetze zu erteilen. Bei den Politologen sucht man dieses Thema heute vergeblich; nicht anders ist es bei den Soziologen. Das ist ein höchst merkwürdiger und unbefriedigender Zustand, und zwar einerseits angesichts der alteuropäischen Tradition, die im Recht die Grundlage und die zentrale Thematik der Politik sah, andererseits findet sich aber auch in aktuellen politischen Diskussionen eine oft merkwürdig distanzierte, wenn nicht feindliche Haltung zum Recht. Recht und Politik sind in ein problematisches Verhältnis zueinander geraten, was alltäglich zu erfahren ist. Sie erinnern sich: Ich wurde in einer früheren Stunde gefragt, ob ich mich als Staatsanwalt fühle und dazu beitragen würde, Studenten der Justiz ans Messer zu liefern. Und die Frage ließ eigentlich nur noch die Alternative offen, mich entweder zum gesetzlichen Unrechtsstaat zu bekennen oder offene Rechtsbrüche der Studenten zu billigen. Oder denken Sie an die Frage, ob Sie andere Verkehrsteilnehmer vor Radarfallen warnen und ob Sie das dementieren würden. Wir müssen zunächst versuchen, solchen Fragen gegenüber eine distanzierte Haltung zu gewinnen, uns darüber schlicht zu wundern – gerade als Soziologen. Man ist Soziologe *nicht* schon dadurch, daß man gewisse Theoreme über Gesellschaft, Herrschaft und Repression akzeptiert, sondern dadurch, daß man die Strukturen des sozialen Systems unserer Gesellschaft erkennen kann, die solche Annahmen über das Recht ermöglichen.

6.1. Gesellschaftliche Problemlagen

Auch dies ist zum Teil ein historisches, ein denkgeschichtliches Problem. Wie bei den anderen Themen möchte ich auch im Hinblick auf den Rechtsstaat zunächst fragen, in welcher gesellschaftlichen Problemlage der Gedanke überhaupt entstanden ist, welches Problem er, explizit oder implizit, lösen sollte. Genetisch hängt der

Rechtsstaatsgedanke, der sich auf älteren Grundlagen im 19. Jahrhundert durchsetzt, mit der Ausdehnung der gesetzgebenden Gewalt im Laufe der Neuzeit, beginnend etwa im 13. Jahrhundert, zusammen. In immer weiterem Umfange wird das Recht dem Gesetzgeber zur Setzung und Änderung überlassen – es wird gesetzt, kontingent, positiv. Es hängt von menschlicher Entscheidung ab. Darin liegt ein sehr hohes politisches und gesellschaftliches Risiko, jede Schranke des politischen Beliebens scheint damit zu schwinden. Zumindest kann sie nicht mehr in der moralischen Natur der Politik selbst gefunden werden. Gegen dieses Risiko ist der Rechtsstaatsgedanke angesetzt, und darauf bleibt er bezogen – freilich unzulänglich bezogen.

Der Rechtsstaatsgedanke impliziert ein *Wegfingieren des Risikos*, indem erwartet wird, daß auch das Staatshandeln sich dem Recht fügen soll. »Rechtsstaat« ist die Vorstellung, daß das politische System der Gesellschaft seinem Wesen als »Staat« entsprechend durch eine Rechtsverfassung bestimmt, das heißt: im Kern Recht ist. Er steht für eine Risikoabwehr oder zumindest eine Risikominderung – das ist seine primäre Funktion. Der Rechtsstaatsgedanke wird deshalb in eigentümlicher Weise verengt auf Fragen des Rechtsschutzes und bringt nicht etwa zum Ausdruck, daß das Recht Herrschaftsinstrument, Erziehungsform (in der UdSSR) oder soziales Steuerungsmittel sein soll. Sie sehen das an allen wesentlichen Sinnkomponenten: (1) an der Vorstellung vorpolitischer individueller Rechte des Menschen, die als solche nicht auf Entscheidungen beruhen; (2) an dem akrobatischen Kunstgriff des Schutzes von gesetzlich konstituierten Rechten gegen Enteignung, wie sie Hugo Grotius Anfang des 17. Jahrhunderts mit seiner Polemik gegen die Unterscheidung von naturrechtlicher und positivrechtlicher Rechtsbegründung als Kriterium des Enteignungsschutzes durch die Trennung von Rechtsgrundlagen und Enteignungsschutz vorgenommen hat; (3) an dem organisatorischen und verfahrensmäßigen Apparat, der für diese Zwecke des Rechtsschutzes aufgezogen wird – als Barriere gegen politische Willkür. In Deutschland dient der Rechtsstaatsgedanke dem Schutz des privaten Subjekts gegen den politisch agierenden Staat. In den USA ist es der Schutz der politisch konstituierten Gesellschaft freier Einzelner gegen die bürokratische Willkürlichkeit ihres *government* – und zum *government* gehört hier auch die Justiz, deshalb gibt es den 5. Zusatzartikel der amerikanischen Verfassung zu den Bedingungen eines rechtsstaatlichen Verfahrens (keine Verurteilung ohne einen *due process of law*). In beiden Fällen geht es um eine bremsende, inhibierende Funktion. Unter dem Begriff des Rechtsstaates sammeln sich mithin eine bestimmte Diagnose der Gefahr und eine Reihe von juristischen und organisatorischen Problemlösungen.

6.2. Soziologische Kritik des Rechtsstaatsgedankens

Eine Kritik des Rechtsstaates braucht entsprechend nicht das geltende Recht selbst zu desavouieren, etwa als Instrument einer unerwünschten Herrschaft. Sie könnte einfach fragen, ob der Konzeption eine soziologisch zureichende Diagnose der gesellschaftlichen Lage zugrunde liegt. Dazu sind einige Bemerkungen notwendig.

(a) Der Rechtsstaat interpretiert die Gefahr als Gefahr von Rechtsbrüchen. Er versucht, den Staat auf den Bahnen des Rechts zu halten. Das bleibt wichtig, erfaßt aber all jene Gefährdungen nicht, die durch das Recht selbst *zugelassen* werden. Deren Bedeutung nimmt ganz allgemein zu. Die Lebensführung ist nicht mehr ausreichend dadurch zu sichern, daß man selbst auf dem Wege des Rechts bleibt und Rechtsbrüche abwehrt. Es kommt noch vor, daß Einbrecher mir mein Silber stehlen, aber im Vergleich dazu sind andere Gefahren, die gerade nicht auf Rechtsbrüchen beruhen, deutlich größer: das Bestreiken meiner Fabriken, die inflationäre Entwertung meines Geldkapitals, die Änderung des Bebauungsplanes meiner Gemeinde, die Entlassung aus dem Arbeitsverhältnis, die Änderung wichtiger Gesetze. Innerhalb des Rechts muß mithin ein legislativer oder judizieller Risikoausgleich vollzogen werden. Das Problem liegt nicht allein auf der Linie von Recht und Unrecht, die als solche heute ja legislativ verschiebbar ist. Es liegt einfach darin begründet, daß in hochdifferenzierten Sozialordnungen mit hoher Interdependenz riskantes, gefährliches, sogar schädigendes Handeln erlaubt werden muß.

(b) Der Rechtsstaat beruht letztlich, eingestanden oder uneingestanden, auf *naturrechtlichen Prämissen*. Er setzt letzte, invariante Ankerpunkte normativen Sinnes voraus, von denen aus Willkür abqualifiziert, Grenzen staatlichen Handelns ausgewiesen, Rechtsschutz begründet werden kann auch gegen Akte des Souveräns. Diese Prämisse ist jedoch fragwürdig geworden – schon für die Rechtswissenschaft, aber erst recht für die Soziologie, die kein von Natur aus wahres Recht anerkennen kann, sondern allenfalls die Funktion einer solchen Idee für bestimmte Rechtsordnungen. Geht man davon aus, daß alles Recht auf selektiven sozialen Prozessen der Erwartungsbildung und heute auf organisierten Entscheidungsprozessen beruht, muß der Naturrechtsgedanke ersetzt werden durch die Frage nach der Begrifflichkeit, mit der diese Entscheidungsprozesse programmiert werden. Hier wird es meines Erachtens zu einer sehr engen Kooperation von Soziologie, besonders Gesellschaftstheorie, und Rechtswissenschaft kommen müssen. Wir müssen herausfinden, welche *Folgeprobleme der Struktur unseres Gesellschaftsproblems* überhaupt zu lösen sind, und die rechtlichen Vorkehrungen darauf beziehen, die rechtliche Dogmatik von daher konstruieren. Ein Beispiel dafür ist der Problemkreis »Gefahr und Sicherheit«. Um es in einer kurzen Formel zusammenzufassen: Wir brauchen eine soziologisch orientierte, rechtspolitische Begrifflichkeit, für die in der klassischen Rechtsstaatskonzeption kein Platz ist.

(c) Ein dritter Punkt betrifft das *Verhältnis von Recht und Politik*. Rechtsstaat – das ist die Vorstellung, daß das politische System der Gesellschaft als Staat durch eine Rechtsverfassung bestimmt werden müsse und sein politisches Wesen nur in diesen Grenzen realisieren dürfe. Damit wird der Sieg des Rechts über die Politik postuliert. Aber an sich steuert in unserer gesellschaftlichen Wirklichkeit ja gerade die Politik die Rechtsetzung. Das Problem ist ja gerade, daß wir die benötigte strukturelle Variabilität des Rechts nur durch politische Prozesse der Selektion, durch Demokratie, erreichen können. Dieses Problem der Überordnung der Politik über das Recht können wir nicht einfach dadurch lösen, daß wir die Umkehrung des Verhältnisses als Ideal postulieren. Oder dadurch, daß wir eine Art schweizerische Harmonie von Recht und Demokratie voraussetzen. Die Frage kann nur sein, wie wir unser politisches System im allgemeinen und unsere Politik im besonderen ordnen müssen, damit kontingente, positive Rechtsetzung tragbar wird. Dazu habe ich zwei Vorschläge: *Strukturell* müssen wir die Chance hoher Differenzierung unseres politischen Systems ausnutzen. *Prozeßmäßig* müssen wir verhindern, daß Rechtsbrüche politisch Erfolg haben können, sei es als Symbole (wie beim demonstrativen Gebrauch von Gewalt), sei es als Themen (wie der Abschaffung zentraler Rechtsinstitutionen ohne Ersatz), sei es in der Effektivität des Handelns (wie bei der Korruption). Gerade weil das Recht politisch geändert werden kann, gibt es keine politische Legitimität für Rechtswidrigkeit.

Mit diesen Überlegungen habe ich versucht, eine prinzipielle und doch differenzierte *Kritik des Rechtsstaatsgedankens* zu geben. Abschließend möchte ich herausstellen, daß Sie meine Kritik am Rechtsstaatsdenken nicht als Kritik an den institutionellen Errungenschaften verstehen dürfen, die der Rechtsstaat mit sich gebracht hat. Ganz im Gegenteil. Mir erscheinen sowohl die Grundrechte als auch unser Rechtsschutzsystem als auch die politische Unabhängigkeit der Justiz tragende Grundlagen des politischen Systems einer stark differenzierten Gesellschaft zu sein, für die funktionale Äquivalente vielleicht möglich, aber noch nicht erfunden sind.[32] Aber es kommt darauf an, diese Errungenschaften in einem neuen Licht zu sehen, sie besser zu begreifen, als es dem klassischen Rechtsstaatsdenken selbst möglich war. Ich wollte Ihnen damit an einem Beispiel zeigen, daß prinzipielle Kritik nicht radikal zu sein braucht, nicht pauschal ablehnen muß. Sie kann den Standort eines Gedankens begreifen und sich über ihn hinausschwingen, ohne ihn zu zerstören. Mir scheint hier – ebenso wie in den klassischen Konzepten von Demokratie und öffentlicher Meinung – ein Überleitungsphänomen vorzuliegen, das sich einer neuen Lage schon bewußt ist, aber ihr gedanklich noch nicht gewachsen ist. Der Rechtsstaat in der klassischen Form ist keine angemessene Lösung des Problems der politischen Positivierung des Rechts – weder gedanklich noch institutionell. Wie für evolutionäre Überleitungen typisch, wird noch unter alten Kategorien, unter gewohnten Denkvoraussetzungen gedacht und gesucht. Den Mut, das volle Problem zu sehen, hat man erst, wenn die neuen Institutionen schon funktionieren, wenn man schon über Erfahrungen und Sicherheiten verfügt, auf die man sich stützen kann. In dieser Situation finden wir uns heute.

32 Vgl. dazu Niklas Luhmann, *Grundrechte als Institution. Ein Beitrag zur politischen Soziologie*, Berlin 1965; ders., »Gesellschaftliche und politische Bedingungen des Rechtsstaates«, in: Ali Ülkü Azrak (Hg.), *Studien über Recht und Verwaltung. Carl Hermann Ule zum 60. Geburtstag*, Köln u. a. 1967, S. 81-102.

7. Opposition

In der heutigen Vorlesung beschäftigen wir uns mit einem Thema, mit dem ich selbst gewisse, noch nicht überwundene Schwierigkeiten habe. Ich kann zwar eine kritische Meinung darstellen, aber mir fehlt bislang die mich selbst überzeugende, weiterführende Idee – gleichsam der Ersatzvorschlag. Ich hätte das unterschlagen können, indem ich einfach das Thema nicht auf meine Liste setze und nicht darüber spreche. Mir schien es aber richtiger, gleichwohl den Versuch zu unternehmen. Es könnte ja sein, daß Sie gerade an diesem Thema gewisse Schwächen meines Ansatzes erkennen und in die Diskussion einbringen können. In gewisser Weise fühle ich mich auch dadurch bestärkt, daß es überhaupt keine nennenswerte »Theorie der Opposition« gibt und daß die vorhandenen institutionellen Lösungen ganz offensichtlich nicht halten, was sie versprechen.

7.1. Stand der Diskussion

Zum Stand der Diskussion gibt es zwei aktuelle Literaturberichte von Hans-Gerd Schumann und Joachim Raschke.[33] Ausgangspunkt der neueren Diskussion ist die Einsicht, daß die politische Opposition in der Bundesrepublik, vor allem die SPD, keine prinzipielle Oppositionspolitik mehr betreibt, daß überhaupt keine grundlegenden Alternativen zur Regierungspolitik mehr aufgestellt werden, sondern daß es, zunächst hinter den Kulissen, dann offen, zur Kooperation mit der Regierung in allen wichtigen Fragen gekommen ist. Die Oppositionsparteien fühlen sich nicht verpflichtet, Opposition zu treiben, sie behalten in einigen Fragen ihre Image-Empfindlichkeiten (die von der anderen Seite nach Möglichkeit geschont werden) und beziehen ihren Einfluß auf Einzelfragen daraus, daß sie ihre Mitarbeit gewähren, aber auch verweigern können. Sie bleiben eine unabhängige politische Größe,

33 Hans-Gerd Schumann, »Die Opposition – Stiefkind der deutschen Forschung?«, in: *Der Staat* 5 (1966), S. 81-95; Joachim Raschke, »Die Zukunft der Opposition«, in: *Die neue Gesellschaft* 14 (1967), S. 91-100.

die sich eben deshalb fallweise auf Zustimmung oder Ablehnung festlegen kann – aber eben wegen dieser Projektpolitik ohne große Linie. Soweit der faktische Befund – mit Parallelen in anderen politischen Systemen. In Gesprächen mit östlichen Beobachtern wird von diesen immer wieder auf den geringen Unterschied zu den Verhältnissen in ihren nicht demokratisch organisierten politischen Systemen (Einparteiensystem) hingewiesen – und es ist nicht einfach, dem überzeugend entgegenzutreten. Zu dem skizzierten Sachverhalt gibt es zwei Meinungen.

(a) Die eine, zunächst vorherrschende Meinung akzeptiert den Befund, billigt ihn als eine Politik der gemeinsamen Arbeit an Sachfragen, des pluralistischen Ausgleichs der Interessen, des Kompromisses, der gemeinsamen Fortschreibung des Status quo. Oder auch als Politik schrittweiser Verbesserungen durch diffizile, nicht öffentliche Clearing-Verfahren hinter den Kulissen, als Politik des real Möglichen. Die Sicherung gegen eine problematische Tendenz liegt in der Annahme, daß bei schwerwiegenden Fehlentwicklungen die Betroffenen sich schon melden werden, daß eine je nach Bedarf grundsätzliche Opposition sich bei Fehlentwicklungen wiedererwecken wird.

(b) Dagegen ist in den letzten Jahren zunehmend Kritik laut geworden. Sie kann auf die Unfähigkeit des gegenwärtigen, mit der Opposition versöhnten Regimes zu wesentlichen strukturellen Reformen hinweisen, etwa auf dem Gebiete des Arztrechts oder auf manchen sozialpolitischen Gebieten, in der Frage einer Neuordnung des Finanzwesens usw. Aber diese Unzufriedenheit wird nun in ganz alte Schläuche abgefüllt, die offensichtlich brüchig sind. Die neue Meinung formiert sich mit den Denkmitteln des 19. Jahrhunderts, wenn nicht noch älterer Ansätze. Sie fordert ein prinzipielles Gegenmodell der Gesellschaft: Solange überhaupt Herrschaft und Ausbeutung stattfinden, könne man nicht vom Status quo ausgehen, müsse man Opposition in einem prinzipiellen Sinne treiben, und zwar konsequenterweise Opposition, die nicht selbst zur Übernahme von Herrschaft bereit ist. Wenn man die Argumente verfolgt, fallen sie zurück noch hinter diejenige Errungenschaft, die den Oppositionsgedanken überhaupt erst begründet hat, die englische *Unterscheidung von Widerstand und Opposition* – wohlgemerkt: von legitimem Widerstand und legitimer Opposition. Das ist vergleichbar mit der Position der Monarchen des 16. und 17. Jahrhunderts. Was heute gewollt ist, ist eigentlich nicht mehr Opposition, sondern legitimer Widerstand unter Berufung auf das Naturrecht. Die Differenz von Widerstand *gegen* das System und Opposition *im* System war jedoch eine wesentliche Errungenschaft, die es erst ermöglichte, Ungewißheit und Offenheit in den Entscheidungsvorgang aufzunehmen und Entscheidungen politisch vorzubereiten. Vom gedanklichen her bietet das, was sich als APO, als »Außerparlamentarische Opposition« formiert, Züge einer eindeutig regressiven Entwicklung. Aber diese Charakterisierung besagt nicht, daß nicht ein gutes Recht und eine richtige Einsicht den Antrieb bilden – sie wird nur auf falsche, zu einfache Begriffe abgefüllt. Die Bewegung muß lernen, differenzierter zu negieren!

7.2. Kritik und Opposition

Sind mit diesen beiden Varianten des Denkens über Opposition die Möglichkeiten erschöpft? Beide haben etwas eklatant Unbefriedigendes an sich. Man muß deshalb vermutlich die Denkvoraussetzungen problematisieren, von denen sie ausgehen. Ich würde sagen, beide Auffassungen verfehlen das Phänomen *strukturell bedingter hoher Komplexität.* Ich möchte versuchen, diesen kritischen Gesichtspunkt in zwei Richtungen näher auszuarbeiten.

(a) Mir scheint, daß ein Denken in Polaritäten oder Dichotomien unweigerlich dazu verurteilt ist, simpel und unbrauchbar zu werden. Man sollte sich einmal die Eignung dieser dichotomischen Form als solcher überlegen. Damit könnte man sich viele Umwege des Denkens und viele Fehlschläge des Handelns ersparen. Ein sehr komplexes, multifunktional strukturiertes System kann nicht konsistent unter einem einfachen »Für oder gegen«-Schema kritisiert werden. Man kann in Einzelpunkten anderer Meinung sein. Aber man kann nicht damit rechnen, daß man bei einer kritischen Einstellung zu verschiedenen Themen über längere Zeitdauer hinweg immer dieselben Gegner beziehungsweise Freunde haben wird. Mit anderen Worten, es ist angesichts komplexer Systeme unvernünftig oder sogar unverantwortlich, die sachliche, soziale und zeitliche Dimension unter einer einzigen Alternative zusammenzuziehen. Dichotomisches Denken dieser Art entstammt der Denktradition der ontologischen Metaphysik und wurde im 19. Jahrhundert auf soziale Konfliktssituationen übertragen – und ist daran gescheitert. Solche Kettenbildungen sind als Ausweg für Opposition ungeeignet. Daraus ergibt sich für mich der Vorschlag, den Gedanken der *Kritik* von dem Gedanken der *Opposition* zumindest analytisch zu trennen. Opposition hat, wenn sie als durchgehende Einstellung gefordert wird, die hohe Wahrscheinlichkeit, *unkritische* Opposition zu werden. Und Kritik ihrerseits ist nur möglich, wenn es gemeinsame Sinngrundlagen gibt, in denen man sich nicht oppositionell gegenübersteht. Kritik kann sich heute nicht als Opposition formieren, sondern nur als *Problematisierung von Entscheidungsprämissen*.

(b) Der zweite Punkt hängt damit eng zusammen. Ich möchte den klassischen Oppositionsbegriff als *funktional diffus* bezeichnen deshalb, weil von Oppositionsrollen in diesem Denken sehr verschiedenartige Funktionen abverlangt werden, die man zumindest analytisch und vielleicht auch organisatorisch und strukturell trennen sollte. (1) Die *Bereitstellung eines Reservoirs für Kritik und Innovation*: Opposition ist die politische Verkörperung von Alternativen. In der Entlastung von momentaner politischer Verantwortung und von einer Geschichte eigenen Engagements im politischen Handeln kann man unbefangener, freier denken. (2) Die Opposition hat eine *Kontrollfunktion*: Angesichts einer Opposition müssen die Regierenden ihre Maßnahmen rechtfertigen. Es gib Autoren, Wilhelm Hennis zum Beispiel, die darin eine wesentliche Funktion der Plenarsitzungen des Parlamentes sehen.[34] Die Opposition erzwingt Verbalisierung und öffentliche Begründung – vielleicht nicht eine Mitteilung der wahren Gründe, aber die Mitteilung irgendwelcher tragfähigen Gründe. (3) Die Funktion des *Machtwechsels*: Es muß Möglichkeiten geben, auch den höchsten Machthaber im System noch auswechseln zu können, ohne ein Abwarten auf den Todesfall. Die Programme müssen zu schnell variiert werden, Identitäten, Loyalitäten, öffentliche Engagements verbrauchen sich rasch. Letztlich ist das eine Konsequenz aus der Funktion der Politik, den Unterstützungsmechanismus und die Variation der Programme zu koordinieren.

All diese Funktionen – Kritik und Innovation, Kontrolle,

34 Vgl. Wilhelm Hennis, »Rechtfertigung und Kritik der Bundestagsarbeit«, in: *Die neue Gesellschaft* 14 (1967), S. 101-111.

Machtwechsel – stehen sich nahe. Und doch scheinen sie sich wechselseitig zu behindern. Vor allem führt die Vorbereitung der Opposition auf den Machtwechsel dazu, Kritik zu lähmen beziehungsweise in eine bloße Pose zu deformieren, weil man schließlich beim Wort genommen werden kann. Als Beispiel können Sie an den langjährigen Oppositionsführer Heinz Kühn vor und nach seiner Wahl zum NRW-Ministerpräsidenten im Dezember 1966 denken. Politisch war das eine gefährliche Inkonsequenz. Hier liegt nun der sehr richtige und berechtigte Ausgangspunkt einer außerparlamentarischen Opposition – und zugleich ein Maß für das Versagen der Bewegung, die sich gegenwärtig so bezeichnet. Es ist nicht gelungen, ein Forum der Kritik zu institutionalisieren, eine wirkliche politische Reform durchzuführen, und zwar deshalb, weil die Bewegung sich auf Opposition in jenem einfachen Sinne festgelegt hat und so gleichsam selbst aus dem politischen System ausgetreten ist. Außerparlamentarische Opposition hätte nicht notwendig Kritik von außen, Ablehnung des Ganzen sein müssen. Über die Gründe dieser Entwicklung könnte man lang diskutieren. Man könnte versuchen, sie auf eine Summe taktischer Fehlentscheidungen zurückzuführen, die auf beiden Seiten vorkommen. Mir scheint eine allgemeinere Lehre wichtiger zu sein: daß das gedankliche Konzept nicht ausgereicht hat, um unser Problem zu lösen. Und zwar auf beiden Seiten. Im Bereich der offiziellen Selbstdarstellung unseres politischen Systems fehlt auch nur der leiseste Ansatz zu einem wissenschaftlich adäquaten Verständnis. Man kann nicht mehr darüber sagen, weil einfach nicht mehr da ist. Und das macht auch die Artikulation von Kritik schwierig. Gemessen an den intellektuellen Ressourcen, die an sich zur Verfügung stehen und auf unser Problem adaptiert werden könnten, sind die Konzepte der Kritik grobschlächtig und altmodisch.

Lassen Sie mich nach diesen Überlegungen meine Auffassung in folgenden Thesen zusammenfassen: (1) Das Problem der Opposition läßt sich mit organisatorischen oder institutionellen Mitteln zur Zeit nicht adäquat lösen. (2) Der Engpaß liegt nicht im Organisatorischen, sondern im Gedanklichen, nicht in den Institutionen, sondern in der Theorie. Wir wissen nicht einmal, ob das Problem der Opposition überhaupt ein Problem ist. (3) Ein Weiterkommen ist unter diesen Umständen nicht durch Ablehnung dessen zu erreichen, was wir nicht voll begreifen, sondern nur durch eindringende

Analyse dessen, was bei uns als politisches System funktioniert. Wir müssen in diesem System ein problem- und prämissenbewußteres Denken zu erreichen versuchen. Darin liegt nicht die utopische Hoffnung auf eine künftige Einigung über Problemlösungen, wohl aber die Hoffnung auf einen Denkansatz, der der Realität und ihren Entwicklungsmöglichkeiten angemessener ist als das, über was wir heute verfügen.

8. Kreislauf der Macht

In einer Behandlung großer politischer Themen kann das Thema »Macht« nicht fehlen. Bisher machte die Vorlesung für den aufmerksamen Hörer einen möglicherweise faden, intellektualistischen Eindruck: Alles war auf die Fragen von System und Struktur zugeschnitten. Wo bleiben die harten Fakten, der Wille, die Realpolitik, wo bleibt die Macht, werden Sie fragen. Auch hierfür gibt es ein klassisches Konzept, das, mehr oder weniger unbewußt, die Alltagsdiskussionen bestimmt, das eindeutig unzulänglich geworden und schwer zu ersetzen ist. Das war das Thema eines Seminars, das ich in den vergangenen beiden Semestern gegeben habe.[35]

8.1. Prämissen der klassischen Theorie der Macht

Die Hauptlinie meiner Kritik an dem klassischen Konzept der Macht hängt zusammen mit dem Umdenken von Kausalkonzepten in Systemkonzepte: Macht ist in meinem Verständnis abhängig von der Struktur des Systems, das Macht erzeugt. Die Prämissen der *klassischen Theorie der Macht* habe ich gerade in einem Aufsatz für die *Zeitschrift für Politik* dargestellt und möchte sie hier kurz skizzieren.[36]

(a) Allen Machttheorien liegt eine *Kausalannahme* zugrunde. Kausalität wird dabei im neuzeitlichen Sinne verstanden als eine *Ursache/Wirkung-Beziehung*: Macht wird als Ursache angesehen, die den Ausschlag für ein Verhalten gibt, das bei deren Wegfall

35 Anm. d. Hg.: Luhmann verweist hier auf die Übung »Macht«, die er im Sommersemester 1968 und in einer abweichenden Fassung im Wintersemester 1968/69 an der Universität Münster abgehalten hat. Nur von der Veranstaltung im Wintersemester 1968/69 liegt im Nachlaß eine Veranstaltungsübersicht vor (»Themenvorschläge zur Übung ›Macht‹«). Am Beginn der Übung im Sommersemester teilte er ein mit »Macht im System« betiteltes Manuskript aus, das 2012 (hg. von André Kieserling, Berlin) publiziert worden ist. Siehe zu beiden Veranstaltungen auch im Anhang, »Die Lehrveranstaltungen Niklas Luhmanns von 1966 bis 1970«, unten, S. 604 ff.

36 Vgl. Niklas Luhmann, »Klassische Theorie der Macht. Kritik ihrer Prämissen«, in: *Zeitschrift für Politik* 16 (1969), S. 149-170.

anders abliefe. Das Problem liegt dann genau darin, daß die Kausalbeziehung eine unendliche Zahl von Ursachen mit einer unendlichen Zahl von Wirkungen verknüpft. Warum zum Beispiel wird Axel Springer als mächtig angesehen und nicht Johannes Gutenberg? Wer die Hypothese ernst nimmt, daß Macht eine bestimmte Ursache bestimmter Wirkungen sei, muß zum Ergebnis kommen, daß die Machttheorie für komplexe soziale Systeme nicht taugt. Wodurch erhält Macht in diesem Kontext dann ihre prominente Stellung? Die Auffassung der Macht als *Ursache* reicht nicht aus, um an den *Ursprung* der Macht zu gelangen. Die Ursächlichkeit der Ursache »Macht« ist vielmehr auf die Selektivität von Systemstrukturen zurückzuführen.

(b) Es gibt die Unterstellung *hinreichender Information* des Machthabers. Die Voraussetzung sinnvoller Entscheidung über den Einsatz von Macht ist, daß der Machthaber weiß, wie sein Gegenüber handeln beziehungsweise nicht handeln würde, wenn es unbeeinflußt bliebe. Das heißt, daß dessen Handeln beziehungsweise Nichthandeln schon feststeht. Damit ist die Zeitvorstellung einer objektiv feststehenden Zukunft verbunden, wie sie allenfalls für eine strukturell wenig differenzierte Gesellschaft typisch ist. Auch die damit unterstellte *Lösbarkeit des Problems rationaler Kalkulation des Machteinsatzes* ist fragwürdig, da nicht geklärt wird, woher die Handlungsalternativen und vor allem woher die Begrenztheit der Alternativen, die Ordnung der Präferenzen und die zeitliche Konstanz der Ordnung der Präferenzen kommen.

(c) Typisch ist auch die Annahme einer *schon fixierten Gegnerschaft* und damit eine exklusive *Konfliktsorientierung*, wobei der Konflikt letztlich durch die *Anwendung physischer Gewalt* entschieden werden kann. Geht man von bestimmten Bedürfnissen des Menschen aus, liegt der Konflikt in einer Welt knapper Befriedigungsmöglichkeiten und damit der Kampf um knappe Güter in Form der Anwendung physischer Gewalt nahe. Die Konfliktsorientierung polarisiert die Situation und läßt nur eine Seite als Sieger übrig. Alle Macht läßt sich so auf eine einzige Grundlage zurückführen: die Möglichkeit, im Kampf zu siegen – wobei die Antizipation des Ausgangs den Kampf erspart. Die Wirklichkeit ist aber auch in dieser Hinsicht weniger einfach: Es gibt eine Reihe andersartiger Machtgrundlagen, die nicht zur Verwendung in offenen Konflikten taugen, zum Beispiel Macht aufgrund des Besitzes diskreditierender Informationen. Indem die physische Überlegenheit im Falle eines Kampfes dem Machtzusammenhang seine Einheit gibt, gründet sie Systeme auf Macht und nicht etwa umgekehrt Macht auf Systeme. Die Gründe, die der physischen Überlegenheit ihre zentrale Stellung geben, kommen damit aber nicht in den Blick. Für den Zustand des Friedens zum Beispiel ist nicht die Konzentration von Kampfkräften in der Hand des Staates entscheidend, sondern der Entzug und die »Kasernierung« physischer Zwangsmittel und deren Reservierung für den politisch legitimierten Einsatz.

(d) Wichtig ist auch die Annahme, Macht sei eine *Habe*, die wie materielle Güter *besitzbar* und auch *transferierbar* sei, die man also gewinnen und verlieren kann. Das findet man schon bei Machiavelli, aber auch in der Machttheorie Talcott Parsons' in der Form eines durchgehenden Vergleichs von Macht und Geld.[37] Was besagt diese Metapher des »Habens« von Macht, und was wird mit ihr erreicht? In den Funktionen, die das Haben von etwas erfüllen soll, kommen drei Aspekte zusammen: die Benutzbarkeit ohne laufenden Neuerwerb, die Begrenztheit und die unabhängige Variabilität des habbaren Besitzes. Diese Prämissenverflechtung ist charakteristisch für die klassische Annahme des Benutzenkönnens und der Übertragbarkeit von Macht. Die so leicht faßliche Kategorie täuscht aber eine Erkenntnis vor, wo das Fragen erst zu beginnen hätte. Denn welche Systembedingungen müssen erfüllt sein, damit Macht so etwas wie ein habbarer Besitz werden und als solcher erworben, verwaltet, übertragen, gemehrt und gemindert werden kann?

(e) Außerdem gibt es die Prämisse der *Transitivität* von Machtbeziehungen und damit der Möglichkeit von *Kettenbildung*. Transitiv ist eine Beziehung, wenn ihr Bestehen zwischen A und B und zwischen B und C ihr Bestehen zwischen A und C impliziert. Die klassische Theorie versteht Macht als ein geschlossenes transitives System, wobei nur der oberste Machthaber A von außen beeinflußt werden kann. Ausgegangen wird von einer *hierarchischen Struktur* des Machtsystems, bei dem jeder Machthaber seinen festen Platz hat und die Unteren weniger Macht haben als die Oberen. Machtzirkel, also intransitive Strukturen, gibt es im wirklichen Leben

37 Vgl. Talcott Parsons, »On the Concept of Political Power«, in: *Proceedings of the American Philosophical Society* 107 (1963), S. 232-262.

aber sehr wohl, ohne daß die Macht wie durch einen Kurzschluß zusammenbricht: Der Chef hat Macht über seinen Untergebenen, dieser über seine Frau, diese über ihre Freundin und diese wiederum über den Chef. Solche Machtzirkel erfordern allerdings eine Nichtidentität der Situationen, in denen die Macht ausgeübt wird, und eine Differenzierung der Machtgrundlagen. Demokratische politische Systeme zum Beispiel suchen dem Publikum Macht über die Politik, dieser Macht über die Verwaltung und dieser Macht über das Publikum zu verschaffen, also einen Kreislauf machtgetragener Kommunikation herzustellen.

(f) Erwähnt werden muß auch die Annahme einer *Machtsummenkonstanz*, so daß Veränderungen in den Machtverhältnissen nur die interne Verteilung der Macht beeinflussen können. Auf Basis dieser Prämisse können Fragen der *Verteilung* der Macht *im* System, nicht aber Fragen nach der *Erzeugung* von Macht *durch* Systeme gestellt werden, also danach, von welchen Strukturen und Umweltbedingungen es abhängt, wieviel Macht ein System aktivieren und verwenden kann. Die Machtsummenkonstanzprämisse hängt mit der Vorstellung der Macht als Habe eng zusammen. So setzt zum Beispiel die spätliberale Staatslehre das Anwachsen staatlicher Kontrollen mit einem entsprechenden Verlust individueller Freiheiten gleich. Heute gibt es die Warnung, der Machtgewinn der Ministerialbürokratie führe zu einem Machtverlust des Parlaments. Durch das Invariantsetzen der Gesamtsumme der Macht im System werden Verbesserungen des Systems im ganzen, Machtsteigerungen, die allen zugute kommen, so von vornherein aus der Betrachtung ausgeschlossen.

(g) Schließlich gibt es die Annahme der *Balancierbarkeit* der Macht, also des Machtgleichgewichts beziehungsweise der Gewaltenteilung. Diese Theorie postuliert eine Mehrzahl von Machtträgern, die einander so entgegengesetzt werden, daß sich ihre Macht wechselseitig *neutralisiert*. In der Theorie des internationalen Gleichgewichts steht dabei eine vollständige Blockierung vor Augen, die Änderung des Status quo ist nur durch Konsens, nicht durch Macht erreichbar; innerstaatlich geht die Neutralisierung der Macht so weit, daß nur rechtsförmig entschiedene Änderungen mit Macht durchgesetzt werden können. Diese Abfilterung von machtgetragenen Änderungen erhält die Machtsummenkonstanz im System, es gibt *keine Steigerung durch Gegenmacht*. Kann das so funktionieren? Und hat das so funktioniert? Diese Fragen sind nicht eindeutig zu beantworten. Die Grenze der Regelung liegt dort, wo andere Machtquellen als der physische Zwang ins Spiel kommen, wie man an unserem politischen System sehen kann.

Die neuere sozialwissenschaftliche Kritik an der klassischen Machttheorie, die bisher allerdings ohne eindeutige Ergebnisse geblieben ist, entzündet sich vor allem an zwei Punkten: erstens an den Schwierigkeiten der Messung, unter anderem aufgrund der Mehrdimensionalität der Macht, und zweitens an der Komplexität des utilitarischen Kalküls, wenn auf beiden Seiten Alternativen einbezogen werden. Der beste Einstieg hierzu ist der Aufsatz »The Power of Power« von James March.[38]

8.2. Macht und Gegenmacht

In der klassischen Machttheorie stecken eigentümliche Versuchungen, die auf eine Gleichsetzung von Macht und *Herrschaft* hinauslaufen. Das kam dem Verständnis des souveränen Staates mit seinem Machtmonopol entgegen und wurde für die moderne Demokratie übernommen. Aber die Macht sitzt in den Ämtern. Ich erinnere an die genannten Annahmen: Habe, Bewirken, Hierarchie, letztlich physische Gewalt, Gewaltenteilung! Die klassische Machtkonzeption »deckt« gleichsam die *offizielle Machtdarstellung* des Systems. Dies möchte ich näher zeigen.

Aus dem Differenzierungsschema Publikum/Politik/Verwaltung ergeben sich drei Teilsystemgrenzen und entsprechende Machtverhältnisse.[39] Wenn man Macht kausal, asymmetrisch, transitiv denkt, kann es nur eine Machtrichtung geben, das heißt *eine Kommunikationsrichtung wird dominant gesetzt*, sie allein gilt als legitim: Formal liegt in der Demokratie die höchste Macht beim Publikum, das die Politiker wählt, die die Verwaltung programmieren, die dem Publikum ihre Entscheidungen zustellt. Dieses Arrangement erzeugt notwendig *gegenläufige Macht*, die sich nicht auf Zwangsmöglichkeiten, sondern auf Kooperations- und Entlastungsbedürfnisse stützt: Das entscheidungsbetroffene Publikum beeinflußt

38 James G. March, »The Power of Power«, in: David Easton (Hg.), *Varieties of Political Theory*, Englewood Cliffs 1966, S. 39-70.

39 Vgl. oben, Vorlesung VI, Abschnitt 2.6.

durch organisierte Verbände die Verwaltung, diese leistet »Formulierungshilfen« für die Politik, die wiederum für das Publikum die Alternativen definiert, über die in der Wahl zu entscheiden ist. Die Gegenrichtung der Kommunikation ist suspekt, oft rechtswidrig, jedenfalls illegitim. Dies gilt in allen drei Fällen Publikum/Verwaltung, Verwaltung/Politik und Politik/Publikum. Macht in dieser Richtung – das sind die drei klassischen Besorgnisse der politischen Wissenschaft, ohne daß den Politologen dieser Zusammenhang deutlich geworden wäre. Hier liegt ein Vorteil eines abstrakteren, überinstitutionellen systemtheoretischen Ansatzes. Ich nenne drei weitere Konsequenzen eines solchen Ansatzes:

(a) An der dominanten Machtrichtung fällt auf, daß sie durch den direkten oder indirekten *Zugang zur physischen Gewalt* bestimmt ist. Sie bezieht sich auf formal etablierte Kompetenzen zu bindendem Entscheiden, ob sie nun in der Form von Entscheidung ausgeübt wird oder nur diese Möglichkeit als Pressionsmittel nutzt. Wo liegt die Machtquelle der gegenläufigen Macht? Meines Erachtens liegt sie vor allem in der *Komplexität der Entscheidungslage* dessen, der dem Machteinsatz ausgesetzt ist. Vermutlich ist die gegenläufige Macht die größere Macht – gemessen an der Zahl der Alternativen, die ausgemerzt werden. Wenn dem so ist, wird die größere Macht im politischen System aus Positionen ausgeübt, die ihrem Gegner gegenüber nicht auf physische Gewalt zurückgreifen können, die sich also im Konfliktsfall nicht durchsetzen können. Ist nicht das eigentlich der Effekt, der durch Gewaltenteilung erreicht werden sollte, die eigentliche Domestikation des Leviathan? Zum Vergleich kann man das klassisch politologische Konzept der Ausbalancierung von Zwang und Konsens heranziehen.[40]

(b) Eine solche Konstellation läßt sich nur halten, wenn sowohl Systeme in Teilsysteme als auch die Machtquellen differenziert sind. Daraus kann man die Hypothese ableiten, daß Macht von Systemstrukturen abhängt. Diese These der *systemstrukturell erzeugten Macht* ist im einzelnen offen, sie ist noch kein fertiges Ersatzkonzept für die klassische Theorie.

(c) In diesem Zusammenhang kann man die Frage des *Zusammenhangs von Systemstruktur und Machtmenge* neu aufgreifen. Die

40 Vgl. den Überblick bei Eugene V. Walter, »Power and Violence«, in: *The American Political Science Review* 58 (1964), S. 350-360.

Messungsprobleme selbst bleiben allerdings ungelöst. Die Grundthese, daß strukturell offene Systeme mehr Macht brauchen, weil sie mehr Entscheidungsleistungen übertragen müssen, ist plausibel. Ein Grundirrtum ist, daß absolute Herrschaften oder Diktaturen mehr Macht aktivieren könnten als Demokratien. Das Gegenteil ist richtig. Die Folgerung daraus ist: Nicht zu viel Macht, sondern zu wenig Macht in unserem politischen System ist das, woran wir kranken.

9. Legitimität und Rationalität

Ich schließe meine Absicht einer soziologischen Neuinterpretation klassischer Konzepte der politischen Theorie in dieser Vorlesung ab mit Überlegungen zum Begriff der Legitimität, problematisiert in seinem Verhältnis zur Rationalisierung.[41]

9.1. Klassisches Begriffsverständnis

Beim *klassischen* Begriff der *Legitimität* kann man drei Phasen der Entwicklung unterscheiden. (1) In der mittelalterlichen Tradition ist Legitimität ein Rechtsbegriff. Legitimität ist das angestammte oder durch Vertrag verliehene Recht auf Herrschaft: Gebraucht wird der Begriff zur Abwehr von Usurpation; erneuert wird das Konzept in der nachnapoleonischen Restauration. (2) In dieser Erneuerung erweist sich der Begriff einer neuen Lage und neuen Denkbedürfnissen nicht mehr gewachsen. Es stellte sich die Frage des Übergangs der Legitimität auf den Inhaber der faktischen Gewalt.[42] Legitimität wird identisch mit dem faktischen Innehaben der Staatsgewalt. Vielleicht war das gar nicht so verkehrt, wie aktuell das Beispiel Vietnam zeigt, wo es in der militärischen Auseinandersetzung jetzt um die faktische Durchsetzung der Staatsgewalt auf einem bestimmten Territorium, nämlich den Provinzen geht. (3) Seit Anfang des 20. Jahrhunderts kommt es zu einer Neubesinnung – etwa durch den Staatsrechtler Georg Jellinek.[43] Legitimität ist der faktische Glaube an die Berechtigung zu politischen Entscheidungen beziehungsweise an die Werte und Prinzipien, an denen diese Entscheidungen sich legitimieren. Bis heute gibt es nichts Besseres: Konsens und Gewalt (Zwang) sei als Herrschaftsgrundlage erforderlich in irgendeinem Mischungsverhältnis. Aber was heißt Konsens empirisch, was bedeutet das für die genannten Thematiken, und muß man sich in seinen Motiven festlegen?

41 Vgl. auch oben, Vorlesung VI, Abschnitt 2.4.

42 Friedrich Brockhaus, *Das Legitimitätsprincip. Eine staatsrechtliche Abhandlung*, Leipzig 1868.

43 Vgl. Georg Jellinek, *Allgemeine Staatslehre*, 3., durchges. u. erg. Aufl., 6. Neudruck, Darmstadt 1959 (EA Berlin 1900).

Der *klassische* Begriff der *Rationalität* ist schwer eindeutig faßbar. Die alte Einheit von Vernunft und Wahrheit wird in der Neuzeit gebrochen. Pragmatische Orientierungsstrukturen verlieren in der Neuzeit ihre Wahrheitsfähigkeit. Es gilt jetzt nicht mehr *agere sequitur esse* – das Handeln folgt dem Sein –, sondern die Herstellbarkeit wird Erkenntnisbedingung. Es entsteht damit eine neue Art, über Handlungsrationalität nachzudenken, zumeist wird das mit dem Schlagwort »Utilitarismus« bezeichnet, weil man vom individuellen Nutzen ausgeht und die Rationalität in der bestmöglichen Ordnung des individuellen Nutzens sucht. Entsprechend wird die Rationalität des staatlichen Handelns als ein Verhältnis von Zwecken und Mitteln konstruiert. Für die angelsächsische Tradition ist diese Sichtweise noch heute bezeichnend, wenn auch in sehr ausgefeilten, komplizierten Ausformungen.[44] Es ist schwer zu sehen, wie eine Beteiligung an Kollektivzielen überhaupt noch rational sein kann. Je größer das System, desto weniger rational scheint ein individuelles Engagement: Wieso soll gerade ich Opfer bringen? Immerhin gibt es auf dieser Ebene individueller Handlungsrationalität noch eine gedankliche Ausarbeitung. Sonst findet man nur eine expressive Betonung kollektiver Werte. Infolgedessen hat man die Situation, daß in der Theorie der Legitimität der Konsens nicht ausreichend individualisiert werden kann. Und in der Theorie der Rationalität gibt es keine Möglichkeit der Kollektivierung (Aggregation) individuellen Nutzens. Beide Gedankenbereiche bleiben ohne Berührung miteinander. Es stellt sich die Frage der Vereinheitlichung. Auf jeden Fall ist der Versuch einer Rekonstruktion notwendig.

9.2. Systemtheoretische Umstellungen

Beim *Legitimitätsbegriff* sollte aus der Not eine Tugend gemacht werden. Die Not ist die Unmöglichkeit, die Zustimmung und die Bereitschaft, Entscheidungen zu akzeptieren, individuell zu motivieren. Legitimität ist vielleicht gerade dies: die Unabhängigkeit

44 Vgl. etwa David Braybrooke, Charles E. Lindblom, *A Strategy of Decision. Policy Evaluation as a Social Process*, New York 1963; oder Anthony Downs, *An Economic Theory of Democracy*, New York 1957 (dt.: *Ökonomische Theorie der Demokratie*, Tübingen 1968).

des Akzeptierens von individuellen Motivationsstrukturen, das störungsfreie Abfließen der Entscheidungen, die Abnahme ohne Selbstbefragung, als Selbstverständlichkeit, und dies nicht nur als Normalität, sondern auch als Unterstellung für alle. Das Annehmen oder Ablehnen darf nicht eine individuell zurechenbare Entscheidung werden. Als Beispiel kann man an einen Badesee mit verbotener Durchfahrt auf dem Zufahrtsweg denken oder an die DDR vor und nach dem Mauerbau mit der Frage der Auswanderungsmöglichkeit.[45] Schon hier lohnt ein Ausblick auf das Problem der Rationalität: Eine rationale Arbeit an Entscheidungen nach Programmen in der Verwaltung wäre gar nicht möglich, wenn in den Entscheidungsprozeß immer Informationen über die konkrete Akzeptierungsbereitschaft aufgenommen werden müssten.

Es stellt sich dann die Frage, *wie* legitimiert wird. Zwei Möglichkeiten können genannt werden: (a) Werte und (b) Verfahren.

(a) Bei der *Legitimation durch Werte* gilt, daß für Werte genau dies typisch ist, daß man keine individuellen Motive braucht, um sie zu akzeptieren. Bei Werten ist ein abstraktes Akzeptieren möglich, die Individualisierung und Konkretisierung kommt erst bei der Frage der Beziehung zwischen verschiedenen Werten zum Zuge. Dafür muß Wartefähigkeit und Enttäuschungsabsorption gewährleistet werden.

(b) Die *Legitimation durch Verfahren* ist das Thema meines demnächst erscheinenden Buches.[46] Die These ist, daß das Verfahren eine Doppelaufgabe löst durch eine Distanzierung von individueller Motivation. Es ermöglicht ein möglichst reibungsloses Lernen neuer Entscheidungsprämissen, und es leistet eine Absorption von Protesten aufgrund von Enttäuschungen, indem die Beteiligten durch ihre Mitwirkung keine generellen Abwehrmotive mehr entwickeln.

Um es nochmals mit schärferer Abstraktion zu resümieren: Legitimität fordert heute eine schärfere Differenzierung von sozialem und personalem System zur Verhinderung zu starker wechselseitiger Interferenz und Festlegung angesichts sehr fluktuierender Entscheidungsanforderungen. Der Begriff muß auf diese Anforderungen hin uminterpretiert werden, soll er zeitgemäß das wiedergeben, was er einst gemeint hatte.

45 Vgl. zu diesem Beispiel ausführlicher oben, Vorlesung VI, Abschnitt 2.4., S. 339 f.
46 Niklas Luhmann, *Legitimation durch Verfahren*, Neuwied, Berlin 1969.

Gibt es Konsequenzen für das Verständnis von Rationalität? Das ist eine Frage, die auch für mich im wesentlichen offen ist. Formal kann man sie beantworten mit der Formel einer *Umstellung von Handlungsrationalität auf Systemrationalität*, also die Ersetzung der Modelle, die einzelne Zwecksetzungen, spezifische Wertrichtungen, individuelle Nutzenfunktionen maximieren, durch Modelle, die Kriterien für die Beurteilung der Rationalität von Systemen im ganzen hergeben.[47] Aber wie? Was heißt das genau? Klar ist zumindest das Scheitern der Bestandsformel, die zu unbestimmt ist, um als Rationalitätskriterium zu dienen. Ich suche Antworten in folgender Richtung: Ein System ist rational, wenn es diejenige Systemkomplexität hat, die notwendig ist, um Umweltanforderungen in systeminternen Prozessen abzubilden. Dazu gehört für Teilsysteme einer sehr komplexen Gesellschaft vieles von dem, was wir erörtert haben, vor allem (1) strukturelle Variabilität, (2) ein hoher Grad gesellschaftlicher Ausdifferenzierung und Autonomie, (3) eine hohe Selektivität der informationsverarbeitenden Prozesse, namentlich Reflexivität, und (4) die Fähigkeit der Übertragung von Selektionsleistungen – in unserem Falle: Macht. Das Modell der Systemrationalität, an dem zu arbeiten wäre, ergibt sich daher aus der Systemtheorie selbst. Es ist kein Handlungszielmodell mehr, sondern ein Modell von Systemvariablen, dessen rationale Ausformung sich jeweils aus einer spezifischen System/Umwelt-Lage ergibt, und diese ergibt sich aus der Evolution der Gesellschaft.

Vielleicht wird damit auch die Gesamtintention dieser Vorlesung deutlicher, oder wenigstens – nochmals zusammenfassend – formulierbar. Mir scheint, die Entwicklung des Gesellschaftssystems hat uns über jene Ebene der Komplexität hinausgeführt, auf der die alten Konzepte adäquate Aussagen, brauchbare Muster der Erlebnisverarbeitung boten. Wenn man davon auszugehen hat, müssen alle Konzepte der politischen Theorie uminterpretiert werden, und dies nicht isoliert, sondern in ihrem inneren Zusammenhang, der damit überhaupt erst als solcher sichtbar wird. Wir können diese Konzepte im alten Sinne nicht mehr anwenden, aber wir behalten die Kontinuität eines bestimmten Problembestandes der Gesell-

47 Vgl. Niklas Luhmann, *Zweckbegriff und Systemrationalität. Über die Funktion von Zwecken in sozialen Systemen*, Tübingen 1968.

schaft und ihres politischen Systems. Die Kontinuität solcher Probleme gibt uns den Gesprächsfaden mit der alteuropäischen und der neuzeitlich-bürgerlichen Tradition der Politik. Aber wenn wir auf dem heutigen Niveau der Komplexität jene alte Sicherheit der Weltorientierung, jene Klarheit des Begriffs von Wirklichkeit, jenes Selbstvertrauen in das eigene Denken wiedergewinnen wollen, das die abendländische Tradition des politischen Bewußtseins seit den Griechen ausgezeichnet hat, dann müssen wir das gesamte Gedankengut der politischen Theorie – und sicher noch anderes – neu formieren. Ich hoffe, daß es mir gelungen ist, Ihnen einige Gesichtspunkte dafür zugänglich zu machen, und daß es nicht fruchtlos sein wird, wenn man sich in diesen Fragen auf ein hinreichend radikales, auf die Wurzeln zurückgehendes Denken einläßt.

VIII.
Rechtssoziologie

Vorlesung Wintersemester 1968/69
Westfälische Wilhelms-Universität Münster

Einführung

1. Absicht, Vorstellungsbereich, Gliederung der Vorlesung

Die Rechtssoziologie ist in mehrfacher Hinsicht ein unterentwikkeltes Fach. Dies gilt hinsichtlich der Literatur und des gesicherten Wissens, der Zahl und Bedeutung der laufenden Forschungen und der Stellung im Studiengang und im Prüfungssystem. Für Jurastudenten wird es gelegentlich und dann zumeist von Juristen angeboten. Dabei findet man kaum einen Kontakt mit der soziologischen Theorieentwicklung. Auch im Soziologiestudium wird das Fach selten angeboten, prüfungsmäßig ist es umgehbar. Es scheint sich um eine spezielle Soziologie neben anderen zu handeln. Das können Sie schon anhand der Literaturliste für das Soziologiestudium erkennen.[1]

Die Frage ist: Lohnt sich das? Es ist vielleicht merkwürdig, daß man diese Frage für ein so wichtiges soziales Thema wie Recht überhaupt stellen kann. Die bisherige Behandlung des Fachs in Forschung und Lehre gibt dazu jedoch allen Anlaß. Die Entscheidung müssen Sie für sich selbst treffen. Um Ihnen das am Anfang zu erleichtern, möchte ich anhand der Gliederung des Vorlesungsplans erläutern, wie ich mir den Inhalt der Vorlesung vorstelle. Im 1. Teil werde ich die übliche Thematik und den bisherigen Stand der Rechtssoziologie darstellen: die unterschiedlichen Ansätze einer gesellschaftstheoretischen Rechtssoziologie, die mit den Namen Marx, Maine, Durkheim, Weber, Ehrlich und Parsons verbunden sind, das Verhältnis von soziologischer Jurisprudenz und Rechtssoziologie sowie die juristische Institutionenlehre und heutige Bemühungen. Der 2. Teil beschäftigt sich mit einer über den Rahmen der Rechtssoziologie hinausgehenden Frage: der Erwartungsbildung in elementaren Interaktionen, von der aus die besondere Funktion des Rechts bestimmt werden kann. Im 3. Teil der Vorlesung stelle ich dann um auf eine gesellschaftstheoretische Perspektive. Zunächst wird es um das Recht als Struktur der Gesellschaft gehen und damit um die These einer Evolution von Gesellschaft und Recht: Der

1 Anm. d. Hg.: Luhmann bezieht sich hier auf eine veranstaltungsunabhängige Literaturliste, die für das Soziologiestudium an der Universität Münster an die Studierenden ausgeteilt wurde. Für diesen Hinweis danken wir Hartmann Tyrell.

Wandel des Differenzierungsprinzips der Gesellschaft und die Formen des Rechts hängen miteinander zusammen. Im 4. Teil werde ich mich genauer mit der Form des modernen, das heißt positiven Rechts beschäftigen.

Zum Schwierigkeitsgrad der Vorlesungen und den Voraussetzungen sei gesagt, daß meine Ausführungen durch den Abstraktionsgrad meines Ansatzes zwar schwierig sind, ich aber versuche, mit möglichst wenig in der Vorlesung nicht erläuterten Voraussetzungen auszukommen. Jedenfalls werden keine Rechtskenntnisse vorausgesetzt. Und ich bitte um Fragen – auch der einfachsten Art!

2. Literatur

Mit Blick auf die relevante Literatur möchte ich hier zunächst nur die Frage etwaiger Parallellektüre zur Vorlesung thematisieren. Die Rechtssoziologie Max Webers ist enthalten in dessen *Wirtschaft und Gesellschaft*, es gibt aber auch ein 1960 aus dem Nachlaß herausgegebenes Buch mit dem Titel *Rechtssoziologie*. Webers Rechtssoziologie ist sehr zu empfehlen, da sie anschaulich im historischen Material und doch von präziser Begrifflichkeit ist – das ist bis heute unerreicht. Theodor Geigers *Vorstudien zu einer Soziologie des Rechts*, erstmals 1947 erschienen (es gibt eine Neuausgabe von 1964), gilt als theoretisch durchgearbeitetste Rechtssoziologie. Im ganzen ist es aber eher eine soziologische *Rechtstheorie*; es gibt deshalb wenig Berührung mit dieser Vorlesung, ebendeshalb ist das Buch aber als Kontrastlektüre zu empfehlen.[2] Erwähnen möchte ich auch das 1967 erschienene Sonderheft 11 der *Kölner Zeitschrift für Soziologie und Sozialpsychologie* mit dem Titel *Studien und Materialien zur Rechtssoziologie*. Darin findet sich eine von Manfred Rehbinder zusammengestellte gegliederte Bibliographie der internationalen rechtssoziologischen Literatur. Ferner sind in diesem Band insbesondere die Aufsätze von Vilhelm Aubert, Adam Podgórecki und Manfred Rehbinder für mein Thema von Interesse, sie sind gute Beispiele für die empirische Forschung auf dem Gebiet

2 Max Weber, *Rechtssoziologie*, Neuwied 1960; ders., *Wirtschaft und Gesellschaft. Grundriß der verstehenden Soziologie*, hg. von Johannes Winckelmann, Tübingen ^{4}1956, 2. Hbd., Kap. VII, »Wirtschaft und Recht (Rechtssoziologie)«, S. 387-513; Theodor Geiger, *Vorstudien zu einer Soziologie des Rechts*, Neuwied 1964 (EA 1947).

der Rechtssoziologie.[3] Eine Übersicht über den aktuellen Stand der Rechtssoziologie gibt auch die Antrittsvorlesung »Zur Situation der Rechtssoziologie« von Paul Trappe an der Universität Kiel, deren gedruckte Fassung gerade erscheint.[4]

Des weiteren sind zwei Reihen zu nennen, in denen für die Rechtssoziologie relevante Beiträge publiziert werden. Die *Schriftenreihe zur Rechtssoziologie und Rechtstatsachenforschung* ist 1966 von Ernst E. Hirsch begründet worden und erscheint bei Duncker und Humblot. In dieser Reihe sind einige Sekundäranalysen erschienen, insbesondere zu erwähnen ist hier der von Manfred Rehbinder herausgegebene Band *Recht und Leben* mit Schriften von Eugen Ehrlich.[5] Das *Jahrbuch für Rechtssoziologie und Rechtstheorie* ist gerade erst begründet worden, dessen erster Band wird demnächst herauskommen.[6]

3. Ansatz und Grenzen der Rechtssoziologie

»Ansatz und Grenzen der Rechtssoziologie« – vielleicht ist diese Überschrift nicht sehr glücklich formuliert. Ich meine damit die Frage, ob und wie sich die Rechtssoziologie überhaupt als ein Sonderforschungsbereich aus der allgemeinen Soziologie, besser: aus der Gesamtsoziologie herausschneiden läßt. Man könnte meinen: als die soziologische Erforschung der rechtlich geregelten Tatbe-

3 Ernst E. Hirsch, Manfred Rehbinder (Hg.), *Studien und Materialien zur Rechtssoziologie* (= Sonderheft 11 der *Kölner Zeitschrift für Soziologie und Sozialpsychologie*), Köln, Opladen 1967 – darin: Manfred Rehbinder, »Bibliographie der internationalen rechtssoziologischen Literatur«, S. 373-412; Vilhelm Aubert, »Einige soziale Funktionen der Gesetzgebung«, S. 284-309; Adam Podgórecki, »Dreistufen-Hypothese über die Wirksamkeit des Rechts. (Drei Variable für die Wirkung von Rechtsnormen)«, S. 271-283; Manfred Rehbinder, »Wandlungen der Rechtsstruktur im Sozialstaat«, S. 197-222.

4 Paul Trappe, *Zur Situation der Rechtssoziologie*, Tübingen 1968.

5 Eugen Ehrlich, *Recht und Leben. Gesammelte Schriften zur Rechtstatsachenforschung und zur Freirechtslehre*, Berlin 1967.

6 Anm. d. Hg.: An der Gründung des Jahrbuchs war Luhmann selbst beteiligt. In Bd. 1 der Reihe (Rüdiger Lautmann, Werner Maihofer, Helmut Schelsky [Hg.], *Die Funktionen des Rechts in der modernen Gesellschaft*, Bielefeld 1970) sind von ihm die Aufsätze »Die Positivität des Rechts als Voraussetzung einer modernen Gesellschaft« (S. 175-202) und »Zur Funktion der ›subjektiven Rechte‹« (S. 321-330) erschienen.

stände. Es gibt Rechtsnormen. Diese beziehen sich auf ein angebbares faktisches Verhalten. Und diesen Faktenbereich zu erforschen sei dann Sache der Rechtssoziologie. Dieser Ansatz ist jedoch ein Irrweg. Nahezu *alles* Verhalten ist direkt oder indirekt vom Recht abhängig. Würde man der Rechtssoziologie die rechtlich geregelten Tatbestände in ihrer Gesamtheit und in ihrem kausalen Kontext zuweisen, liefe das auf die Gleichsetzung von Rechtssoziologie und Soziologie hinaus. Zum Beispiel hätte es keinen Sinn, eine Familiensoziologie und eine Familien*rechts*soziologie zu trennen. Und wie sollte man die soziologischen Gründe, die den Schutz von Urheberrechten motivieren, aus der Wirtschaftssoziologie herauslösen? Mit dieser Begründung leugnet zum Beispiel Julius Stone in seinem Buch *Social Dimensions of Law and Justice* die Möglichkeit einer eigenständigen Rechtssoziologie.[7] Es gibt zwei Spezialsoziologien, denen eine solche Tendenz zum Universellwerden innewohnt: die Rechtssoziologie und die Wissenssoziologie.[8] Der Grund scheint zu sein, daß beides – Recht und Wissen – sehr fundamental begründet ist in den Grundstrukturen des menschlichen Zusammenlebens und sich aus diesem Zusammenhang nicht herauslösen läßt. Das ist der Versuch einer Deutung, aber keine unmittelbare Lösung unseres Problems. Mir scheint, daß sich zwei Lösungsmöglichkeiten anbahnen.

(a) Die eine könnte man unter die Überschrift »Rechtssoziologie ohne Recht« setzen. Das hieße, die Rechtssoziologie befaßt sich nicht mit den rechtlich geregelten Tatbeständen, nicht mit den Inhalten des Rechts, sondern nur mit den Prozessen, die eine solche rechtliche Regelung bewirken: mit den Rollen der Juristen als Berufssoziologie, Karrieremustern, Rollenkonflikten, Kleingruppensystemen, Entscheidungsprozessen usw. Man zieht dann Theorien von außerhalb heran und befaßt sich nur zufällig mit der Thematik Recht: Die Professionalität des Juristen ist ähnlich wie die des Mediziners, die Rollenkonflikte sind ähnlich wie die von Vorgesetzten usw. Dies scheint mir die Grundtendenz der heutigen Rechtssoziologie zu sein.[9] Ich muß bekennen, daß mich das nicht befriedigt. Daher unternehme ich den Versuch eines anderen Weges.

7 Julius Stone, *Social Dimensions of Law and Justice*, London 1966.

8 Siehe dazu in dieser Vorlesung, Abschnitt 2.2.

9 Vgl. näher dazu in dieser Vorlesung, Abschnitt 1.5.

(b) Im folgenden soll es um den Versuch einer *soziologischen Rechtstheorie* gehen. Ich möchte das Recht selbst als ein normatives Gefüge besonderer Art untersuchen: in den elementaren Interaktionsprozessen, die es ermöglicht, in den spezifischen sozialen Funktionen, die es erfüllt, und in den besonderen Gestalten, die es im Laufe der gesellschaftlichen Entwicklung annimmt. Dieser Ansatz spiegelt sich in der Gliederung der Vorlesung. Ich biete keine Einzelanalyse bestimmter Rechtsmaterien, etwa des Strafrechts, des Familienrechts, des Eigentums usw. Solche Einzelanalysen sind nur möglich, wenn man neben der Rechtssoziologie die Spezialsoziologie des entsprechenden Sachbereichs heranzieht.

Die beiden geschilderten Ansätze schließen sich im praktischen Forschungsbetrieb nicht aus. Sie sind nicht in dem Sinne gegeneinander exklusiv, daß der eine den anderen ausschlösse. Sie können sich wechselseitig befruchten. Gleichwohl muß prinzipiell geklärt sein, mit welcher Zielrichtung man Rechtssoziologie betreiben will. Mein Primärziel ist eine soziologische Theorie des Rechts und der Einbau dieser Theorie in eine Theorie der Gesellschaft. Daraus ergibt sich der Aufbau der Vorlesung.

1. Geschichte und Forschungsstand der Rechtssoziologie

1.1. Vom Naturrecht zur Rechtssoziologie

Von Rechtssoziologie kann man sinnvollerweise erst sprechen, seitdem es eine Soziologie gibt, das heißt seit dem 19. Jahrhundert. Aber natürlich beginnt das vernünftige Nachdenken über Recht und Gesellschaft nicht erst im 19. Jahrhundert. Vor dem 19. Jahrhundert gibt es eine lange Tradition der Rechts- und Gesellschaftsphilosophie, die sich selbst als praktische Philosophie begreift – also als Besinnung auf das Wesen des richtigen menschlichen Handelns. Ein Rückblick in diese alteuropäische Tradition kann viel zum Verständnis der besonderen Blickweise der Rechtssoziologie beitragen. Hier ist ein solcher Rückblick natürlich nur in äußerst knapper Form möglich – um der Kontrastierung willen.

(a) Für die alteuropäische Lehrtradition war das Recht mit dem Wesen menschlicher Verbände immer schon gegeben. Als geselliges, auf Gesellschaft angewiesenes Wesen steht der Mensch immer schon im Recht – oder unter dem Gebot des Rechts. Seine Beziehung zum anderen Menschen ist ihrem Sinn nach eine Rechtsbeziehung. Das Soziale war mit dem Rechtlichen untrennbar verbunden, mit dem Sozialen war auch das Recht schon gegeben. Und dies nicht nur in dem Sinne, wie wir es heute annehmen, daß irgendeine Art von Recht funktionales Bestandserfordernis jeder Gesellschaft sei, sondern man glaubte, darüber hinaus auch inhaltlich angebbare Normen aus der Natur des Menschen und der Natur der Gesellschaft ableiten zu können. Das Sollen war nicht nur in letzter Abstraktion, sondern ziemlich konkret dem Sein immanent gedacht. Man kann dieses Denken deshalb auch durch eine *unzureichende Trennung von Sein und Sollen* charakterisieren. Das steckt hinter dem Begriff des *Naturrechts*, mit dem die alteuropäische Tradition sich selbst charakterisiert. Das Naturrecht ist von sich her, ohne menschliches Zutun, Recht. Es ist als Recht, also als normatives Sollen, doch zugleich eine Art von Sein. Es ist zum Beispiel wahrheitsfähig, das heißt, man macht sich anheischig, die Geltung bestimmter Rechtsnormen mit geeigneten wissenschaftlichen Methoden zu beweisen, zum Beispiel aus unbezweifelbaren Prämissen zu deduzieren.

(b) Welche Konsequenzen das hat, möchte ich an einem Beispiel verdeutlichen. Noch im 18. Jahrhundert bestimmt man Gesellschaft als Vertrag. Die Gesellschaft *ist* ein Vertrag – das finden Sie zum Beispiel bei dem Naturrechtler Christian Wolff.[10] Und das gilt nicht nur für die Gesamtgesellschaft, die *societas civilis*, sondern für alle menschlichen Gesellschaften, zum Beispiel auch für die Ehe. Noch Kant definiert die Ehe in ihrem Wesen als Vertrag[11] – und damit von der Form ihrer Rechtlichkeit her. Das Wesen der Ehe wird vom Recht her bestimmt. Und dann finden Sie bei Hegel eine harte Absage an diese »schändliche« Vorstellung.[12] An die Stelle des Vertrags setzt Hegel die Liebe als Bestimmung des Wesens der Ehe. Der alte Rechtsbezug des Gesellschaftlichen wird plötzlich nicht mehr verstanden, die Formen, in denen er ausgedrückt wurde, erscheinen plötzlich als sinnleer und werden verworfen. Darin spiegelt sich die Notwendigkeit eines neuen Denkens in einer veränderten gesellschaftlichen Lage – ein Wechsel auf die Zukunft, den die Soziologie einlösen muß.

(c) Die Soziologie gewinnt insgesamt eine viel größere Distanz zum Recht. Sie trennt schärfer zwischen Sozialem und Rechtlichem und sieht im Recht nur noch *eine* mögliche Art sozialer Beziehungen neben anderen. Das kann man in drei Hinsichten zeigen: (1) Die Rechtssoziologie ist nur noch eine Spezialsoziologie neben anderen. Welche Probleme für eine fachliche Abgrenzung und ein angemessenes Verständnis des Rechts daraus erwachsen, haben wir schon gesehen. (2) Die Soziologie sieht nach wie vor das Recht als unerläßliches Funktionserfordernis jeder Gesellschaft an (eine Kontroverse über *vor*rechtliche Gesellschaften entsteht nur dann, wenn man von einem engeren Rechtsbegriff ausgeht), folgert daraus aber nicht mehr die Geltung eines Minimums inhaltlich angeb-

10 Vgl. Christian Wolff, *Grundsätze des Natur- und Völkerrechts, worinn alle Verbindlichkeiten und alle Rechte aus der Natur des Menschen in einem beständigen Zusammenhange hergeleitet werden*, zweyte u. verb. Aufl., Halle 1754.

11 Vgl. Immanuel Kant, *Die Metaphysik der Sitten, in zwey Theilen*, Königsberg 1797, §§ 24 ff. (»Des Rechts der häuslichen Gesellschaft erster Titel: Das Eherecht«).

12 Vgl. Georg Wilhelm Friedrich Hegel, *Grundlinien der Philosophie des Rechts*, Berlin 1821, §§ 75, 161 ff.

barer Normen. Es kommt dann zu einer immensen Ausdehnung des Erkenntnishorizontes im 19. Jahrhundert durch historische und ethnographisch vergleichende Forschung. Das alles ist nicht mehr auf einen begrifflichen Nenner zu bringen – es sei denn in fast sinnleerer Abstraktion. Das heißt, daß im Begreifen des Verhältnisses von Recht und Gesellschaft ein größerer Variationsspielraum angelegt wird. Es muß für mehr und für verschiedenartigere Rechtskulturen Platz geschaffen werden. Die Frage, welche Gesellschaften welches Recht haben können, welche Arten von Rechtsordnungen zu welchen Gesellschaftsstrukturen passen, wird in vollem Umfange der Forschung freigegeben. (3) Um solche Forschung treiben zu können, muß der Soziologe als Forscher eine Perspektive jenseits von Moral und Recht einnehmen. Das ist die dritte Art von Distanz – oft auch als »Wertfreiheit der Forschung« bezeichnet. Die rein wissenschaftliche Aussage wird nicht auf die Anerkennung bestimmter moralischer Prinzipien oder Axiome des Naturrechts verpflichtet. Man muß als Soziologe die Freiheit haben, festzustellen, daß die Kopfjagd positive gesellschaftliche Funktion hat, daß Menschenfressen erlaubt sein kann, sofern dafür Vorsorge getroffen ist, daß gewisse Regeln der Unterscheidung zwischen eßbaren und nicht eßbaren Menschen beachtet werden und die Praxis im Einklang mit der Statusordnung erfolgt, also zentrale strukturelle Interessen nicht verletzt.

Das soziologische Erkenntnisziel der Rechtssoziologie ist die *Realität des Zusammenhanges von Rechtsnormen und Gesellschaftsstruktur* – und nicht die Begründung der Geltung grundlegender Normen oder moralischer Prinzipien. In den einleitenden Ausführungen zu *De la division du travail social* hat Émile Durkheim diesen Unterschied zum Naturrecht einmal treffend folgendermaßen ausgedrückt: Auf der Suche nach allgemeinen moralischen Prinzipien fände man nie die Wirklichkeit der Moral bestimmter Gesellschaften, sondern höchstens die Art und Weise, wie der Moralist sich die Moral vorstellt.[13] Ein solcher Satz fängt die ganze Distanz von Rechtssoziologie und Naturrecht ein. Der Moralist – wenn Sie wollen: der Naturrechtler – stellt sich für Zwecke praktischer Orientierung die Moral vor und lebt damit in der Bindung durch Normen. Aber der Soziologe deutet von außen die Wirklichkeit

13 Émile Durkheim, *De la division du travail social*, Paris ²1902 (EA 1893), S. 7.

der Moral – und das heißt vor allem: die realen Veränderungsbedingungen der Moral.

1.2. Klassische Ansätze der Rechtssoziologie

Es gibt eine Anzahl soziologischer Theorieversuche, die sich um ein soziologisches Begreifen des Rechts bemühen und die in gewissem Sinne klassisch geworden sind, nämlich relativ einfach und klar konzipiert sind und ein gewisses Vorbild und Maßstab für spätere Bemühungen darstellen. Man könnte bereits an die *historische Rechtsschule* denken, die unter Führung von Friedrich Carl von Savigny (1779-1861) in der ersten Hälfte des 19. Jahrhunderts große Bedeutung besaß. Deren Grundthese ist, daß das Recht durch den *Volksgeist* bestimmt sei, also durch Kräfte außerhalb seiner selbst, und daher nicht als rein rationale Konstruktion begriffen werden könne, die allein durch richtiges Denken gewonnen werden könne. Aber Volksgeist ist eben nicht Gesellschaft – allenfalls ist es eine mythologische Chiffre für eine im einzelnen nicht begriffene Gesellschaftsstruktur.

Von Rechtssoziologie kann man erst sprechen, wenn das Recht explizit auf die Gesellschaft bezogen wird, und dies nicht rein statisch, sondern dynamisch im Sinne der These, daß das Recht sich mit der Gesellschaft ändere. Bei aller Verschiedenheit der einzelnen Theorieansätze kann man daher so etwas wie gemeinsame Grundannahmen der klassischen Rechtssoziologie erkennen. (1) Das Recht wird als normative Struktur von der Gesellschaft selbst unterschieden – es kommt zu einer Distanznahme: Die Gesellschaft *ist* nicht das Recht, sondern die bürgerliche Gesellschaft, die wirtschaftliche Gesellschaft, die Gesellschaft der tauschend ihre Bedürfnisse befriedigenden Individuen. Es laufen in der Gesellschaft Eigengesetzlichkeiten ab, die nicht rechtliche Gesetze sind, sondern soziale Gesetze *sui generis*. (2) Das Recht variiert mit der Gesellschaft. Rechtsänderungen sind eine Folge gesellschaftlicher Veränderungen und eine Vorbedingung gesellschaftlicher Veränderungen. Zumeist wird diesem Variationszusammenhang eine evolutionäre Deutung unterlegt – im 19. Jahrhundert ist das sehr entschieden die Vorstellung eines zivilisatorischen Fortschritts. (3) Über die Beziehung von Gesellschaft und Recht lassen sich empirisch überprüfbare Hypothesen aufstellen. Zu beachten ist: Das ist nur möglich, weil man beides, Gesellschaft und Recht, als Variable begreift, also durch eine Distanzierung und Dynamisierung des Verhältnisses. Die theoretischen Grundlagen für die Ausarbeitung dieses Forschungsansatzes bleiben jedoch unzureichend geklärt und kontrovers. So kommt es, daß verschiedenen Forschern je verschiedene Teilaspekte der Gesellschafts- und Rechtsentwicklung vor Augen treten und in der Isolierung überbetont und für das Ganze gesetzt werden. Das soll an den wichtigsten Beispielen kurz gezeigt werden.

1.2.1. Karl Marx (1818-1883)

Karl Marx reagiert auf einen Grundzug der neueren Gesellschaftsentwicklung: *den Übergang vom Primat der Politik auf den Primat der Wirtschaft*. Der Primat der Wirtschaft wird als Primat der materiellen Bedürfnisse ausgelegt und in diesem Sinne als überhistorisch-anthropologische Wahrheit formuliert. Der Antrieb der Entwicklung liegt in Veränderungen der Produktivkräfte und Produktionsverhältnisse, die die Befriedigung der Bedürfnisse vermitteln. Dabei ist vorausgesetzt, daß sich im Laufe der Entwicklung immer Widersprüche ergeben und daß widersprüchliche gesellschaftliche Lagen instabil seien – das ist eine sehr überprüfungsbedürftige Hypothese. In der Fixierung solcher Widersprüche durch Zuweisung ungleicher Chancen an einzelne spielt das Recht die entscheidende Rolle: Es gewährt und schützt *Eigentum*. In der gegenwärtigen Eigentumsverfassung sieht Marx nun das entscheidende Hindernis weiterer Entwicklung, das in der zwangsläufig-dialektischen Entwicklung der Gesellschaft notwendigerweise zerbrechen muß. Warum sollte dem so sein?

Zur Beantwortung dieser Frage ist eine Analyse des Marxschen Gedankens sinnvoll, die sich nicht seiner eigenen Sprache bedient. Mir scheint, daß das Eigentum ein *funktional diffuses* Rechtsinstitut ist und es deshalb bei zunehmender funktionaler Differenzierung der Gesellschaft problematisch wird. Funktional diffus ist das Eigentum deshalb, weil es mehrere Aspekte verschmilzt: die Chancen individueller Bedürfnisbefriedigung, die Familieninteressen am Erbgut und die Entscheidungskompetenzen über die Verwendung von Kapitalien, deren Tragweite im Zuge der industriellen Entwicklung rasch zunimmt. Warum aber sollen unter den veränderten gesellschaftlichen Bedingungen diese Funktionen verschmolzen bleiben? Warum sollen die Entscheidungskompetenzen bei dem liegen, der über Villen, Yachten, eine Ansammlung von schnellen Wagen, schöne Frauen usw. verfügt – und umgekehrt? Darin liegt kein erkennbarer Sinn mehr! Abstrakter formuliert kann man sagen, daß Verteilungsfragen und Entscheidungskompetenzen unabhängig voneinander variabel und je für sich rationalisierbar sein müssen. Marx' konkrete Vorstellung, wie dies zu erreichen sei, lautet: durch die Vergesellschaftung des Eigentums. Die Verteilung wird damit ebenfalls zum Entscheidungsprozeß. Aber das ist nicht die einzige Möglichkeit und überdies wenig instruktiv für die Lösung der Probleme, die durch eine solche Differenzierung auftreten.

Zusammenfassend kann man sagen, daß es sich bei der Marxschen Rechts- und Gesellschaftslehre im Grunde um die Einsicht handelt, daß die gesellschaftliche Entwicklung eine Auflösung allzu kompakter Verknüpfungen von Bedürfnisbefriedigung (also Verteilung) und wirtschaftlichem Entscheidungsprozeß erfordert. Beides muß gegeneinander variabel werden. Abstrakter formuliert: die moderne Gesellschaft benötigt ein *höheres Maß an strukturell zugelassener Variabilität.* Es geht also in der Kritik am Eigentum darum, eine Rechtsstruktur zu gewinnen, die mit höherer Komplexität und Variabilität der Gesellschaft vereinbar ist. Wenn man sich an diese Formulierung hält, die auf einem höheren Abstraktionsniveau liegt, wird zugleich die Einseitigkeit der Marxschen Rechtssoziologie erkennbar: Offensichtlich ist die Auflösung jener Verschmelzung von Entscheidungsprozeß und Verteilungsprozeß bei weitem nicht der einzige Gesichtspunkt, der zu beachten ist. Marx setzt also ein wichtiges Einzelproblem absolut. Es mag aber viele andere Hinsichten geben, in denen das Recht moderner Gesellschaften auf höhere Komplexität und Variabilität umstrukturiert werden muß.

1.2.2. Henry Sumner Maine (1822-1888)

Der Ansatz von Henry Sumner Maine ist das englische Korrelat zur deutschen historischen Rechtsschule, aber fünfzig Jahre später entwickelt und daher wesentlich soziologischer, denn er ist auch eine Reaktion auf die zunehmende ethnologische Forschung seiner Zeit. Maine selbst schnupperte die weite Luft des britischen

Empires: Er war acht Jahre, von 1862 bis 1869, Mitglied des Rates des Generalgouverneurs von Indien als Nachfolger von Thomas Babington Macaulay. Das Hauptwerk für unsere Zwecke ist *Ancient Law* von 1861, später namentlich *Lectures on the Early History of Institutions* von 1875.[14]

Der Grundgedanke Maines ist, daß es eine *Entwicklung der Gesellschaft in erkennbar gegeneinander abgesetzten Stadien* gibt: Auf die archaische Gesellschaft auf Verwandtschaftsgrundlage folgt die politische Gesellschaft auf territorialer Grundlage. Diese Annahme ist von bleibender Bedeutung, wenngleich sie viel kritisiert wird wegen der unilinearen Tendenz der unterstellten Entwicklung und dem Verkennen der Bedeutung des Territorialprinzips in einfachen Gesellschaften. In dieser Frage gibt es eine zweigeteilte Rezeption: Einerseits eine Abzweigung einer innerethnologischen Diskussion; andererseits eine Abzweigung in Richtung der allgemeinen soziologischen Theorie, die mit Ferdinand Tönnies und dessen Unterscheidung von Gemeinschaft und Gesellschaft sowie Talcott Parsons und dessen Konzept der *pattern variables* verbunden ist.[15] Maine selbst interpretiert diese Entwicklung der Gesellschaft als *Entwicklung zu größerer individueller Mobilität*: Die politische Herrschaft garantiert dem einzelnen Rechtsfähigkeit und Rechtsdurchsetzung unabhängig von seinen Verwandten. Die Konsequenz für das Recht drückt Maine aus in der summarischen Formel eines »movement from status to contract«.

Auch hierzu gibt es viel Kritik. Aber »Status« und »Kontrakt« sind nicht logisch streng exklusive Rechtsinstitute, sondern verschiedenartige Prinzipien für den Aufbau einer Rechtsordnung und für die Anknüpfung und Verteilung von Rechten und Pflichten, die von der jeweiligen Gesellschaftsstruktur abhängen.[16] In älteren Gesellschaften hängt die Teilnahme am Recht von der Zugehörigkeit zu Geschlechtern oder dann zu Ständen ab. Der Status gibt die Rechtsfähigkeit, und er gibt sie in unterschiedlicher Weise für je konkrete Rechts- und Pflichtenkreise. Der Status regelt, wer wen heiraten kann, wer jagen darf, ein Schiff ausrüsten, einen Wirt-

14 Henry Sumner Maine, *Ancient Law. Its Connection with the Early History of Society and its Relation to Modern Ideas*, London 1861; ders., *Lectures on the Early History of Institutions*, London 1875.

15 Vgl. oben, Vorlesung II, Abschnitt 3.3.2.

16 Vgl. dazu Rehbinder, »Wandlungen der Rechtsstruktur im Sozialstaat«.

schaftsbetrieb eröffnen, bestimmte Kleidung tragen, zu Pferd oder zu Fuß dienen darf usw. Diese allzu konkrete Verteilung bereitet schon in der Antike Schwierigkeiten und erst recht in den großräumig sich entfaltenden Nationalwirtschaften der Neuzeit. Mit der Auflösung der ständischen Ordnung wird der Mensch selbst zum Rechtsträger – in seiner abstrakten Personalität, »weil er ein Mensch ist, nicht weil er Jude, Katholik, Protestant, Deutscher, Italiener usf. ist«, so Hegel in seiner Rechtsphilosophie, nicht ohne eine Warnung vor staatsgefährdendem Kosmopolitismus anzufügen.[17] Das *ius commercii ac conubii*, das Recht, Handel zu treiben und die Ehe zu schließen, wird universell gesetzt. Das Konkretisierungs- und Verteilungsmittel aber ist jetzt der *Vertrag*. Der Vertrag wird zum Symbol der Freiheit der Rechtsbindungen eingehenden Subjekte. Die Beziehung zwischen Gesellschaftsstruktur und Recht erscheint nun gleichsam gelockert, vermittelt durch den Vertrag. Das Recht ermöglicht eine individuelle Disposition und damit die Anpassung an unvorhergesehene Lagen. Am Vertrag ist eben nicht nur die Bindung, sondern auch die Kündigung mitzubedenken. Das Recht zieht sich, so scheint es, zurück auf eine abstrakte Garantie der individuellen Freiheit.

Auch auf diese Entwicklung paßt unsere an Marx gewonnene Formel von der Steigerung strukturell zugelassener Variabilität. Auch hier scheint es darum zu gehen, eine Rechtsordnung zu ermöglichen, die mit mehr verschiedenartigen Zuständen vereinbar ist, also eine komplexere Gesellschaft ermöglicht. Und auch hier finden wir eine einseitige, unvollständige Auslegung dieses Entwicklungszuges: Mit der Vertragskategorie wird einseitig die Elastizität betont, die durch eine dezentralisierte Disposition zu gewinnen ist. Und damit werden die vielen Probleme abgedunkelt, die zum Beispiel aus der gesellschaftlich bedingten Ungleichheit der Vertragsschließenden entstehen.

1.2.3. Émile Durkheim (1858-1917)

Eine Generation spater gibt genau dieser Punkt Anlaß für das Entstehen einer weiteren Variante der klassischen Rechtssoziologie, für die der Name Émile Durkheims steht. Durkheim weist in seinem

17 Hegel, *Grundlinien der Philosophie des Rechts*, § 209.

Buch zur sozialen Arbeitsteilung in einer genau gezielten Polemik auf die »nichtvertraglichen Grundlagen des Vertrags« hin – das Kapitel »Solidarité organique et solidarité contractuelle« gehört zu den lesenswertesten Texten der klassischen Rechtssoziologie.[18] Durkheim stellt sich die Frage: Woher kommt die *bindende Wirkung* des Vertrags? Unter welchen einschränkenden Voraussetzungen wird sie gewährt? Auch der Vertrag ist nach Durkheim letztlich nichts anderes als eine Form gesellschaftlicher Solidarität, eine soziale Tatsache, und nicht allein Ausdruck individuellen Willens. Das Recht könne nicht vom Vertrag, sondern der Vertrag müsse vom Recht her begriffen werden, und das Recht sei nichts anderes als Ausdruck der bindenden Kraft der Gesellschaft, Ausdruck ihrer Solidarität. Als Beispiel kann man im Anschluß an die zuvor genannten Sichtweisen von Kant und Hegel auf den Vertragscharakter der Ehe mit Durkheim sagen: Der Ehevertrag beruht auf der Familie (er setzt zum Beispiel das Inzestverbot voraus) und nicht etwa die Familie auf dem Ehevertrag! Damit stellt sich auch für Durkheim die Frage, wie das Recht sich mit den gesellschaftlichen Strukturen wandelt.

Durkheim unterscheidet, um diesen Zusammenhang zu verdeutlichen, *zwei Formen gesellschaftlicher Differenzierung*, zwei Formen der Solidarität und zwei Formen der Sanktionierung des Rechts: (1) Die gesellschaftsstrukturelle Entwicklung interpretiert er als Übergang von segmentären zu funktional differenzierten Gesellschaften. Segmentäre Differenzierung meint die Teilung des Gesellschaftssystems in gleiche Untereinheiten, funktionale Differenzierung meint die Unterteilung in verschiedenartige Teilsysteme. Das ist eine noch heute zentrale These der Bemühungen um eine Theorie gesellschaftlicher Entwicklung.[19] (2) Die Formen der Solidarität werden – mit einer sehr unglücklichen Terminologie – unterschieden als »mechanische« und »organische Solidarität«:[20] Mechanische Solidarität meint die Verbundenheit der Gesellschaftsmitglieder durch gemeinsame Vorstellungen; wichtig ist dabei das Moment der Alternativenlosigkeit des Vorstellens. Organische Solidarität meint die Verbundenheit durch wechselseitige Abhängigkeit, funktionale Interdependenz; das ist verträglich mit einem stark

18 Durkheim, *De la division du travail social*, S. 177 ff.

19 Vgl. dazu oben, Vorlesung III, Teil 4.

20 Durkheim, *De la division du travail social*, S. 98 ff.

divergierenden moralischen Bewußtsein, mit einer funktionalen Differenzierung der Handlungszwecke. (3) Die Konsequenzen für das Recht sind die *Differenzierung von repressiven und restitutiven Sanktionen*. Wichtig und bleibend bedeutsam ist der Ansatz beim Problem der Abwicklung von Enttäuschungen. Durkheim meint, in archaischen Sozialordnungen dominiere die strafmäßige Unterdrückung. Die gemeinsamen Vorstellungen setzen sich mechanisch in Sanktionen um. In funktional differenzierten Sozialordnungen müssen sich die gemeinsamen Vorstellungen reduzieren, und das Recht muß mehr und mehr ohne *colère publique* und nur im Wege des Schadensausgleichs sanktioniert werden. Schadensersatz erhält die Funktionsfähigkeit der Teile, ist zudem spezifisch dosierbar und abstrakt regulierbar. In den empirischen Annahmen ist das viel kritisiert worden! Im übrigen gibt es bei Durkheim keine scharfe Abgrenzung des Rechts zu anderen Formen sozialer Kontrolle (dieser Begriff kommt eher später auf).

Die Ausführungen zu Durkheim zusammenfassend läßt sich sagen: Auch hier geht es letztlich um die Frage der strukturell zugelassenen Variabilität – diesmal von Fragen der Motivation, von den Sanktionen her gesehen. Die steigende Komplexität der Gesellschaft ist erfaßt im Prinzip ihrer Differenzierung. Die entsprechende Abstraktion der Rechtsstruktur findet Durkheim im Übergang zu einem besser abstrahierbaren und differenzierbaren Sanktionsprinzip. Sie sehen hier die Einheit einer theoretisch nicht ausreichend abstrahierten evolutionären Fragestellung und ihrer auch hier nur partiellen, auf bestimmte Probleme zugeschnittenen Auswertung. Nicht anders verhält es sich bei meinem nächsten Kandidaten: Max Weber.

1.2.4. Max Weber (1864-1920)

Hält man sich zunächst an die als »Rechtssoziologie« aus Max Webers Nachlaß herausgegebenen Fragmente,[21] so wird bei aller Fülle des historischen Details eine leitende Erkenntnisabsicht deutlich. Webers zentrales Interesse ist bestimmt durch die Frage nach der Herkunft und den Entfaltungsbedingungen jener eigentümlichen Art von Rationalität, die er als Grundzug der abendländischen, be-

21 Weber, *Rechtssoziologie*.

sonders der neuzeitlichen Gesellschaftsentwicklung erkennt: *Rationalisierung des Handelns* – vor allem des wirtschaftlichen, aber auch des politischen und des wissenschaftlichen Verhaltens – auf der einen Seite und *Entzauberung der Welt* – das Abstreifen magischer und religiöser Bindungen im Verhältnis des Menschen zur Welt – auf der anderen Seite. Von daher erklären sich jene großangelegten vergleichenden Untersuchungen, mit denen Weber die spezifischen Entstehungsbedingungen neuzeitlich-rationalen Weltverhaltens herausbekommen will.[22] Weber versucht dabei im Unterschied zu Durkheim keine Systemtheorie der Gesellschaft. Das Problem wird vielmehr beim menschlichen Handeln angesetzt.

Welche Konsequenzen hat diese Entwicklung der Handlungsrationalität für die Rechtsentwicklung? Es gibt dazu in Webers Rechtssoziologie viele nicht oder nur halb ausgeführte Gedanken. Der eindrucksvollste ist, daß das Recht von primär *materialer* auf primär *formale* Sinnerfassung umgestellt werden muß. Das ist sehr mißverständlich! Ist nicht gerade das ältere Recht ritualistisch und formal, das neuere dagegen elastisch und offen für fallweise unterschiedliche, teleologisch orientierte Würdigung? Man denke nur an die Generalklauseln wie Treu und Glauben! Gewiß ist dem so! Weber meint jedoch etwas anderes. Er meint, daß das Recht die inhaltliche Bindung an eine vorgefundene Moral, an eudämonistische Zielvorstellungen der allgemeinen Wohlfahrt, des gerechten Ausgleichs, der Utilität abstreifen muß, weil die Gesellschaft – genau wie bei Durkheim – nicht mehr in so konkreten Zielen integriert werden könne. Die Unbestimmtheit einer solchen moralischen Bindung würde zu dem zurückführen, was Weber »Kadijustiz« nennt: persönlich gut gemeinte, aber unberechenbare Rechtsfindung durch gerechte oder sich für gerecht haltende Richter. Dagegen kommt es darauf an, dem einzelnen, vor allem dem wirtschaftenden Individuum, ein verläßliches Instrument der Rechtsdurchsetzung an die Hand zu geben, auf das hin es weittragende Investitionen vornehmen, lange Ketten von Zweck/Mittel-Handlungen organisieren kann. Kurz: Dem einzelnen müssen berechenbare Chancen gewährt werden, deren Berechenbarkeit auch in einer komplexer werdenden Welt noch standhält, das heißt auch gegenüber Unbekannten, in fremden Situationen und angesichts

22 Vgl. insb. Max Weber, *Gesammelte Aufsätze zur Religionssoziologie*, Bd. 1, Tübingen 1920.

unerwarteter Folgen. Als Beispiel kann man an die Erfindung des Wechsels und später des subjektiven Rechts denken, die den Kredit aus dem verwandtschaftlichen oder politischen Kontext gelöst und auf das Wirtschaftliche isoliert haben. Der Kredit muß deshalb rechtlich abgesichert werden. Das Ganze wird erreicht durch die Umstellung des Rechts auf Konditionalprogramme. Auch der Wiedereinbau von Wohlfahrtszielen in das Rechtsgefüge muß sich dann dieser konditionalen Form anpassen. Er hängt von der berechenbaren Maschinerie einer gesetzlich programmierten Verwaltung ab, gegen die man subjektive Rechte geltend machen und damit Leistungen auslösen kann.

Obwohl Weber der funktionalen Systemtheorie fernsteht, die er in Gestalt der zeitgenössischen Organismusanalogie ablehnt, und obwohl er den quasi naturwissenschaftlichen Evolutionismus des 19. Jahrhunderts ablehnt (er kommt vom spezifisch deutschen Kulturhistorismus her, den er in Richtung auf allgemeine idealtypische Konstrukte zu überwinden trachtet), läßt sich seine Rechtssoziologie durchaus in den Rahmen der klassischen Rechtssoziologie einfügen. Auch hier geht es letztlich darum, wie gestiegene gesellschaftliche Komplexität in den Formen des Rechts aufgefangen werden und dadurch in rückläufiger Kausalität wiederum ermöglicht werden kann. Für den Juristen Weber liegt der Akzent dabei auf dem Stil und der inhaltlichen Ausformung des Rechtsgedankens – auch dies ist eine wichtige, aber einseitige Sichtweise.

1.2.5. Talcott Parsons (1902-1979)

Es ist hier keine angemessene Darstellung des Werks von Talcott Parsons möglich.[23] Für Juristen sei gesagt: Er ist der bedeutendste lebende Theoretiker der Soziologie. Es gibt aber von ihm keine Rechtssoziologie, und er ist nur begrenzt der »klassischen« Rechtssoziologie zurechenbar. Trotzdem ist er hier zu nennen, weil sich an Parsons zeigen läßt, wohin die klassische Rechtssoziologie, konsequent fortgeführt, ausmündet. Man kann nämlich Parsons' soziologische Theorie als eine Art generalisierte, ausgeweitete Rechtssoziologie sehen.

Um das erkennen zu können, müssen wir zunächst noch einmal

23 Vgl. dazu oben, Vorlesung II, Teil 3.

auf Durkheim und Weber zurückblicken, und zwar mit den Augen von Parsons.[24] Parsons betont, daß die gedanklichen Positionen, die Durkheim und Weber in ihrer Zeit vorgefunden hätten, allesamt dem Phänomen des Rechts nicht hätten gerecht werden können. Soziale Normen seien von ihnen aus nicht faßbar gewesen. Genau das sei aber die kritische Frage gewesen, an der die Soziologie zu einer eigenständigen theoretischen Wissenschaft herangereift sei. Durkheim habe sich mit dem individualistischen Utilitarismus des 19. Jahrhunderts auseinandergesetzt. Dieser habe das Problem der Aggregation sozialer Werte (Normen, Zwecke) von seiner individualistischen Position aus nicht lösen können. Dem setzte Durkheim die These der objektiven, dinggleichen Realität sozialer Normen entgegen. Normen seien ein Ausdruck des Faktums der integrierten Gesellschaft, das als Faktum mit den Mitteln positiver Wissenschaft erforscht werden könne. Weber habe sich einerseits mit der marxistisch-materialistischen Gesellschaftsauffassung, andererseits mit der spezifisch deutschen Geschichtsauffassung und ihrer idiographischen Methode auseinanderzusetzen gehabt. Für ihn sei das Problem, die Subjektivität des Sinnerlebens in ihrem Eigenrecht zu berücksichtigen und sie doch auf allgemeine Typen und Verlaufskonstruktionen zu bringen – daher das Ansetzen Webers beim gemeinten Sinn des Handelns und der idealtypischen Methode.

In beiden Fällen, bei Durkheim wie bei Weber, sei es letztlich darauf angekommen, so Parsons, die immer schon vorgängige Reguliertheit des Handelns durch soziale Normen zu erkennen und das Recht nicht zu beschränken auf eine minimale Zwangsordnung als Schranke der individuell kalkulierten Utilität oder auf einen bloßen Ausdruck materieller Interessen oder auf einen bloßen Gegenstand historisch-verstehender, hermeneutischer Auslegung. Durkheim gehe dieses Problem auf dem Wege des Objektivismus an, Weber suche es durch Rückgang auf den subjektiv gemeinten Sinn des Handelns zu lösen. Parsons behauptet nun, beides konvergiere, sei im Grunde dasselbe. Das ist eine überraschende, kühne, zunächst paradoxe These. In dem Bemühen, diese Konvergenz nachzuweisen, fand Parsons Motiv und Material für seine eigene soziologische Theorie. Und es ist klar, daß solch ein Zusammenbau

24 Siehe Talcott Parsons, *The Structure of Social Action. A Study in Social Theory with Special Reference to a Group of Recent European Writers*, New York 1937.

von vornherein auf einer höheren Ebene der Abstraktion angesiedelt werden mußte. Parsons sieht im subjektiven Voluntarismus Webers schärfer als Weber selbst das Problem der Kontingenz des auch anders Meinen- und Handelnkönnens. Die Überwindung dieser Beliebigkeit ist ein funktionales Bestandserfordernis jeder Gesellschaft, jedes Sozialsystems. Und Durkheims Objektivität sozialer Normen ist die Lösung dieses Problems. Sobald mehrere Handelnde, die den Sinn ihres Handelns so oder anders wählen können und dies voneinander wissen, in bezug aufeinander handeln wollen, müssen die wechselseitigen Verhaltenserwartungen integriert werden. Die *Komplementarität des Erwartens* muß sichergestellt werden, und dazu sind soziale Normen unentbehrlich. Webers Antwort auf dieses Problem war im großen und ganzen die Legitimität der Herrschaft. Parsons Antwort ist die normative Struktur als unerläßliches Bestandserfordernis jedes Sozialsystems.

Wieweit trägt dieses Argument? Und was ist mit der Rechtssoziologie geschehen? Wir sehen mit Hilfe von Parsons plötzlich, daß Webers Rechtssoziologie gar nicht Webers Rechtssoziologie ist, daß Webers späterer theoretischer Ansatz ganz andere Möglichkeiten birgt. Parsons' Gedanke überzeugt als *Begründung der funktionalen Unentbehrlichkeit von Normen* schlechthin, obwohl man Verfeinerungen anbringen muß. Darauf komme ich zurück.[25] Es ist eine schwierige Frage, ob man behaupten kann, daß die Struktur sozialer Systeme aus Normen bestehe, wie das für den frühen Parsons und dessen Annahme gilt, daß das Problem der gemeinsamen Situationsdefinition der Handelnden über gemeinsam anerkannte, integrierende Normen gelöst wird. (Das allgemeine Systemschema des späteren Parsons mit der Annahme, daß jedes System genau vier Systemprobleme lösen muß,[26] korrigiert diese Einseitigkeit dann.) Die spezifische Natur des Rechts findet in dieser Argumentation keinen Platz. In der neueren Evolutionstheorie Parsons' findet die Bedeutung des Rechts in der gesellschaftlichen Entwicklung dann gebührende Beachtung[27] – aber mehr auf einer empirisch-deskriptiven Ebene ohne ausreichende theoretische Klärung. Die Prägnanz der klassischen rechtssoziologischen Thesen wird nicht

25 Siehe dazu weiter unten in dieser Vorlesung die Abschnitte 2.1. und 2.2.

26 Vgl. dazu oben, Vorlesung II, Abschnitt 3.1.

27 Vgl. Talcott Parsons, *Societies. Evolutionary and Comparative Perspectives*, Englewood Cliffs 1966.

wieder erreicht. Auf dem neu gewonnenen theoretischen Niveau bleibt die Rechtssoziologie also erst noch zu gewinnen.

1.2.6. Zusammenfassung der klassischen Rechtssoziologie

Meine Überlegungen zur klassischen Rechtssoziologie zusammenfassend möchte ich die Grundthesen hier nicht wiederholen, sondern statt dessen die Aufmerksamkeit auf ein auffälliges Phänomen lenken. Es gibt im Rahmen der klassischen Rechtssoziologie *keine* auch nur annähernd adäquate Auseinandersetzung mit dem Phänomen des positiven, durch Gesetzgebung *änderbaren Rechts*. Das ist um so merkwürdiger, als dies eigentlich die zeitgenössische Neuerscheinung der entstehenden Soziologie war. Erstmals in der Weltgeschichte wird im 19. Jahrhundert die Gesetzgebung zum Routinevorgang des Staatslebens. Erstmals wird alles Recht als prinzipiell abänderbar gesehen. Die juristische Dogmatik reagiert sofort, wenngleich auf ihre eigentümlich-begriffliche Weise, hinter der man das soziale Problem oft nicht mehr erkennt, zum Beispiel durch die Umgründung des Rechts zur Gesetzesänderung vom *ius eminens* (dem höchsten und äußersten Recht) auf eine allgemeine Staatsfunktion, durch eine Umkonstruktion des Staates in eine juristische Person, die Willenserklärungen durch ihre Organe abgibt, usw. Und in der Rechtstheorie wird reagiert durch eine Umstellung von Naturrecht auf Positivismus – die Gründung des Rechts auf Befehl (wie man bei John Austin in dessen *The Province of Jurisprudence Determined* von 1832 nachlesen kann[28]), der Legitimität auf die faktische Herrschaft usw. All das zeigt kein adäquates Verständnis des Vorgangs, vor allem fehlt es völlig an einer rechtstheoretischen Fundierung der Rechtspolitik. Immerhin werden die Veränderungen im engen Kontakt der Juristen mit der Staatspraxis registriert.

Die Soziologie scheint daran vorbeizugehen. Die geradezu revolutionierende Neuerung wird nicht erkannt, wenngleich das Zunehmen gesetzgeberischer Tätigkeit gelegentlich notiert wird – zum Beispiel von Maine. Daß der gesamte Rechtsstil sich ändern muß, so wie es in vergleichbarer Weise wohl nur beim Übergang vom archaischen Recht zum Recht der vorneuzeitlichen Hochkulturen

28 John Austin, *The Province of Jurisprudence Determined*, London 1832.

geschehen ist, wird nicht gesehen. Weshalb ist dem so? Dazu sind nur Mutmaßungen möglich: (1) Die Radikalität von Neuerungen ist oft schwer zu erkennen, da sie die Kontinuität der vertrauten Figuren nicht unterbricht. Das gilt wohl allgemein. Wir erleben eine Zeit, die die Grundlagen menschlichen Zusammenlebens radikal verändert – aber das ist nicht die Revolution, die die Revolutionäre wollen und machen. (2) Es fehlt an einer adäquaten Gesellschaftstheorie. Die vorhandene gerät mit der Organismusanalogie in Mißkredit und wird nicht ersetzt. (3) Die Rechtssoziologie selbst bringt ihr Problem, mit dem sie eigentlich schon arbeitet – das Problem der Reaktion des Rechts auf steigende Komplexität, das Problem der strukturell zugelassenen Variabilität –, nicht zum Bewußtsein, nicht auf einen theoriefähigen Begriff. Wenn man das tut, und das kann die neuere Systemtheorie, dann springt ins Auge, daß die *Positivierung des Rechts* die Reaktion ist, nach der wir suchen. Positivierung heißt prinzipielle Änderbarkeit des Rechts durch Entscheidung. Dadurch gewinnt das Recht jene Elastizität, die es als Strukturmoment hochkomplexer Gesellschaften braucht. Aus dieser Überlegung heraus gewinnt für mein Konzept der Rechtssoziologie das Problem der Positivität eine zentrale Bedeutung. Darauf komme ich später ausführlich zurück.[29]

1.3. Soziologische Jurisprudenz

Im vorigen Abschnitt ging es um die Reaktion der Soziologie auf gesellschaftliche Entwicklungen. In diesem geht es um die Reaktion der Rechtswissenschaft. Es ist üblich geworden, Rechtssoziologie und soziologische Jurisprudenz streng zu trennen: *Rechtssoziologie* ist eine Teildisziplin der Soziologie, sie ist an deren theoretischen Rahmen, an deren Methodologie, an deren Anspruchsniveau gebunden. *Soziologische Jurisprudenz* ist eine rechtswissenschaftliche Auffassungsweise des Rechts, die sich um eine Orientierung an sozialen Fakten bemüht – das ist eine sehr vorläufige Kennzeichnung –, die aber mit der Soziologie als Wissenschaft sehr wenig zu tun hat. Die soziologische Jurisprudenz bemüht sich wie jede Rechtswissenschaft um die Feststellung des Rechts in seinem Inhalt.

29 Siehe dazu unten in dieser Vorlesung, Teil 4.

Es gibt Tendenzen zu soziologischer Jurisprudenz sowohl in den kontinentaleuropäischen Rechtskreisen als auch im angelsächsischen Recht. Was läßt sich als Gemeinsames festhalten? Vier Punkte können genannt werden: (1) Eine stark polemische Färbung der Argumentation, eine antiformalistische, *antibegriffliche Tendenz*, ein Interesse für faktisches Geschehen, eine Diffamierung der älteren Rechtswissenschaft als bloßes Spiel mit Begriffen. Die theoretischen Grundlagen der eigenen Position werden entsprechend nachlässig behandelt. Man ist von einer guten Sache überzeugt. (2) Ein starkes Interesse für *richterliche Rechtsbildung*: Recht sei nicht, was aus den Begriffen folge, auch nicht, was in den Gesetzen stehe, sondern was die Richter als solches ansähen und sanktionierten. Von daher erklärt sich ein Interesse am faktischen Entscheidungsprozeß der Richter, an einer Art handwerklichen Technik. (3) Hinter diesen beiden dominanten Zügen kann man ein drittes Motiv mehr ahnen als belegen: ein *Interesse für den Rechtswandel* – und dies aus sehr aktuellen, in der Entscheidungspraxis auftauchenden Anlässen. Die Konsequenzen der Industrialisierung werden in Form des Erfordernisses der laufenden Anpassung des Rechts an gesellschaftliche Änderungen sichtbar. Man kann hier den Buick-Case[30] und die Entwicklung des Haftungsrechts erwähnen oder auch die Verdingung von Kindern gegen Lohn. Nebenbei bemerkt ist auch der Standort der Juristen von Bedeutung: Die führenden amerikanischen Vertreter sitzen an der liberalen Ostküste! Eugen Ehrlich als einer der wichtigen Vertreter der europäischen soziologischen Jurisprudenz dagegen lebte in der Bukowina in der Provinz der Habsburger Monarchie und entwickelt eine entsprechend ländliche Rechtssoziologie.[31] Mit der Industrialisierung kommen Anforderungen der Reaktion auf das Recht zu, die mit den alten analytischen, begriffsexegetischen Mitteln nicht mehr bewältigt werden können. Ein Instrumentarium, das sachgemäß war, wird durch die gesellschaftliche Entwicklung unsachgemäß. Daraus erklärt sich das polemische und das rechtstechnische Interesse: Wie macht man's? Wie verhält man sich? Und wie bleibt das richterliche

30 Anm. d. Hg.: Luhmann bezieht sich hier auf das Urteil *MacPherson v. Buick Motor Co.*, 217 N.Y. 382, 111 N.E. 1050 (1916). Es handelt sich um ein wegweisendes Urteil des New Yorker Berufungsgerichts unter Richter Benjamin N. Cardozo, das das Erfordernis einer vertraglichen Bindung bei Fahrlässigkeitsklagen aufhob.

31 Zu Eugen Ehrlich ausführlicher in Abschnitt 1.3.4.

Verhalten in dieser komplexeren, geöffneten Situation voraussehbar? (4) Schließlich fällt auf, daß die Bewältigung dieser Probleme dem *Richter* zugewiesen wird – und nicht etwa dem Gesetzgeber. Auch hier liegt mithin ein stark verkürztes, ganz unzulängliches Verständnis des Phänomens der Positivität des Rechts und der sich daraus ergebenden Chancen vor. Die Positivität des Rechts wird auf der Ebene des richterlichen Entscheidungsprozesses gesehen – man kann auch sagen: entdeckt. Recht ist, was der Richter entscheidet. Es ist sehr wichtig und eine bleibende Einsicht, daß man Positivität nicht allein von der Gesetzgebung her begreifen kann. Das Recht wird insgesamt auf entscheidbare Entscheidungsprogramme umstrukturiert. Andererseits darf die führende Rolle der Gesetzgebung nicht unterschätzt werden. Die Gesetzgebung allein verfügt über institutionalisierte Formen der Selbstkorrektur. Für den Richter, der seine Entscheidung als einzig richtige darstellen muß, ist es äußerst schwierig, von einer gängigen Entscheidungspraxis abzuweichen. Ähnlich wie in der Soziologie bleibt auch in der Rechtswissenschaft das Problem der Positivität des Rechts ungelöst.

Im folgenden stelle ich *Einzelrichtungen der soziologischen Jurisprudenz* vor – sehr verkürzt im wesentlichen als Literaturhinweise und bezogen auf die jeweiligen Ausrichtungen in verschiedenen Ländern.

1.3.1. Frankreich

Die Ausgangssituation für die Entstehung der soziologischen Jurisprudenz Anfang des 20. Jahrhunderts in Frankreich ist, daß die napoleonischen Kodifikationen hundert Jahre zurückliegen. Man entdeckt, daß das Recht sich ihnen gegenüber selbständig weiterentwickelt hat, ohne daß es eine Änderung der Gesetze gegeben hat. Wichtige Autoren sind in diesem Zusammenhang Léon Duguit (übrigens in engem theoretischen Anschluß an Durkheim) und François Gény (für die richterlichere Praktizierung der Dogmatik).[32]

32 Léon Duguit, *Les transformations générales du droit privé depuis le Code Napoléon*, Paris 1912; ders., *Les transformations du droit public*, Paris 1913; François Gény, *Méthode d'interprétation et sources en droit privé positif. Essai critique*, Paris 1899; ders., *Science et technique en droit privé positif*, 4 Bde., Paris 1913-1924.

1.3.2. Interessenjurisprudenz (Deutschland und USA)

Für die Interessenjurisprudenz sind hauptsächlich deutsche Autoren, aber auch der Amerikaner Roscoe Pound zu nennen. Aus dem deutschen Sprachraum sind Namen wie Rudolf von Jhering, Max Rümelin und Philipp Heck wichtig, von letzterem sind als Einführung dessen *Gesetzesauslegung und Interessenjurisprudenz* von 1914 und *Begriffsbildung und Interessenjurisprudenz* von 1932 zu empfehlen.[33] In der Sache geht es der Interessenjurisprudenz um eine Gegenüberstellung von Interesse und Begriff, in der Darstellung erfolgt das in Form einer Diffamierung und Veralberung der am römischen Recht orientierten Pandektistik als Begriffsjurisprudenz: Man müsse nicht nach dem Wesen der Begriffe judizieren, sondern danach fragen, welche Interessen durch das Recht geschützt seien. Keineswegs geht es also um die Anerkennung jeglichen Interesses als legitim. Es wird kein Dominieren des Interesses über das Recht propagiert, sondern es geht um eine Auslegungsrichtlinie. Heute ist das in der juristischen Dogmatik absorbiert: Das Argument vom geschützten Interesse ist gang und gäbe geworden, man findet nichts besonders Alarmierendes dabei. In der Interessenjurisprudenz unklar geblieben ist aber, was »Interesse« eigentlich ist. Das wurde weder psychologisch noch soziologisch näher aufgeschlüsselt. Der Jurist kann sich mit der Auskunft begnügen, daß Interesse das ist, was der Gesetzgeber als solches ansieht und schützen will.

1.3.3. *Sociological jurisprudence* und *legal realism* (USA)

Die Begriffe »sociological jurisprudence« und »legal realism« beziehen sich beide auf rechtswissenschaftliche Strömungen in den Vereinigten Staaten. Eine Übersicht finden Sie in dem Buch *Sociological Jurisprudence und Legal Realism im Rechtsdenken Amerikas* von Norbert Reich.[34] Dieser Ansatz hat ganz andere Ausgangspunkte: Die Stellung des Richters unabhängig vom Gesetzgeber brauchte nicht erst zur Geltung gebracht werden. Sie versteht sich

33 Philipp Heck, *Gesetzesauslegung und Interessenjurisprudenz*, Tübingen 1914; ders., *Begriffsbildung und Interessenjurisprudenz*, Tübingen 1932.

34 Norbert Reich, *Sociological Jurisprudence und Legal Realism im Rechtsdenken Amerikas*, Heidelberg 1967.

im Bereich des Common Law von selbst. Es gibt keine Begriffsjurisprudenz im Sinne einer vermeintlich deduktiven Theorie, wohl aber eine das praktische Rechtsleben sehr viel weniger beeinflussende analytische Jurisprudenz, die auf den schon genannten John Austin zurückgeht.[35] Die analytische Jurisprudenz hatte im angelsächsischen Bereich das Naturrecht abgelöst und meint, mit dem positiven Recht und einem Mindestmaß an formalen Rechtsbegriffen auskommen zu können. Gegen diese analytische Jurisprudenz rebellieren einige führende Richterpersönlichkeiten und Rechtslehrer in Publikationen, Urteilen und sogenannten *dissenting opinions*. Wichtige Namen sind hier Oliver W. Holmes, Roscoe Pound, Louis D. Brandeis und Benjamin N. Cardozo, deren Wirkungszeit etwa von 1880 bis 1930 war. Der analytischen Jurisprudenz wird die soziologische Jurisprudenz entgegengesetzt, dem Formalismus der Pragmatismus, es gibt ein aufklärerisches Pathos: Das Recht ist kein statisches Gedankengebäude, sondern Vernunft in Aktion. Betont wird die dynamische Reaktionsbereitschaft auf gesellschaftliche Veränderungen: Das Recht müsse von seiner Funktion im sozialen Leben, und das heißt von seinen Zwecken her begriffen werden. Das Ergebnis der *sociological jurisprudence* sind wichtige einzelne Neuerungen in der Rechtsprechung, aber in der Rechtstheorie ist sie über programmatische Formulierungen nicht hinausgekommen.

Seit den 1930er Jahren wird sie abgelöst durch den noch radikaleren *legal realism*, dessen wichtigste Vertreter Karl Llewellyn und Jerome Frank sind. Das Recht wird nun konsequent auf den richterlichen Entscheidungsprozeß zurückgeführt: Recht ist, was die Richter entscheiden. Die Geltung des Rechts ist die Möglichkeit, richterliches Verhalten vorherzusagen. In diesem Zusammenhang kommt es zu einem Rekurs auf die Psychologie und Sozialpsychologie. Es gibt eine betonte Hemdsärmeligkeit der Formulierung, man hat das Gefühl, daß diese Literatur aus der Perspektive des Großstadtanwalts geschrieben ist. Der Gerichtsprozeß wird zum Beispiel als Kampf geschildert, als eine Art risikoreiches Geschicklichkeitsspiel. Trotz aller Betonung der praktischen Erfahrung gibt es nur sehr wenig ernsthafte empirische Forschung und kaum bleibende soziologische Erkenntnisse. Immerhin bereitet der *legal real-*

35 Vgl. Austin, *The Province of Jurisprudence Determined.*

ism das Terrain vor für eine in den 1950er Jahren anlaufende richterliche Verhaltensforschung. Darauf komme ich am Ende dieses Teils der Vorlesung zurück.[36]

1.3.4. Freirechtslehre (Deutschland und Österreich; insbesondere Eugen Ehrlich)

Mit der Freirechtslehre kehren wir nach Deutschland beziehungsweise Österreich zurück. Ihre Hauptvertreter sind Eugen Ehrlich, Hermann Kantorowicz und Ernst Fuchs. Die Freirechtslehre ist zu unterscheiden von der Interessenjurisprudenz. Als allgemeine Literaturübersicht ist hier das gerade erschienene Buch *Die Freirechtsbewegung* von Klaus Riebschläger zu nennen.[37]

Das Grundproblem, das die Freirechtslehre behandelt, ist die Einsicht, daß die Rechtsentscheidung sich nicht deduktiv aus Normen folgern läßt. Das macht sie fest an dem berühmten Problem der Lücken im Gesetz, bezeichnenderweise übt sie aber keine ernsthafte logische Kritik an der grundsätzlichen Annahme, man könne aus einem lückenlosen regulativen Begriffssystem durch logische Folgerung jeden Rechtsfall entscheiden. Für manche Fälle enthält das Gesetz einfach keine Entscheidung. Dann solle der Richter das sehen und sich nicht mit irgendwelchen Selbsttäuschungen oder formalen Tricks der Begriffsmanipulation darüber hinweghelfen, sondern vernünftig entscheiden. Dafür gilt es Maßstäbe zu finden: entweder durch einen Rückgriff auf das »lebende Recht«, das heißt auf die in der Gesellschaft wirklich für Recht gehaltenen Vorstellungen. Das setzt deren Kenntnis voraus – hier müsse nach Ansicht der Freirechtslehre die rechtssoziologische Forschung angesetzt werden. Oder, wenn das nicht weiterhilft, solle der Richter so entscheiden, wie ein Gesetzgeber entscheiden würde. Man findet diese Sichtweise kodifiziert in dem berühmten Artikel 1 des Schweizerischen Zivilgesetzbuches von 1907: »(1) Das Gesetz findet auf alle Rechtsfragen Anwendung, für die es nach Wortlaut oder Auslegung eine Bestimmung enthält. (2) Kann dem Gesetz keine Vorschrift entnommen werden, so soll das Gericht nach Gewohnheitsrecht und, wo ein solches fehlt, nach der Regel entscheiden,

36 Siehe unten in dieser Vorlesung, Abschnitt 1.5.

37 Klaus Riebschläger, *Die Freirechtsbewegung. Zur Entwicklung einer soziologischen Rechtsschule*, Berlin 1968.

die es als Gesetzgeber aufstellen würde. (3) Es folgt dabei bewährter Lehre und Überlieferung.«[38]

Daran möchte ich zwei Beobachtungen anknüpfen: (1) Die Juristen jener Zeit haben das als alarmierend empfunden, reagierten bestürzt, überscharf, mit Polemiken, die oft allen Sinn für Fairneß vermissen lassen. Heute ist das kaum noch verständlich. (2) Das soziologisch Interessante ist vor allem die Heterogenität der Maßstäbe, die die Freirechtslehre anlegt: Einerseits ist sie konservativ, traditional, kleingruppenmäßig und erfahrungsorientiert, andererseits aber auch progressiv, rational, vergleichend und problemorientiert. Es gibt eine praktische Schwierigkeit, mit zwei so heterogenen Maßstäben zu operieren. Aber die Frage ist: Wann kommt das vor? Lückendenken ist klassisches zivilistisches Denken. Es würde nicht in Betracht kommen, wenn die Bauern eine Lücke im System staatlicher Förderungsmaßnahmen entdecken. Die ganze Problemstellung der Freirechtslehre ist, von der Positivität des Rechts aus gesehen, also bestenfalls ein Teilaspekt: Sie macht auf die Bedeutung des Richters für den positiven Prozeß der Rechtsbildung aufmerksam.

In diesem Zusammenhang sind einige Bemerkungen zu *Eugen Ehrlich* notwendig.[39] Er war ein brillanter Kopf und erlangte europäische Geltung insbesondere mit seinem Hauptwerk *Grundlegung der Soziologie des Rechts* von 1913, das seitdem mehrere Neudrucke erfahren hat. Außerdem erwähnen möchte ich die unlängst von Manfred Rehbinder posthum herausgegebene Aufsatzsammlung *Recht und Leben* sowie den 1918 erstmals erschienenen Band *Die juristische Logik*.[40] Was ist über die allgemeinen Bemerkungen zur Freirechtslehre hinaus zu Ehrlich zu sagen? Seine Grundthese ist, daß das Recht selbst ein gesellschaftliches Phänomen sei und daß

38 Schweizerisches Zivilgesetzbuch vom 10. Dezember 1907, Art. 1.

39 Anm. d. Hg.: Eugen Ehrlich lebte von 1862 bis 1922, geboren wurde er in Czernowitz im Herzogtum Bukowina an der damaligen Ostgrenze Österreich-Ungarns. Er studierte Rechtswissenschaft in Lemberg und Wien, wurde in Wien 1886 promoviert und 1895 für römisches Recht habilitiert. Mit dem 1897 erfolgten Ruf an die Franz-Josephs-Universität kehre er nach Czernowitz zurück, das er nach der Besetzung der Stadt durch russische Truppen zu Beginn des Ersten Weltkriegs verließ.

40 Eugen Ehrlich, *Grundlegung der Soziologie des Rechts*, München 1913; ders., *Recht und Leben*, Berlin 1967; ders., *Die juristische Logik*, Tübingen 1918 (Nachdruck Tübingen 1966).

deshalb die Rechtssoziologie die Grundlagentheorie der Rechtswissenschaft sei. Das Recht habe seine Quelle im gesellschaftlichen Leben, in dem dort entstehenden faktischen Rechtsglauben. Es bestehe aus Normen, an denen man sich orientiere, nicht notwendig auch aus Rechtssätzen, geschweige denn aus bewußt erlassenen Gesetzen. Das Juristenrecht, das Rechtssätze formuliere, und das staatlich gesetzte Recht, das Gesetze erlasse, seien abgeleitete Erscheinungen, die ihren Geltungsgrund nicht in sich selbst hätten. (Ehrlich entwickelt allerdings keine Evolutionstheorie des Rechts.) In Zweifelsfällen müsse daher auf das gesellschaftlich gelebte Recht zurückgegriffen werden. Ehrlichs Ansatz wird oft als Begründung der Rechtssoziologie gefeiert. In seiner Zeit war er bemerkenswert, besonders wenn man berücksichtigt, daß Ehrlich sich primär an Juristen wendet. Aber die Grundthese bleibt unklar, der Ansatz sowohl im Rechtsbegriff als auch im Gesellschaftsbegriff unausgearbeitet. Es gibt eine fragwürdige Entgegensetzung von Gesellschaft zu den Juristen und dem Staat (eine Antithese von Staat und Gesellschaft), so als ob diese nicht Teil der Gesellschaft seien. Eigentlich handelt es sich um eine System- und Funktionendifferenzierung (Rollendifferenzierung) in der Gesellschaft. Dadurch kommt es auch zu einer ausgesprochenen Abneigung gegen die Gesetzgebung und zu Verständnislosigkeit gegenüber dem Phänomen der Positivität des Rechts. Man findet bei Ehrlich viele brillante Gedanken im einzelnen, so zum Beispiel der Versuch, das Spezifische des Rechts vom Enttäuschungserlebnis her zu fassen.[41] Wegen der Unklarheit in der Geltungsfrage wurde er aber von Juristen mit Hohn und Verachtung kommentiert.

1.4. Juristische Institutionenlehre

Die *juristische* Institutionenlehre gehört hierher wegen ihrer vermeintlichen Soziologienähe. In der soziologischen Jurisprudenz ging es um eine Aushöhlung des formalen Normglaubens in Richtung auf Pragmatik, auf die Technik des Entscheidens, auf gesellschaftliche Bedingungen und Konsequenzen. In der französisch-italienischen Variante der juristischen Institutionenlehre wird

41 Siehe Ehrlich, *Grundlegung der Soziologie des Rechts*, S. 131 ff.

dieselbe Unzufriedenheit mit der Norm in einer anderen Richtung entfaltet – im Sinne einer Überhöhung und vermeintlich besseren Fundierung. Im Unterschied zur alteuropäischen Institutionenlehre handelt es sich hier um eine deutlich reaktive Bewegung, um eine Reaktion auf den ungeklärten und suspekten wissenstheoretischen Status des Normativen und auf die sichtbare Gefährlichkeit der reinen Positivität des Rechts. Man wehrt sich also, kurz gesagt, gegen das Abschneiden der Begründungsfrage. Die Hauptvertreter dieser Lehre sind in Frankreich Maurice Hauriou, von dem es mit *Die Theorie der Institution* eine von Roman Schnur herausgegebene deutsche Aufsatzsammlung gibt, und in Italien Santi Romano (*L'ordinamento giuridico* von 1918); außerdem gibt es den von Roman Schnur gerade herausgegebenen Sammelband *Institution und Recht*.[42]

Es gibt verschiedene dogmengeschichtliche Wurzeln dieses Ansatzes, die vor allem in der Theorie der juristischen Person, der »moralischen Person« als juristischer Theorie menschlicher Gruppierungen, ferner in der Auslegungstheorie und in der Rechtsquellenlehre liegen. Es wird die Auffassung vertreten, das Recht gründe in Institutionen und beziehe aus ihnen seine Geltung. Was aber ist eine Institution? Zu dieser Frage gibt es höchst widerspruchsvolle Auskünfte in der juristischen Institutionenlehre, die nur vom Stil des Antinormativen und der sublim geistigen Versöhnung von Gegensätzen her zu charakterisieren sind. Man hört, es handele sich (1) um eine Idee, die soziale Realität geworden sei; (2) um ein Prinzip jenseits der Rechtsnormen, das diese aus sich erzeuge und sie begründe (Hauriou); (3) um Leitideen, die gleichwohl eine konsistente Harmonisierung verschiedenartiger Normen vorsähen; (4) um ein sich identisch durchhaltendes, auch Normwechsel überdauerndes Prinzip, das gleichwohl als dynamisch begriffen wird; (5) um eine objektive Ordnung, die subjektive Rechte erzeuge und die die Individuen in etwas Gemeinsames integriere; (6) um etwas Faktisches, das gleichwohl normativ legitimiere, und dies nicht nur qua faktischer Herrschaft, sondern qua Ordnung, bei Santi Romano sogar explizit: qua Organisation. Was kann man aus dieser Liste

42 Maurice Hauriou, *Die Theorie der Institution und zwei andere Aufsätze*, Berlin 1965; Santi Romano, *L'ordinamento giuridico. Studi sul concetto, le fonti e i caratteri del diritto*, Pisa 1918; Roman Schnur (Hg.), *Institution und Recht*, Darmstadt 1968.

entnehmen? Nicht mehr als den guten Willen der Autoren, nichts Wesentliches unberücksichtigt zu lassen.

Die Hauptkontroversen gibt es einerseits zwischen Maurice Hauriou und Léon Duguit bezüglich des soziologischen und individuellen Positivismus und andererseits zwischen Santi Romano und Maurice Hauriou hinsichtlich der Naturrechtlichkeit (daß es losgelöst vom faktischen Meinen bestimmte Institutionen geben müsse!). Die juristische Institutionenlehre schließt an zeitgeschichtliche Tendenzen des antiformalen, materialen Sozialen an, wie man sie bei Max Scheler, der älteren Phänomenologie, Henri Bergson, Rudolf Smend usw. findet. Mit dem soziologischen Sprachgebrauch von Institution neuerer Art hat dies nichts zu tun. Anderes gilt namentlich für Helmut Schelsky, der den Begriff auf die Erfüllung grundlegender anthropologischer Bedürfnisse bezieht, die nur im Sozialverhältnis dauerhaft befriedigt werden können.[43] Trotz alldem ist der Ansatz von Santi Romano bemerkenswert, insbesondere seine pluralistische These, daß *jedes* Sozialsystem, selbst Verbrechergruppen, als Ordnung Recht bildet.

1.5. Heutige Bemühungen

Man kann in den letzten Jahren ein Wiederaufleben des fast abgestorbenen Interesses für Rechtssoziologie feststellen, in Amerika, in Deutschland, auf internationalen Tagungen, in der Form des Erscheinens von Überblicken, Sammelbänden, ja selbst Zeitschriften. Es gibt eine Beteiligung einiger Soziologen, aber noch keine sehr überzeugenden Leistungen. Wo liegt die Problematik, die Schwierigkeitsschwelle, an der die Entwicklung stockt?

Zunächst möchte ich einen Überblick über einige dieser neueren Ansätze geben:

(a) Es gibt *berufssoziologische Forschungen* über den Beruf des Juristen. Zu nennen sind hier Arbeiten von Walther Richter und Ralf Dahrendorf.[44] Die Problemstellung ist die Korrelation von

43 Vgl. Helmut Schelsky, »Über die Stabilität von Institutionen, besonders Verfassungen. Kulturanthropologische Gedanken zu einem rechtssoziologischen Thema«, in: *Jahrbuch für Sozialwissenschaft* 3 (1952), S. 1-21.

44 Vgl. Walther Richter, »Die Richter der Oberlandesgerichte der Bundesrepublik. Eine berufs- und sozialstatistische Analyse«, in: *Hamburger Jahrbuch für Wirt-*

Herkunftsvariablen wie Schicht, Konfession oder Stadt/Land mit der Selektion für bestimmte Sparten juristischer Berufe und den beruflichen Erfolg, gemessen an der Karriere und dem Verdienst. Es kommt dabei zu fragwürdigen Rückschlüssen auf Einstellung und Entscheidung. Was ist daran spezifisch juristisch, und was hat das mit Rechtssoziologie zu tun? Von Rechtssoziologie könnte man höchstens insofern sprechen, als die Frage gestellt würde, welche Konsequenzen sich für Rollen und Berufe daraus ergeben, daß in bestimmten Gesellschaften das Recht in bestimmter Weise ausgestaltet sein muß.

(b) Für *kleingruppentheoretische und entscheidungstheoretische* Erforschungen des *gerichtlichen Entscheidungsprozesses* ist in den USA der Boden bereitet durch den oben erwähnten *legal realism* und dessen Frage: Wie verhält sich der Richter wirklich? Diese Forschung wird heute besonders gefördert durch Glendon Schubert, der im Jahresrhythmus dazu publiziert (wobei man die Schwierigkeit sieht, sich jedes Jahr neue Buchtitel auszudenken).[45] Der Ausgangspunkt liegt ähnlich wie in der Berufssoziologie bei Herkunfts- und Einstellungsvariablen, die hier nun daraufhin untersucht werden, wie sie den richterlichen Entscheidungsgang beeinflussen. Das beruht prinzipiell auf zwei Neutralisierungen: Zum einen bleibt das Recht selbst, die vernünftige Einsicht in das, was im Einzelfall rechtens ist, außer acht. Mit statistischen Methoden kommt man aber nicht an den Einzelfall heran. Hierzu laufen aktuell an der Sozialforschungsstelle in Dortmund entsprechende Überlegungen.[46] Zum

schafts- und Gesellschaftspolitik 5 (1960), S. 241-259; dazu Ralf Dahrendorf, »Deutsche Richter. Ein Beitrag zur Soziologie der Oberschicht«, in: ders., *Gesellschaft und Freiheit. Zur soziologischen Analyse der Gegenwart*, München 1961, S. 176-196; sehr viel gründlicher ist die demnächst zu erwartende Kölner Untersuchung von Wolfgang Kaupen (Anm. d. Hg.: Luhmann bezieht sich hier auf: Wolfgang Kaupen, Theo Rasehorn, *Die Justiz zwischen Obrigkeitsstaat und Demokratie. Ein empirischer Beitrag zur Soziologie der deutschen Justiz*, Neuwied 1971).

45 Vgl. Glendon Schubert, *Judicial Decision-Making*, New York 1963; ders., *Judicial Behavior. A Reader in Theory and Research*, Chicago 1964; ders., *The Judicial Mind. The Attitudes and Ideologies of Supreme Court Justices, 1946-1963*, Evanston 1965.

46 Anm. d. Hg.: Luhmann bezieht sich vermutlich auf die Studie *Theorie und Empirie soziologischer Aussagenverarbeitung* von Hans-Joachim Knebel (vgl. Sozialforschungsstelle an der Universität Münster, Dortmund [Hg.], *Forschungsprogramm 1968*, Dortmund, S. 3).

anderen wird das Interaktionssystem der Gerichtskammer und das Einzelverfahren nicht, oder nur sehr verkürzt, gesehen, also die Möglichkeit, daß ein Richter den anderen durch Argumentation überzeugt. Das kommt aber faktisch in weitem Umfange vor, wie J. Woodford Howard gerade in einer empirischen Studie über die Fluidität richterlicher Entscheidungen gezeigt hat.[47]

(c) In der *Meinungsforschung* gibt es die Erhebung von Einstellungen der Bevölkerung zum Recht und zur Justiz. Die Fragestellung ist hier, in welchem Umfange Rechtskenntnisse verbreitet sind und wie sie mit anderen Variablen sozialer oder psychischer Art korrelieren. Es geht um die Einstellung der Bevölkerung zur Justiz und das Problem des negativen Klischees. Das Problem dabei ist die schwer erfaßbare Differenz von Stereotyp und interaktionswirksamer Einstellung.

(d) Schließlich gibt es die *Frage der Wirksamkeit von Gesetzen und Gesetzesänderungen*. Diese Forschung steht in engem Zusammenhang mit der Meinungsforschung, zielt aber mehr auf das faktische Verhalten. Ein Beispiel ist die Studie von Adam Podgórecki[48] zur Filterung durch das sozialökonomische System, durch rechtliche Subkulturen und durch Persönlichkeitsstrukturen. Oder zum Beispiel die Frage, inwieweit im alltäglichen Verhalten Verkehrszeichen beachtet werden. Es stellt sich die Frage, ob solche Erkenntnisse in den Gesetzgebungsprozeß zurückgemeldet werden sollen. Können und sollen Effektivitätsschranken in der Gesetzgebung berücksichtigt werden? Und sind sie Invarianten? Oder heißt das nicht einfach, daß man bei ernsthaftem Wollen eben schärfere Sanktionsmittel bereitstellen muß, wie das Vilhelm Aubert in seiner Studie über das norwegische Gesetz über Hausgehilfinnen untersucht hat?[49]

Die pointierte Zusammenfassung und Antwort auf die Frage nach dem Trend der heutigen Bemühungen der rechtssoziologischen Forschung lautet: Aus dem Primat methodischer Erwägungen und methodischer Akkuratesse ergibt sich *eine Rechtssoziologie ohne Recht*. Einerseits spricht manches dafür, daß diese Tendenz Zukunft hat. Andererseits gibt es keinen Kontakt mit der Tradi-

47 Siehe J. Woodford Howard, Jr., »On the Fluidity of Judicial Choice«, in: *The American Political Science Review* 62 (1968), S. 43-56.

48 Podgórecki, »Dreistufen-Hypothese über die Wirksamkeit des Rechts«.

49 Aubert, »Einige soziale Funktionen der Gesetzgebung«.

tion, keinen Kontakt mit der Jurisprudenz, keinen Kontakt mit dem, was man im täglichen Leben als Recht erlebt. Im folgenden wird es deshalb um Ansätze zu einem andersartigen Versuch einer Soziologie des Rechts gehen.

2. Rechtsbildung: Grundlagen einer soziologischen Theorie

Zu diesem Teil der Vorlesung, mit dem ich zu meinem eigenen Ansatz komme, sind zunächst einige Vorbemerkungen nötig. Die übliche Darstellung sozialer Beziehungen unterscheidet zwischen *faktischer Gewohnheit* (der man ohne jedes Gefühl der Verpflichtung nachkommt), *Brauchtum* beziehungsweise *Sitte* (als geachtetes und bewertetes Verhalten, dessen Gesolltheit aus Anlaß von Verstößen bewußt wird), Moral (als schon vorgreifend normativ formulierte Erwartungen) und *Recht* (das durch besondere einschränkende Merkmale definiert wird). Das muß kritisiert werden. Man kommt damit über eine Typologie mit mehr oder weniger willkürlichen Abgrenzungen nicht hinaus. Für diese Diskussion muß ein »Ersatz« gesucht werden. Dazu möchte ich in diesem Teil der Vorlesung die Grundlagen einer soziologischen Theorie der Rechtsbildung vorstellen, die an dem *Verständnis des Sollens* ansetzt, das heißt: nach seiner *Funktion* fragt. Was bedeutet es, daß Erlebnisse und vor allem Erwartungen mit Sollqualität erlebt werden? Dazu muß grundsätzlicher angesetzt werden, nämlich bei einer Analyse des sinnorientierten Erlebens beziehungsweise Erwartens. Zunächst wird es mit Hilfe der Begriffe Kontingenz und Komplexität um die Problematik sinnorientierten menschlichen Zusammenlebens gehen (2.1.). Durch die Differenzierung von kognitiven, das heißt im Enttäuschungsfall lernbereiten, und normativen, das heißt lernunwilligen Erwartungsstrukturen wird eine Komplexitätsüberlastung aufgefangen (2.2.). Normative Erwartungen haben ihr Problem und ihre (zeitlichen) Stabilisierungsbedingungen in der Abwicklung von Enttäuschungen (2.3.). Unter den Titeln »Institutionalisierung« (2.4.) und »Identifikation von Erwartungszusammenhängen« (2.5.) erörtere ich dann die sozialen und sachlichen Bedingungen der Generalisierung von Erwartungen. Erst auf dieser Grundlage kann dann die Funktion des Rechts als kongruente Generalisierung von Erwartungsstrukturen definiert werden (2.6.). Am Schluß stehen einige Überlegungen zum Verhältnis von Struktur und abweichendem Verhalten (2.7.).

Zunächst möchte ich aber noch einige Bemerkungen zum

»Bereich« der Analyse und zu ihrem Systembezug vorausschikken.[50] Wohin gehören Begriffe wie »Erwartung«, »Enttäuschung«, »Sinn«, »Norm«, »Komplexität«? Sie setzen sinnbildende Systeme voraus, das heißt Systeme, die sich als Sinnzusammenhang auf eine Umwelt beziehen, sie werden aber im übrigen zunächst ohne eine bestimmte Systemreferenz gebraucht. Insbesondere ist der Begriff des Erlebens, Erwartens, Handelns als solcher noch nicht festgelegt in bezug auf psychische oder soziale Systeme. Es erfordert einige Abstraktionskraft, diese Begriffsentscheidung durchzuhalten. Es ist wichtig, sich dies klarzumachen, weil sonst sehr leicht der Eindruck einer *psychologisch* fundierten Rechtstheorie entstehen könnte. Zur Psychologie beziehungsweise zur Soziologie kommt man erst, indem man die Systemreferenz festlegt, in der man Sinnbewußtsein thematisiert. Das ist, vom hier gewählten Ansatz aus, aber eine sekundäre Entscheidung. Ich kann meine Theorie der Funktion des normativen Erlebens für eine psychologische Theorie der Persönlichkeit und eine Theorie des sozialen Systems auswerten – und dies aufgrund gewisser gemeinsamer Annahmen. (Eine entsprechende Spaltung ist zum Beispiel in der Anomietheorie zu beobachten.) Hier in dieser Vorlesung erfolgt eine Auswertung nur für soziale Systeme.

2.1. Komplexität, Kontingenz und Erwartung von Erwartungen

Der Ausgangspunkt meiner Überlegungen ist: Der Mensch findet sich immer schon in einer sinnhaft konstituierten Welt, die ihm eine Fülle von Möglichkeiten bietet. Das kann man anthropologisch fassen. Weiter führt aber eine phänomenologische Reflexion auf das, was sich im sinnbezogenen Erleben wirklich zeigt. Dieser Vielzahl von Möglichkeiten steht ein sehr geringes Potential für aktuell-bewußtes Erleben gegenüber: Man erlebt punktuell, ausschnitthaft, thematisch, und dies in einem »Horizont« anderer Möglichkeiten des Erlebens. Sinn ist *Auswahl und Verweisung* zugleich. Von hier aus ist eine Definition der beiden Grundbegriffe »Komplexität« und »Kontingenz« möglich.[51] *Komplexität* soll hei-

50 Vgl. zum folgenden auch grundsätzlich oben, Vorlesung II.

51 Vgl. dazu auch oben, Vorlesung III, Abschnitt 3.2.

ßen, daß es stets mehr Möglichkeiten gibt, als im aktuellen Erleben realisiert werden können, beziehungsweise mehr mögliche Handlungen im Erleben angezeigt sind, als gehandelt werden können. Die Zahl der im faktischen Erleben als Alternativen realisierbaren Möglichkeiten kann mehr oder weniger groß, mehr oder weniger ungeordnet sein. *Kontingenz* soll heißen, daß ich nur des je aktuell Gegebenen sicher bin, alle angezeigten Möglichkeiten des Erlebens und Handelns auch anders ausfallen können, daß die Anzeige mithin täuschen kann, indem sie auf etwas verweist, was wider Erwarten nicht da ist oder nicht erreichbar ist oder nicht mehr da ist. Die über das aktuell Gegebene hinausgehenden Erwartungen sind nur Möglichkeiten, sie sind nicht Thema, sondern Horizont des faktischen Erlebens. *Komplexität* heißt praktisch: *Selektionszwang*. *Kontingenz* heißt praktisch: *Enttäuschungsgefahr*. Beides hängt zusammen, ist im Grunde dasselbe. Eine historisch völlig getrennte Entwicklung der Begriffe wird hier also von mir zusammengefaßt.

In dieser Problemlage entwickeln sich mit allem sinnhaften Erleben immer auch Strukturen der Erlebnisverarbeitung, die jenem Doppelproblem von Komplexität und Kontingenz Rechnung tragen, die die darin liegende Überforderung abfangen und einen Vorgriff auf bestimmte weitere Möglichkeiten des Erlebens und Handelns ermöglichen. Man bildet Erwartungen in bezug auf eine Zukunft, alles Erleben hat einen Zukunftshorizont in bezug auf das, was möglich ist. Diese den Zukunftshorizont konstituierenden Erwartungen sind an den Dingen selbst festgemacht, und nur vor diesem Hintergrund kann die Kontinuität der Dinge überhaupt verstanden werden. Dabei gibt es eine Typizität der Vorzeichnungen, Edmund Husserl spricht von der Bestimmtheit des »Und-so-weiter« des menschlichen Erlebens. Teils werden die Erwartungen an Vorhandenem festgemacht: Die Kontinuität der Welt im großen und ganzen ist so, wie sie ist; teils werden sie als künftig eintreffende Ereignisse projektiert und erfordern dann einen explizit miterlebten Zeithorizont (mit Negativanzeigen in der Gegenwart). Erwartungen sind, auch in bezug auf Dinge, immer schon Reduktionen, Vereinfachungen, riskante Strukturen.

In dieser sinnhaft konstituierten, erwartbar strukturierten Welt gibt es neben sonstigem Sinn *andere Menschen*, die sich hochgradig variabel verhalten können. Diese können nicht adäquat erlebt werden, wenn man sie lediglich als Dinge oder wie Dinge erlebt.

Das ist nicht nur ein Problem der Wahrheit, sondern ein Problem der Technik der Erwartungsbildung und Erwartungsstabilisierung. Die Unterscheidung von Ding und Mensch ist eine zivilisatorische, die Unberechenbarkeit des Menschen ist die »Tücke des Objekts«. Auf der Ebene des mitmenschlichen Erlebens gibt es nichts mit der Kontinuität der Dinge Vergleichbares, es ist auf der Ebene des Erwartens vorteilhafter, den anderen als selbstentscheidendes System zu erwarten. Und gerade hinsichtlich der Art, *wie* der andere im eigenen Erleben behandelt wird, unterscheiden sich archaische von komplexen Gesellschaften: Archaische Gesellschaften behandeln Dinge wie Menschen, weil es für sie so praktischer ist. Wir behandeln alle Menschen in unserem Erleben als Menschen, das heißt als frei miterlebendes Subjekt. Das ist aber bereits ein Ergebnis der Evolution. In archaischen Gesellschaften geht gerade diesbezüglich eine Zäsur quer durch Menschen und Dinge.

Mit der Existenz anderer Menschen kommt eine Potenzierung unserer Grundproblematik in die Welt, eine *Steigerung der Chancen und Gefahren zugleich*: Einerseits kann ich die Möglichkeiten des anderen als eigene erleben und behandeln. Ich kann das sehen, was du siehst, mit den Händen des anderen greifen, mit den Augen des anderen sehen, kann mir von ihm berichten lassen. Das ermöglicht eine immense Ausdehnung des Horizontes meiner Möglichkeiten, des Und-so-weiter des Erlebens, ohne Ausweitung meines eigenen Potentials. Andererseits steigen damit die entsprechenden Gefährdungen. Nicht nur mein Irrtum, sondern auch der des anderen kommt in Betracht, nicht nur meine Meinungsänderung, sondern auch die des anderen; der andere ist nie vollkommen berechenbar, er kann lügen und damit eigenes Erleben in die Irre führen. Aus diesem spezifischen Sachverhalt ergibt sich für die Selbstversicherung des eigenen Erlebens das zusätzliche Problem der Erwartung des anderen: Der andere muß in bestimmter Weise erwartet werden können, er muß erwartbar sein, bevor das eigene Erleben an seine Weltauslegung anknüpfen kann. Entsprechend steigen die Komplexität und die Kontingenz der Welt. »Doppelte Kontingenz« heißt es dann bei Talcott Parsons, der von dem Problem der Komplementarität des Erwartens ausgehend seine Normtheorie entwickelt, allerdings in einem Kurzschluß dem Erwarten die Reziprozität untermengt und seine Normtheorie auf ein dinghaft ablaufendes Handeln beschränkt. Das Problem der Reziprozität ist jedoch komplizierter, als Parsons es sieht. Reziprozität besagt: die Möglichkeit, fremdes Erwarten erwarten zu können. Grundlage dafür ist aber die Einheit der Welt und das Erleben des anderen als Alter ego. Das garantiert die Übertragbarkeit der Perspektiven.

Der Risikosteigerung entsprechend müssen leistungsfähigere Formen der Stabilisierung von Erwartungen entwickelt werden. Gegenüber einfacher Kontingenz genügt das einfache Lernen bewährter Abfolgen: die Kontinuität gewisser Dinge wie Tag und Nacht, das Altern der Menschen usw. Bei doppelter Kontingenz sind sehr viel komplizierter gebaute Erwartungsstrukturen erforderlich, nämlich *Erwartungen von Erwartungen*: Man muß nicht nur das *Verhalten* anderer, sondern auch das *Erwarten* anderer erwarten können. Die Erwartung muß sich deshalb auf das Steuerungszentrum des anderen beziehen, auf das Prinzip, nach dem der andere seine Erwartungen bildet. Nur so kann sie einen sicheren Vorgriff – nicht nur auf das Verhalten, sondern auf die Verhaltenswahlen – des anderen leisten. Zumindest gilt: Wer fremde Erwartungen miterwarten kann, kann eine möglichkeitsreichere Umwelt haben und gleichwohl enttäuschungsfreier leben. Man hat zum Beispiel mehr Möglichkeiten, eine Liebschaft anzubahnen und sie vor unerfreulichen Entwicklungen zu bewahren, wenn man erwarten kann, wann sich Eheerwartungen kristallisieren werden und wessen Erwartungen es sein werden. Durch die Erwartung von Erwartungen ist es möglich, höhere Risiken einzugehen, höhere Komplexität und Kontingenz auf abstrakterem Niveau zu bewältigen. Ein Gesichtspunkt dieser Vorteilhaftigkeit ist ein rein *zeitlicher*: Durch die Erwartung von Erwartungen ist es möglich, notwendige Verhaltensabstimmungen rein intern zu vollziehen und nicht durch Kommunikation. Man kann schweigend die Bilanz ziehen, braucht sich selbst mit seinen Erwartungen nicht bloßzustellen und kann das knappe Potential für Kommunikation auf die wirklich heiklen Punkte verwenden.

Von hier aus kann man eine Soziologie des *Taktes* entwerfen – Takt verstanden als die Fähigkeit, den anderen als den zu nehmen, der er sein möchte, ihn also nicht etwa wie ein Ding zu erwarten, sondern als den, der erwartet, so erwartet zu werden –, aber auch eine Soziologie des täglichen Verkehrs der elementaren Interaktion.[52]

52 Vgl. dazu die oben, Vorlesung V, zu »Takt« speziell in Abschnitt 4.4.

Unausgesprochene Abstimmungen dieser Art gehören zu den fundamentalen Selbstverständlichkeiten des täglichen Lebens. Eheleute müssen auch die Erwartungssicherheit des jeweils anderen schonen. Es gibt dann ein dreistufiges Erwarten von Erwartungserwartungen: Man darf sich nicht unerwartet verhalten und keine unerwarteten Erwartungen haben: Suppe nachts um 11 Uhr! Der Mann findet sich sonst wieder als jemand, der seine Frau als jemanden erwarten muß, der ihn als launisch erwartet.

Das Konzept der Erwartungserwartungen ist aber auch für die *Konfliktstheorie* wesentlich. Die Genesis der Konflikte liegt zumeist nicht in spontan feindlichem Verhalten (etwa aus gegensätzlichem Interesse), sondern in Erwartungsfehlern. Zum Beispiel möchte A sich aggressiv verhalten. A erwartet B als Feind (weil er einen Feind braucht). Das heißt, A erwartet von B, daß dieser ihn als Feind erwartet, definiert die Situation entsprechend und führt damit die Feindschaft, die er braucht, herbei. A ist zunächst ein ganz unschuldiger Feind, der nur in seinen Erwartungen von Bs Erwartungen existiert. Hier kann eine psychologische Theorie der Projektion anschließen, das dreistufige Modell der Erwartung bietet also die Möglichkeit, Soziologie und Psychologie in Kontakt zu bringen!

Diese Überlegungen abschließen möchte ich mit einigen Bemerkungen zum *aktuellen Forschungsstand.* Die Reziprozität von Perspektiven ist ein altes Thema, das man zumindest bis zum deutschen Idealismus zurückverfolgen kann. Aber eine ernsthafte Forschung beginnt heute erst, vor allem in der Sozialpsychologie. Die Literatur ist im allgemeinen sehr verstreut und schwer zugänglich. Erwähnenswert sind Arbeiten von Johan Galtung und Ronald D. Laing sowie für die Konsenstheorie von Thomas Scheff, die vor allem das Problem behandelt, auf welcher Ebene des Erwartens sich Konsens bildet.[53] Talcott Parsons hat in seiner Theorie dagegen noch ganz auf *Verhalten*erwartungen abgestellt. Das Zurückbleiben der Forschung ist kein Zufall, sondern von der Sache her begründet. Zu bedenken ist die ungeheure Komplexität solcher mehrstufigen Erwartungsstrukturen schon in Zweierpaaren. Dann

53 Johan Galtung, »Expectations and Interaction Processes«, in: *Inquiry* 2 (1959), S. 213-234; Ronald D. Laing, Herbert Phillipson, A. Russell Lee, *Interpersonal Perception. A Theory and a Method of Research*, London, New York 1966; Thomas J. Scheff, »Toward a Sociological Model of Consensus«, in: *American Sociological Review* 32 (1967), S. 32-46.

ist zu bedenken, daß A auch erwarten muß, was B von C erwartet, oder was B erwartet, daß C von A erwartet (zum Beispiel die gemeinsame Orientierung der Streitparteien an den Erwartungen des Richters). Und schließlich die sachliche Themenvielfalt. Dazu kommt noch die Differenz von kognitivem und normativem Erwartungsstil (dazu komme ich gleich ausführlicher). Diese hohe Komplexität ist faktisch auf der Ebene des konkreten Erwartens nicht zu bewältigen. Es gibt bewunderungswürdige Leistungen des Taktes, aber auch die haben ihre Grenzen. Es werden in den Erwartungsstrukturen mithin Sinngebilde aufgebaut, die die Überforderung des Menschen durch die Welt wiedergeben und weitergeben, nicht sie schon definitiv bewältigen. Es muß dazu noch Vereinfachungen geben, symbolische Zusammenfassungen dessen, was »man« erwarten kann. Dem dienen Verständigungen über Dinge, eine Externalisierung der Welt als erwartungsunabhängig, und eben auch Normen, insbesondere das Recht. Normengefüge sind gleichsam verkürzte Fassungen erwartbarer Erwartungen und erleichtern dadurch die Integration des wechselseitigen Erwartens. Zum Beispiel im Krankenhaus: Sonntags zwischen 11 und 12 Uhr ist Besuchszeit. Das kann aber jederzeit durch die Sicherstellung des faktischen Erwartens unterlaufen werden.

Dieses *Substitutionsverhältnis* von faktischen Erwartungsstrukturen und normativen Symbolisierungen oder gar Rechtssätzen ist eine rechtssoziologisch wichtige Entdeckung. Überall ist die neuere Soziologie auf das Phänomen paktierter Abweichungen gestoßen:[54] Ein Unterlaufen, Aufheben, Modifizieren von Normprojektionen durch das Einleben von faktisch gesicherten Erwartungserwartungen. In sich selbst ist das zunächst nichts Verwerfliches, obwohl es Probleme eigener Art erzeugt. Wichtig ist das Phänomen vor allem für das Verständnis archaischer Rechte, die gar keine absolute Geltung um der Geltung willen kennen. Erst bei größerer gesellschaftlicher Komplexität ist ein Rückgang auf das faktische Erwarten praktisch ausgeschlossen, und im Zusammenhang damit ändert sich dann der Sinn und Stil des Rechts in Richtung auf unbedingte Geltung. Das heißt, der Prozeß der Anpassung muß sich neue Wege suchen. Geltung beruht auf der Unmöglichkeit, für alle

54 Siehe z. B. Gerd Spittler, *Norm und Sanktion. Untersuchungen zum Sanktionsmechanismus*, Olten, Freiburg/Br. 1967.

Erwartungen auf faktisches Erwarten zu rekurrieren – als direkt auf Komplexität.

Regulative Sinnsynthesen, besonders Normen, ersparen in weitem Umfange das Sichorientieren an Erwartungserwartungen. Sie dienen gleichsam als institutionell legitimierte Kürzel für das wirkliche Erwarten. Um das zu erreichen, müssen zweierlei Leistungen erbracht werden: Zum einen müssen die Erwartungen anonymisiert werden. »Man erwartet, daß …« heißt es dann. Zum anderen müssen die Erwartungen gegen das Fehlerrisiko immunisiert werden, sie werden institutionell abgesichert. Die symbolischen Kürzel sind so unentbehrlich, daß man sie bei einfachen Enttäuschungen nicht aufgeben kann: Man traut dem Boden auch dann, wenn man einmal ausrutscht. Damit kommen wir zu einer für die Rechtssoziologie zentralen Unterscheidung: der von normativem und kognitivem Erwarten.

2.2. Kognitive und normative Erwartungen

Bislang habe ich lediglich eine Vorklärung des Bezugsproblems vorgenommen, im Hinblick auf welches die *Funktion von Normen* nun näher zu bestimmen ist. Wir hatten gesehen, daß in alle Erwartungsbildung das Enttäuschungsrisiko mit eingeht: Erwartungen sind gleichsam Täuschungen über die wahre Komplexität des Möglichen, und sie können deshalb enttäuscht werden. Man kann auch sagen: Erwartungen transformieren die permanente Überforderung durch Komplexität in gelegentliche Enttäuschungen, gegen die dann konkret etwas unternommen werden kann. Man kann daher auch sagen: Sie regulieren Angst.[55] Setzt man die theoretische Betrachtung so an, dann gewinnt das *Enttäuschungsproblem* zentrale Bedeutung. Das gilt schon für Durkheim, bei dem das dann aber ins Physiologische abgleitet, und auch für Ehrlich, der psychologisierend verfährt. Die eigentliche Problematik bekommt man erst zu spüren, wenn man versteht, daß hier das Korrelat zur Strukturbildung liegt, der Preis, der dafür gezahlt werden muß – und damit eine Belastung, die sich im Laufe der Evolution durch die Entwicklung anforderungsreicherer Strukturen ändert.

55 Vgl. dazu auch oben, Vorlesung III, Abschnitt 3.6.

Man könnte bezweifeln, ob mit dieser Umformung des Urproblems der Komplexität überhaupt ein Vorteil verbunden ist – wenn man falsche Erwartungen nachher doch mit Enttäuschungen büßen muß. Der Vorteil liegt darin, daß es im Enttäuschungsfalle nicht nur passives Erleiden gibt, sondern *Möglichkeiten der Reaktion*, und zwar prinzipiell zwei verschiedene, zwischen denen man *wählen* kann, nämlich *Lernen* und *Nichtlernen*: Bei Eintreten einer Enttäuschung kann man entweder seine Erwartung der Realität anpassen, sie also aufgeben oder zumindest modifizieren. Oder man kann die Erwartung gegen die Tatsachen festhalten und nicht lernen, sondern trotzen. Man kann sich die Enttäuschung irgendwie erklären, sie einem andern zurechnen usw. Das Interessante ist, daß die *gleiche* Funktion der Enttäuschungsabwicklung durch zwei *entgegengesetzte* Strategien erfüllt werden kann. Die konträr gebauten Mechanismen sind *funktional äquivalent*. Dadurch wird hohe Freiheit und Elastizität gewährleistet: Man kann lernen oder nicht lernen je nachdem, was die Umstände nahelegen. Man kann für die Erwartungsstruktur zentrale Erwartungen kontrafaktisch festhalten, andere, vor allem solche mit geringen Chancen der Bestätigung, dagegen auswechseln. Ausnutzbar, und damit zur Freiheit, wird diese Wahlchance dadurch, daß lernbereite und nicht lernbereite Erwartungen auseinandergezogen und je als solche etikettiert werden. Nur dann und nur in dem Maße, als diese Differenzierung herausgearbeitet und im Stile des Erwartens ausgedrückt wird, können Institutionalisierungen daran anknüpfen, die die Erwartungen selbst wieder stützen. Es können dann Abwicklungsformen für Lernen und Nichtlernen im Enttäuschungsfalle getrennt werden und als generalisierte Muster zur Verfügung gestellt werden. Man legt sich dann im voraus auf ein Verhalten für den Enttäuschungsfall fest – oder wird durch kulturelle Definition darauf festgelegt. Nur so ist ein hoher Grad an Spezifikation, Differenzierung und Erwartbarkeit des Enttäuschungsverhaltens zu erreichen. Nur durch die *Vorwegentscheidung für den Enttäuschungsfall* kann das hohe Risiko bestimmter Erwartungen eingegangen werden.

Wenn die Antizipation des Abwicklungsmodus im Erwartungsstil zum Ausdruck kommt, erhält die Erwartung dadurch eine bestimmte Färbung. Das führt zu qualitativ verschiedenartigem Erwarten je nachdem, ob man sich auf Lernen oder Nichtlernen festlegt. Diesen Unterschied kann man mit Johan Galtung terminologisch ausdrücken durch die Unterscheidung von *kognitiven* und *normativen* Erwartungen:[56] (1) *Kognitive Erwartungen* sind lernbereite Erwartungen. Man ist bereit und in der Lage, seine Erwartung zu revidieren, wenn man enttäuscht wird. Ich erwarte eine blonde Sekretärin, es kommt eine schwarzhaarige. Ich habe meine Erwartung als reine Tatsache zu behandeln, als Vermutung eines Seins, das sich dann anders herausstellt. (2) *Normative Erwartungen* sind lernunwillige Erwartungen. Ich erwarte von der Sekretärin das Anwesendsein, vielleicht sogar gewisse Leistungen, und bin nicht bereit, meine Erwartung bei einer Enttäuschung einfach fallenzulassen. Normative Erwartungen sind *kontrafaktische Erwartungen*. Sie dienen damit funktional der *zeitlichen* Stabilisierung des Erwartens, sie festigen dessen Dauer. In der reinen Normativität liegt aber noch nicht die Festlegung auf bestimmten Sinn und nicht die Verpflichtung auf Konsens – das wäre Naturrecht. Man muß diese Dimensionen analytisch trennen: Normativität besagt nur, daß eine Zeitdistanz mit den darin liegenden Gefährdungen für das Erwarten überwunden wird. Durchhalten – das ist die Funktion! Und die Erwartung gegen die Tatsachen durchzuhalten, das ist nicht ganz einfach.

Meines Erachtens ist es diese Funktion der kontrafaktischen Stabilisierung, die durch das Symbol des *Sollens* ausgedrückt und mystifiziert wird. Im Sollen ist ebendiese Unbedingtheit und Rücksichtslosigkeit der Norm gemeint. Dies ist ein Versuch, über die bisherige Behandlung des Normativen in der soziologischen Theorie hinauszukommen. Diese hatte lediglich auf die Faktizität der Sollvorstellung aufgebaut, das Sollen selbst dabei als ungeklärte Sinnkomponente übernommen. Dadurch ist es zu einer sterilen *Gegenüberstellung von Faktischem und Normativem* gekommen. Das ist nicht nur unfruchtbar, sondern falsch. Das Sollen ist ja auch etwas Faktisches, eine Form des Erlebens genau wie die des Seins. Diese Dichotomie ist so unbalanciert, wie wenn man von Menschen auf der einen und Frauen auf der anderen Seite reden würde – mit der Konsequenz: um so schlimmer für die Frauen. Der eigentliche Gegensatz aber ist der von normativen und kognitiven Erwartungen.

Die Unterscheidung von kognitiven und normativen Erwartungen ist so bedeutsam, daß keine Sozialordnung eine volle Freiheit

56 Siehe Galtung, »Expectations and Interaction Processes«.

der Stilwahl konzedieren kann. Man ist nicht frei in der Frage, ob man bestimmtes Verhalten normativ oder kognitiv erwartet. Ich erinnere an das Beispiel blonde und schwarzhaarige Sekretärin oder, um ein anderes aktuelles Beispiel aus der Rechtsprechung zu nennen: das Minirocktragen vor Gericht.[57] Hier kommt es zu einer seufzenden Umschaltung von normativ auf kognitiv: Man könne nicht umhin, das Minirocktragen vor Gericht von der Ordnungsstrafe des § 178 (Ungebühr vor Gericht) des Gerichtsverfassungsgesetzes auszunehmen.[58] Solche Regelungen des Erwartungsstils haben die allgemeine Form des *Erwartens von Erwartungen*. Konkret kann man dann vier Möglichkeiten unterscheiden: (1) kognitiv/kognitiv: Das kognitive Erwarten kognitiven Erwartens bietet die volle Freiheit; man korrigiert sich, wenn man sieht, daß der andere normativ erwartet. (2) kognitiv/normativ: Das kognitive Erwarten normativer Erwartungen ist die Musterhaltung dessen, der auf eine Gerichtsentscheidung wartet. Übrigens wird hier genau besehen normativ kognitiv/normativ erwartet: Man *soll* sich im Gerichtssaal lernend verhalten. Wieweit ist das zu leisten? (3) normativ/kognitiv: Das normative Erwarten kognitiven Erwartens habe ich am Beispiel der blonden Sekretärin veranschaulicht, gesellschaftlich bedeutsam ist dieser Erwartungsstil in der Form der Normen des Wissenschaftssystems. (4) normativ/normativ: Das normative Erwarten normativen Erwartens (der Erwartungsstil, wenn man eine Leistung der Sekretärin erwartet) erlaubt eine Verstärkung des Normativen über lange Ketten einer Organisation. Zur Beherrschung der Erwartungsstile ist sogar eine Dreistufigkeit des Erwartens erforderlich: Das Kombinationsmuster selbst muß erwartbar sein. Diese Art von Regelungen sind von unabschätzbarer Bedeutung, aber bislang noch kaum erforscht. Meine Vermutung ist, daß es sich dabei um ein sehr wichtiges formales Mittel des Strukturvergleichs und des Austausches von Erfahrungen aus ganz heteroge-

57 Vgl. Georg Schmidt, »Der Minirock im Gerichtssaal«, in: *Deutsche Richterzeitung* 46 (1968), S. 17-18, sowie dazu Karlfriedrich Eckstein, »Nochmals: Gericht und Minirock«, in: *Deutsche Richterzeitung* 46 (1968), S. 179.

58 »(1) Das Gericht kann gegen Parteien, Beschuldigte, Zeugen, Sachverständige oder bei der Verhandlung nicht beteiligte Personen, die sich in der Sitzung einer Ungebühr schuldig machen, vorbehaltlich der strafgerichtlichen Verfolgung, eine Ordnungsstrafe in Geld oder bis zu drei Tagen Haft festsetzen und sofort vollstrecken lassen.« (§ 178 GVG in der Fassung vom 12. 9. 1950)

nen Bereichen handelt. Man kann dann fragen: Wo kommt welche Kombination vor, was leistet sie, was sind ihre Folgeprobleme? Daraus ergeben sich auch Anregungen zu eigenen Analysen von Alltagssituationen.

Es ist wichtig, diese Differenzierung von kognitivem und normativem Erwarten nicht als einen ontischen oder logischen *Urgegensatz von Sein und Sollen* zu versteifen. Selbst logisch gesehen wissen wir heute noch nicht, ob es bei einer eigenständigen Logik der Sollsätze bleiben muß. Und wenn das so wäre, würde uns das nicht zu dem Schluß zwingen, daß alles Gegebene in diese Differenz gepreßt werden muß – oder auch nur kann. Die Fassung des Problems als Differenzierung von kognitivem und normativem Erwarten hat den Vorteil, daß sie sich als Variable, als evolutionäre Errungenschaft, darstellen läßt. Keineswegs allem Erwarten muß diese Vorentscheidung über die Abwicklungsweise beigegeben werden. Man muß vielmehr sehen, daß solch eine Vorentscheidung bei allem, was sie leistet, eigentümliche Risiken und Gefahren in sich birgt: Man muß sich im voraus für noch ziemlich unbekannte Situationen auf Lernen oder Nichtlernen festlegen. Dieses Risiko können einfache Systeme nicht oder nur in einigen Erwartungsbereichen eingehen. Hier scheint mir der Grund zu liegen, daß eine solche Trennung sich im Prozeß der Evolution erst langsam entwikkelt, obwohl bereits die einfachsten Gesellschaften über einige ausdifferenzierte Normen verfügen. Noch das Recht der vorneuzeitlichen Hochkulturen versteht sich in den Grundlagen als Weltrecht oder Naturrecht, also als kognitiv erkennbar.

Auch heute muß bei weitem nicht für *alles* Erwarten eine Vorentscheidung über normativ oder kognitiv im Sinne wechselseitiger Ausschließung getroffen werden. Es besteht kein abstrakter Zwang zu solcher Festlegung – vor allem fehlt sie dort, wo es wenig Anlaß gibt, sich auf Enttäuschungen vorzubereiten. Es gibt eine Fülle von Regeln und Normalverständigungen des täglichen Verkehrs, bei denen dies unnötig und die Festlegung des Erwartungsstils deshalb unüblich ist. Zum Beispiel die Erwartung, daß man sich über die Titel des anderen auf dem Laufenden hält. Oder denken Sie an drastischere Fälle wie den richtigen Abstand bei Konversationen, dem »involvement«, wie es bei Erving Goffman heißt:[59] Man muß im-

59 Erving Goffman, *Behavior in Public Places. Notes on the Social Organization of Gatherings*, New York, London 1963.

mer ein Thema haben, sinngemäße Antworten geben, den Faden halten, etwas nicht zu wörtlich nehmen. Hieran erkennt man die Unzulänglichkeit der älteren Normentypologie von Gewohnheit, Sitte, Sittlichkeit, Recht. Es handelt sich vielmehr um elementare und funktional undifferenzierte Regeln ohne Vorentscheidung über die Frage normativ/kognitiv, vor allem ohne Normierung dieser Vorentscheidung. Die Erwartungen sind beides. Das ist das für sie Typische – es geht keineswegs um reine Faktizität oder Sanktionslosigkeit.

Darüber hinaus lassen sich bei *Alltagssituationen* folgende Merkmale des Umgangs mit Erwartungen feststellen: (1) Eine hochgradige Selbstverständlichkeit der Erfüllung von Erwartungen. Verstöße werden daher als nicht ernstgemeint, als Fehlgriff, eventuell als Ausdruck von Geisteskrankheit interpretiert. Es wird kein verständliches Interesse am Verstoß unterstellt. (2) Es fehlt an Versuchen, den Abweicher auf den rechten Weg zurückzubringen. Vielmehr kommt es zu einer Abstempelung als Abweicher, zur Ausbildung einer Abweicherrolle, und so wird dann erwartet: Der Außenseiter ist jemand, der einen Bart trägt, sich ein kindliches Gemüt bewahrt hat usw. Das ist typisch für kognitives, lernendes Reagieren. Aber das erfolgt ohne Gefährdung oder Verzicht auf die Grunderwartung selbst. (3) Weder die Norm noch die Abweichung wird typifiziert und benannt, als solche vorgestellt und diskutiert. Es gibt ein konkretes Niveau der Erlebnisverarbeitung und eine konkrete Überraschung wie der Verlust der Armbanduhr, das neue Kleid der Gemahlin, die Krankheit des Ministers. Darin liegt ein Schutz gegen die Akkumulation der Enttäuschungen. Die Fälle werden nicht aufeinander bezogen: Man lernt fallweise, nicht grundsätzlich. Das ist typisch für Erwartungsordnungen oder Erwartungsbereiche mit einem geringen Bedarf für Alternativen.

Exkurs:
Die moralischen Grundlagen der Geisteskrankheit

Die vorgenannten Merkmale des Umgangs mit Erwartungen und Erwartungsenttäuschungen in Alltagssituationen bilden die moralische Grundlage der Behandlung von Geisteskrankheiten ab. An diesem Thema gibt es ein neues Interesse, insbesondere von Erving Goffman, dessen Buch *Asylums* sich genau mit dieser Frage beschäftigt, und noch pointierter bei Thomas Scheff und dessen Studie *Being Mentally Ill*; deren Ansatz ist aber fragwürdig und in manchem unausgereift.[60] »Symptome« der Geisteskrankheit fungieren als Index für Verhaltensregeln. Goffmans Annahme ist, daß man diese Regeln am besten dort studieren könne, wo man diejenigen fände, die sie nicht erfüllen. Darüber hinausgehend könnte man fragen, ob nicht die Definition als »geisteskrank« eine Art Enttäuschungsabwicklung sei speziell für diese Art Regeln ohne eindeutig normativen Status. Die umfangreiche Forschung über die sogenannte Soziogenese psychiatrischer Erkrankungen berücksichtigt diese Sichtweise noch nicht.[61] Schließlich stellt sich die Frage, ob nicht eine Art Normalisierung des Psychiatrischen es ermöglicht, große Normbereiche zu entmoralisieren, Tadel und Sanktion durch das Diskutieren von unbewußten Motiven zu ersetzen und die dabei leitenden Norm- oder Normalvorstellungen so der Diskussion zu entziehen, nämlich vorauszusetzen. Meines Erachtens ist das eine merkliche Primitivierung, eine Rückkehr zu archaischen Sozialmodellen mit geringer normativer Differenzierungsfähigkeit: Das Unbewußte wird bewußt gemacht, damit das Bewußte, nämlich die Norm, im Unbewußten verschwinden kann.

Diese Analyse gemischt kognitiver/normativer Erwartungen zeigt einen relativ eindeutigen Typus, der sich von dem, was wir uns als Recht vorstellen, in charakteristischer Weise unterscheidet. Er wirft zugleich ein neues Licht auf die Vorteile stärkerer Differenzierung. Diese hebt die Bindung an hohe Selbstverständlichkeiten auf und ermöglicht, daß mehr und mehr auch Nichtselbstverständliches erwartbar wird. Es ist plausibel, zu vermuten, daß hier ein Zusammenhang mit der steigenden Komplexität der Gesellschaft besteht, die immer mehr ermöglicht, also immer mehr Nichtselbstverständliches erwartbar machen muß. Aus einer allgemeinen Analyse elementarer Interaktion[62] folgt damit eine Hypothese für die

60 Erving Goffman, *Asylums. Essays on the Social Situation of Mental Patients and Other Inmates*, Garden City 1961; Thomas J. Scheff, *Being Mentally Ill. A Sociological Theory*, Chicago 1966.

61 Vgl. Heide Berndt, »Zur Soziogenese psychiatrischer Erkrankungen. Ein Bericht über ökologische und epidemiologische Forschungsergebnisse«, in: *Soziale Welt* 19 (1968), S. 22-46.

62 Vgl. oben, Vorlesung V.

Theorie der Evolution des Gesellschaftssystems: daß die steigende Komplexität der Gesellschaft von zunehmender Ausdifferenzierung und Trennung normativer und kognitiver Erwartungen getragen sein muß.

Schließlich ist noch zu beachten, daß eine solche Trennung nur eine Primärkennzeichnung des Erwartens als kognitiv beziehungsweise normativ erfordert. Die hohen Risiken einer solchen Festlegung werden durch den Einbau der jeweiligen Gegenstrategie beträchtlich gemildert: Kognitives Erwarten kennt seine Enttäuschungserklärungen, Ad-hoc-Hypothesen usw. Es gibt selbst in der Wissenschaft wenig Theorien, die durch eine einzige Erfahrung widerlegt werden. Normatives Erwarten kennt apokryphes Lernen, latenten Rechtswandel und heute sogar den expliziten Einbau von Lernmöglichkeiten in das Recht in der Form der Positivität des Rechts. Die Unterscheidung von Rechtssoziologie und Wissenssoziologie zweigt hier ab: Während die Rechtssoziologie sich primär als eine Theorie normativen Erwartens darstellt, ist die Wissenssoziologie primär eine Theorie kognitiven Erwartens.

2.3. Abwicklung von Enttäuschungen

Die bisher angestellten Überlegungen zeigen, daß dem Enttäuschungsproblem eine zentrale Bedeutung zufällt: im weiten Sinne als Kehrseite aller Strukturen und im engeren Sinne als Problem der normativen, kontrafaktischen Stabilisierung. Enttäuschungen enthüllen, daß die Erwartung nur eine Erwartung war. Sie gefährden die Kontinuität des Erwartens, verunsichern die Zukunft. Ihr Problem liegt damit auf der symbolischen Ebene und muß auch auf dieser Ebene gelöst werden. Dieses Problem ist zu unterscheiden von dem effektiven Schaden im Einzelfall. Es kann auch bei erfreulichen Überraschungen auftreten – zum Beispiel bei Geschenken, wenn man nicht weiß, welche Zukunftserwartungen sich damit verbinden beziehungsweise infolgedessen angebracht sind. Als Beispiel kann man an die institutionelle Pflicht des Gegengeschenks in einfachen Gesellschaften denken. Wegen dieser Problematik ist mit einem Nutzen- oder Schadensausgleich im Einzelfall allein nicht geholfen. Es gibt eine typische Tendenz zu einer überzogenen, überdimensionierten Reaktion im Guten wie im Bösen aus dem Gefühl heraus, daß etwas mehr geschehen muß als eine reine Wiederherstellung des ursprünglichen Zustands.

Das Problem der Enttäuschung wird auf mehreren Ebenen, in mehreren Systemen abgefangen. Im *organischen* System geschieht das durch die Bereitstellung von Kräften für ungewöhnliche Lagen: Herzklopfen, Kreislaufbeschleunigung, Blut in den Kopf, Schweißausbruch usw. Im *psychischen* System erfolgt die Enttäuschungsbearbeitung durch eine Wahrnehmungslenkung, ein Nachdenken, die Suche nach Lösungen, die die eigene Identität nicht gefährden. Im *sozialen* System ist das Problem so wichtig, daß es nicht allein der individuellen Auf- und Abregung überlassen bleiben kann, insbesondere wegen der immanenten Gefahr des Zirkels, der spiralenförmigen Sanktionssteigerung und wegen der Gefahr des Unberechenbarwerdens infolge der Aufregung. Im sozialen System muß mithin in der einen oder anderen Form für Möglichkeiten der Enttäuschungsabwicklung Vorsorge getroffen werden. Zur Stabilisierung von Strukturen gehört die Auskühlung und Kanalisierung von Enttäuschungen mit dazu. Der einzelne kann nicht einfach seiner Enttäuschung, seiner Kraft, seiner Findigkeit überlassen werden. Er muß auf dem Wege durch die Enttäuschung sozial betreut werden. Vor allem muß er wissen, für welches Verhalten er Zustimmung finden kann, welches Enttäuschungsverhalten also durch den Mechanismus des Erwartens von Erwartungen gestützt wird. Nur unter diesen Voraussetzungen kann er überhaupt die Kraft zu kontrafaktischem, durchhaltewilligem Erwarten finden. Eine soziale Regelung der Enttäuschungsabwicklung ist Voraussetzung dafür, daß es überhaupt in nennenswertem Umfang zu normativen Erwartungen, zur Normbildung kommt.

Welche Regelungen sind hierfür relevant? Die übliche Verbindung von Norm und Sanktion ist hier viel zu grobschlächtig. Eine Fülle von Enttäuschungen wird schon dadurch absorbiert, daß man sie *nicht zur Kenntnis nimmt.* Genauer gesagt, daß dem Betroffenen erlaubt wird, sie nicht zur Kenntnis zu nehmen. Der Vorgesetzte »übersieht« geflissentlich, daß während der Arbeit verbotswidrig geraucht wird. Durch solches »Nichtwissen« behält er das Recht, einzugreifen, wenn er Kenntnis nehmen will beziehungsweise durch die Umstände dazu gezwungen ist. Vorausgesetzt wird dabei eine Form der Reflexivität: das Wissen, daß die anderen wissen, daß er nicht weiß. Ein gutes Beispiel dafür findet sich bei Joseph

Bensman und Israel Gerver in deren Aufsatz »Crime and Punishment in the Factory«.[63] Sehr allgemein behandelt auch Heinrich Popitz in seiner Studie *Über die Präventivwirkung des Nichtwissens* dieses Problem.[64] Die Unkenntnis der Abweichungsquote erspart uns nach Popitz ein Übermaß an Sanktionen. Das ist falsch, weil die Rückwirkung der Sanktionen nicht einkalkuliert ist. Ich würde aber sagen, die Unkenntnis läßt unsere Symbole intakt, läßt die Stärke des Normgefühls im Einzelfall ungebrochen. Bei Kenntnis der Abweichungsquote wäre die Frage unabweisbar, warum gerade dieser Fall geahndet werden soll. Das Beispiel, an das man hier denken kann, sind Verkehrsübertretungen.

Es gibt viele Fälle, und es sind gerade die wichtigeren, wo diese Kollusion des Nichtwissens versagt: Fälle, die zu offensichtlich sind oder bei denen es zu starke widerstreitende Normierungen gibt. Dann muß auf eine andere Art von Enttäuschungsabwicklungen umgestellt werden. Drei Komponenten lassen sich dabei unterscheiden: (a) die Zurechnung der Abweichung von der Erwartung, (b) die Erklärung von Enttäuschungen und (c) die Reaktion auf Enttäuschungen.

(a) Die *Zurechnung* ist ein sehr wichtiger, normalerweise fast unbemerkt ablaufender Mechanismus. Gegeben ist im Enttäuschungsfalle zunächst die nackte Diskrepanz von Erwartung und Verhalten. Bei reiner Kausalbetrachtung ist beides Ursache der Diskrepanz. Durch die Zurechnung der Abweichung wird die Freiheit der Auswahl relevanter Ursachen eingeschränkt. Nicht der Erwartende hatte falsch erwartet, sondern der Handelnde hatte falsch gehandelt. Nicht der Gesetzesparagraph hat unrecht, sondern der Verbrecher. Nicht der Irrtum des Erwartenden bleibt zu klären, sondern das Verhalten muß geprüft werden. Genau umgekehrt verhält es sich bei kognitivem Erwarten. Durch diese Vorentscheidung über die Zurechnung wird die Norm aus der Schußlinie genommen. Damit ist die Norm schon gerettet, und der Normbrecher hat fast schon verloren: Er, nicht die Norm, wird zur Rechtfertigung aufgefordert. In der Zurechnung liegt ein erster und

63 Joseph Bensman, Israel Gerver, »Crime and Punishment in the Factory. The Function of Deviancy in Maintaining the Social System«, in: *American Sociological Review* 28 (1963), S. 588-598.

64 Heinrich Popitz, *Über die Präventivwirkung des Nichtwissens. Dunkelziffer, Norm und Strafe*, Tübingen 1968.

wichtiger, ja unerläßlicher Schritt des Durchhaltens von Erwartungen.

(b) Dazu kommt weiter eine *Erklärung* von Enttäuschungen. In der einen oder anderen Weise muß die Enttäuschung in der Welt, so wie sie ist, untergebracht werden. Sie muß mit den bekannten Fakten integriert werden, denn man kann wohl in einzelnen Hinsichten, nicht aber prinzipiell kontrafaktisch erwarten. Die Erklärung darf jedoch die Norm nicht gefährden. Sie muß das enttäuschende Ereignis und die Norm symbolisch gegeneinander isolieren, so daß kein Schluß vom Ereignis auf die Geltung der Norm gezogen werden kann. Das ist die eigentliche Funktion von Enttäuschungserklärungen. Mit wissenschaftlichen Erklärungen, die in den Bereich kognitiven Erwartens gehören, hat das wenig zu tun. Folgende Beispiele können genannt werden: (1) Eine Erklärung durch die Einwirkung übernatürlicher Kräfte wie Hexerei, die Rache der Toten oder eine Strafe Gottes. Das ist typisch für gemischt kognitiv-normative Erwartungen. Vermutlich ungeeignet ist sie zur Erklärung des Bruchs rein normativer Erwartungen; mir ist aus dem ethnologischen Material zumindest kein Fall bekannt. (2) Eine Erklärung durch eine böse Absicht des Handelnden. Eine solche Erklärung durch sein »Inneres« ist keine psychologische Interpretation, sondern eine Mystifikation. (3) Pseudowissenschaftliche Erklärungen wie zum Beispiel eine Rückführung auf einen Minderwertigkeitskomplex, auf Kindheitsfrustrationen, auf die Klassenlage, Systemzwänge usw. Das ist eine Wissenschaft im Dienste der eigenen Moral. Die wissenschaftliche Wahrheit der Erklärung laßt keinen Verdacht auf die Norm fallen, die auswählt, welches Verhalten als problematisch erklärt werden muß. Es verhält sich damit ganz ähnlich wie bei der oben genannten psychiatrischen Technik der Stabilisierung von Normen. (4) Eine Erklärung durch negative Stereotype: die Bürokratie, die Regierung, die Juden, die Politiker, die Justiz, die heutige Jugend, die Kapitalisten und die Monopolherren. Der Ursache wird eine negative Charakterisierung angehängt, um ihr damit die Fähigkeit zu nehmen, die eigene Norm in Frage zu stellen. (5) Milieuspezifische Erklärungen: Zum Beispiel werden im Verwaltungshandeln Fehler, insbesondere Rechtsverstöße der Bürokratie, mit »Arbeitsüberlastung« erklärt. Was zunächst fast als Verbrechen erschien, kann so in einen bloßen Unfall geläutert werden. Wichtig ist dabei die professionelle

Kontrolle über die Interpretation von Fehlern. In all diesen Fällen wird versucht, eine angeschlagene Erwartung dadurch zu sanieren, daß man die Enttäuschung ins Irreguläre oder Negative rückt. Aufgrund solch einer Erklärung kann der Erwartende dann erwarten, daß niemand erwartet, daß er aus diesem Anlaß seine Erwartungen ändert. Nicht alle Enttäuschungserklärungen sind gleich gut. Die Wahl zwischen ihnen kann nicht beliebig ausgeübt werden. Einmal hängt die Wahl von dem jeweiligen Glaubenshorizont und von der Plausibilität der Erklärung ab. Zum anderen *leistet* sie Verschiedenes. Ein typischer Mangel pseudowissenschaftlicher im Unterschied zu magischen Erklärungen oder denen aus böser Absicht ist, daß sie nie befriedigend erklären, weshalb das Unglück gerade mich traf.

(c) In ernsteren Fällen der Erwartungsenttäuschung genügt eine bloße Deutung nicht, es besteht ein *Reaktionszwang*. Es wird dann erforderlich, daß das *Festhalten* der Erwartung *unmittelbaren Ausdruck* findet. Man muß gegen mögliche Anzweifelung *zeigen*, daß man die Erwartung fortsetzt. Man muß die Erwartung zur Grundlage des eigenen Handelns machen, andernfalls würde sie nach und nach verblassen. Dieser Reaktionszwang gilt insbesondere verschärft in sozialen Situationen, in denen andere die Enttäuschung sehen und nun eine Klarstellung erwarten. Der Verletzte muß dann ohne Zeitverlust zeigen, daß er seiner Erwartung treu bleibt. Auf öffentliche Beleidigungen kann man nur *sofort* reagieren. Man denke an das österreichisch-ungarische Ultimatum an Serbien vom 23. Juli 1914 mit der verhängnisvollen Verzögerung der Reaktion nach dem Ablauf der Frist.

Der Hauptfall der Reaktion in Form der *Sanktion* ist so wichtig, daß er häufig kraft Definition mit dem Wesen der Norm verquickt wird. Dies gilt zum Beispiel für das Normverständnis bei Gerd Spittler, Heinrich Popitz, Ralf Dahrendorf oder Karl Schumann.[65] In den Begriff der Sanktion einzurechnen ist jeder Grad von Verhalten gegenüber dem enttäuschend Handelnden, also Blicke, Gesten, Worte, Drohungen, schädigende Handlungen usw. bis zur Tötung.

65 Spittler, *Norm und Sanktion*; Heinrich Popitz, »Soziale Normen«, in: *Archives européennes de sociologie* 2 (1961), S. 185-198; Ralf Dahrendorf, *Homo Sociologicus. Ein Versuch zur Geschichte, Bedeutung und Kritik der Kategorie der sozialen Rolle*, 4., erw. Aufl., Köln 1964; Karl F. Schumann, *Zeichen der Unfreiheit. Zur Theorie und Messung sozialer Sanktionen*, Freiburg/Br. 1968.

Wichtig ist nur, daß es sich um irgendeine Art von Belästigung handelt mit dem Ziel, künftige Beachtung der Norm zu sichern, daß also stets gegenüber dem Normbrecher selbst gehandelt wird und daß die Sanktion nicht als Willkür, Versehen oder ähnliches dargestellt wird, sondern als Konsequenz des Normbruchs.

Es gibt aber neben der Sanktion noch eine Fülle von *ganz andersartigen Strategien der Enttäuschungsreaktion.* Ich gebe Ihnen ein Beispiel: Ich habe eine Verabredung mit einem Freund in einem Café. Der Freund ist zu dem verabredeten Zeitpunkt nicht da. Was kann ich tun? Ich kann mich mit dem Ausdruck der Entrüstung bei Dritten, etwa beim Kellner, nach ihm erkundigen beziehungsweise mein Warten so erläutern. Eine Steigerung wäre Schimpfen, Heulen oder anderweitig Aufsehen Erregen. Das ist eine Technik des Skandals, um soziale Resonanz zu erzeugen, wenn nicht für die Norm, so doch für den Skandal. Oder ich kann meinen Freund anrufen beziehungsweise ihn später zur Rede stellen und ihm die Möglichkeit geben, sich zu entschuldigen – als gemeinsame Verbeugung vor der Norm. Oft übrigens kommt es dabei zu einer Kooperation auf Kosten der Wahrheit zugunsten der Norm.[66] Ich kann aber auch das Café auf der Stelle verlassen und den zu spät Kommenden seinem Schaden überlassen – das wäre die Technik der Schadensfreude. Schließlich kann ich sitzen und warten und warten, stundenlang im Dienste meiner Norm – eine Technik der Selbstverstümmelung und des beharrlichen Leidens. Die Wahl der Reaktion hängt zum Teil von den Umständen, auch vom persönlichen Temperament ab und kann auch sozialen Regelungen unterworfen sein.

Zusammenfassend ist festzuhalten, daß es ein großes Repertoire an Möglichkeiten gibt, auf eine Erwartungsenttäuschung zu reagieren. Und es muß vorgemerkt werden, daß das Recht selektiv wirkt. Bei Rechtsnormen sind nicht alle diese Möglichkeiten benutzbar. Aus dem bislang Gesagten ergeben sich wichtige Folgerungen für eine evolutionäre Theorie des Rechts. Normative Erwartungen sind nur möglich durch einen Vorgriff auf Durchhaltemöglichkeiten im Enttäuschungsfall. Solche Möglichkeiten gibt es aber in verschiedener Art, nicht nur für die Starken – in Form der Sanktion , sondern auch für die Schwachen in Form des Sichbeklagens bei

66 Vgl. dazu Marvin B. Scott, Stanford M. Lyman, »Accounts«, in: *American Sociological Review* 33 (1968), S. 46-62.

Dritten, der Schadensfreude, des beharrlichen Leidens. Auf diese Weise kommt eine laufende Überproduktion an Normen zustande. Überproduktion, Selektion und Stabilisierung des Brauchbaren ist aber der allgemeine Mechanismus der Evolution, im organischen Bereich wie bei Sinnsystemen. Im organischen Bereich kommt es zu Mutationen, einem Überleben des Brauchbaren und der anschließenden Stabilisierung im Erbmechanismus. Im kognitiven Bereich gibt es die Wahrnehmung einer übermäßig komplexen Umwelt; eine Lust/Unlust-Differenzierung selektiert aus der Fülle der Möglichkeiten, und das Gedächtnis stabilisiert die Wahrnehmung, die mit Lust/Unlust-Empfindungen verbunden ist. Darin, in diesem allgemeinen Modell eines evolutionären Prozesses, sehe ich den Mechanismus, der die Entwicklung der Normen erzeugt, nicht in einer seinsimmanenten Dialektik. Genauer: Zeitlich kommt es zu einer Überproduktion möglicher Erwartungen, die sozial selektiert, also institutionalisiert und sachlich im vorhandenen Normensystem stabilisiert werden.

2.4. Institutionalisierung

Nachdem wir die *zeitliche* Generalisierung von Verhaltenserwartungen behandelt haben, soll es jetzt um die *soziale* Generalisierung von Verhaltenserwartungen gehen, und zwar im Hinblick auf »Rechtssoziologie«, also eingeschränkt auf normative Verhaltenserwartungen. Ich gebe hier keine allgemeine Darstellung der Theorie der Institution in ihren unterschiedlichen Bedeutungsvarianten. Vielmehr geht es um die Analyse eines spezifischen Mechanismus, deshalb ist von »Institutionalisierung« die Rede – das ist enger und präziser als der übliche Sprachgebrauch (ebenso wie bei »Norm«).

Der bisherigen Analyse hatten wir ein *Zweiermodell* zugrunde gelegt: Ego und Alter, Erwartender und Handelnder. Es kann sich dabei um beliebige Mengen von Personen handeln, aber immer nur in zwei Positionen. Das ist ein extrem einfaches Modell, das nur für sehr einfache Systeme taugt. Denn bei allen größeren, differenzierten Sozialsystemen gibt es neben den aktuell Erwartenden und Handelnden auch *Dritte*, die gerade etwas anderes zu tun haben, aber als potentiell Miterlebende in Betracht kommen. Hinweisen möchte ich in diesem Zusammenhang auf ältere Erörterungen des *Zuschauers*, die man bei Georg Simmel und Alfred Vierkandt findet,[67] die damit jedoch aktuell miterlebende (nur nicht handelnde) Beteiligte meinen und deshalb das Problem nicht treffen, um das es mir geht. Mein Ausgangspunkt war, daß Aufmerksamkeit knapp ist. Ein erstes Problem liegt schon darin, Dritte überhaupt als Zuschauer zu gewinnen, in eine richtende Funktionen zu lotsen. Daher gibt es die Nähe der Norm zum Skandal. Deshalb greifen auch die üblichen Konsenstheorien des Rechts, also die Annahme, die Geltung des Rechts beruhe auf gemeinsamen Überzeugungen, am Problem vorbei. Was heißt denn Konsens empirisch in bezug auf aktuelles Erleben? Wer denkt schon wann an den §1753 BGB? Das Problem kann deshalb nicht sein, faktischen Konsens zu vermehren. Die Menge der Aufmerksamkeit bleibt konstant. Es kann in bezug auf Dritte nur darum gehen, Konsens erwartbar und nach Bedarf auslösbar zu machen. Es geht bei der Institutionalisierung um die Schaffung *unterstellbaren* Konsenses, der dann gar nicht mehr aktuell erzeugt und abgerufen werden muß. Die Funktion von Institutionen liegt in der Ökonomie des Konsenses.

Ich komme damit zu einer genaueren Beschreibung des Mechanismus, der seine Wurzeln im aktuellen Erleben hat, und zwar genau im Problem selbst: in den engen Grenzen des Potentials für Aufmerksamkeit. Wer sich überhaupt auf Interaktion einläßt, läßt sich immer auch auf Unterstellungen ein. Sinn ist nie voll thematisierbar und explizierbar. Man kann nicht gegen alles Implizierte protestieren und gegen etwas Bestimmtes nur dadurch, daß man sich erneut in Impliziertes verwickelt. Dazu kommt, daß in sozialen Situationen nur einer auf einmal reden kann. Die anderen verpassen die Zeit für den Protest. Sie stellen Konsens dar – oder sie müssen aus der Situation austreten oder selbst die Führung an sich reißen. So bilden sich mit der Geschichte des Sozialsystems von allen akzeptierte Grundlagen. »Sozialer Zwang« oder »Herrschaft« sind unzureichende Begriffe für diesen elementaren Sachverhalt. Zunächst »passiert« eine solche Verstrickung, ohne gewollt zu sein, ohne sie tragende Interessen, ohne Normierung von Dauererwartungen. Der Mechanismus ist, wie Sie sehen, in der Wurzel von dem der Normierung unabhängig und verschieden. Zwang, Herr

67 Vgl. Georg Simmel, *Soziologie. Untersuchungen über die Formen der Vergesellschaftung*, München, Leipzig ³1923, S. 68 f.; Alfred Vierkandt, *Gesellschaftslehre*, 2., völlig umgearb. Aufl., Stuttgart 1928, S. 405 ff. (§ 35 »Handelnde und Zuschauer«).

schaft, Normierung sind schon erste Ansätze, sich solchen Bindungen zu entziehen, sind schon auf Alternativen hin konzipierte Begriffe. Die Fesseln elementarer Institutionalisierung sitzen lockerer, sie sind aber zugleich unvermeidlicher. Man kann protestieren, muß dann aber (1) zum Anschein eigener Zustimmung in Widerspruch treten, (2) fremde Kontinuitätserwartungen durchkreuzen, (3) sich in den Mittelpunkt der Situation begeben (um knappe Aufmerksamkeit kämpfen), (4) seine Meinung verbalisieren, explizieren, begründen, (5) Verantwortung für einen anderen Kurs, eine andere Meinung übernehmen und für deren etwaiges Scheitern büßen, (6) in jedem Falle sich exponieren, riskant hervortreten, sich einer Abfuhr aussetzen, für die aufgrund der Vorverständigungen eine gewisse Wahrscheinlichkeit besteht. All das strukturiert die Kommunikationschancen eindeutig im Sinne der schon eingelebten Erwartungen. Das schließt Neuerungen nicht aus, kann gerade auch ein Reiz sein für den, der sich hervortun und gefährlich leben will; es bewirkt aber, daß sich immer wieder Verständigungen einleben, die auf unterstellbarem Konsens beziehungsweise verpaßtem Dissens beruhen.

Diese *Selbstbindung durch Dabeisein* bezieht sich zunächst nur auf Anwesende, wird aber sehr rasch sozial generalisiert. Teilnehmer wechseln, das zwingt dazu, Konsens zu generalisieren, bei längerem Zusammenleben sind sie schließlich alle gebunden – mit Ausnahme der immer Abwesenden, der Fremden. Institutionen entstehen in den Grenzen des Gesellschaftssystems, das die Interaktion ordnet. Das Engagement kraft Dabeiseins wird zum Engagement kraft gesellschaftlicher Existenz. Alle Freiheiten, alle systematisch betriebene Innovation muß diesem elementaren Mechanismus mühsam abgerungen werden. Da letztlich alle mit allen durch Kommunikation und Rückkommunikation verbunden sind, muß man die Selbstdarstellungen und Einlassungen auch denen gegenüber fortsetzen, denen gegenüber man sie gar nicht angefangen hatte: Man heiratet eine Frau – und hat dann auch eine Schwiegermutter. Man findet sich bereit, Mitglied des Stadtrates, Soldat, Hausbesitzer usw. zu sein – und ist dann nicht nur denen gegenüber gebunden, die einen in diese Bindung gelotst haben, sondern allen gegenüber.

Diese soziale Verbreiterung der *Konsensunterstellung* muß als Funktion der Institutionalisierung gesehen werden. Dadurch wird angenommener Konsens zunächst unwiderruflich oder doch schwer widerruflich. Der Konsens ist nun anonymisiert. Niemand ist greifbar, der seine Meinung ändern und damit die Institution ändern könnte. Das scheint zur Sicherung stabiler Erwartungsgrundlagen zunächst unentbehrlich zu sein. Bei einer rein auf die Handlungsmotivation gerichteten Betrachtung könnte es zwar scheinen, als ob es genüge, jeweils nur den zu motivieren, dessen Handlung gewünscht wird, also nur auf den Konsens dessen abzustellen, der die Straße kehren, die Beerdigung veranstalten, die Sache übergeben soll. Damit würden die Normen jedoch von Launen und Situationen, von »partnerschaftlichen« Einigungen abhängig werden und würden als stabile, lernbare Erwartungsmuster praktisch ausfallen. Vor allem würden solche allein auf vier Augen »stehende« Institutionen keine ausreichende Sicherheit für den Enttäuschungsfall vermitteln. Diese Sicherheit beruht darauf, daß die Institution nicht ad hoc widerrufen werden kann, und das beruht auf der Anonymität, Uneinschätzbarkeit, Unbefragbarkeit der institutionalisierenden Dritten – also gerade nicht auf faktischer Übereinstimmung abzählbarer Meinungsäußerungen, sondern auf deren *erfolgreicher Überschätzung*. Daraus lassen sich zwei Folgerungen entwickeln: (a) Institutionen können weitgehend fiktiv werden; (b) und es ist ein Problem, Institutionen gegen diese Grundtendenz kommunikativ disponibel zu machen.

(a) Aufgrund ihrer Generalisierung und weitgehender Unabhängigkeit vom faktischen Konsens können Institutionen sich gegenüber der Wirklichkeit des Meinens verselbständigen, was zu mehr oder minder großer Diskrepanz führen kann. Solche Diskrepanzen sind durch verschiedene empirische Studien der letzten Jahre aufgedeckt worden, gleichsam unbeabsichtigt zum Beispiel in den Wirkungen der Kinsey-Reports durch die Offenlegung des tatsächlichen sexuellen Verhaltens,[68] systematisch zum Beispiel in Studien zur Frage nach der destruktiven Wirkung der Meinungsforschung mit der Entwicklung des Konzepts der »pluralistic ignorance«.[69]

68 Vgl. Alfred C. Kinsey, Wardell B. Pomeroy, Clyde E. Martin, *Sexual Behavior in the Human Male*, London, Philadelphia 1948 (dt.: *Das sexuelle Verhalten des Mannes*, Berlin, Frankfurt/M. 1955); Alfred C. Kinsey, Wardell B. Pomeroy, Clyde E. Martin, Paul H. Gebhard, *Sexual Behavior in the Human Female*, Philadelphia, London 1953 (dt.: *Das sexuelle Verhalten der Frau*, Berlin, Frankfurt/M. 1954).

69 Richard Louis Schanck, *A Study of a Community and its Groups and Institutions Conceived of as Behaviors of Individuals*, Princeton, Albany 1932; Ragnar Rom-

(b) Eine andere Frage ist die nach der Mobilisierung, nach der Änderbarkeit von Institutionen durch Kommunikation. Üblicherweise macht die soziologische Theorie die Stabilität der Institutionen zum Problem, so besonders Talcott Parsons. Das ist nicht falsch. Aber aus einer genaueren Analyse des elementaren Prozesses der Institutionenbildung ergibt sich das Recht auch der entgegengesetzten Fragestellung: Wie werden Institutionen disponibel? Und diese Frage erweist sich für eine evolutionäre Theorie der Gesellschaft und des Rechts als die wichtigere. In diesem Zusammenhang sind zwei Rechtsinstitutionen bedeutsam, die nicht als gewöhnliche Institutionen gesehen werden dürfen, sondern den Stil der Institutionalisierung selbst verändern: das rechtliche Verfahren und der Vertrag. Auf die ausschlaggebende Bedeutung von *Verfahren* für Institutionenbildung und Rechtsentwicklung werden wir noch wiederholt zurückkommen. Hier sei deshalb nur andeutungsweise gesagt: Ich verstehe das Verfahren als ein Kleinsystem, auf das Entscheidungen delegiert werden, die »kollektiv bindend«, das heißt im Namen der institutionalisierenden Dritten getroffen werden.[70]

Etwas ausführlicher möchte ich hier einiges zum *Vertrag* sagen. Die übliche rechtswissenschaftliche Fragestellung lautet: Wie begründet man die bindende Wirkung des Vertrags? Wo liegt der Geltungsgrund des *Pacta sunt servanda*? Die Beantwortung dieser Fragen überlasse ich gern den Juristen. Durkheim hatte übrigens die richtige, aber fast nichtssagende Antwort: Das kommt von der Gesellschaft. Bindung zu erklären scheint mir soziologisch zunächst gar kein Problem zu sein. Sie liegt auch ohne Vertragsform im bloßen Auftreten vor anderen, in der Selbstdarstellung begründet. Das Problem liegt vielmehr darin, einzusehen, wieso der Wille der Beteiligten Rechtsform gewinnen, also auch Dritte binden, sich gleichsam an die Stelle der Institution setzen kann. Das heißt ja doch, die Disposition über Elemente des institutionalisierten Rechtslebens einzelnen zu überlassen. Die institutionalisierenden Dritten ziehen sich in die Stellung von Pauschalgaranten jeweiliger Abmachungen zurück. Wie soll ich aber ernsthaft unterstel-

metveit, *Social Norms and Roles. Explorations in the Psychology of Enduring Social Pressures with Empirical Contributions from Inquiries into Religious Attitudes and Sex Roles of Adolescents from Some Districts in Western Norway*, Oslo 1955.

70 Siehe ausführlicher dazu unten in dieser Vorlesung, Abschnitt 3.2., »Exkurs zum Verfahren«.

len können, daß Dritte die Erfüllung von Verträgen erwarten, an denen sie nicht beteiligt sind, die sie nicht kennen können? Das erfordert Abstraktionsleistungen, die auf konkreteren Stufen des Rechtsdenkens nicht vorausgesetzt werden können. Es gibt vor allem zwei Schwierigkeiten und – damit zusammenhängend – zwei Entwicklungsstufen: (1) Die Vorstellung einer Bindung auch für die Zukunft – nicht nur die magische Veränderung der Gegenwart. Hinweisen kann man hier auf das antike Formelwesen, im römischen Recht mit dem sogenannten Verbalkontrakt: Wird man gefragt »spondesne?« (»gelobst du?«), und antwortet »spondeo!« (»ich gelobe es!«) – dann ist das der Vertrag (*sponsio*) (es gibt später für Nichtbürger auch noch die Formel »dabisne«/»dabo«). (2) Die Vorstellung der Vertragsfreiheit ohne Typenzwang (die heutigen Typen des Schuldrechts haben diesbezüglich nur eine Ersatzfunktion). Das Problem liegt darin, den Inhalt der Abrede dem zu überlassen, was die beiden Vertragspartner zum Recht werden lassen, und demgegenüber die institutionalisierenden Dritten zurücktreten zu lassen. Im übrigen heißt Vertragsfreiheit sehr wesentlich auch Kündigungsfreiheit. Wir wissen heute, daß diese Probleme lösbar, diese Risiken tragbar sind, vor allem durch Einbau gegenläufiger Vorkehrungen, Grenzen, Sicherheiten. Aber wie sollte man das am Anfang der Entwicklung des Rechts wissen? Die vorsichtigen römischen Juristen brauchten Jahrhunderte, um einige Typen von Konsensualverträgen zu entwickeln. Die kühne Gleichsetzung von Freiheit und Recht im Vertragsmodell verdanken wir erst der Aufklärung – und sie mußte in dieser Abstraktheit sehr rasch widerrufen werden.

Durch Entwicklung von Rechtsverfahren und Rechtsverträgen wird der *Modus der Institutionalisierung von Normen* wesentlich verändert. Es wird ein gewisses Maß an Beliebigkeit, an Anpassungsfähigkeit, an Freiheit in die Institutionen eingebaut. Das geschieht in Reaktion auf eine komplexer werdende Gesellschaft, die institutionalisierte Normen braucht, welche mehr Möglichkeiten zulassen, welche mit mehr und verschiedeneren Rechtshandlungen verträglich sind. Vor allem ist die moderne Gesellschaft gekennzeichnet durch die Institutionalisierung von Erwartungen, die nicht für alle gemeinsam gelten, daher auch nicht sachkundig und diszipliniert erwartet werden können. Ursprünglich konnte jeder Erwartende selbst in Situationen kommen, in denen auch er dieselben Erwartungen erfüllen muß: Alle müssen eine Frau kaufen, sich impfen lassen, in die Kirche gehen usw. Diese Basis der Selbstbeteiligung geht jedoch verloren, wenn Institutionen sich auf das Erwarten Dritter stützen müssen, die selbst nie in die Lage kommen, solche Erwartungen erfüllen zu müssen: Wer seinen Wagen nicht selbst wäscht, weiß nicht, wie naß man dabei werden kann. Die Institutionen selbst werden komplizierter gebaut, und zwar durch Verlängerung der Erwartungsketten. Man muß jetzt, wenn Gerichtsverfahren Institution sein sollen, von seinem Interaktionspartner erwarten, daß er erwartet, daß alle Dritten das von den beiden Interaktionspartnern erwarten, was Richter von ihnen erwarten. Offensichtlich ist das eine sehr viel störanfälligere Erwartungsstruktur als im einfachen Mechanismus der Institutionalisierung.

Als Fazit kann man also sagen: Es gibt nicht nur eine, sondern mehrere Weisen der Institutionalisierung von Verhaltenserwartungen, zwischen denen jedoch nicht beliebig gewählt werden kann, sondern deren Auswahl der Gesellschaftsstruktur, vor allem dem Grade ihrer Komplexität entsprechen muß.

2.5. Identifikation von Erwartungszusammenhängen

Normierung mit Enttäuschungsabwicklung und Institutionalisierung sind nur analytisch abstrahierte Dimensionen eines konkreten Geschehens, können also nie allein für sich vorkommen. Auch diese beiden Dimensionen, die zeitliche und die soziale, zusammengenommen vermitteln noch keine ausreichende Beschreibung der Wirklichkeit des Rechts. Wir müssen dazu noch den sinnhaft-*sachlichen* Zusammenhang des Erwartens in Betracht ziehen – also das, womit Juristen sich normalerweise primär beschäftigen. Daß uns noch etwas fehlt, wird erkennbar, wenn man die Frage stellt, *wie* es denn eigentlich möglich ist, fremdes Erwarten zu erwarten. Man kann ja nicht fremdes Bewußtsein als eigenes erleben. Erwarten von Erwartungen ist nur möglich durch Vermittlung eines gemeinsamen »Außen«, einer gemeinsamen Welt, auf die sich fremdes Erleben mutmaßlich bezieht und von der her es als sinnvoll interpretiert werden kann. Um solche Vermittlung leisten zu können, muß die Welt durch sinnvolle Identifikationen gegliedert sein, die festgehalten werden können und einem die Intention anderer verständlich machen können. Diese Dimension ist gemeint, wenn ich behaupte, daß es neben der zeitlichen und der sozialen Dimension eine weitere gebe, die sachliche.

In der Annäherung an diesen Problembereich müssen wir zunächst das Erwarten in einer neuen Richtung problematisieren. Ich hatte bisher, ganz im Sinne der üblichen Literatur, von Erwartungen gesprochen, so als ob das etwas Gegebenes sei. Aber was ist denn *eine* Erwartung? Wo fängt sie an, wo hört sie auf, was gehört dazu, was nicht? Was ist zum Beispiel die Erwartung der Post?

Erwarten ist ja zunächst nur der Zukunftshorizont des laufenden Bewußtseinsstromes. Wie kommt es da zu Identifikationen, zu Diskontinuitäten, zu wechselseitiger Ausschließung usw.? Genau dies leisten sinnhafte Identifikationen. Sie dienen gleichsam als Direktiven des Erwartungsstromes, als Erzeugungsregel für Einzelerwartungen. Die Erwartungen werden auf abstraktere Typen (zum Beispiel auf Dinge oder auf die Post oder auf bestimmte Worte oder Begriffe) bezogen und aus ihnen je nach Bedarf reproduziert. In diesem Sinnzusammenhang werden Erwartungen als Möglichkeiten gleichsam aufgehoben. Nur so ist es möglich, daß Normen »gelten«, daß man Rechte »hat« usw. Nur so kann auch die Konsistenz des Erwartens trotz hoher Komplexität der Möglichkeiten gewährleistet werden. Konsistenz ist hier einfach gemeint im Sinne von Kompatibilität, der Vermeidung wechselseitiger Blockierung, nicht etwa als logische Konsistenz. Es ist nur ein Grobfilter, der die schlimmsten Erwartungswidersprüche aussiebt. Ich vermute, daß in diesen Überlegungen Ansatzpunkte für ein Verständnis der juristischen Dogmatik und ihrer Bedeutung für den rechtlichen Entscheidungsprozeß liegen, ich kann diesen Gedanken hier jedoch nicht weiterverfolgen. Denn wir befinden uns auf einer dem noch vorgelagerten Ebene und suchen zunächst noch das Recht als engeren Bereich dessen, was sinnhaft-sachlich identifizierbar ist.

Mir scheint, daß hier ein Versuch weiterhelfen kann, verschiedene Typen der Identifikation normativer Erwartungszusammenhänge zu unterscheiden, nämlich (a) Personen, (b) Rollen, (c) Entscheidungsprogramme und (d) Werte, wobei diese Typen der Identifikation von *Erzeugungsregeln* für konkrete Erwartungen geordnet sind in der Richtung von konkret zu abstrakt.

(a) *Personen* als Erwartungszusammenhänge leisten eine Identifikationshilfe am konkret-anschaulich erfahrbaren Menschen.

In der Einheit der individuellen Person kann die Garantie eines bestimmten Erwartungszusammenhanges liegen: Er hat immer so gehandelt, er soll weiter so handeln. Damit verbunden ist zum Beispiel auch eine Selbstbindung der Übererfüller, denken Sie an den Stachanow-Arbeiter in Rußland, an prominente Professoren oder radikale Studenten. Wie können Helden sich wieder normalisieren? Allenfalls im Selbstabbau. Mit Hilfe dieses Mechanismus können selbst Spitzenleistungen noch normiert werden – und zwar personal, also unvergleichbar, also unverbindlich für andere! –, aber sicher nicht auf rechtsförmige Weise. Voraussetzung eines so konstituierten Erwartungszusammenhangs ist im übrigen die persönliche Bekanntheit der Person – und das heißt heute ohne Zweifel eine sehr begrenzte Anwendbarkeit dieses Typus. Sehr viel wichtiger, praktisch wichtiger für die Stabilisierung eines Erwartungsgefüges ist dagegen die Rolle.

(b) Der Rollenbegriff ist ein von der heutigen Soziologie in seiner strukturellen Bedeutung gewaltig überschätzter Begriff. *Rollen* sind Erwartungsbündel, die dem Umfange nach dadurch begrenzt sind, daß *ein* Mensch sie ausführen kann. Sie müssen unter diesem Gesichtspunkt möglich und kompatibel sein, sie sind aber unpersönlich, im Hinblick auf erwartbare Durchschnittseigenschaften konzipiert und insofern abstrakter als Personen. Rollen enthalten sowohl normative als auch kognitive Erwartungskomponenten. Was leistet die Identität einer Rolle, wie wird die Identität der Rolle hergestellt? Das ist eine in der Rollentheorie selten gestellte Frage. Der jeweilige Erwartungszusammenhang kann durch einen Zweck, eine Gesinnung, eine typische Situation, einen Rang oder eine Mitgliedschaft in Systemen dominiert sein. Infolge der Abstraktion bieten Rollen neuartige Sicherheiten, sie machen aber auch neuartige Erwartbarkeitsgarantien notwendig: Die Hilfe der Bergdorfbewohner untereinander in Bergnot erfolgt qua Personvertrauen, der Bergführer hilft als Fremder qua Rolle. Damit dies gewährleistet ist, ist auch eine professionelle Kontrolle der Rolle nötig, eine staatliche Zulassung, das Akzeptieren von Berufsrisiken usw. Die Vorteile der Abstraktion liegen dann aber darin, daß nicht mehr jedes Fehlverhalten enttäuscht und disqualifiziert, sondern nur noch rollenspezifisches Fehlverhalten. Ein Bergführer darf nicht zuviel trinken, aber ob er in die Kirche geht, ist unerheblich. Es gibt also verglichen mit einem personalen Erwartungszusammenhang eine höhere Kompatibilität mit einer Vielzahl von Ereignissen, eine höhere Indifferenz gegenüber bestimmten Ereignissen, eine geringere symbolische Resonanz und eine Ausbreitung von Fehlern, die für den Verhaltenszusammenhang der Rolle nicht relevant sind.

(c) Mit *Entscheidungsprogrammen* kommen wir in dem Juristen vertrautere Gefilde. Die breite Erörterung als Erwartungszusammenhang hat vor allem den Sinn, Ihnen das hochgradig selektive Normverständnis des Rechts deutlich zu machen. Programme sind Zusammenstellungen von Prämissen für richtiges Entscheiden, unterscheiden kann man zwei Typen: Zweckprogramme, die bestimmte Wirkungen und Nebenbedingungen zu erwartenden Handelns fixieren (das finden Sie ausführlicher in meinem Buch *Zweckbegriff und Systemrationalität*), und Konditionalprogramme, die bestimmte Ursachen als Auslöser bestimmten Handelns in einem Wenn-dann-Schema festlegen. Ich führe das hier nicht weiter aus, sondern stelle es nur als eine Art der Identifikation von Erwartungszusammenhängen vor.[71]

(d) *Werte* sind Gesichtspunkte für das Bevorzugen von Handlungen. Es gibt hier ein Wirrwarr des Sprachgebrauchs. Meine terminologischen Entscheidungen sind (mir selbst wenigstens) klar: Werte müssen von Zwecken unterschieden werden, und Werte müssen von Normen unterschieden werden. Werte können, sie müssen aber nicht normiert sein – denken Sie an die Bestellung eines unbekannten Gerichts im Restaurant! Werte erlauben kein Richtigkeitsurteil über Handlungen, sie sind, vor allem wenn sie abstrakt formuliert sind, kompatibel mit fast allen Handlungen (so daß ein gewisses Maß an Opportunismus im Umgang mit Werten dazugehört), sie sind sehr konsensfähig, aber wiederum wenig instruktiv in der Führung des Erwartens. Sie sind also nur im Kontext einer auch andere Kriterien verwendenden Erwartungsstruktur praktisch brauchbar.

Die vorgestellte begriffliche Trennung entspricht nicht ohne weiteres auch einer Trennung im wirklichen Erleben und in den Institutionen der Gesellschaft. Vielmehr bildet sich eine solche Trennung erst im Laufe der gesellschaftlichen Entwicklung aus, es handelt sich also um eine *evolutionäre Perspektive*. Es gibt nicht

71 Niklas Luhmann, *Zweckbegriff und Systemrationalität. Über die Funktion von Zwecken in sozialen Systemen*, Tübingen 1968; vgl. auch oben, Vorlesung IV, Abschnitt 6.2-6.4.

etwa eine Entwicklung Person – Rolle – Programm – Wert in der Richtung auf Abstraktion, vielmehr werden alle Ebenen der Sinnidentifikation stärker beansprucht, wenn die Komplexität der Gesellschaft steigt, und deshalb müssen die Ebenen stärker auseinandergezogen werden. Solche Trennung führt zu einer relativ unabhängigen Variabilität der einzelnen Ebenen. Es handelt sich nicht mehr nur um die alte ethische Trennung des Guten und des Faktischen, sondern auch um die Differenzierung von Rolle/Person (Mobilisierung) und Wert/Programm (Ideologisierung). Es gibt hier eine Einseitigkeit der bisherigen soziologischen Interessensentfaltung, zum Beispiel bei Parsons, in dessen Hierarchiemodell Werte an oberster Stelle stehen. Der Strukturbedarf der modernen Gesellschaft wird primär auf der Ebene der Rollen und Programme befriedigt, weil hier das Potential für Differenzierung, für strukturierte Komplexität am größten ist. Daher müssen Werte und Personen sich anpassen. Durch ein hierarchisches Modell des Verhältnisses von Wert, Norm, Programm und Person ist eine solche Ordnung nicht mehr zutreffend zu beschreiben. Und gerade daraus ergibt sich die zentrale Stellung des Rechts in einer Gesellschaft, die sich nicht mehr nach höchsten Werten richtet.

2.6. Recht als kongruente Generalisierung

Damit kehren wir zum Recht zurück. Welche Konsequenzen ergeben sich aus den bisherigen Analysen für das Recht? Die Trennung der einzelnen Dimensionen – zeitlich, sachlich, sozial – zeigt, daß es eine Fülle von sehr heterogenen Mechanismen gibt, die in der Generalisierung von Verhaltenserwartungen zusammenwirken. Generalisierung heißt zeitlich das Durchhalten der Erwartung, sozial die Stützung durch erwartbaren Konsens von jedermann und sachlich die Identifikation von Sinn unter Ausschluß anderer Möglichkeiten. Die verschiedenartigen Mechanismen, die so etwas leisten, sind nicht ohne weiteres kompatibel. Zum Beispiel sind Personen nicht institutionalisierbar. Andererseits setzen die Dimensionen einander voraus: Man kann nicht ganz ohne zeitfeste Festlegung von Sinn Konsens suchen. Auf dieser Basis können wir nun eine *Definition von Recht* vornehmen: Diejenigen normativen Erwartungen, die sowohl zeitlich als auch sachlich als auch sozial generalisiert sind, nenne ich Recht. Recht ist mithin die *kongruente Generalisierung normativer Verhaltenserwartungen*. Der Bereich, in dem jene verschiedenen Mechanismen zusammenwirken können, das heißt sich auf dieselben Erwartungen beziehen, konstituiert das Recht.

Wichtig ist, daß bei dieser Definition weder auf ein bestimmtes System noch auf Verfahren noch auf Sanktion Bezug genommen wird. Vielmehr basiert sie auf zwei Grundgedanken: Es gibt einen unverzichtbaren Bedarf für kongruente Generalisierung, der sich freilich in der historischen Ausprägung wandelt, und es gibt eine Selektion unter den vielen Möglichkeiten auf Kompatibilität hin. Nicht jeder soziale Mechanismus paßt, nicht jeder trägt zur Rechtsbildung bei. Ich gebe einige Beispiele für Inkongruenzen in der Generalisierung: (1) Nicht alle Normen sind institutionalisierbar. Das ist einleuchtend bei »Privatnormen«, es gilt aber auch bei starken gesellschaftlichen Interessen, etwa für die Erwartung, daß gezeigte Meinungen in Abwesenheit der am Gespräch Beteiligten beibehalten werden. Man weiß, daß hinter dem Rücken geklatscht wird, auch wenn ein gütiger Gott den vollen Umfang des Übels verhüllt. Man kann sich also nicht auf das Miterwarten Dritter verlassen, ebensowenig aber auf den Anspruch verzichten. (2) Nicht jede Institutionalisierung bezieht sich auf normative Verhaltenserwartungen; sie kann sich auch auf gemischte Erwartungen beziehen, auf Symbole oder Wissen, das man voraussetzen kann. (3) Nicht jeder sachliche Sinn ist gleich gut institutionalisierbar: Werte sind besser institutionalisierbar als Programme und differenzierte Rollen. Aber gerade für die Programmebene besteht ein sachlicher Regelungsbedarf. Das Ergebnis der Analyse kann man in einem *Schema der Kongruenz* zusammenfassen.

	zeitlich	sozial	sachlich
zeitlich	X	Zuschauer Verfahren	Werte Programme Rollen Personen
sozial	Nichtwissen Leiden Sanktionen	X	Werte Programme Rollen Personen
sachlich	Nichtwissen Leiden Sanktionen	Zuschauer Verfahren	X

Abb. 1: Schema der Kongruenz von Erwartungszusammenhängen

Auf der vertikalen Achse sind die Möglichkeiten der Generalisierung, auf der horizontalen Achse die Selektion für Kongruenz eingetragen. Der jeweils unter dem Gesichtspunkt der Kongruenz geeignete Mechanismus ist unterstrichen. Man kann davon ausgehen, daß in archaischen Gesellschaften die jeweils nicht unterstrichenen Mechanismen dominant wirksam werden. Mit steigender Komplexität der Gesellschaft verstärkt sich der Zwang zur Selektion, und es kommen die unterstrichenen Mechanismen zum Tragen. Wichtig ist, daß die Auswahl aus den sachlichen Möglichkeiten nicht allein direkt in zeitlichem beziehungsweise sozialem Interesse (außer: Ausschaltung der personalen Identifikation) erfolgt, sondern hauptsächlich nach der Vorentscheidung für Sanktion und Verfahren. *Deshalb erfolgt die Bildung von Recht in der speziellen Form der Ausdifferenzierung von Rollen und Programmen auch evolutionär später* und ist abhängig von den Verfahren. Diese Theorie leistet also eine *Begründung* der Merkmale, die üblicherweise durch *Definition* eingeführt werden.

Zum Abschluß dieser Überlegungen möchte ich einige kritische Abgrenzungen vornehmen. Klar ist: Es gibt eine Begrenzung der skizzierten Theorie des Rechts auf Verhaltenserwartungen; nicht jede Art von Erwartungen ist gemeint. Erwartungserwartungen sind nur einbezogen, soweit sie sich letztlich auf Verhalten beziehen. Ferner geht es ausschließlich um normative, nicht um kognitive Erwartungen. Die einzig ernsthafte Schwierigkeit besteht in der Abgrenzung zur Sprache und deren Derivaten, zum Beispiel zu den Regeln der Rechtschreibung. Ist das nicht auch »kongruente Generalisierung«? Das führt auf ein schwieriges Gelände: zu dem Verhältnis von Sprache und Systemtheorie und zu meinem Verhältnis zu Habermas. Hier möchte ich nur soviel sagen: Für Habermas ermöglicht bereits die Sprache ein gemeinsames Sinnverständnis – aber Sprache reicht nicht aus, um Verhaltenserwartungen zu stabilisieren. Sie läßt Lügen zu, Täuschungen, Behauptung des Gegenteils, Streit usw. Um Verhaltenserwartungen zu stabilisieren, bedarf es einer engeren Selektion durch die Bildung von Systemstrukturen mit einer Innen/Außen-Differenz, also einer Systemgrenze. Das müssen wir jedoch in unseren Begriff des Rechts aufnehmen: *Recht ist kongruente Generalisierung von normativen Verhaltenserwartungen als Struktur sozialer Systeme.*

2.7. Struktur und abweichendes Verhalten

Die Soziologie *abweichenden Verhaltens* ist Gegenstand einer besonderen soziologischen Vorlesung, von Lehrbüchern usw. und deckt sich nicht mit dem Bereich des Rechts. Bei abweichendem Verhalten (Devianz) geht es also keineswegs nur um Abweichung von juridifizierten Verhaltenserwartungen. Trotzdem muß die Rechtssoziologie gewisse Folgerungen aus der Forschung über abweichendes Verhalten zur Kenntnis nehmen. Sie muß vor allem, wenn sie Recht als Strukturbestandteil der Gesellschaft definiert, den Strukturbegriff so wählen, daß er nicht in Widerspruch gerät zu dem Forschungsansatz und den Resultaten der Soziologie abweichenden Verhaltens. Aus diesen Gründen ist wenigstens ein grober Überblick erforderlich – nicht zuletzt auch für die Juristen. Zunächst möchte ich deshalb einen Überblick über bisherige Beiträge von prinzipieller Bedeutung geben.

In dem *Aufgeben der moralischen Betrachtungsweise* sind die Soziologen sich wohl im Prinzip einig: Man kann nicht einfach davon ausgehen, daß das gute Recht auf der einen Seite und das Unrecht auf der anderen Seite sei, daß die Differenz von Recht und Unrecht sich decke mit der von Norm und Faktum. Vielmehr geht es um Enttäuschungen, und dabei kann Normativität und Faktizität auf beiden Seiten vorkommen. Manche Abweichungen sind zwar rein faktisches Geschehen, gleichsam Fehler, die passieren, oder auch Verbrechen, die um bestimmter Interessen willen, aber ohne Normanspruch durchgeführt werden. Aber es gibt auch die Normierung abweichenden Verhaltens. Die Norm des einen kann dann zur Enttäuschung des anderen werden. Die Jugendlichen stören die Ordnung, weil die Ordnung die Jugendlichen stört, wie es bei Helmut Schelsky heißt.[72] Man muß deshalb die Frage stellen, was in einem solchen Normierungskonflikt die Differenz von Struktur und Abweichung besagt.

Eine wichtige, vorsoziologische Perspektive auf dieses Problem ist mit dem Begriff der *Schuld* gesetzt. Juristen neigen gern dazu, Verschulden als ein feststellbares Faktum anzusehen. Wenn sie darüber nachdenken, warum auf Verschulden abgestellt wird, dann scheint ihnen das aus Gründen der Motivation sinnvoll zu sein. Sanktionen müssen an »innere« Tatbestände anknüpfen, weil nur über innere Tatbestände ein Motivationsdruck ausgeübt werden kann. Das allmähliche Herausarbeiten des Merkmals der Schuld als Voraussetzung für Strafe erscheint als ein Fortschritt unter dem Gesichtspunkt der Entwicklung adäquaterer Motivationsmittel – und das ist noch wohlwollend interpretiert. Häufig wird das auch ganz naiv als Entdeckung des wirklichen Grundes der Strafe verstanden. Man kann das alles unbestritten stehen lassen, muß aber als Soziologe noch etwas Wesentliches hinzufügen. Die eigentliche Leistung, die mit der Erfindung von Schuld verbunden war, ist nicht Motivation, sondern die Idee der Erlösung und der Abwicklung eines Enttäuschungsfalls. In archaischen Gesellschaften fällt die Fehlhandlung einfach aus der Ordnung heraus und führt sehr leicht zu Folgen, die sich nicht wieder einrenken lassen. Als Beispiel kann man die Überschreitung des Inzesttabus anführen: Die Kinder aus solchen Fehlverbindungen brachten das Verwandtschaftssystem

72 Helmut Schelsky, *Die skeptische Generation. Eine Soziologie der deutschen Jugend*, Düsseldorf 1957, S. 495.

und die mit ihm verbundenen Rechte und Pflichten durcheinander, was Anlaß zu der Vorstellung gab, daß auf diesen Menschen ein Fluch laste. Man findet eine entsprechende Symbolisierung der Folgen für die soziale Ordnung in den griechischen Tragödien. Das ist typisch für Gesellschaften mit relativ konkret stabilisierten Institutionen ohne Spielraum für Anpassung und Verhaltensalternativen. Die erst später auftretende Frage nach der individuellen Schuld nimmt dagegen den einzelnen als Mitglied der Gesellschaft, und er bleibt Mitglied auch bei Fehlhandlungen. Die *Verinnerlichung der Schuld* kann man als Symbol für die Neutralisierung von Rollen und Interessen interpretieren. Das ermöglicht die Sanktionierung mit beendbaren Folgen – so unnatürlich das ist und so schwer sich eine Beendigung faktisch erreichen läßt, wie zum Beispiel das Problem der Rehabilitierung zeigt. Es gibt eine deutliche Symbolisierung dieses Zusammenhangs von Menschlichkeit, Schuld und Erlösung in der jüdisch-christlichen Tradition. Schuld ist schon ein Mechanismus der Inkorporation des Schuldigen in die Gesellschaft, aber sie ist vorsoziologisch vor allem insofern, als diese Funktion nicht aufgedeckt werden kann. »Tiefe Reue erlöst von der Schuld, aber das Gewissen darf dieses Ergebnis nicht wissen«, liest man bei dem Philosophen Helmut Kuhn.[73]

Was trägt nun die Soziologie selbst bei? Wenigstens drei Punkte können genannt werden: (a) die kausale Erklärung abweichenden Verhaltens aus sozialen Bedingungen, (b) eine Erklärung, wie Abweichungen in der sozialen Interaktion entstehen, (c) die Frage nach positiven Funktionen der Abweichung.

(a) Eine *kausale Erklärung abweichenden Verhaltens* aus sozialen Bedingungen, den Milieubezug des Verhaltens. Im sozialen System sind die Ursachen abweichenden Verhaltens schon angelegt. Daraus ergibt sich die Frage: Kann man diese Ursachen nicht einfach beseitigen? Wenn man dem weiter nachspürt, stößt man auf Gründe, die dafür sprechen, an den Ursachen festzuhalten. Das abweichende Verhalten geht auf Systemstrukturen zurück, die man nicht aufgeben kann oder will, weil sie im System positive Funktionen erfüllen. Das heißt, Strukturen haben positive und negative Funktionen zugleich. Um das berühmte Beispiel Robert Mertons anzuführen: Die Sozialordnung institutionalisiert Erfolg, insbe-

73 Helmut Kuhn, *Begegnung mit dem Sein. Meditationen zur Metaphysik des Gewissens*, Tübingen 1954, S. 113.

sondere den sozialen Aufstieg als Lebensziel, gibt aber nicht allen die dazu nötigen Mittel.[74] In dieser Sicht wird abweichendes Verhalten zu einer möglichen individuellen Strategie angesichts von Wertkonflikten in der Struktur des Sozialsystems und zugleich zum erwartbaren Normalzustand, zu einer strukturbedingten Last, die getragen, auf die Gerichte abgewälzt, weggearbeitet werden muß.

(b) Davon zu unterscheiden sind Bemühungen, die zu klären versuchen, *wie Abweichungen in der sozialen Interaktion entstehen* und durch deren Bedingungen verstärkt werden. Wie wird man homosexuell, marihuanasüchtig, radikal usw.? Die einschlägige Literatur dazu ist das Buch *Outsiders* von Howard S. Becker.[75] Die Stabilisierung von Abweichungen erklärt sich danach aus den Darstellungserfordernissen und den impliziten Rollenzuweisungen der Interaktion. Man läßt sich auf etwas ein, findet aus irgendwelchen zufälligen Gründen ein Vergnügen oder einen Ausweg im Abweichen und wird dann, um der sozialen Erwartbarkeit willen, entsprechend abgestempelt, mit einer negativen Identität belegt. Danach ist Abweichung letztlich gar keine objektiv feststellbare Tatsache, sondern eine soziale Etikettierung und unabhängig von dieser Etikettierung gar nicht feststellbar. Die Frage zum Beispiel, wer wann als trunksüchtig angesehen wird, wird je nach Schichtenzugehörigkeit, für Männer und Frauen oder Stadt und Land unterschiedlich beantwortet. Wann verliert eine Frau ihren guten Ruf?

(c) Eine weitere Fragestellung ist die nach den *positiven Funktionen der Abweichung*. Einen Überblick finden Sie dazu bei Lewis Coser.[76] In den Anfängen ist das ein schon älterer Gedanke. Bei Durkheim zum Beispiel findet sich die These, daß Verbrechen den Anlaß geben, sich das geltende Recht vor Augen zu führen, sich zur zeremoniellen Wiederherstellung der Ordnung zusammenzufinden, und die These, daß Verbrechen auf diese Weise die soziale Solidarität stärken.[77] Andere betonen den innovativen Charakter

74 Vgl. Robert K. Merton, »Social Structure and Anomie«, in: ders., *Social Theory and Social Structure. Toward the Codification of Theory and Research*, 2., rev. u. erw. Aufl., Glencoe 1957, S. 131-160 (S. 134 f.).

75 Howard S. Becker, *Outsiders. Studies in the Sociology of Deviance*, New York 1963.

76 Lewis A. Coser, »Some Functions of Deviant Behavior and Normative Flexibility«, in: *The American Journal of Sociology* 68 (1962), S. 172-181; ders., *Continuities in the Study of Social Conflict*, New York, London 1967, S. 113 ff.

77 Émile Durkheim, *Les règles de la méthode sociologique*, Paris [8]1927, S. 80 ff.

des Abweichens. Das leuchtet mir nicht ganz ein. Aber man muß den abweichenden Charakter von Innovationen erkennen – es gibt dazu eine interessante Formulierung von Walter Buckley, der Abweichung als »variety pool«, als Reservoir von Möglichkeiten bezeichnet.[78] Von daher gibt es eine Verbindung zu meiner Vorstellung von einer Überproduktion von Normen.

All das bietet heute noch kein einheitliches Konzept. Eine wichtige Konsequenz läßt sich indes schon erkennen. Nicht nur das konforme, sondern auch das abweichende Verhalten ist Bestandteil des strukturierten Systems. *Abweichung gehört zum System, nicht zu seiner Umwelt.* Oder in einer anderen Formulierung: Die Systemgrenzen sind nicht mit dem Unterschied zwischen konformem und abweichendem Verhalten zu verwechseln. Oder nochmals anders: Das System ist nicht ein moralischer Kosmos, aus dem man herausfällt, wenn man abweichend handelt. Die moralische Disjunktion von Gut und Böse ist demnach keine Freund/Feind-Unterscheidung im Verhältnis zur Umwelt. Sie ist eine systeminterne Differenzierung. Damit stellt sich die Frage nach der systeminternen Funktion einer solchen Differenzierung. Diese Funktion muß im Zusammenhang mit dem Strukturbegriff gesehen werden. Wir hatten Strukturen als Reduktion von Komplexität durch riskante, nicht selbstverständliche Selektion begriffen. Die moralische Disjunktion ist gleichsam die Innenansicht dieser Selektionsleistung, die Form, in der das Risiko auf das System zukommt und von ihm übernommen wird. Die Struktur gibt *beide* Möglichkeiten, konformes wie abweichendes Verhalten, in das System hinein. Im täglichen Verhalten orientiert man sich dann nicht mehr *an* dieser Alternative, sondern *in* dieser Alternative. Man setzt die Struktur nicht mehr in Vergleich zu anderen Möglichkeiten, sondern setzt sie bei konformem und bei abweichendem Verhalten voraus. Man hat noch die Wahl zwischen konformem und abweichendem Verhalten und fragt bei dieser Wahl nicht mehr danach, wie es überhaupt kommt, daß man so wählen muß. Die Freiheit, moralisch zwischen Gut und Böse zu wählen, verdeckt die sehr viel riskantere strukturelle Kontingenz des sozialen Systems. Man kann sich auf Gutes oder auf Böses einlassen, nicht aber auf die reine Beliebigkeit anderer Möglichkeiten. Die moralische Disjunktion ist eine Tech-

78 Walter Buckley, *Sociology and Modern Systems Theory*, Englewood Cliffs 1967, S. 167.

nik der Transformation unhandlicher, übermäßiger Komplexität in handliche Komplexität – und das Böse ist in seiner Eigenlogik die laufende Rebellion gegen die Verkleinerung der Welt durch das Gute.

3. Recht als Struktur der Gesellschaft

3.1. Sozialsystem und Gesellschaft

Die neuere Soziologie geht, soweit sie den systemtheoretischen Ansatz verwendet, davon aus, daß die Gesellschaft nur ein Sozialsystem unter anderen ist. Gemeinhin wird gesagt, die Gesellschaft sei das umfassende Sozialsystem. Erläuterungen dazu habe ich im letzten Semester in der Vorlesung »Theorie der Gesellschaft« gegeben.[79] Daraus folgt, daß wir an dieser Stelle der Vorlesung eine einengende Entscheidung treffen. Wir behandeln ab jetzt nur noch Recht, das auf der Ebene des Systems *Gesellschaft* institutionalisiert ist. Unsere Definition des Rechts – kongruente Generalisierung normativer Verhaltenserwartungen als Systemstruktur – ist an sich weiter gefaßt. Danach bildet jedes einigermaßen dauerhafte Sozialsystem Recht aus. Jede Familie und jede Organisation – jeweils für ihre Mitglieder. Das entspricht der sogenannten *pluralistischen Rechtstheorie*. Dazu findet sich einiges insbesondere bei Georges Gurvitch in dessen *Grundzüge der Soziologie des Rechts* mit einem historischen Überblick, der allerdings unvollständig ist und insbesondere verkennt, daß die alteuropäische Tradition an sich von ihrem Ansatz her so dachte.[80] Aber das sich auf der Ebene der Gesellschaft entwickelnde Recht ist bei weitem das interessanteste: Nur hier kommt es zu riskanteren Strukturbildungen, und nur auf der Ebene der Gesellschaft gibt es Evolution. Die Rechtsbildungen in anderen Systemen können in der jeweiligen Teilsoziologie abgehandelt werden. In meiner Organisationssoziologie zum Beispiel habe ich das getan mit dem Konzept der formalen Erwartungen.[81] Diese Vorlesung beschränkt sich ab jetzt auf das Recht des umfassenden Systems Gesellschaft.

79 Vgl. oben, Vorlesung III, Teil 3.
80 Georges Gurvitch, *Grundzüge der Soziologie des Rechts*, Neuwied 1960.
81 Vgl. Niklas Luhmann, *Funktionen und Folgen formaler Organisation*, Berlin 1964.

3.2. Grundzüge der Evolution von Gesellschaft und Recht

Die Evolution von Gesellschaft und Recht ist an sich ein Thema der Gesellschaftstheorie; hier kann es nur thesenhaft und in starker Verkürzung behandelt werden. Auf der Ebene des Gesellschaftssystems führt die Entwicklung zu steigender Komplexität. Die Gesellschaft läßt als Globalsystem menschlicher Interaktion mehr verschiedenartige Möglichkeiten des Erlebens und Handelns zu. Sie hat infolgedessen eine komplexere Welt und braucht Prozesse, die verstärkte Selektivität leisten. Vor allem wird diese Veränderung greifbar an einer *Umstellung des Differenzierungsprinzips der Gesellschaft* von segmentärer auf funktionale Differenzierung. Eine segmentär differenzierte Gesellschaft besteht aus gleichen Teilsystemen, die eine einfache und gemeinsame Welt teilen. Eine funktional differenzierte Gesellschaft besteht aus verschiedenen Teilsystemen, die ihre Umweltsicht in je ihrer funktionalen Perspektive abstrahieren und daher eine Überproduktion an Möglichkeiten zur Folge haben.[82] Die strukturellen Prämissen der Erlebnisverarbeitung und der Handlungsentscheidung entwickeln sich infolgedessen *von konkret zu abstrakt* in Richtung auf größere Abstraktheit. Das gilt für die kognitiven Strukturen ebenso wie für die normativen Strukturen, unter anderem auch für das Recht. Das moderne Recht ist abstrakter als das Recht der vorneuzeitlichen Hochkulturen, und dieses war abstrakter als das archaische Recht. Abstrakt heißt ebendies: daß mehr verschiedenartige Möglichkeiten unter einer Vorstellung zugelassen sind. Die Kategorie des Vertrags ist abstrakter als die des Kaufs, noch abstrakter ist die Kategorie des Rechtsgeschäftes – es wird jeweils sehr Verschiedenes subsumiert. Aber es kommt nicht nur zur Bildung von Gattungsbegriffen, sondern auch von Funktionsbegriffen (zum Beispiel die Irrtumsabwicklung), die das Rechtsdenken steuern, und schließlich zu Abstraktionen, die eine Änderung des Rechts selbst ermöglichen, so daß im zeitlichen Nacheinander verschiedenes Recht möglich wird. Das Vorhandensein verschiedenartigen Rechts besagt aber, daß einzelne Rechtsnormen uminterpretierbar sind und darüber hinaus indifferent gegenüber Änderungen in anderen Rechtsgebieten. Die Abstraktion des Rechts korreliert mit dem Umstand, daß

82 Vgl. oben, Vorlesung III, Abschnitt 4.2.

die Gesellschaft komplexer wird, also mehr Möglichkeiten unter das Dach des Rechts gebracht werden müssen. Der Abstraktionsgrad des Rechts ist also keine rechtsimmanente, in einer richtigen Analyse von Normen aufzuklärende Größe, sondern er korreliert mit der gesellschaftlichen Entwicklung.

In dem Rahmen dieser allgemeinen Vorstellungen muß ein Rückgriff auf die Evolutionstheorie erfolgen, die ich schon einmal skizziert hatte, als ich den Sinn eines breit angesetzten Normbegriffs erläutert habe:[83] (1) Funktionale Differenzierung führt zu einer Vermehrung und Verzweigung normativer Erwartungen, zu einer Überproduktion an Normen, die nicht aufgrund eines traditional-konkreten Rechtsgefüges einfach abgewiesen werden können, sondern so gut es geht im Recht untergebracht werden müssen. (2) Das heißt, daß die Anforderungen an den Prozeß der Selektion von Recht, das heißt an den rechtlichen Entscheidungsprozeß steigen. Insofern nehmen die Entwicklung und Institutionalisierung von *Verfahren* eine kritische Stellung ein. Dazu sage ich gleich mehr. (3) Die sinnhafte Festlegung des Rechts muß abstrahiert werden. Es dürfen nicht zu viele Normen allein schon deshalb abgewiesen werden, weil sie »rechtlich unmöglich« sind oder von Juristen nicht gedacht werden können. Die Zulassung ins Recht muß von sehr formalen Kriterien abhängen; zum Beispiel müssen Ansprüche auf Prämien für die Vernichtung von Äpfeln Recht werden können, ohne damit notwendigerweise andere Rechtsvorstellungen fallenzulassen. Zusammenfassend kann man sagen, daß der Entwurf von Möglichkeiten, Selektion und Stabilisierung unter Anforderungen höherer Leistung treten.

Exkurs:
Theorie des Verfahrens

Die *juristische* Theorie des Verfahrens basiert typisch auf der Vorstellung eines zweckgerichteten Prozesses, dem Grundbegriff der Beziehung (das Verfahren wird als Gefüge von rechtlich strukturierten Beziehungen begriffen) und dem Grundbegriff der Situation (Prozeßlage). Jedes Element für sich ist unzureichend, wie schon die unlösbare Kontroverse zwischen diesen Konzeptionen anzeigt. Die

83 Siehe oben in dieser Vorlesung, Abschnitt 2.3.

soziologische Theorie des Verfahrens basiert dagegen auf der Vorstellung, daß es sich beim Verfahren um ein soziales System handelt, das durch folgende Charakteristika bestimmt werden kann:[84] (1) Es handelt sich um ein soziales System *faktischer* Interaktion, das nicht zu verwechseln ist mit den Normen des Verfahrensrechts und nicht mit dem allgemein institutionalisierten Systemtypus. (Der Typvorstellung kommt eine andere, eine verhaltenssteuernde Funktion zu: Gäbe es die Vorstellung nicht, wüßte man nicht, wie man sich zu verhalten hat.) Jedes Verfahren ist ein System für sich. (2) Das Verfahren ist *zeitlich begrenzt*, es ist nicht auf unabsehbare Dauer eingerichtet. (3) Das Verfahren ist spezialisiert auf die Funktion, eine *bindende Entscheidung* zu treffen im Wege der Erarbeitung, Prüfung und Eliminierung anderer Möglichkeiten. (4) Die Ausdifferenzierung des Verfahrens erfolgt genau für diesen Zweck.

Das so verstandene Verfahren ist dann durch eine Reihe von Merkmalen gekennzeichnet, die ich kurz auflisten möchte. (1) Es hat eine *eigene Rollenordnung*: Man tritt im Verfahren nicht als Ehemann, Bäckerlehrling usw. auf, sondern als Kläger – wodurch es überhaupt erst möglich wird, daß man von sich als Ehemann spricht. (2) Es gibt verfahrenseigene *Regeln der Relevanz* und Irrelevanz: Themen müssen in das Verfahren erst eingeführt werden. (3) Das Verfahren hat eine *eigene Geschichte*, mit deren Hilfe Komplexität reduziert wird, die nach und nach angereichert wird und die sich von der allgemeinen Weltgeschichte deutlich unterscheidet, indem das System andere Möglichkeiten ausschließt, die im Kontext der Lebensgeschichte der Beteiligten durchaus ihren Stellenwert haben. Es erfolgt eine Bindung der Teilnehmer durch das, was im Verfahren gesagt worden ist; daraus resultiert die Notwendigkeit der Kontrolle zweier Vergangenheiten: der des Verfahrens selbst und der der Beteiligten außerhalb des Verfahrens. Wer im Verfahren taktisch klug handeln will, muß beide Geschichtsdimensionen – die der Verfahrensgeschichte und die der Lebensgeschichte – getrennt halten. (4) Infolge der Ausdifferenzierung gewinnt das Verfahren eine hohe *Autonomie der Entscheidung*, das heißt, daß das Ergebnis nicht eo ipso abhängig ist von den anderen Rollen der Beteiligten (ein Gegenbeispiel ist die Institution der sogenannten Eideshelfer im archaischen Recht, die aus den beteiligten Sippen-

84 Vgl. die Ausarbeitung in: Niklas Luhmann, *Legitimation durch Verfahren*, Neuwied, Berlin 1969, S. 55 ff. (Kap. II, »Gerichtsverfahren«).

verbänden aufgeboten wurden). Für Gerichtsverfahren wichtig ist die Trennung von Rechtsfragen und Tatfragen als Trennung verschiedener Umwelten, die das Verfahren informieren: Der Umstand, daß diese beiden Umwelten nicht zusammenfallen (wie zum Beispiel im politischen Prozeß), ist die Basis des Verfahrens selbst. (5) Die *Ungewißheit des Ausgangs* des Verfahrens ist ein wesentliches Beteiligungsmotiv und begründet die aktive, sich engagierende Beteiligung der Parteien. (6) Verfahren sind höchst kunstvolle Gebilde, sie sind *unnatürliche Systeme*. Das sieht man zum Beispiel daran, daß die meisten Leute Angst vor Verfahren haben. Die Institutionalisierung von Verfahren muß als eine wesentliche evolutionäre Errungenschaft angesehen werden.

Im folgenden möchte ich als Übergang zum nächsten Abschnitt einen kurzen *Überblick über evolutionäre Typen des Rechts* geben. Typeneinteilungen sind immer prekär, je kleinformatiger sie sind, desto problematischer sind sie. Für eine sehr abstrakt ansetzende, nicht in die Einzelinstitutionen des Rechts eindringende Rechtssoziologie genügt eine entsprechend allgemein gehaltene Typologie. Der Ausgangspunkt der Konstruktion sind zwei Merkmale: der Grad der Differenzierung der Gesellschaft und der Grad der Institutionalisierung von Verfahren. Entsprechend kann man drei Typen unterscheiden: (1) das *archaische Recht segmentärer Gesellschaften* ohne Verfahren; (2) das *Recht der vorneuzeitlichen Hochkulturen* – das sind teilweise funktional differenzierte Gesellschaften, insbesondere mit einer ausdifferenzierten politischen Herrschaft und teilweise eingerichteten Verfahren, nämlich für Rechtsanwendung; (3) das *positive Recht voll funktional differenzierter Gesellschaften* mit Verfahren für alle Aspekte des Rechts, das heißt eine Gesamtherstellung des Rechts durch Entscheidung. Zu allen drei Typen möchte ich jetzt detaillierter etwas sagen.

3.3. Archaisches Recht

Zunächst eine Vorbemerkung zum *Anwendungsbereich* des Konzepts: »Archaisch« ist zeitlos gemeint im Sinne von »primitiv«. Auch heutige Rechtssysteme einfacher Art sind in diesem Sinne archaisches Recht – in der Literatur vorfindbar sind entsprechende

Beschreibungen aber fast nur in Verzerrung durch die Kolonialzeit. Bezeichnend für das archaische Recht ist die unübersehbare Fülle der unabhängig voneinander entstandenen Formen. Für wohl jede bestimmt umrissene Aussage lassen sich Gegenbeispiele finden. Die segmentäre Gesellschaft wirkt gleichsam wie ein großes Experimentierfeld des Rechts mit vielen unabhängigen Versuchen. Das ist auch eine wichtige Bedingung ungeplanter Evolution: Wesentliche Rechtsformen, zum Beispiel des Testaments und auch des Entscheidungsverfahrens, entstehen äquifinal, das heißt aus verschiedenartigen Ausgangskonstellationen. Richard Thurnwald versucht im fünften Band seiner Schrift *Die menschliche Gesellschaft in ihren ethno-soziologischen Grundlagen* die verschiedenen Rechtsordnungen institutionenvergleichend auf einen Nenner zu bringen. Daneben sind als Literatur erwähnenswert E. Adamson Hoebels *The Law of Primitive Man* und Max Gluckmans Studie *The Judicial Process Among the Barotse of Northern Rhodesia*, die beide von rechtlosen Zuständen in primitiven Gesellschaften ausgehen.[85]

Der Ausgangspunkt des archaischen Rechts ist die *segmentäre Gesellschaft* auf der Basis der Verwandtschaft, zum Teil mit andersartigen Gruppierungen, namentlich auf naturhafter Basis wie gleiches Geschlecht oder gleiches Alter. Typisch für diese Gesellschaft ist die Nichtdisponibilität der Grundlagen der Bildung sozialer Systeme und eine sehr konkrete, naturhafte Fixierung der Systemgrenzen. Unter gewissen Umständen kann das korrigiert werden durch Sezessionsmöglichkeiten. Daraus ergibt sich eine *geringe Komplexität* und eine Armut an Alternativen als dominierender Zug dieser Gesellschaften, der auch ihr Recht prägt. Die Konsequenzen sollen an einigen Gesichtspunkten aufgezeigt werden. Als Leitfaden der Interpretation dient mir dieses Phänomen geringer Komplexität, das sowohl Problemstellungen als auch Problemlösungen bestimmt.

85 Richard Thurnwald, *Die menschliche Gesellschaft in ihren ethno-soziologischen Grundlagen*, Bd. V: *Werden, Wandel und Gestaltung des Rechtes im Lichte der Völkerforschung*, Berlin 1934; E. Adamson Hoebel, *The Law of Primitive Man. A Study in Comparative Legal Dynamics*, Cambridge 1954 (dt.: *Das Recht der Naturvölker. Eine vergleichende Untersuchung rechtlicher Abläufe*, Olten, Freiburg/Br. 1968) Max Gluckman, *The Judicial Process Among the Barotse of Northern Rhodesia*, Manchester 1955.

3.3.1. Charakteristische Probleme und Problemlösungen

(a) Das Recht beruht viel stärker, als wir es heute nachempfinden können, auf den elementaren Mechanismen der Rechtsbildung, die wir erörtert haben.[86] Es zeigt sich ganz unmittelbar in der Enttäuschung des Verletzten und in seiner Reaktion. Zugespitzt gesagt: Es erscheint in der *Bereitschaft zur physischen Gewalt*. Deren Einsatz ist dem Betroffenen und seiner Sippe anheimgegeben. In den meisten Gesellschaften kann daher der einzelne nur als Glied einer Sippe zu seinem Recht kommen – oft wird sogar gesagt: Recht haben. Bei der Rechtsverfolgung kann daher nicht davon abgesehen werden, zu welcher Sippe man gehört (der Gegensatz dazu ist das rollenneutralisierende Verfahren in der modernen Gesellschaft). Von daher erklärt sich die Institution der Blutrache in ihrer verbreiteten Bedeutung und schicksalhaften Akzeptiertheit. Nach Schuld wird nicht gefragt. Es gibt keine Differenzierung von Strafrecht und Privatrecht. Die Sippe steht im allgemeinen auch zu einem Rechtsbrecher aus ihren Reihen, das Sippenband ist also stärker. Eine Ausnahme wird nur beim Gewohnheitsverbrecher gemacht.

(b) Es gibt, so weit man zurückblicken kann, immer schon ausdifferenzierte Normen und zum Teil Regeln von ziemlich komplizierter Art, etwa die Teilungsregeln der Wildbeutervölker. Typisch aber ist als Symptom für Alternativenlosigkeit, daß die *Geltung von Normen* nicht problematisiert werden kann. Nur im Verhalten, nicht in der Regel selbst kann ein Problem gesehen werden. Es erscheint konkret in der Enttäuschungsreaktion, in der Gewalt. Darin liegt der Schlüssel für zwei zunächst widersprüchlich erscheinende Feststellungen: (1) Das Recht wird als alternativenlos, als konkret feststehend gesehen. Es gibt nur ein richtiges Recht, und andere Stämme haben kein Recht! Das Gefühl der Alternativenlosigkeit wird magisch-religiös oder traditional übermalt. Das ist ein in der Literatur vieldiskutiertes Problem. Mein Eindruck ist, daß weder die magische noch die traditionale Rechtfertigung motivmäßig das Recht trägt. Sie ist mehr als Symbolisierung einer ohnehin bestehenden Notwendigkeit zu sehen. Sie steht der Rechtsänderung nicht im Wege, wenn diese konkret und erfolgreich durchgesetzt werden kann. Als Beispiel kann man die Änderung

86 Siehe oben in dieser Vorlesung, Teil 2.

des Inzesttabus durch Mohammed nennen – eine prominente Inszenierung! Es muß nur der Anstoß und Mut für einen neuartigen Versuch zustande kommen. Im übrigen wird in diesen Gesellschaften keineswegs alles Recht magisch gedeutet. (2) Die Geltung einer Norm ist kein ausreichender Grund ihrer Durchsetzung. Recht qua Recht ohne Rücksicht auf die Umstände durchzusetzen erschiene schon in segmentären Gesellschaften inhuman. Die Rücksicht auf die Rollen der Beteiligten, auf die Machtverhältnisse, die Statusordnung ist normal. Daraus resultiert eine sehr hohe Nichtdurchsetzungsquote bei bekannten Rechtsbrüchen, wie Leopold Pospisil am Beispiel der Kapauku Papuans gezeigt hat.[87] Das heißt: Das Recht kann noch jederzeit in der eng zusammenlebenden Stammesgemeinschaft durch konkretes Erwarten von Erwartungen unterlaufen werden. Die Nichtproblematisierung der Rechtsgeltung ermöglicht mithin die Kombination von konkreter und fraglos-invarianter Fixierung mit unterschwelliger Disponibilität, nämlich einer Änderbarkeit oder Anpassung durch Nichterfüllung.

(c) Da das Recht sehr konkret fixiert ist und seine Geltung nicht problematisiert werden kann, gibt es auch keine *abstrakten Kriterien*, die man unabhängig von dem vorhandenen Recht denken und ihm als Forderung gegenüberstellen könnte. Es gibt kein abstraktes Prinzip der *Gerechtigkeit* – das ist nicht zu verwechseln mit pauschalen Formulierungen von Rechtsvorstellungen, etwa: Man soll Dank erweisen. Es gibt aber doch schon rechtsimmanente Grundgedanken – und zwar solche, in denen das Grundprinzip des Rechts, die kongruente zeitlich-sachlich-soziale Generalisierung, Ausdruck findet: (1) Vergeltung und (2) Reziprozität. (1) Im Prinzip der *Vergeltung* ist begriffen und als Forderung institutionalisiert, daß das Recht einen *Zeit*zusammenhang des Handelns *verschiedener* Menschen zum Ausdruck bringt. Vergeltung bedeutet nicht nur Herstellung eines bestimmten Zustandes, sondern auch Rache, und dies, obwohl inzwischen Zeit vergangen ist (oft viele Jahre, bis der Sohn des Getöteten herangewachsen ist) und obwohl das Handeln im Vergleich zur ursprünglichen Rechtserwartung inkomparable Formen annehmen kann: Man tötet den Verführer der Frau. Die Zusammenfassung von Sinn ist die entscheidende Leistung – und darin liegt nicht notwendig auch ein Maßstab

87 Leopold Pospisil, *Kapauku Papuans and Their Law*, New Haven 1958.

der Reaktion. Das Prinzip des Talion, also ein Gleichgewicht des Schadens, der dem Opfer und der dem Täter zugefügt wird, ist ein spätarchaisches Regulativ, Vergeltung ist das zuerst einfallende Rechtsprinzip. (2) Mit dem Prinzip der *Reziprozität* ist das gleiche Kongruenzproblem für den Fall positiver Leistungen bezeichnet. Zugrunde liegt die elementare Notwendigkeit eines Bedarfsausgleichs. Dabei kommt es zu einer Überbrückung von Zeitverschiedenheit und sachlicher Verschiedenheit der Leistungen. Dafür muß ein Verhältnis wechselseitiger Begründung hergestellt werden – eine nur formale Symmetrie von Geben und Nehmen, die ein ziemlich hohes Maß an Ungleichheit der Zeitpunkte, Situationen, Leistungen überbrückt. Der Ordnungserfolg beruht auf einer angenommenen Gleichheit, die keine ist. Das Reziprozitätsprinzip ist deshalb weniger unmittelbar einleuchtend als das Vergeltungsprinzip. Die anthropologischen Grundlagen dafür liegen in der Lust/Unlust-Differenzierung. Die verbreitete Auffassung, Reziprozität sei das Grundprinzip des Rechts, wie sie zum Beispiel der funktionalistische Sozialanthropologe Bronisław Malinowski vertritt,[88] ist problematisch und wird dem eigenen Sinnerleben der archaischen Gesellschaft nicht gerecht. Bei deren Entwicklungsstand gibt es Probleme und Schwierigkeiten der Institutionalisierung des synallagmatischen Verhältnisses; allein schon sprachlich ist das in dieser Gesellschaft oft nicht zu formulieren. Das Aufdauerstellen einer Gegenseitigkeit kann natürlich ein persönliches Kalkül sein, nicht aber ein institutionalisierbares Motiv. In der archaischen Gesellschaft formuliert und denkt man die Einzelleistung als geschuldet – als nachbarliche Hilfe, wobei das Abgeben des Überschusses als solches gefordert wird –, nicht aber im Hinblick auf eine zu erwartende Gegenleistung. Die Dankesschuld erscheint als konditionierte Pflicht – auch hier mit einem Übermaß oder zumindest doch einer Ungemessenheit der Gegenleistung. Der entscheidende *Vorteil* liegt in der höheren Elastizität und der geringeren Störanfälligkeit: Störungen in *einem* Leistungsverhältnis übertragen sich nicht ohne weiteres auf das andere. Das ist wichtig angesichts des geringen wirtschaftlichen und technischen Entwicklungsstandes der archaischen Gesellschaft. Der gegenseitige Vertrag, der den Tausch von Leistungen um der Gegenleistung willen zu einem Instrument des

88 Vgl. Bronislaw Malinowski, *Sitte und Verbrechen bei den Naturvölkern*, Wien 1950 (OA: *Crime and Custom in Savage Society*, London ³1940).

zeitlichen Bedarfsausgleichs ausbaut, setzt in seiner Generalisiertheit und Spezifizierbarkeit einen höheren Entwicklungsstand der Gesellschaft voraus.

Ein Vorblick auf die Weiterentwicklung der beiden Prinzipien zeigt, daß Vergeltung und Reziprozität den Charakter eines Maßstabes für rechtliche Erwartungen annehmen, weil sie kongruente Generalisierung von Verhaltenserwartungen ausdrücken: Sie symbolisieren das Übergreifen der Distanzen in der Zeit, in sinnhaft-sachlichen Verschiedenheiten der Handlungen und zwischen den Personen für den Fall der Erwartungsenttäuschungen und für den Fall positiver Leistungen. Sie formulieren eine Regel der Entsprechung – im Guten wie im Schlechten. Es kommt dann zu einer Abstraktion in Form eines Gleichheitsprinzips im griechischen Rechtsdenken – in der Zeit der Sophistik ist das schon ein Gemeinverständnis, wird also keineswegs »ethisch« im Sinne der späteren aristotelischen Ethik verstanden (die den Zusammenhang mit dem Gleichheitsgedanken und seiner Bedeutung für das Recht gekappt hat). Gerechtigkeit wird zum Prinzip des Rechts, Gerechtigkeit ist ein Symbol für die Kongruenz der Generalisierung normativer Verhaltenserwartungen – in einer nicht wiedererkennbaren Form.

3.3.2. Überleitung zum Recht der Hochkulturen

Die Überleitung zum Recht der Hochkulturen erfolgt aufgrund mehrerer Dysfunktionen des archaischen Rechts. Die geringe Komplexität, Alternativenlosigkeit und Konkretheit der Erwartungen in der archaischen Gesellschaft ermöglichen eine Stabilisierung der gefundenen Lösungen, aber mit Folgeproblemen, die im Laufe der weiteren Entwicklung drückender werden und die Motive für die Suche nach besseren Lösungen beziehungsweise Motive für das Beibehalten gefundener neuer Lösungen bestimmen. Das ist keine einheitliche Entwicklung, anders als beim späteren Übergang zum positiven Recht gibt es *mehrere Durchbruchstellen.*

(a) Offensichtlich und drückend dysfunktional sind die hohen unmittelbaren und mittelbaren *Kosten der Blutrache*, gegen die man empfindlicher wird. Das sich in diesem Zusammenhang zunächst entwickelnde System der »Kompositionen«, das die Blutrache ablöst – zum Beispiel die auf der Basis von Vermögensbildung möglichen Abfindungen der unmittelbaren Gewalt – erweist sich als evolutionäre Sackgasse. Im vorgenannten Fall werden die Fehden zwar gemindert, aber nicht unterbunden. Das Naheliegende ist sehr oft nicht das Erfolgreiche. Die Ausnutzung der Zeitdifferenz zwischen Tat und Vergeltung führt zur Einschaltung eines mehr oder weniger pressionsreichen Schlichtungsverfahrens – ohne eine formell bindende Entscheidung und ohne eine »staatliche« Durchführung. Es gibt aber schon Anfänge der Selbstmoralisierung der Streitparteien, also der Ausbildung eines moralischen Dualismus, ferner Regelungen der Bedingungen und Formen der Fehde. Solange aber keine Verfahren institutionalisiert sind, können an die Sachaufklärung und Rechtsspezifikation nur geringe Anforderungen gestellt werden. Immerhin handelt es sich aber um eine wesentliche und entwicklungsgeschichtlich unerläßliche Vorübung auf Gerichtsbarkeit. Denn der Sprung in das Neue darf nicht zu groß sein, muß an Vertrautes und Bewährtes anschließen können. Im archaischen Recht war die Sippe ein Blutracheverband. Daher gab es keine Möglichkeit, *sippeninternes* Recht zu schaffen, es bestand eine Schutzlosigkeit der Sippenangehörigen selbst gegenüber Haus-Despotien. Das Aufkommen eines politischen Interesses an individuellem Rechtsschutz erfolgt dann zum Beispiel im Zusammenhang mit militärischen Aufgaben.

(b) Ein wichtiger Entwicklungsfortschritt lag in den magisch-religiösen Formalisierungen und *Ritualisierungen des Rechtshandelns.* Das ist zunächst noch streng auf dem Prinzip der Alternativenlosigkeit gebaut und konkret fixiert: Ein falsches Wort, und der Zauber ist hinfällig, eine falsche Geste erzürnt die Toten. Das ist eine seltsame Starrheit, die rückblickend fast unverständlich ist. Und trotzdem ist die Ritualisierung ein wesentliches Instrument der Rollenneutralisierung rechtlicher Formen, insbesondere der Neutralisierung der Sippenzugehörigkeit, also eine strukturelle Herauslösung des Rechts aus der Abhängigkeit von dem Aufbau der Sippenverbände. Gerade aus diesem Ritualismus rekrutiert sich der Formenschatz des beginnenden Gerichtsverfahrens bis hin zum abstrakten Begriffsfetischismus der Hochkulturen. Man kann die Frage stellen, inwieweit Ritualien zum unentbehrlichen Funktionsträger, zum einzigen Instrument der Ausdifferenzierung des Rechts werden. Vermutlich ist das für Indien der Fall. Im antiken Mittelmeerraum findet man dagegen bereits eine primär politische Einsetzung von Ämtern und Verfahren, in denen die Unabhängigkeit vom Verwandtschaftssystem schon gewährleistet ist; entsprechend können in diesen Gesellschaften die Ritualien aus der archaischen Zeit übernommen werden, sie können aber auch sehr rasch wieder abgebaut werden.

(c) Der Hauptfaktor der Entwicklung sind *allgemeine gesellschaftliche Veränderungen* im wirtschaftlichen und politischen Bereich. *Wirtschaftlich* wichtig ist der Übergang zum Ackerbau, zur Arbeitsteilung, zur Stadtbildung, zu weiträumigen Handelsbeziehungen. Damit nimmt ganz einfach die Zahl der Fälle zu, in denen Rechtsfragen streitig werden. Es wird zunehmend unmöglich, immer auf Blutrache zurückzugreifen (wenn zum Beispiel ein von einem Sklaven auf Rechnung seines Eigentümers betriebenes Parfümeriegeschäft in Schulden gerät). Es entwickelt sich ein Bedarf für spezifische Formen der Beseitigung von Störungen, die nicht immer auf Leben und Tod abgestellt werden müssen. Im materialen Recht ergibt sich daraus die Notwendigkeit einer Differenzierung von Strafrecht und Privatrecht. Aus der Differenzierung resultiert das Problem der Schaffung eines »politischen Privatrechts« in Form eines »Zivilrechts«, an dem der einzelne als politischer Bürger teilhat, wie das in den antiken Stadtstaaten des Mittelmeerraums der Fall war, oder das Phänomen, daß die politischen Verfahren sich hauptsächlich der Strafrechtspflege zuwenden – das ist in China ungelöst geblieben! *Politisch* entscheidend ist der Aufbau einer politischen Herrschaft und Verwaltung, die unabhängig ist von den Verwandtschaftsverbänden und die zwar nicht in ihrer Weltauffassung und Legitimation, wohl aber in ihrer politischen Praxis auch unabhängig ist vom religiösen Ritual. Man denke daran, wie römische Politiker und Beamte sich die notwendigen Auspizien »bestellen« konnten.

3.4. Recht der vorneuzeitlichen Hochkulturen

Zunächst sind einige allgemeine Bemerkungen zum Entwicklungsstand des Rechts sinnvoll. Im Vergleich zu archaischen Rechtskulturen sind es in den vorneuzeitlichen Hochkulturen nur noch wenige Fälle, dafür sind das aber im Einzelfall sehr viel komplexere Rechtsordnungen, zum Beispiel Mesopotamien, insbesondere Babylon, China, Indien, antike Mittelmeerstädte, Persien, insbesondere das der Sassanidenzeit. Es geht also um den chinesischen, den indischen und den islamischen Rechtskreis und dann um die angelsächsische und moderne kontinentaleuropäische Rechtsentwicklung. Alle genannten Rechtskreise sind durch einen neuartigen Rechtsstil gekennzeichnet, durch einen prinzipiellen Bruch mit dem archaischen Recht, und zwar in einem maßgebenden Punkte: in der Art und Weise, wie Kongruenz der Generalisierung normativer Verhaltenserwartungen gesichert wird. Jetzt ist es die Kongruenz einer verfahrensmäßig geregelten Entscheidungspraxis, das heißt, das Recht baut auf voraussetzungsvolleren, riskanteren Institutionen auf.

3.4.1. Entwicklungsbedingungen hochkultivierten Rechts

(a) Die Grundlagen im Gesellschaftssystem sind eine *unvollständige funktionale Differenzierung*. Unvollständige funktionale Differenzierung meint, daß es einige ausdifferenzierte Funktionszentren gibt, die sich bereits durch ihre je spezifische Leistung rechtfertigen: Tempel, in denen die Religion selbst interpretiert wird; Märkte, die dem wirtschaftlichen Bedarfsausgleich zwischen Nichtverwandten dienen; politische Herrscher, die in gewissem Umfang durchsetzbare Entscheidungen treffen. Aber diese zumeist städtischen Funktionskreise haben jeweils nur einen sehr begrenzten Wirkungskreis, sie regieren nur in Ausnahmesituationen. Das Hauptmerkmal dieses Gesellschaftssystems ist die Ausdifferenzierung politischer Herrschaft aus den Verwandtschaftszusammenhängen. Aber es gibt nur eine geringe Relevanz der Politik für die tägliche Lebensführung, es gibt keine Ausstrahlung ins Dorf hinein. So findet man in den Dörfern Asiens, trotz aller kultivierten Formen literarischen Rechts, archaische Rechtszustände in Form einer Familienjustiz auf der Grundlage traditionaler Lebensgewohnheit und eine geringe Effektivität insbesondere der heiligen Rechte. Zugleich gibt es eine problematische Ausdifferenzierung der Politik im Verhältnis zu Religion und Wissenschaft (Philosophie): Politik und Recht hängen ab von religiösen und philosophischen Deutungsschemata und damit auch von deren Interpreten. Das Maß dieser Abhängigkeit scheint eine wesentliche Variable für den Vollausbau eines kultivierten Rechtssystems gewesen zu sein. Das zeigt sich zum Beispiel daran, daß die heiligen Rechte Asiens hinter dem römischen

Recht hinsichtlich ihrer Durcharbeitung, begrifflichen Kontrolle und Praktikabilität weit zurückbleiben, nicht zuletzt auch in ihrer Lernfähigkeit. Eines der erstaunlichsten Phänomene ist ja, daß die Begriffsapparatur des römischen Rechts zugleich Möglichkeiten der Verarbeitung von Erfahrungen, des Lernens, der inneren Entwicklung bot – verglichen etwa mit der literarischen Erstarrung gepflegt tradierten heiligen Rechts. Ich führe diese höhere Mobilität zurück auf eine stärkere funktionale Trennung von Recht und Religion. Analoge, aber in den Auswirkungen ganz andersartige Probleme findet man in sogenannten Patrimonialstaaten, also in Gesellschaften mit einer unzureichenden Trennung von Politik und Wirtschaft, insbesondere Grundbesitz. Autochthon entstanden sind solche Gesellschaften im homerischen Griechenland, im vorneuzeitlichen Rußland und in einigen afrikanischen Königtümern. Oder aber sie entstanden durch eine Rückentwicklung aus bereits stärker differenzierten politischen Ordnungen wie zeitweise in Ägypten und in Europa nach dem Zusammenbruch des römischen Reichs. Typisch für diese Gesellschaften ist, daß die Rechtspflege als Annex der Hausverwaltung betrieben wird, eingegliedert in den Rechte- und Aufgabenkatalog des fürstlichen Hauses. Es gibt aber keine mit Hilfe des Rechts verfolgten Ordnungsziele, sondern eine volksnahe Rechtsfindung mit der Folge einer Zersplitterung lokaler und gruppenmäßiger Art. Daran ist zweierlei ablesbar: zum einen die Bedeutung der funktionalen Differenzierung für die Rechtsentwicklung und zum anderen die »Zufälligkeit« und Seltenheit von Konstellationen, die alle diese Sackgassen vermieden und zu einer für die weitere Entwicklung tragfähigen Rechtskultur geführt haben. Nur bei hinreichender Ausdifferenzierung und einem gesellschaftlichen Primat des politischen Funktionszentrums waren große juristische Leistungen, waren vor allem die widernatürlichen, aber verkehrsgünstigen juristischen Konstruktionen möglich, die das römische Recht auszeichnen, zum Beispiel die Mängelhaftung des Käufers und nicht des Verkäufers einer Sache oder die Rechtsvermehrung in Form einer Eigentumsvermutung aufgrund von aktuellem, nicht also altem Besitz.

(b) Die zweite wichtige Entwicklungsbedingung hochkultivierten Rechts ist die *Institutionalisierung von Verfahren*. Sie hängt von der Ausdifferenzierung politischer Herrschaft ab. Politische Herrschaft ermöglicht die Bildung von Hierarchien in einem ganz neuartigen Sinne und mit Hilfe solcher Hierarchien die Institutionalisierung bindender Entscheidungen. In spätarchaischen Gesellschaften gab es nur einen pyramidenhaften (nicht in engerem Sinne hierarchischen) Aufbau politischer Herrschaft (wie Aidan Southall in seiner Studie *Alur Society*[89] gezeigt hat), die durch eine Gleichheit der Positionen, eine fehlende funktionale Differenzierung, eine nach oben abnehmende Macht und eine Seltenheit der Inanspruchnahme gekennzeichnet ist. Jetzt aber kommt es zu einer für archaische Gesellschaften undenkbaren Verschmelzung mehrerer Sachverhalte: (1) eines generellen Prestigegefälles von oben nach unten mit funktional diffuser, durchgehender Rangdifferenz; (2) einer Aufgabenteilung entsprechend dieser Rangdifferenz – oben gelten andere Normen und andere Freiheiten, ja zum Teil eine andere Sprache als unten; (3) einer asymmetrischen Kommunikationsstruktur – das Weisung/Gehorsam-Verhältnis wird als hierarchisch (nicht personalspezifisch oder situationsmäßig) bedingt verstanden; (4) eines Auf-Dauer-Stellens dieser Konstellation durch entsprechende Rollen oder Ämter und der Möglichkeit eines Vakanzbewußtseins und einer Fortsetzungsverpflichtung. All das wird nach und nach in einer generalisierenden Synthese zusammengefaßt und als natürliche Einheit begriffen. Die Differenz von Oben und Unten überzeugt als Bild, über das zunächst gar nicht zusammengehörende Einheiten verschmolzen werden. Die Hierarchie ermöglicht die Institutionalisierung von Rechtsverfahren als relativ autonome Interaktionssysteme, deren Funktion es ist, eine offene Situation zu einer Entscheidung zu bringen. Es gibt zwar einen Zusammenhang mit dem auf Sanktion gegründeten Rechtsbegriff, in der bisherigen Forschung ist das aber, weil ein soziologischer Verfahrensbegriff fehlte, zu einfach gesehen worden, so als ob es allein auf das »imperium«, auf eine hoheitlich konzentrierte Sanktions- und Entscheidungsgewalt angekommen sei. Man findet ganz im Gegenteil eine deutliche Differenzierung von Politik und Recht. Das Imperium der Magistrate ist gleichsam nur jene Zutat zum Geschehen der Rechtsfindung, die den einzelnen verpflichtet, zu erscheinen und sich dem Recht zu stellen – nicht eine Kompetenz zur inhaltlichen Bestimmung des Rechts; es ist gleichsam nur die Kristallisationsbedingung für Gerichtsverfahren, nicht die

89 Aidan W. Southall, *Alur Society. A Study in Processes and Types of Domination*, Nairobi 1953.

Geltungsbedingung des Rechts, die als solche noch gar nicht problematisiert wird.

3.4.2. Gerichtsverfahren als sozialer Mechanismus der Rechtsbildung

Der unmittelbar ausschlaggebende soziale Mechanismus der Rechtsbildung ist das *Gerichtsverfahren*, das an die Stelle des archaischen Rechtskampfes tritt, und nicht etwa die Gesetzgebung (auf deren Vorläufer komme ich zurück).[90] Das Gerichtsverfahren löst den archaischen Rechtskampf ab in der Funktion eines *Mechanismus der Konfliktslösung*. Es hat als soziales System eigener Art eine höhere Komplexität und kann daher auch komplexere Verhältnisse abbilden, komplexere Konflikte simulieren.[91] Zu der Frage eines angemessenen Komplexitätsverhältnisses ist eine kurze Nebenbemerkung nötig: Für einen Konfliktslösungsmechanismus ist eine adäquate Abbildung des Konflikts an sich *nicht* funktionswesentlich. Auch der archaische Rechtskampf, auch Zufallsmechanismen können diese Funktion erfüllen. Der Vorteil der höheren Komplexität des Gerichtsverfahrens liegt hauptsächlich in den Rückwirkungen auf die Rechtsbildung selbst. Es hat keinen Sinn, komplizierteres Recht auszubilden, wenn es darauf letztlich nicht ankommt, sondern das Ende des Konflikts magisch evoziert oder erkämpft wird.

Darüber hinaus dienen Verfahren auf sehr eigentümliche, uns aber schon lange selbstverständliche Weise der Objektivierung des Rechtsstreites, und das heißt: *Das elementare Rechtserleben, das unmittelbare Enttäuschungsbewußtsein und Durchhaltenwollen kommt nur noch gebrochen zum Zuge.* In diesem Zusammenhang sind zwei Hinsichten von Bedeutung, die je für sich selbst und in ihrer Kontrastierung wichtig sind.

(a) Das Verfahren steht unter der Bedingung eines offenen, ungewissen und im Verfahren zu entscheidenden, also beeinflußbaren Ausgangs. Das veranlaßt die *Parteien* zur Selbstmoralisierung. Das wurde schon in den Schlichtungsverfahren spätarchaischer Gesellschaften deutlich, bei denen eine Selbstdarstellung als *reasonable*

90 Vgl. unten in dieser Vorlesung, Abschnitt 3.5.

91 Siehe dazu bereits oben in dieser Vorlesung, Abschnitt 3.2. samt »Exkurs: Theorie des Verfahrens«.

man vorkommt, wie das Max Gluckman bei den Barotse beobachtet hat.[92] Man stellt sich damit einer Beurteilung, man unterstellt sich angenommenen und projektierten Standards weiteren Zusammenlebens, man entwirft sozusagen eine gemeinsame Zukunft. Und zwar geht es jetzt nicht mehr um die Fortsetzung des Lebens im Dorf, im kleinen, übersehbaren Stamm mit seinen konkreten Bedingungen, die bekannt sind und über die man nicht zu räsonieren braucht, sondern um die Fortexistenz als gesellschaftliches Wesen nach Maßgabe einer generalisierten Moral. Soviel sei in bezug auf die am Verfahren beteiligten Parteien gesagt.

(b) Diesen sich kontradiktorisch selbst moralisierenden Parteien steht nun ein *Richter* gegenüber, der zwischen Moral und Gegenmoral, Argument und Gegenargument und – natürlich in den meisten Fällen hauptsächlich – über Tatsachenbehauptungen zu entscheiden hat. Er braucht dazu eine unabhängige Perspektive. Es geht nicht einfach darum, auf welche Seite sich der mächtige Mann schlägt. Die Selbstmoralisierung der Parteien zwingt den Richter in ein Entweder/Oder auf der Ebene der Normativität. Der moralische Dualismus wird zum logischen Dualismus: Nur einer kann recht haben (sofern nicht die Streitpunkte selbst gespalten werden können). Das Recht selbst gewinnt damit eine Entweder/Oder-Struktur. Sie müssen das evolutionär Neue daran scharf zu sehen versuchen. Es liegt im *Zusammenhang von Verfahren und Normativität.* Auf subtile Weise verschiebt sich der Schwerpunkt der kongruent zu setzenden Normativität: Es kommt nicht mehr auf das elementare Durchhaltenwollen der enttäuschten Erwartungen an, sondern auf das Durchhaltenwollen von Entscheidungen über enttäuschte Erwartungen. Der Richter muß – ein ursprünglich sicher kaum vollziehbarer Gedanke – die Normativität auf seine eigene Entscheidung beziehen, sich selbst unter einen Normzwang und ein Konsistenzgebot stellen. Als *gänzlich Uninteressierter* muß er das Durchhalten wollen, und er muß seine Entscheidungsnorm auch dann durchhalten, wenn die Parteien ihr Interesse am Streit längst verloren haben. Es kommt darauf an, daß Sie sehen, daß dies eine zunächst höchst seltsame, verblüffende, evolutionär unwahrschein-

92 Max Gluckman, *The Ideas in Barotse Jurisprudence,* New Haven, London 1965; ders., »Reasonableness and Responsibility in the Law of Segmentary Societies«, in: Hilda Kuper, Leo Kuper (Hg.), *African Law. Adaptation and Development,* Berkeley, Los Angeles 1965, S. 120-146.

liche Forderung ist. Aber Evolution ist genau dies: daß mehr und mehr Unwahrscheinliches wahrscheinlich wird. Der Erfolg dieses Systemmodells beruht auf besseren Integrationsmöglichkeiten von Erwartungen: Die Parteien entwerfen ihren Rechtsstandpunkt schon im Hinblick auf eine richterliche Entscheidung. Diese sieht als Problem und Thema eine Kontroverse über Recht vor sich. Das Recht besteht jetzt nicht mehr in der Darstellung und der Kanalisierung von enttäuschten Erwartungen, sondern in objektiven Standards, die nach und nach in unzähligen Verfahren entwickelt werden, um diese neuartige Situation kontroverser Rechtsbehauptungen zu bewältigen.

Wie kam es überhaupt dazu, daß neben der alten Form des rechtlosen Übergriffs neuartige Rechtskontroversen aktuell wurden? Welche Fälle gaben dazu Anlaß? Vor allem waren es wohl Statusfragen einer differenzierten Gesellschaft – insbesondere gab es ein politisch-militärisches Interesse an Klärung. Ferner waren es Eigentumsfragen, vor allem von Grundbesitz, und das Eigentum an Sklaven; Besitz war jetzt nicht mehr ohne weiteres gleich Eigentum – klassisch ablesbar ist das an der römischen *vindicatio*, also der Klage des Eigentümers auf die Herausgabe einer Sache gegen deren Besitzer.

3.4.3. Juristenrecht

Aufgrund dieser Veränderungen kann sich das Recht in der Form von Entscheidungsprogrammen abstrakter und differenzierter entfalten. Das Recht wird zur Summe der Bedingungen, unter denen einer Klage stattgegeben wird und zum Erfolg führt. Man findet ein solches aktionenrechtliches Denken am ausgeprägtesten im römischen Recht und im Common Law. Es fehlt durchaus die Vorstellung eines sachlich geordneten Systems materiellrechtlicher Ansprüche, es dominiert ein rechtstechnischer, prozeßbezogener, konditionaler Charakter der Begrifflichkeit – und daneben gibt es eine unschädliche Philosophie des Naturrechts, des *aequum et bonum*, der *equity*, die gegebenenfalls erwünschte Generalisierungen rechtfertigen kann.

(a) Für die Bewältigung der täglichen Probleme der Interpretation und technischen Handhabung einer solchen Rechtsordnung entsteht eine besondere *Profession*: die Juristen, wieder am ausgeprägtesten im römischen Recht und im Common Law. In beiden Fällen und auch sonst erfolgt das aber nicht in der Form eines Beamten oder eines bürokratischen Amtswalters, der seine Erfahrung kraft Amtes hätte: Die Juristen kommen nicht als Diener des politischen Systems auf die Welt. Ja, sie stehen zunächst außerhalb des Verfahrens. Das ist sehr wichtig! Der Jurist steht nämlich sofort unter widerspruchsvollen Rollenanforderungen, die ihn suspekt machen: (1) Er muß das Recht im Hinblick auf das Verfahren als ungewiß, dubios, schwankend behandeln, muß abraten, ausreden, trösten – er kann also kein pathetischer Vertreter des Rechts sein. (2) Er muß sich taktisch, pragmatisch verhalten und gerade die offenen, chancenreichen Aspekte der Rechtsordnung entdecken: Nicht auf seine innere Ergriffenheit kommt es an, sondern auf seine operative Wendigkeit. (3) Er muß irgendwie vom Streit leben – und ist daher dem Verdacht ausgesetzt, ihn zu entfachen oder doch zu verlängern. Daraus resultieren die moralischen Probleme um das Honorar (schon in frühen Zeiten findet man entsprechende Institutionen, die dem Juristen das Geldverdienen verbieten, so zum Beispiel in Indien und Rom, wo das Honorar des Juristen nicht einklagbar war – daher auch der Begriff!). Das alles prädestiniert ihn für Ressentiments, für eine Sündenbockfunktion – und durchaus nicht für politische Ämter. Dazu kommt, daß in den Ämtern nicht ohne weiteres eine spezifische Amtsdisziplin, ein interesseloses Entscheiden nach universell anwendbaren, speziellen Standards vorausgesetzt werden kann. Das Problem partikularer Bindungen, das Problem der Korruption ist durchgehend ungelöst. Erst nach der Entwicklung einer spezifischen Amtsdisziplin, eigentlich erst im späten Mittelalter, im Haushalt des Patrimonialfürsten, wird der Jurist in Ämter gelassen.

(b) Das Recht dieser vorneuzeitlichen Hochkulturen ist, soweit es überhaupt zu eigenständiger Entfaltung gelangt, *Juristenrecht.* Es entspringt nicht – oder nur in wenigen Fällen, die dann typisch ins Mythische einer Rechtsstiftung verklärt werden – politischem Gestaltungswillen oder der bewußten Intention auf Änderung der Verhältnisse. Vielmehr bezieht das Recht seine Entwicklungsantriebe aus dem, was die Juristen, konfrontiert mit Problemen der Rechtsanwendung, an Schwierigkeiten erleben, sei es an Denkschwierigkeiten, sei es an unannehmbaren Konsequenzen bei der Anwendung vorhandenen Rechts auf neuartige Fälle. Das Recht ist durch Abstraktion und Typendifferenzierung schon ziemlich elastisch geworden, aber nicht prinzipiell auf Änderbarkeit hin konzipiert. Es wird so praktiziert, als ob es immer gegolten habe und immer gelten müsse. Das ist ein Reflex der Tatsache, daß es keine institutionalisierten Verfahren für laufende Rechtsänderung gibt. (Auf Ansätze zur Gesetzgebung komme ich zurück.[93]) Im weiteren Sinne kann man ein eigentümliches Anhalten vor den vollen Konsequenzen einer angefangenen Entwicklung erkennen, vor den vollen Konsequenzen des Prinzips der Gründung der Kongruenz des Rechts auf verfahrensmäßige Entscheidung. Darin sehe ich eine genaue Entsprechung zu dem, was ich Ihnen als unvollständige funktionale Differenzierung vorgestellt hatte.

3.4.4. Naturrecht und Gerechtigkeit

Genau dies ist nun die Situation, die vom Recht her durch den *Gedanken des Naturrechts* interpretiert wird. Der Gedanke des Naturrechts hat hier seinen evolutionären Standort, seine gesellschaftsstrukturellen Bedingungen. Diese These möchte ich etwas ausführlicher zu begründen versuchen.

(a) Naturrecht darf nicht verwechselt werden mit der Invarianz und der alleinigen Rechtheit archaischen Rechts. Der Naturrechtsgedanke artikuliert sich vielmehr erst in der griechischen Gegenüberstellung von *physis* und *nomos*, die dann mit vielen Uminterpretationen im Prinzip durchläuft bis ins 18. Jahrhundert zu der Unterscheidung von *nature* und *convention*. Es geht nicht um die situationsrelative Einstimmung in die Natur der Welt (Harmonie in und mit der Situation) wie in China, wo sich eine über den archaischen Familienzusammenhängen stehende politische Herrschaft ausdifferenziert hat, die aber praktisch nur das Strafrecht regelt. Das europäische Naturrecht hat eine ganz andersartige Funktionalität. Das Wesentliche dieser Unterscheidung von Natur und Gesetz ist, daß sie die begrenzte Selektivität des Rechts zum Ausdruck bringt. Es ist schon unbezweifelbar, daß es andere Gesellschaften mit anderem Recht als dem eigenen gibt, daß also Recht irgendwie gesellschaftsspezifisch selektiert wird. Andererseits glaubt man, daß es daneben auch *invariantes Recht* gibt, das aus der Natur entsteht – also aus sich selbst schaffender Kausalität.

93 In Abschnitt 3.5. dieser Vorlesung.

Das Naturrecht ist *Seinsrecht*, es ist erkennbar, wahrheitsfähig, also von kognitiven Erwartungen nicht trennbar. Die Natur ist ein Symbol für die Nichtbeteiligung des menschlichen Handelns, für die Unabhängigkeit von menschlichem Zutun, für einen Bereich eigener Kausalität, und signalisiert uns eine Aussage über die relativ geringe Komplexität der Systeme. Exemplarisch ist im indischen Rechtsdenken die Annahme, die Natur korrigiere das Unmaß der im Recht gesetzten Härte; kennzeichnend ist ferner die Lernunfähigkeit des Rechts: Es wird nicht verbessert und kann nicht verbessert werden. Wo das bestehende Recht zum Unrecht zu werden droht und unmenschliche Konsequenzen zur Folge hat, löst im Einzelfall die Weisheit kraft Betätigung des Naturmechanismus die Probleme, das Recht selbst wird nicht angetastet. Das Beispiel ist die Legende von den beiden Brahmanen: Ein jüngerer Bruder nimmt aus dem Garten des anderen weisen Brahmanen Früchte und wird dabei ertappt. Der Weise gerät in einen Gewissenskonflikt zwischen Recht und Bruderliebe, muß sich aber entschließen, den Jüngeren vor Gericht zu bringen. Auch in diesem Fall bleibt allein das Handabschlagen, um die Schuld loszuwerden, da es keinen Ausnahmetatbestand im Recht gibt, der das besondere Brüderverhältnis der beiden Brahmanen regeln würde. Die Heilung des Problems erfolgt hier nur dank eines weisen Ingangsetzens der Weltmechanik und ohne Fortentwicklung des Rechts: Da der ältere Bruder ein Weiser ist, weiß er um die kompensierende Wirkung der Natur. Er rät dem jüngeren Bruder, in einen bestimmten Fluß zu steigen, worauf diesem die Hand wieder anwächst, was die vom Recht zugefügte unbillige Härte kompensiert.

Für den Anfang ist bezeichnend, daß genau das formuliert wird, was wir auf anderen Wegen bereits herausgefunden haben: ein begrenztes Selektionspotential der Gesellschaft in Rechtsangelegenheiten. Es ist also nicht *nomos* mit »positives Recht« zu verwechseln, es geht nicht nur um Gesetzgebung, sondern auch um gesellschaftsspezifisches Gewohnheitsrecht. Der Begriff kommt überhaupt erst in dieser Unterscheidung zu Ehren. Vorher war das Recht das Schwankende, das Irrige der Volksmeinung, Angelerntes im Gegensatz zum Charakter usw. Ferner handelt es sich bei dem Verhältnis von Naturrecht und Recht um kein Rangverhältnis, dies ist eine spätere, zuerst römische, dann mittelalterliche Zutat. Das Naturrecht geht nämlich nach und nach eine engere Verbindung mit Ethik und Gerechtigkeitslehre ein. Erst dadurch färbt der Gedanke des Maßstäblichen aufs Naturrecht ab.

(b) Abschließen möchte ich die Ausführungen zum Recht der vorneuzeitlichen Hochkulturen mit einige Bemerkungen zur *Gerechtigkeit.* Die archaischen Rechtsprinzipien der Vergeltung und der Reziprozität werden im griechischen Rechtsdenken umgearbeitet in ein Kriterium des Rechts, das dem Recht selbst gegenübergestellt wird und vor allem die Selektivität des *nomos* steuert. Das war nötig, nachdem die Selektivität des *nomos* erkannt worden war. Im griechischen Denken der klassischen Zeit wird dieses Kriterium des Rechts als *Gleichheit* formuliert. Das war eine halb mythische, halb rationale Bestimmung. Uns wurde sie vermittelt durch den Präzisierungsversuch des Aristoteles mit seiner Typenunterscheidung von arithmetischer und geometrischer (proportionaler) Gleichheit. Das ist rätselvoll geblieben: Was ist dabei gleich? Diese Frage stellt sich auch Aristoteles, und er antwortet: Es ist der gleiche Abstand zu den Extremen, das heißt zu den Werten; und im übrigen antwortet er mit seiner bekannten Unterscheidung zweier Typen der austeilenden (distributiven) und der ausgleichenden (kommutativen) Gerechtigkeit. In diesem engen Zuschnitt beherrscht die Problemstellung dann die Tradition dessen, was sich später als Rechtsphilosophie etabliert. Unsere bisherigen Analysen ermöglichen eine ganz andere Art der Lösung des Problems. Gleichheit scheint mir nichts anderes zu sein als ein Symbol für Kongruenz, nämlich erstens gleiches Durchhalten der Normen in der Zeit, zweitens Konsensfähigkeit als Konvergieren der Meinungen auf dem Gleichen und drittens sachlicher Wesenszusammenhang, das heißt Ordnung und Geltung des Rechts in verschiedenen Sachzusammenhängen (Prinzip der Normabstraktion). Symbolisiert wird nichts anderes als die Einheit der Anforderungen in diesen verschiedenen Dimensionen. Symbolisiert wird damit das Wesen – oder heute: die Funktion des Rechts. Nur so ist einsichtig zu machen, was Gerechtigkeit überhaupt mit Recht zu tun hat und weshalb diese Funktion des Kriteriums durch den Gleichheitsgedanken symbolisiert wird.

Vielleicht erscheinen Ihnen diese Überlegungen als Anmaßung eines Soziologen, der über Dinge spricht, die in die Philosophie gehören. Ich erhebe auch keineswegs den Anspruch, philosophisch relevante Aussagen zu formulieren. Allerdings sind die Themen der Philosophie aus soziologisch angebbaren Gründen Themen geworden. Und sie sind zu interessant, als daß man sie der Philosophie in ihrer heutigen Gestalt überlassen könnte. Dies gilt um so mehr, als die Philosophie offensichtlich größte Mühe hat, ein unbefangenes Verhältnis zur Begrifflichkeit ihrer Tradition zu gewinnen.

3.5. Übergang zu positivem Recht

Unser offizielles rechtswissenschaftliches Rechtsdenken lebt noch in der Vorstellungswelt der Hochkulturen. Die Wirklichkeit hat sich jedoch seitdem radikal geändert, und zwar sowohl gesellschaftlich als auch – infolgedessen – in der Wirklichkeit des Rechts. Es handelt sich um einen tiefgreifenden Bruch, dessen Konsequenzen noch nicht zu überblicken sind. Selbst von der Rechtssoziologie klassischer Prägung ist das nicht angemessen diagnostiziert worden.

(a) Der Ausgangspunkt ist die *Vervollständigung des Prinzips der funktionalen Differenzierung* des Gesellschaftssystems. Dessen primäre Subsysteme sind heute funktional ausdifferenziert: politisches System, Wirtschaft, Wissenschaft, Religion, sogar Familie. Infolgedessen kommt es zu einer immensen Steigerung der Komplexität des gesellschaftlich Möglichen und zu einem immensen Anwachsen des Regelungsbedarfs. Die funktionale Differenzierung läßt die Institutionen ihr inneres Maß, ihre Selbstgerechtigkeit verlieren. Beispiele sind die Passionierung der Liebe, die Wertfreiheit der Wahrheit, der Machtgebrauch nach der für viele anstößigen Sondermoral der Staatsräson (*ratione status*). Deshalb gibt es einen Bedarf für normative Standards der Beschränkung, für eine selektive Funktion von Systemgrenzen im Verkehr zwischen den Systemen. Hinweisen möchte ich in diesem Zusammenhang auf meine Interpretation der Grundrechte, die ihnen eine solche Funktion der Beschränkung zuschreibt, und zwar für das politische System in seinen Beziehungen zu anderen Teilsystemen der modernen Gesellschaft.[94] Aus alldem ergeben sich neuartige, strukturell andersartige Forderungen an das Recht, die dazu zwingen, das Verfahrensprinzip zu erweitern – und zwar auf die Gesetzgebung.

(b) Ein entscheidend neuer Zug, der sich erstmals im 19. Jahrhundert durchsetzt, ist die Verfügbarkeit des Rechts für *Setzung*

94 Niklas Luhmann, *Grundrechte als Institution. Ein Beitrag zur politischen Soziologie*, Berlin 1965.

und Änderung in routinemäßig benutzbaren Verfahren. Die Rechtsgestaltung wird als Normalfunktion des Staatslebens verstanden. Gleichwohl reicht die bloße Tatsache, daß Gesetze gemacht werden, zur Charakterisierung der Neuerung nicht aus. Es ist nicht nur das historische Faktum. Positives Recht ist als Gesetzesrecht nicht ausreichend charakterisiert, wenn man damit nur eine Angabe der »Rechtsquelle« meint, das heißt die Angabe eines einmaligen historischen Faktums als Geltungsgrund. (Gedanklich ist das schwer durchschaubar und daher auch schwer kritisierbar. Man sieht das am Problem des Begriffs der »Rechtsquelle«, der Entstehungsweise und Geltungsgrund des Rechts verschmilzt.) Festzuhalten bleibt, daß positives Recht sich gesellschaftlich durchsetzt auf dem Wege der Bereitstellung von Verfahren für Rechtsetzung in immer stärker sich ausdehnendem Umfange, schließlich sogar die Verfassungsgebung und Verfassungsänderung einbeziehend. Was sind die historischen Bedingungen dieses Vorgangs – im Unterschied zu den vollen gesellschaftsstrukturellen Vorbedingungen der Positivierung des Rechts?

(c) *Gesetzgebung* ist keine Erfindung der Neuzeit. Sie war seit langem bekannt. Es war keine abrupte Evolution – etwa durch eine Verfassungsänderung. Es gab bereits römische Volksgesetze, dann die kaiserliche Konstitutionenpraxis, das ist aber nie durchgeführt worden bis hin zu einer prinzipiellen Variabilität des Rechts trotz absolutistisch klingender Maximen. Das sind schwierige Interpretationen. Es gibt eine weite Verbreitung von Weisungen der Häuptlinge und Fürsten, die im Laufe der Zeit bei Erfolg normativen Charakter annehmen; deren rechtlicher Status bleibt aber prekär. Das läuft über Eingewöhnung oder hat eine krisenbedingte Überzeugungskraft, die Einpassung und Darstellung wird als Ausdruck des vorhandenen Rechts verstanden, als Anpassung von Details an die *diversitas temporum.* Die weiteste Vorbereitung findet man im antiken Athen des 6. bis 2. vorchristlichen Jahrhunderts, das schon explizite Gesetzgebung kannte. Kennzeichen des griechischen Rechtsdenkens ist aber weiterhin, daß es keine eindeutige Trennung zwischen den Verfahren der Gesetzgebung und denen der Justiz gibt: Die Selektion dessen, was Recht werden soll, ist noch nicht hinreichend gewährleistet, sondern bleibt dem Geschick der einzelnen Juristen überlassen, woraus sich der Zwang ergibt, in der Argumentation den Fall nicht als Fall, sondern das Ganze im Blick zu haben. Die römische Rechtskultur kennt zwar die Gesetzgebung als Muster, praktiziert sie aber zunächst sehr vorsichtig: Bis zur frühen Kaiserzeit sind Gesetzeswerke eine Institution, deren Abänderung ein moralisches Problem bedeutet – ein Indiz für die Einstellung zur Gesetzesänderung ist, daß Änderungen des Gesetzestextes immer hinten angehängt werden. Erst in der kaiserlichen Zeit kommt es dann zu einer umfassenden Praxis der Gesetzgebung und Gesetzesänderung und einem juristisch durchgearbeiteten Recht. Dessen Vorhandensein besagt aber zunächst nicht mehr als die durchgängige Trennung der verschiedenen Verfahren. Die Auffassung von Gesetzgebung als Aufzeichnung des bestehenden Rechts findet sich noch bei Hegel, der gegen Savigny die Gesetzgebung, die Positivität des Rechts als Wesenszug des bürgerlichen Zeitalters ansah. Er fügt dann aber wie selbstverständlich in seiner Rechtsphilosophie an, daß »es nicht darum zu tun sein kann, ein System ihrem Inhalte nach neuer Gesetze zu machen, sondern den vorhandenen gesetzlichen Inhalt in seiner bestimmten Allgemeinheit zu erkennen, d.i. ihn denkend zu fassen«.[95]

(d) Immerhin war also die *Umstrukturierung auf Positivität* in der Rechtsentwicklung vor allem durch die Ausdifferenzierung und Abstraktion des Rechts *weitgehend vorbereitet*: (1) Es gab das spätrömische Muster kaiserlicher Gesetzgebung, das im Mittelalter »abstrakt rezipiert« werden konnte, das heißt ohne eine Mitnahme des konkret limitierenden sozialen Kontextes. (2) Eine wichtige Vermittlungsfunktion übernahm das kanonische Recht, an dem sich die Legisten, was Organisation, Verfahren, Kompetenzansprüche angeht, orientieren – trotz und wegen der Kampfsituation von kaiserlicher und päpstlicher Herrschaft. (3) Die christliche Überlieferung des antiken Naturrechts wirkt human-innovativ. Dazu kommt die Verschiebung der Grundlagen des Rechts aus der Tradition in die Transzendenz (den Willen Gottes) – das heißt praktisch in theologisch disputierbare Prinzipien. Die Gefahr einer radikalen Verunsicherung des Rechtsgefüges läßt sich über religiöse Grundlagen aber nicht mehr abfangen. (4) Die Kontingenz des Rechts wird im Gedanken einer göttlichen Rechtsschöpfung gefunden. Das brauchte dann nur noch säkularisiert zu werden, auf das menschliche Subjekt, die Vernunft, das Gewissen, den

95 Hegel, *Grundlinien der Philosophie des Rechts*, § 211.

Gesetzgeber übertragen zu werden. Es ist dann keine religiöse Begründung der Invarianz von Norminhalten mehr möglich. Der höchste Abstraktionsgrad war in der religiösen Rechtfertigung des jeweiligen Rechts erreichbar. (5) Eine wichtige Überleitungs- und Verharmlosungsfunktion übernimmt die Legeshierarchie, die vom ewigen Recht über das Naturrecht zum positiven Recht verläuft: *lex divina, lex aeterna, lex naturae, lex positiva.* Die Legeshierarchie schien als Gesamtform und als Regulativ dem Recht seine Rechtlichkeit im Einklang mit dem Willen Gottes zu sichern und ermöglichte zugleich eine unauffällige Ausbreitung des positiven Rechts unter dem Schirm übergeordneter Rechtsquellen. Das Naturrecht ist heute nichts anderes als eine Erinnerung an diesen Legeskatalog, ein formales Weiterleben des Hierarchiegedankens als solchen. Das Naturrecht ist das Postulat einer hierarchischen Form der Rechtsbegründung. Es ist unter heutigen Umständen aber völlig unangemessen, positives Recht als unterste Stufe einer Legeshierarchie zu denken, deren obere Stufen weggefallen sind. Das alles sind verschiedenartige Vorstellungshilfen mit Überleitungsfunktion. Man muß ja, zumindest im Recht, zunächst einmal etwas denken und sagen können, bevor man es institutionalisieren kann.

(e) Eine weitere Schwierigkeit ist besondere Aufmerksamkeit wert, weil daran ein sehr typisches Problem der Evolution deutlich wird. Bei der Überwindung wichtiger Schwellen der Evolution liegt es nahe, die Problemfrage falsch zu stellen und die Lösung in falscher Richtung zu suchen, gleichsam die alte Ordnung mit Modifikationen in die Zukunft zu verlängern, ohne zu erkennen, daß eine neue im Werden ist. Die *Lösung des Problems positiver Gesetzgebung* hatte man im Mittelalter zunächst im Denkschema »altes Recht/neues Recht« gesucht. Altes Recht ist besser als neues Recht – also muß neues Recht nach Möglichkeit so gut und so bindend gemacht werden wie altes Recht. Daher versuchte man, den Fürsten und die sonst Betroffenen an das neue Recht zu binden. Es wurde paktiert und feierlich beschworen und nach einigen Jahren nochmals paktiert und wieder beschworen. Es gab ein Versprechen der Bindung auch der Nachfolge auf alle Ewigkeit, eine Übernahme bei Amtsantritt usw. All das erfolgte mit einer Dringlichkeit, als ob man spürte, daß es vergebliche Mühe ist. Der evolutionäre Erfolg lag denn auch in genau der entgegengesetzten Richtung: nicht in der Bindung, sondern in der *Nichtbindung des Gesetzgebers an seine Gesetze.* Der Gesetzgeber muß *frei* sein, seine Gesetze zu ändern, und diese Freiheit, das Risiko dieser Freiheit, mußte institutionalisiert werden. Freiheit wird möglich mit Hilfe von Verfahren, die trennen zwischen Ungehorsam und Änderungsbegehren.

Zur Institutionalisierung dieser Nichtbindung mußten im politischen System zwei weittragende Umstrukturierungen vorgenommen werden: (1) Eine *Trennung von Person und Amt* als durchgehend nicht nur in der Bürokratie, sondern auch im Bereich der Gesetzgebung, ja selbst für die Beteiligung des Bürgers am politischen System. Ich erinnere an meine Überlegungen zur zunehmenden Differenzierung von Rolle und Person als Erwartungszusammenhänge.[96] (2) Eine Organisation politischer Selektivität in Form einer *Vorschaltung politischer Prozesse* vor die bindende Entscheidung. Demokratie als Herrschaftsform wird zur Norm des politischen Systems – gesehen aus dem Blickwinkel der Positivierung der Entscheidungsprämissen. Institutionell führt das zu einer Trennung von Politik und Verwaltung.[97] Alles in allem besteht also ein enger Zusammenhang der Positivierung des Rechts mit der Herausbildung des modernen Staates, wie er uns tägliche Gewohnheit geworden ist.

96 Siehe oben in dieser Vorlesung, Abschnitt 2.5.

97 Vgl. dazu oben, Vorlesungen VI und VII.

4. Positives Recht

4.1. Begriff und Funktion der Positivität

Für die folgenden Bemerkungen nehme ich mir die Freiheit zu einem eigenwilligen Sprachgebrauch, der weniger in den förmlichen Definitionen zum Ausdruck kommt als in den Folgerungen, die daraus gezogen werden. Das ist aus zwei Gründen notwendig: zum einen um die Aussagen, auf die es mir ankommt, formulieren zu können, und zum anderen wegen gewisser Koordinationen im System meines Denkens – vor allem im Zusammenhang mit wissenschaftlicher Positivität.

Der *Begriff der Positivität* ist vor allem in der Rechtswissenschaft und der Rechtsphilosophie geläufig, aber in verschiedenem Sinne: (1) als Geltung schlechthin – das ist meines Erachtens ein überflüssiger Begriffsgebrauch; (2) als Gesetztheit – das ist sprachadäquat, und daran will ich anknüpfen; ich verstehe es aber nicht als historisches Faktum. (3) Positivität in der Auslegung des rechtswissenschaftlichen Positivismus, einer Theorie, die heute durchweg abgelehnt wird. Bezeichnend dafür ist, daß der Positivismus die Positivität nicht nur als Gegenstand hat, sondern sie zugleich dogmatisiert, das heißt als Grund ihrer selbst setzt. Das ist soziologisch unakzeptabel – wie übrigens aus gleichen Gründen der wissenschaftliche Positivismus, weil man als kritischer Soziologe nicht darauf verzichten kann, andere Möglichkeiten mitzusehen.

Was heißt nun *Gesetztheit*? In meiner Auslegung heißt das *Kontingenz* oder zumindest eine Art von Kontingenz. Wenn etwas gesetzt ist und wenn es als solches bewußt gehalten wird (wenn es *bloß* gesetzt ist), ist es damit als auch anders möglich sichtbar. Dieses Bewußthalten der Gesetztheit wird dadurch erreicht, daß die Geltung des Rechts einer Entscheidung zugerechnet wird. Entscheidungen, und zwar verfahrensmäßige Entscheidungen, machen die Setzung des Rechts sichtbar und zurechenbar. Die Entscheidung wird weder dem Kairos noch einer Krise überlassen, vielmehr wird die Gleichheit in der Zeit, das heißt die Fortdauer einer Regelung, selektiv (durch die Entscheidung) hergestellt. Insofern hängen Positivität und Entscheidung wie auch Positivität und Verfahren zusammen. Mit anderen Worten, die Geltung des Rechts wird einem variablen

Faktor zugerechnet. Das *normativ Stabilisierte wird auf Labilität*, das Feste auf das Bewegliche gegründet – und nicht umgekehrt. Das ist nur möglich, wenn man die Verfahren und Selektionsweisen des Rechts hinreichend zentralisieren und offenlegen kann – also mit Hilfe von Gesetzgebung. Im Recht der Hochkulturen waren die langen Selektionsketten, die genetisch zur Konstitution von Recht führen, im Erlebnishorizont des einzelnen nicht mehr als wählende Akte sichtbar zu machen, daher war das Recht als Ganzes nicht auf Entscheidungen zurechenbar. Mit Hilfe von Gesetzgebung wird genau dies möglich. Anfangs wurde das mit stärksten Befürchtungen begrüßt. So warnt Savigny explizit davor, daß das Sichtbargemachte im Volksbewußtsein weniger geachtet würde als das seit alters her Überlieferte, das Recht also durch Positivierung an Qualität verlieren würde, weil man die Ursachen des geltenden Rechts nun kennt.[98] Heute lesen wir das als Hinweis auf die Risiken, die mit der Positivierung des Rechts eingegangen werden.

Mein Argument sieht die entscheidende Errungenschaft in der *Zurechnung* des Rechts auf Entscheidungen, nicht dagegen in einer *kausalen Erklärung* des Rechts durch Entscheidung. In diesen Zusammenhang gehört eine Kritik des Begriffs der Rechtsquellen – das ist ein düsteres Kapitel der jüngeren Rechtsgeschichte – als Verschmelzung von Kausalerklärung (Wille, Vernunft usw.) und Geltungsgrund. Es ist, für den Soziologen zumindest, auf den ersten Blick klar, daß die Genesis von Recht nicht durch Entscheidung erklärt werden kann. Es gibt immer ein Vorfeld gesellschaftlicher Normierungen, aus denen der Entscheidungsprozeß das Recht selektiert. Das gilt sowohl für den Gesetzgeber als auch für den Richter. Gesetzgebung ist nicht spontane Kreation aus dem Nichts (und insofern sind auch Begriffe wie Vernunft oder Willen unzulängliche Erklärungen), sondern Selektion aus vorhandenen Normangeboten. Verkennt man das, dann verbindet sich die richtige Vorstellung der Entscheidungsgesetztheit mit der falschen Vorstellung von faktischer oder moralischer Allmacht des Gesetzgebers, und es entstehen politische oder moralische Bedenken gegen die Positivität des Rechts. Zurechnung heißt nur, daß unter unend-

98 Friedrich Carl von Savigny, *Vom Beruf unsrer Zeit für Gesetzgebung und Rechtswissenschaft*, Heidelberg 1814, S. 43: »Was so vor unsern Augen von Menschenhänden gemacht ist, wird im Gefühl des Volkes stets von demjenigen unterschieden werden, dessen Entstehung nicht eben so sichtbar und greiflich ist [...].«

lich vielen Ursachen für die Geltung eines bestimmten Rechtssatzes *eine*, die Entscheidung, für besonders relevant gehalten wird – und zwar typisch der variable Faktor, den man ändern könnte. Dieser wird als maßgeblicher Geltungsgrund des Rechts herausgehoben. In dem Maße aber, als das geschieht, wird die Positivität des Rechts im Sinne laufender Änderbarkeit zum Gegenstand permanenten Bewußtseins, und das ist die Errungenschaft, auf die es ankommt.

Diese Errungenschaft kann nur von ihrer Funktion her voll verstanden werden. Den entscheidenden Gewinn sehe ich darin, daß durch die Positivierung die Komplexität des Rechts, und zwar des geltenden Rechts ebenso wie des möglichen Rechts, also auch der juridifizierbaren Sachverhalte, immens gesteigert werden kann. Sie kann gleichsam in eine neue Dimension gebracht werden mit neuartigen Organisationserfolgen, neuartigen Risiken, neuartigen Strukturvoraussetzungen und neuartigen Dysfunktionen. Das aber heißt, daß *alle Dimensionen der Generalisierung von Verhaltenserwartungen betroffen sind* und daß ihre Synthese – und damit der Stil von Recht – neu definiert werden muß.

(a) *Zeitlich* muß das Recht ohne Beeinträchtigung seiner normativen Funktion als änderbar institutionalisiert sein. Die strukturierende Funktion erfordert an sich keine absolute, sondern nur eine situationsrelative Invarianz. Diese Chance muß genutzt werden. Man muß nur klar sehen, in welchen Situationen man sich befindet, mit anderen Worten: Man muß die Kompetenzgrenzen definieren und kennen. Das positive Recht impliziert eine widerspruchsvolle Einstellung zu Strukturen als Prämisse und Problem, als Konstante und Variable im gleichen System auf der Grundlage von interner Differenzierung.[99] Gewonnen wird damit die Möglichkeit von zeitlich verschiedenem, ja zeitlich widerspruchsvollem Recht: Es kann heute Recht sein, was gestern nicht Recht war und morgen nicht Recht sein wird. Kleine Reformen können vorweggenommen werden, weil große Reformen nicht so schnell zur Entscheidung zu bringen sind. Die Kündigung von Verträgen kann erlaubt, erschwert, verboten, erleichtert werden usw. Neuartige Sachverhalte und Verhaltensweisen werden rechtlich regulierbar: Fettprozente der Milch, Prämien für die Vernichtung von Äpfeln, Baubeschränkungen usw.

99 Siehe unten in dieser Vorlesung, Abschnitt 4.4.

(b) Damit werden Sinngehalte juridifizierbar, die es vorher nicht waren, nämlich die Saisonthemen. Es wird damit auch *sachlich* mehr Recht möglich. Aus dem Recht selbst gibt es dafür keine Hindernisse mehr. Die Lebensführung wird in nahezu beliebigen Details regulierbar – und das nicht in einer Ausformung eines allgemeinen Ethos wie etwa der ständischen Ordnung zu Kleiderordnungen usw., sondern als Instrument des Ausgleichs von Fluktuationen, der Fortentwicklung eines Status quo. Das Recht wird zum Instrument einer planmäßigen Veränderung der sozialen Wirklichkeit. Keine vorneuzeitliche Rechtskultur hatte diese Prätention, geschweige denn diese Möglichkeit, und das noch unter laufend sich verändernden Bedingungen.

(c) Ein so mannigfach potenziertes Recht muß zugleich für mehr und für verschiedenartigere Personen gelten, muß also auch in der *Sozialdimension* stärker generalisiert sein. Es muß vom Fühlen und Wissen des einzelnen praktisch unabhängig sein – und trotzdem akzeptiert werden, und dies, obwohl die Verschiedenartigkeit der Betroffenheit einzelner zwangsläufig wächst. Positivierung führt zur Trivialisierung des Rechts, die sich als durchgängiger Allgemeinheitsanspruch darstellt – und das ist möglich, da nicht mehr unmittelbar erkennbare Konsenschancen, sondern organisierte Verfahren die institutionelle Selektion des Rechts steuern.

Die Form, in der die damit neu gestellten Probleme kongruenter Generalisierung gelöst werden können, ist noch nicht endgültig zu übersehen. Versuchsweise mache ich zwei Interpretationsvorschläge: (1) Eine Problemlösung ist eine *Stabilisierung höherer Indifferenzen* im Recht. Es muß gleichgültig werden, was vorher gegolten hat, was sich sonst noch ändert und wer konkret was denkt oder weiß. Das sind wiederum sehr problematische Aspekte – vor allem in der Sachdimension. Wir erreichen Indifferenz durch eine mangelnde Dogmatik und Systematik, eine chaotische Technik einzelner Anfügungen, durch Änderungen oder Abstriche ohne dogmatisch vermittelte Implikationen. Das ist dann eine Indifferenz aus Ignoranz – nicht nur in der Rechtsetzung, sondern auch in der Auslegung. (2) Zugleich und im Zusammenhang damit steht als zweite Problemlösung die *Reflexivität der Normierung*. Das heißt: Der Mechanismus des Normierens wird auf sich selbst angewandt, bevor er auf einen Sachgegenstand angewandt wird. Das ist eine in der modernen Gesellschaft sehr verbreitete und interessante Struktur; dazu gibt es einen Aufsatz von mir.[100] Reflexive Mechanismen im allgemeinen und Normierung von Normierungen im besonderen leisten eine Verstärkung der Selektivität von Mechanismen. Im Unterschied zur alten hierarchischen Ordnung von *Begründungen* ordnet Reflexivität also Selektionen in dem Sinne, daß durch vorweggenommene Auswahlen spätere begrenzt und erleichtert werden. Zu beachten ist, daß solche Normierungen der Normierung sowohl im Verfahrensrecht als auch in materiellem Recht stecken können. Das kommt deutlicher heraus in dem Maße, als der Gesetzgeber auch an das materielle Verfassungsrecht gebunden wird – das er doch selbst ändern kann. In der juristischen Dogmatik ist diese Funktion der Vornormierung nicht ausdifferenziert, sondern oft eingebaut in Normen, die auch, aber nicht nur den Gesetzgeber binden. Der entscheidende Gewinn liegt in der Gestuftheit des Entscheidungsprozesses und in der Möglichkeit eines Verzichtes auf höchste, absolut invariante Normen. Das sind Fragen an die allgemeine Rechtstheorie, die wir aber noch nicht haben. Die folgenden Überlegungen können unter diesem Blickwinkel gesehen werden als Frage nach den gesellschaftlichen, den politischen und den technisch-organisatorischen Bedingungen der Reflexivität der rechtlichen Normierung.

4.2. Ausdifferenzierung und funktionale Spezifikation

Mit den folgenden Bemerkungen kommen wir zurück zur Soziologie. Reflexivität erfordert eine *Auflösung diffuser Funktionsverschmelzungen.* Wenn nämlich Prozesse auf sich selbst angewandt werden sollen, muß sichergestellt sein, daß sie der Art nach dieselben bleiben und nicht zwischendurch ihren Charakter wechseln. Der Prozeß wird störanfällig und muß daher gegen Interferenz durch andersartige Mechanismen abgeschirmt werden. Reflexivität erfordert, daß man Normierungen *normiert* – nicht, daß man sie glaubt, kauft, genießt, erzwingt, lehrt, diskutiert oder was immer. Die notwendigen Sicherungen werden durch Ausdifferenzierung besonderer, funktionsspezifischer Systeme geleistet. Das ist vermutlich eine durchgehende Konstellation. Ein Beispiel ist die

100 Niklas Luhmann, »Reflexive Mechanismen«, in: *Soziale Welt* 17 (1966), S. 1-23.

Ausdifferenzierung der auf *Liebe* basierenden Familie: Die theologische und moralphilosophische Diskussion der frühen Neuzeit bezog sich auf die Probleme der *denkenden* Reflexion über Liebe. Darin kamen weder Sexualität noch Familie zu ihrem Recht. Erst die Romantik proklamiert das Lieben der Liebe, und das läuft parallel zu der erstmals sich durchsetzenden Vorstellung, daß Familie auf Ehe und Ehe auf Liebe gegründet sein müsse. Es gibt also eine *parallele Institutionalisierung von Ausdifferenzierung und Reflexivität.* Ähnlich, wenn auch in der Literatur weniger prägnant greifbar, verhält es sich bei der Positivierung des Rechts und der Normierung von Normierungen. Auch hier muß eine Kettenstruktur gebildet werden, die störanfällig ist und daher auf eine Isolierung des Mechanismus angewiesen ist. »Die Würde des Menschen ist unantastbar« muß als Rechtsnorm, nicht als Glaubenssatz oder als Wahrheit behandelt werden. Welche Entwicklungen sind im einzelnen zu nennen?

(a) Im Prinzip wird die Ausdifferenzierung des Rechts erreicht durch *Einrichtung von Verfahren*, und zwar auch für Gesetzgebung. Recht kann nur sein, was den Filter eines Verfahrens durchlaufen hat. Dazu sind an dieser Stelle keine weiteren Erläuterungen mehr nötig.

(b) Weiterhin scheint mir eine Umstrukturierung im Verhältnis von Recht und *physischer Gewalt* wesentlich zu sein. Je weiter sich Normierungsentscheidungen von unmittelbar durchsetzbaren Befehlen entfernen, desto sicherer müssen sie sein, daß letzten Endes alles Normierte durchgesetzt werden kann. Die Indirektheit der Vornormierung muß voraussetzen können, daß sich alles, was sich aus ihr ergibt, durchsetzen läßt, ohne daß man dabei die Endnormierungen im einzelnen und die jeweiligen Situationen mit ihren unterschiedlichen Kräftekonstellationen vorauszusehen vermag. Das sind keine Probleme der Informationsbeschaffung und Voraussicht in den Entscheidungsprozessen. Durchsetzungschancen müssen deshalb mit einer *sehr hohen Abstraktheit* bereitgestellt werden. Physische Gewalt zeigt sich hier als jedenfalls überlegen. Das heißt nicht, daß Zwang zum faktisch wesentlichen Gehorsamsmotiv wird. Sondern es bedeutet nur, daß mit Hilfe von Zwangsmöglichkeiten eine hohe Unabhängigkeit von der faktischen und fluktuierenden Verteilung von Motiven erreicht werden kann. Auch hier kommt es insofern zu einer stärkeren Indifferenz des Rechts.

Physische Durchsetzbarkeit wird infolgedessen zu einem wesentlichen Kriterium des Rechts. Es gibt zwar nichterzwingbare Rechtspflichten (etwa auf dem Gebiet der Dienstleistungen oder der Ehe), aber die werden durch indirekt erzwingbare sanktioniert. Im übrigen ist die Beachtung der Grenze der Erzwingbarkeit der wichtigste Filter bei der Schaffung neuen Rechts: Was hindert uns sonst, eine Vorschrift zu machen, daß Hauseigentümer Mieter nicht deshalb abweisen dürfen, weil sie Kinder haben? Andererseits erscheint das Recht nicht mehr in der Gewalt, sondern in der Entscheidung und ihrer Begründung.

(c) Auf einen weiteren Gesichtspunkt stoßen wir, wenn wir Ausdifferenzierung unter dem Aspekt der *funktionalen Spezifikation* beziehungsweise des *Funktionsverlustes* betrachten. In einigen Hinsichten ist das aufgefallen, ja heftig diskutiert worden, in anderen nahezu unbemerkt erfolgt. In jedem Falle ist die Beschäftigung mit dem Phänomen nicht durch ein theoretisch fundiertes Verständnis des Vorgangs getragen. (1) Seit der Wende zum 18. Jahrhundert beobachtet man eine zunehmende *Trennung von Recht und Moral*. Das wurde sicher erleichtert durch zeitgenössische Ansätze zu einer Trennung von Religion und Moral – etwa bei François Fénelon oder im Quietismus. Ein neues, subjektiv-rationales Naturrecht in Form des Vernunftrechts wird in Deutschland deutlich etwa seit Thomasius rezipiert. Später, bei Immanuel Kant und Jeremy Bentham und der dann geläufig werdenden Vorstellung, wird das gefaßt durch die Unterscheidung äußerer und innerer Bestimmungsgründe des Handelns. Das ist wenig aussagefähig. Deutlich erkennbar ist aber, daß die Kongruenzerfordernisse abgetrennt werden von den Gründen, aus denen man einen anderen Menschen achtet. Diese werden ins Innere, in die Gesinnung verlegt; vielleicht deshalb, weil nur eine Innensteuerung genügend Erwartungszuverlässigkeit verspricht. Es kommt in diesem Zusammenhang zu einer Neufassung, nämlich zur Individualisierung des Gewissensbegriffs und des Problems der Gewissensfreiheit, also des Schutzes des Gewissens gegen das Recht.[101] (2) Ebenso problematisch ist das Verhältnis von Recht, das ist, und Recht, das sein soll. Es kommt zu einer *Trennung von Recht und Wahrheit*. Das positive Recht ist nicht mehr wahrheitsfähig. Der Wahrheitsbegriff wird durch die neuzeit-

101 Vgl. dazu auch Niklas Luhmann, »Die Gewissensfreiheit und das Gewissen«, in: *Archiv des öffentlichen Rechts* 90 (1965), S. 257-286.

lichen Wissenschaften in einem spezifischen Sinne präzisiert: als intersubjektiv zwingende Gewißheit. Beim Verhältnis von Recht und Wahrheit geht es weniger um ein Abstoßen (wie im Verhältnis zur Moral) als um einen *Entzug* von Funktionen durch eine in einem anderen System sich vollziehende Ausdifferenzierung, den die Juristen in ihrer eigenen Terminologie noch nicht voll akzeptiert haben. Die vollständige und definitive Trennung kognitiver und normativer Erwartungsstrukturen in diesem Bereich des Rechts hat zur Folge, daß das Recht unmöglich die hohen Risiken ausdifferenzierter Kognitivität mit übernehmen kann, nämlich den hypothetischen Wahrheitsbegriff mit seiner jederzeitigen Falsifizierbarkeit durch dezentralisierte Forschung. Hieran ist zu sehen: Auch die Steigerung evolutionärer Risiken und Unwahrscheinlichkeiten zwingt zu funktionaler Differenzierung. (3) Ein drittes Beispiel, das noch kaum Beachtung gefunden hat, ist die *Trennung des Rechts von erziehenden und erbauenden Prozessen.* Ursprünglich findet man eine Verquickung mit erziehenden Funktionen namentlich in der griechischen Tradition, etwa in Platons *Nomoi.*[102] Aber auch bei der Formulierung von Gesetzen hat man der erziehenden Wirkung des Wortes bei der Formulierung des Rechts große Bedeutung beigemessen: zum Beispiel bei Rechtssprichwörtern oder den Parömien des juristischen Schulbetriebs; durch Rücksicht auf Auswendiggelerntes (zum Beispiel durch ein unsystematisches Anhängen von Neuerungen, etwa in der *lex Aquilia*, die das Schadenersatzrecht regelt und dafür eine Reihe von Deliktstatbeständen und deren Rechtsfolgen auflistet), durch die epigrammhaft geschliffene Sprache der römischen Juristen (und selbst noch des *code civil* – Napoleon hatte gerade darauf geachtet!) – und hier bereits deutlich auf Kosten der rein juristischen Praktikabilität. Heute wird niemand mehr ernsthaft vom Recht eine erziehende oder gar bildende Funktion erwarten. Die heutige Gesetzessprache läßt alle Kunst vermissen, sie eignet sich nicht zum Hören, nicht einmal zum Lesen, sondern allenfalls zum Nachschlagen bei der Suche spezifischer Problemlösungen. Die Gesetzgebung nimmt in ihrem Sprachgebrauch auf den Lehrbetrieb der Universitäten keinerlei Rücksicht.

Dies waren Beispiele für den Zusammenhang von Ausdifferenzierung, funktionaler Spezifikation und Positivierung des Rechts

102 Vgl. Platon, *Nomoi*, 857e ff.

unter der Bedingung hoher Komplexität und hoher unabhängiger Veränderlichkeit in der Gesellschaft. Man braucht bei Änderungen nur jeweils einen bestimmten Funktionskontext vor Augen zu haben und nicht gleichzeitig auch Konsequenzen in ganz andersartigen Funktionszusammenhängen zu überdenken. Darin liegt eine Voraussetzung enthemmter Gesetzgebung, das heißt leichter Anpassungsfähigkeit des Rechts.

4.3. Konditionale Programmierung

Wir hatten allgemein gesehen, daß das Recht durch Einrichtung von Verfahren die Form von Entscheidungsprogrammen annimmt. Diese Entwicklung beginnt mit der Definition der Bedingungen der rechtlichen Richtigkeit von Entscheidungen. Damit ist über die Form und erst recht über die satzmäßige Formulierung solcher Programme noch nicht viel gesagt. Mit dieser Orientierung an Programmen verbindet sich jedoch schon sehr früh eine Tendenz zur *Konditionalisierung* des Programms. Das Programm nimmt dann die Form einer Wenn-dann-Regel an: Wenn … Tatbestand, dann … Rechtsfolge. Diese Form ist weit älter als das positive Recht und voll entwickelt bereits im römischen Formularprozeß. Anders wäre eine positive Programmierung nie möglich geworden. Dennoch haben ältere Rechte eine deutliche Tendenz, Zweckmomente aufzunehmen, einen ethischen oder utilitarischen Bezug auf die Folgen – sei es des Handelns, sei es der Entscheidung. Das ist ein großes Thema Max Webers, hinter dessen Unterscheidung von formellem und materiellem Recht sich der Gegensatz zwischen konditionaler Programmierung und Zweckorientierung verbirgt. Noch heute findet man in Auslegungen und Begründungen eine teleologische Argumentation weit verbreitet, ohne daß die Juristen eine Vorstellung davon hätten, in welche logischen Probleme und Rationalitätsprobleme sie sich dabei verwickeln. Das ist ein Thema in meinem Buch *Zweckbegriff und Systemrationalität.*[103] Der Gedanke des Konditionalprogramms wird zumeist nur im Hinblick auf seine logischen Vorteile behandelt. Das führt in eine Sackgasse, da eine logische Konsistenz ohnehin nicht zu erreichen ist. Die

103 Luhmann, *Zweckbegriff und Systemrationalität.*

entscheidenden Vorteile des Konditionalprogramms liegen nicht im Logischen, sondern in der technisch-organisatorischen Bewältigung großer Datenmengen; und hier liegt denn auch der Grund dafür, weshalb es unter der Bedingung der Positivierung praktisch unerläßlich wird, Konditionalprogramme zu verwenden und Zweckprogramme als Rechtfertigungsmittel auszubooten (man kann also von der gesellschaftlichen Lage auf die Form des Rechts schließen) – was keineswegs so verstanden werden darf, daß sie gänzlich wegfallen. Vielmehr spielen sie eine wesentliche Rolle bei der Entscheidung über Konditionalprogramme, also namentlich in der Gesetzgebung. Worin bestehen nun die *Vorteile des Konditionalprogramms* im einzelnen?

(a) Ein erster Gesichtspunkt ist gemeinsam mit dem Zweck/Mittel-Schema und vor allem für die Absetzung gegenüber dem archaischen Rechtserleben wichtig. Er besteht in der *Eröffnung von Möglichkeiten der Variation.* Das ist ein allgemeiner Vorteil einer binären zweipoligen Struktur: Man kann entweder die eine *oder* die andere Seite ändern mit all dem, was daran hängt. Entweder kann man die Auslegung der Norm nach der zu erwarteten Folge modifizieren oder umgekehrt. Das eröffnet gewisse, aber durchaus nicht beliebige Freiheitsgrade für die Rechtspraxis.

(b) Daneben liegen die Vorteile des Konditionalprogramms in der *Technisierbarkeit* der Entscheidung, bis hin zur Automation als Grenzfall. Technisierbar soll hier heißen: die Möglichkeit des Vollzugs ohne ein Mitbedenken der sinnhaften Implikationen; der Begriff ist also nicht in bezug auf Maschinen gemeint! Das Muster eines solchen technischen Vollzugs ist der Algorithmus. Man kann sich eine hochgradige Indifferenz leisten aufgrund der Beachtung nur weniger, vorselektierter Faktoren. Man kann als Beispiel an die Entscheidung des juristischen Prüfungsamts denken, Kandidaten, die zwei mangelhafte Klausuren geschrieben haben, nicht zur mündlichen Prüfung zuzulassen. Das impliziert einen bedeutenden Tempogewinn sowie ferner eine Verbesserung der Konsenschancen im Entscheidungsprozeß.

(c) Ein Sonderfall dieser Entlastung verdient besondere Beachtung: die *Entlastung von Folgenverantwortung.* Der Anwender eines Konditionalprogramms ist prinzipiell nicht für die Folgen richtiger Programmanwendung verantwortlich. Um das wieder am Beispiel des Prüfungsamts zu veranschaulichen: Der Sachbearbeiter kann nicht für die Folgen der Nichtzulassung zur mündlichen Prüfung verantwortlich gemacht werden. Wäre das anders, müßten konkrete Informationen über die Zukunftsentwicklung in den Entscheidungsgang aufgenommen werden. Das würde diesen überlasten und ganz andere Techniken der Reduktion erzwingen. Im übrigen wäre es nicht vereinbar mit dem Grundsatz der Gleichheit vor dem Gesetz. Ein besonders heikler Anwendungsfall ist hier die Strafrechtspflege. Selbst wenn man es psychologisch könnte: dürfte die Strafe dann auf einen beabsichtigten Effekt – und nicht von der Tat her – zugeschnitten werden? Hier kommt offensichtlich nicht nur die Unzulänglichkeit unserer Kausalbeherrschung ins Spiel, sondern etwas sehr viel Prinzipielleres. Die Gerechtigkeit wird als Gleichheit aufgehoben, wenn man prinzipiell keine gleichen Fälle mehr zuläßt, weil es keine gleichen Menschen gibt. Das ist gegen den allzu krassen Utilitarismus der amerikanischen Rechtstheorie formuliert. Ein interessanter Vorschlag stammt in diesem Zusammenhang von Richard Wasserstrom:[104] Es wären nicht die Effekte auf der Ebene des Einzelfalls, sondern nur die allgemeinen Effekte der Regel, also des Programms, zu berücksichtigen. Das läuft auf eine Differenzierung der Rationalitätskriterien für programmierendes und programmiertes Entscheiden hinaus (darauf komme ich gleich ausführlicher).

(d) Schließlich verbinden Konditionalprogramme die *Vorteile der zentralen Koordinierbarkeit* mit einem *geringen Aufwand an Kommunikation*. Zweckprogramme werfen dagegen beträchtliche Koordinationsschwierigkeiten auf, weil die Mittel stets zweckunabhängige Werte berühren. Daher sind in diesem Fall entweder detaillierte vielstufige Hierarchien mit je wenigen Untergebenen nötig – wie in einem Wirtschaftsbetrieb – oder eine danebengesetzte Kontrollhierarchie – etwa eine politische Partei. Konditionalprogramme sind im Unterschied dazu besser zentral zu steuern, was mit ihrer Technisierbarkeit zusammenhängt: Das Wenn-dann-Schema wird einmal entworfen und nicht laufend im Hinblick auf Wirkungen nachgesteuert, sondern nur aus Anlaß von Krisen revidiert. Hier sind übrigens bedeutende Vorteile des Richterrechts im Hinblick auf die Möglichkeiten der Selbstrevision erkennbar. Vorher gab es einen Zusammenhang mit dem Gleichheitsprinzip,

104 Richard A. Wasserstrom, *The Judicial Decision. Toward a Theory of Legal Justification*, Stanford, London 1961.

hier gibt es einen Zusammenhang mit der Unabhängigkeit der Gerichte. Das ist nur bei konditionaler Programmierung möglich.

Diese gewichtigen Vorteile der konditionalen Programmierung machen sie in großen Systemen praktisch unentbehrlich. Selbst Zweckaufgaben werden in bürokratischen Verwaltungen immer wieder in Konditionalprogramme umgesetzt. Aber der Vorteil muß natürlich bezahlt werden, das heißt im System kompensiert werden, am besten dadurch, daß an anderen Stellen gegenläufig strukturierte Orientierungen zur Geltung kommen. So scheint mir die konditionale Programmierung zu erfordern, daß der Gesetzgeber sich – wie immer unzulänglich, pauschal und uninformiert – an Zwecken orientiert. Das kann mit Hilfe einer klaren Differenzierung von programmierenden und programmierten Entscheidungen in eine organisatorische Form gebracht werden.

4.4. Trennung von programmierendem und programmiertem Entscheiden

Die Trennung von programmierendem und programmiertem Entscheiden ist die wesentliche organisatorische Form, die die Positivierung des Rechts erst ermöglicht. Es kommt so zu einer Verteilung der Entscheidungslast auf verschiedenartige Verfahren. Das ist eine Vorbedingung für die hohe Selektionsleistung. Die Interpretation einer solchen Differenzierung ist näherer Überlegung wert.

(a) Die klassische Darstellung dafür erfolgt in der Form der *Trennung von Gesetzgebung und Rechtsprechung*. Die Differenzierung wird vollzogen mit Hilfe der Unterscheidung von *allgemeiner* Regelung und *konkreter* Einzelfallentscheidung. Das ist ein altes Denkmodell, es ist uns überliefert in der Form, die ihm die Gewaltenteilungslehre gegeben hat. Heute werden üblicherweise Grenzen der organisatorischen Durchführung dieses Prinzips konzediert. Im Gesetzgebungsverfahren werden auch recht konkret gezielte Maßnahmengesetze verabschiedet; der Richter findet auch allgemeine Regeln, ja, er muß sogar jede Fallentscheidung generalisieren, das fordern ihm schon die Selbstnormierung und das Gleichheitsprinzip ab. So gesehen erscheint das Gesetzgebungsverfahren lediglich als Ausdifferenzierung und Verselbständigung eines Teiles der richterlichen Entscheidungsleistung. Die Entscheidung über normative Entscheidungsprämissen wird herausgezogen, soweit sie sich verselbständigen und pauschal erledigen läßt. Damit ist jedoch noch wenig über die Funktion dieser Differenzierung gesagt.

(b) Unsere allgemeinen Überlegungen über Normativität ermöglichen es, hier einen Schritt weiterzukommen. Der Grundgedanke ist, daß diese Differenzierung den *Einbau von an sich ausgeschlossenen Lernmöglichkeiten* in das Recht ermöglicht. Dabei kann man zwei Lösungsansätze unterscheiden. (1) Das *gerichtliche Verfahren* hat seinen Schwerpunkt in der Abwicklung von Enttäuschungen – oft wechselseitigen Enttäuschungen – und ist speziell dafür ausgerüstet. Dafür sind ein feststehender Entscheidungsrahmen und ein normatives Durchhaltenwollen erforderlich. Der Richter darf nicht zu erkennen geben, daß er bereit ist, aus Enttäuschungen zu lernen; es gibt allenfalls apokryphe Lernfähigkeit. Dazu gehört ferner das Fehlen institutionalisierter Möglichkeiten der Selbstkorrektur. All das warnt den vernünftigen Richter vor überzogenen Generalisierungen, vor übermäßigen Festlegungen für eine unabsehbare Zukunft. Das ist der Grund für die Bescheidenheit und Zurückhaltung des Conseil d'État, in geringerem Maße auch des Reichsgerichts – im Vergleich zu den heutigen Bundesgerichten, die diese Zurückhaltung weitgehend aufgegeben haben mit der Verkündigung von »Grundsatzentscheidungen« mit »Leitsätzen«, die der Sache nach Gesetze sind. Das Generalisieren könnte den Kommentaren, könnte der Wissenschaft überlassen bleiben, die der Richter dann weder zu bestätigen noch polemisch zu bekämpfen hätte. (2) Diese genauere Funktionsbeschreibung macht zugleich den Bedarf für ein andersartiges Verfahren deutlich, das von der Behandlung aktueller Enttäuschungen weitgehend entlastet ist und sich deshalb auf enttäuschungsfreies Lernen konzentrieren kann. Im *Gesetzgebungsverfahren* geht es nicht mehr darum, schon verletzte Normen zu reinigen, sondern Normen im Horizont anderer Möglichkeiten der Normierung zu überprüfen. Dieser Unterscheidung von Enttäuschungsabwicklung und selektivem Lernen gegenüber ist die von allgemein und konkret sekundär. Die wesentlichen Hinweise für die Organisation der Verfahren entstammen jener, nicht dieser Unterscheidung. Nur so wird klar, weshalb es bei steigender Komplexität des Rechts, mit zunehmenden Lernnotwendigkeiten zu einer solchen Differenzierung kommen muß. Das bloße Generalisieren könnte der Richter auch selbst leisten. Was er nicht kann, ist, sich von den vorliegenden Enttäuschungen zu distanzieren.

(c) Auf der Suche nach einer organisationswissenschaftlichen Darstellung dieser Differenzierung bin ich auf die *Unterscheidung von programmierenden und programmierten Entscheidungen* gestoßen, der Herbert Simon große Bedeutung beimißt;[105] ursprünglich hat er das sehr hart kontrastiert, später zu der Vorstellung eines Kontinuums abgemildert. Daran anknüpfend läßt sich zeigen, daß die Unterscheidung nicht nur auf der Linie von allgemein zu konkret bedeutsam ist, sondern den gesamten organisatorischen Kontext des Entscheidens betrifft. (1) Vor allem besteht ein erhebliches *Gefälle an Komplexität der Entscheidungssituationen*, mit all dem, was das impliziert. Das Gesetzgebungsverfahren braucht drastische Reduktionsweisen: ein Verlaß auf Informanten, dogmatisch vertretene Werte, Parteilinien, persönliche Beziehungen usw. Es entwickelt sich ein neuer Typ der »schuldlosen« Verantwortlichkeit für Folgen – nämlich mit Hilfe des politischen Austausches von Machthabern. Es kommt so zu einer Kontrolle am Erfolg ohne wesentliche Beeinträchtigung der persönlichen Existenz. (2) Wenn Rationalität Bewältigung von Komplexität heißt, müssen mit dem Gefälle an Komplexität auch die *Kriterien der Rationalität des Entscheidens* differenziert werden. Für programmierendes Entscheiden gelten hier andere Maßstäbe als für programmiertes Entscheiden. Es ist zum Beispiel möglich, daß für Programmierung einfach die politische Opportunität den Ausschlag gibt oder die momentane politische Valenz eines Themas, wie zum Beispiel die von mir schon einmal erwähnte Untersuchung Vilhelm Auberts zum Fall des norwegischen Dienstbotengesetzes gezeigt hat.[106] Oder es ist auch möglich, daß auf der Gesetzgebungsebene Rudimente von Programmen anderen Stils vorausgesetzt werden – zum Beispiel Zwecke, die aber dann nicht in die Form detaillierter Zweckprogramme, sondern in die Form von Konditionalprogrammen umgesetzt werden. All das könnte für die überlieferte Blickweise, die Gesetzgebung und Rechtsprechung nicht von der Entscheidungsstruktur her sieht, sondern im einheitlichen Sinnkontext des

105 Siehe James G. March, Herbert A. Simon, *Organizations*, New York 1958, insb. S. 186 ff.; Herbert A. Simon, *The New Science of Management Decision*, New York 1960, S. 5 ff.

106 Aubert, »Einige soziale Funktionen der Gesetzgebung«.

Rechts, ebendiese Einheit des Rechts in Frage stellen. Ist das Recht für den Gesetzgeber und den Richter dann überhaupt noch dasselbe? Die Identität gemeinter Sinngehalte kann natürlich nicht in Frage gestellt werden. Sie stellt den Zusammenhang her, das ist der Minimalkonsens zwischen zwei Welten. Aber man kann nicht übersehen, daß in beiden Verfahren je verschiedene Implikationen und Verweisungen dieses einheitlichen Sinnes interessieren. In diesem Auseinanderziehen finden sie den verfahrensmäßigen Ausdruck der größeren Weiträumigkeit und Komplexität positiven Rechts und der damit gestiegenen Entscheidungslast. Das ist das Problem, das uns in diesem Abschnitt zentral beschäftigt hat. Im nächsten werden wir dasselbe Problem von einer anderen Seite her beleuchten – unter dem Gesichtspunkt des Risikos der Positivierung des Rechts.

4.5. Risiken und Folgeprobleme der Positivierung

Einer der Grundgedanken dieser Vorlesung war, daß im Laufe der Entwicklung zu höherer gesellschaftlicher Komplexität zunehmend Risiken in Strukturen aufgenommen werden müssen. Es müssen unwahrscheinliche Kombinationen von Erwartungen wahrscheinlich und damit zuverlässig gemacht werden. Die Risiken der Positivierung des Rechts bedürfen kaum einer weiteren Erläuterung. Daß alles Recht Menschenwerk sei, ist ein für ältere Zeiten kaum faßbarer Gedanke. Und auch heute konzedieren ihn die Juristen nur schweren Herzens und zumeist mit einigen Vorbehalten. Ich möchte hier einige Gesichtspunkte anfügen.

(a) Man kann die Positivierung des Rechts als eine *Erleichterung von Strukturänderungen* begreifen. Auf Umweltänderungen von bedrohlichem Ausmaße reagiert jedes soziale System, letzten Endes durch den Zusammenbruch. In dem Maße, wie ein System es lernt, seine Strukturen zu ändern, kann es den Krisenpunkt vorverlegen und verkleinern; es kann gleichsam die Änderungsschwelle, die es umgibt, herabsetzen; es kann schon auf kleinere Anlässe reagieren – also nicht erst auf Krisen, sondern schon auf Symptome für mögliche Krisen. Es gerät dann gleichsam in eine chronische Dauerkrise leichter Art, in ein permanentes, aber leichtes Fieber, wie es für demokratisch regierte politische Systeme typisch ist. Das Risiko steckt nun darin, daß mit der Entstabilisierung von Strukturen, mit dem Herabsetzen der Änderungsschwelle die für das System *relevante Umweltkomplexität steigt*: Mehr und mehr Informationen werden als mögliche Anlässe für Änderungen relevant. Es kommt zu einer Überflutung mit Petitionen, Anträgen, Pressionen, die die Maschinerie der Änderungsverfahren in Gang setzen wollen. Das System wird in eine defensive, bloß noch abwehrende und bremsende Rolle gedrängt. Es verliert die Kontrolle über die Problemstellungen. Ein charakteristischer Beleg dafür ist, daß wir keine von der Jurisprudenz her gesteuerte Rechtspolitik haben. Es gibt keine Rechtspolitik, die dem Wunsch nach Perfektion juristischer Dogmatiken oder dem Wunsch nach Annäherung an das Ideal der Gerechtigkeit entspringt. Rechtsänderungen werden vielmehr als Mittel zur Veränderung gesellschaftlicher Verhältnisse begehrt, der staatliche Apparat wird damit zum reinen Vermittler kausaler Fernwirkungen mit einer nur noch technischen Autonomie herabgesetzt. Entsprechend lockern sich die Anforderungen an die Sinneinheit und Konsistenz der Rechtsnormen. Es kommt nur noch darauf an, daß sich Entscheidungseffekte nebeneinander erzielen lassen und die Programme des Entscheidungsprozesses sich nicht wechselseitig blockieren. Es gibt dann kein formulierbares öffentliches Interesse mehr, und gerade das Kernstück der Positivierung – daß das gesamte Recht politisch zu verantworten ist – gerät in Gefahr. Sie brauchen sich nur das gegenwärtige Flattern der rechtspolitischen Konzeptionen zur Hochschulreform anzusehen, um einen drastischen Beleg dafür zu haben. Eine solche Lage kann sich sehr rasch dahin entwickeln, daß nichts mehr möglich ist, weil alles möglich ist. Der paradoxe Effekt ist nun: *Gerade weil wir alles ändern können, können wir nichts ändern*, weil wir mit der zu hohen und zu unbestimmten Komplexität der Situation nicht fertigwerden. Es kommt nicht mehr zu echten Krisen – aber es scheint, daß wir Pseudokrisen mehr oder weniger spektakulärer Art brauchen, um über Strukturänderungen entscheiden zu können. Die Lehre, die man daraus ziehen kann, ist, daß die Entstabilisierung von Strukturen in einer Relation stehen muß zur Leistungskraft der selektiven Prozesse des Systems, zu seiner Entscheidungskapazität, und ich meine auch: zu seiner Macht, das heißt zu seiner Fähigkeit, Entscheidungen zu übertragen. Das heißt, daß das Risiko der Positivierung des Rechts nur dann übernommen werden kann, wenn angebbare Voraussetzungen dafür erfüllt sind.

(b) Ein weiterer, damit korrespondierender Gesichtspunkt ist der *Abbau wissensmäßiger und moralischer Absicherungen* des Rechts. Probleme sind nicht allein durch einen exegetischen Rückgriff auf höhere Normen oder durch Beschuldigung von Handelnden zu lösen. Positives Recht ist so komplex, daß niemand es *kennen kann.* Es geht nicht nur um mehr oder minder große Wissenslücken, deren Auffüllung erstrebenswert und rational wäre. Vielmehr ist es unmöglich, das Recht zu kennen, und es ist auch nicht rational, sich darum zu bemühen. Verglichen mit anderen offenstehenden Beschäftigungen lohnt sich der Erwerb von Rechtskenntnissen für den einzelnen nicht – mit sehr begrenzten Ausnahmen, vor allem bei täglicher beruflicher Verwertung. Unwissen ist nicht nur unvermeidlich, sondern auch ratsam. Es kommt zu einer Problemüberwälzung auf den einzelnen, was voraussetzt, daß Rechtsfehler aus Unwissenheit tragbare Risiken bedeuten.

(c) Auf einen weiteren Punkt kann ich nur kurz eingehen: die *Abwälzung von Risiken auf einzelne Rechtsinstitute und auf Sekundärsysteme* und deren Rechtsordnungen. In dem Maße, in dem sich das Recht entwickelt, kommt es zur Ausbildung von *Rechtsfiguren*, die dem *einzelnen* höhere Risiken zumuten. Beispiele sind (1) der Vertrag, mit dem man sich für eine Zukunft bindet, die man nicht kennt; (2) die Möglichkeit der Stellvertretung bei fast allen Rechtsgeschäften; (3) die Zession unsichtbarer Forderungen, also die stillschweigende Übertragung von Forderungen an einen neuen Gläubiger; (4) das Wertpapier als eine Urkunde, die ein Vermögensrecht und damit ein Schuldverhältnis verbrieft; (5) die Figur der juristischen Persönlichkeit mit einer damit verbundenen Haftungsbeschränkung oder (6) das Rechtsinstitut der Gefährdungshaftung, das eine Haftung für etwaige Schäden durch ein erlaubtes Handeln festschreibt. Daneben und viel wichtiger muß man sehen, daß das Recht bestimmte Risiken auf *Teilsysteme* auslagert und abwälzt; dies geschieht vor allem in der Formalisierung von Erwartungen durch die Regelung der Mitgliedschaft in Organisationen mittels eines Arbeitsvertrags, mit dem beliebig spezifizierte Verhaltenserwartungen organisatorisch selbstlegimiert werden, und ferner in Form der Rechtsbildung durch fixierte und pauschal akzeptierte Geschäftsformulare mit ihren unzähligen Detailregulierungen. In beiden Fällen beruht die Rechtsbildung auf formal freier Mobilität des Vertragsschlusses, es ist kein neues Korporationsrecht personaler Art. Faktisch wird dadurch eine hohe Beliebigkeit der Detaillierung erreicht und zugleich die Unverfügbarkeit großer Rechtsmengen für den zentralen Gesetzgeber bewirkt. Gerade die für die tägliche Handlungspraxis so relevanten Detaillierungen entziehen sich damit einer zentralen Steuerung. Dogmatisch ergeben sich daraus weithin ungelöste Probleme der zentralen Beaufsichtigung und pauschalen Fernsteuerung solcher Rechtsbildung. Wie soll das geschehen? Es sind mehrere Möglichkeiten denkbar: (1) durch Genehmigungsverfahren mit konkreter Nachprüfung, (2) durch eingebaute Kontrollen, die politisch aufgezwungen werden – wie zum Beispiel im Arbeitsrecht durch die Mitbestimmung, (3) durch einen allgemeinen Rechtsschutz gegen Unzumutbarkeiten – durch den Kündigungsschutz und die Entwicklung richterlicher Kriterien dafür oder (4) durch rechtsdogmatische Entwicklungen von allgemeinen Grenzen der Ausnutzbarkeit von Rechtschancen, was bei der Vielfalt der Interessenlagen schwierig sein dürfte.

4.6. Möglichkeiten sozialer Kontrolle des Rechts

Die gesteigerten Möglichkeiten und die hohen Risiken des positiven Rechts machen die Frage seiner sozialen Kontrolle akut. Es muß Mechanismen geben, die sicherstellen, daß der einzelne sich nicht unter der Flagge des Rechts zu weit vom Recht entfernt und damit aus dem Erwartbaren herausfällt. Wir betrachten jetzt nicht mehr jene Prozesse, die zu verbindlichen Entscheidungen über das Recht führen, also die politisch ausdifferenzierte Kontrolle, sondern wir betrachten die, die sie kontrollieren.

Der allgemeine Ausgangspunkt dafür liegt nicht in der Rechtssoziologie, sondern in der Gesellschaftstheorie; das kann ich hier nur andeutungsweise erwähnen.[107] In archaischen Gesellschaften kann die Interaktion nicht auf einen bestimmten Kontext beschränkt werden, weil der einzelne seine sämtlichen Rollen durchgängig einbringt, was zu einer Selbstkontrolle des Systems führt. Die funktionale Differenzierung der Gesellschaft führt zu einer Umstrukturierung der sozialen Kontrolle. Diese ist jetzt nicht mehr eingebaut in Form der Rücksicht auf eigene andere Rollen, sondern

107 Vgl. oben, Vorlesung III, insb. Abschnitt 4.3.

als Kontrolle durch diejenigen, die einem in einem bestimmten Interaktionskontext in einer spezifischen Rolle gegenüberstehen. Es gibt eine Indifferenz gegen das Zusammentreffen mit denselben Interaktionspartnern in anderen Rollenkontexten. Da soziale Kontrolle im Rollenhandeln nicht mehr gleichsam mitgeleistet wird, ist eine Spezifizierbarkeit der jeweiligen Erwartungen nötig, aber auch ein höherer Bedarf für Kommunikation und die Explikation von Standards. Damit nicht zu verwechseln ist die Ausdifferenzierung der Kontrolle selbst, also die Schaffung besonderer Einrichtungen nur für die Kontrolle, etwa eines Rechtsmittelzuges. Kontrolle heißt hier praktisch: Wiederholung des Entscheidungsganges. Das ist sehr aufwendig, so daß sich keineswegs alle Kontrollen in dieser Form unterbringen lassen. Was gibt es sonst?

Bei den in die *Interaktion selbst eingebauten Kontrollen* lassen sich drei Typen unterscheiden: (a) hermeneutische, (b) professionelle und (c) politische Kontrolle.

(a) *Hermeneutische Kontrolle* meint die Auslegung des Sinns von Normen und der Überzeugungskraft von Argumenten. Die Notwendigkeit dieser Kontrollform beruht darauf, daß der juristische Entscheidungsprozeß typisch nicht wie ein Fabrikationsprozeß am Resultat, sondern nur in den gedanklichen Einzelschritten seines Zustandekommens kontrolliert werden kann. Dazu muß die Argumentation in viele kleine Schritte zerlegt werden, die jeweils einen begrenzten Horizont anderer Möglichkeiten erschließen und aus ihm auswählen. Die juristisch-exegetische Gedankenführung impliziert keine logisch zwingende Schlußfolgerung und keine Garantie einzig richtiger Ergebnisse, ermöglicht aber einen hohen Grad von Einsehbarkeit. Es kommt zu einer Vervielfältigung der Begründungen und damit auch der möglichen Ansatzpunkte für Kritik. Die juristische Hermeneutik scheint mir ihre Ergebnisse in hohem Maße auf diese Einsichtigkeit und auf das Unterbleiben von Kritik, also auf mitlaufende Kontrolle zu gründen – ganz anders als ein romantischer oder spätromantischer Begriff der Hermeneutik (wie ihn Jürgen Habermas vertritt), der wesentlich auf ein Entschlüsseln der am Sinnerleben beteiligten Subjektivität des anderen Menschen hinausläuft. Genau das ist hier nicht gemeint, sondern die Kontrolle einer Explikation von Sinn anhand institutionell verfestigter Regeln, die als solche Sinn explizieren. Das hermeneutische Verfahren der Explikation setzt nun ein bestimmtes

Sozialsystem voraus, in dem es sich durch Interaktion verwirklicht: den *Dialog*. Der Dialog ist ein verfahrensähnliches Sozialsystem – das zeigt sich schon darin, daß er den Zeitlauf zu Hilfe nimmt, um Komplexität zu reduzieren und zu Ergebnissen zu kommen: Man muß dem Gang der Argumentation folgen können, Kritik im richtigen Zeitpunkt formulieren, sonst verdichtet sich Konsens, und der Zeitpunkt für Protest ist verpaßt. Nur ein Thema wird in Bewegung gehalten, man muß die Entwicklung dieses Themas laufend verfolgen, darf einer geäußerten Meinung nicht zu lange nachhängen, darf nicht zu weit vorauslaufen, nicht zu entfernte und nicht zu viele andere Möglichkeiten heranziehen. Darin liegt eine scharfe Beschränkung der heuristisch-innovativen Möglichkeiten. Es geht eher um die Klärung eines als vorliegend angenommenen Sachverhaltes, um die Herstellung von Tatsachen, und nicht um die Bewältigung komplexer Themen, also um Planung oder wissenschaftliche Forschung. Daraus ergeben sich gewisse Folgerungen für Struktur und Ablauf der Interaktion und vor allem für die erforderliche Qualifikation der Teilnehmer. Das gerichtliche Verfahren bietet für die Veranstaltung eines Dialogs (so selten es faktisch dazu kommt) besonders günstige Voraussetzungen, vor allem, wenn die wesentlichen Rollen mit Juristen besetzt sind. Es ermöglicht nämlich die Klärung eines als vorliegend angenommenen faktischen und normativen Sachverhaltes auf der Basis eines *gleichartigen* Sachverstands und annähernd *gleichen* Geschicks in *verschiedenartigen*, gegeneinander gesetzten, funktional differenzierten Rollen. Das scheint mir für den Fall der elementaren Interaktion eine optimale Kontrollbedingung zu sein. Wichtige Probleme der Kontrollwirkung liegen allerdings in der geringen Beteiligung der Richter am Dialog, die gegen andere Erfordernisse des Verfahrens verstoßen kann – insbesondere die Ungewißheit der Entscheidung bis zuletzt und seine Unparteilichkeit, die eine Selbstfestlegung verhindert. Damit sind die Grenzen der Anwendung benannt: Die hermeneutische Kontrolle ist praktisch kaum auf Gesetzgebung übertragbar.

(b) Wenn das Verfahren eine spezifische Art des Dialogs darstellt, bei dem die in komplementären Rollen Agierenden die gleiche Ausbildung und damit den gleichen Rollenhintergrund haben, dann stellt sich die Frage, inwieweit der Jurist als Jurist seine Kollegen kontrollieren kann, es also eine *professionelle Kontrolle* gibt.

Die Professionalisierung beruflicher Arbeit ist ein neuerdings viel diskutiertes Phänomen – ein bestimmtes Syndrom von Problemen und Problemlösungen.[108] Wichtige Merkmale von Professionen sind (1) die Übernahme hoher Risiken (Tod, Seelenheil, Streit, Angriff durch Feinde usw.) in spezifischen, dafür ausdifferenzierten Rollen, (2) die Absicherung dieser Rollen gegen zu hohe Risiken durch die Verminderung von Erfolgsverantwortung auf eine bloße Pflicht zur Vermeidung von Fehlern, (3) die Ausbildung von nicht allgemein zugänglichem Wissen und Können in diesen Gruppen, (4) eine berufsethische Blockierung der daraus fließenden Chancen für Eigennutz und Machtentfaltung sowie (5) eine Polsterung von Risikobereitschaft und Ethos durch ein relativ hohes Sozialprestige und Einkommen. Wieweit können nun solche Professionen eine effektive Kontrolle über das Verhalten des einzelnen ausüben? Gibt es in der juristischen Argumentation Rücksicht auf die Meinungen der Kollegen? Es gibt gewisse Einrichtungen, die darauf hindeuten, so zum Beispiel die »herrschende Meinung« (abgekürzt: »h. M.«) – diese juristische Figur ist höchst interessant wegen ihrer Ambivalenz: Man kann für sie und auch gegen sie sein. Oder die Rede von der »Vertretbarkeit« von Argumenten. In solchen Formulierungen sind die Argumente der anderen Juristen stets schon mitgedacht. All dies wäre nähere soziologische Untersuchung wert. Mit Sicherheit kann man heute aber den Kontrolleffekt auf diesem Wege als gering veranschlagen. Beachtlich ist die gemeinsame Ausbildung der Juristen und die daraus fließende Sozialisierung auf einen bestimmten Denkstil. Es ist ein erstaunliches, für mich soziologisch unerklärbares Phänomen: Die Juristen an der Universität reden dauernd über ihre Fälle – in der Mensa, auf dem Wege zur oder von der Vorlesung. Das ist ein gewichtiges Symptom. Dennoch ist der spätere Kontrolleffekt der professionellen Orientierung im juristischen Beruf vermutlich gering, und zwar deshalb, weil die professionelle Solidarität durch unterschiedliche Organisationsloyalitäten gebrochen wird. »Die Juristen« – das ist nur noch eine Kategorie, allenfalls noch eine locker gefügte Bezugsgruppe, nicht aber eine Gruppe, in der man Mitglied ist wie in einem der Londoner Inns of Court, der Londoner Anwaltskammern. Ein weiterer Punkt ist, daß es kaum noch durchgehende, das ganze Recht

108 Vgl. Heinz Hartmann, »Unternehmertum und Professionalisierung«, in: *Zeitschrift für die gesamte Staatswissenschaft* 123 (1967), S. 515-540.

durchziehende Rechtsfiguren gibt. Wenn ein Jurist irgendeinen anderen Juristen trifft, ist die Wahrscheinlichkeit deckungsgleicher Erfahrungen und Interessen gering. Die Gemeinsamkeit reduziert sich auf eine Beschleunigung des wechselseitigen Verstehens. Aus alldem folgt, daß man von der Profession der Juristen keinen politischen Rückhalt erwarten darf, wenn wichtige Rechtsinstitutionen, etwa die Unabhängigkeit der Rechtsprechung, ernsthaft gefährdet wären. Vermutlich ist das eigentliche Risiko des Rechts den Juristen schon entwunden und in die Politik abgewandert.

(c) Der Positivierung des Rechts müßte an sich eine neuartige Form von Kontrolle entsprechen, nämlich eine *politische Kontrolle*. Eine solche Kontrolle könnte sich weder an vorhandene Programme halten noch an inhaltsleer gewordene Dachformeln wie »Gemeinwohl« oder »Gerechtigkeit«. Sie müßte vielmehr eine lernende Kontrolle sein, die sich an den Folgen der vorhandenen Rechtsnormen orientiert und diese vergleicht mit konzipierbaren anderen Möglichkeiten. Dafür gibt es zur Zeit keine brauchbaren institutionellen Lösungen, und es ist fraglich, ob man hier ohne Ausdifferenzierung von eigentlichen Kontrollorganen weiterkommt. Die Juristen sind qua Profession und qua Amt in der Rechtspflege nicht dazu disponiert, Recht auf andere Möglichkeiten hin zu überprüfen. Da in der politischen Verwaltung fast ausschließlich Juristen als Juristen sitzen, denen es typisch an politischer Potenz fehlt, sind diese deshalb nicht in der Lage, Rechtsprobleme zu politisieren. Die Politik ihrerseits ist in ihrer heutigen Form viel zu konkret orientiert (an Personen und Positionen, Beziehungen und Reputationen und an rasch plausibel zu machenden Vorhaben), um rechtspolitische Entwürfe durcharbeiten zu können, und daran ändert natürlich auch die »Formulierungshilfe« der Ministerien nichts. Es besteht unter diesen Umständen keine nennenswerte Aussicht darauf, daß sich in den vorhandenen Interaktionszusammenhängen ausreichende politische Kontrollen des Rechts entwickeln. Und doch hätte die Politik an sich einen eminenten Vorteil, den es bei rechtsinternen Kontrollen nicht gibt: den Vorteil einer prinzipiell vorwurfsfreien Kontrolle – nicht auf Fehler, sondern auf andere Möglichkeiten hin. Es klafft hier offensichtlich eine Lücke, und ich führe sie wesentlich darauf zurück, daß die Rechtsentwicklung in den letzten Jahrzehnten bei allem Fluktuieren in eigentümlicher Weise stagniert. Keines der großen, uns bedrängenden Probleme kann vom Recht her gelöst werden. Sie können hinschauen, wo Sie wollen: überall kleine, unter Druck und Gegendruck zustande gekommene Basteleien, ein Aufblähen des Rechtsstoffes, ein Gesetz wird neben das andere gesetzt; das eigentlich neue, das öffentliche Recht ist ein chaotisches Feld. Und andererseits gibt es innerhalb der rechtswissenschaftlichen Dogmatik keine Möglichkeit mehr, Probleme in eine Form zu bringen, über die politisch entschieden werden kann. Nicht nur im Institutionellen, sondern auch im Gedanklichen findet man mithin jenes eigentümliche Auseinanderklaffen von Recht und Politik. Es gibt keinen Ort und kein gedankliches Instrumentarium für eine Rechtspolitik.

Ich verstehe das nicht als einen Alarmruf, es gibt keine Krise der Rechtspolitik, aber ein Nichtergreifen von Chancen, das fast schon an den Rand des Vorstellbaren kommt. Hier vor allem sehe ich eine *aktuelle und mehr als wissenschaftliche Aufgabe der Rechtssoziologie*. Nur wenn es gelingt, das in ganz ungewöhnlichen Formen der Abstraktion entstehende theoretische Potential der Soziologie auch auf das Recht anzuwenden, können wir eine rationale Rechtspolitik konzipieren und die Chancen nutzen, die in der gesellschaftlich ermöglichten Positivität des Rechts angelegt sind und die weitgehend brachliegen. Dazu bedarf es einer neuartigen, lernfähigen, problembezogenen juristischen Begrifflichkeit, und diese Begrifflichkeit wird, davon bin ich überzeugt, nicht ohne Bezug auf die Systemprobleme entwickelt werden können, die die Soziologie bearbeitet. Der Ansatz, den ich Ihnen vorgetragen habe, hat manche Unausgereiftheiten, er kann nicht unter der Flagge bewiesener Wahrheiten lossegeln. Aber ich hoffe doch, daß er als Position soweit profiliert ist, daß man entweder mit ihm weiterarbeiten kann oder die Schwächen herausfindet, über denen dann eine bessere Theorie konstruiert werden kann.

Anhang

Die Lehrveranstaltungen Niklas Luhmanns von 1966 bis 1970

Die folgende Übersicht über alle Lehrveranstaltungen, die Niklas Luhmann vom Wintersemester 1966/67 bis zum Wintersemester 1969/70 gehalten hat, basiert auf den Vorlesungsverzeichnissen der Universitäten Münster und Bielefeld, auf Einträgen in Studienbüchern damaliger Studenten und den (nicht in allen Fällen) im Nachlaß vorliegenden Veranstaltungsplänen, deren Faksimiles auf dem Forschungsportal des Niklas Luhmann-Archivs unter dem jeweils genannten Link einsehbar sind.[1] Soweit Wochentag und Uhrzeit einer Veranstaltung sowie die Belegnummern im Vorlesungsverzeichnis bekannt sind, werden diese genannt.

Im Wintersemester 1966/67 und Sommersemester 1967 vertrat Niklas Luhmann an der Westfälischen Wilhelms-Universität Münster die vakante Professur von Dieter Claessens, im Wintersemester 1967/68 und Sommersemester 1968 erfolgten die Veranstaltungen im Rahmen von Lehraufträgen an der Universität Münster. Mit der Berufung auf einen Lehrstuhl für Soziologie an der neugegründeten Universität Bielefeld ab dem Wintersemester 1968/69 lehrte Luhmann zunächst im Rahmen einer Gastprofessur weiter an der Universität Münster und wechselte mit der Aufnahme des Lehrbetriebs im Wintersemester 1969/70 nach Bielefeld. Zusätzlich erfolgte im Wintersemester 1968/69 die Vertretung des soziologischen Teils der Professur Theodor W. Adornos an der Johann Wolfgang Goethe-Universität in Frankfurt am Main.

1 Für alle Links gilt als letztes Abrufdatum: 6.5.2024.

Wintersemester 1966/67 (Universität Münster)[2]

Politische Soziologie
Vorlesung
Zweistündig (Belegnr. 284)

Phänomenologische Grundlagen der Soziologie
Seminar für Fortgeschrittene
Montag, 16-18 Uhr (Belegnr. 308)
⟨https://niklas-luhmann-archiv.de/MS_2555⟩

Spezialprobleme der Industrie- und Betriebssoziologie
Übung
Montag, 18-20 Uhr (Belegnr. 310)
⟨https://niklas-luhmann-archiv.de/MS_2556⟩

2 Aufgrund der Kurzfristigkeit der Übernahme der Lehrstuhlvertretung Dieter Claessens (vgl. unten, »Editorische Notiz«, S. 609) finden sich die durch Skripte im Nachlaß dokumentierten Veranstaltungen nicht unter Luhmanns Namen im gedruckten Vorlesungsverzeichnis. Unter den hier aufgeführten Belegnummernwerden aber zum Teil bereits die Titel der Veranstaltungen genannt, die Zuordnung zu den Luhmann-Veranstaltungen werden durch Einträge aus Studienbüchern damaliger Studenten bestätigt. Die Vorlesung »Politische Soziologie« wurde von diesen mit der Belegnummer 287 notiert, unter der im gedruckten Vorlesungsverzeichnis noch eine Vorlesung »Theorie der Verwaltung« (Montag, 15-16 Uhr) mit »N.N.« angekündigt wird, für die Luhmann natürlich thematisch einschlägig war, da er zu diesem Zeitpunkt gerade das Manuskript der Monographie *Theorie der Verwaltungswissenschaft. Bestandsaufnahme und Entwurf* (Köln, Berlin 1966) abgeschlossen hatte. Dafür, daß Luhmann diese Veranstaltung dann durchgeführt hat, finden sich im Nachlaß wie in den Studienbüchern aber keine Belege. Die Fakultätsverwaltung buchte den Besuch der Vorlesung »Politische Soziologie« abweichend vom Eintrag der Studenten mit der Belegnummer 284, unter der im Vorlesungsverzeichnis noch die Claessens-Vorlesung »Soziale Schichtung und Mobilität« (Freitag, 10-12 Uhr) aufgeführt ist. Auch das Seminar »Phänomenologische Grundlagen der Soziologie« war im Vorlesungsverzeichnis noch mit »N.N.«, also wohl von Luhmann angekündigt worden, der aufgrund der noch ausstehenden Habilitation zum Zeitpunkt der Drucklegung des Verzeichnisses aber offiziell noch nicht lehrberechtigt gewesen war. Die Übung »Spezialprobleme der Industrie- und Betriebssoziologie« findet sich im Vorlesungsverzeichnis noch mit dem Veranstalter Dieter Claessens, in den Studienbüchern erhält die Luhmann-Veranstaltung deren Belegnummer. Vgl. auch unten die Erläuterungen im Nachwort, »Lehrer Luhmann«, S. 633 ff.

Sommersemester 1967 (Universität Münster)

Theorie sozialer Systeme
Vorlesung
Montag, 16-18 Uhr (Belegnr. 301)
⟨https://niklas-luhmann-archiv.de/MS_2508b⟩

Ausgewählte Probleme der politischen Soziologie
Übung
Montag, 18-20 Uhr (Belegnr. 320)
⟨https://niklas-luhmann-archiv.de/MS_2498b⟩

Kritik der Gesellschaft und soziologische Aufklärung
Übung für Fortgeschrittene
Zweistündig (Belegnr. 1488)[3]
⟨https://niklas-luhmann-archiv.de/MS_2499⟩

Forschungsseminar
(Sozialforschungsstelle Dortmund; zusammen mit Schelsky, Hartmann, Matthes, Pfeffer, Steger)[4]
Donnerstag, 16-18 Uhr (14tgl.) (Belegnr. 312)

3 Die Übung ist im gedruckten Vorlesungsverzeichnis nicht aufgelistet, da sie von Luhmann nach dessen Drucklegung angemeldet worden ist.

4 Die Forschungsseminare fanden abweichend von den übrigen Lehrveranstaltungen nicht in Münster, sondern in der Sozialforschungsstelle in Dortmund statt. Es handelte sich um eine hausinterne Veranstaltung, zu der aber auch höhere Semester der Universität Münster Zugang hatten.

Wintersemester 1967/68 (Universität Münster)

Organisationssoziologie (Vorlesung)
Dienstag, 16-18 Uhr (Belegnr. 277)
⟨https://niklas-luhmann-archiv.de/MS_2593b⟩

Forschungsseminar (Sozialforschungsstelle Dortmund; zusammen mit Schelsky, Hartmann, Pfeffer, Steger, Krysmanski, Clausen)
Donnerstag, 16-18 Uhr (Belegnr. 292)

Sommersemester 1968 (Universität Münster)

Theorie der Gesellschaft
Vorlesung
Dienstag, 9-10 Uhr (Belegnr. 304)
⟨https://niklas-luhmann-archiv.de/MS_2557c⟩

Macht
Übung für Fortgeschrittene
Dienstag, 10-12 Uhr (Belegnr. 320)
⟨https://niklas-luhmann-archiv.de/MS_2728⟩[5]

Forschungsseminar (Sozialforschungsstelle Dortmund; zusammen mit Schelsky, Hartmann, Matthes, Pfeffer, Steger, Krysmanski, Clausen, Mackensen)
Montag, 16-18 Uhr (Belegnr. 324)

5 Ein Veranstaltungsplan liegt im Nachlaß nicht vor. Bei dem Faksimile handelt sich um ein 99 Seiten umfassendes Manuskript, das Luhmann als Lektüregrundlage in der Übung verteilt hat. Das Manuskript ist aus dem Nachlass publiziert worden: Niklas Luhmann, *Macht im System*, hg. von André Kieserling, Berlin 2012.

Wintersemester 1968/69 (Universität Münster)

Rechtssoziologie
Vorlesung
Mittwoch, 15-16 Uhr (Belegnr. 309)
⟨https://niklas-luhmann-archiv.de/MS_2563a⟩

Macht
Übung
Zweistündig (Belegnr. 1650)[6]
⟨https://niklas-luhmann-archiv.de/MS_3925⟩

Wintersemester 1968/69 (Universität Frankfurt am Main)[7]

Theorie der Gesellschaft
Vorlesung
Zweistündig, 14tgl.

6 Die Übung ist im gedruckten Vorlesungsverzeichnis nicht aufgelistet, da sie von Luhmann erst nach Drucklegung angemeldet worden ist.

7 Mit der Vertretung der Professur Theodor W. Adornos wurde am Luhmann am 31.7.1968 beauftragt, aufgrund des fast zeitgleich erfolgten Rufs an die Universität Bielefeld mußte dann eine spezielle Regelung getroffen werden, die nochmals einige Wochen in Anspruch nahm, so daß es keine Einträge der geplanten Veranstaltungen im Vorlesungsverzeichnis gibt. In der Vereinbarung zwischen der Philosophischen Fakultät der Universität Frankfurt und der Deutschen Forschungsgemeinschaft, die die Kosten für die Vertretung übernommen hat, werden drei Veranstaltungen genannt: eine Vorlesung, eine Übung und ein Kolloquium. Gesichert stattgefunden hat die Vorlesung, für die Übung (kolportiert wird eine Übung zu »Liebe«, eine entsprechende Veranstaltung ist aber nur im Folgesemester in Münster dokumentiert) und das Kolloquium gibt es keine Nachweise – weder im Nachlaß Luhmanns noch im Archiv der Universität Frankfurt bzw. dem Theodor W. Adorno Archiv oder durch Zeitzeugenberichte. Angesichts der studentischen Proteste in diesem Semester, die den Lehrbetrieb insbesondere im Soziologischen Institut, in dem normalerweise die kleinformatigeren Veranstaltungen stattfanden, seit Anfang Dezember 1968 größtenteils lahmgelegt hatten, ist es nicht auszuschließen, daß beide Veranstaltungen über eine erste Sitzung nicht hinausgekommen sind.

Sommersemester 1969 (Universität Münster)

Hauptprobleme politischer Theorie
Vorlesung
Donnerstag, 10-12 Uhr (Belegnr. 345)
⟨https://niklas-luhmann-archiv.de/MS_3873⟩

Soziologie der Liebe
Übung für Fortgeschrittene
Donnerstag, 18-20 Uhr (Belegnr. 357)
⟨https://niklas-luhmann-archiv.de/MS_0155⟩[8]

Soziologische Probleme und Fallanalyse
Übung für Fortgeschrittene
Donnerstag, 14-16 Uhr (Belegnr. 358)

Forschungsseminar
(Sozialforschungsstelle Dortmund; zusammen mit Schelsky, Hartmann, Matthes, Pfeffer, Steger, Krysmanski, Clausen, Kaufmann)
Montag, 16-18 Uhr (Belegnr. 360)

8 Ein Veranstaltungsplan liegt im Nachlaß nicht vor. Bei dem Faksimile handelt sich um ein 49 Seiten umfassendes Manuskript (datiert mit »März 1969«), das Luhmann als Lektüregrundlage in der Übung verteilt hat. Das Manuskript ist aus dem Nachlaß publiziert worden: Niklas Luhmann, *Liebe. Eine Übung*, hg. von André Kieserling, Frankfurt/M. 2008.

Wintersemester 1969/70 (Universität Bielefeld)

Einfache Sozialsysteme
Vorlesung für Erstsemester
Montag, 10-11 Uhr (Belegnr. 301)
⟨https://niklas-luhmann-archiv.de/MS_2561b⟩

Elementare Mechanismen der Rechtsbildung
Übung für Juristen und Soziologen
Montag, 14-16 Uhr (Belegnr. 316)
⟨https://niklas-luhmann-archiv.de/MS_3896⟩

Einführung in die funktionale Methode
Übung für Erstsemester
Mittwoch, 18-20 Uhr (Belegnr. 306)
⟨https://niklas-luhmann-archiv.de/MS_3895⟩

Editorische Notiz

Niklas Luhmann wird üblicherweise primär als Autor wahrgenommen, der mehr als 40 Jahre lang einen offenbar nie versiegenden Strom neuer Texte publiziert hat. Dahinter tritt zurück, daß er neben der Arbeit an den Manuskripten und an seinem Zettelkasten von 1966 bis zu seiner Emeritierung 1993 auch durchgängig gelehrt und trotz seiner stetig wachsenden Reputation und zunehmender, auch internationaler Vortragstätigkeit seine Lehrtätigkeit nie vernachlässigt hat. Die universitäre Lehrveranstaltung war für Luhmann vielmehr ein wichtiger Experimentierplatz, auf dem thematisch oder begrifflich Neues vorgestellt und diskutiert werden konnte. Die Themen seiner Vorlesungen und Seminare waren also auch ein Spiegelbild der Entwicklung seines Theorieprojekts.

Zwei Vorlesungen am Ende seiner Lehrtätigkeit Anfang der 1990er Jahre zur Theorie sozialer Systeme und zur Theorie der Gesellschaft sind durch Tonbandmitschnitte dokumentiert und wurden später auch in Buchform ediert.[1] Diese Vorlesungen sind nicht nur Zeugnisse des späten Theoriestands, sondern insbesondere auch die seines Vortragsstils, der durch Verständlichkeit, Transparenz und Anschaulichkeit der Argumentation gekennzeichnet war und sich in dieser Hinsicht deutlich von seinem Schreibstil unterschieden hat, der in der Regel erheblich voraussetzungsvoller ist.[2] Erinnerlich ist den Hörern dieser Veranstaltungen aber auch, daß Luhmann über die jeweils 90 Minuten einer Vorlesungssitzung ohne sichtbare Vortragsvorlage sprach. Um so überraschender ist, daß sich in seinem wissenschaftlichen Nachlass annähernd 30 zum Teil sehr umfangreiche maschinenschriftliche Vorlesungsskripte gefunden haben, die über den gesamten Zeitraum seiner Lehrtätigkeit eine akribische Vorbereitung seiner Vorlesungen belegen und selbst für die beiden vorgenannten späten Vorlesungen zu den zentralen Bereichen seines Theorieprojekts noch 27 beziehungsweise

1 Niklas Luhmann, *Einführung in die Systemtheorie*, hg. von Dirk Baecker, Heidelberg 2002; *Einführung in die Theorie der Gesellschaft*, hg. von Dirk Baecker, Heidelberg 2005. Die Tonbandmitschnitte sind erstmals 1992 und 1997 erschienen, ebenfalls im Carl-Auer Verlag.

2 Vgl. dazu grundsätzlich unten, »Lehrer Luhmann«, S. 627 ff.

16 eng beschriebene Manuskriptseiten umfassen. Von theoriehistorischem wie inhaltlichem Interesse sind in dem genannten Nachlaßkonvolut insbesondere die Skripte aus den Anfangsjahren der Luhmannschen Lehrtätigkeit in den 1960er Jahren, die mit bis zu 90 Manuskriptseiten auch am umfangreichsten ausfallen und die in diesem Band ediert worden sind.

1. Der historische Kontext der frühen Vorlesungstätigkeit

Helmut Schelsky, der damalige Leiter der Sozialforschungsstelle Dortmund und Professor an der Westfälischen Wilhelms-Universität Münster, hatte Luhmann im Herbst 1965 von der Hochschule für Verwaltungswissenschaft in Speyer – Luhmanns erster Station nach dem Wechsel aus der niedersächsischen Ministerialverwaltung in Hannover Anfang 1962 in die Wissenschaft – nach Münster gelockt, und dies schon mit Blick auf die zu dieser Zeit in der ersten Planungsstufe befindliche neue Universität in Ostwestfalen, für deren Konzeption Schelsky wesentlich verantwortlich war.[3] Luhmann wurde einer der Abteilungsleiter der von einem Verein getragenen Sozialforschungsstelle, die organisatorisch als ein An-Institut der Universität Münster fungierte und die größte sozialwissenschaftliche Forschungseinrichtung in Deutschland war. Während die übrigen Abteilungsleiter jeweils zugleich eine Professur an der Rechts- und Staatswissenschaftlichen Fakultät der Universität innehatten, konnte Luhmann eine solche Position jedoch nicht angeboten werden, denn er war zwar Oberregierungsrat, jedoch ohne akademischen Titel. Da er zudem seine beamtenrechtliche Stellung beim Wechsel von Speyer nach Münster nicht aufgeben wollte, wurde Luhmann an der Fakultät im Institut für Wirtschafts- und Sozialwissenschaften zunächst als »Kustos« und 1966 als »Oberku-

3 Vgl. zur Rolle Schelskys knapp Jens Adamski, »Zwischen Soziologie und Wissenschaftsmanagement: Helmut Schelsky an der Sozialforschungsstelle Dortmund«, in: Thomas Gutmann, Christoph Weischer, Fabian Wittreck (Hg.), *Helmut Schelsky. Ein deutscher Soziologe im zeitgeschichtlichen, institutionellen und disziplinären Kontext. Interdisziplinärer Workshop zum 100. Geburtstag*, Berlin 2017, S. 57-74 (69 ff.), sowie programmatisch Paul Mikat, Helmut Schelsky, *Grundzüge einer neuen Universität. Zur Planung einer Hochschulneugründung in Ostwestfalen*, Gütersloh 1967.

stos« ohne Lehrverpflichtung geführt – eine Sonderregelung, die selbst für den landespolitisch gut vernetzten Schelsky innerhalb der Universität nur für eine begrenzte Zeit durchsetzbar war. Aber auch mit Blick auf die geplante weitere Verwendung Luhmanns mußten unbedingt die noch fehlenden Qualifikationen Promotion und Habilitation erfolgen. Beides wurde im Jahr 1966 innerhalb weniger Monate erledigt,[4] gerade rechtzeitig, damit Luhmann im Wintersemester die Vertretung der Professur von Dieter Claessens übernehmen konnte, der kurzfristig einem Ruf an die Freie Universität Berlin gefolgt war. Aus dem Stand heraus mußte Luhmann, der in Speyer als Forschungsreferent keine Lehrverpflichtung gehabt und bis dahin nur einige Vorträge gehalten hatte, nun das für eine Professur übliche Lehrpensum übernehmen.

Um so beeindruckender ist es dann, daß er – nach einem Eingewöhnungssemester 1966/67, bei dem er für die Vorlesung noch auf ein bereits weitgehend fertiggestelltes Buchmanuskript zurückgreift – ab dem Sommersemester 1967 bis zu seiner ersten Lehrveranstaltung an der neugegründeten Universität in Bielefeld im Wintersemester 1969/70 zielstrebig und systematisch sein Theorieprogramm entwickelt und an ersten Gegenstandsfeldern erprobt: nach der Vorlesung »Politische Soziologie« (Wintersemester 1967/68) folgen die Vorlesungen zur »Theorie sozialer Systeme« (Sommersemester 1967), »Organisationssoziologie« (Wintersemester 1967/68), »Theorie der Gesellschaft« (Sommersemester 1968 und Wintersemester 1968/69 in Frankfurt), »Rechtssoziologie« (Wintersemester 1968/69), »Hauptprobleme politischer Theorie« (Sommersemester 1969) und »Einfache Sozialsysteme« (Wintersemester 1969/70 in Bielefeld). Alle Vorlesungen verstehen sich als Beiträge zu dem Projekt, das er in seiner Antrittsvorlesung vom Januar 1967 programmatisch und selbstbewußt mit »Soziologische Aufklärung« betitelt hat: die Selbstaufklärung der Gesellschaft über ihre eigene Komplexität durch eine soziologische Theorie der Gesellschaft, der eine funktionalistisch angelegte Theorie sozialer Systeme zugrunde liegt. Die Vorlesungen entwickeln das dazu not-

4 Die Promotion erfolgte im Februar mit der dann im Juni publizierten Monographie *Recht und Automation in der öffentlichen Verwaltung* (Berlin 1966) und die Habilitation im Juli mit der bereits zwei Jahre zuvor veröffentlichen Schrift *Funktionen und Folgen formaler Organisation* (Berlin 1964). Vgl. dazu auch unten, »Lehrer Luhmann«, S. 634 f.

wendige Vokabular, sie sind ganz dezidiert *work in progress*: Die Theorie wird hier nach Luhmanns eigener Auskunft in den Vorlesungen noch »ins unreine gemacht«, ohne »den Anspruch, mit einem fertigen Konzept aus den Kulissen zu treten«. Trotz dieser zumindest rhetorischen Bescheidenheit sind die Vorlesungen zugleich Zeugnis intellektueller Überzeugtheit von der eigenen Sache, die er auch seiner Zuhörerschaft immer wieder zu vermitteln versucht. Und sie dokumentieren – retrospektiv betrachtet – den erstaunlichen Reifegrad von Luhmanns Überlegungen zu dieser Zeit.

2. Die Editionsleitlinien

Den im Nachlaß vorliegenden Dokumenten kann man entnehmen, daß Luhmann in der Regel zunächst einen detaillierten Themenplan der Vorlesungen erstellt und zu Beginn der Veranstaltung an die Studenten verteilt hat. Die Skripte selbst, die Luhmann nach Aussagen damaliger Studenten in der Vorlesung als Vortragsvorlage benutzt hat, halten sich dann nicht immer genau an diese Planung. Außerdem sind sie durch eine zum Teil sehr kleinteilige Strukturierung (mittels Ziffern und/oder Buchstaben) innerhalb der einzelnen Teile und Abschnitte gekennzeichnet. Da er diese Gliederungssystematik häufig nicht konsistent durchgehalten hat, wurde diese Form der Textstrukturierung in der Edition nur dann berücksichtigt und gegebenenfalls angepaßt, wenn inhaltliche Gründe dafür gesprochen haben. Umgekehrt wurde eine zusätzliche Numerierung dort vorgenommen, wo es für den Textnachvollzug sinnvoll erschienen ist. Die vergleichsweise kleinteilige und vermutlich ebenfalls vortragstechnischen Gründen geschuldete Absatzstrukturierung in den Skripten wurde in der edierten Fassung in Orientierung an den Textinhalten reduziert. Unterstreichungen zur Hervorhebung wurden übernommen und erscheinen hier als Kursiva, nicht übernommen wurden die in der Regel handschriftlichen Unterstreichungen, die Luhmann zusätzlich zur Vortragsunterstützung vorgenommen hat. In einigen Fällen wurden weitere Hervorhebungen hinzugefügt, wenn es dem Textnachvollzug dient.

Wie bei fast allen Manuskripten Luhmanns üblich, sind die Vorlesungsskripte von ihm mit der Schreibmaschine erstellt worden. Mit ganz wenigen Ausnahmen liegen die Texte nur in jeweils einer Fassung vor, die – wiederum für Luhmann typisch – nach der ersten Niederschrift nicht durch Korrekturen, sondern allenfalls durch das Einlegen weiterer Seiten oder durch handschriftliche Zusätze am Rand erweitert worden ist. Die Skripte sind in der Regel handschriftlich paginiert, in einigen Fällen jedoch nicht durchlaufend, sondern sitzungsbezogen. Letzteres deutet – wie schon die oben genannte Differenz zwischen Themenplanung und dann realisierter Gliederung – darauf hin, daß Luhmann die Texte erst sukzessive und im laufenden Semester verfaßt hat. Dies wird auch daran deutlich, daß in manchen Vorlesungen Teile, die in der Übersicht beziehungsweise zu Beginn der Vorlesung noch angekündigt werden, gegen Ende des Semesters nicht mehr oder deutlich knapper als geplant ausgeführt sind.

Die hier publizierten Vorlesungsskripte sind in weiten Teilen von Luhmann ausformulierte Texte. Dies erklärt sich vermutlich nicht nur aus seiner noch fehlenden Vorlesungsroutine in den ersten Jahren seiner Lehrtätigkeit, sondern auch aus der Tatsache, daß die jeweilige Argumentation (erst) beim Schreiben entwickelt wurde – ein für Luhmann zentraler Aspekt der Theoriearbeit, wie er im Zettelkasten notiert hat: »Ohne zu schreiben, kann man nicht denken.«[5] Diese Vermutung liegt deshalb nahe, weil es auch einige Passagen mit eher stichwortartigen Notizen gibt, insbesondere im Zusammenhang mit der reinen Darstellung des jeweiligen Forschungsstands im Fach oder dann, wenn Luhmann zu einem Thema, das er in der Vorlesung anspricht, gerade einen Aufsatz geschrieben hatte. Um einen problemlosen Nachvollzug der Inhalte sicherzustellen, hat die Edition bei Bedarf eine sprachliche und grammatikalische Ergänzung sowie Korrekturen offensichtlicher Rechtschreibfehler und Uneinheitlichkeiten bei Schreibweisen vorgenommen. In einzelnen Fällen war auch eine inhaltliche Vervollständigung der entsprechenden Textstellen geboten. Diese ist erfolgt auf der Basis von zeitlich und inhaltlich den jeweiligen Vorlesungen nahestehenden Publikationen Luhmanns, von im Nachlaß vorliegenden, bislang unpublizierten Manuskripten aus der Zeit der jeweiligen Vorlesung, von Notizen im Zettelkasten sowie auf der Grundlage von Vorlesungsmitschriften damaliger Studenten, die diese dem Luhmann-Archiv freundlicherweise zur

5 Zettelkasten II, Zettel 9/8g, ⟨https://niklas-luhmann-archiv.de/ZK_2_NB_9-8g_V⟩.

Verfügung gestellt haben. Wir haben uns dafür entschieden, keine Kennzeichnung der editorischen Eingriffe und Ergänzungen vorzunehmen, um die Idee der Lesbarmachung der entsprechenden Passagen nicht sofort wieder zu konterkarieren. Die vorliegende Publikation erfüllt also ganz bewußt nicht die Kriterien einer kritischen Edition, vielmehr nutzen wir die Möglichkeiten einer hybriden Edition: Ein Vergleich mit dem Originaltext der Vorlesung wird durch die Parallelveröffentlichung des jeweiligen Faksimiles auf dem Forschungsportal des Niklas-Luhmann Archivs möglich.[6] Dort erfolgt neben der digitalen Reproduktion des Manuskripts selbst auch eine Transkription des Originaltextes mit einer Auszeichnung der relevanten Textmerkmale in Form von Einschüben, Hinzufügungen oder Korrekturen.

Die in den Skripten deutlich werdende Vortragssituation in der Form einer direkten Ansprache des studentischen Publikums, von Hinweisen zur Durchführung der Veranstaltung, auf Begleitmaterialien oder andere veranstaltungsspezifische Bemerkungen bleiben in der vorliegenden Fassung erhalten. Soweit Luhmann in den Skripten Literaturangaben notiert hat, werden diese in den Fußnoten gegeben. In einigen Fällen, in denen es inhaltlich naheliegt, werden Literaturangaben auf der Basis Luhmannscher Publikationen zum jeweiligen Thema beziehungsweise von Notizen im Zettelkasten hinzugefügt, wobei wir uns auch hier auf aus damaliger Sicht zeitgenössische Quellen beschränkt haben.[7] Neben den von Luhmann in einigen Fällen in den Vorlesungstexten selbst notierten Verweisen auf seine anderen Veranstaltungen[8] haben wir aufgrund der engen konzeptionellen Vernetzung der Vorlesungen zusätzliche Querverweise gegeben. Zeithistorische wie veranstaltungsspezifische Bezüge in den Vorlesungen, deren Kenntnis nicht vorausgesetzt werden kann, werden mit entsprechend gekennzeichneten editorischen Erläuterungen in den Fußnoten versehen.

Die Reihenfolge der Vorlesungen im Band orientiert sich nicht an ihrer historischen Abfolge, sondern an ihrer konzeptionellen Po-

6 Die jeweiligen URLs werden im folgenden Abschnitt im Detail aufgeführt.

7 Ein Gesamtliteraturverzeichnis der in der vorliegenden Edition genannten Literatur ist abrufbar unter ⟨https://niklas-luhmann-archiv.de/assets/luhmann_2024_B01_literatur.pdf⟩.

8 Siehe dazu auch oben S. 601 ff., »Die Lehrveranstaltungen Niklas Luhmanns von 1966 bis 1970«.

sition in der Gesamttheorie Luhmanns, bei der bekanntermaßen auf der Basis einer allgemeinen Theorie sozialer Systeme zunächst die Teiltheorien für die von ihm unterschiedenen Typen sozialer Systeme – Gesellschaft, Organisation, Interaktion – entwickelt und dann auf gesellschaftliche Teilsysteme – hier: Politik und Recht – angewandt werden.

3. Erläuterungen zu den einzelnen Vorlesungsskripten

I. Am Beginn des Bandes steht als eine Art Einleitung die Antrittsvorlesung Luhmanns mit dem Titel »Soziologische Aufklärung«, die er am 25. 1. 1967 an der Rechts- und Staatswissenschaftlichen Fakultät der Westfälischen Wilhelms-Universität in Münster gehalten hat. Die Edition folgt dem der Vorlesung zugrundeliegenden, fünf Blätter umfassenden Text aus dem Nachlaß (Ms. 2930). Das handschriftlich paginierte, weitgehend ausformulierte Skript mit ganz wenigen handschriftlichen Ergänzungen weist die für Luhmann typischen handschriftlichen Unterstreichungen zur Vortragsunterstützung auf. Die Ausarbeitung der in der Antrittsvorlesung formulierten Überlegungen zu einem deutlich umfangreicheren Aufsatz, der insbesondere das in der Vorlesung nicht weiter thematisierte Verhältnis einer systemtheoretisch-funktionalistischen Soziologie zu ähnlichen und konkurrierenden Theorieansätzen diskutiert, hat Luhmann unmittelbar nach der Vorlesung vorgenommen. Im Nachlaß liegen dazu aber nur verstreute Manuskriptfragmente vor. Diese ausgearbeitete Fassung wurde bereits im Frühjahr 1967 in der (an der Sozialforschungsstelle Dortmund beheimateten) Zeitschrift *Soziale Welt* publiziert.[9] Soweit editorische Ergänzungen bei den wenigen stichwortartigen Passagen erfolgt sind, wurde auf diesen Aufsatz zurückgegriffen.[10]

II. Die zweistündige Vorlesung »Theorie sozialer Systeme« hielt Luhmann im wöchentlichen Turnus im Sommersemester 1967 an der Universität Münster. Die Edition folgt dem der Vorlesung zu-

9 Niklas Luhmann, »Soziologische Aufklärung«, in: *Soziale Welt* 18 (1967), S. 97-12. Der Titel fungierte dann später bekanntlich als Namensgeber für eine am Ende sechsbändige Aufsatzsammlung (Köln, Opladen 1970-1995).

10 Das Faksimile des Vorlesungsskripts ist online einsehbar unter ⟨https://niklas-luhmann-archiv.de/MS_2930⟩.

grundeliegenden Skript aus dem Nachlaß (Ms. 2508), das 49 Blatt umfaßt, weitgehend ausformuliert und handschriftlich paginiert ist sowie einige wenige handschriftliche Zusätze enthält. In der im Nachlaß überlieferten Fassung fehlt allerdings der 3. Teil, »Parsons im Überblick« (6 Blatt). Wie aufgrund der Paginierung, die an dieser Stelle unterbrochen ist, vermutet werden kann, hat Luhmann diesen Teil zu einem unbekannten Zeitpunkt nach der Vorlesung entnommen und für andere, nicht rekonstruierbare Zwecke benutzt,[11] danach aber nicht wieder zurückgelegt. Eine Teilkopie des Vorlesungsskripts im Vorlaß Paul Ridders[12] (Ms. 3872), die Luhmann seinem damaligen Studenten auf Anfrage überlassen hat, enthält diesen Teil, so daß darauf bei der Edition zurückgegriffen werden konnte. Der Veranstaltungsplan wurde von Luhmann mehrfach überarbeitet: In der am Beginn der Veranstaltung verteilten Fassung fehlte offenbar noch die Ausarbeitung des 3. Teils zu Parsons, die letzte im Nachlaß vorliegende Fassung weist ab dem 4. Teil deutlichere Abweichungen von der dann realisierten Gliederung im Skript auf. Die endgültige Konzeption der Vorlesung erfolgte also offenbar erst während des Semesters. Im Vorlesungsskript fehlt der den Plan abschließende 11. Teil, »Rationalität«. Da auch die Vorlesungsmitschriften von Hartmann Tyrell[13] und Paul Ridder, auf die die Edition ergänzend zurückgreifen konnte, keine

11 Naheliegend scheint eine Wiederverwendung der Unterlagen in der Übung (mit einer einleitenden Vorlesung) »Soziologische Theorie von Talcott Parsons« im Wintersemester 1970/71 an der Universität Bielefeld. Dazu liegen im Nachlaß aber außer der knappen Veranstaltungsbeschreibung für das Vorlesungsverzeichnis (vgl. ⟨https://niklas-luhmann-archiv.de/MS_3957⟩ keine Unterlagen vor.

12 Paul Ridder studierte von 1964 bis 1971 Soziologie und Wirtschaftswissenschaften an der Universität Münster und wurde 1972 mit der Schrift *Belastung und Entlastung. Die Pathogenese der sozialen Rolle des Fremden* bei Arnold Gehlen an der RWTH Aachen zum Dr. phil. promoviert, 1979 folgte die Habilitation für Allgemeine Soziologie an der Universität Konstanz. Im Wintersemester 1981/82 vertrat er in Bielefeld Niklas Luhmann bei einem seiner Freisemester zur Fertigstellung des Buches *Soziale Systeme* in der Lehre.

13 Hartmann Tyrell studierte von 1965 bis 1972 Soziologie, Geschichte und Kunstgeschichte an der Universität Münster und wurde 1972 in Münster von Helmut Schelsky mit der Arbeit *Vergesellschaftung und Subjektivität. Studien zum subjektiven Erfahrungszusammenhang* zum Dr. phil. promoviert. Seit 1972 lehrte er an der Fakultät für Soziologie der Universität Bielefeld, an er sich 1994 mit einer kumulativen Schrift zu Max Webers Religionssoziologie habilitierte. Er war von 2000 bis 2008 außerplanmäßiger Professor an der Fakultät.

Notizen zu diesem Teil enthalten und bereits der vorausgehende Gliederungspunkt »Autonomie sozialer Systeme« im Skript auffällig knapp ausfällt, kann man davon ausgehen, daß er aus Zeitgründen nicht mehr erstellt und vorgetragen wurde. Die Edition nimmt in einigen Fällen Ergänzungen auf der Basis der genannten Vorlesungsmitschriften sowie der Aufzeichnungen von Elmar Lange[14] vor; aus diesen Mitschriften sind auch die Parsons' Theorie veranschaulichenden Graphiken übernommen worden, die Luhmann in der Vorlesung an die Tafel geschrieben hat. Außerdem wurde in einigen Fällen ergänzend auf den Ende 1967 in der *Kölner Zeitschrift für Soziologie und Sozialpsychologie* publizierten Aufsatz »Soziologie als Theorie sozialer Systeme« zurückgegriffen,[15] dessen Manuskript (das im Nachlaß nicht vorliegt) im Sommer 1967, also in direktem Zusammenhang mit der Vorlesung erstellt worden ist. Eine von Luhmann in der Vorlesung verteilte Thesensammlung (Ms. 3918) trägt bereits den Titel des Aufsatzes.[16]

III. Die Vorlesung »Theorie der Gesellschaft« fand zunächst im Sommersemester 1968 an der Universität Münster (einstündig in einem wöchentlichen Turnus) und dann nochmals im Wintersemester 1968/69 (zweistündig in 14täglichem Rhythmus an vermutlich acht nicht genau ermittelbaren Terminen) an der Johann Wolfgang Goethe-Universität Frankfurt am Main statt, an der Luhmann Theodor W. Adorno in dessen Forschungsfreisemester

14 Elmar Lange studierte von 1964 bis 1969 Germanistik und Soziologie an den Universitäten Münster und Wien, danach war er Forschungsassistent an der Hochschule für Verwaltungswissenschaften in Speyer in einem von Renate Mayntz und Niklas Luhmann geleiteten Forschungsprojekt zur Reform des öffentlichen Dienstrechts, anschließend wissenschaftlicher Angestellter an der Fakultät für Soziologie der Universität Bielefeld, wo er 1973 bei Niklas Luhmann mit der Arbeit *Erwartungsenttäuschung und Enttäuschungsabwicklung in einfachen Interaktionssystemen* promoviert wurde; 1978 erfolgte die Habilitation, von 1982 bis 2008 war er Professor an der Fakultät.

15 Niklas Luhmann, »Soziologie als Theorie sozialer Systeme«, in: *Kölner Zeitschrift für Soziologie und Sozialpsychologie* 19 (1967), S. 615-644.

16 Das Faksimile des Vorlesungsskripts ist online einsehbar unter ⟨https://niklas-luhmann-archiv.de/MS_2508⟩ und für den Parsons-Teil ⟨https://niklas-luhmann-archiv.de/MS_3872⟩; die verschiedenen Fassungen der Inhaltsübersicht unter ⟨https://niklas-luhmann-archiv.de/MS_2508a⟩, ⟨https://niklas-luhmann-archiv.de/MS_2508b⟩ und ⟨https://niklas-luhmann-archiv.de/MS_2508c⟩, die Thesenliste unter ⟨https://niklas-luhmann-archiv.de/MS_3918⟩.

auf dem soziologischen Teil der Professur vertrat.[17] Das der Edition zugrundeliegende Skript aus dem Nachlaß (Ms. 2557) umfaßt 53 Blatt. Für die Vorlesung in Frankfurt überarbeitete und ergänzte Luhmann einige Teile des Münsteraner Skripts: Im 1. Teil, »Einführung in die Problemstellung«, wurde die erste Seite von Abschnitt 1.1., »Unsicherheiten der Gesellschaftstheorie«, neu geschrieben; erweitert wurden im 3. Teil, »Gesellschaft als soziales System«, die Abschnitte 3.3., »Grenzen der Gesellschaft: Stand der Diskussion«, sowie 3.7., »Delegation von Gesellschaftsleistungen auf Teilsysteme«. In Abschnitt 3.6., »Angstregulierung und Moral«, waren bereits in der Münsteraner Fassung vier Seiten aus einem Vortrag mit dem Titel »Institutionalisierung im sozialen System« (Ms. 2916) eingelegt, den Luhmann Anfang April 1968, das heißt kurz vor Vorlesungsbeginn in Münster an der Evangelischen Akademie von Kurhessen-Waldeck (Hofgeismar), gehalten hatte und der teilweise in der Vorlesung wiederverwendet wurde. Den abschließenden 4. Teil, »Differenzierung der Gesellschaft«, hat Luhmann erst für die Frankfurter Vorlesung geschrieben, obwohl sich der Gliederungspunkt selbst bereits auf dem Veranstaltungsplan für Münster findet, dort aber aus Zeitgründen wohl nicht mehr vorgetragen werden konnte. Darauf deuten die Abschlußformulierungen am Ende von 3.7. auf Seite 30 im Skript hin, bei der die handschriftliche Paginierung durch ein »alt« ergänzt und die durch eine für die Frankfurter Vorlesung mit »S. 30 neu« paginierte Seite ersetzt worden ist, die zum 4. Teil, »Differenzierung der Gesellschaft«, überleitet. Ein im Themenplan noch vorgesehener 5. Teil mit dem Titel »Evolution« lag im Nachlaß nicht vor und ist, wie die Schlußformulierungen des 4. Teils zeigen, offensichtlich auch nicht geschrieben worden. Die für Frankfurt überarbeiteten beziehungsweise hinzugefügten Seiten hat Luhmann in das Münsteraner Skript eingelegt, ohne die

17 Laut des Protokolls der Fakultätssitzung vom 3.7.1968 schlug Adorno selbst Luhmann als Vertreter vor. Es ist denkbar, daß ihm Luhmann im Rahmen einer gemeinsamen Podiumsdiskussion auf dem Soziologentag im April 1968 in Frankfurt als geeigneter Kandidat aufgefallen war (vgl. Ludwig von Friedeburg, »Protokoll der Diskussion. Zum Beitrag: Methodische Probleme gesellschaftlicher Analysen [Erwin K. Scheuch])«, in: Theodor W. Adorno [Hg.], *Spätkapitalismus oder Industriegesellschaft? Verhandlungen des 16. Deutschen Soziologentages vom 8. bis 11. April 1968 in Frankfurt*, Stuttgart 1969, S. 183-193). Vgl. auch oben, »Die Lehrveranstaltungen Niklas Luhmanns von 1966 bis 1970«, S. 605, Fn. 7.

Seiten mit den überarbeiteten beziehungsweise ersetzten Passagen zu entnehmen. Auffällig ist in diesem Skript die vergleichsweise große Zahl an handschriftlichen Ergänzungen am Rand, die Luhmann vermutlich im Zuge der Vorbereitung für die Vorlesung in Frankfurt vorgenommen hat. Die vorliegende Edition folgt der zweiten erweiterten Fassung, berücksichtigt in einigen wenigen Fällen aber auch Formulierungen aus der Münsteraner Fassung.[18]

IV. Die zweistündige Vorlesung »Organisationssoziologie« hielt Luhmann im Wintersemester 1967/68 an der Universität Münster in einem wöchentlichen Rhythmus. Die Edition folgt dem der Vorlesung zugrundeliegenden Skript (Ms. 2593), das 51 Blatt umfaßt und handschriftlich durchpaginiert ist. Im Text gibt es einige handschriftliche Ergänzungen, drei handschriftliche Skizzen sowie handschriftliche Unterstreichungen zur Vortragsunterstützung. Die Edition nimmt in einigen wenigen Fällen Ergänzungen insbesondere auf der Basis der Vorlesungsmitschrift Hartmann Tyrells sowie der von Luhmann selbst am Beginn als Begleitlektüre zur Vorlesung empfohlenen eigenen Monographie *Funktionen und Folgen formaler Organisation* vor. Abweichend von dem Veranstaltungsplan fehlen im überlieferten Skript im abschließenden 8. Teil, »Organisation als gesellschaftliches Phänomen«, die beiden letzten Abschnitte, also 8.3., »Elementares und organisationsabhängiges Sozialverhalten«, und 8.4., »Einstellung auf Organisation«. Da auch die Vorlesungsmitschrift Tyrells diese Teile nicht enthält, ist davon auszugehen, daß sie aus Zeitgründen nicht mehr erstellt und vorgetragen worden sind, obwohl sie von Luhmann im Skript noch ankündigt werden.[19]

V. Die einstündige Vorlesung »Einfache Sozialsysteme« war Luhmanns erste Vorlesung an der Universität Bielefeld. Sie fand

18 Das Faksimile des Vorlesungsskripts ist online einsehbar unter ⟨https://niklas-luhmann-archiv.de/MS_2557⟩, die drei Varianten des Vorlesungsplans unter ⟨https://niklas-luhmann-archiv.de/MS_2557a⟩, ⟨https://niklas-luhmann-archiv.de/MS_2557b⟩ und ⟨https://niklas-luhmann-archiv.de/MS_2557c⟩.

19 Das Faksimile des Vorlesungsskripts ist online einsehbar unter ⟨https://niklas-luhmann-archiv.de/MS_2593⟩, die beiden Fassungen der Veranstaltungsübersicht unter ⟨https://niklas-luhmann-archiv.de/MS_2593a⟩ und ⟨https://niklas-luhmann-archiv.de/MS_2593b⟩. Der Originaltext des Skripts ist unter dem Titel »Organisationssoziologie« publiziert worden in: Niklas Luhmann, *Schriften zur Organisation 5: Vorträge – Lexikonartikel – Rezensionen*, hg. von Ernst Lukas und Veronika Tacke, Wiesbaden 2022, S. 3-62.

im wöchentlichen Turnus im Wintersemester 1969/70 statt. Der Ruf an die dortige Fakultät für Soziologie war Ende August 1968 bereits für das Wintersemester 1968/69 ergangen, der Lehrbetrieb an der neugegründeten Universität wurde aber erst ein Jahr später aufgenommen. Zunächst war vorgesehen, die Vorlesung parallel als Lehrauftrag auch an der Universität Münster zu halten, die trotz des fast vollständigen Wechsels des soziologischen Personals der Sozialforschungsstelle an die Bielefelder Universität den Lehrbetrieb für die verbliebenen Studenten aufrechterhalten mußte; die Veranstaltung fand dann aber dort nicht statt. Der im Vorlesungsplan von Luhmann notierte abschließende 7. Teil, »Mikrosoziologie, Makrosoziologie und Systemtheorie«, wurde offenbar aus Zeitgründen nicht mehr ausgearbeitet, auch der vorhergehende 6. Teil, »Soziale Kontrolle«, fällt im Skript bereits auffallend kurz aus. Die Edition folgt dem der Vorlesung zugrundeliegenden Skript aus dem Nachlaß (Ms. 2561), das 30 Blatt umfaßt, handschriftlich paginiert ist und eine Reihe handschriftlicher Hinzufügungen sowie Unterstreichungen zur Vortragsunterstützung aufweist. In einigen wenigen Fällen inhaltlicher Ergänzungen wurde auf den im Sommer 1971 erstellten und Anfang 1972 publizierten Aufsatz »Einfache Sozialsysteme«[20] sowie insbesondere auf die Abteilung 536 »Interaction« des zweiten Zettelkastens[21] zurückgegriffen. Dort ist die gut 400 Notizen umfassende Zettelfolge 536/11 ff. mit »Buchplan/ Vorlesungsplan« überschrieben und stimmt in der Inhaltsstruktur weitgehend mit der Vorlesung überein, ist also vermutlich größtenteils in engerem Zusammenhang mit der Vorlesung entstanden. Darauf deutet auch eine detaillierte handschriftliche Inhaltsplanung hin, die dem Vorlesungsskript beilag, aber nicht für die Vorlesung, sondern für ein (dann nicht geschriebenes) Buch konzipiert worden ist.[22]

20 Niklas Luhmann, »Einfache Sozialsysteme«, in: *Zeitschrift für Soziologie* 1 (1972), S. 51-65.

21 Zettelkasten II, Zettel 536 ff., ⟨https://niklas-luhmann-archiv.de/ZK_2_NB_536_1_V⟩.

22 Das Faksimile des Vorlesungsskripts ist online einsehbar unter ⟨https://niklas-luhmann-archiv.de/MS_2561⟩, das Faksimile der handschriftlichen Fassung des Buchplans unter ⟨https://niklas-luhmann-archiv.de/MS_2561a⟩ und das Faksimile des in der Veranstaltung verteilten maschinenschriftlichen Vorlesungsplans unter ⟨https://niklas-luhmann-archiv.de/MS_2561b⟩.

VI. Die zweistündige Vorlesung »Politische Soziologie« hat Luhmann im Wintersemester 1966/67 an der Universität in Münster in einem wöchentlichen Rhythmus gehalten. Es war seine erste Vorlesung nach seiner Habilitation im Juli 1966. Er vertrat in diesem Semester die Professur des nach Berlin berufenen Dieter Claessens.[23] Die Edition basiert auf dem maschinenschriftlichen Vorlesungsskript (Ms. 2812), das 28 Blatt umfaßt, die handschriftlich paginiert sind, wobei die Paginierung nur anfangs durchläuft, dann teilweise fehlt beziehungsweise sitzungsbezogen erfolgt. Daneben gibt es ein Blatt eines handschriftlichen Manuskripts für die »Vorbemerkungen« und den 1. Teil, »Grundbegriffliche Orientierung«, wobei nur die Notizen für die Abschnitte 1.1. und 1.2. etwas detaillierter ausfallen, während für 1.3., 1.4. und 1.5. nur noch die Titel notiert werden (Ms. 2812a). Die Besonderheit des Skripts dieser Vorlesung liegt in dem vergleichsweise großen Anteil an eher stichwortartigen Formulierungen. Zurückzuführen ist dies darauf, daß Luhmann bei der Skripterstellung im Unterschied zu den übrigen hier edierten Vorlesungen auf ein umfangreiches Buchmanuskript zurückgegriffen hat. Dieses ist 1966/67 und in den Schlußteilen parallel zur Vorlesung geschrieben beziehungsweise nach der Vorlesung überarbeitet worden.[24] In einer Fassung des 1. Teils des Buchmanuskripts (Ms. 3960) finden sich bis zur S. 25 am Rand vorlesungsspezifische handschriftliche Notizen und im Text Unterstreichungen zur Vortragsunterstützung. Auch der Sachverhalt, daß nach den vorlesungsbezogenen »Vorbemerkungen« am Beginn des maschinenschriftlichen Vorlesungsskripts, für die es natürlich kein Pendant im Buchmanuskript gibt, dann die entsprechende Passagen zu den Abschnitten 1.1. und 1.2. fehlen und das Skript inhaltlich erst wieder mit 1.3. einsetzt, legt nahe, daß Luhmann am Beginn der Vorlesung zunächst auf der Basis des Buchmanuskripts vorgetragen hat und sich für die erste Sitzung nur die kurzen handschriftliche Notizen zu 1.1. und 1.2. gemacht hatte. Ab dem Abschnitt 1.3. wird dann auf der Basis des Buchmanuskripts ein eigenes maschinenschriftliches Vorlesungsskript angelegt. In diesem wird zudem die aufgrund von Kürzungen gegenüber dem Buchmanuskript von der

23 Vgl. dazu die Erläuterungen in »Übersicht über die Lehrveranstaltungen Niklas Luhmanns von 1966 bis 1970«, S. 602, Fn. 2.

24 Posthum veröffentlicht worden ist dieses Manuskript als Niklas Luhmann, *Politische Soziologie*, hg. von André Kieserling, Berlin 2010.

dortigen Gliederung abweichende Kapitelnumerierung des Buches notiert. Vor diesem Hintergrund greift die vorliegende Edition bei der Vervollständigung der stichwortartigen Passagen in einem größeren Umfang auf das Buchmanuskript zurück, außerdem wurden die Vorlesungsmitschriften von Hartmann Tyrell und Paul Ridder herangezogen.[25]

VII. Die Vorlesung »Hauptprobleme politischer Theorie« fand im Sommersemester 1969 an der Universität Münster als zweistündige Vorlesung statt, wobei sich generell an den jeweils etwa einstündigen Vortrag Luhmanns ein im Skript nicht dokumentierter Diskussionsteil angeschlossen hat. Das Skript umfaßt 41 Blatt und ist handschriftlich paginiert. Der im Ablaufplan vorgesehene 4. Teil, »Publikum«, wurde aus Termingründen ausgelassen.[26] Im 5. Teil, »Demokratie«, griff Luhmann auf Passagen des Skripts eines entsprechend betitelten Vortrags zurück, den er am 10.1.1968 in Stuttgart gehalten hatte (Ms. 2927, S. 3-5), wobei die entsprechenden Seiten nicht in das Vorlesungsskript eingelegt waren, sondern dort nur auf sie verwiesen wird; diese Textpassagen zu Demokratietypen wurden in der Edition berücksichtigt. Im 8. Teil, »Kreislauf der Macht«, wurden die im Skript teils nur stichwortartigen Notizen editorisch ergänzt unter Rückgriff auf den zum Zeitpunkt der Vorlesung gerade erschienenen Aufsatz »Klassische Theorie der Macht. Kritik ihrer Prämissen«, auf den sich Luhmann explizit bezieht und dessen wesentliche Thesen er in dem Abschnitt referiert, sowie auf den Text zur Macht, den er 1968 als Lektüregrundlage für

25 Das Faksimile des Vorlesungsskripts ist online einsehbar unter ⟨https://niklas-luhmann-archiv.de/MS_2812⟩, das handschriftliche Blatt unter ⟨https://niklas-luhmann-archiv.de/MS_2812a⟩, der erste Teil des Buchmanuskripts mit den handschriftlichen Anmerkungen unter ⟨https://niklas-luhmann-archiv.de/MS_3960⟩. Eine Vorlesungsplan ist im Nachlaß nicht überliefert; ein solcher Themenplan liegt nur für die Übung zur Vorlesung im Folgesemester vor, ⟨https://niklas-luhmann-archiv.de/MS_2498b⟩. Der Originaltext des Skripts ist als Anhang in der vorgenannten posthumen Buchpublikation erschienen (Niklas Luhmann, »Notizen zur Vorlesung Politische Soziologie«, in: ders., *Politische Soziologie*, S. 453-493), dort nicht abgedruckt sind die handschriftlich vorliegenden Notizen Luhmanns zu den Kap. 1 und 2 sowie die eingeschobene S. 7a im Kap. 9, »Legitimität«.

26 Vermutlich wurde die Sitzung zu »Demokratie«, die von Luhmann im Veranstaltungsplan irrtümlicherweise in den Pfingstferien vorgesehen war, um eine Woche auf den ursprünglich für das Thema »Publikum« vorgesehenen Termin vorgezogen.

eine entsprechende Übung verfaßt hat und der die Argumente des Aufsatzes vorwegnimmt.[27] Der 6. Teil, »Rechtsstaat«, lag im Nachlaß in zwei Fassungen vor; hier wurde in einigen wenigen Fällen ergänzend auf die offensichtlich erste Fassung (drei separat paginierte Seiten am Ende des Skripts) zurückgegriffen. Außerdem wurde die Vorlesungsmitschrift Paul Ridders berücksichtigt.[28]

VIII. Die laut Vorlesungsverzeichnis einstündige[29] Vorlesung »Rechtssoziologie« hielt Luhmann im wöchentlichen Turnus im Wintersemester 1968/69 an der Westfälischen Wilhelms-Universität Münster. Die Edition folgt dem der Vorlesung zugrundeliegenden Skript aus dem Nachlaß (Ms. 2563), das 92 Blatt umfaßt, die paginiert sind und einige wenige handschriftliche Ergänzungen sowie stellenweise handschriftliche Unterstreichungen zur Vortragsunterstützung aufweisen. Ergänzend berücksichtigt wurde bei der Edition die Vorlesungsmitschrift Wolfgang Bislers.[30] Während des Semesters hat Luhmann einige kleinere konzeptionelle Änderungen gegenüber der ursprünglichen Gliederungsplanung vorgenommen; das betrifft den 4. Teil, »Positives Recht«. Den im Vorlesungsplan aufgeführten Schluß »Soziologie und Rechtswissenschaft« hat Luhmann im Skript vermutlich aus Zeitgründen nicht mehr ausgearbeitet. Der außergewöhnlich umfangreiche und auffällig gut strukturierte Text nimmt konzeptionell wie auch inhaltlich die

27 Niklas Luhmann, »Klassische Theorie der Macht. Kritik ihrer Prämissen«, in: *Zeitschrift für Politik* 16 (1969), S. 149-170; ders., *Macht im System*, hg. von André Kieserling, Berlin 2012.

28 Das Faksimile des Vorlesungsskripts ist online einsehbar unter ⟨https://niklas-luhmann-archiv.de/MS_2840⟩ und ⟨https://niklas-luhmann-archiv.de/MS_2840a⟩ (»Rechtsstaat«, 1. Fassung), das des Vortragsskripts zur Demokratie unter ⟨https://niklas-luhmann-archiv.de/MS_2927⟩. Ein Vorlesungsplan ist im Nachlaß nicht überliefert, lag aber der Vorlesungsmitschrift Ridders bei ⟨https://niklas-luhmann-archiv.de/MS_3873⟩.

29 Aufgrund der Länge des Skripts sowie der entsprechend ausführlichen Vorlesungsmitschrift kann man vermuten, daß die Vorlesung entgegen der Ankündigung im Vorlesungsverzeichnis faktisch zweistündig gehalten wurde.

30 Wolfgang Bisler studierte Soziologie in Münster und Bielefeld und wurde 1975 in Bielefeld bei Niklas Luhmann und Joachim Matthes mit der Arbeit *Zu einer soziologischen Theorie des Verhältnisses von Recht, Rechtssystem und Gesellschaft – ein soziologischer Versuch* promoviert. Die Mitschrift stammt aus dem Nachlaß Jürgen Freses, der ab 1970 an der Universität Bielefeld Philosophie gelehrt und von Beginn an den Kontakt zu Luhmanns Theorie gesucht hat; irrtümlicherweise hatte Frese auf der Mitschrift als Autor »Georg Bisler« notiert.

1972 in der Reihe *rororo Studium* des Rowohlt Verlags publizierte zweibändige *Rechtssoziologie* vorweg, deren Manuskript größtenteils 1969/70 verfaßt worden ist.[31] In den ganz wenigen Fällen, in denen der Text kleinere Lücken aufweist oder zu knapp formuliert wurde, ist deshalb bevorzugt auf diese Publikation zurückgegriffen worden.[32]

31 Niklas Luhmann, *Rechtssoziologie*, 2 Bde., Reinbek b. Hamburg 1972. Vgl. dazu auch unten, das Nachwort »Lehrer Luhmann«, S. 645.

32 Das Faksimile des Vorlesungsskripts ist online einsehbar unter ⟨https://niklas-luhmann-archiv.de/MS_2563⟩, der Vorlesungsplan unter ⟨https://niklas-luhmann-archiv.de/MS_2563a⟩.

Nachwort

Lehrer Luhmann

von

André Kieserling und Johannes F. K. Schmidt

1. Die Pädagogik der Redundanz

Die Vorlesung heißt bekanntlich auch deshalb so, weil sie vor der Erfindung des Buchdrucks damit zu beginnen pflegte, daß der Lehrende aus einem Buch vorlas und die Lernenden mitschrieben. Solange es von den kanonischen Texten noch keine gedruckten und darum leicht verfügbaren Kopien gab, konnten die schriftlichen Grundlagen der mündlichen Kommunikation nicht von außen bezogen, sie mußten vielmehr in der Interaktion selbst erst noch hergestellt werden. Dazu diente die einfache, auf dem Diktat beruhende Vervielfältigungstechnik, ähnlich wie auch die mittelalterlichen Schreibwerkstätten sie praktizierten.

Seitdem der Buchdruck dies obsolet werden ließ, ist auch die Punkt-für-Punkt-Entsprechung von Vorlesung und Buch in die Kritik geraten. Und in der Tat: Warum sollte sich jemand stundenlange Referate über ein Buch anhören, wenn er sich dieselben Informationen doch auch, und mit höherer Zeitautonomie, durch die Lektüre des Buches beschaffen kann? Das naheliegende Gegenargument, die Vorlesung diene nicht der Reproduktion des schwierigen und hochbewerteten Textes, sondern kommentiere ihn, führt nicht weiter. Auch Kommentare kann man sich in der Bibliothek ausleihen, und häufig von besserer Qualität, als irgendein lokal verfügbarer Lehrer sie anbieten könnte.

Immer wieder haben die Verteidiger der Vorlesung daher vorgeschlagen, die Redundanzen zwischen mündlicher und schriftlicher Kommunikation abzubauen. Statt etwas schon Gedrucktes zu duplizieren, könne der Professor doch einfach aus laufenden Forschungsprojekten berichten und die Studenten dann um Ergänzung und Kritik bitten; genau das sei doch mit der »Einheit von Forschung und Lehre« gemeint. Diese Empfehlung hat freilich den Nachteil, daß der Verzicht auf den geschlossenen Vortrag die Vorlesung dem Oberseminar angleichen und damit nur erneut vor die Frage nach ihrer Daseinsberechtigung führen würde.

Gerade bei den produktiven Wissenschaftlern scheint sich die Anpassung ihrer Vorlesungen an den Buchdruck auf eine Inversion der Zeitfolge zu beschränken. Statt über Bücher von anderen zu reden, die es schon gibt, nutzen sie den mündlichen Vortrag als Generalprobe auf die Buchreife eines eigenen, derzeit noch in Arbeit befindlichen Publikationsprojekts, und natürlich können sie sich auch dafür auf jene »Einheit« berufen. An der Redundanz von Vorlesung und Publikation scheint also kein Weg vorbeizuführen. Als Folge davon gibt es zu allen Büchern, die auf diese Weise entstanden sind, auch eine Vorlesung mit gleicher Thematik, und wenn der Rang des gedruckten Textes das Interesse an seinen Vorstufen trägt, dann werden auch die Sprechpläne zur Vorlesung, die Mitschriften der Studenten, die Tonbandaufzeichnungen des Gesprochenen publiziert.[1]

Niklas Luhmann konnte jener Einheit von Forschung und Lehre wenig abgewinnen.[2] Er hat sich nie anders als kritisch über sie geäußert, weil er ihrem Szientismus und ihrer Indifferenz gegen Ausbildungsanforderungen mißtraute. Im Studium gebe sie dem Kommunikationsmedium »Wahrheit« einen Stellenwert, der die Studenten auf die ganz andersartige Machtkommunikation in den später in ihrem Leben kommenden Arbeitsorganisationen nicht adäquat vorbereite. Und mit ihrer Präferenz für Bildung und gegen Ausbildung verbaue sie der Soziologie einen der aussichtsreichsten Wege zu praktischer Wirksamkeit. Sein eigener Beitrag zu den Gründungsplänen[3] für die Fakultät für Soziologie an der Universität Bielefeld sah denn auch vor, die Soziologiestudenten so praxisnah auszubilden, daß sie sich aus der Sicht ihres prospektiven Arbeitgebers, der öffentlichen Verwaltung, neben den Juri-

1 Als prominentes Beispiel könnte man Pierre Bourdieu nennen, von dessen Vorlesungen am Collège de France inzwischen Transkriptionen in französischer und in englischer Sprache vorliegen. Siehe für eine deutsche Übersetzung auch ders., *Über den Staat. Vorlesungen am Collège de France 1989-1992*, hg. von Patrick Champagne u. a., Berlin 2014.

2 Siehe als Übersicht, die neben Luhmann auch andere soziologische Kritiker dieser Einheitsidee einbezieht, André Kieserling, »Bildung durch Wissenschaftskritik: Universitäten zwischen Selbstbeschreibung und Soziologie«, in: ders., *Zwischen Selbstbeschreibung und Fremdbeschreibung. Beiträge zur Soziologie soziologischen Wissens*, Frankfurt/M. 2004, S. 244-290.

3 Vgl. zur Universitätsplanung Paul Mikat, Helmut Schelsky, *Grundzüge einer neuen Universität. Zur Planung einer Hochschulgründung in Ostwestfalen*, Gütersloh 1967.

sten behaupten und vielleicht sogar deren Quasimonopol auf die höheren Verwaltungsposten aufbrechen können.[4] Das Soziologiestudium hätte sich dann nicht länger auf Theorien und Methoden beschränken können, die nur brauchen kann, wer später einmal forschen will. Und dies wiederum hätte den Lehrenden die Möglichkeit genommen, Vorlesungsthemen an Forschungsprojekte und Publikationspläne anzupassen. Auch Luhmann hätte dann in erster Linie über Organisations- und Entscheidungstheorie unterrichten müssen, beides mit dem Ziel, Entscheider auszubilden, nicht selbständig forschende Wissenschaftler.

Aber diese kühnen Gründungspläne haben sich nicht realisieren lassen und Bielefeld ist unter diesem Aspekt eine ganz normale Universität geworden. Luhmann, der seine Vorlesungstätigkeit noch an der in der Humboldtschen Tradition stehenden Westfälischen Wilhelms-Universität Münster begonnen hatte, mußte ihren Stil nicht revidieren, als er an die sogenannte Reformuniversität Bielefeld berufen wurde. Nicht nur die Vorlesungen der ersten Jahre seiner Lehrtätigkeit, die wir hier dokumentieren, auch die der beiden folgenden Jahrzehnte fanden ihre Themen in den Themen seiner gerade in Arbeit befindlichen Bücher und Abhandlungen. Damit drängt sich auch für diese Dokumentation die Frage nach ihrer Redundanz auf: Was soll die Vorlesung zum Buch, wenn es das Buch zur Vorlesung längst gibt?

Die übliche Kritik an den Textbezügen der Vorlesung setzt einen Alltagsbegriff von Redundanz voraus, der sie für eine bloße Verdopplung hält. Dem naiven Blick erscheint dies als überflüssig, weil er die Sicherheit gebende Funktion der Duplikate für den Krisenfall nicht erkennt. Luhmann hat sich demgegenüber an einem informationstheoretischen Redundanzbegriff orientiert, der an genau diesem Falle geeicht ist: Bei großem Erfolgsinteresse schützt es

4 »Es könnte z. B. sein, daß empirisch-analytische Intelligenz primär in den höheren Rängen benötigt wird, die exegetischen und kautelarischen Fähigkeiten des Juristen dagegen nur dort, wo es um ausführende Tätigkeiten und Abwicklung strittiger Einzelfälle geht.« (Niklas Luhmann, »Verwaltungswissenschaft. I. Geschichte und Probleme«, in: *Staatslexikon: Recht, Wirtschaft, Gesellschaft*, Bd. 11, Erg.-Bd. 3: *Präsidialregierung – Zukunftsforschung*, hg. von der Görres-Gesellschaft, 6., völlig neu bearb. und erw. Aufl., Freiburg/Br. 1970, Sp. 606-620 [619]) Vgl. ausführlicher dazu auch den Aufsatz »Reform des öffentlichen Dienstes. Zum Problem ihrer Probleme«, in: ders., *Politische Planung. Aufsätze zur Soziologie von Politik und Verwaltung*, Opladen 1971, S. 203-256 (231 ff.).

vor dem Mißerfolg des einen Funktionsträgers, wenn man dafür sorgt, daß andere Elemente mit eigener Funktion gegebenenfalls für ihn einspringen können – so wie das eine Wort trotz Bedeutungsverschiedenheit für ein anderes einspringen kann, sollte dieses bei der Übertragung des Satzes verlorengehen. Insofern bezeichnet der Redundanzbegriff eine sinnvolle Grenze der funktionalen Spezifikation.

Von diesem Grundgedanken hat Luhmann sich auch in seiner Soziologie der pädagogischen Kommunikation anregen lassen. Zu deren erwartbaren Krisen gehört, daß sie unverstanden bleibt und so ihre überforderten Adressaten daran hindert, dem weiteren Verlauf der Schulstunde, der Seminarsitzung, der Vorlesung zu folgen. Dann steht das gemeinsame Aufmerksamkeitszentrum der Interaktion auf dem Spiel. Luhmann unterscheidet drei Typen von redundanten Verständnishilfen, die diese Gefahr abwenden sollen.[5]

Eine erste, zeitbezogene Form der Redundanz wird dem Lehrer durch das erkennbare Nichtverstehen der Schüler nahegelegt. Sie besteht darin, das schon einmal Gesagte in anderen Worten oder an weiteren Beispielen zu wiederholen. Der Schüler kann dann wählen, ob er die erste Formulierung mit Hilfe der zweiten versteht oder nicht vielmehr die zweite, sollte sie gegen die Absicht des Lehrers noch dunkler ausfallen (oder vielleicht auch nur seinem persönlichen Erfahrungskreis noch ferner liegen), mit Hilfe der ersten. Da solche Wiederholungen in Schulstunde und Seminarsitzung auf Kosten der Beteiligungsmöglichkeiten von Schülern beziehungsweise Studenten, in der Vorlesung dagegen auf Kosten anderer Themen gehen, wird man diese Verständnishilfe nur vorsichtig einsetzen wollen. Schon bei sparsamem Gebrauch führt sie indes dazu, daß der freie Vortrag vor Anwesenden deutlich mehr Redundanzen enthält, als ein schriftlicher Text sie brauchen könnte, der ja, statt sich selbst zu wiederholen, dem Leser auch wiederholtes Lesen zumuten kann.

In der Sozialdimension entsteht Redundanz mit jeder verstandenen Mitteilung, also mit aller Kommunikation. In dem Maße, in dem er verstanden wurde, macht der Lehrer sich als Adresse für Rückfragen ersetzbar. Schüler, die ihm nicht folgen konnten, müs-

5 Siehe dazu Niklas Luhmann, »Systeme verstehen Systeme«, in: ders., *Schriften zur Pädagogik*, hg. von Dieter Lenzen, Frankfurt/M. 2004, S. 48-90 (79 ff.).

sen ihm dies nicht ins Gesicht sagen, sie können sich auch an die besseren Mitschüler wenden. Da deren Hilfe, anders als die des Lehrers, nicht Rollenpflicht, sondern unverlangbares Entgegenkommen ist, will sie entgolten werden, und sei es durch die Anerkennung von Rangdifferenzen: Wie man von Peter M. Blau lernen kann, entstehen die informalen Stars durch unerwiderte Hilfsbereitschaft.[6] An den Universitäten tritt dieser elementare Mechanismus deutlich zurück, denn viele ehrgeizige und statusempfindliche Studenten ziehen es vor, das eigene Nichtverstehen als Privatangelegenheit zu behandeln.[7]

Die dritte, sachbezogene Form der Redundanz ist ebendie, die den Protest gegen die Vorlesung ausgelöst hat: daß man mit mündlicher und schriftlicher Kommunikation auf dasselbe zielt. Auch dadurch entstehen Wahlmöglichkeiten für den Empfänger. Man kann einen theoretisch anspruchsvollen Text verstehen, indem man den anwesenden Lehrer versteht, der ihn erläutert, aber natürlich auch diesen, sollte er sich einmal (oder auch: wieder einmal) besonders konfus ausdrücken, mit Hilfe jenes Textes: Die Verpflichtung des Lehrers, über Texte zu reden, hat insofern eine latente Schutzfunktion. Sie schützt den Studenten vor einem didaktischen Ungeschick, wie man es gerade in Hochschulen ohne ernstgenommene Hochschuldidaktik immer erneut antrifft.

Es gibt noch einen zweiten Aspekt von Redundanz, den ihr Alltagsbegriff zu wenig beleuchtet. Das ist die ausreichende Differenzierung der Duplikate. Eine genaue Wiederholung des schon einmal Gesagten wäre demnach kein Beispiel für pädagogisch sinnvolle Redundanz, da auf diese Weise ja auch die Unverständlichkeiten und Darstellungsfehler des ersten Versuches nur wiederholt würden. Ähnlich bringt das wiederholte Lesen eines anspruchsvollen Textes nur dann etwas, wenn es nach einer Zwischenzeit erfolgt, in welcher sich der Verständnishorizont des Lesers an anderen Texten umbilden konnte. Auch im Verhältnis von mündlicher und

6 Siehe dazu Peter M. Blau, *Dynamics of Bureaucracy. A Study of Interpersonal Relations in Two Government Agencies*, überarb. Aufl., Chicago 1963.

7 Eine Ausnahme von dieser Regel hat Luhmann bei Jurastudenten festgestellt, die selbst auf dem Weg zur Mensa über die Themen ihrer Vorlesung, und das heißt: ihre Fälle sprechen – ein »erstaunliches, für mich soziologisch unerklärbares Phänomen«, wie er in seiner Rechtssoziologievorlesung (S. 596) notiert. (Alle Seitenangaben ohne Literaturbeleg beziehen sich auf den vorliegenden Band.)

schriftlicher Kommunikation kommt es eher auf Ähnlichkeit als auf Gleichheit an.

Bei Luhmann zeigen sich die Differenzierungen zwischen Vorlesung und korrespondierender Publikation bereits auf der Ebene der Themenwahl. So wie es in den Büchern, schon ihrer Länge halber, immer mehr Themen gibt, als die entsprechende Vorlesung hätte aufgreifen können, so gehen die Vorlesungen aus didaktischen Gründen an vielen Stellen über die Themenwahl der für den Buchdruck bestimmten Texte hinaus. In anderen Fällen mußte das thematische Repertoire der Vorlesung schon darum reicher als das ihres Bezugstextes sein, weil dieser nur Aufsatzlänge erreichen sollte. So bringt die Vorlesung über einfache Sozialsysteme neben manchen Vorgriffen auf den gleichnamigen Aufsatz zur Interaktionssoziologie auch eine ausführliche Würdigung der Wissenschaftsgeschichte ihres Themas, die Luhmann nicht erst in der Kleingruppenforschung, sondern schon im Gemeinschaftsdenken anfangen sieht.

Die letzten beiden Vorlesungen, die Luhmann Anfang der 1990er Jahre vor seiner Emeritierung gehalten hat, wurden mitgeschnitten und noch zu seinen Lebzeiten als Hörbuch, später dann auch in einer transkribierten Version der gesprochenen Texte publiziert.[8] Als getreue Kopie dessen, was wirklich gesagt wurde, bietet die Transkription gute Chancen, die Vorlesung mit Hilfe der Vorlesung zu verstehen, weil Luhmann es natürlich merkte, wenn er Teile des Publikums zu verlieren drohte, und dann zur oben geschilderten Technik der Wiederholung griff. Diese Binnenredundanz des Gesprochenen hilft auch dem heutigen Leser über schwierige Stellen hinweg. Zu diesem Reichtum an eingebauten Verständnishilfen gab es in den Grundlagen für die hier publizierten Vorlesungen keine vollwertige Entsprechung. Abgesehen von einigen Vorlesungsmitschriften stützen wir uns in der Hauptsache auf die Sprechpläne, mit denen Luhmann in den Hörsaal ging. An diesen Notizenfolgen hat uns vor allem die Ausführlichkeit imponiert. Sie zeigt an, daß der damals noch unerfahrene Lehrer es nicht riskieren wollte, einfach zu extemporieren. Andererseits waren sie natürlich an ihn selbst adressiert und konnten darum mitunter doch recht knapp ausfallen. Zur Aufhellung dunkler Stellen mußten wir im-

8 Niklas Luhmann, *Einführung in die Systemtheorie*, hg. von Dirk Baecker, Heidelberg 2002; *Einführung in die Theorie der Gesellschaft*, hg. von Dirk Baecker, Heidelberg 2005.

mer wieder auch die schon gedruckte Version der jeweiligen Überlegung heranziehen, und nachdem wir das Umständliche dieses Redundanzgebrauchs an uns selbst erfahren haben, wollten wir ihn den Lesern dieses Buches ersparen. Mehr als einmal haben wir daher Sätze oder auch komplette Satzgruppen aus der schriftlichen Version eines Gedankens in diese Darstellung seiner mündlichen Frühfassung hineingezogen.

2. Zwischen mündlicher und schriftlicher Kommunikation

Retrospektiv betrachtet erscheint das Werk Niklas Luhmanns als ein schon sehr früh weitgehend durch(ge)dachtes Vorhaben. Darauf hat nicht erst die 1997 von Luhmann selbst kolportierte Auskunft über seine Pläne aufmerksam gemacht, die er Anfang der 1970er Jahre für die Forschungsverwaltung seiner Fakultät zu Protokoll gegeben hat.[9] Die Ankündigung des groß konzipierten Projekts war vielmehr schon in den Vorworten der ersten beiden Bände der Reihe *Soziologische Aufklärung* nicht zu übersehen, auch wenn er dort noch etwas bescheidener formuliert. Trotz der unklaren Zukunftsaussicht der Soziologie wäre ein »Verzicht auf zusammenfassende Theorie verhängnisvoll«, es empfehle sich daher, »solche Theorie zunächst einmal ins Unreine zu schreiben«, heißt es im Vorwort des ersten Bandes von 1970 mit dem Untertitel »Aufsätze zur Theorie sozialer Systeme«;[10] fünf Jahre später werden die im zweiten Band versammelten »Aufsätze zur Theorie der Gesellschaft« dann bereits »als Teilstücke einer Nullserie der Produktion« bezeichnet.[11] Daß die Idee einer Theorie der Gesellschaft auf der Grundlage einer funktionalistischen Systemtheorie aber sogar schon seit Mitte der 1960er Jahre für Luhmann deutlich Kontur

9 Die Formulierung Luhmanns, die bewußt gegen die von der Fakultät erwartete Kurzfristorientierung der Forschung gerichtet war, lautete bekanntermaßen: »Theorie der Gesellschaft; Laufzeit: 30 Jahre« (Niklas Luhmann, *Die Gesellschaft der Gesellschaft*, Frankfurt/M. 1997, S. 11).

10 Niklas Luhmann, *Soziologische Aufklärung. Aufsätze zur Theorie sozialer Systeme*, Köln, Opladen 1970, S. 5.

11 Niklas Luhmann, *Soziologische Aufklärung 2. Aufsätze zur Theorie der Gesellschaft*, Köln, Opladen 1975, S. 5.

angenommen hatte, ist aus seiner frühen Lehrtätigkeit ersichtlich. Der Nullserie geht also, um im Sprachgebrauch zu bleiben, eine Versuchsreihe voraus, die er als akademischer Lehrer entwickelt und erprobt hat. Die Vorlesungen, Seminare und Übungen, die Luhmann in dieser Zeit anbietet, sind integraler Bestandteil einer theoretischen Formierungsbewegung, an deren vorläufigem Ende dann die entscheidenden Weichenstellungen für die Arbeit der folgenden Jahrzehnte vollzogen sind.

Im Juli 1966 wird Luhmann, der seit einem knappen Jahr Abteilungsleiter der Sozialforschungsstelle Dortmund an der Universität Münster ist, aber als ehemaliger Verwaltungsjurist und Oberregierungsrat noch gänzlich ohne akademischen Titel geblieben und deshalb auch noch nicht lehrbefugt war, an der Rechts- und Sozialwissenschaftlichen Fakultät habilitiert.[12] Der Titel des Habilitationsvortrags lautete *Ansatzpunkte für eine Soziologie des Rechts*[13] – eine aufgrund der Doppelqualifikation Luhmanns als Jurist und Soziologie naheliegende Themenwahl. Wie der Wortlaut »Soziologie des Rechts« es bereits andeutet, sind die Überlegungen aber weitaus umfassender angelegt als in der Rechtssoziologie üblich. Zum einen sind sie sozialtheoretisch, indem sie eine über den sinntheoretischen Erwartungsbegriff geführte Reformulierung des Normbegriffs vorschlagen. Sie sind also gerade nicht konzipiert im Sinne eines bescheideneren Beitrags zu einer speziellen Soziologie, die in der Rechtswissenschaft häufig nur als eine empirische Hilfswissenschaft verstanden wird. Zum anderen sind sie gesellschaftstheoretisch, da die Überlegungen zum Normbegriff mit einer evolutionstheoretischen Perspektive verbunden werden, die unterschiedliche Rechtsformen in Abhängigkeit von der Gesellschaftsstruktur identifiziert. Ausgewählt hat die Fakultät das Thema der Antrittsvorlesung aus einer Dreierliste, die Luhmann entsprechend der Habilitationsordnung vorlegen mußte. Interessant ist, welche Titel er noch auf die Vorschlagsliste gesetzt hatte, nämlich: »Die Vordinglichkeit des Befristeten« und »Soziologische Aufklärung«. Das erstgenannte Thema[14] steht eher noch auf ihm

12 Vgl. detaillierter den Abschnitt »Der historische Kontext der frühen Vorlesungstätigkeit« in der editorischen Notiz, oben in diesem Band, S. 601 ff.

13 Vgl. das Vortragsskript im Nachlaß: ⟨https://niklas-luhmann-archiv.de/MS_2853⟩.

14 Siehe dazu dann die spätere Aufsatzveröffentlichung »Die Knappheit der

vertrauten Boden, weist gewissermaßen in die Vergangenheit der eigenen Forschungsinteressen aus seiner Zeit an der Hochschule für Verwaltungswissenschaften in Speyer mit dem Fokus auf Organisations- und Verwaltungssoziologie. Der zweite Titel markiert dagegen bereits den Anspruch des eigenen, genuin soziologischen Forschungsprogramms, das zu diesem Zeitpunkt aber allenfalls erste Spuren in seinen Publikationen hinterlassen hatte.[15] Was es mit diesem Begriff der soziologischen Aufklärung auf sich hat, skizziert Luhmann dann ein halbes Jahr später im Januar 1967 in seiner so betitelten Antrittsvorlesung, mit der er bereits Farbe bekennt: Die Soziologie ist – entgegen dem Selbstverständnis des Faches – keineswegs die Fortsetzung der philosophischen Aufklärung des 18. Jahrhunderts mit den sozialwissenschaftlichen Methoden des 20. Jahrhunderts. »Vielmehr scheint mir die Soziologie gerade das zu sein und zu leisten, was wir vermissen und versaumt glaubten: eine *Abklärung der Aufklärung*« (S. 10). Damit sind im wesentlichen zwei Aspekte gemeint: Zum einen die Abstraktion von den Handlungsentwürfen der Akteure, also die »Erklärung des Handelns durch inkongruente Perspektiven«, die über die soziologische Entdeckung der latenten Funktion auf die Kontingenz der sozialen Welt aufmerksam macht. Um aber über einen reinen Entlarvungscharakter einer solchen Perspektive hinauszukommen, bedarf es zum anderen einer Theorie, die die Handlungsmotive und sozialen Gebilde nicht auf *eine* Ursache zurückführt, sondern die sozialen Zusammenhänge als Lösung eines grundlegenden Problems versteht: »die unfaßliche Komplexität der Welt auf handlungsfähigen Sinn zu bringen, sie zu reduzieren« (S. 14) – durch Systembildung.

In der Antrittsvorlesung selbst wird das Programm aufgrund der knapp bemessenen Zeit nur umrissen, unmittelbar danach aber bereits in einem Aufsatz ausgearbeitet und nur wenige Wochen nach dem Vortrag in der an der Sozialforschungsstelle Dortmund beheimateten Zeitschrift *Soziale Welt* publiziert. Im Sommersemester 1967 greift er das Thema in der Lehre dann noch einmal explizit

Zeit und die Vordringlichkeit des Befristeten«, in: *Die Verwaltung* 1 (1968), S. 3 30.

15 So kann man die Monographie *Grundrechte als Institution* von 1965 (Berlin) als einen ersten Versuch lesen, mit Hilfe eines funktionalistischen Blicks auf die latenten Funktionen einer institutionellen Regelung Gesellschaftstheorie als soziologische Aufklärung zu betreiben.

auf in einer für das Vorlesungsverzeichnis in direktem zeitlichen Zusammenhang zur Antrittsvorlesung nachgemeldeten Übung »Kritik der Gesellschaft und soziologische Aufklärung«, in der bereits das Verhältnis dieses Projekts zu dem der Frankfurter Schule Thema ist.[16] Den Theoriehintergrund, vor dem der Anspruch der Antrittsvorlesung formuliert wird, hat Luhmann bereits in seinem ersten Seminar »Phänomenologische Grundlagen der Soziologie« im Wintersemester 1966/67 angedeutet. Obwohl im Vorlesungsverzeichnis ausdrücklich als »Seminar für Fortgeschrittene« ausgewiesen, war das Programm vermutlich selbst für höhere Semester eine heillose Überforderung. Zumindest aber dokumentiert der siebenseitige Veranstaltungsplan die noch von keiner Realität gegengeprüfte Erwartungshaltung des frisch Habilitierten gegenüber den Möglichkeiten der universitären Lehre und dem verkraftbaren studentischen Lektürepensum, denn fast jedes im Plan skizzierte Sitzungsthema hätte genauso gut als eigenes Seminarthema Verwendung finden können. Der Seminarplan ist denn auch eher der Ausweis dessen, was Luhmann auf der Basis einer mehr als zehnjährigen Lektüre, deren Ergebnisse in seinen Zettelkästen dokumentiert sind, unter Soziologie verstehen möchte, und er markiert zugleich die Basis des soziologischen Neustarts, den Luhmann Mitte der 1960er Jahre unternimmt. Die drei Themenblöcke »I. Ich, Andere und die Welt«, »II. Sprache und Kommunikation« und »III. Die Komplexität der Handlungsmöglichkeiten und ihre Reduktion« zeugen von der langjährigen Auseinandersetzung mit Husserls Phänomenologie und der Frage der Weltkonstitution sinnhaften Erlebens sowie mit Parsons' Systemtheorie und ihrer Behandlung des Problems der doppelten Kontingenz. Sie bieten erste gesellschafts- und evolutionstheoretische Überlegungen zur Weltwahrnehmung in unterschiedlichen Sozialordnungen, wissenschaftstheoretische Überlegungen zum Verstehen als Methode und zur Frage der Verdinglichung der Realität in der Soziologie.

Der Seminarplan selbst dürfte auch direkter Ausfluß des ersten monographischen Versuchs einer Theorie des Sozialen gewesen sein, den Luhmann bereits 1965/66 unternommen hat. Das mit »Soziologie auf phänomenologischer Grundlage« betitelte Manu-

16 Vgl. dazu und im Folgenden bei Veranstaltungsreferenzen die entsprechenden Angaben und Links auf die Faksimiles oben in diesem Band, »Die Lehrveranstaltungen Niklas Luhmanns von 1966 bis 1970«.

skript, das 300 Blatt umfaßt, aber Fragment geblieben ist, geht von einem phänomenologischen Weltkonzept aus und stellt die Frage nach dem Zusammenhang von Intentionalität und Komplexität, nach der sachlich-zeitlichen Konstitution der Welt.[17] Soziologie möchte Luhmann als positive Wissenschaft betreiben, die die transzendentale Phänomenologie soziologisiert, in dem er die Theorie der transzendentalen Subjektivität durch die Theorie des sozialen Systems ersetzt. Geschehen soll das zum einen über das Konzept der sozialen Kontingenz und das daraus sich ergebende Problem der Reduktion von Komplexität, das durch Strukturbildung in Form der Generalisierung von Verhaltenserwartungen und durch Prozesse in Form von sinnhafter Kommunikation, mithin durch Systembildung gelöst wird. Und zum anderen durch die damit zwingend verbundene äquivalenzfunktionalistische Methode, die im Unterschied zur Systemtheorie Parsons' gerade nicht davon ausgeht, daß Strukturen als Problemlösungen vorgegeben sind, sondern auf ihre Problemlösungsfähigkeit hin analysiert und mit anderen Möglichkeiten verglichen werden müssen. Das ist, in äußerster Verknappung, der Theoriestand, von dem aus Niklas Luhmanns Tätigkeit als soziologischer Lehrer beginnt.

Für seine erste Vorlesung als frischhabilitierter Lehrbeauftragter plant er zunächst aber noch ganz konservativ, und zwar in mehrfacher Hinsicht. Für die im Vorlesungsverzeichnis im Herbst 1966 angekündigte Vorlesung »Theorie der Verwaltung« ist einerseits der Boden schon länger bereitet,[18] andererseits gibt es dazu auch eine sehr vorlesungskompatible Textgrundlage in Form einer gerade einmal knapp 120 Seiten umfassenden Monographie. In diesem im Sommer 1966 erschienenen Band (ursprünglich ein bereits 1964 verfaßter und dann weiter ausgebauter Zeitschriftenaufsatz) wird der Theoriestand dargestellt und eine Skizze des eigenen Ansatzes entworfen in Form einer System- und Entscheidungstheorie zusammenführenden Konzeption der Verwaltung, die im wesentlichen durch das Verhältnis zu ihren drei Umwelten – Politik,

17 Vgl. den Gliederungsentwurf ⟨https://niklas-luhmann-archiv.de/MS_2637⟩.
18 Vgl. dazu im Detail André Kieserling und Johannes F. K. Schmidt, »Nachwort: Verwaltung als Milieu«, in: Niklas Luhmann, *Die Grenzen der Verwaltung*, hg. von Johannes F. K. Schmidt und Christoph Gesigora, Berlin 2021, S. 223-249 (234 ff.).

Publikum und Personal – bestimmt wird.[19] Das wird so präsentiert, daß man damit ohne großen Aufwand eine Vorlesung hätte bestreiten können. Statt eines Lehrauftrags für eine Vorlesung und eine Übung übernimmt Luhmann dann aber kurzfristig die Vertretung des im Sommer 1966 vakant gewordenen soziologischen Lehrstuhls von Dieter Claessens. Und das bedeutet: Er muß mehr oder weniger aus dem Stand heraus vier Veranstaltungen anbieten, darunter auch eine thematisch breitere, genuin soziologische Vorlesung, wohl vergleichbar mit der von Claessens noch angekündigten Vorlesung »Soziale Schichtung und Mobilität«. Das tut Luhmann dann auf der Basis eines anderen, deutlich umfangreicheren Textes, der zu diesem Zeitpunkt bereits weiter fortgeschritten ist: »Politische Soziologie«.[20] Dieses 400 Seiten starke Manuskript, das er in großen Teilen in einer kondensierten Form in der Vorlesung vorträgt, kann man als Brückentext von der Verwaltungstheorie zur Gesellschaftstheorie verstehen, als einen Beitrag zu einer Gesellschaftstheorie, die es zu diesem Zeitpunkt noch gar nicht in einer ausgearbeiteten Form gibt. Mit Blick auf die Veranstaltungen der Folgejahre könnte man vielleicht auch sagen: Die Vorlesung kommt eigentlich zur Unzeit, und dies in zwei Hinsichten.

Zum einen wird der sinntheoretische, das heißt der erwartungstheoretische Ansatz, der »Soziologie auf phänomenologischer Grundlage« auszeichnet, in »Politische Soziologie« nur knapp abgehandelt. Im Zentrum steht vielmehr (auch in der Vorlesung) der grundlagentheoretisch nur knapp erläuterte Rollenbegriff, der umstandslos aus der Bestimmung von sozialen Systemen als Handlungssystemen begründet wird und dann weitgehend in seiner gesellschaftstheoretischen Lesart im Kontext einer Differenzierungstheorie aufgeht, so daß sich Luhmann fast ausschließlich auf eine System/Umwelt-Theorie konzentriert, wie sie schon für seine Verwaltungssoziologie kennzeichnend ist.[21] Zum anderen resultiert die Sonderstellung der Vorlesung selbst aber auch aus der erwähnten (äußerlichen) Tatsache, daß Luhmann hier tatsächlich noch

19 Niklas Luhmann, *Theorie der Verwaltungswissenschaft. Bestandsaufnahme und Entwurf*, Köln, Berlin 1966.

20 Posthum publiziert: Niklas Luhmann, *Politische Soziologie*, hg. von André Kieserling, Berlin 2010.

21 Die Annahme liegt nahe, daß diese Fokussierung eine Spätfolge der Perspektive der 1964 aufgegebenen Monographie zur Verwaltung gewesen ist.

im klassischen Sinne »liest«, das heißt auf der Basis eines (wenn auch unpublizierten) Buches vorträgt und die Differenz von geschriebenem Text und mündlicher Rede in seiner Vorlesungskonzeption zunächst offenbar noch nicht ausreichend berücksichtigt. Zu Beginn bestreitet er die Vorlesung sogar direkt mit Hilfe des Buchmanuskripts, was sich aber wohl schnell als nicht umsetzbar herausstellt, so daß er nach der ersten Sitzung beginnt, eine eigene Vortragsfassung des Buches zu erstellen. Diese ist zwar gegenüber dem Ausgangsmanuskript deutlich gekürzt (und in Teilen anders geordnet),[22] dadurch aber nicht minder anspruchsvoll, auch wenn nach Luhmanns eigener Einschätzung die Vorlesung durchaus für Anfänger geeignet ist. Ob dem wirklich so ist, darf man bezweifeln. Schon die knappe Darstellung der ideengeschichtlichen Grundlagen in Teil 1 sind voraussetzungsreicher, als Luhmann es wohl bemerkt. Dies gilt insbesondere deshalb, weil sie eine Theorie sozialer Systeme voraussetzt, die er schon aus Zeitgründen nicht ausführlicher darstellen kann – ohne dafür ersatzweise seine Zuhörer auf eine entsprechende Publikation verweisen zu können. Auch das Modell des politischen Systems, das er in Teil 2 der Vorlesung skizziert, ist in seiner Theoriearchitektonik durchaus elaboriert zu nennen. Und die Behandlung der drei Teilsysteme Verwaltung, Politik und Publikum folgt einem Vollständigkeitsanspruch, der die Form der Vorlesung überfordert. Bei der Vertiefung der Thematik in der im folgenden Sommersemester 1967 angebotenen Übung »Ausgewählte Probleme der politischen Soziologie« beschränkt Luhmann dann wohl nicht ohne Grund den Zugang zur Veranstaltung auf »Fortgeschrittene« und konzentriert sich thematisch auf den Teil 4 der Vorlesung (»Politik«) und die verschiedenen Parteiensysteme.

Bereits mit diesem Semester stellt Luhmann dann sein Vorgehen in doppelter Weise um: Von jetzt an orientieren sich die Vorlesungen allenfalls bei einzelnen Sitzungsthemen noch an bereits vorliegenden (publizierten wie unpublizierten) Texten, sie folgen aber in ihrer jeweiligen Konzeption einer eigenen, dezidiert an Lehrzwecken orientierten Logik: Fast durchweg wird zunächst der

22 Ein Nebeneffekt dieses Vorgehens ist, daß die Lektüre des Buchmanuskripts für die Vorlesungszwecke und die Erstellung des Vorlesungsskripts Revisionsnotwendigkeiten im Buchmanuskript deutlich werden läßt, die dann aber nur noch zum Teil umgesetzt worden sind, bevor der Text von Luhmann zur Seite gelegt wird.

jeweilige Forschungsstand rekapituliert und die wichtige und lesenswerte Literatur genannt, wobei er sich auch an deren Verfügbarkeit und Zugänglichkeit, zum Beispiel einer deutschen Übersetzung bei angloamerikanischer Literatur, orientiert. Zugleich dient diese einführende Darstellung immer auch als Vorbereitung des Absprungpunkts für den eigenen Ansatz. Die Vortragsskripte werden während des Semesters sukzessive für die einzelnen Sitzungen verfaßt, zwar orientiert an dem jeweiligen Veranstaltungsplan, aber doch in Abhängigkeit davon, wie weit die Vorlesung jeweils vorangeschritten ist. Eine weitergehende, auf eine Veröffentlichung zielende Textproduktion zum Vorlesungsthema findet fast immer zeitlich parallel oder (kurz) nach der Veranstaltung statt. Und von diesem Semester an erfolgt eine systematisch aufeinander aufbauende und verweisende Darstellung der eigenen Theorie, die zumindest implizit und wie selbstverständlich davon ausgeht, daß es eine personelle Kontinuität auch auf seiten der Hörerschaft gibt.[23] Auch in der frühen Vorlesungstätigkeit findet man also schon die für Luhmanns Theoriebau typische hohe Vernetzungsquote der einzelnen Bestandteile, was auch heißt: eine konzeptionell bedingte Redundanz in der Darstellung der Theoriegrundlagen über die einzelnen Veranstaltungen hinweg – mit dem Vorteil in der Form einer überschaubaren Begrifflichkeit der Erklärungen sachlich heterogener Sachverhalte.

»Ich behaupte, daß die Soziologie die Wissenschaft von den sozialen Systemen ist. Dies und nichts weiter. […] [s]ie ist ein einheitlicher Forschungsansatz für die gesamte Soziologie und sie beansprucht fachuniverselle Geltung. Es darf nichts geben, was sie ausläßt […]. Es darf keine blinden Flecken geben. Wenn solche nachweisbar sind, ist die Theorie unzulänglich und muß geändert werden. Deshalb ist ein hoher Abstraktionsgrad notwendig.« So selbstbewußt wie selbstkritisch beginnt Luhmann im Sommersemester 1967 diese Reihe seiner Vorlesungen mit derjenigen zu einer »Theorie sozialer Systeme«. Am Anfang steht eine vergleichsweise breite problem- und begriffsgeschichtliche Einführung, also die

23 Daß dem tatsächlich auch so war, bestätigen Zeitzeugenberichte aus der Münsteraner Zeit. Es war für seine damaligen Studenten erkennbar, daß sie mit Luhmann einen akademischen Lehrer erlebten, dessen Auftritt und Lehrprogramm sich signifikant von dem bisher aus dem Studium Bekannten unterschied, so daß man, einmal infiziert, dabeiblieb.

Versicherung bei der von Luhmann gerne so bezeichneten »alteuropäischen Tradition« und bei den (nicht nur) soziologischen Konkurrenzunternehmen. Im speziellen Fall geht es hier um das Verständnis von Gesellschaft, Handlung und Kausalität, den Systembegriff in der allgemeinen Systemtheorie und selbstverständlich um Parsons und dessen strukturell-funktionale Theorie. Die Darstellung dient aber natürlich gleichzeitig als Kontrastfolie für den eigenen Ansatz. Auffällig ist einerseits das Bemühen um die studentische Zuhörerschaft in Form einer möglichst transparenten Präsentation der Theorie- und Begriffsentscheidungen, andererseits aber auch eine fehlende Konzessionsbereitschaft, was die Theorie selbst angeht: Der abstrakte Zugriff und damit die Unanschaulichkeit der Darstellung liegen in der Natur der Sache. Die wenigen wissensmäßigen Voraussetzungen, die eine abstrakte Theorie macht, erleichtern nach Luhmanns Einschätzung vielleicht den Einstieg in die Soziologie, indem sie »mit einer hohen Ökonomie des Lernens einhergeht«, aber die Frage der Zugänglichkeit ist, wie er eingangs lapidar bemerkt, »natürlich auch eine Begabungs- und Veranlagungsfrage« (S. 22), an Vorerfahrungen kann kaum angeschlossen werden. Der Anspruch wird also zwangsläufig hochgehalten, das gilt insbesondere für den zweiten Teil der Vorlesung, in dem die Begriffsentscheidungen seiner funktional-strukturellen Theorie sinnbasierter Systeme vorgeführt werden, die auch in den Folgeveranstaltungen immer wieder herangezogen werden: Komplexität, System/Umwelt-Differenz, Struktur und Prozeß, Kommunikation, Evolution, Differenzierung, Autonomie. Dazu verteilt Luhmann in der Vorlesung eine 15 programmatische Merksätze umfassende Liste »Soziologie als Theorie sozialer Systeme« – also mit dem Titel, unter dem Ende 1967 in der *Kölner Zeitschrift für Soziologie und Sozialpsychologie* auch die Ausarbeitung des in der Vorlesung entwickelten Programms publiziert wird.[24] Damit ist

24 Vgl. die Thesenliste ⟨https://niklas-luhmann-archiv.de/MS_3918⟩ sowie die Publikation in: *Kölner Zeitschrift für Soziologie und Sozialpsychologie* 19 (1967), S. 615-644. Den Aufsatz schickt Luhmann am Ende der Vorlesung im Juli 1967 in einer ersten Fassung an René König, dem damaligen Herausgeber der *KZfSS*. Vorangegangen war eine kurze Korrespondenz, in der Luhmann ganz direkt die Frage stellt, ob die Zeitschrift einen Text veröffentlichen könne, in dem er die Grundlagentheorie für seinen gerade von der Deutschen Gesellschaft für Soziologie für den Soziologentag 1968 erbetenen Vortrag zu »Moderne Systemtheorien als Form gesamtgesellschaftlicher Analyse« (s. u.) biete. Diese könne er trotz ihrer

– für den Lehrenden wie auch für die Studierenden – das Fundament gelegt für das, was in den nächsten Semestern folgen wird: eine Anwendung des allgemeinen Modells sozialer Systeme zum einen auf die Systemtypen Interaktion, Organisation und Gesellschaft, zum anderen auf die gesellschaftlichen Funktionsbereiche Politik und Recht.

Nicht überraschend ist es, daß Luhmann sich im Wintersemester 1967/68 zunächst der Organisationssoziologie zuwendet, da hier von ihm zu diesem Zeitpunkt die meiste Vorarbeit geleistet worden war. In der Lehre hatte er bereits in seinem ersten Semester in Münster eine (von Claessens' Lehrplanung übernommene) Übung »Spezialprobleme der Industrie- und Betriebssoziologie« angeboten, in der er in weiten Teilen Themenstellungen einer allgemeinen Organisationssoziologie behandelt, wie er sie 1964 in *Funktionen und Folgen formaler Organisation* vorgelegt hatte.[25] An diese Themen schließt er in seiner Vorlesung an. Er greift jetzt aber nicht mehr (wie noch bei der »Politischen Soziologie«) direkt auf das Buch zurück, auch wenn es im Hintergrund natürlich präsent ist und als Begleitlektüre für die Vorlesung durchaus vom Autor empfohlen wird – mit der Einschränkung, daß es (für den studentischen Geldbeutel zu) »teuer« sei. Vielmehr wird in der Vorlesung nun ein systematischer Anschluß an die skizzierte Theorie sozialer Systeme in Form eines allgemeinen Theoriemodells für die moderne Organisation vorgenommen, also eine Generalisierung und Systematisierung der Perspektive über die Verwaltungsorganisation hinaus, die vor dem Hintergrund der eigenen Verwaltungserfahrung ganz offenkundig der Modellfall für die Monographie von 1964 gewesen ist. Die in der allgemeinen Theorie grundgelegte Doppelperspektive – Funktion und Struktur für die Systembestimmung einerseits, das System/Umwelt-Verhältnis andererseits – findet sich auch in dieser Vorlesung. Spezifisch für die Behandlung von Organisationen als Sozialsysteme, die sich über Formalisierung

Abweichung von der vorherrschenden strukturell-funktionalen Theorie im Vortrag nicht auch noch darstellen. König versichert Luhmann postwendend nicht nur sein Interesse, sondern verspricht auch, den Text auf jeden Fall rechtzeitig vor dem Soziologentag zu publizieren – wenn nötig auch auf Kosten eines für das in Planung befindliche nächste Heft schon vorgesehenen Beitrags.

25 Vgl. den Themenplan der Übung und Niklas Luhmann, *Funktionen und Folgen formaler Organisation*, Berlin 1964.

von Erwartungen und Mitgliedschaft ausdifferenzieren, ist die Frage des Verhältnisses von Handlungs- und Systemrationalität – ein Thema, zu dem Luhmann in der Zeit bereits das Manuskript für das Buch *Zweckbegriff und Systemrationalität* fertiggestellt hat.[26] Mit dem Schlußteil der Vorlesung zum Verhältnis von Organisation und Gesellschaft, der aufgrund der – für Luhmanns Vorlesungen typischen – Zeitprobleme am Ende des Semester deutlich knapper ausfällt als geplant, wird bereits übergeleitet zu dem, was in den beiden folgenden Semestern das Vorlesungsthema sein wird: eine Theorie der Gesellschaft.

Für diese Vorlesung, die Luhmann in leicht variierender Form zunächst im Sommersemester 1968 in Münster und dann noch einmal im Wintersemester 1968/69 an der Universität Frankfurt hält, an der er den soziologischen Teil des Adorno-Lehrstuhls vertritt, gibt es jenseits der theorieimmanenten Notwendigkeit, die schon in der Vorlesung zur Theorie sozialer Systeme herausgestellt wird, auch einen konkreten, der Theorie äußerlichen Anlaß: der 16. Soziologentag, der kurz vor Beginn des Sommersemesters im April 1968 in Frankfurt unter dem Titel »Spätkapitalismus oder Industriegesellschaft?« stattfindet. Hier macht Luhmann mit seinem Vortrag »Moderne Systemtheorien als Form gesamtgesellschaftlicher Analyse« zum ersten Mal als Gesellschaftstheoretiker auf sich aufmerksam.[27] Die Ausarbeitung zu dem Aufsatz für den Tagungsband[28] dürfte in einem unmittelbaren zeitlichen Zusammenhang

26 Niklas Luhmann, *Zweckbegriff und Systemrationalität. Über die Funktion von Zwecken in sozialen Systemen*, Tübingen 1968. Dieses Buch war ursprünglich als Habilitationsschrift geplant, konnte aber trotz Luhmanns beeindruckendem Schreibtempo nicht mehr rechtzeitig fertiggestellt werden, um das Habilitationsverfahren (das im Sommer 1966 im Eiltempo von zwei Monaten absolviert worden ist) noch rechtzeitig für die Übernahme der Vertretungsprofessur im Wintersemester 1966/67 über die Bühne zu bringen.

27 Bekannt ist, daß der Suhrkamp-Verleger Siegfried Unseld über diesen Vortrag Luhmann erstmals als potentiellen Suhrkamp-Autor identifizierte. Ob er und Theodor W. Adorno, der der Fakultät Luhmann für seine Freisemestervertretung vorgeschlagen hatte, den Vortrag selbst gehört haben, ist nicht überliefert.

28 Niklas Luhmann, »Moderne Systemtheorien als Form gesamtgesellschaftlicher Analyse«, in: Theodor W. Adorno (Hg.), *Spätkapitalismus oder Industriegesellschaft? Verhandlungen des 16. Deutschen Soziologentages vom 8. bis 11. April 1968 in Frankfurt*, Stuttgart 1969, S. 253-266. Ein Manuskript liegt dazu im Nachlaß nicht vor.

mit der Vorlesung erfolgt sein, die Ähnlichkeiten in der Abhandlung der Themen ist zumindest auffällig. Und der Soziologentag selbst liefert für Luhmann die Bestätigung seines Eindrucks, daß die Entwicklung einer Theorie der Gesellschaft, die diese nicht als eine »Tauschgesellschaft« versteht, unabdingbar ist.

Den Hintergrund für diese Vorlesung bildet ein weiteres Buchmanuskript, an dem Luhmann zu dieser Zeit bereits arbeitet: die erste Fassung einer Theorie der Gesellschaft, der bis zur finalen Veröffentlichung 1997 noch drei weitere folgen sollten.[29] Dieser ebenfalls Fragment gebliebene Text unternimmt eine Umschrift der Ideen der phänomenologischen Soziologie auf eine Theorie sozialer Systeme, deren Schwerpunkt im Anschluß an die Vorklärung der sozialtheoretischen Fragen dann das System der Gesellschaft ist. Nach der Frage der gesellschaftlichen Differenzierung entwickelt Luhmann in dieser Monographie bereits einen ersten Entwurf seiner Theorie der Kommunikationsmedien[30] und sieht als ersten Anwendungsfall für die Gesellschaftstheorie einen Teil über das Recht vor. Insofern war die Auskunft am Beginn der Vorlesung – »Ich selbst erhebe nicht den Anspruch, mit einem fertigen Konzept aus den Kulissen zu treten« (S. 113) – zwar nicht ganz falsch, aber doch eine seiner üblichen Untertreibungen. Für die Wiederaufnahme der Vorlesung im Wintersemester 1968/69 in Frankfurt, also der Hochzeit der Studentenunruhen, läßt er die für Münster noch notierten Spitzen gegen die Studentenbewegung am Anfang weg und erweitert die Vorlesung noch einmal deutlich, indem er dem die Vorlesung ursprünglich beschließenden Teil 3 einen Abschnitt zur funktionalen Differenzierung und einen Teil 4 zur evolutionären Entwicklung der gesellschaftlichen Primärdifferenzierung hinzufügt. Am Ende kündigt er dann in Frankfurt schon an, was er ab 1970 realisiert: »möglichst viele Teilprodukte dieses Überlegungszusammenhangs zu publizieren«, denn nicht nur die Vorlesungen, sondern auch Publikationen sind für ihn »nicht kritikfest gemachte

29 Zwischenzeitlich aus dem Nachlaß publiziert ist die Fassung aus den 1970er Jahren (*Systemtheorie der Gesellschaft*, hg. von Johannes F. K. Schmidt und André Kieserling, Berlin 2017), eine weitere, bislang noch unveröffentlichte Version datiert aus der zweiten Hälfte der 1980er Jahre.

30 Siehe dann Niklas Luhmann, »Einführende Bemerkungen zu einer Theorie symbolischer Kommunikationsmedien«, in: *Zeitschrift für Soziologie* 3 (1974), S. 236-255.

Dokumente reiner Wahrheit [...], sondern ein Diskussionsangebot« (S. 168).

Ebenfalls im Wintersemester 1967/68 hält Luhmann in Münster im Rahmen eines Lehrauftrags seine Vorlesung zur Rechtssoziologie, die sich in ihrer Anlage auffällig von der parallel gehaltenen Vorlesung zur Gesellschaftstheorie unterscheidet. Er schließt hier einerseits arbeitsökonomisch an den rund 50 Manuskriptseiten umfassenden vierten Teil der Theorie der Gesellschaft an, in der er seine bereits im Habilitationsvortrag vom Sommer 1966 entwikkelte Idee, Recht als kongruent generalisierte Erwartung zu verstehen, wieder aufnimmt;[31] andererseits fällt im Vergleich zu den übrigen Vorlesungen die ungewöhnliche Breite und systematische Darstellung auf. Das erklärt sich daraus, daß das Vorlesungsskript ganz offenkundig schon im Zusammenhang mit der 1972 erfolgten Buchpublikation geschrieben worden ist. Die Idee dazu kam von Helmut Schelsky.[32] Dieser wollte mit Blick auf die Frage, ob die Rechtssoziologie in der neu zu gründenden Universität Bielefeld institutionell besser bei den Soziologen oder bei den Juristen untergebracht werden sollte, eine lehrbuchartige Darstellung. Zugleich bestand eine entsprechende Anfrage von Ernesto Grassi, dem Herausgeber der publizistisch äußerst erfolgreichen Reihe *rowohlts deutsche enzyklopädie*, mit der Schelsky als Autor und Berater eng verbunden war.[33] Diese im Sommer 1968 innerhalb weniger Wochen vereinbarte Auftragsarbeit war von Luhmann parallel

31 Die Idee war aber, wie Luhmann selbst in einem Interview anmerkt, ein bis dahin in seinen Publikationen ungenutztes Konzept geblieben, das zwar im Habilitationsvortrag beeindruckt hätte, aber laut der Auskunft von Helmut Schelsky insbesondere bei den Juristen in der Fakultät unverstanden geblieben sei (vgl. Pierre Guibentif, »Niklas Luhmann und die Rechtssoziologie. Gespräch mit Niklas Luhmann«, in: *Zeitschrift für Rechtssoziologie* 21 [2000], S. 217-245 [229]).

32 Ebd., S. 229 f. Diese Auskunft Luhmanns ist auch durch die Verlagskorrespondenz im Nachlaß gedeckt.

33 Die Reihe *rowohlts deutsche enzyklopädie. Das Wissen des 20. Jahrhunderts im Taschenbuch mit enzyklopädischem Stichwort* richtete sich dezidiert an das sogenannte Bildungsbürgertum und rekrutierte dazu etliche prominente Namen. Die *Rechtssoziologie* Luhmanns (2 Bde., Reinbek b. Hamburg 1972), die sich in ihrer Anlage deutlich von dem enzyklopädischen Konzept unterscheidet, erscheint dann aber in einer neu begründeten Reihe: *rororo Studium*, die mit Luhmanns erstem Band startet.

zur Vorlesung dann ganz offenkundig bereits in eine erste Fassung gebracht worden, wobei sein Votum klar (und abweichend von der Sichtweise Schelskys) ist, daß eine Rechtssoziologie eine Soziologie des Rechts voraussetzt, die einen allgemeinen Normbegriff bereitstellt.[34] Wie fast schon üblich wird dieser Ansatz dann parallel zur Vorlesung zu einem Aufsatz zum Normbegriff ausgearbeitet, der wieder in der *Sozialen Welt* erscheint.[35] Die weitere Ausarbeitung des Buchmanuskripts, das aufgrund des stetig wachsenden Umfangs schließlich zweibändig erscheint, erfolgt direkt im Anschluß und liegt dem Verlag Mitte 1970 vor. Auffällig ist an dieser Vorlesung der vergleichsweise schmale Raum, den die genuine Systemtheorie einnimmt. Der Grund für die Dominanz einer primär evolutionstheoretischen Perspektive mit dem Fokus auf der Korrelation von Gesellschaftsstruktur und Rechtsform liegt auch in der Lehrbuchorientierung: Nach Luhmanns eigener Wahrnehmung wäre eine stärker auf die Systemtheorie abstellende Darstellung didaktisch nur schlecht unterzubringen gewesen. Ein weiterer Grund für die Enthaltsamkeit gegenüber dezidiert grundlagentheoretischen Überlegungen dürfte allerdings gewesen sein, daß Luhmann zu diesem Zeitpunkt die Frage, ob man Recht und Politik theoretisch als voneinander getrennte gesellschaftliche Teilsysteme verstehen müsse, noch nicht entschieden hatte.

Im Sommersemester 1969 wendet sich Luhmann in seiner Vorlesungstätigkeit noch einmal der politischen Soziologie zu, nachdem er in den beiden vorangegangenen Semestern bereits Übungen zum Machtbegriff abgehalten hatte, der in der Vorlesung zur politischen Soziologie aufgrund der rollentheoretischen Konzeption ausgespart geblieben war.[36] Im Unterschied zur Erstlingsvorlesung

34 Erkennbar ist das auch an Luhmanns »Übung für Juristen und Soziologen« zu »Elementare Mechanismen der Rechtsbildung« im Wintersemester 1969/70 an der neugegründeten Universität Bielefeld: Obwohl im Veranstaltungstitel an erster Stelle genannt, kommen die Juristen dann im durch und durch soziologischen Veranstaltungsprogramm nur als Appendix vor: »Sonderthema für Juristen: Regeln und Ausnahmen«.

35 Niklas Luhmann, »Normen in soziologischer Perspektive«, in: *Soziale Welt* 20 (1969), S. 28-48.

36 Das der Übung im Sommersemester 1969 zugrundeliegende Manuskript *Macht im System* ist posthum publiziert worden (hg. von André Kieserling, Berlin 2012). Von Luhmann selbst wurde im Nachgang der Übungen der Aufsatz »Klassische Theorie der Macht. Kritik ihrer Prämissen«, in: *Zeitschrift für Politik* 16 (1969),

knapp drei Jahre zuvor unternimmt er in dieser Vorlesung nicht erneut einen Versuch der Gesamtdarstellung des politischen Systems, sondern wählt jetzt einen dezidiert problemorientierten Ansatz, bei dem an die in der politischen Alltagssprache verwendeten Begriffe angeschlossen wird und diese soziologisch verfremdet, also der systemtheoretischen Beobachtung unterworfen werden. Dieses Vorgehen ist auch deshalb möglich, weil er im Fall dieser Vorlesung bei seiner Hörerschaft die Kenntnis der zugrundeliegenden Spezialtheorie voraussetzen kann in Gestalt des Ende 1968 publizierten Aufsatzes »Soziologie des politischen Systems«[37] – ein allerdings »schwieriger, sehr komprimierter Text« (S. 420), wie Luhmann eingangs der Vorlesung formuliert. Hier erprobt er auch einen neuen Vorlesungsstil in der Form eines auf maximal eine Zeitstunde limitierten eigenen Vortrags mit der Möglichkeit eines Gesprächs direkt in der Pause nach dem Vortrag und einer anschließenden Diskussion im Plenum, also eigentlich eine Mischung von Vorlesung und Seminar. Im Skript ist das Bemühen, die Theorie dieses Mal eher vom Gegenstand her darzustellen und damit anschlußfähiger für die Zuhörerschaft zu sein, unübersehbar. Allein schon die strikte Kopplung eines Themas an eine Vorlesungsstunde zwingt Luhmann dazu, Theoriekomplexität zu reduzieren. Zugleich wird dabei die zunehmende Souveränität in Umgang und Präsentation der eigenen Theorie deutlich, die hier fast ganz ohne Beispiele aus der politischen Praxis auskommt und trotzdem erstaunlich anschaulich gerät.

Das Thema seiner ersten Vorlesung an der Bielefelder Fakultät im Wintersemester 1969/70 ist dem Systemtyp gewidmet, der nach der Behandlung von Organisation und Gesellschaft im Theorierohbau noch fehlt: das »einfache Sozialsystem« oder die Interaktions-

S. 149-170, veröffentlicht. Der dort entwickelte Ansatz zum Machtbegriff wird in der Vorlesung dann vorgestellt.

37 Niklas Luhmann, »Soziologie des politischen Systems«, in: *Kölner Zeitschrift für Soziologie und Sozialpsychologie* 20 (1968), S. 705-733. Diesen Text bietet er König Anfang 1968 nur wenige Wochen nach dem Erscheinen des Aufsatzes zur Theorie sozialer Systeme an und bezeichnet ihn dezidiert als Grundlage für seine Vorlesung über politische Soziologie; obwohl er auch dieses Mal in der Warteschlange der Autoren bevorzugt behandelt wird, muß er auf die Veröffentlichung bis zum letzten Heft des Jahres warten. Inwiefern er deshalb seine Vorlesung auf das Sommersemester 1969 verschoben hat, ist im Nachlaß nicht eruierbar.

situation. Für die Erstellung des Vorlesungsskripts greift Luhmann auf eine umfangreichere Notizensammlung aus seinem Zettelkasten zurück, die – für ihn untypisch – einerseits genau dafür angelegt worden war, die andererseits dann aber nicht, wie wohl ursprünglich geplant, zu einer entsprechenden Monographie geführt hat. Es bleibt vielmehr bei einem auch erst Mitte 1971 verfaßten Aufsatz, der dann die bei der (nur einstündigen) Vorlesung aufgrund des üblichen Zeitmangels nur angedeuteten Überlegungen zum zugrunde gelegten Kommunikationsbegriff und der Frage der sozialen Kontrolle im Sinne einer Regelung der Umweltbeziehungen nachliefert. Veröffentlicht wird der Text dieses Mal im ersten Heft der gerade gegründeten *Zeitschrift für Soziologie*, der Hauszeitschrift seiner neuen Bielefelder Fakultät.[38]

Im Unterschied zu dem abstrakten Einstieg in die Theorie sozialer Systeme in Münster geht es in dieser Vorlesung um ein Phänomen, das jeder aus seiner Alltagserfahrung kennt, so daß Luhmann darin zugleich einen guten Kandidaten für eine Einführung seiner neuen Zuhörerschaft in die soziologische Systemtheorie sieht. Zugleich wird damit auch aber auch eine Kardinalfrage gestellt: gerade auch an dem »Grenzfall – kleine Kontakte des täglichen Lebens« (S. 255) müsse sich der Universalitätsanspruch der soziologischen Systemtheorie erweisen. Die Veranstaltung, die sich an Erstsemester richtet, dient ihm als Visitenkarte gegenüber der Bielefelder Studentenschaft, »damit Sie wissen oder doch verhältnismäßig schnell abschätzen können, was zu erwarten und was nicht zu erwarten ist, wenn Sie sich mit mir einlassen« (S. 252). Auch hier gilt: Luhmann hofft zwar, mit dem Bezug auf Alltagssituationen den spezifisch soziologischen Zugang verständlich zu machen, schränkt aber gleich ein: »Die Vorlesung wird nicht leicht sein« (S. 255), denn auch und gerade in diesem Fall komme man ohne begriffliche Abstraktion nicht aus. Die Darstellung des eigenen Theorieansatzes begrenzt er am Beginn aber ganz pragmatisch auf das unbedingt Notwendige. Ausführlich und geradezu lehrbuchhaft stellt Luhmann dagegen zunächst den Stand der Forschung in Form von Gruppen- und Interaktionstheorie vor, wobei auffällt, wie knapp Erving Goffman thematisiert wird, obwohl Luhmann diesem Au-

38 Niklas Luhmann, »Einfache Sozialsysteme«, in: *Zeitschrift für Soziologie* 1 (1972), 51-65.

tor wesentliche Einsichten verdankt. Er empfiehlt dessen Lektüre seiner Zuhörerschaft aber nur zum »vorsichtigen [...] Genuß« und warnt zugleich davor, da das interessante empirische Material von Goffman »theoretisch unzulänglich bearbeitet« (S. 270) worden sei. Für die Identifikation der genuin soziologischen Fragestellung kommt es dann zu der üblichen Umstellung auf die Systemtheorie mit den Stichworten Sinn, Handlung, Kontingenz und Komplexität, System und Umwelt sowie Struktur und Funktion – mit den interaktionsspezifischen Modifikationen von Anwesenheit und Wahrnehmung als systemkonstitutiven Merkmalen, der Frage der Systemidentität, der Bedeutung von Themen etc. Auffällig ist in dieser Vorlesung das Bemühen, möglichst viele Beispiele zur Veranschaulichung des zunächst theoretisch Bestimmtem heranzuziehen – wobei sich der Theoretiker diesbezüglich selbst sogleich zur Ordnung ruft, denn »es ist gefährlich, in Beispielen zu schwelgen« (S. 282).

Obwohl also »[e]infache Systeme keine einfache Sache« sind, so hofft Luhmann am Ende der Vorlesung doch, »meinen Spaß an unorthodoxer Soziologie« vermittelt zu haben (S. 297). Eine Selbstcharakterisierung, die diejenigen, die Luhmann in seinen Veranstaltungen nicht als einen großen Pädagogen erlebt haben, sondern in dessen eher schmucklos dargebrachter und bewußt auf rhetorische Brillanz verzichtender Lehre die Sache selbst zu überzeugen wußte, wohl am allerwenigsten erwartet hätten.

Danksagung

In der Vorbereitung der Edition haben wir mit Münsteraner Studenten Luhmanns Kontakt aufgenommen, um Genaueres über dessen Lehrtätigkeit und den Kontext der damaligen Vorlesungen zu erfahren. Dabei hat sich gezeigt, dass einige trotz der Tatsache, daß die Lehrveranstaltungen mittlerweile über 50 Jahre zurückliegen, noch ausführliche Vorlesungsmitschriften aufbewahrt hatten. Wir danken insbesondere Hartmann Tyrell und Paul Ridder, die uns bereitwillig ihre ausführlichen Studienunterlagen zur Verfügung gestellt haben, aber auch Elmar Lange sowie Wolfgang Bisler (über Waltraud Frese) für die Überlassung der Vorlesungsaufzeichnungen zur Unterstützung der Edition. Darüber hinaus sind wir Elmar Lange, Paul Ridder, Hartmann Tyrell und Alex Ziegert für ihre ausführlichen Zeitzeugenberichten über Luhmanns Lehrtätigkeit in Münster zu Dank verpflichtet. Des weiteren haben uns freundlicherweise Klaus Dammann, Christoph Deutschmann, Friedhart Hegner, Hartmut Neuendorff und Claus Offe mit wertvollen Hintergrundinformationen zu Luhmanns Vorlesungstätigkeit in Münster und Frankfurt versorgt. Die Archive der Universität Münster und der Technischen Universität Dortmund haben uns Kopien der dortigen Personalakten Niklas Luhmanns überlassen.

Im Rahmen des von der Nordrhein-Westfälischen Akademie der Wissenschaften und der Künste finanzierten Erschließungs- und Editionsprojekts »Niklas Luhmann – Theorie als Passion« hat uns Tobias Dombrowsky maßgeblich bei der Textedition unterstützt. Jens Gemba hat einen Großteil der bibliographischen Arbeiten übernommen, Matilda Völker war für die Digitalisierung der Originalskripte zuständig, und Carolina Volkmann hat die handschriftlichen Vorlagen der Graphiken in eine digitale Vorlage überführt. Die digitale Edition der Faksimiles und deren Präsentation auf dem Forschungsportal des Niklas-Luhmann-Archivs wäre nicht möglich ohne die kollegiale Zusammenarbeit mit Jennifer Bunselmeier und Lena-Luise Stahn vom Lehrstuhl Digital Humanities an der Bergischen Universität Wuppertal. Wie bei den bisherigen Publikationen aus dem Nachlaß hat auch dieses Mal Veronika Luhmann-Schröder unbürokratisch der Veröffentlichung zugestimmt. Eva Gilmer vom Suhrkamp Verlag war abermals eine verläßliche Partnerin im Prozeß der Buchentstehung. Allen Genannten möchten wir herzlich danken.

Bielefeld, im Januar 2024 Die Herausgeber

Ausführliches Inhaltsverzeichnis

I. Soziologische Aufklärung

II. Theorie sozialer Systeme

III. Theorie der Gesellschaft

IV. Organisationssoziologie

V. Einfache Sozialsysteme

VI. Politische Soziologie

VII. Hauptprobleme politischer Theorie

VIII. Rechtssoziologie

Anhang

Nachwort

Niklas Luhmann im Suhrkamp Verlag

Ausdifferenzierung des Rechts. Beiträge zur Rechtssoziologie und Rechtstheorie. stw 1418. 459 Seiten

Das Erziehungssystem der Gesellschaft. Herausgegeben von Dieter Lenzen. Mit zahlreichen Faksimiles des Manuskripts. stw 1593. 236 Seiten

Funktion der Religion. stw 407. 324 Seiten

Die Gesellschaft der Gesellschaft. Zwei Bände. stw 1360. 1164 Seiten

Gesellschaftsstruktur und Semantik. Studien zur Wissenssoziologie der modernen Gesellschaft.
- Band 1. stw 1091. 319 Seiten
- Band 2. stw 1092. 294 Seiten
- Band 3. stw 1093. 458 Seiten
- Band 4. stw 1438. 185 Seiten

Die Grenzen der Verwaltung. Herausgegeben von Johannes F. K. Schmidt und Christoph Gesigora. 253 Seiten. Gebunden

Ideenevolution. Beiträge zur Wissenssoziologie. Herausgegeben von André Kieserling. stw 1870. 258 Seiten

Kontingenz und Recht. Rechtstheorie im interdisziplinären Zusammenhang. Herausgegeben und mit einem Nachwort von Johannes F. K. Schmidt. 348 Seiten. Gebunden

Die Kontrolle von Intransparenz. Herausgegeben und mit einem Nachwort von Dirk Baecker. stw 2231. 149 Seiten.

NF 126/1/9.21 .

Die Kunst der Gesellschaft. stw 1303. 517 Seiten

Legitimation durch Verfahren. stw 443. 261 Seiten

Liebe. Eine Übung. Herausgegeben von André Kieserling. 94 Seiten. Gebunden

Liebe als Passion. Zur Codierung von Intimität. stw 1124. 231 Seiten

Macht im System. Herausgegeben von André Kieserling. Gebunden. 156 Seiten

Die Moral der Gesellschaft. Herausgegeben von Detlef Horster. stw 1871. 402 Seiten

Der neue Chef. Herausgegeben und mit einem Nachwort von Jürgen Kaube. 120 Seiten. Gebunden

Paradigm lost: Über die ethische Reflexion der Moral. Rede von Niklas Luhmann anläßlich der Verleihung des Hegel-Preises 1989. Laudatio von Robert Spaemann: Niklas Luhmanns Herausforderung der Philosophie. stw 797. 73 Seiten

Die Politik der Gesellschaft. Herausgegeben von André Kieserling. stw 1582. 444 Seiten

Politische Soziologie. Herausgegeben von André Kieserling. Gebunden und stw 2068. 499 Seiten

Protest. Systemtheorie und soziale Bewegungen. Herausgegeben von Kai-Uwe Hellmann. stw 1256. 216 Seiten

Das Recht der Gesellschaft. stw 1183. 598 Seiten

NF 126/2/9.21

Die Religion der Gesellschaft. Herausgegeben von André Kieserling. stw 1581. 368 Seiten

Schriften zu Kunst und Literatur. Herausgegeben von Niels Werber. stw 1872. 490 Seiten

Schriften zur Pädagogik. Herausgegeben und mit einem Vorwort von Dieter Lenzen. stw 1697. 278 Seiten

Soziale Systeme. Grundriß einer allgemeinen Theorie. stw 666. 675 Seiten

Systemtheorie der Gesellschaft. Herausgegeben von Johannes F. K. Schmidt und André Kieserling. Unter Mitarbeit von Christoph Gesigora. 1132 Seiten. Gebunden

Theorie der Gesellschaft. Neun Bände in Kassette. stw 2002. 5100 Seiten

Die Wirtschaft der Gesellschaft. stw 1152. 356 Seiten

Die Wissenschaft der Gesellschaft. stw 1001. 732 Seiten

Zweckbegriff und Systemrationalität. Über die Funktion von Zwecken in sozialen Systemen. stw 12. 390 Seiten

Niklas Luhmann/Peter Fuchs. Reden und Schweigen. stw 848. 227 Seiten

Niklas Luhmann/Karl Eberhard Schorr. Reflexionsprobleme im Erziehungssystem. stw 740. 390 Seiten

NF 126/3/9.21

Niklas Luhmann als Herausgeber

Niklas Luhmann/Stephan H. Pfürtner. Theorietechnik und Moral. stw 206. 267 Seiten

Niklas Luhmann/Karl Eberhard Schorr. Zwischen Intransparenz und Verstehen. Fragen an die Pädagogik. stw 572. 325 Seiten

Zu Niklas Luhmann

Beobachter der Moderne. Niklas Luhmanns »Die Gesellschaft der Gesellschaft«. Herausgegeben von Hans-Joachim Giegel und Uwe Schimank. stw 1612. 343 Seiten

GLU. Glossar zu Niklas Luhmanns Theorie sozialer Systeme. Von Claudio Baraldi, Giancarlo Corsi und Elena Esposito. stw 1226. 248 Seiten

Irritationen des Erziehungssystems. Pädagogische Resonanzen auf Niklas Luhmann. Herausgegeben von Dieter Lenzen. stw 1657. 235 Seiten

Luhmann und die Kulturtheorie. Herausgegeben von Günter Burkart und Gunter Runkel. stw 1725. 289 Seiten

Rezeption und Reflexion. Zur Resonanz der Systemtheorie Niklas Luhmanns außerhalb der Soziologie. Herausgegeben von Henk de Berg und Johannes F. K. Schmidt. stw 1501. 514 Seiten

Theorie der Politik. Niklas Luhmanns politische Soziologie. Herausgegeben von Kai-Uwe Hellmann und Rainer Schmalz-Bruns. stw 1583. 320 Seiten

NF 126/4/9.21

Frithard Scholz. Freiheit als Indifferenz. Alteuropäische Probleme mit der Systemtheorie Niklas Luhmanns. 287 Seiten

NF 126/5/9.21

Georg Wilhelm Friedrich Hegel im Suhrkamp Verlag

stw-Werkausgabe in zwanzig Bänden. Redaktion: Eva Moldenhauer und Karl Markus Michel. Mit einem Registerband. (Die Ausgabe ist text- und seitenidentisch mit der 1969 ff. erschienenen Theorie-Werkausgabe.) 12618 Seiten

Die Bände sind auch einzeln lieferbar

1: Frühe Schriften. stw 601. 637 Seiten

2: Jenaer Schriften. 1801-1807. stw 602. 593 Seiten

3: Phänomenologie des Geistes. stw 603. 599 Seiten

4: Nürnberger und Heidelberger Schriften 1808-1817. stw 604. 623 Seiten

5: Wissenschaft der Logik I. Erster Teil. Die objektive Logik. Erstes Buch. stw 605. 457 Seiten

6: Wissenschaft der Logik II. Erster Teil. Die objektive Logik. Zweites Buch. Zweiter Teil. Die subjektive Logik. stw 606. 575 Seiten

7: Grundlinien der Philosophie des Rechts oder Naturrecht und Staatswissenschaft im Grundrisse. Mit Hegels eigenhändigen Notizen und den mündlichen Zusätzen. stw 607. 531 Seiten

8: Enzyklopädie der philosophischen Wissenschaften im Grundrisse 1830. Erster Teil. Die Wissenschaft der Logik. Mit den mündlichen Zusätzen. stw 608. 393 Seiten

NF 115/1/6.09

9: Enzyklopädie der philosophischen Wissenschaften im Grundrisse 1830. Zweiter Teil. Die Naturphilosophie. Mit den mündlichen Zusätzen. stw 609. 539 Seiten

10: Enzyklopädie der philosophischen Wissenschaften im Grundrisse 1830. Zweiter Teil. Die Naturphilosophie. Dritter Teil. Die Philosophie des Geistes. Mit den mündlichen Zusätzen. stw 610. 432 Seiten

11: Berliner Schriften 1818-1831. stw 611. 432 Seiten

12: Vorlesungen über die Philosophie der Geschichte. stw 612. 568 Seiten

13: Vorlesungen über die Ästhetik I. stw 613. 546 Seiten

14: Vorlesungen über die Ästhetik II. stw 614. 462 Seiten

15: Vorlesungen über die Ästhetik III. stw 615. 578 Seiten

16: Vorlesungen über die Philosophie der Religion I. stw 616. 442 Seiten

17: Vorlesungen über die Philosophie der Religion II. Vorlesungen über die Beweise vom Dasein Gottes. stw 617. 540 Seiten

18: Vorlesungen über die Geschichte der Philosophie I. stw 618. 560 Seiten

19: Vorlesungen über die Geschichte der Philosophie II. stw 619. 600 Seiten

20: Vorlesungen über die Geschichte der Philosophie III. stw 620. 566 Seiten

NF 115/2/6.09

Einzelausgaben

Die Philosophie der Kunst. Vorlesung von 1826. Herausgegeben von Annemarie Gethmann-Siefert, Jeong-Im Kwon und Karsten Berr. stw 1722. 297 Seiten

Die Philosophie des Rechts. Vorlesung von 1821/22. Herausgegeben von Hansgeorg Hoppe. stw 1721. 237 Seiten

Zu Georg Wilhelm Friedrich Hegel
Eine Auswahl

Materialien zu Hegels ›Phänomenologie des Geistes‹. Herausgegeben von Hans Friedrich Fulda und Dieter Henrich. stw 9. 445 Seiten

Materialien zu Hegels Rechtsphilosophie. Herausgegeben von Manfred Riedel. Band 1. stw 88. 437 Seiten

Der Weg zum System. Materialien zum jungen Hegel. Herausgegeben von Christoph Jamme und Helmut Schneider. stw 763. 307 Seiten

Herbert Schnädelbach (Hg.). Hegels Philosophie – Kommentare zu den Hauptwerken. Drei Bände.
stw 1475-1477. 1500 Seiten

- Band 1: Ludwig Siep, der Weg der »Phänomenologie des Geistes«. stw 1475 384 Seiten
- Band 2: Herbert Schnädelbach, Hegels praktische Philosophie. stw 1476. 400 Seiten
- Band 3: Hegels »Enzyklopädie der philosophischen Wissenschaften« (1830). Von Hermann Drüe, Annemarie Gethmann-Siefert, Christa Hackenesch, Walter Jaeschke, Wolfgang Neuser und Herbert Schnädelbach. stw 1477. 568 Seiten

NF 115/3/6.09